75 Jahre Niedersachsen
Einblicke in seine Geschichte anhand von 75 Dokumenten

Gefördert durch die Stiftung Niedersachsen

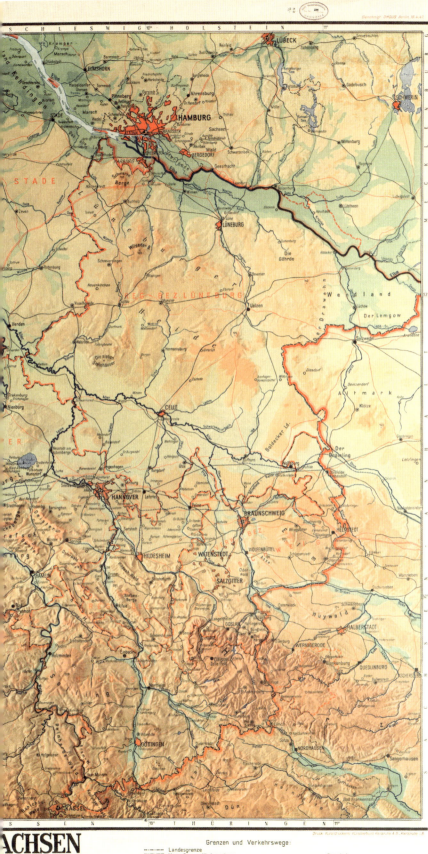

75 Jahre Niedersachsen

Einblicke in seine Geschichte anhand von **75 Dokumenten**

*Herausgegeben von Sabine Graf, Gudrun Fiedler
und Michael Hermann*

WALLSTEIN VERLAG

Veröffentlichungen des Niedersächsischen Landesarchivs
4

Bibliografische Information der Deutschen Nationalbibliothek

Die Deutsche Nationalbibliothek verzeichnet diese Publikation in der Deutschen Nationalbibliografie; detaillierte bibliografische Daten sind im Internet über http://dnb.d-nb.de abrufbar.

© Wallstein Verlag, Göttingen 2021
www.wallstein-verlag.de
Vom Verlag gesetzt aus der Aldus und der Frutiger
Umschlaggestaltung: Susanne Gerhards, Düsseldorf
unter Verwendung der Abbildungen auf S. 21, 27, 52, 70, 178, 267
Druck und Verarbeitung: Westermann, Zwickau
Vorsatz: Reliefkarte von Karl Wenschow, 1947 (NLA HA Kartensammlung Nr. 1/119 g)
ISBN 978-3-8353-3873-9

Inhalt

Grußwort des Niedersächsischen Ministerpräsidenten 7

Vorwort der Herausgeber 9

Verzeichnis der 75 Beiträge 11

75 Jahre Niedersachsen
Einblicke in seine Geschichte
anhand von 75 Dokumenten 17

Literaturverzeichnis 375

Abkürzungsverzeichnis. 389

Verzeichnis der Autorinnen und Autoren 390

Veröffentlichungsgenehmigungen 391

Register 392

Grußwort

des Niedersächsischen Ministerpräsidenten

Am 1. November 2021 wird das Land Niedersachsen 75 Jahre alt. Diesen besonderen Anlass nutzt das Niedersächsische Landesarchiv zu einer Rückschau und bedient sich dabei der ihm anvertrauten schriftlichen Überlieferung unseres Landes. Während es zum 70. Gründungsjubiläum eine Auswahl von 111 Dokumenten zu 1.200 Jahren niedersächsischer Geschichte präsentierte, lässt es in diesem Buch für eine breite Leserschaft die Geschichte des 1946 gegründeten Bundeslandes Revue passieren.

Jeweils ausgehend von einem Schriftstück, einer Zeichnung, einer Karte oder einer Fotografie werden in 75 fachkundigen Texten Ereignisse, Entwicklungen, Zusammenhänge und Schicksale der bewegten 75-jährigen Vergangenheit Niedersachsens aus unterschiedlicher Perspektive und aus allen Teilen unseres Landes prägnant dargestellt. Wie auf einer Entdeckungsreise gewinnen die Leserin und der Leser immer wieder andere interessante Einblicke in die Vergangenheit, die sich am Ende zu einem facettenreichen Bild des Landes Niedersachsens und seiner Regionen zusammensetzen.

Um Vergangenes bewerten und daraus Schlussfolgerungen für Gegenwart und Zukunft ziehen zu können, bedarf es zuverlässiger Quellen. Das Niedersächsische Landesarchiv hat den gesetzlichen Auftrag, das gesamte historisch und rechtlich bedeutsame schriftliche Erbe des Landes Niedersachsen und seiner Vorgängerterritorien aus fast 1.200 Jahren zu bewahren. Durch die Bewertung angebotener, zunehmend digitaler Unterlagen von Justiz und Verwaltung und die Übernahme des archivwürdigen Teils bilden Archivarinnen und Archivare eine verlässliche und aussagekräftige Überlieferung. Indem das Landesarchiv diese schriftlichen Originalquellen dauerhaft verwahrt und für Bürgerinnen und Bürger zugänglich macht, schafft es die Voraussetzung für eine zuverlässige Erinnerung und für eine kritische Auseinandersetzung mit dem Vergangenen. Die Niedersächsische Landesregierung ist sich der Bedeutung dieses Auftrags in besonderer Weise bewusst, gehört doch die Niedersächsische Archivverwaltung mit ihrer ressortübergreifenden Verantwor-

Ministerpräsident Stephan Weil.
Bildnachweis: Niedersächsische Staatskanzlei/Holger Hollemann

tung seit der Gründung des Landes zum Geschäftsbereich der Niedersächsischen Staatskanzlei.

Es freut mich sehr, dass im Jubiläumsjahr ein gleichermaßen informativer wie kurzweiliger Rückblick auf die Geschichte unseres Bundeslandes erscheint. Ich danke den Herausgebern für die Konzeption des Buches und für ihr Engagement bei deren Umsetzung. Mein Dank gilt zudem allen Mitarbeiterinnen und Mitarbeitern des Niedersächsischen Landesarchivs, die sich an diesem Buchprojekt beteiligt haben. Dem Buch wünsche ich, dass es viele interessierte Leserinnen und Leser findet und zur Auseinandersetzung mit der niedersächsischen Geschichte beiträgt.

Hannover, im Januar 2021

Stephan Weil
Niedersächsischer Ministerpräsident

Vorwort

der Herausgeber

Das Niedersächsische Landesarchiv präsentiert mit dem vorliegenden Buch wichtige, überwiegend noch unbekannte Dokumente zur Geschichte Niedersachsens als Beitrag zum 75. Geburtstag des Landes. Archivarinnen und Archivare haben aussagekräftige und spannende Quellen herausgesucht, die die Entwicklung unseres Bundeslandes widerspiegeln und im besten Falle weitere Forschungen anregen.

Im Landesarchiv werden fast 100 laufende Kilometer Archivgut zu dem Zweck aufbewahrt, für Justiz und Verwaltung, für Forschung und Lehre und für alle Bürgerinnen und Bürger authentische Quellen zur Verfügung zu stellen. Die bis ins 9. Jahrhundert zurückreichende Überlieferung wird kontinuierlich durch Übernahmen aus Justiz und Verwaltung und ergänzend durch archivwürdiges Schriftgut aus privater Hand bis in die jüngste Vergangenheit fortgeführt. Deshalb finden sich im Niedersächsischen Landesarchiv in den Abteilungen Aurich, Bückeburg, Hannover, Oldenburg, Osnabrück, Stade und Wolfenbüttel nicht nur mittelalterliche Urkunden oder frühneuzeitliche Amtsbücher, sondern gerade auch Unterlagen zur jüngeren niedersächsischen Geschichte. Neben der Erschließung, Auskunftserteilung und Bereitstellung gehört es auch zu den Aufgaben des Landesarchivs, in eigenen Publikationen die Archivbestände auszuwerten und vor allem auf das Potential dieser Quellen für bestimmte Fragestellungen aufmerksam zu machen.

Zum 70. Landesgeburtstag 2016 präsentierte das Landesarchiv ein Buch mit 111 Dokumenten zu fast 1.200 Jahren niedersächsischer Geschichte. Was lag also näher, als zum 75-jährigen Jubiläum des Landes Niedersachsen die Geschichte des Bundeslandes seit 1946 in den Mittelpunkt einer Darstellung zu rücken? Die mehr als 40 Autorinnen und Autoren wählten aus der Fülle an Material aussagekräftige, ansprechende oder ungewöhnliche Dokumente aus. Dabei ging es neben der plakativen Wirkung und ästhetischen Anziehungskraft eines Schriftstücks, eines Fotos, einer Karte, einer Zeichnung oder eines Plakats vor allem um deren inhaltliche Bedeutung. Die ausgewählten Archivalien stehen für menschliche Schicksale sowie bedeutende Ereignisse und Entwicklungen in der Geschichte des Bundeslandes und seiner Regionen. In Verbindung mit weiteren Quellen und eingeordnet in den historischen Kontext werden anhand der präsentierten Dokumente Schlaglichter auf die vielfältigen Veränderungen von Gesellschaft, Politik, Wirtschaft und Kultur in Niedersachsen geworfen. Damit ist eine Annäherung in Einzelbeiträgen intendiert, ausdrücklich keine Gesamtschau. Gleichzeitig eröffnet die gewählte Darstellungsform die Möglichkeit, eine breite Palette an Themen anzubieten: von der schwierigen Nachkriegszeit über strukturelle und gesellschaftliche Wandlungsprozesse bis hin zu den Auswirkungen der Wiedervereinigung und aktuellen Fragestellungen.

Es liegt in der Natur der Sache, dass nicht alle Aspekte der 75-jährigen Geschichte unseres Landes berücksichtigt werden konnten. Zudem sei angemerkt, dass die Quellen der jüngsten Vergangenheit vielfach noch nicht in das Landesarchiv gelangt sind, weil nach dem Niedersächsischen Archivgesetz Schriftgut erst dreißig Jahre nach der letzten inhaltlichen Bearbeitung abgegeben werden muss. Doch reicht der Reigen der gezeigten Dokumente von dem Gutachten des späteren, ersten Niedersächsischen Ministerpräsidenten Hinrich Wilhelm Kopf vom 1. April 1946, das die Grundlage für die Bildung des Landes Niedersachsen darstellt, bis zum Niedersächsischen Gleichberechtigungsgesetz vom 9. Dezember 2010. Bei jedem Einzelbeitrag werden die benutzten Archivalien und eine Auswahl der verwendeten Literatur nachgewiesen. Zitate aus den abgebildeten Archivalien sind in den Texten kursiv gesetzt. Für den Abdruck einzelner Stücke bedurfte es einer besonderen Genehmigung. Die Herausgeber bedanken sich an dieser Stelle bei allen Privatpersonen, Firmen und Einrichtungen für die erteilte Nutzungsgenehmigung. Ein herzlicher Dank gilt allen Kolleginnen und Kollegen im Niedersächsischen Landesarchiv, die aktiv an diesem Band mitgewirkt haben. Ohne sie hätte dieses Buch nicht geschrieben werden können. Gedankt sei auch Regina Rößner für die Erstellung der Register und die redaktionelle Hilfe. Der Stiftung Niedersachsen gebührt ein besonderer Dank für die großzügige finanzielle Unterstützung bei der Drucklegung. Abschließend danken wir dem Wallstein Verlag, insbesondere Herrn Jan Philipp Bothe, für die fachkundige und umsichtige Herstellung dieses Buches.

Hannover, im Januar 2021
Sabine Graf
Gudrun Fiedler
Michael Hermann

Verzeichnis der 75 Beiträge

#	Titel	Seite
1	Niedersachsen begründen. Das »Kopf-Gutachten« 1946 und der Weg zum Land Niedersachsen	18
2	»Für Haushaltszwecke steht keinerlei Kohle zur Verfügung«. Die Hausbrandverordnung in Ostfriesland durch die Selbsthilfegemeinschaft »Torfaktion«	24
3	Schulreform im Zeichen von Demokratie und Frieden. Anfänge der Kultuspolitik nach 1945 unter Kultusminister Adolf Grimme	28
4	Alte Wurzeln und Neustart in der Demokratie. Wiederaufbau der Landfrauenarbeit in Niedersachsen ab 1946	34
5	Von Schlesien nach Niedersachsen. Die Transportlisten der Flüchtlingslager Mariental und Alversdorf	38
6	ÜberLeben. Versorgung von Displaced Persons im »Ausländerlager« Meerbeck	44
7	Neubeginn unter britischer Aufsicht. 1946: Erste Kommunalwahlen nach dem Ende der NS-Diktatur	48
8	Ein »reiner Mitläufer aus Zwang«. Erfolg und Scheitern der Entnazifizierung in Niedersachsen	52
9	Raumordnung und Wiederaufbau. Der Industrie-Entwicklungsplan vom Dezember 1946	56
10	»Mit Unbedenklichkeitsbescheinigung wieder zum Studium zugelassen«. Volksschullehrerbildung im Niedersachsen der Nachkriegszeit	62
11	Aus der Trümmerlandschaft zur funktionalen Stadt. Wiederaufbau zwischen Tradition und Moderne am Beispiel Osnabrücks	68

12	Rotation und Neuanfang. Der Wiederaufbau der Presse in Hannover nach dem Zweiten Weltkrieg	74
13	Lokaler Alltag nach 1945. Die Integration von Flüchtlingen und Vertriebenen	80
14	Rettete der Kalte Krieg Salzgitter? Die Demontage der Reichswerke 1950	84
15	Aufarbeitung des Völkermords. 1952 beginnt in Osnabrück der erste westdeutsche Auschwitz-Prozess	90
16	»… ungenutztes Gold an der windigen Küste …« Frühe Ansätze zur Windenergienutzung in Niedersachsen	94
17	Die Okertalsperre. Die größte Talsperre in Niedersachsen	98
18	Der 20. Juli vor Gericht. Der Prozess gegen Otto Ernst Remer vor dem Braunschweiger Landgericht 1952	104
19	Ein Obelisk in der Heide. Die Einweihung der Gedenkstätte Bergen-Belsen 1952	108
20	Kultivierung mit dem Dampfpflug. Der Emslandplan	112
21	Von Brücken, Fähren und Schiffen. Die Weser – Niedersachsens Fluss	116
22	»… in menschenunwürdigen und primitiven Unterkünften …«. Grenzen des sozialen Wohnungsbaus in Niedersachsen in den 1950er Jahren	122
23	»Aufrüstung des Flachlandes«. Förderansätze der Landesregierung Mitte der 1950er Jahre	126
24	Friedliche Eroberungen. Die frühen Exporterfolge des Volkswagenwerks und die Verleihung des Bundesverdienstkreuzes an Generaldirektor Nordhoff 1955	132
25	Stasi-Spitzel vor Gericht. Aktivitäten der DDR-Staatssicherheit im Raum Salzgitter	136
26	Autobahn? Nicht mit uns! Konflikte um die Hansalinie im Oldenburger Münsterland	140
27	Schicht im Schacht. Das Ende des Erz- und Kohlebergbaus in Niedersachsen	144
28	Ein Schloss für alle? Die Diskussion um Abbruch und Neubau des Braunschweiger Residenzschlosses	148

29	Praktisch, hygienisch und wohnlich. Sozialer Wohnungsbau in Niedersachsen und die Niedersächsische Heimstätte GmbH	154
30	Von der Eigentumsfrage zur Wissenschaftsförderung. Die Privatisierung des Volkswagenwerks und die Gründung der »Stiftung Volkswagenwerk«	160
31	Als die niedersächsische Küste im Wasser versank. Die Sturmflut 1962	164
32	Kultur verbindet. Der Landschaftsverband Stade e.V. als erster moderner Landschaftsverband in Niedersachsen	170
33	Milliarden verändern das Land. Der Küstenschutz in Niedersachsen vor und nach der Sturmflut von 1962	174
34	»Ein Instrument des friedlichen Ausgleichs«. Das Niedersachsen-Konkordat von 1965	180
35	Gesucht und gefunden? Ein Lager für Atommüll im Salzbergwerk Asse	186
36	»Urlaub in Niedersachsen macht gesund«. Vom Nordseeheilbad zur Wellnessinsel – der Generalentwicklungsplan der Insel Norderney	190
37	»… die Mehrheit unseres Rates hat uns verkauft«. Die Gebiets- und Verwaltungsreform in Niedersachsen von 1965 bis 1978	194
38	Vision für ein Projekt mit Tiefgang. Wilhelmshaven auf dem langen Weg zum Tiefwasserhafen Jade-Weser-Port	200
39	»… durch die sog. antiautoritäre Studentenbewegung …« Die studentische Protestbewegung der 1960er Jahre in Niedersachsen	204
40	Reformuniversität oder ehrwürdige Alma Mater? Ein Streit über die Gründung der Universität Oldenburg	208
41	Ein vergessener Gründungsvater des Landes. Niedersachsens zweiter Ministerpräsident Heinrich Hellwege (1909-1991)	212
42	»Nicht schulfähig« – und jetzt? Heilpädagogische Tagesstätte für Kinder mit Behinderung in Osnabrück	218
43	Leeraner Bürgerinitiative wagt mehr Demokratie. Der Kampf um den Erhalt der historischen Altstadt	222
44	Anwerbestopp 1973. Die Ölkrise und ihre Auswirkungen auf die (west-)deutsche Migrationspolitik	226

45	Ein holpriger Start. Die Einführung der Orientierungsstufe in Niedersachsen	230
46	Von Niedersachsen trennen! Die Volksabstimmung 1975 in Oldenburg und Schaumburg-Lippe	234
47	Als die Heide brannte. Die Waldbrandkatastrophe in der Lüneburger Heide 1975	240
48	Ein Göttinger Stadtindianer provoziert die Republik. Die »Mescalero«-Artikel und die Suspendierung der Studentenvertretung in Göttingen 1977/78	246
49	Ein »Theater-Skandal« im Deutschen Herbst 1977. Die »Ära Harry Niemann« (1968-1985) in Oldenburg	250
50	Vom »Armenhaus« zum Agrobusiness. Zum Strukturwandel der südoldenburgischen Landwirtschaft	256
51	»Privatfunk in Niedersachsen«. Vom öffentlich-rechtlichen Monopol zum dualen System	260
52	David gegen Goliath. Der niederländische Widerstand gegen das Dollarthafenprojekt	264
53	Eine historische Landschaft erfindet sich neu. Der Beitrag des Radiosenders »Freies Wendland«	268
54	Religionsfreiheit. Vielfalt der Religionen an niedersächsischen Schulen	274
55	»Noch ist es für viele Dörfer nicht zu spät«. Staatliche Förderung für den ländlichen Raum	278
56	»Ostfriesen unter Naturschutz«? Der Niedersächsische Nationalpark Wattenmeer zwischen Schutz und Nutzung	282
57	»Die Weckung des Wir-Bewußtseins«. Die niedersächsische Landesausstellung »Stadt im Wandel« des Jahres 1985 in Braunschweig	286
58	»Warum handeln wir nicht, wir Niedersachsen?« Die Aufnahme der vietnamesischen Boat-People in Norddeich	290
59	Ein neues »gigantisches Superministerium« für Niedersachsen? Die Neugründung des Niedersächsischen Umweltministeriums 1986	296
60	Ein attraktiver Wirtschaftsstandort – dank Kultur. Die Stiftung Niedersachsen	300

61	Lehrpfade zu Waldschäden und zum Waldsterben. Eine Reaktion auf die Debatte über das Waldsterben der 1980er Jahre	304
62	»Wegen der Verletzung ihrer politischen Treuepflicht entlassen«. »Berufsverbote« in Niedersachsen 1972 bis 1990	310
63	Mitten am Rande. Der innerdeutsche Grenzübergang Helmstedt-Marienborn	314
64	»Bürger wollen eine EXPO zum Mitmachen«. Die Expo 2000 und Hannover	320
65	Bekanntmachung: Freispruch für eine Hingerichtete! Der Fall Erna Wazinski und die Aufarbeitung von NS-Unrechtsurteilen.	326
66	»40 Jahre Trennung sind genug«. Die Rückgliederung des Amtes Neuhaus nach Niedersachsen nach 1989	332
67	»Männer-Mann beim Minister«. Niedersachsen stellt erstmals einen Referenten für homosexuelle Lebensweisen ein	336
68	Neufassung Verfassung. Der Landtag verabschiedet die Niedersächsische Verfassung von 1993	340
69	Ein neues Zuhause. Spätaussiedler in Niedersachsen	344
70	Die Bäderkrise im Harz. Bedarfszuweisungen an die Stadt Bad Grund	348
71	Pfeile, Punkte, Wirrwarr? Europafähige Grenzregionen mittels Wirtschafts- und Kulturförderung der EUREGIO	352
72	»Lebenslanges Lernen«. Erwachsenenbildung in Niedersachsen	356
73	BSE und die Folgen. Wie die Agrarwende ins Agrarland Nr. 1 kam	360
74	»KonVisionen«. Abzug der britischen Streitkräfte und Konversion in Osnabrück.	364
75	»Die Geduld der Landesregierung ist die Macht der Männer«. Das Niedersächsische Gleichberechtigungsgesetz (NGG)	368

75 Jahre Niedersachsen
Einblicke in seine Geschichte anhand von 75 Dokumenten

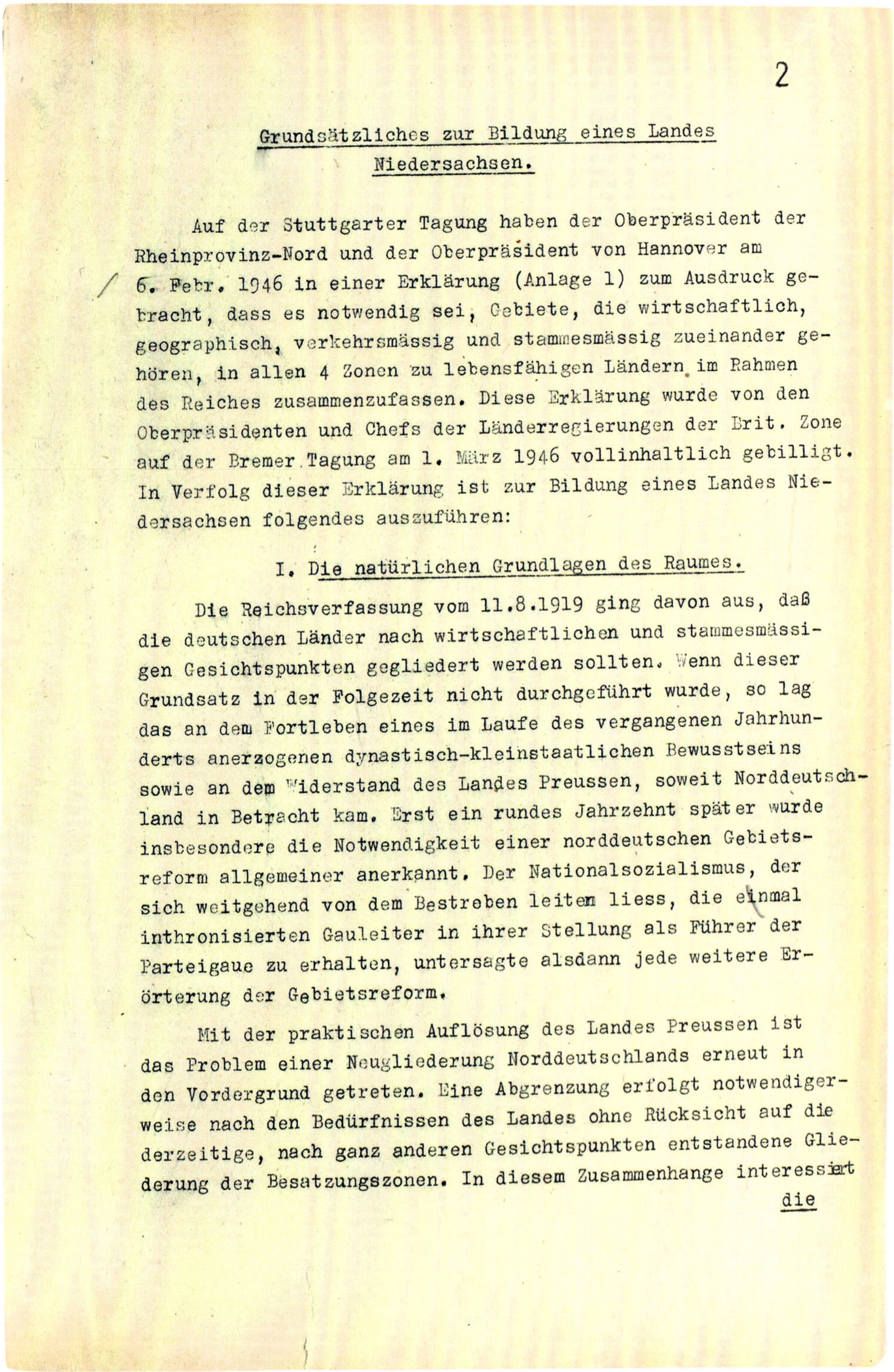

Grundsätzliches zur Bildung eines Landes Niedersachsen.

Auf der Stuttgarter Tagung haben der Oberpräsident der Rheinprovinz-Nord und der Oberpräsident von Hannover am 6. Febr. 1946 in einer Erklärung (Anlage 1) zum Ausdruck gebracht, dass es notwendig sei, Gebiete, die wirtschaftlich, geographisch, verkehrsmässig und stammesmässig zueinander gehören, in allen 4 Zonen zu lebensfähigen Ländern im Rahmen des Reiches zusammenzufassen. Diese Erklärung wurde von den Oberpräsidenten und Chefs der Länderregierungen der Brit. Zone auf der Bremer Tagung am 1. März 1946 vollinhaltlich gebilligt. In Verfolg dieser Erklärung ist zur Bildung eines Landes Niedersachsen folgendes auszuführen:

I. Die natürlichen Grundlagen des Raumes.

Die Reichsverfassung vom 11.8.1919 ging davon aus, daß die deutschen Länder nach wirtschaftlichen und stammesmässigen Gesichtspunkten gegliedert werden sollten. Wenn dieser Grundsatz in der Folgezeit nicht durchgeführt wurde, so lag das an dem Fortleben eines im Laufe des vergangenen Jahrhunderts anerzogenen dynastisch-kleinstaatlichen Bewusstseins sowie an dem Widerstand des Landes Preussen, soweit Norddeutschland in Betracht kam. Erst ein rundes Jahrzehnt später wurde insbesondere die Notwendigkeit einer norddeutschen Gebietsreform allgemeiner anerkannt. Der Nationalsozialismus, der sich weitgehend von dem Bestreben leiten liess, die einmal inthronisierten Gauleiter in ihrer Stellung als Führer der Parteigaue zu erhalten, untersagte alsdann jede weitere Erörterung der Gebietsreform.

Mit der praktischen Auflösung des Landes Preussen ist das Problem einer Neugliederung Norddeutschlands erneut in den Vordergrund getreten. Eine Abgrenzung erfolgt notwendigerweise nach den Bedürfnissen des Landes ohne Rücksicht auf die derzeitige, nach ganz anderen Gesichtspunkten entstandene Gliederung der Besatzungszonen. In diesem Zusammenhange interessiert die

Abb. 1: Das »Kopf-Gutachten«, erstmals am 1. April 1946 vorgelegt, hier die erste Seite der Fassung vom 1. Juni 1946 (NLA BU L 4 Nr. 667).

1 | Niedersachsen begründen
Das »Kopf-Gutachten« 1946 und der Weg zum Land Niedersachsen

Das Bundesland Niedersachsen wurde am 8. November 1946 gegründet. Der Begriff »niedersächsisch« reicht bis ins Spätmittelalter zurück. Er diente zunächst der Unterscheidung des nördlichen sächsischen Gebiets vom südöstlich gelegenen »Obersachsen«, ab dem 16. Jahrhundert gab es auch einen Niedersächsischen Reichskreis. Doch waren dies vage Bezeichnungen eines Gebiets, ohne eine tiefere politische Bedeutung.

Als politischer Begriff wurde »Niedersachsen« im 19. Jahrhundert gewissermaßen neu erfunden. Wie der aufkommende deutsche Nationalstaatsbegriff unabhängig von bestehenden Territorien entstand, so suchte und betonte auch der Niedersachsenbegriff nun Gemeinsamkeiten, die mit den dynastischen Entwicklungen der norddeutschen Gebiete nichts zu tun hatten. Als 1866 das bis dahin von Welfen regierte Königreich Hannover von Preußen annektiert wurde und Hannover damit seine Selbstständigkeit verlor, bekam der Niedersachsengedanke teilweise eine stark »welfische« Prägung. Denn nun vermischte sich die Schaffung einer historisch motivierten Raumutopie mit dem Wunsch nach einer Rückkehr zur alten Selbstständigkeit. Um 1900 nahm sich die neue Heimatbewegung des Niedersachsengedankens an. Seit 1895 erschien die Zeitschrift »Niedersachsen«, 1901 wurde der »Heimatbund Niedersachsen« gegründet. Die Vorstellung eines »Niedersachsen« wurde nun gefüllt mit der Rekonstruktion eines Sachsenstammes und dessen angeblich überkommenen Charaktereigenschaften wie naturverhaftet, bedächtig, konservativ, eben auch »sturmfest und erdverwachsen«, wie es dann im Niedersachsenlied (1926) hieß.

In den 1920er Jahren bekam Niedersachsen im Zuge der Reichsreformüberlegungen allmählich auch räumliche Konturen – die allerdings von Anfang an umstritten waren. 1925 wurde die »Wirtschaftswissenschaftliche Gesellschaft zum Studium Niedersachsens« gegründet. Ihr Geschäftsführer Kurt Brüning legte in einer Denkschrift »Niedersachsen im Rahmen der Neugliederung des Reichs« (1929 und 1931) die Vorteile einer Territorialreform für die Wirtschaft dar, der Landeshistoriker Georg Schnath, seit 1928 Archivar am Staatsarchiv Hannover, entwickelte die historische Begründung eines einheitlichen Raumes Niedersachsen. Aus dem Freistaat Oldenburg und aus Westfalen reagierte man darauf mit eigenen Denkschriften und wies Gebietsansprüche eines angedachten Niedersachsen zurück.

Mit der Schaffung des NS-Staates 1933 und dem starken Einfluss der von den staatlichen Verwaltungsgrenzen unabhängigen NSDAP-Gaue bekam die Auseinandersetzung eine eifersüchtig-machtpolitische Note: Bald verbot der Oldenburger NSDAP-Gauleiter Carl Röver gar, den Begriff »Niedersachsen« überhaupt zu gebrauchen. Zugleich fror die Konzentration des NS-Staates auf den angestrebten Eroberungskrieg jegliche Diskussion über die (längst überfälligen) Territorialreformen gewissermaßen ein und vertagte sie auf die Zeit nach dem »Endsieg«.

Im Frühjahr 1945 befand sich der spätere, erste Niedersächsische Ministerpräsident Hinrich Wilhelm Kopf auf der Flucht aus Schlesien in seine norddeutsche Heimat eher zufällig in der Nähe Hannovers. Kopf war studierter Jurist und hatte als SPD-Politiker einige politisch-administrative Ämter wahrgenommen (u.a. Landrat des Kreises Land Hadeln), bis er 1933 infolge der Machtübernahme der NSDAP den öffentlichen Dienst verlassen musste. Während des Krieges war Kopf als Vermögensverwalter im besetzten Polen an der Enteignung und Aussiedlung der polnischen und polnisch-jüdischen Bevölkerung beteiligt. Von der Britischen Militärregierung wurde Kopf zunächst am 1. Mai 1945 zum Präsidenten des Regierungsbezirks Hannover und am 19. September zum Oberpräsidenten der Provinz Hannover ernannt. Aufgrund seiner scheinbar tadellosen Vergangenheit in der NS-Zeit war Kopf nun ungeachtet seiner verantwortlichen Mitwirkung an NS-Verbrechen ganz unerwartet in eine Schlüsselposition gerückt.

Den Briten ging es im Sommer 1945 zunächst darum, im nordwestdeutschen Raum eine leistungsfähige Verwaltung mit unbelasteten und kompetenten deutschen Ansprechpartnern aufzubauen. Kopf verfolgte als Oberpräsident von Anfang an den Niedersachsengedanken. Schon einen Aufruf an seine Mitarbeiter im Regierungspräsidium Hannover schloss er Ende Mai 1945 mit dem Ausruf »Gott schütze Niedersachsen!«. Zunächst drängte er die Briten, die (ehemals preußische) »Provinz Hannover« nun als ein »Land« anzuerkennen und damit auf eine institutionelle Ebene mit Oldenburg und Braunschweig zu heben, hatte damit allerdings erst im August 1946 Erfolg. Parallel betrieb er die Umbenennung des von den Engländern eingesetzten Gebietsrates Hannover-Oldenburg-Braunschweig in »Gebietsrat Niedersachsen« mit der (kühnen) Behauptung, dies sei ein gewohnter Begriff für die Bevölkerung.

Für die Begründung des angestrebten Landes Niedersachsen griff Kopf auf Brüning und dessen Denkschrift zurück, die er seit 1929 kannte. Im sogenannten »Kopf-Gutachten« (Abb. 1), das erstmals am 1. April 1946 vorgelegt wurde, ist deutlich Brünings Duktus erkennbar. Niedersachsen wird dort als vielfach begründeter »organischer Raum« bezeichnet, »als in der Gegenwart begründetes reales Gebilde, das lediglich noch nicht den letzten administrativen Ausdruck als allgemeiner Verwaltungsbezirk erfahren hat.« Dem Gutachten ist an vielen Stellen deutlich anzumerken, dass es aus hannoverscher Perspektive geschrieben wurde. Oldenburg wird charakterisiert als »wie ein Pfahl im Fleisch Hannovers sitzend« und als finanziell abhängig von Hannover beschrieben. Es wird auf eine aggressive Ausdehnungspolitik Oldenburgs während der NS-Zeit verwiesen (»Annexion der hannoverschen Regierungsbezirke Aurich und Osnabrück«) und sowohl Oldenburg wie auch Braunschweig wird die relativ frühe Machtübernahme der NSDAP angelastet. Über Schaumburg-Lippe heißt es, der westfälische NS-Gauleiter habe es »wegen seiner vorwiegend nordischen Bevölkerung« für seinen Gau benötigt, »weil dessen dunkelfarbige Bevölkerung keinen guten Nachwuchs für die Parteiämter ergeben könne.« Mit solchen zweifelhaften, aber wirksamen Anekdoten versuchte Kopf Stimmung zu machen. Die territorialen Vorstellungen der Niedersachsenfreunde um Kopf waren ausgreifend: In der Fassung des Gutachtens vom 1. Juni werden auch Bremen, Lippe (-Detmold), Minden, Lübbecke, Tecklenburg, Bielefeld und Herford zum niedersächsischen Raum hinzugezählt. In dieser allerersten Fassung war sogar der Verzicht auf die Regierungsbezirke als Mittelebene vorgesehen.

Wie schon vor dem Krieg wurde der Nie-

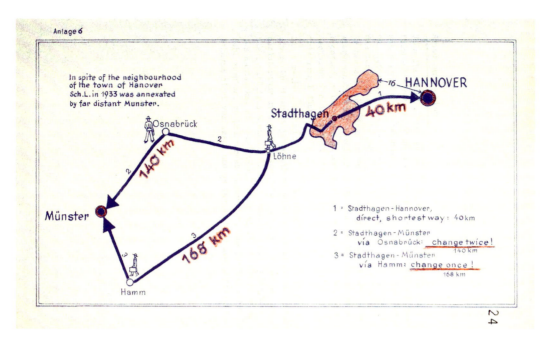

Abb. 2: Kartenskizze, mit der die Nähe Schaumburg-Lippes zu Hannover deutlich gemacht wird. Anlage des »Kopf-Gutachtens« (NLA BU L 4 Nr. 667).

dersachsengedanke auch jetzt noch aufgrund seiner welfischen Einflüsse vor allem im Westen – in Oldenburg, Ostfriesland und Emsland – kritisch gesehen, eher als Ausdruck eines welfisch-hannoverschen Ausgreifens. In Oldenburg plädierte Ministerpräsident Theodor Tantzen mit braunschweigischer Unterstützung für eine Dreiteilung: ein Land Weser-Ems (mit Oldenburg, Bremen, Ostfriesland und Osnabrück) neben den Ländern Hannover und Braunschweig. Dazu konnte es aber schon deshalb nicht kommen, weil die Briten die Zahl der Länder begrenzen wollten. Zudem war man sich in Oldenburg über den künftigen Gebietszuschnitt weniger einig als in Hannover und hatte die Rechnung ohne das Selbstständigkeitsstreben der Hansestadt Bremen gemacht.

Der kleine Freistaat Schaumburg-Lippe war der vierte, bis dahin selbstständige Staat, der Bestandteil des neuen Landes Niedersachsen wurde. Vor 1945 zum NS-Gau Westfalen-Nord gehörend, wurde hier zunächst im Juni 1945 der lippische Landespräsident Drake als Landespräsident eingesetzt. Die Aufgabe der politischen Selbstständigkeit war seit den 1920er Jahren überfällig. Nun schien eine Angliederung an Lippe oder Westfalen zu drohen, doch wirtschaftlich orientierte Kreise in Schaumburg-Lippe bemühten sich erfolgreich um eine Anbindung an Hannover. Im Kopf-Gutachten wurde eigens darauf verwiesen, wie schnell Hannover im Vergleich zu Münster aus Schaumburg-Lippe zu erreichen ist und dass die Region 1933 von Münster »annexated« wurde (Abb. 2). Am 20. Mai 1946 wurde Schaumburg-Lippe zunächst unter formaler Beibehaltung der staatlichen Selbstständigkeit der Provinz Hannover angegliedert. Am Kräfte-

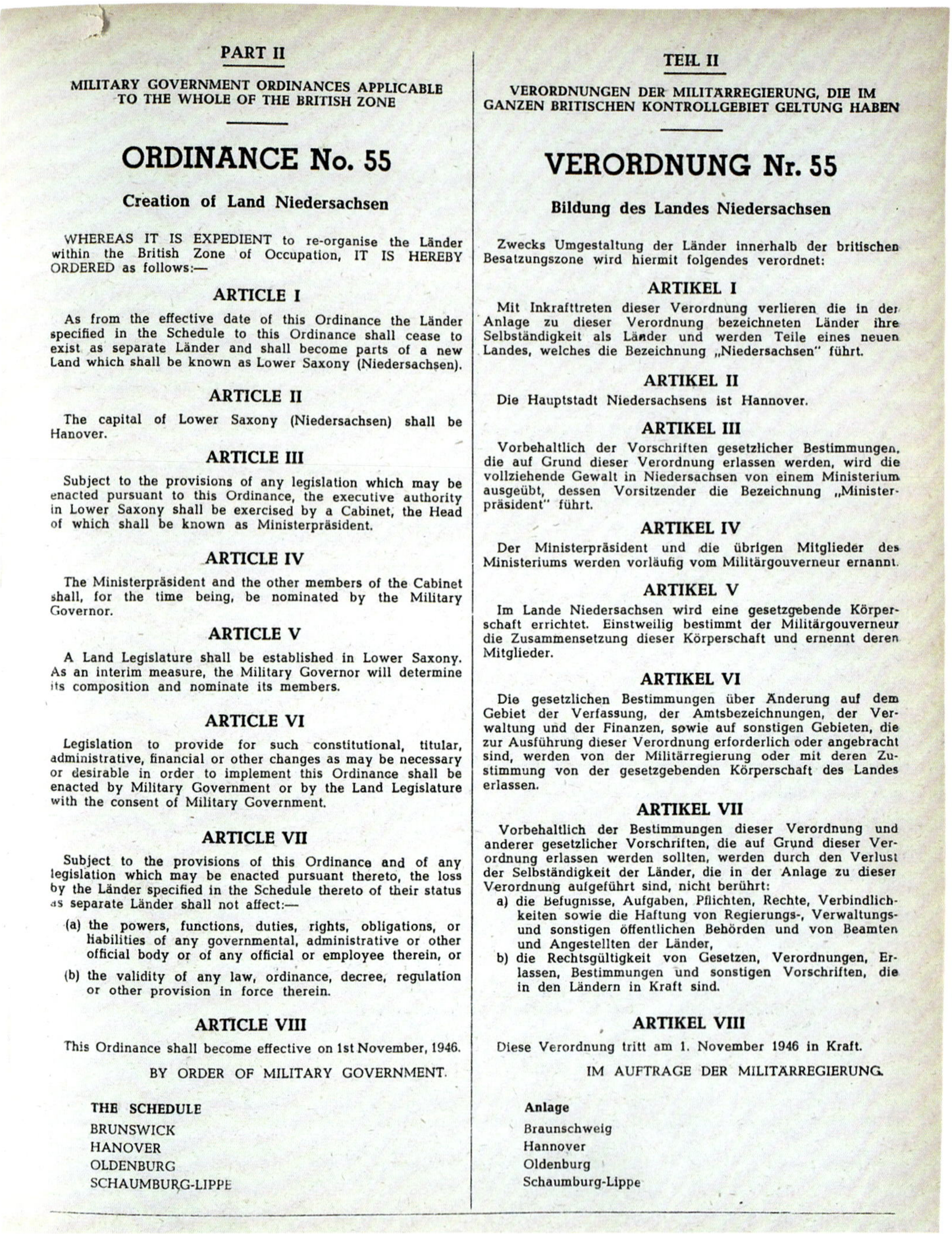

PART II

MILITARY GOVERNMENT ORDINANCES APPLICABLE TO THE WHOLE OF THE BRITISH ZONE

ORDINANCE No. 55

Creation of Land Niedersachsen

WHEREAS IT IS EXPEDIENT to re-organise the Länder within the British Zone of Occupation, IT IS HEREBY ORDERED as follows:—

ARTICLE I

As from the effective date of this Ordinance the Länder specified in the Schedule to this Ordinance shall cease to exist as separate Länder and shall become parts of a new Land which shall be known as Lower Saxony (Niedersachsen).

ARTICLE II

The capital of Lower Saxony (Niedersachsen) shall be Hanover.

ARTICLE III

Subject to the provisions of any legislation which may be enacted pursuant to this Ordinance, the executive authority in Lower Saxony shall be exercised by a Cabinet, the Head of which shall be known as Ministerpräsident.

ARTICLE IV

The Ministerpräsident and the other members of the Cabinet shall, for the time being, be nominated by the Military Governor.

ARTICLE V

A Land Legislature shall be established in Lower Saxony. As an interim measure, the Military Governor will determine its composition and nominate its members.

ARTICLE VI

Legislation to provide for such constitutional, titular, administrative, financial or other changes as may be necessary or desirable in order to implement this Ordinance shall be enacted by Military Government or by the Land Legislature with the consent of Military Government.

ARTICLE VII

Subject to the provisions of this Ordinance and of any legislation which may be enacted pursuant thereto, the loss by the Länder specified in the Schedule thereto of their status as separate Länder shall not affect:—

(a) the powers, functions, duties, rights, obligations, or liabilities of any governmental, administrative or other official body or of any official or employee therein, or

(b) the validity of any law, ordinance, decree, regulation or other provision in force therein.

ARTICLE VIII

This Ordinance shall become effective on 1st November, 1946.

BY ORDER OF MILITARY GOVERNMENT.

THE SCHEDULE
BRUNSWICK
HANOVER
OLDENBURG
SCHAUMBURG-LIPPE

TEIL II

VERORDNUNGEN DER MILITÄRREGIERUNG, DIE IM GANZEN BRITISCHEN KONTROLLGEBIET GELTUNG HABEN

VERORDNUNG Nr. 55

Bildung des Landes Niedersachsen

Zwecks Umgestaltung der Länder innerhalb der britischen Besatzungszone wird hiermit folgendes verordnet:

ARTIKEL I

Mit Inkrafttreten dieser Verordnung verlieren die in der Anlage zu dieser Verordnung bezeichneten Länder ihre Selbständigkeit als Länder und werden Teile eines neuen Landes, welches die Bezeichnung „Niedersachsen" führt.

ARTIKEL II

Die Hauptstadt Niedersachsens ist Hannover.

ARTIKEL III

Vorbehaltlich der Vorschriften gesetzlicher Bestimmungen, die auf Grund dieser Verordnung erlassen werden, wird die vollziehende Gewalt in Niedersachsen von einem Ministerium ausgeübt, dessen Vorsitzender die Bezeichnung „Ministerpräsident" führt.

ARTIKEL IV

Der Ministerpräsident und die übrigen Mitglieder des Ministeriums werden vorläufig vom Militärgouverneur ernannt.

ARTIKEL V

Im Lande Niedersachsen wird eine gesetzgebende Körperschaft errichtet. Einstweilig bestimmt der Militärgouverneur die Zusammensetzung dieser Körperschaft und ernennt deren Mitglieder.

ARTIKEL VI

Die gesetzlichen Bestimmungen über Änderung auf dem Gebiet der Verfassung, der Amtsbezeichnungen, der Verwaltung und der Finanzen, sowie auf sonstigen Gebieten, die zur Ausführung dieser Verordnung erforderlich oder angebracht sind, werden von der Militärregierung oder mit deren Zustimmung von der gesetzgebenden Körperschaft des Landes erlassen.

ARTIKEL VII

Vorbehaltlich der Bestimmungen dieser Verordnung und anderer gesetzlicher Vorschriften, die auf Grund dieser Verordnung erlassen werden sollten, werden durch den Verlust der Selbständigkeit der Länder, die in der Anlage zu dieser Verordnung aufgeführt sind, nicht berührt:
a) die Befugnisse, Aufgaben, Pflichten, Rechte, Verbindlichkeiten sowie die Haftung von Regierungs-, Verwaltungs- und sonstigen öffentlichen Behörden und von Beamten und Angestellten der Länder,
b) die Rechtsgültigkeit von Gesetzen, Verordnungen, Erlassen, Bestimmungen und sonstigen Vorschriften, die in den Ländern in Kraft sind.

ARTIKEL VIII

Diese Verordnung tritt am 1. November 1946 in Kraft.

IM AUFTRAGE DER MILITÄRREGIERUNG.

Anlage
Braunschweig
Hannover
Oldenburg
Schaumburg-Lippe

Abb. 3: Verordnung Nr. 55 (Amtsblatt der Militärregierung Deutschland Britisches Kontrollgebiet No. 15, S. 341).

messen um den Zuschnitt des Landes nahm Schaumburg-Lippe also nicht teil.

Zum 17. September 1946 wurde das überarbeitete »Kopf-Gutachten« noch einmal vorgelegt, zunächst dem Sonderausschuss des Zonenbeirats und schließlich am 20. September dem Zonenbeirat selbst auf einer Sitzung in Hamburg. Dort erhielt das Dokument nun bei der Abstimmung zwei Drittel der Stimmen und wurde zur Grundlage für die Bildung des Landes Niedersachsen. Allerdings wurden (außer in Schaumburg-Lippe) die Gebietsansprüche gegen Westfalen nicht durchgesetzt. Am 25. Oktober baten die Ministerpräsidenten von Hannover, Braunschweig und Oldenburg die Militärregierung in einem gemeinsamen Schreiben, nun ein Gesetz zur Bildung des Landes Niedersachsen zu erlassen. Daraufhin wurde das Land Niedersachsen am 8. November 1946 mit der Verordnung Nr. 55 der Militärregierung rückwirkend zum 1. November gegründet (Abb. 3). Auf der dritten und letzten Sitzung des (ernannten) hannoverschen Landtages am 8. Dezember konnte Hinrich Wilhelm Kopf erklären, es gehe nun ein lang gehegter Wunsch der Niedersachsen in Erfüllung. Am folgenden Tag trat ein ernannter Landtag des Landes Niedersachsen im hannoverschen Neuen Rathaus zu seiner ersten Sitzung zusammen.

Der Gründung des neuen Landes im November 1946 musste nur noch eine »innere Landesgründung« folgen, eine Verankerung des Landes in den Köpfen und Herzen der Bewohner.

Stefan Brüdermann

Benutzte Archivalien
NLA BU L 4 Nr. 667.

Literatur in Auswahl
Barmeyer 1999; Böhme 1995; Korte/Rebe 1986; Nentwig 2013; Reeken 2010a; Reeken 2017; Schnath 1966.

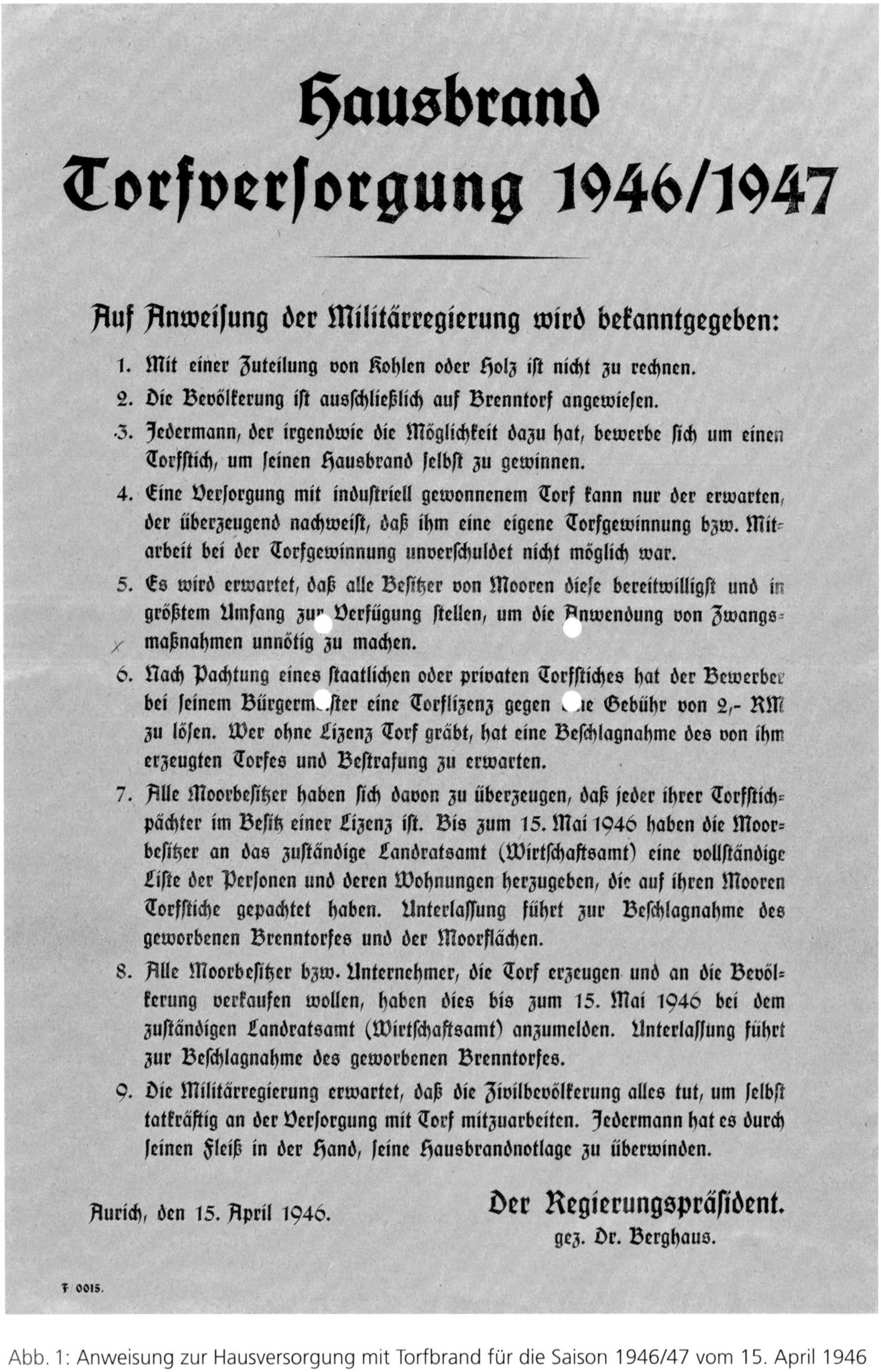

Hausbrand
Torfversorgung 1946/1947

Auf Anweisung der Militärregierung wird bekanntgegeben:

1. Mit einer Zuteilung von Kohlen oder Holz ist nicht zu rechnen.
2. Die Bevölkerung ist ausschließlich auf Brenntorf angewiesen.
3. Jedermann, der irgendwie die Möglichkeit dazu hat, bewerbe sich um einen Torfstich, um seinen Hausbrand selbst zu gewinnen.
4. Eine Versorgung mit industriell gewonnenem Torf kann nur der erwarten, der überzeugend nachweist, daß ihm eine eigene Torfgewinnung bzw. Mitarbeit bei der Torfgewinnung unverschuldet nicht möglich war.
5. Es wird erwartet, daß alle Besitzer von Mooren diese bereitwilligst und in größtem Umfang zur Verfügung stellen, um die Anwendung von Zwangsmaßnahmen unnötig zu machen.
6. Nach Pachtung eines staatlichen oder privaten Torfstiches hat der Bewerber bei seinem Bürgermeister eine Torflizenz gegen die Gebühr von 2,- RM zu lösen. Wer ohne Lizenz Torf gräbt, hat eine Beschlagnahme des von ihm erzeugten Torfes und Bestrafung zu erwarten.
7. Alle Moorbesitzer haben sich davon zu überzeugen, daß jeder ihrer Torfstichpächter im Besitz einer Lizenz ist. Bis zum 15. Mai 1946 haben die Moorbesitzer an das zuständige Landratsamt (Wirtschaftsamt) eine vollständige Liste der Personen und deren Wohnungen herzugeben, die auf ihren Mooren Torfstiche gepachtet haben. Unterlassung führt zur Beschlagnahme des geworbenen Brenntorfes und der Moorflächen.
8. Alle Moorbesitzer bzw. Unternehmer, die Torf erzeugen und an die Bevölkerung verkaufen wollen, haben dies bis zum 15. Mai 1946 bei dem zuständigen Landratsamt (Wirtschaftsamt) anzumelden. Unterlassung führt zur Beschlagnahme des geworbenen Brenntorfes.
9. Die Militärregierung erwartet, daß die Zivilbevölkerung alles tut, um selbst tatkräftig an der Versorgung mit Torf mitzuarbeiten. Jedermann hat es durch seinen Fleiß in der Hand, seine Hausbrandnotlage zu überwinden.

Aurich, den 15. April 1946.

Der Regierungspräsident.
gez. Dr. Berghaus.

Abb. 1: Anweisung zur Hausversorgung mit Torfbrand für die Saison 1946/47 vom 15. April 1946 (NLA AU Rep. 246 Nr. 58).

2 | »Für Haushaltszwecke steht keinerlei Kohle zur Verfügung«

Die Hausbrandverordnung in Ostfriesland durch die Selbsthilfegemeinschaft »Torfaktion«

Die ersten Jahre nach dem Zweiten Weltkrieg bis zur Währungsreform waren geprägt von großem Mangel, der alle grundlegenden Lebensbereiche betraf. So hatte sich die 1945 bereits abzeichnende Ernährungskrise im Folgejahr zu einer Ernährungskatastrophe entwickelt. Es fehlte an Arbeitskräften, die Nahrungsmittelproduktion sank dramatisch, gleichzeitig mussten große Ströme von Flüchtlingen und Vertriebenen zusätzlich versorgt werden. Niedersachsen war zudem im Rahmen des Nahrungsmittelausgleichs verpflichtet, landwirtschaftliche Erzeugnisse an andere Länder der Bizone, insbesondere Nordrhein-Westfalen, zu liefern. Gleichzeitig stagnierte die sich zunächst langsam erholende Wirtschaft im Frühjahr 1947 und führte zu einer »Lähmungskrise«, wie Schneider und Abelshauser es ausdrückten. Hinzu kamen massive Engpässe im Transportbereich, die eine Versorgung mit Ersatzteilen, Maschinen, Rohstoffen und Brennstoff fast unmöglich machten. Der extrem harte Winter 1946/47 verschärfte die ohnehin schon krisenhafte Lage. Bereits im November 1946 sanken die Temperaturen zeitweise deutlich unter Null, im Januar/Februar 1947 folgten weitere länger anhaltende Kältewellen.

Da absehbar war, dass die Kohleproduktion in der Bizone bei Weitem nicht ausreichen würde, die Industrie, geschweige denn die privaten Haushalte zu versorgen, legte die Britische Militärregierung Anfang des Jahres 1946 fest, dass »Brennstoffe in erster Linie für die Bezirke zum Einsatz kommen, in denen sie gewonnen werden«. Dies bedeutete für den Regierungsbezirk Aurich, der über keinerlei Kohlevorkommen verfügte und deshalb mit einer Zuteilung nicht rechnen konnte, auf alternative Energieträger zurückgreifen zu müssen. Dafür bot sich die Intensivierung der seit Jahrhunderten in dieser Region betriebenen Form der Brennstoffgewinnung durch Torfabbau an. Im April folgte die Anordnung, dass die entsprechenden Arbeiten »im Wege einer von der Bevölkerung selbst durchgeführten Selbsthilfeaktion, der Torfaktion, zu geschehen« habe. Die Hauptverantwortung für Organisation und Durchführung lag beim Regierungspräsidenten, der dafür allerdings keine staatlichen Mittel aufwenden durfte. Um die Aktion zu finanzieren, sollten deshalb die Einwohner Ostfrieslands sogenannte Torflizenzen erwerben, die ihnen die Arbeit auf einem zugewiesenen Torfstich bzw. überhaupt den Torfabbau erlaubten. Eine Lizenz kostete 1946 zwei Reichsmark, 1947 waren es drei Reichsmark und nach der Währungsreform 50 Pfennig. Mit der öffentlichen Bekanntmachung (Abb. 1) informierte der Regierungspräsident die Öffentlichkeit, dass mit einer Zuteilung von Kohle oder Holz für den Hausbrand nicht zu rechnen und stattdessen ausschließlich Brenntorf zu nutzen sei. Und dieser sollte von jedermann, der irgendwie die Möglichkeit dazu hat, selbst gewonnen werden. Weiter hieß es dort: *Die Militärregierung erwartet, daß die Zivilbevölkerung alles tut, um selbst tatkräftig an der Versorgung mit Torf mitzuarbeiten. Jedermann hat es durch seinen Fleiß in der Hand, seine Hausbrandnotlage zu überwinden.*

Vom Beginn der Torfaktion im April 1946 bis Mitte Juni desselben Jahres hatte man knapp 60 Prozent des errechneten Hausbrandbedarfs produziert, davon 197.000 Tonnen per Handstich, mit maschineller Unterstützung hingegen nur 38.445 Tonnen. Es zeichnete sich zu diesem Zeitpunkt bereits ab, dass die Torfproduktion in Ostfriesland aufgrund der Witterungsverhältnisse nicht ausreichen würde, gleichzeitig der Bedarf aber wegen der anhaltenden Aufnahme von Flüchtlingen und Vertriebenen weiter anstieg. Man rechnete mit einem Defizit von 95.000 Tonnen. Die Militärregierung sicherte deshalb Ersatzlieferungen in Form von Holz oder Kohle zu, die am Ende aber ausblieben.

Während in der vorangegangenen Saison die im Regierungsbezirk liegenden 100.000 Haushalte noch drei Tonnen Torf erhielten, wurde für das Jahr 1946/47 die Zuteilung auf 2,5 Tonnen reduziert. Der errechnete Gesamtbedarf für den Regierungsbezirk Aurich lag wegen der in Ostfriesland angekommenen Flüchtlinge mittlerweile bei 350.000 Tonnen. Um dieses Ziel zu erreichen, plante man, unter dem Motto, »dass jeder, der eine warme Stube haben will, sich selbst versorgen muss«, die Werbung für die Mitarbeit in der Torfgewinnung zu intensivieren. Extra eingesetzte Moorvögte hatten die Vergabe der Torfstiche, den Abbau der Moore, die Auflagen der Wege-, Wasser- und Rechtsverhältnisse und den Abtransport zu überwachen. Verstöße wurden streng bestraft. Für das Torfproduktionsprogramm 1946/47 sollte auch die maschinelle Torfgewinnung intensiviert werden. Doch die Erträge des Programms blieben am Ende u.a. wegen ausbleibender Material- und Treibstofflieferungen deutlich hinter den Erwartungen zurück.

Mit dem hier zu sehenden Plakat aus dem Jahr 1947 (Abb. 2) wollte der Regierungspräsident die Bevölkerung animieren, sich in noch größerem Maße an der Torfproduktion zu beteiligen, nicht zuletzt deshalb, weil der errechnete Bedarf an Brenntorf für die Saison 1947/48 mittlerweile auf 600.000 Tonnen gestiegen war. Überliefert ist das Plakat in einer Akte der landwirtschaftlichen Abteilung des Regierungspräsidenten Aurich, die hauptsächlich Berichte der ostfriesischen Landkreise und der Stadt Emden über den jeweiligen Stand der Torfproduktion, der Torfverteilung und dabei bestehender Schwierigkeiten enthielt. Das Plakat diente hier jedoch nicht der Dokumentation der Werbebemühungen des Regierungspräsidenten, sondern als Schreibpapier.

So idyllisch, wie auf dem Plakat zu sehen, war der Torfabbau in Handarbeit nicht, vielmehr war es Schwerstarbeit. Erst entfernte man Moosnarbe und Weißtorf, um anschließend den darunterliegenden Schwarztorf mit einem »Stieker« in Soden abzustechen. Damit war die Arbeit aber erst zur Hälfte getan, denn die nassen und schweren Torfstücke mussten zu einem in der Nähe liegenden Trockenplatz geschafft und dort gestapelt, weiter entwässert und getrocknet werden. Außerdem war jeder Torfstichinhaber verpflichtet, sich an allgemeinen Entwässerungs- und Wegebauarbeiten zu beteiligen. Am Ende galt es, den Brenntorf aus den meist weiter von den Wohnplätzen entfernt liegenden Moorgebieten abzutransportieren. Sowohl für den gemeinschaftlich organisierten als auch für den maschinell unterstützten Torfabbau entstanden wegen der deutlich höheren Produktionsmengen erhebliche Probleme. »Schwerlasttransporter« versackten auf den nicht dafür ausgelegten Moorwegen, Material für Feldbahnen gab es nicht, im Winter waren die Wege wegen Eis nicht befahrbar und die Kanäle zugefroren.

In Ostfriesland lag der Löwenanteil der Brenntorfgewinnung mit ca. 75 Prozent auf dem Handstich. Dieser wurde entweder durch einzelne Familien im Rahmen der Selbstversorgung geleistet oder auf gemeinschaftlicher Grundlage, wie z. B. bei der Interessengemeinschaft Krummhörn, die alle darin vertretenen Gemeinden versorgte. Jeder, der als Selbstversorger einen eigenen Torfstich bearbeitete, musste neben der Torflizenz zusätzlich eine Torfheuer entrichten. Sie betrug 1947 pro Kubikmeter 40 Reichspfennig für unkultivierte und 80 Reichspfennig für kultivierte Moore. Da nicht jeder Einwohner Ostfrieslands sich selbst mit Torf versorgen konnte und ehemalige KZ-Häftlinge wegen der erlittenen Verfolgung von einer Beteiligung an der Torfgewinnung befreit waren, musste außerdem »eine Tonne handelsüblichen Brenntorf gegen Entgelt zur Versorgung von Kranken, Kriegsbeschädigten usw. dem Wirtschaftsamt zur Verteilung« abgeliefert werden. Erlaubt war jedem Torfstichbesitzer der Abbau von bis zu zwölf Tonnen Brenntorf je Haushalt, die sie auch »gegen Stroh, Heu, Futtermittel, Dünger usw. nach Erfüllung der Lieferpflicht im betriebsnotwendigen Umfang« eintauschen durften.

Während die ländliche Bevölkerung aufgefordert war, sich ausschließlich selbst mit Brenntorf zu versorgen, galt dies nicht für die Städte und die Inseln. Deren Bewohner erhielten im Winterhalbjahr monatliche Torflieferungen, soweit der Vorrat reichte. Allerdings waren sie genauso verpflichtet, sich in der einen oder anderen Form am Torfabbau zu beteiligen. In einer Verfügung zur Torfaktion 1947 wurde deshalb deutlich betont, dass »die städtische Bevölkerung nachhaltig darüber unterrichtet werden [muss], dass nur derjenige, der aus berechtigten Gründen nachweislich nicht in der Lage war, selbst Torf zu graben, versorgt werde«. Die Stadtbewohner arbeiteten in der Regel gegen ein geringes Entgelt auf größeren städtischen

Abb. 2: Werbeplakat für die Torfgewinnung durch Handstich, 1947 (NLA AU Rep. 17/5 Nr. 195).

bzw. staatlichen Torfstichen oder auch als Prämientorfarbeiter in Industriebetrieben, die einen Teil ihres Lohns in Form von Brenntorf erhielten.

In Ostfriesland wurde Schwarztorf bis weit in die 1950er Jahre von vielen Familien für die Feuerung im Winter verwendet. Gleichwohl zeichnete sich bereits kurz nach der Währungsreform ab, dass Torf als Energieträger nicht zukunftsfähig war. Das Landeswirtschaftsamt in Hannover bemerkte im Juli 1948, der Torf stehe als Hausbrandmittel angesichts der verbesserten allgemeinen Wirtschaftslage künftig wohl in eher aussichtsloser Konkurrenz zur Kohle.

Kirsten Hoffmann

Benutzte Archivalien
NLA AU Rep. 17/5 Nr. 195, Nr. 200, Nr. 201, Nr. 204; NLA AU Rep. 246 Nr. 58; NLA AU Rep. 17/3 Nr. 168, Nr. 967, Nr. 972, Nr. 973; NLA HA Nds. 500 Acc. 6/62 Nr. 411.

Literatur in Auswahl
Abelshauser 2004; Schneider 1982; Trittel 1995.

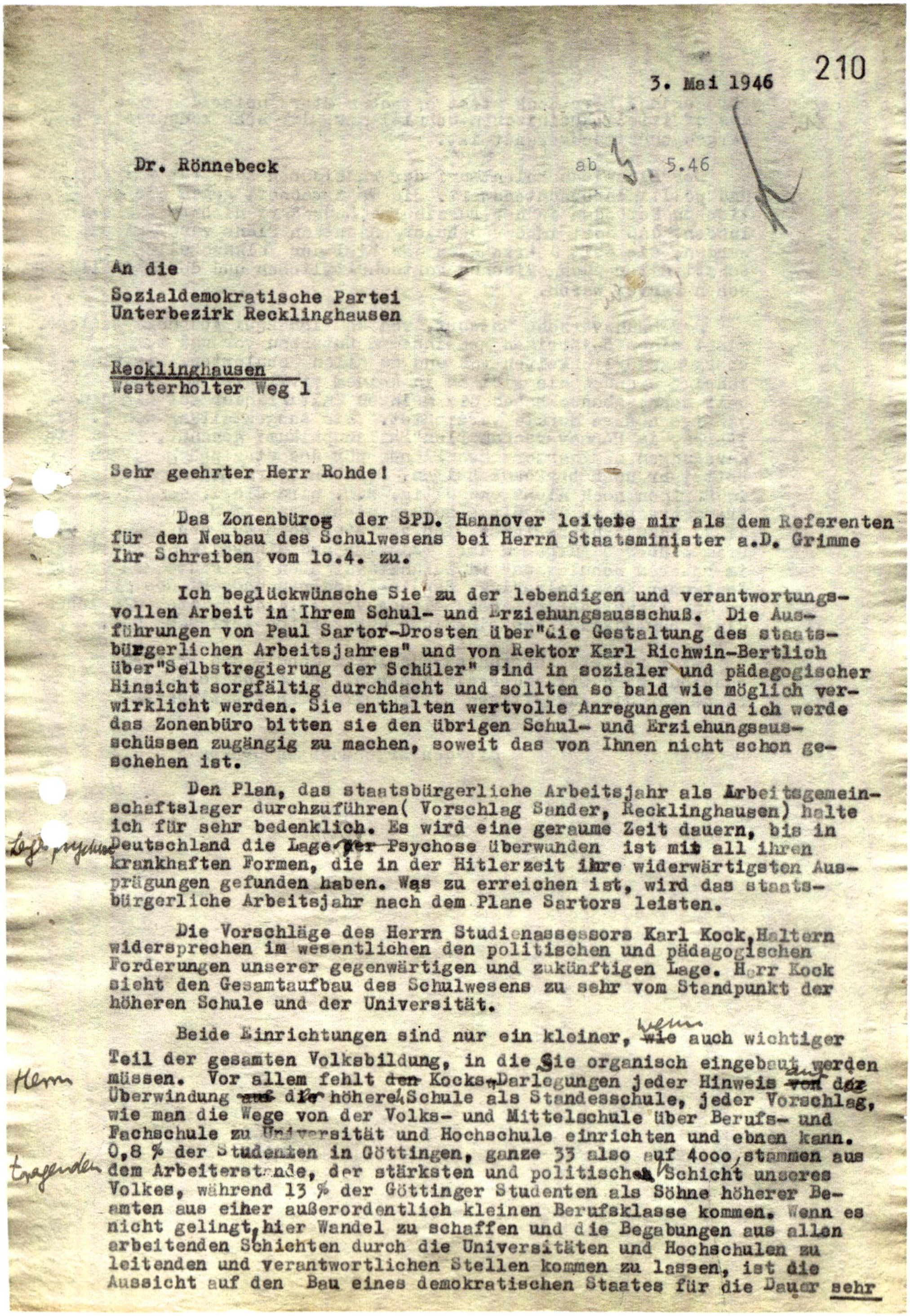

3. Mai 1946   210

Dr. Rönnebeck   ab 5. 5.46

An die
Sozialdemokratische Partei
Unterbezirk Recklinghausen

Recklinghausen
Westerholter Weg 1

Sehr geehrter Herr Rohde!

Das Zonenbüro der SPD. Hannover leitete mir als dem Referenten für den Neubau des Schulwesens bei Herrn Staatsminister a.D. Grimme Ihr Schreiben vom 10.4. zu.

Ich beglückwünsche Sie zu der lebendigen und verantwortungsvollen Arbeit in Ihrem Schul- und Erziehungsausschuß. Die Ausführungen von Paul Sartor-Drosten über "Die Gestaltung des staatsbürgerlichen Arbeitsjahres" und von Rektor Karl Richwin-Bertlich über "Selbstregierung der Schüler" sind in sozialer und pädagogischer Hinsicht sorgfältig durchdacht und sollten so bald wie möglich verwirklicht werden. Sie enthalten wertvolle Anregungen und ich werde das Zonenbüro bitten sie den übrigen Schul- und Erziehungsausschüssen zugängig zu machen, soweit das von Ihnen nicht schon geschehen ist.

Den Plan, das staatsbürgerliche Arbeitsjahr als Arbeitsgemeinschaftslager durchzuführen (Vorschlag Sander, Recklinghausen) halte ich für sehr bedenklich. Es wird eine geraume Zeit dauern, bis in Deutschland die Lage der Psychose überwunden ist mit all ihren krankhaften Formen, die in der Hitlerzeit ihre widerwärtigsten Ausprägungen gefunden haben. Was zu erreichen ist, wird das staatsbürgerliche Arbeitsjahr nach dem Plane Sartors leisten.

Die Vorschläge des Herrn Studienassessors Karl Kock, Haltern widersprechen im wesentlichen den politischen und pädagogischen Forderungen unserer gegenwärtigen und zukünftigen Lage. Herr Kock sieht den Gesamtaufbau des Schulwesens zu sehr vom Standpunkt der höheren Schule und der Universität.

Beide Einrichtungen sind nur ein kleiner, wenn auch wichtiger Teil der gesamten Volksbildung, in die Sie organisch eingebaut werden müssen. Vor allem fehlt den Kocks-Darlegungen jeder Hinweis von der Überwindung der höheren Schule als Standesschule, jeder Vorschlag, wie man die Wege von der Volks- und Mittelschule über Berufs- und Fachschule zu Universität und Hochschule einrichten und ebnen kann. 0,8 % der Studenten in Göttingen, ganze 33 also auf 4000, stammen aus dem Arbeiterstande, der stärksten und politisch tragenden Schicht unseres Volkes, während 13 % der Göttinger Studenten als Söhne höherer Beamten aus einer außerordentlich kleinen Berufsklasse kommen. Wenn es nicht gelingt, hier Wandel zu schaffen und die Begabungen aus allen arbeitenden Schichten durch die Universitäten und Hochschulen zu leitenden und verantwortlichen Stellen kommen zu lassen, ist die Aussicht auf den Bau eines demokratischen Staates für die Dauer sehr

Abb. 1: Antwortschreiben Rönnebecks an den SPD-Unterbezirksvorsitzenden Rohde in Recklinghausen vom 3. Mai 1946, Konzept (NLA HA Nds. 400 Acc. 121/81 Nr. 795/3).

3 | Schulreform im Zeichen von Demokratie und Frieden

Anfänge der Kultuspolitik nach 1945 unter Kultusminister Adolf Grimme

Kurz nach ihrer Wahl zur CDU-Generalsekretärin brachte Annegret Kramp-Karrenbauer als Ersatz für die 2011 ausgesetzte Wehrpflicht und den Zivildienst ein allgemeines Dienstjahr für Männer und Frauen ins Gespräch, was auf überraschend positive Resonanz stieß. Im Rahmen der Diskussion über die programmatische Neuausrichtung der CDU wurden verschiedene Begriffe ins Spiel gebracht, wie Soziales Pflichtjahr, Allgemeine Dienstpflicht oder Deutschlandjahr. Jedoch ist die Debatte nicht ganz neu – sie wurde bereits 1946 in der britischen Besatzungszone geführt, damals auch in der SPD.

Zielen heutige Überlegungen darauf ab, jungen Menschen mehr soziale Kompetenzen und Verantwortungsbewusstsein zu vermitteln sowie ihnen ehrenamtliches Engagement nahezubringen, ging es in der unmittelbaren Nachkriegszeit um grundsätzlichere Probleme. »Das Deutsche Volk […] muss erst zu wahrer Demokratie erzogen werden. Besonders in der jungen Generation ist der Einfluss staatsbürgerlicher Verbildung der letzten zwölf Jahre auszumerzen.« Diese Ansicht des westfälischen Bildungspolitikers Paul Sartor stieß in Hannover auf offene Ohren. Als zentral für die Demokratisierung Deutschlands galt die Umerziehung der Kinder und Jugendlichen. Die aus dem »Dritten Reich« überkommenen Schulstrukturen erschienen mit ihrer Ausrichtung auf eine Erziehung im Sinne der nationalsozialistischen Ideologie dafür denkbar ungeeignet. Dringlichkeit erhielt die anstehende Schulreform auch dadurch, dass gerade in den letzten Kriegsjahren die Schulbildung unter anderem durch Einführung des Notabiturs und Verkürzung der Schulpflicht gelitten hatte. Das Bestreben, Heranwachsende für den »Volkssturm« zu rekrutieren, hatte zu schwerwiegenden Bildungslücken geführt, die möglichst ausgeglichen werden mussten, wollte man die jungen Menschen ausreichend auf eine Berufsausbildung oder ein Hochschulstudium vorbereiten.

Bemühten sich Reformer anfangs darum, eine Wiederholung der »Weimarer Schultragödie«, also eine erneute Zersplitterung des Schulwesens zu vermeiden, stellte sich schnell heraus, dass fast jedes Land eigene Vorstellungen von einem idealen Schulsystem hatte. Beispielsweise plädierten die süddeutschen Länder für die Beibehaltung der Bekenntnisschule, während Reformer für die Simultanschule eintraten, an der Schüler aller Konfessionen unterrichtet werden sollten. Der Sozialdemokrat Adolf Grimme, zunächst Leiter der Hauptabteilung Kultus (Abteilung IV) beim Oberpräsidenten der Provinz Hannover, dann hannoverscher Minister für Volksbildung, Kunst und Wissenschaft und erster niedersächsischer Kultusminister, unterstützte in konsequenter Fortsetzung seiner Politik als letzter preußischer Kultusminister von 1930 bis 1932 die Simultanschule. Allerdings sprach sich in einer umstrittenen, auf Anordnung der britischen Militärregierung durchgeführten Abstimmung die Mehrheit der Eltern für die Beibehaltung der Konfessionsschule aus. Hier traten offen die unterschiedlichen Wirtschafts- und Bevölkerungsstrukturen im sich neu konstituierenden Land Niedersachsen zutage. Der daraufhin vom Kultusministerium erarbeitete Kompromiss beließ zwar die Bekenntnisschulen, ermöglichte aber parallel dazu die Einrichtung von Simultanschulen.

Die bildungspolitische Kooperation wurde durch unterschiedliche Zielvorstellungen der Besatzungsmächte erschwert. Mit der Schulreform in der sowjetischen Besatzungszone zerschlugen sich 1946 im Schatten des heraufziehenden Kalten Krieges alle Hoffnungen auf ein deutschlandweit einheitliches Schulsystem. Grimme und seine Mitarbeiter bemühten sich daher, zumindest innerhalb der britischen Besatzungszone eine einheitliche Lösung zu erreichen.

Aufschlussreich ist ein Vorgang in der Handakte von Günther Rönnebeck. Im Ministerium für den Neuaufbau des Schulwesens zuständig, gehörte Rönnebeck zum engsten Kreis um Grimme und stand in regem fachlichem Austausch mit dem nordrhein-westfälischen SPD-Unterbezirk Recklinghausen. Wie Schriftwechsel, Stempel des SPD-Unterbezirksvorsitzenden und zum Teil handschriftliche Vermerke zeigen, erhielt Rönnebeck von dort zahlreiche Unterlagen zu bildungspolitischen Fragen, darunter die Abschrift eines Memorandums von Paul Sartor. Die Forderung eines *staatsbürgerlichen Arbeitsjahres* (Abb. 1) zur demokratischen Erziehung der Schüler griffen verschiedene Bildungsexperten in eigenen Denkschriften auf. Ihre Vorschläge zur Gestaltung des Lehrplans sahen Kurse in Staatsbürgerkunde vor, welche die Teilnehmer mit den Strukturen, Organisationen und Abläufen eines demokratischen Staatswesens vertraut machen sollten. Die meisten dieser frühen Überlegungen zum Curriculum basierten noch auf der Weimarer Reichsverfassung – vom Parlamentarischen Rat, der den Weg zum Grundgesetz ebnete, war damals noch keine Rede. Zur Förderung der Völkerverständigung und des Friedens sollten im Arbeitsjahr auch internationale Organisationen wie die gerade neu gegründeten Vereinten Nationen oder herausragende Persönlichkeiten wie Mahatma Gandhi thematisiert werden.

Während Sartor sich lediglich gegen Staatsbürgerkunde in Wochenendkursen ausgesprochen hatte, um den jungen Menschen ihre Freizeit zu belassen, stießen weitergehende Forderungen, das Arbeitsjahr als »Ferien-Gemeinschaftslager« durchzuführen, in der Abteilung IV des Oberpräsidiums auf heftigen Widerstand. Im Konzept seines Antwortschreibens an den SPD-Vorsitzenden in Recklinghausen vom 3. Mai 1946, laut Expeditionsvermerk am selben Tag abgeschickt, äußert sich Rönnebeck unmissverständlich: *Den Plan, das staatsbürgerliche Arbeitsjahr als Arbeitsgemeinschaftslager durchzuführen […] halte ich für sehr bedenklich. Es wird eine geraume Zeit dauern, bis in Deutschland die Lager-Psychose überwunden ist mit all ihren krankhaften Formen, die in der Hitlerzeit ihre widerwärtigsten Ausprägungen gefunden haben* (Abb. 1). Die skeptische Einschätzung bezüglich der Aussichten auf eine Realisierung des *staatspolitischen Arbeitsjahres* wurde in einem Vermerk geradezu erleichtert kommentiert: *Daß sich die Lager nicht verwirklichen lassen, ist ein Segen* (Abb. 3). In einer Stellungnahme vom 4. Mai 1946 stufte ein Mitarbeiter Rönnebecks den vorgeschlagenen Lehrplan als Neuauflage des bis 1933 gültigen Lehrplanes und damit de facto als veraltet ein. Indirekt sprach er sich ebenfalls gegen Gemeinschaftslager aus, indem er die Integration der Staatsbürgerkunde in den gesamten Unterricht befürwortete.

In die gleiche Richtung geht die Ankündigung Rönnebecks, die Forderungen Sartors in den hannoverschen Schulreformplan mit aufzunehmen. Die Überlegungen gingen dahin,

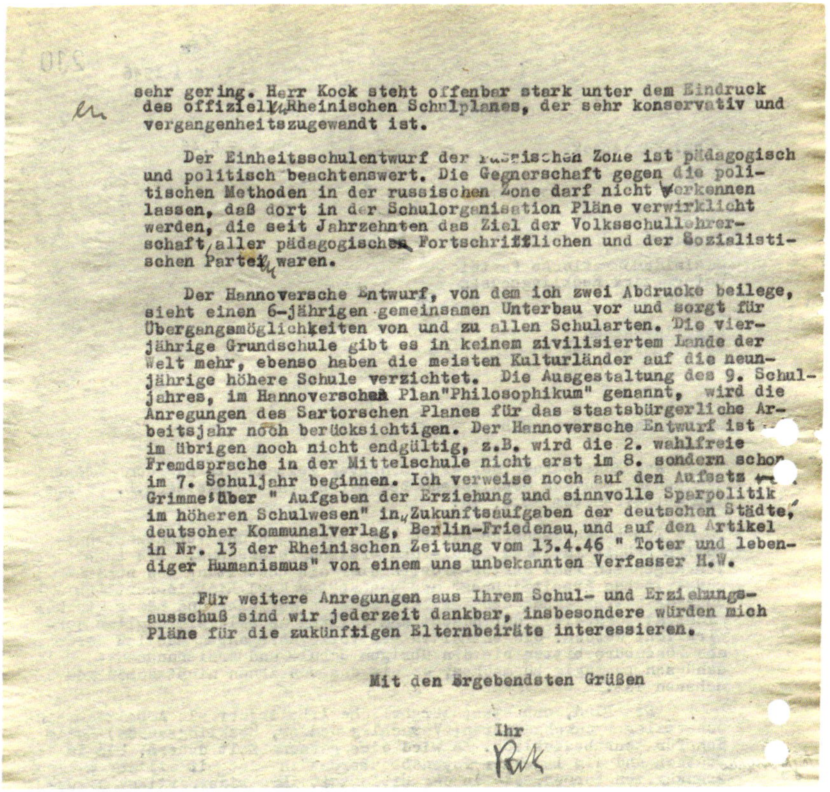

sehr gering. Herr Kock steht offenbar stark unter dem Eindruck des offiziellen Rheinischen Schulplanes, der sehr konservativ und vergangenheitszugewandt ist.

Der Einheitsschulentwurf der russischen Zone ist pädagogisch und politisch beachtenswert. Die Gegnerschaft gegen die politischen Methoden in der russischen Zone darf nicht verkennen lassen, daß dort in der Schulorganisation Pläne verwirklicht werden, die seit Jahrzehnten das Ziel der Volksschullehrerschaft, aller pädagogischen Fortschrittlichen und der Sozialistischen Parteien waren.

Der Hannoversche Entwurf, von dem ich zwei Abdrucke beilege, sieht einen 6-jährigen gemeinsamen Unterbau vor und sorgt für Übergangsmöglichkeiten von und zu allen Schularten. Die vierjährige Grundschule gibt es in keinem zivilisiertem Lande der Welt mehr, ebenso haben die meisten Kulturländer auf die neunjährige höhere Schule verzichtet. Die Ausgestaltung des 9. Schuljahres, im Hannoverschen Plan "Philosophikum" genannt, wird die Anregungen des Sartorschen Planes für das staatsbürgerliche Arbeitsjahr noch berücksichtigen. Der Hannoversche Entwurf ist im übrigen noch nicht endgültig, z.B. wird die 2. wahlfreie Fremdsprache in der Mittelschule nicht erst im 8. sondern schon im 7. Schuljahr beginnen. Ich verweise noch auf den Aufsatz Grimmes über " Aufgaben der Erziehung und sinnvolle Sparpolitik im höheren Schulwesen" in „Zukunftsaufgaben der deutschen Städte", deutscher Kommunalverlag, Berlin-Friedenau, und auf den Artikel in Nr. 13 der Rheinischen Zeitung vom 13.4.46 " Toter und lebendiger Humanismus" von einem uns unbekannten Verfasser H.W.

Für weitere Anregungen aus Ihrem Schul- und Erziehungsausschuß sind wir jederzeit dankbar, insbesondere würden mich Pläne für die zukünftigen Elternbeiräte interessieren.

Mit den Ergebendsten Grüßen

Ihr

Abb. 2: Antwortschreiben Rönnebecks an den SPD-Unterbezirksvorsitzenden Rhode in Recklinghausen vom 3. Mai 1946, Konzept (NLA HA Nds. 400 Acc. 121/81 Nr. 795/3).

das neunte Schuljahr, als *Philosophikum* (Abb. 2) bezeichnet, um den staatsbürgerkundlichen Unterricht zu erweitern. Im selben Absatz erwähnt er weitere Planungen, wie die Einführung der zweiten Fremdsprache bereits im siebten statt im achten Schuljahr. In anderen Schreiben ging Rönnebeck auf die vorgesehenen musischen, geistes- und naturwissenschaftlichen Formen des Gymnasiums ein und plädierte für eine sechsjährige Grundschule, um das Bildungssystem dem internationalen Standard anzupassen. Das Schreiben vom 3. Mai 1946 weist Rönnebeck ferner als fachlich versierten Bildungspolitiker aus, bereit, über den Tellerrand ideologischer Gegensätze hinauszublicken. So wies er darauf hin, dass die Schulreform in der *russischen Zone* (Abb. 2) einige positive Ansätze enthalte, verurteilte aber deren Durchsetzung ohne »Rücksicht auf gegnerische Stimmen«. Auch Grimme kritisierte in einem Vortrag über einen schulpolitischen Kongress in Berlin die überstürzte und undemokratische Durchführung der Schulreform. Von den in der Akte angedeuteten Reformen wurde neben der erwähnten Einführung der zweiten Fremdsprache nur der Englischunterricht in der Volksschule zum Teil gegen erhebliche Widerstände umgesetzt. Die Einführung der sechsjährigen Grundschule sowie der Lern- und Schulmit-

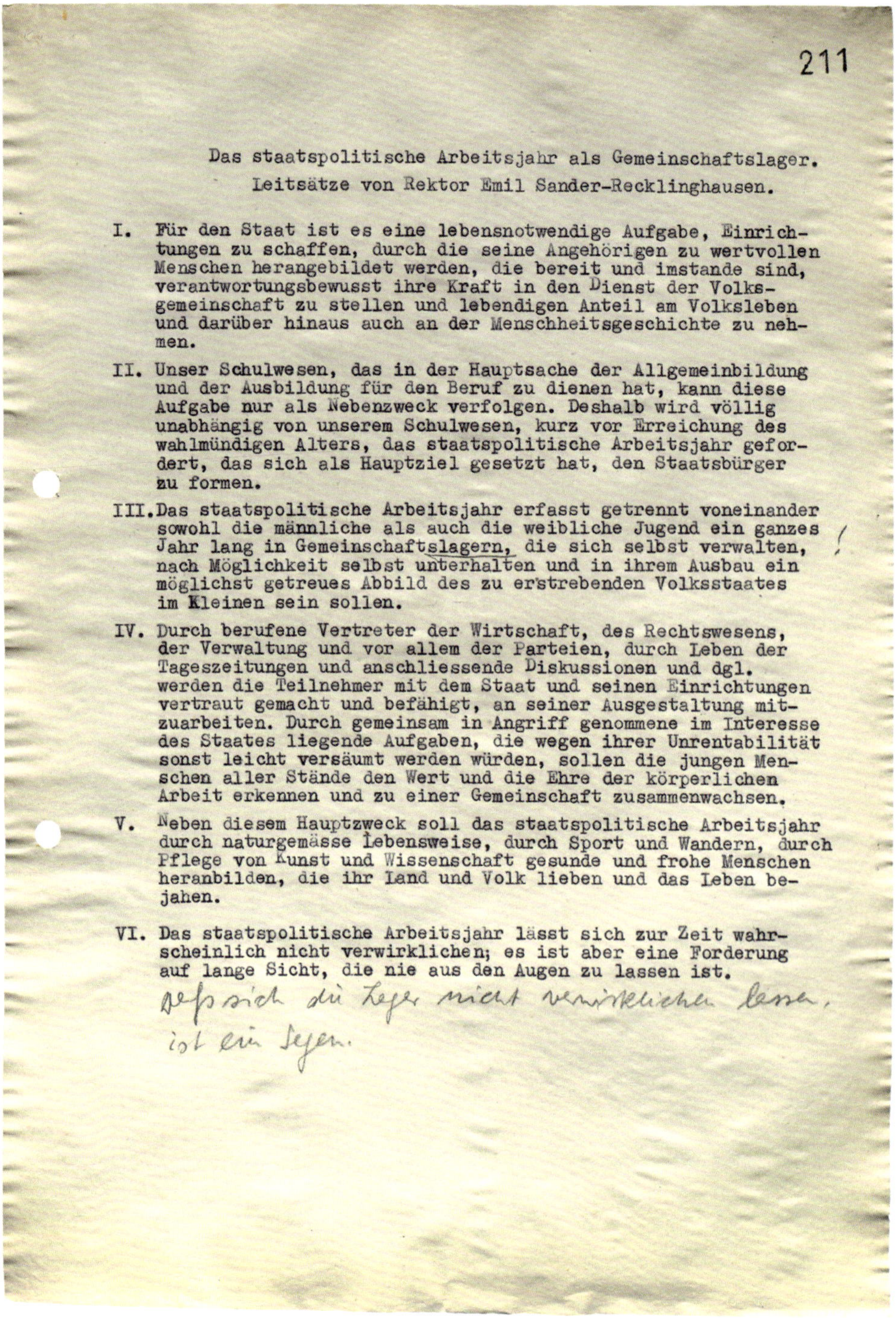

Das staatspolitische Arbeitsjahr als Gemeinschaftslager.
Leitsätze von Rektor Emil Sander-Recklinghausen.

I. Für den Staat ist es eine lebensnotwendige Aufgabe, Einrichtungen zu schaffen, durch die seine Angehörigen zu wertvollen Menschen herangebildet werden, die bereit und imstande sind, verantwortungsbewusst ihre Kraft in den Dienst der Volksgemeinschaft zu stellen und lebendigen Anteil am Volksleben und darüber hinaus auch an der Menschheitsgeschichte zu nehmen.

II. Unser Schulwesen, das in der Hauptsache der Allgemeinbildung und der Ausbildung für den Beruf zu dienen hat, kann diese Aufgabe nur als Nebenzweck verfolgen. Deshalb wird völlig unabhängig von unserem Schulwesen, kurz vor Erreichung des wahlmündigen Alters, das staatspolitische Arbeitsjahr gefordert, das sich als Hauptziel gesetzt hat, den Staatsbürger zu formen.

III. Das staatspolitische Arbeitsjahr erfasst getrennt voneinander sowohl die männliche als auch die weibliche Jugend ein ganzes Jahr lang in Gemeinschaftslagern, die sich selbst verwalten, nach Möglichkeit selbst unterhalten und in ihrem Ausbau ein möglichst getreues Abbild des zu erstrebenden Volksstaates im Kleinen sein sollen.

IV. Durch berufene Vertreter der Wirtschaft, des Rechtswesens, der Verwaltung und vor allem der Parteien, durch Leben der Tageszeitungen und anschliessende Diskussionen und dgl. werden die Teilnehmer mit dem Staat und seinen Einrichtungen vertraut gemacht und befähigt, an seiner Ausgestaltung mitzuarbeiten. Durch gemeinsam in Angriff genommene im Interesse des Staates liegende Aufgaben, die wegen ihrer Unrentabilität sonst leicht versäumt werden würden, sollen die jungen Menschen aller Stände den Wert und die Ehre der körperlichen Arbeit erkennen und zu einer Gemeinschaft zusammenwachsen.

V. Neben diesem Hauptzweck soll das staatspolitische Arbeitsjahr durch naturgemässe Lebensweise, durch Sport und Wandern, durch Pflege von Kunst und Wissenschaft gesunde und frohe Menschen heranbilden, die ihr Land und Volk lieben und das Leben bejahen.

VI. Das staatspolitische Arbeitsjahr lässt sich zur Zeit wahrscheinlich nicht verwirklichen; es ist aber eine Forderung auf lange Sicht, die nie aus den Augen zu lassen ist.

Dass sich die Lager nicht verwirklichen lassen, ist ein Segen.

Abb. 3: Memorandum Emil Sanders zum staatspolitischen Arbeitsjahr [ca. April 1946] (NLA HA Nds. 400 Acc. 121/81 Nr. 795/3).

telfreiheit dagegen scheiterten, letzten Endes wohl auch ein Grund für den Wechsel Grimmes zum Nordwestdeutschen Rundfunk 1948.

Insgesamt wirft Rönnebecks Schreiben vom 3. Mai 1946 ein Licht auf den schwierigen, mit vielen Problemen behafteten Neuaufbau des hannoverschen beziehungsweise niedersächsischen Schulwesens. Durch die Einordnung in den Gesamtkontext eröffnen sich bemerkenswerte Querverbindungen. So enthält die Akte weitere Dokumente, welche die Reintegration ehemals aus politischen Gründen aus dem Staatsdienst entfernter Lehrer und die Beschäftigung qualifizierter Flüchtlinge oder Vertriebener thematisieren. Andere Schriftstücke gehen auf die unzureichende Ausbildung von Volksschullehrern in den letzten Kriegsjahren und den Lehrermangel ein. Schwierigkeiten bei der Entnazifizierung des Lehrkörpers klingen ebenfalls an; einerseits strebten entnazifizierte Lehrkräfte eine »Wiederbeschäftigung« an, andererseits galten Lehrer mit einer NS-Belastung als ungeeignet für den Schuldienst. Die Unterlagen spiegeln auch die Bemühungen des Kultusministeriums um eine Reform der Lehrerausbildung wider, die später zur Einrichtung der Pädagogischen Hochschulen führte. Das diskutierte Begabtenabitur kam zwar nicht zustande, doch konnte Grimme mitwirken bei der Neugründung der Studienstiftung des deutschen Volkes. Vieles ließ sich angesichts leerer Kassen nicht in die Tat umsetzen, aber die bildungspolitische Diskussion aus den Anfängen flammte über die Jahre immer wieder auf. So mutet das Statement eines der damaligen Bildungsexperten recht weitsichtig an: *Das staatspolitische Arbeitsjahr lässt sich zur Zeit wahrscheinlich nicht verwirklichen, es ist aber eine Forderung auf lange Sicht, die nie aus den Augen zu lassen ist* (Abb. 3).

Franz Hauner

Benutzte Archivalien
NLA HA Nds. 400 Acc. 121/81 Nr. 795/3.

Literatur in Auswahl
Burkhardt 2007; Franke 1997; Meissner 1993; Reeken 2010a; Seiters 1990.

Abschrift

Militärregierung - Deutschland

Britische Kontrollzone

I.A. & C. Division Military Government Instruction No. 78

(auch bekannt unter dem Namen: Erziehungskontrollanweisung No. 60)
Fassung für deutsche Behörden.

Betr.: Freiwillige Frauenorganisation - Erwachsenen-Erziehung.

1. **Verteilung.**

   (a) Die Militärregierung trifft Vorkehrungen, um Abschriften dieser Anweisung an alle Oberpräsidenten, Ministerpräsidenten (und Beamten gleichen Ranges), Oberbürgermeister, Landräte und Bürgermeister zu verteilen.

   (b) Die obengenannten Beamten haben dafür zu sorgen, daß der Inhalt dieser Anweisung allen ihren Abteilungen bis zur untersten Instanz sowie der Landwirtschaftskammer zur Kenntnis gebracht wird.

2. **Möglicher Wert freiwilliger Frauenorganissationen.**

   Die Mil.Reg. hält es für erforderlich, daß die deutschen Frauen ermutigt werden, ein aktives Interesse an dem Leben ihres Gemeinwesens und an ihrer bürgerlichen Verantwortung zu nehmen und daß sie eine angemessene Erziehung für diesen Zweck erhalten.

3. Die Erfahrung in anderen Ländern und in Deutschland selbst haben gelehrt, daß für gewöhnliche Frauen formelle Erziehungsmethoden selten die erfolgreichsten sind und daß freiwillige nicht-politische Frauenorganisationen, wie z.B. Landwirtschaftliche Frauenvereine, Stadtfrauen-Vereinigungen, Gewerkschaftliche Frauen-Vereinigungen, Kirchliche Vereinigungen, Vereinigung für christliche junge Frauen (Young Women Christian Association) usw. in schmackhaftester Form für die erforderliche Art von Erziehung sorgen können

4. **Aufgaben einer Frauen-Organisation.**

   Bei der Besprechung gemeinschaftlicher praktischer sozialer und menschlicher Probleme mit anderen Frauen, bei dem Bemühen, durch Erfahrung zu lernen, wie man Versammlungen auf demokratische Weise leitet und der größeren Allgemeinheit Rat und aktive Hilfe gewährt, bei dem freien Austausch von Meinungen und Informationen über Themen, die für sie von unmittelbarem Interesse sind, können die deutschen Frauen lernen, die Demokratie praktisch in einer Weise anzuwenden, die nicht anders als ihrer Familie und dem Gemeinwesen zugute kommen kann.

5. Die Ausbeutung der deutschen Frauen durch die NSDAP hat bei vielen von ihnen einen tiefen Verdacht gegen jede Art von "Organisation" erweckt. Trotzdem besteht ein starker Wunsch nach Wiedereinrichtung solcher nicht politischer Vereinigungen, vor allem unter den Frauen, die vor 1933 Erfahrungen in Bezug auf freiwillige Organisationen besaßen, besonders Organisationen mit internationalen Verbindungen.

6. **Förderung der verantwortlichen Arbeit.**

   Die deutschen Beamten haben daher, wenn immer dieses in ihren Bereich fällt, dafür zu sorgen, daß alle derartigen von verantwortlichen Frauen vorgebrachten Vorschlägen positive Förderung gewährt wird und daß bei der Erteilung der Genehmigung zur Einberufung von Versammlungen, wo solche Genehmigung erbeten wird, keine Verzögerung entsteht. Die deutschen Beamten haben es weiter klar zu machen, daß Versammlungen ohne vorherige Zustimmung höherer deutscher Behörden oder Behörden der Mil.Reg. abgehalten werden können, sofern nicht-politische Organisationen betroffen sind. Sie haben jedoch darauf hinzuweisen, daß

   nach

Vom Oldenburgischen Innenministerium am 16. Mai 1946 an Kreise, Städte und Gemeinden des Landes Oldenburg sowie an die Landesbauernschaft Weser-Ems übersandte Abschrift der »Erziehungskontrollanweisung No. 60« (NLA OL Erw 161 Akz. 2016/045 Nr. 28).

4 | Alte Wurzeln und Neustart in der Demokratie

Wiederaufbau der Landfrauenarbeit in Niedersachsen ab 1946

Als »Frauenlobby vom Land« hat man die Landfrauenvereine treffend bezeichnet, denn sie übernehmen heute – allein in Niedersachsen mit knapp 100.000 Mitgliedern – die Interessenvertretung sowohl für die in der Landschaft arbeitenden als auch die im landwirtschaftlichen Raum lebenden Frauen anderer Berufsgruppen. Diese grundsätzliche Offenheit für alle »Frauen auf dem Land« wird auch an der neueren Schreibweise »LandFrauen« in den Vereins- und Verbandsnamen erkennbar. Koordiniert wird die Landfrauenarbeit in Niedersachsen durch Ortsvereine und Kreisverbände. Darüber hinaus bestehen – ähnlich wie bei den heutigen Landfrauen-Verbänden in den Ländern Nordrhein-Westfalen, Rheinland-Pfalz und Baden-Württemberg, in denen historische Landesteile ihre eigenen Vertretungen haben – auch in Niedersachsen zwei unabhängige Landesverbände innerhalb eines Bundeslandes: der Niedersächsische Land-Frauenverband (LFV) Hannover, zuständig für das östliche Niedersachsen im Zuständigkeitsbereich der ehemaligen Landwirtschaftskammer Hannover, und der Niedersächsische LFV Weser-Ems, zuständig für den westlichen Landesteil (ehemals Bereich der Landwirtschaftskammer Weser-Ems). Beide Verbände wurden offiziell 1948 gegründet, um für die seit 1946 (wieder-)entstehenden Ortsvereine und Kreisverbände einen schlagkräftigen institutionellen Rahmen zu bilden. Beide sind ihrerseits Mitglieder im 1947 gegründeten »Deutschen LandFrauen-Verband«. Auf allen diesen Ebenen findet seit nunmehr 75 Jahren im ländlichen Raum ein lebendiges Vereins- und Fortbildungswesen statt, das von vielen Ehrenamtlichen und einigen hauptamtlichen Mitarbeiterinnen getragen wird.

Natürlich sind Frauen seit Jahrhunderten gewohnt, auf großen und kleinen Höfen Verantwortung zu übernehmen. Aber erst gegen Ende des 19. Jahrhunderts begannen sich die Bäuerinnen angesichts der wirtschaftlichen und gesellschaftlichen Veränderungen, d.h. vor allem immer rasanteren »Modernisierungen«, ihrer Bedeutung und ihrer Aufgaben bewusster zu werden und sich zu organisieren. Die Gutsfrau Elisabeth Boehm (1859-1943) gilt mit ihrem 1898 gegründeten Landwirtschaftlichen Hausfrauenverein im ostpreußischen Rastenburg als die eigentliche Initiatorin. Nach und nach bildeten sich bis 1934 örtliche Landwirtschaftliche Hausfrauenvereine und überörtliche Verbände. Die Landfrauen vertraten fortan ihre berufsständischen Interessen selber, anfangs oft auch gegen Widerstände in den von Männern dominierten Institutionen.

Die heutigen Landfrauenvereine gehen auf die sich auf die Boehm'schen Leitgedanken berufenden Hausfrauenvereine zurück. Diese Vereine wurden allerdings von den Nationalsozialisten 1934 – wie die Kammern als Selbstverwaltungsorgane – aufgelöst und ihre Mitglieder in den Reichsnährstand überführt. Auf die bis zum Beginn des 20. Jahrhunderts zurückreichende Tradition der heutigen Landfrauenvereine verweist noch ihr aktuelles Erkennungszeichen: eine »Biene«, die auf Abzeichen, in Veröffentlichungen, bei Ehrungen usw. Verwendung findet und im aktuellen Leitbild für »staatsbürgerliches Verantwortungsbewusstsein, Gemeinschaftssinn und soziales Engagement der Mitglieder« steht.

Im modern-demokratischen Sinn begann die Landfrauenarbeit in Niedersachsen mit ersten Zusammenkünften 1946, etwa mit der Gründung des ersten Landfrauenvereins in Meinersen im Kreis Gifhorn am 27. Februar 1946 oder des Vereins in Mandelsloh, heute Stadtteil von Neustadt am Rübenberge, am 26. Oktober 1946, als im Gegensatz zur NS-Zeit wieder freiwillige Zusammenschlüsse möglich waren. Am 16. November 1946 trafen sich in der Landwirtschaftskammer in Oldenburg erstmals alle Vorsitzenden der bis dahin gegründeten Landfrauenvereine im Bezirk Weser-Ems. Diese gründeten auch schon – als Vorreiter des 1948 folgenden Landfrauenverbandes – einen »Landesausschuss der Landfrauenvereine«, der die Vereine bei der Landesbauernschaft vertreten sollte. Im Bericht über die Zusammenkunft hieß es Anfang 1947 im »Landwirtschaftsblatt«: »Es geht nicht nur um fachliche Weiterbildung, sondern darum, unsere Aufgabe als Frau zu erkennen und gemeinsam zu vertreten, Pflichten, die den Menschen und die unzerstörbaren Werte in uns betreffen.« Allmählich konnten auch wieder Vorträge angekündigt werden, wie z. B. der des Kreisdirektors Dr. Steinhoff am 11. Februar 1948 in Jever über die »wirtschaftlichen und kulturellen Aufgaben der Landfrau am Wiederaufbau«. »Lehrfahrten« führten schon damals in die nähere und weitere Umgebung.

Unterstützung fanden die Ortsvereine auch bei der Britischen Militärregierung, da sie die Gründung angeordnet hatte. Am 20. November 1946 besprach die »englische Vertreterin für Erwachsenenbildung für das Gebiet Niedersachsen« in Oldenburg mit Landfrauen Vorträge von Rosaline Joan Youard, der Frau des Obersten Geoffrey Bernard Youard, »welche in England in Landfrauenvereinen bereits lange Jahre tätig war«. Es ging aber nicht nur um Fragen der Landfrauenarbeit oder Tagesfragen wie die Lösung der Ernährungskrise, sondern die Militärregierung erreichte so für die Inhalte ihrer politischen Bildungsarbeit und demokratischen Umerziehung die Menschen auch in den ländlichen Räumen außerhalb der Städte. Zur Information für deutsche Beamte war sogar eine *Erziehungskontrollanweisung No. 60 für Freiwillige Frauenorganisationen – Erwachsenen-Erziehung* erlassen worden, um die »gesunde Entwicklung ihrer Arbeit zu fördern.« Aus Sicht der Militärregierung sollten *die deutschen Frauen ermutigt werden, ein aktives Interesse an dem Leben ihres Gemeinwesens und an ihrer bürgerlichen Verantwortung zu nehmen und […] eine angemessene Erziehung für diesen Zweck erhalten* (Abb.).

Zum 1. April 1948 konnten der »Education Branch« (Erziehungsabteilung) beim Hauptquartier der Militärregierung in Hannover (Frau V. H. Williams) bereits 21 im ganzen Weser-Ems-Bereich gegründete Ortsvereine sowie die Namen der jeweiligen Vorsitzenden mitgeteilt werden. Das Schriftstück liegt im Bestand des LFV Weser-Ems in der Abteilung Oldenburg des Niedersächsischen Landesarchivs entsprechend den Zeitumständen in zwei Fassungen vor: im deutschen Original und in englischer Übersetzung. Es endet mit einem Wunsch: »Die Landfrauen würden sich freuen, mit den Landfrauenorganisationen Englands in Verbindung zu treten. Nachdem die Unterzeichnete (Ilse Schwinge, Referentin für Frauenfragen bei der Landesbauernschaft) die W(omen's) I(nstitutes) in England kennengelernt hat, erscheint die Verbindung sehr notwendig und nützlich für alle.« Am 28. Februar 1948 hatte Frau Williams berichtet, dass »mit einem Adoptionsplan begonnen [wurde], demzufolge Frauenorganisationen in England gleichartige Organisationen in Deutschland adoptieren«. Zunächst sollte es u.a. um die Zusendung von Zeitschriften gehen, jedoch erhoffte man sich offenbar direkte Briefwechsel (»pen friendship«). Allerdings dürfte der hehre Wunsch der Anfangszeit recht bald an den damit verbundenen sprachlichen und sonstigen Alltagsherausforderungen gescheitert sein.

Liest man das »Landwirtschaftsblatt Weser-Ems« der ersten Jahre, hier vor allem die Rubrik, dann die Beilage »Die Landfrau«, so gewinnt man den Eindruck, dass sich die – anfangs eher traditionellen – Themen in erster Linie um Haushaltsführung, Tierzucht (vor allem Hühner), Gemüsegarten und Kinder drehten und bei der großen Mehrheit noch Überzeugungsarbeit geleistet werden musste, jenseits der zeitraubenden täglichen Praxis nicht das wichtige theoretische Wissen um betriebswirtschaftliche und technische Erfordernisse und Veränderungen zu vernachlässigen. So hieß es z.B. im Oktober 1948 im Landwirtschaftsblatt bezeichnenderweise zu den Anforderungen an die Landfrau: »Wir müssen heute aus dem landwirtschaftlichen Betrieb so viel herausholen, damit 25 Prozent Menschen mehr als bisher ernährt werden. Da 50-60 Prozent der landwirtschaftlichen Arbeitskräfte von den Frauen gestellt werden und wir alle wissen, daß die Frau in der Landwirtschaft eine hochwertige Kraft darstellt, ist die Frau besonders dann, wenn es sich um die Produktion und Ernährung handelt, maßgeblich daran beteiligt. Sehr oft wird die Arbeit der Frau, die sich aus unendlich vielen Kleinigkeiten zusammensetzt, unterschätzt. Wir sollten aber endlich lernen, daß die ländliche Hauswirtschaft deshalb nicht geringer gewertet werden darf. Wenn wir heute von der Umstellung im bäuerlichen Betrieb sprechen, von der Technisierung, von der Intensivierung, dann gilt das für die Landfrau ebenso wie es für den Mann gilt.«

Der gerade für Niedersachsen auch heute noch so wichtige Wirtschaftsfaktor Landwirtschaft hat bekanntermaßen in den letzten 75 Jahren zahlreiche Entwicklungen erlebt und Veränderungen durchgemacht, die auch von den betroffenen Landfrauen engagiert begleitet und mitgestaltet werden mussten. Vor und insbesondere ab 1945 veränderte sich die Rolle der Landwirtschaft entscheidend: Einerseits litt sie u.a. unter sich verstärkendem Mangel an landwirtschaftlichen Arbeitskräften (»Landflucht«) und wachsender Konkurrenz aus dem Ausland; andererseits sah sie sich mit einer stetig wachsenden Bedeutung der Industrie auch im »Agrarland Nr. 1« in Deutschland konfrontiert. Zur gleichen Zeit erlebte sie einen »massiven Modernisierungsschub, der sie zu einem leistungsfähigen Sektor ausbaute« (SCHNEIDER 2010). 1950 wohnten z.B. noch drei Viertel der Bevölkerung in Niedersachsen in ländlichen Gemeinden, aber nur noch 16 Prozent der Beschäftigten waren im land- und forstwirtschaftlichen Bereich tätig. Hingegen arbeiteten schon 68 Prozent der Beschäftigten in der Industrie. Um die landwirtschaftlichen Betriebe für die Herausforderungen der kommenden Jahrzehnte zu wappnen, ist heute weiterhin (Stichworte: europäischer Agrarmarkt, zunehmende Globalisierung, Digitalisierung der Arbeitsprozesse usw.) eine geeignete Fortbildung der Landwirtinnen dringend erforderlich. Hierfür leisten die Landfrauenvereine und ihre Dachverbände weiter unverzichtbare Dienste.

Wolfgang Henninger

Benutzte Archivalien
NLA HA V.V.P. 80 Acc. 91/99 Nr. 2-4, Nr. 6-8; NLA OL Dep 31 Akz. 2008/027 Nr. 94-98; NLA OL Erw 161 Akz. 2016/045 Nr. 28, Nr. 103, Nr. 104.

Literatur in Auswahl
HENNINGER 2017; SAWAHN 2009; SAWAHN/GARBADE 2013; SCHNEIDER 2010.

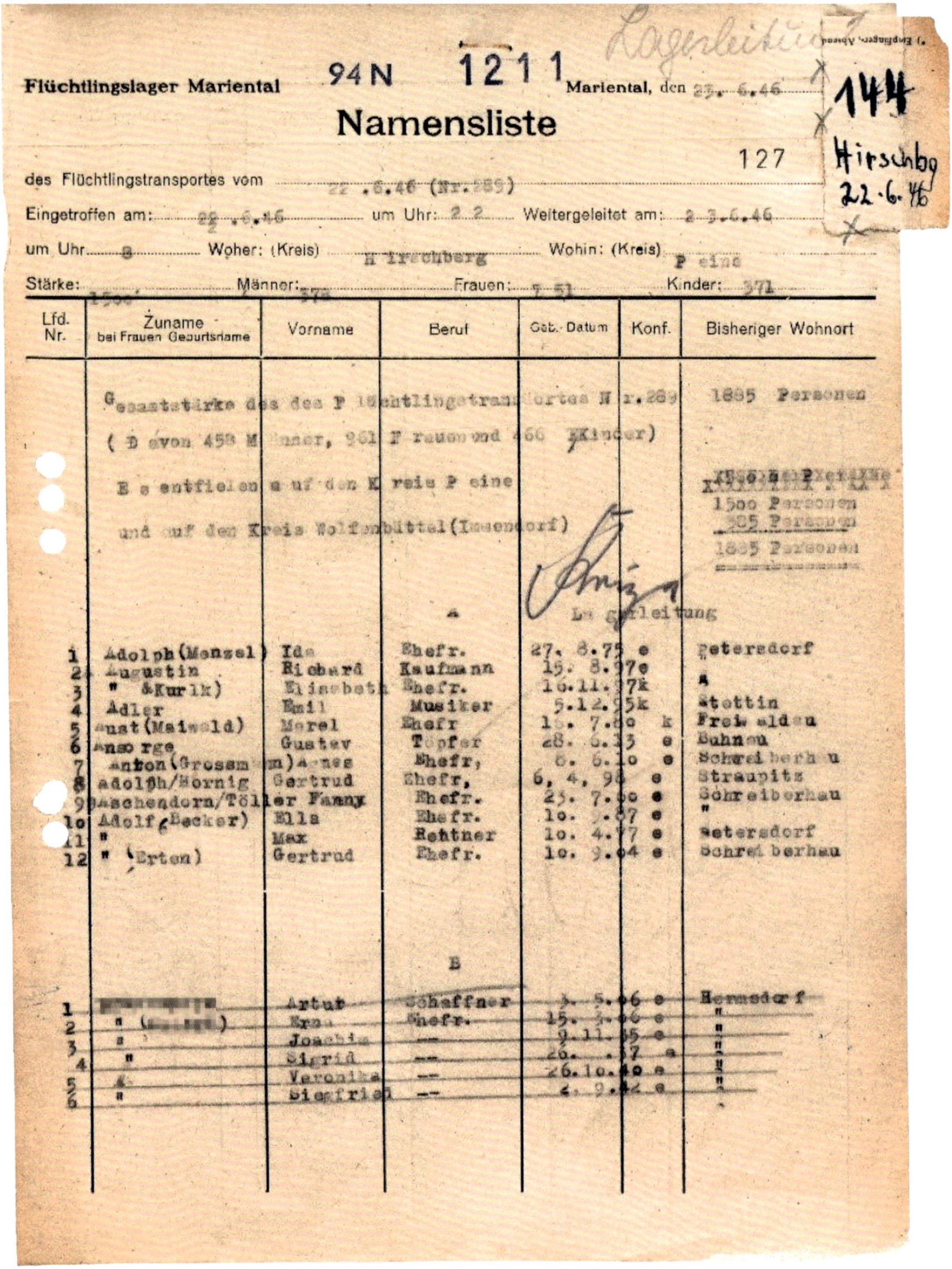

Flüchtlingslager Mariental 94 N **1211** Mariental, den 23.6.46

Lagerleitung **144** Hirschbg 22.6.46

Namensliste

127

des Flüchtlingstransportes vom 22.6.46 (Nr. 289)

Eingetroffen am: 22.6.46 um Uhr: 22 Weitergeleitet am: 23.6.46

um Uhr: 8 Woher: (Kreis) Hirschberg Wohin: (Kreis) Peine

Stärke: 1895 Männer: 372 Frauen: 751 Kinder: 371

Lfd. Nr.	Zuname bei Frauen Geburtsname	Vorname	Beruf	Geb. Datum	Konf.	Bisheriger Wohnort
	Gesamtstärke des des Flüchtlingstransportes Nr. 289				1895 Personen	
	(Davon 458 Männer, 961 Frauen und 466 Kinder)					
	Es entfielen auf den Kreis Peine				1500 Personen	
	und auf den Kreis Wolfenbüttel (Immendorf)				395 Personen	
					1895 Personen	
					Lagerleitung	
	A					
1	Adolph (Menzel)	Ida	Ehefr.	27.8.75	e	Petersdorf
2	Augustin	Richard	Kaufmann	15.8.97	e	
3	" (Kurlk)	Elisabeth	Ehefr.	10.11.97	k	
4	Adler	Emil	Musiker	5.12.95	k	Stettin
5	" (Maiwald)	Merel	Ehefr.	16.7.80	k	Freiwalden
6	Ansorge	Gustav	Töpfer	28.6.13	e	Buhnau
7	Anton (Grossmann)	Agnes	Ehefr.	6.6.10	e	Schreiberhau
8	Adolph/Hornig	Gertrud	Ehefr.	6.4.98	e	Straupitz
9	Aschendorn/Töller	Fanny	Ehefr.	23.7.00	e	Schreiberhau
10	Adolf (Becker)	Ella	Ehefr.	10.1.87	e	
11	"	Max	Rentner	10.4.77	e	Petersdorf
12	" (Erten)	Gertrud	Ehefr.	10.9.04	e	Schreiberhau
	B					
1		Artur	Schaffner	3.5.06	e	Hermsdorf
2	" ( )	Eva	Ehefr.	15.3.06	e	"
3	"	Joachim	---	9.11.35	e	"
4	"	Sigrid	---	20. .37	e	"
5	"	Veronika	---	26.10.40	e	"
6	"	Siegfried	---	4.9.42	e	"

Abb. 1: Liste eines Transportes vom 23. Juni 1946, Bestimmungsorte Peine bzw. Immendorf (NLA WO 128 Neu Fb. 3 Nr. 287 Blatt 127).

5 | Von Schlesien nach Niedersachsen

Die Transportlisten der Flüchtlingslager Mariental und Alversdorf

»Was bedeutet ›Deutschland‹ heute?« Diese grundsätzliche Frage galt es zu Beginn der Potsdamer Konferenz am 18. Juli 1945 durch die alliierten Siegermächte USA, Sowjetunion und Großbritannien zu beantworten. Vorausgegangen war die totale Niederlage des Deutschen Reiches, das seit 1939 einen Angriffs- und Vernichtungskrieg, vor allem im Osten Europas, geführt hatte. Nach langem Ringen legte man als Diskussionsgrundlage für die Neuordnung Deutschlands die Grenzen des Jahres 1937 zugrunde. Die Abschlusserklärung legte in Artikel XIII fest, dass die in Polen, der Tschechoslowakei und in Ungarn zurückgebliebene deutsche Bevölkerung in ordnungsgemäßer und humaner Weise nach Deutschland zu überführen sei.

Nach diesem Wortlaut wäre das unter polnische Verwaltung gestellte Schlesien, das in den Grenzen des Jahres 1937 nicht zu Polen gehörte, davon nicht betroffen gewesen. Bereits seit Frühjahr 1945 hatte es jedoch unorganisierte Vertreibungen im Grenzgebiet an der Neiße gegeben. In der zweiten Jahreshälfte hatten von der polnischen Zivilregierung organisierte »freiwillige« Umsiedlungen von mehr als 100.000 Menschen aus Niederschlesien in die sowjetische Besatzungszone (SBZ) stattgefunden. Im Dezember 1945 wurde dort die Übernahme aufgrund der Wohnungs- und Versorgungsnot verweigert. Churchill hatte bereits am 16. August 1945 im englischen Unterhaus eine »Tragödie ungeheuren Ausmaßes hinter dem eisernen Vorhang« eingeräumt, »der in diesem Augenblick Europa in zwei Teile schneidet«.

Mit dem Beschluss des Alliierten Kontrollrates vom 20. November 1945 zur Umsiedlung der deutschen Bevölkerung in die Besatzungszonen wurde dann faktisch die Oder-Neiße-Grenze als Westgrenze Polens anerkannt. Für die britische Besatzungszone, die Schleswig-Holstein, Hamburg, Niedersachsen und Nordrhein-Westfalen umfasste, wurde die Übernahme von 1,5 Millionen Deutschen aus den Ostgebieten festgelegt.

Großbritannien und Polen einigten sich am 14. Februar 1946 auf Rahmenbedingungen für die organisierte Zwangsumsiedlung, »Operation Swallow« bzw. »Aktion Schwalbe« genannt. Sie sah die geordnete und humane Überführung von täglich insgesamt 8.000 Personen vor, mit Schiffen von Stettin nach Lübeck (1.000 Personen), in polnischen und sowjetischen Zügen von Stettin nach Bad Segeberg (1.500 Personen), von Kohlfurt nach Mariental bzw. Alversdorf bei Helmstedt (3.000 Personen) und von Kohlfurt nach Friedland (2.500 Personen).

Am Sammelpunkt Kohlfurt, etwa 20 Kilometer nordöstlich von Görlitz, endete die polnische Verantwortung für die Transporte von Vertriebenen aus Schlesien; dort wurden die Güterwaggons mit jeweils ca. 30 Vertriebenen von britischen Soldaten offiziell in Empfang genommen. Aber auch dort und auch noch auf der Weiterfahrt registrierten die Briten Übergriffe auf die Vertriebenen. Diese waren bereits namentlich erfasst wor-

Abschrift von Abschrift

Der Bürgermeister
der Gemeinde Niedernwöhren   den 2.7.1946

An die
Schriftleitung
der Freien Presse
in Stadthagen

Ich bitte um Veröffentlichung des nachstehenden Artikels in der Freien Presse:

Meerbeck, ein hübsches, von fleißigen Einwohnern bewohntes Dorf, mußte im Mai 1945 – trotzdem daß es bis 1933 immer 70 % sozialdemokratische Stimmen abgegeben hatte – geräumt werden. Es wurde von Russen – nach Deutschland verschleppte Fremdarbeiter – belegt. Dieses wurde von den Einwohnern als selbstverständlich hingenommen.
Die Einwohner von Meerbeck wollten mit dazu beitragen, daß die Schuld, die das Hitlerregime der Welt angetan hatte, abgetragen wurde.
Im August 1945 verließen die Russen das Lager. Meerbeck wurde nun von Italienern belegt. Diese zogen Ende Oktober wieder ab. Alle Einwohner hofften, nun wieder in ihre Wohnungen einziehen zu können. Es wurde aber nicht freigegeben, sondern das Dorf wurde mit Letten und Litauern belegt. Diese sind bis heute noch hier und es ist nicht abzusehen, wann dieselben das einst so schöne Dorf verlassen werden. Die Einwohner können überhaupt nicht begreifen, weshalb so gesunde Menschen den ganzen Tag mit Nichtstun verbringen können. Es ist ein Jammer, zu sehen, wie die Lagerinsassen das für das Vieh so dringend benötigte Gras durch Lagern oder Niedertreten vernichten. Auch wird vor dem Getreide kein Halt gemacht. Die Kartoffeläcker und Gärten um das Lager herum werden sollständig ausgeraubt. Es ist der Bevölkerung nicht möglich, ihre Gärten zu schützen. Des Nachts, wenn die schwerarbeitende Bevölkerung, die alles daran setzt, dem Boden alles abzugewinnen und die Hungersnot zu bannen, schläft, gehen die Lagerinsassen stehlen und ernten dort, wo andere gesät und geackert haben. Durch freie Vereinbarung wurde den Lagerinsassen etwas Gartenland zur Verfügung gestellt, um Diebstähle abzumindern. Einige haben es verstanden, Gemüse zu ziehen. Die anderen besorgen es sich aus deutschen Gärten. Es ist für die Bevölkerung schwer, zuzusehen, wie ihre Häuser und alles was sie sich in jahrzehntelager Arbeit erworben haben, langsam aber sicher vernichtet wird. Die Viehdiebstähle nehmen immer mehr zu. Rinder, die zur Zucht unbedingt benötigt werden, werden des Nachts gestohlen und abgeschlachtet. Alle diese Zustände haben in den umliegenden Dörfern eine Erregung erzeugt, die über kurz oder lang zu Zusammenstößen führen muß.
Die deutschen Behörden unternehmen alles, um die Mißstände zu beseitigen. Leider ist bisher alles ohne Erfolg geblieben.
Das Lager hat 30 (dreißig) Polizisten, die von Deutschen bezahlt werden. Diese könnten und müßten das Lager in Ordnung halten.
Die verantwortlichen Behörden haben die Pflicht, ihr Augenmerk auf die Zustände in Meerbeck zu richten und alles in Bewegung zu setzen, daß endlich die Übergriffe durch die Lagerinsassen abgestellt und M e e r b e c k   den M e e r b e c k e r n wieder zur Verfügung gestellt wird.

gez. Der Bürgermeister
Dornbusch

Beschwerde des Bürgermeisters Dornbusch an die Schriftleitung der Freien Presse gegen die Aufrechterhaltung des »Ausländerlagers« in Meerbeck, 2. Juli 1946 (NLA BU Dep. 46A Nr. 880).

6 | ÜberLeben

Versorgung von Displaced Persons im »Ausländerlager« Meerbeck

Mit dem Scheitern des deutschen Angriffs auf die Sowjetunion im Winter 1941/42 und der deutschen Kriegserklärung an die USA wurde auch den Unterstützern im NS-Staat klar, dass dieser Krieg größten Kräfteeinsatz erforderte. Ab Juli 1941 starben allein an der Ostfront monatlich im Durchschnitt 60.000 deutsche Soldaten. Um die deutsche Kriegswirtschaft aufrechtzuerhalten, wurden mit einer Mischung aus Anreizen und Zwang und mit unterschiedlichem Erfolg Männer und Frauen aus den besetzten oder verbündeten Staaten nach Deutschland gebracht. Millionen russischer Kriegsgefangener ließ man zunächst hungern und setzte sie dann als Arbeiter ein. In Polen und den sowjetischen Gebieten wurden Männer und junge Frauen zwangsrekrutiert, viele von ihnen arbeiteten in der Landwirtschaft. Kategorisiert nach der NS-Rassenideologie wurden die ausländischen Arbeitskräfte unterschiedlich schlecht behandelt, am schlechtesten (abgesehen von den Juden) die Zwangsarbeiterinnen und Zwangsarbeiter aus Polen und der Sowjetunion. In den Konzentrationslagern und ihren Außenstellen mussten Gefangene unter mörderischen Bedingungen schuften. Hier war die Arbeit oft nur Mittel zum Zweck einer »Vernichtung durch Arbeit«. Überall entstanden mit härtester Arbeit unterirdische Produktionsstätten. Alles in allem gab es im letzten Kriegsjahr im Deutschen Reich knapp acht Millionen »Fremdarbeiter«, darunter fast sechs Millionen Zivilisten und zwei Millionen Kriegsgefangene.

Nach dem Ende des Zweiten Weltkriegs befanden sich etwa zehn bis zwölf Millionen ehemalige Zwangsarbeitskräfte, Kriegsgefangene sowie die überlebenden Insassen der nationalsozialistischen Arbeits-, Konzentrations- und Vernichtungslager in Deutschland. Alle diese Personen wurden von den Alliierten unter dem Sammelbegriff »Displaced Persons« (DPs) zusammengefasst. Mit der gewaltigen Aufgabe der Versorgung und Repatriierung dieser Personen wurde die 1943 gegründete United Nations Relief and Rehabilitation Administration (UNRRA) beauftragt.

In der ersten Aprilhälfte 1945 wurde (das Land) Schaumburg-Lippe von den alliierten Truppen okkupiert. Sofort waren Tausende von ehemaligen Zwangsarbeitern »frei«. Sie hatten in Steinbrüchen und Bergwerken, in Fabriken oder auf Bauernhöfen Schaumburgs oder in der Nähe gearbeitet, kamen aber bald auch aus anderen Gegenden. Am 1. November 1945 befanden sich im späteren Niedersachsen 280.169 DPs, in Schaumburg-Lippe allein etwa 7.500 – bei einer Bevölkerungszahl von 71.000, von denen etwa 20.000 deutsche Ausgebombte und Flüchtlinge waren.

Wenig überraschend ist, dass viele der DPs sich Gebrauchsgegenstände nun von den Deutschen stahlen. Anfänglich halfen ihnen die alliierten Soldaten sogar dabei. In den Monaten April 1945 bis März 1946 sind in Schaumburg-Lippe 1.200 Anzeigen wegen Diebstahls und Plünderungen dokumentiert. Die Anzeigen wurden nicht in der Hoffnung auf Strafverfolgung erstattet, sondern auf Entschädigung.

Die Versorgung der DPs bildete nur ein Puzzleteil einer chaotischen Nachkriegsszenerie in einem Land, dessen Infrastruktur weitgehend zerstört war. Die Alliierten bemühten sich um eine möglichst schnelle Rückführung, zunächst der sowjetischen DPs. Es erwies sich aber, dass das gar nicht so einfach war, da die sowjetischen Kriegsgefangenen von der UdSSR als Feiglinge oder Kollaborateure angesehen wurden.

Es war also auf jeden Fall auch eine vorübergehende neue Unterbringung der DPs notwendig, wobei durchaus drastische Maßnahmen ergriffen wurden. Am 6. Mai 1945, knapp ein Monat nach der Eroberung durch US-Truppen, wurde dem Bürgermeister Knake des Dorfes Meerbeck bei Stadthagen angekündigt, das Dorf müsse zum 9. Mai vollständig geräumt sein. Alle Rücksprachen nützten nichts: 750 Einwohner Meerbecks und 550 Evakuierte sowie Flüchtlinge mussten das Dorf verlassen. Sie zogen in die umliegenden Dörfer um.

In Meerbeck (nach einer Zählung von 1939 aus 217 Haushalten bestehend) wurden zunächst etwa 2.000 Kriegsgefangene oder zwangsverschleppte »Russen« untergebracht. Sechs Wochen später verließen diese Meerbeck wieder. Nun wurden italienische »Fremdarbeiter« in das Dorf eingewiesen. Im »Ausländerlager« Meerbeck befanden sich im August 1945 insgesamt 2.353 DPs. Die Italiener kehrten heim, aber im September 1945 wurde Meerbeck mit Letten, Polen, Esten, Litauern und Griechen belegt, darunter nun auch Menschen, die vor der Roten Armee geflohen waren.

Neben dem eigentlichen Ziel – der Rückführung der DPs in ihre Heimatländer – war es Aufgabe der UNRRA, die Menschen zu versorgen. In Zusammenarbeit mit den örtlichen Behörden versuchte man schnellstmöglich Unterkünfte, Lebensmittel, Arznei, Kleidung und Gebrauchsgegenstände zu beschaffen. Die einheimische Bevölkerung wurde aufgefordert mit den DPs zu teilen – Lebensmittel mussten abgegeben, Gebrauchsgegenstände gespendet und Kleidung weitergegeben werden. Einheimische Firmen wurden beauftragt Möbel herzustellen. Nicht selten meldeten sie »Fehlanzeige«.

Neben die legale traten eine halblegale und eine illegale Lebensmittelbeschaffung. Die DPs durften sich eigentlich keine Lebensmittel bei deutschen Landwirten besorgen, da es ihnen nicht erlaubt war diese eigenständig zu verkaufen. Andererseits verweigerten die Bauern oft die verordnete Ablieferung der Lebensmittel an das Kreisernährungsamt. Es kam zu Schwarzschlachtungen und Diebstählen. Kartoffeläcker wurden geplündert, Vieh wurde gestohlen. Gleichzeitig wurde beklagt, dass die DPs regen Schwarzhandel betrieben, denn sie erhielten zum Teil begehrte Konsumgüter wie Zigaretten und Kaffee, die sie im Tauschhandel für andere Waren einsetzen konnten. Die Zuteilung dieser Waren an DPs führte einerseits zu Neid, anderseits aber zu einer flexibleren Versorgung der Einheimischen.

Die Unterbringung im kleinen Dorf Meerbeck war von großer Enge und höchst mangelhaften hygienischen Verhältnissen geprägt: Nach Angaben eines DPs lebten bis zu 24 Personen in einem Haus, nicht selten fünf Personen in einem Zimmer. Es gab eine Toilette für etwa 30 Menschen.

Trotz der prekären Umstände entwickelte sich ein eigenes Leben im Lager. Nebeneinander bewohnten die verschiedenen Nationalitäten unterschiedliche Bereiche im Dorf und viele von ihnen arbeiteten auch, wenn sie durften, z.B. im Sanatorium für ehemalige KZ-Häftlinge und Zwangsarbeitskräfte in Bad Rehburg.

Der Alltag im DP-Camp wurde in weitgehender Selbstverwaltung durch das Lagerkomitee (UNRRA-Team) organisiert. In Meerbeck wurden 1946 u.a. 29 Polizisten, 15 Verwaltungspersonen, drei Ärzte und ein Schulinspektor von der UNRRA beschäftigt. Darüber hinaus gab es u.a. sechs Lehrer, einen Schuldirektor und einen Dirigenten. Kinder gingen ohne Bücher und Lernmittel zur Schule. Zu den kulturellen und sportlichen Aktivitäten gehörten Chöre, Tanz- und Theatergruppen sowie das Korbballspiel und Volleyball. Es wurden Gottesdienste abgehalten, Lagerzeitungen publiziert, Massagesalons und Kaufläden geführt.

Über die Jahre beklagten sich immer wieder verschiedene Bürgermeister und Landräte sowie Pfarrer in Schaumburg-Lippe bei den örtlichen deutschen Dienststellen und der Militärregierung über die Zustände im Lager und forderten die Räumung Meerbecks. Eine dieser Beschwerden ist ein abschriftlich erhaltener Artikel des Bürgermeisters Dornbusch aus dem benachbarten Niedernwöhren vom 2. Juli 1946, den dieser an die Schriftleitung der Freien Presse in Stadthagen sandte (Abb.). Der Bürgermeister forderte, *daß endlich die Übergriffe durch die Lagerinsassen abgestellt und Meerbeck den Meerbeckern wieder zur Verfügung gestellt wird.*

Neben der sehr plastischen Schilderung der Schäden, die das Dorf und seine Umgebung erleiden, ist seine Argumentation bemerkenswert – und gleichzeitig kennzeichnend für die Nachkriegszeit. Die Auswahl gerade dieses Dorfes als Lager sei unverständlich, weil es bis 1933 überwiegend sozialdemokratisch gestimmt habe. Es hatte bereits kurz nach der Räumung im Mai 1945 Proteste und Hinweise von Meerbeckern gegeben, die Besatzer möchten doch ein »Nazidorf« nehmen. Wenig überzeugend klingt vor diesem Hintergrund die Behauptung des Bürgermeisters, die Einwohner von Meerbeck hätten *mit dazu beitragen* wollen, *daß die Schuld, die das Hitlerregime der Welt angetan hatte, abgetragen wurde.* Da war sie, die Distanzierung von einem *Hitlerregime*, mit dem die Menschen doch eigentlich gar nichts zu tun gehabt hatten – nun aber dafür bestraft wurden. Die DPs als *so gesunde Menschen* zu bezeichnen, die faulenzten, während die Deutschen arbeiteten, folgt dem Muster des Ressentiments.

Warum Meerbeck? Dafür gab es keinerlei offizielle Begründung. Doch entstand im Laufe der Zeit das Gerücht, die Auswahl des Dorfes hinge mit einem im April 1944 bei Meerbeck abgestürzten amerikanischen Bomber zusammen, dessen lediglich drei aufgefundene tote Besatzungsmitglieder auf Anweisung der Behörden auf dem Meerbecker Friedhof in angeblich unwürdiger Weise beerdigt – womöglich sogar von den Dorfbewohnern ermordet – wurden.

Schließlich wurde das DP-Lager Meerbeck am 15. September 1948 geräumt und den Einwohnern zurückgegeben. Natürlich waren in den drei Jahren Belegung mit Tausenden von Durchgangseinwohnern schwere Schäden an Häusern und Gärten entstanden, für deren Beseitigung 800.000 DM geschätzt und beantragt wurden. Das Schicksal der Räumung ihres Dorfes teilten die Meerbecker mit vielen anderen. Allein in Schaumburg-Lippe wurden auch die Dörfer Frille und Cammer geräumt und mit ähnlich vielen DPs belegt. Aber kein Dorf blieb seinen Einwohnern so lange verwehrt wie Meerbeck.

Claudia Ressler

Benutzte Archivalien
NLA BU Dep. 46A Nr. 879-880; NLA BU L 4 Nr. 12350, Nr. 12351, Nr. 12360; NLA BU L 102b Nr. 4807, Nr. 4814, Nr. 4817.

Literatur in Auswahl
Banser 1985; Führing [2013]; Jacobmeyer 1985; Oltmer 2010a; Schneider 1984; Steinwascher 1995.

MILITÄRREGIERUNG DEUTSCHLAND • BRITISCHES KONTROLLGEBIET

Die Wahl von Vertretern!

Vorschriften für die Wähler bei der Stimmabgabe.

1. Die Wahl wird in geheimer Abstimmung durchgeführt.
2. Jeder Wähler darf nicht mehr als ..... direkt zu wählende Kandidaten wählen; er darf aber keinem Kandidaten mehr als eine Stimme geben.
3. Sobald der Wähler von dem Wahlvorsteher einen Stimmzettel erhalten hat, soll er sich in eine der Wahlzellen begeben und dort auf der rechten Seite des Stimmzettels geheim ein Kreuz anbringen, und zwar ein „X" hinter dem Namen eines jeden Kandidaten, den er wählen will.

   (Anmerkung: Es darf kein anderes Zeichen als ein „X" hinter dem Namen/oder den Namen des Kandidaten/oder der Kandidaten, für den/für die der Wähler seine Stimme abgeben will, auf irgendeinem Stimmzettel angebracht werden.)
4. Der Wähler soll alsdann den Stimmzettel so falten, daß die Oberfläche des Zettels nicht sichtbar ist. Darauf wirft er den Stimmzettel in die Wahlurne und verläßt anschließend sofort das Wahllokal.
5. Wenn der Wähler einen Stimmzettel verdirbt, kann er ihn dem Wahlvorsteher zurückgeben, von welchem er einen anderen erhalten wird.

Warnung:

a) Niemand darf sich einmischen oder versuchen sich einzumischen, wenn ein Wähler seine Wahl vornimmt, oder auf andere Weise versuchen, in Erfahrung zu bringen, welchen Kandidaten oder welche Kandidaten der Wähler beabsichtigt zu wählen oder gewählt hat, oder zu irgendeiner Zeit irgend jemandem eine so erhaltene Kenntnis mitteilen; oder direkt oder indirekt einen Wähler dazu bewegen, daß er seinen Stimmzettel offen zeigt, nachdem er abgestimmt hat, so daß er irgend jemandem den Namen eines Kandidaten oder der Kandidaten, die er gewählt hat, bekanntgibt.

b) Niemand darf einen Stimmzettel anfordern im Namen irgendeiner anderen Person, ganz gleich ob es sich um den Namen einer Person handelt, die noch lebt oder die verstorben ist, oder ob es sich um den Namen einer fingierten Person handelt.

c) Niemand darf versuchen, während dieser Wahl in mehr als einem Wahlgebiet (Wahlkreis) oder Wahlbezirk zu wählen.

d) Kein Wähler darf einen Stimmzettel mit aus dem Wahllokal nehmen noch einen anderen Zettel, wie er ihn von dem Wahlvorsteher erhalten hat, in die Wahlurne werfen.

Bekanntmachung der britischen Militärregierung zu den Kommunalwahlen 1946 (NLA OL Best. 136 Nr. 1667, Blatt 268).

7 | Neubeginn unter britischer Aufsicht

1946: Erste Kommunalwahlen nach dem Ende der NS-Diktatur

Im Befehlston und in einem durch eine allzu wörtliche Übersetzung aus dem Englischen fremd klingenden Deutsch klärt die Britische Militärregierung 1946 deutsche Wähler über grundlegende Regeln bei der Stimmabgabe für die Wahl von Gemeinderäten auf: Die Wahl ist geheim, die Wähler sollen sich mit ihrem Stimmzettel unverzüglich in Wahlkabinen begeben, niemand darf sich bei der Stimmabgabe einmischen (Abb.). Selbstverständlichkeiten eigentlich, sollte man meinen. Welcher historische Vorgang steht hinter diesem Dokument? Wieso befindet es sich in einer Akte des Oldenburgischen Innenministeriums?

Zeitgleich mit ihrer Besetzung Nordwestdeutschlands im April und Mai 1945 hatten die alliierten, zumeist britischen Streitkräfte die in der NS-Zeit ernannten Landräte, Bürgermeister und Gemeindevorsteher abgesetzt, soweit diese ohnehin nicht geflohen, untergetaucht waren oder Selbstmord begangen hatten. An deren Stelle wurden politisch unbelastet erscheinende Deutsche mit vermeintlich ausreichender Qualifikation eingesetzt. Ab dem Spätsommer 1945 wurden auch Gemeinderäte und Kreistagsmitglieder ernannt. Häufig handelte es sich dabei um Personen, die bereits vor 1933 kommunale Ämter innegehabt hatten. Diese neuernannten Gemeindevorsteher, Bürgermeister, Landräte und Landesregierungen (bis zur Gründung des Landes Niedersachsen existierten noch die ehemalige preußische Provinzialregierung in Hannover sowie die Freistaaten Braunschweig, Schaumburg-Lippe und Oldenburg) unterstanden einer strengen Aufsicht durch britische Militärbehörden, die keinen Zweifel daran ließen, dass sie in allen Angelegenheiten das letzte Wort hatten.

Als erster Kreistag in der britischen Zone konstituierte sich am 19. Oktober 1945 der Kreistag in Vechta, der in der Folge von den Briten als »experimental model« angesehen wurde. Dass 1945 noch keine Wahlen stattfanden, hatte gewichtige Gründe. Nach dem Zusammenbruch im April und Mai 1945 mussten sich die Verhältnisse erst wieder konsolidieren. Noch waren viele Tausende von entlassenen Soldaten, Kriegsgefangenen oder während des Krieges evakuierten Zivilisten zu Fuß auf den Landstraßen unterwegs, auf dem Weg in ihre Heimatorte. Besatzer und Besetzte entwickelten zwar rasch ein konstruktives, oft sogar gutes Verhältnis zueinander, doch hegten die britischen Offiziere eine tiefe Skepsis, was die politische Lernfähigkeit der deutschen Mehrheitsbevölkerung betraf. Die Militärregierung 821 in Oldenburg stellte fest, die deutsche Zivilbevölkerung sei zwar »well behaved and orderly«, jedoch im Allgemeinen mehr mit alltäglichen Problemen befasst als mit Politik. Deshalb bedürfe sie einer breiten politischen Erziehung, bevor sie in der Lage wäre, das Wahlrecht auf richtige Art zu gebrauchen. Der Landrat des Kreises Oldenburg bestätigte diese Auffassung, wenn er von »fixen Ideen in den Köpfen vieler, verursacht durch die NS-Propaganda« sprach.

Wen, welche Kandidaten, welche Parteien, konnten die Deutschen in der britischen Besatzungszone überhaupt wählen? Zwischen 1934 und 1945 hatte es nur eine Partei in Deutschland gegeben, nämlich die NSDAP. Alle anderen politischen Parteien waren verboten und aufgelöst worden, ihre Mitglieder zum Teil verfolgt. Die Militärregierung hielt einerseits die Gründung von Parteien zum Aufbau eines demokratischen Gemeinwesens für unerlässlich, andererseits hatte sie kein Interesse an einer starken deutschen politischen Bewegung, die Widerstand zum Beispiel gegen die Demontage von Fabriken oder die Entnazifizierungsmaßnahmen hätte organisieren können. Im September 1945 wurde die Bildung politischer Parteien unter vielen Auflagen zugelassen, zunächst nur auf Kreisebene, ab Dezember auch auf Landesebene. SPD und KPD bauten sehr schnell neue Strukturen auf. Im bürgerlichen Lager gab es konkurrierende Strömungen: Während die einen wieder an die Traditionen aus Kaiserreich und Weimarer Republik anknüpfen wollten, planten andere die Gründung ganz neuer Parteien. Die Diskussionen wurden überwiegend von älteren Männern mit unbeschädigter Reputation bestimmt; die jüngeren befanden sich 1945/46 oft noch in der Kriegsgefangenschaft oder hatten Krieg und NS-Diktatur nicht überlebt. Politikerinnen waren in der Nachkriegszeit eine seltene Ausnahme.

Die von den Briten ernannten Kommunalpolitiker standen vor dringenden Aufgaben, von denen jede für sich allein anspruchsvoll genug gewesen wäre, die ab dem Mai 1945 aber gleichzeitig zu bearbeiten waren: Die örtlichen Verwaltungen waren von Anhängern der nationalsozialistischen Ideologie zu säubern. Die Infrastrukturen, u.a. für die Energieversorgung, mussten, wo sie durch Kriegseinwirkung zerstört worden waren, wenigstens provisorisch instandgesetzt werden. Anstelle der stillgelegten Rüstungsbetriebe war die Eröffnung neuer Gewerbebetriebe zu fördern. Dazu kamen viele oft sehr kurzfristig auszuführende Anweisungen der Militärregierung. Das drückendste Problem aber war der Wohnungsmangel; vor allem in diesem Zusammenhang gab es viele unpopuläre, harte, für die Betroffenen nach heutigen Maßstäben oft unzumutbare Entscheidungen zu treffen. In der Nachkriegszeit Kommunalpolitiker zu sein, war demnach eine sehr fordernde Aufgabe, die viele der Amtsinhaber gar nicht wollten oder der sie sich auf die Dauer nicht gewachsen zeigten. Für den politischen und gesellschaftlichen Wiederaufbau Deutschlands, beginnend auf lokaler Ebene, bedurfte es aber Menschen, die motiviert waren und Rückhalt in der Bevölkerung besaßen. Im Februar 1946, als der erste Nachkriegswinter überstanden war und sich die Zusammenarbeit zwischen britischem und deutschem Verwaltungspersonal eingespielt hatte, wies der stellvertretende Militärgouverneur General Bryan Robertson die deutschen Dienststellen an, mit den Vorbereitungen für Kommunalwahlen zu beginnen. Auf der Grundlage der revidierten Deutschen Gemeindeordnung vom April 1946 (Verordnung Nr. 21 der Militärregierung) sollte am 15. September 1946 in den Gemeinden gewählt werden, am 13. Oktober in den Kreisen. Die mit der Gemeindeordnung umgesetzte Reform auf Gemeinde- und Kreisebene führte zu einer deutlichen Trennung von staatlicher und kommunaler Ebene. Gemeinden und Kreise verwalteten sich von nun an als eigenständige Gebietskörperschaften demokratisch selbst. Die Bürger wählten deshalb im Herbst 1946 zum ersten Mal ein wirkliches Gemeinde- oder Kreisparlament.

Die Vorbereitungen umfassten die Bildung von Wahlvorständen, die Aufstellung von Wählerverzeichnissen, die Schulung der örtlichen Wahlleiter im Verhältniswahlverfahren, aber auch Entscheidungen über Details wie die Anzahl der vorzuhaltenden Bleistifte in den Wahllokalen (jeweils einer pro Lokal, mit einem Bindfaden sicher befestigt, so lautete der Vorschlag des oldenburgischen Beamten).

Die Briten überwachten und steuerten diese Abläufe genau. Sie verfügten zum Beispiel, dass nur solche Einwohner wahlberechtigt waren, die vor dem 12. Mai 1946 im jeweiligen Wahlbezirk gewohnt hatten: Diese Anordnung richtete sich gegen die Vertriebenen, denen man wegen ihrer bitteren Erfahrungen und besonders schwierigen Lebensumstände eine Neigung zu radikalen Parteien unterstellte. Und selbst wenn sie für gemäßigte Parteien stimmen wollten, sollten sie zunächst keinen Einfluss auf die Politik an ihrem neuen, noch nicht vertrauten Wohnort haben. Außerdem lehnte die Besatzungsmacht Wahlvorstände oder Kandidaten ab, die aus ihrer Sicht NS-belastet waren. Durchgehend wurde in den Erlassen und Ansprachen der Militärregierung betont, dass es um einen demokratischen Neuanfang von Grund auf ging. Deswegen wurden Wahlvolk und Behörden auch so nachdrücklich auf die erwähnten Regeln bei der Stimmabgabe hingewiesen. Immerhin hatten die letzten freien, demokratischen Prinzipien entsprechenden Wahlen in ganz Deutschland im November 1932 stattgefunden. Wohl nicht zu Unrecht ging die Besatzungsmacht deshalb davon aus, dass bei Weitem nicht alle Deutschen eine zutreffende Vorstellung davon besaßen, wie es bei einer geheimen und fairen Wahl zugehen sollte. Denn die Abstimmungen während der NS-Diktatur hatten nur den Zweck gehabt, dem Regime den Anschein einer demokratischen Legitimation zu geben. In den Wahllokalen hatten die Stimmberechtigten in Anwesenheit von Wahlvorständen, die durchweg aus NSDAP-Mitgliedern bestanden, unter massivem Druck gestanden, ihr Votum mehr oder weniger offen im Sinne der Machthaber abzugeben. Ein Wahlgeheimnis gab es de facto nicht mehr. Eben deshalb enthält das Dokument die Anweisungen *Sobald der Wähler von dem Wahlvorsteher einen Stimmzettel erhalten hat, soll er sich in eine der Wahlzellen begeben* und *Der Wähler soll alsdann den Stimmzettel so falten, daß die Oberfläche des Zettels nicht sichtbar ist.*

Bei den Gemeindewahlen am 15. September 1946 gaben zwei Drittel der Wahlberechtigten ihre Stimme ab. Die SPD wurde stärkste Partei vor der nationalkonservativen Niedersächsischen Landespartei (NLP) und der CDU; die zweitstärkste Kraft waren unabhängige Kandidaten. Bei den Kreistagswahlen vier Wochen später traten fast nur Parteilisten an, auch bei dieser Wahl wurde die SPD eindeutige Wahlsiegerin. Sie profitierte unter anderem davon, dass CDU, FDP und NLP Neugründungen waren, die erst noch eigene örtliche Strukturen aufbauen, sich Bekanntheit und Vertrauen erarbeiten mussten.

Nach der Wahl begann für die neuen Gemeinderats- und Kreistagsmitglieder eine Zeit mühevoller Arbeit. Ernst Reuter, der spätere Bürgermeister von West-Berlin zur Zeit der Blockade 1948/49, schrieb im Dezember 1946 aus Hannover, wo er sich auf Einladung Kurt Schumachers nach seiner Rückkehr aus dem türkischen Exil aufhielt:

»Alle Menschen sind über alle Maßen angespannt, können aus den Gründen der technischen Primitivität aller Dinge, der Schwierigkeiten des Nahverkehrs und tausend anderer Dinge, die in normalen Zeiten keine Rolle spielen, nur mit dreißig- bis vierzigprozentiger Rentabilität arbeiten. Sie sind alle gealtert und überanstrengt, aber es gibt einen heldenhaften Idealismus unter ihnen, der mich immer wieder mit Bewunderung und auch mit Stolz erfüllt.«

Axel Eilts

Benutzte Archivalien
NLA OL Best. 136 Nr. 1667.

Literatur in Auswahl
OLDENBURG 1996; RUDZIO 1968; STEINWASCHER 2010; VECHTA 1995.

Revised 1 January, 1946
Second Reprint June 1946
C.C.G. (B.E.) PUBLIC SAFETY (Special Branch)

MILITARY GOVERNMENT OF GERMANY

ZR.-Nr. 10892   Fragebogen

ACHTUNG: Der Fragebogen muß in zweifacher Ausfertigung eingereicht werden

WARNING: Read through the Fragebogen carefully before filling it in. The English text will prevail if discrepancies exist between it ~~an~~d the German translation. Answers must be typewritten or written clearly in block letters. Every question must be answered precisely ~~an~~d conscientiously and no space is to be left blank. If a question is to be answered by either "yes" or "no", write the word "yes" or ~~n~~o" in the appropriate space. If the question is inapplicable, indicate this by some appropriate word or phrase such as "none" or "not ~~ap~~plicable." Add supplementary sheets if there is not enough space in the questionnaire. Persons making false or incomplete statements ~~are~~ liable to prosecution by Military Government.

WARNUNG! SORGFÄLTIG DURCHLESEN! In Zweifelsfällen ist die englische Fassung maßgebend. Mit Schreibmaschine ~~od~~er deutlich in Druckschrift schreiben! Jede Frage genau beantworten! Fragen mit „Ja" oder „Nein" beantworten! Falls ~~eine~~ Frage nicht mit „Ja" oder „Nein" beantwortet werden kann, müssen eindeutige Angaben gemacht werden, z.B. „keine" ~~od~~er „unzutreffend". Im Falle von Platzmangel Bogen anheften! Falsche oder unvollständige Angaben sind gemäß der Ver-~~ord~~nungen der Militärregierung strafbar.

A. PERSONAL = A. PERSÖNLICHE ANGABEN

1. Name position you hold, or for which you are being considered (including agency or firm). 2. Name (Surname) (Christian Name(s). ~~3.~~ Other names which you have used or by which you have been known. 4. Date of birth. 5. Place of birth. 6. Height. 7. Weight. ~~8.~~ Colour of hair. 9. Colour of eyes. 10. Scars, marks or deformities. 11. Present address (City, street and house number). 12. Permanent ~~resi~~dence (City, street and house number). 13. Identity card, type and number. 14. Wehrpass No. 15. Passport No. 16. Citizenship. ~~17.~~ If a naturalized citizen, give date and place of naturalization. 18. Name any titles of nobility which have been held by you or your ~~ancest~~ors or your respective parents and grand parents. 19. Religion. 20. With what church are you affiliated? 21. Have you ever severed ~~your~~ connection with any church, officially or unofficially? 22. If so, give particulars and reason. 23. What religious preference did you ~~give~~ in the census of 1939? 24. Name any crimes of which you have been convicted, stating dates, place and nature of the crimes.

Augenblickliche oder angestrebte Stellung _z.Zt. ohne, jurist._ 2. Name _Harzmann_
   Stellung angestrebt.   Zu(Familien)name

Andere von Ihnen benutzte Namen oder solche, unter welchen Sie bekannt waren oder sind _Willi_
   keine   Vor(Tauf)name(n)

Geburtsdatum _7.VIII.1907_   5. Geburtsort _Hildesheim_

Größe _1,79m_   7. Gewicht _etwa 67kg_   8. Haarfarbe _braun_

Farbe der Augen _grau-grün_

Besondere Merkmale (Narben, Schmisse, Geburtsmerkmale, Verstümmelungen, Tätowierungen) oder Entstellungen
   Narbe auf der Stirn.

Gegenwärtige Anschrift _Hameln/Weser Admiral Scheerstrasse 39 I_
                       (Stadt, Straße und Hausnummer)

Ständiger Wohnsitz _"   "   "   "_
                       (Stadt, Straße und Hausnummer)

„freigelassener Internierter"

Erste Seite des Fragebogens von Willi Harzmann (NLA HA Nds. 171 Hannover IDEA Nr. 11863).

8 | Ein »reiner Mitläufer aus Zwang«

Erfolg und Scheitern der Entnazifizierung in Niedersachsen

Obwohl der Begriff »Entnazifizierung« eine Fülle an politischen und juristischen Maßnahmen umfasst, die nach Ende des Zweiten Weltkriegs die Spuren des Nationalsozialismus beseitigen sollten, hat im Gedächtnis der Nachkriegsbevölkerung vor allem ein Aspekt nachhaltig seine Spuren hinterlassen: Die Überprüfung einer Vielzahl einzelner Personen anhand sogenannter Fragebögen hatte zum Ziel, verantwortliche Positionen im öffentlichen Dienst und in der Wirtschaft von den Einflüssen nationalsozialistischer Ideologie freizuhalten.

Viele Verfolgte des NS-Regimes hofften damals, auf diese Weise eine moralische Aufarbeitung des Geschehen und ein Zurrechenschaftziehen der Verantwortlichen zu erreichen. Wer solche Ambitionen in der Politik der britischen Besatzungsmacht suchte, die ab 1945 einen Großteil Nordwestdeutschlands kontrollierte, wurde jedoch schnell vor ernüchternde Tatsachen gestellt. Obwohl die Briten unter anderem die Opferverbände dabei unterstützten, eine Verdrängung der NS-Verbrechen zu verhindern, gingen sie bei der Überprüfung der Einzelpersonen eher pragmatisch vor und konzentrierten sich auf ihr primäres Ziel: möglichst schnell eine funktionsfähige Verwaltung und Wirtschaft sowie demokratische Strukturen zu etablieren, um die drängenden existenziellen Probleme der unmittelbaren Nachkriegszeit in den Griff zu bekommen. Die Entnazifizierung (oder auch Denazifizierung) war kein Prozess, der in jeder Besatzungszone auf die gleiche Weise und mit den gleichen Zielen durchgeführt wurde.

Nachdem der für alle Besatzungszonen festgelegte automatische Arrest aller höheren Funktionsträger aus Verwaltung und Militär in Internierungslagern 1945 erfolgt war, stand man durch den darauffolgenden Personalmangel kurz vor dem Zusammenbruch der öffentlichen Funktionen. Im Januar 1946 erhielten die Zonen durch die Kontrollratsdirektive Nr. 24 den Spielraum, um belastete Personen aus den Behörden oder Unternehmen zu entfernen. Überprüft wurden durch die Briten fortan hauptsächlich Personen, die leitende Positionen in Wirtschaft und Verwaltung innehatten oder anstrebten, sowie Personen, die im Bildungswesen tätig waren oder die zur Überprüfung vorgeschlagen wurden. Eine kollektive Entnazifizierung aller Erwachsenen, wie in der US-amerikanischen Zone, gab es hier nicht. Es wurden Entnazifizierungsausschüsse eingerichtet, die auf Grundlage des 1946 eingeführten Fragebogens – mit mehr als 100 Fragen – über die Einteilung in eine von fünf Kategorien (Hauptschuldige, Belastete, Minderbelastete, Mitläufer, Entlastete) und somit über Entlassung oder Einstellung entschieden. Die darin erfragten Angaben bezogen sich hauptsächlich auf Mitgliedschaften in NS-Organisationen und den beruflichen Werdegang. Von Anfang an gab es dabei die Vorgabe, bei einer rein nominellen Mitgliedschaft in der NSDAP möglichst auf eine Entlassung zu verzichten.

Auch Personen aus den Bereichen Landwirtschaft, Gesundheit und Polizei wurden weniger streng beurteilt, da sie für die Grundversorgung unerlässlich waren.

Neben den Fragebögen waren von den Betroffenen eingereichte Leumundszeugnisse oft die einzigen Anhaltspunkte für die Ausschüsse, um eine Kategorisierung vorzunehmen. Diese Schreiben wurden von Freunden, Bekannten oder Berufskolleg/innen erstellt, um eine (Wieder-)Einstellung zu befürworten. Sie sollten unpolitisches Verhalten, einen ehrbaren Charakter oder die schon während des »Dritten Reichs« bestehende innere Ablehnung der NS-Ideologie bezeugen. Sie einzureichen war keine Pflicht, jedoch galt bei der Entnazifizierung das – viel kritisierte – Prinzip der umgekehrten Beweislast. Die zu Überprüfenden mussten ihre Unschuld glaubhaft machen und dafür boten sich diese eidesstattlichen Erklärungen an. Der Wahrheitsgehalt der Aussagen ließ sich selten kontrollieren und es ist davon auszugehen, dass sie dazu genutzt wurden, das eigene Verhalten »reinzuwaschen«. Aus diesem Grund erhielten sie schnell die inoffizielle Bezeichnung »Persilscheine«. Man darf jedoch nicht automatisch davon ausgehen, dass sämtliche Zeugnisse nur dazu dienten, die betroffene Person zu Unrecht in ein gutes Licht zu rücken.

Erst 1947 erfolgte die Übergabe der Entnazifizierung in deutsche Hände. Zu diesem Zeitpunkt war die Akzeptanz in der Bevölkerung bereits stark gesunken. Das Verfahren zeichnete sich durch seine Unübersichtlichkeit aus, es gab laufend neue Anordnungen und wechselnde Fragebogenmuster. Die fehlende Möglichkeit, wirklich objektiv über Einzelfälle zu urteilen, erzeugte in der deutschen Bevölkerung zunehmend das Gefühl, sich selbst in einer Opferrolle zu befinden. Auf diese Weise begünstigten die Briten die Verdrängung der Vergangenheitsproblematik in der Gesellschaft.

Schnell war das Ziel nur noch, die Entnazifizierung zu beenden. 1951 wurde das »Gesetz zum Abschluss der Entnazifizierung« verabschiedet, nach dem keine neuen Verfahren mehr eingeleitet werden durften. Zusätzlich wurden alle, die zu diesem Zeitpunkt den Kategorien »Minderbelastete« und »Mitläufer« zugeordnet waren, zu »Entlasteten« herabgestuft.

Dieser wenige Jahre während Prozess der Entnazifizierung hat in Niedersachsen etwa 800.000 Einzelfallakten hervorgebracht. Inhaltlich gibt es große Unterschiede zwischen den Verfahrensakten. Der Großteil umfasst außer dem obligatorischen Fragebogen lediglich die Entscheidungsbegründung des Ausschusses. Es gibt jedoch auch zahlreiche Verfahren, die durch Leumundszeugnisse und ausführliche Stellungnahmen der Betroffenen einen beträchtlichen Umfang erreichten und dadurch Aufschlüsse über soziale Netzwerke oder das Vorhandensein bzw. Fehlen eines Schuldbewusstseins geben können.

Kurz nach dem Ende der Entnazifizierung wurde das Schriftgut von den jeweiligen Bezirksregierungen an die einzelnen Niedersächsischen Staatsarchive abgegeben, aber erst 1987 der wissenschaftlichen Forschung zur Verfügung gestellt. Seitdem bilden die Einzelfallakten einen der bis heute meist nachgefragten Quellenbestände des Landesarchivs. Eine dieser Hunderttausenden Einzelfallakten behandelt die Entnazifizierung des früheren Staatsanwalts am Volksgerichtshof Willi Harzmann. Dieses Verfahren zeigt beispielhaft, welchen Einfluss die Leumundszeugnisse auf die Entscheidungsfindung des Entnazifizierungsausschusses haben konnten.

Willi Harzmann wird am 7. August 1907 in Hildesheim geboren. Nach seiner juristischen Ausbildung und ersten Berufserfahrungen in Celle tritt er 1933 der NSDAP bei und wird im Juli 1938 an den Volksgerichtshof in Berlin abgeordnet. Dort arbeitet er als Staatsanwalt, ab 1942 als Erster Staatsanwalt.

Nach Kriegsende erfolgt der automatische Arrest in einem US-amerikanischen Internierungslager, aus dem er 1946 wieder entlassen wird und nach Hameln zieht. Da er seine juristische Tätigkeit wieder aufnehmen will, muss er ein Entnazifizierungsverfahren durchlaufen und reicht den entsprechenden Fragebogen (Abb.) noch im selben Jahr ein. Die erste Entscheidung des Ausschusses lautet aufgrund seiner Tätigkeit am Volksgerichtshof »zur Entlassung empfohlen«, da er »ein eifriger Nazi-Unterstützer« gewesen sei. Seine berufliche Karriere legt diesen Schluss nahe, Harzmann geht jedoch in Berufung und reicht ganze 24 Leumundszeugnisse zu seiner Entlastung ein. Die meisten stammen von Berufskollegen, aber auch frühere Angeklagte, deren Verfahren er am Volksgerichtshof betreut hat, sprechen sich zu seinen Gunsten aus. Darunter befinden sich auch zwei Männer, die im Rahmen des Attentats vom 20. Juli 1944 vor Gericht gestanden haben. Sie alle bescheinigen Harzmann einen tadellosen Charakter, eine wohlwollende Behandlung der Angeklagten und eine kritische Haltung dem Nationalsozialismus gegenüber. Der Parteieintritt sei lediglich aus beruflichen Gründen erfolgt. Sein ehemaliger Kollege, Amtsgerichtsrat Stiegemeyer, bezeichnet ihn als »reinen Mitläufer aus Zwang«. Harzmann habe sich gegen die Abordnung nach Berlin nicht wehren können und spätere Versetzungsgesuche wurden abgeblockt, was dieser in einer eigenen Stellungnahme ebenfalls betont.

Interessant ist vor allem ein Gutachten des Amtsgerichtsrats Dr. Bruder, das auf Ersuchen des Entnazifizierungsausschusses verfasst wurde. Darin lehnt er Harzmanns Wiedereinstellung zunächst ab, da die Leumundszeugnisse erst recht belastend seien. Sollten die Aussagen über seine einwandfreie Gesinnung der Wahrheit entsprechen, hätte er aus moralischen Gründen niemals den Dienst in der NS-Justiz antreten dürfen. Trotzdem lautet die Empfehlung letztlich: Da schwerer Belastete ebenfalls ohne Probleme entnazifiziert worden seien, wäre es Unrecht, Harzmann die Wiedereinstellung zu verwehren.

1948 wird Harzmann schließlich in die Kategorie IV »Mitläufer« ohne weitere Sanktionen eingestuft. In der Entscheidungsbegründung des Ausschusses werden die Leumundszeugnisse als Grundlage der Einstufung genannt und deren Darstellungen als glaubwürdig empfunden. Harzmann darf seinen Beruf wieder ausüben.

Ein Urteil, ob Harzmann zu Unrecht rehabilitiert wurde, soll nicht Gegenstand dieses Beitrags sein. Vielmehr zeigt dieses Beispiel, was für eine Gratwanderung jede Einzelfallentscheidung für den Entnazifizierungsausschuss darstellte. Eine objektive und konsequente Entfernung überzeugter NS-Anhänger aus ihren Ämtern sowie eine moralische Aufarbeitung waren auf diese Weise nicht möglich. Aus der pragmatischen britischen Sicht wurde das Ziel trotzdem erfüllt: die zeitnahe Schaffung demokratischer und wirtschaftlicher Strukturen, um die drängendsten Nachkriegsprobleme wie Versorgungsengpässe und Wohnungsnot beheben zu können.

Antje Lengnik

Benutzte Archivalien
NLA HA Nds. 170 Nr. 1; NLA HA Nds. 171 Hannover IDEA Nr. 11863.

Literatur in Auswahl
BAHLMANN 2002; BRÜDERMANN 1997; GÖDDE 1991; REEKEN 2010b; VOLLNHALS 1991.

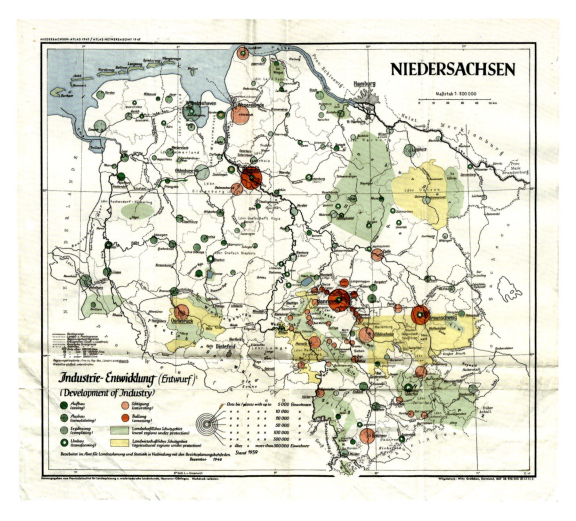

Abb. 1: Industrie-Entwicklungsplan vom Dezember 1946 im Rahmen des niedersächsischen Landesentwicklungsprogramms 1947 (NLA WO 4 Nds Zg. 46/2003 Nr. 1405).

9 | Raumordnung und Wiederaufbau

Der Industrie-Entwicklungsplan vom Dezember 1946

Angestoßen durch den Erlass des Niedersächsischen Ministerpräsidenten Hinrich Wilhelm Kopf vom November 1946 legte das frisch gegründete Niedersächsische Amt für Statistik und Landesplanung (ASL) unter der Leitung des Geografen Kurt Brüning im Dezember 1946 den hier abgebildeten Industrie-Entwicklungsplan vor (Abb. 1). Dieser Plan sollte als Teil eines Landesentwicklungsplans die grundlegenden Fakten für die politische Diskussion um den Wiederaufbau des Landes bieten. In diesem Zusammenhang wurden fünf Raumordnungspläne aus den Bereichen Land- und Forstwirtschaft, Verkehr, Entwicklung der Orte, Industrie sowie Erholungswesen als wichtige Instrumente der Landesplanung aufgestellt, wobei der Industrie-Entwicklungsplan auch das amerikanisch verwaltete Bremen berücksichtigt.

Der Entwurf wurde mitten im extrem kalten Hungerwinter 1946/47 abgeschlossen, als die tägliche Ration an Lebensmitteln vielfach bei nur 1.000 Kalorien lag. Seit Einstellung der Kriegshandlungen versuchten deutsche und britische Stellen, die durch massive Kriegszerstörungen, Ernteausfälle und die insgesamt mangelnde Versorgung der Menschen entstandene Notsituation schnellstmöglich zu beheben. Dass der Entwurf zweisprachig ist, verweist darauf, dass das Land Niedersachsen 1946 Teil der britischen Besatzungszone war und damit Politik und Verwaltung der britischen Militärregierung unterstanden. Die britische Militärverwaltung mit Sitz in Bad Oeynhausen versuchte, auf regionaler und vor allem überregionaler Ebene die Produktion anzukurbeln und den allseits herrschenden Mangel an existenziellen Gütern halbwegs bedarfsgerecht zu verteilen. Sie griff dafür auf Modelle der Planwirtschaft im Krieg zurück. Vorschläge für den Aufbau einer funktionierenden ökonomischen Infrastruktur stießen bei den Briten auf offene Ohren.

Der vorliegende Industrie-Entwicklungsplan spiegelt den Anspruch der Raumplaner wider, den niedersächsischen Wirtschaftsraum im Übergang von der Kriegs- zur Friedenswirtschaft neu zu ordnen. Rote Markierungen verweisen auf industrielle Sättigung oder Ballung, grüne auf ausbau- oder erweiterungsfähige Industriestandorte. Durch gut verteilte Industriebetriebe sollte die durch Flüchtlinge und Vertriebene um die Hälfte gewachsene Bevölkerung gleichmäßig Zugang zu Wohnraum und Industriearbeitsplätzen erhalten. Die niedersächsische Regierung stand dabei vor der schwierigen Aufgabe, Infrastruktur aufbauen zu müssen, ohne über die dafür notwendigen Steuereinnahmen verfügen zu können. Der wirtschaftliche Aufschwung wurde durch hohe Arbeitslosigkeit, geringe Einkommen und entsprechend schwache Kaufkraft, aber auch durch die bis 1948 ungeklärte Währungssituation behindert. Die Arbeitsplätze in der Landwirtschaft waren begrenzt, die landwirtschaftlichen Betriebe steuerlich begünstigt. Nur der Ausbau von Arbeitsplätzen in der Industrie konnte hier Abhilfe schaffen.

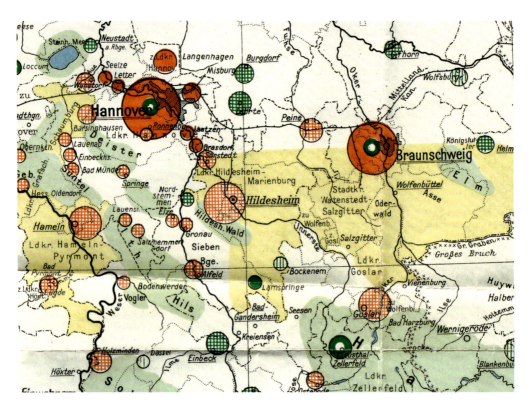

Abb. 2: Industrie-Entwicklungsplan, Raum Wolfsburg-Braunschweig [-Salzgitter] (Auszug aus dem in Abb. 1 genannten Plan).

Der vorliegende Industrieentwicklungsplan beruht auf den Angaben zu Industriekapazitäten vom letzten Friedensjahr 1939, erweitert um einen Zuschlag »auf Grund des Flüchtlingszuzugs« (Zitat Brüning 1947). Die Planung beruhte auf unsicheren Rahmenbedingungen. Im Dezember 1946 durften viele ausschließliche Rüstungsbetriebe noch nicht wieder produzieren. Die alliierten Siegermächte hatten die Demontage von deutschen Industrieanlagen beschlossen. Die im Zentrum der Demontage stehenden ehemaligen Reichswerke Hermann Göring in Salzgitter sind deshalb im Entwurf nicht aufgeführt. Ehemalige Heeresmunitionsanstalten wie die in Zeven-Aspe sind für einen möglichen Umbau der Produktion vorgesehen, da sie bereits für industrielle Zwecke erschlossen sind (hier 1947 Gründung der Zentralmolkerei Nordmilch).

Entsprechend der großstadtskeptischen Einstellung der Raumplaner sollten wachsende Ballungsräume vermieden werden. Da ein großer Teil der Flüchtlinge zu diesem Zeitpunkt in ländlichen Gebieten untergekommen war, lag der Gedanke nahe, Industrie außerhalb der Ballungsräume anzusiedeln. Im dicht bevölkerten Süden Niedersachsens, wo sich auch heute noch die meiste Industrie befindet, sollten dennoch die guten Böden ausreichend für die Erzeugung von Nahrungsmitteln zur Verfügung stehen – im Hungerwinter 1946/47 ein zwingender Gesichtspunkt. Die unter Naturschutz stehende

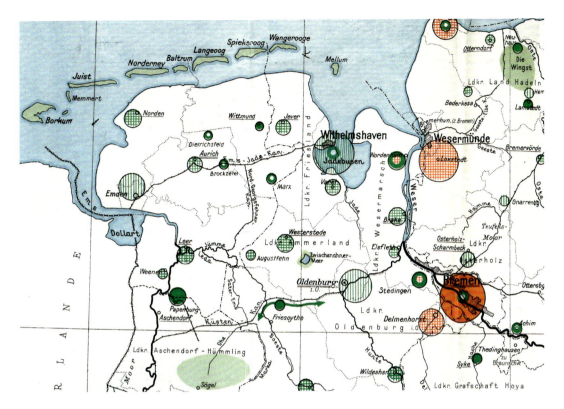

Abb. 3: Industrie-Entwicklungsplan, Raum Wilhelmshaven (Auszug aus dem in Abb. 1 genannten Plan).

Heidelandschaft südlich von Hamburg war als zukünftiges Naherholungsgebiet für Großstädter vorgesehen.

Bei näherer Betrachtung fällt auf, dass die im Plan angedachte langfristige Entwicklung nicht mit dem wenig später eingetretenen ökonomischen Strukturwandel übereinstimmt. So erfuhr der Industrie- und Marinestandort Wilhelmshaven (Abb. 3) mit der Währungsreform 1948 eine dramatische Deindustrialisierung. Mit dem Anschluss des westdeutschen Marktes an die Weltwirtschaft wandelte sich die Autofabrik in Wolfsburg ab 1950 zu einem international agierenden Automobilkonzern, dessen Umsatz- und Kapitalkraft die im Plan vorgeschlagene Ergänzung verhinderte (Abb. 2). Bemerkenswert ist, dass ein für die Entwicklung von Industriestandorten aufgestellter Plan vor allem auf die möglichst gleichmäßige Verteilung der Bevölkerung abzielt. Es fehlte das ökonomische Grundverständnis dafür, dass es im Hinblick auf die zukünftige Entwicklung u.a. darauf ankommt, zwischen traditionellen und klassischen sowie neuen und zukunftsträchtigen Industrien zu unterscheiden, zwischen regionaler Produktion und solcher mit überregionaler Bedeutung bzw. zwischen größeren Betrieben und solchen mit kaum mehr als zehn Beschäftigten. Der Vorteil regionaler Netzwerke mit ergänzender Produktion wird nicht gesehen. Zum anderen erstaunt, dass die niedersächsischen Raumplaner davon ausgingen, dass durch staatliche Vorgaben die Prozesse tatsächlich gesteuert werden können. Der stellvertretende Leiter des ASL, Hans Kraus, fragte sich sogar, ob es richtig sei, »die Industrie an den alten Standorten wieder entstehen zu lassen, oder soll man als Handhabe zur besseren Bevölkerungsverteilung den räumlichen Industrieaufbau nach anderen Gesichtspunkten lenken?« An dirigistisches Durchgreifen in der NS-Diktatur gewöhnt, wollten sich die niedersächsischen Raumplaner nach 1945 als zentrale Krisenmanager profilieren und vertrauten darauf, ihre im »Dritten Reich« erlangte Schlüsselstellung beibehalten zu können. Sie waren personell gut vernetzt und hatten ihre institutionelle Infrastruktur über das Kriegsende hinweg ohne größere Brüche aufrechterhalten können. So hatte Kurt Brüning seit 1933 durchweg leitende Positionen in der Raumplanung inne. Als Fachleute mit großer Macht ausgestattet, hatten deutsche Raumplaner mit ihren scheinbar rational-wissenschaftlichen Argumenten zur Begründung der NS-Umsiedlungspolitik in den Ostgebieten beigetragen.

Die vorliegende Quelle entstammt einem Aktenkonvolut aus der Abteilung Arbeit und Aufbau beim braunschweigischen Verwaltungspräsidium mit dem Titel »Siedlungen. Verschiedenes«. Der Zusammenhang ist leicht zu erkennen: Der Schaffung von Arbeitsplätzen musste der Wohnungs- und Siedlungsbau folgen. Die hundert Seiten starke Akte enthält vor allem Unterlagen zur Niedersächsischen Siedlungsgesellschaft in Hannover und zur Förderung von Kleinsiedlungsgesellschaften. Die Akte enthält auch ein Schreiben vom 16. Juli 1947, in dem Kurt Brüning »um eine recht baldige kritische Stellungnahme« zu dem übersandten »Entwurf für die zukünftige räumliche Industrieentwicklung« bat. Der beigefügte Verteiler weist neben ausgewiesenen Fachleuten niedersächsische Behörden, Kreise und Gemeinden sowie wichtige Institutionen auf, wie etwa die Landwirtschaftskammer Hannover, den Niedersächsischen Heimatbund, den Deutschen Gewerkschaftsbund und das Zentralamt für Arbeit und den Zonenbeirat der britischen Zone. Das erst knapp drei Monate später, am 1. Oktober 1947, im Verwaltungspräsidium in Braunschweig eingegangene Schreiben wurde 25 Tage später vor allem mit dem Hinweis darauf beantwortet, dass die in der Stadt Watenstedt-Salzgitter »vorhandenen Industriewerke von einer Teildemontage betroffen sind, … voraussichtlich [jedoch] 2 Hochöfen und einige Industrie verbleiben [werden]. Da dieses Gebiet durch einen Stichkanal an den Mittellandkanal angeschlossen ist u. weiter durch Strassen- u. Bahnanschlüsse für Industriezwecke aufgeschlossen ist, kann auch mit anderweitigen kleineren Gewerbe- u. Industrieansiedlungen gerechnet werden. Dies würde bedeuten, dass eine Ergänzung und Abrundung des in der Nähe von Lebenstedt vorhandenen Stadtteiles möglich ist.«

Das ASL verfehlte das mit dem Raumordnungsplan verbundene Ziel, als zentrale Koordinierungsbehörde für die raumplanerisch wirksamen Aufgaben aller Fachressorts anerkannt zu werden. Politiker bedienten sich zwar gern und häufig der durch das Amt bereitgestellten fundierten Datenbasis. Wirtschaftspolitische Akzente setzte in den 1950er Jahren mehr und mehr das Wirtschaftsministerium mit seiner regional ausgerichteten Strategie. Rigide Zentralplanungen galten als NS-verdächtig und nicht mit dem kooperativeren Föderalismus der Bundesrepublik und dem Kräftespiel der sozialen Marktwirtschaft vereinbar. Wie wenig Einfluss das ASL hatte, zeigt sich am Beispiel der 1955 erfolgten Ansiedlung des Volkswagenwerkes in Hannover-Stöcken, die auf Wunsch des Wolfsburger Werkes in dem nahe der Autobahn gelegenen Stadtteil erfolgte. Die Landesplaner hingegen hatten aus Gründen der räumlichen Dezentralisierung Barsinghausen am Deister propagiert, um hier nach der Aufgabe des Kohlenbergbaus Arbeitsplätze erhalten zu können.

Das ASL wurde mit dem Ausscheiden Kurt Brünings ab 1958 aufgelöst und ohne den Teil Statistik als Referat der Abteilung Kommunalangelegenheiten in das Innenministerium integriert. Brüning blieb zunächst Direktor der Akademie für Raumforschung und Landesplanung in Hannover, einem Sammelbecken für politisch belastete Wissenschaftler. Seit den 1960er Jahren setzte sich die Vorstellung einer integrierten Raumplanung durch. Die heute bei den Ämtern für regionale Landesentwicklung verortete Planungskompetenz geht von einer vorausschauenden, gesamtstaatlich orientierten Moderation im Wettkampf der Interessen aus, bei der die jeweiligen regionalen Standortvorteile beachtet werden.

Gudrun Fiedler

Benutzte Archivalien
NLA WO 4 Nds, Zg. 46/2003 Nr. 1405.

Literatur in Auswahl
Fiedler 1997; Fürst 1995; Landwirtschaftsministerum o. J. b; Miessner 2015; Muarrawi 2020.

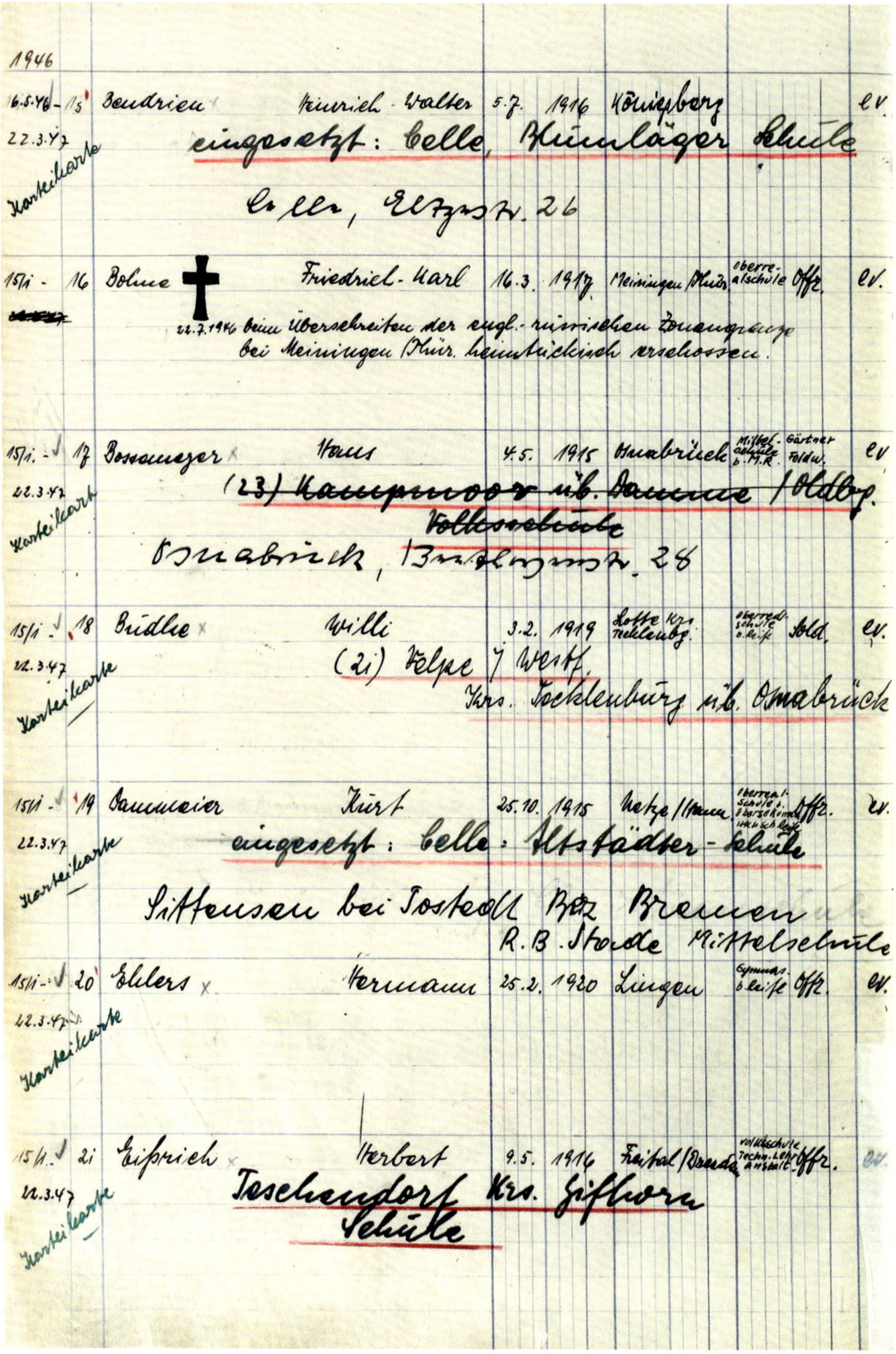
1946
16.5.46 – 15 Bendrien Heinrich Walter 5.7. 1916 Königsberg ev.
22.3.47 eingesetzt: Celle, Blumläger Schule
Karteikarte Celle, Elzestr. 26

15/1 – 16 Bohne † Friedrich-Karl 16.3. 1917 Meiningen/Thür. Oberrealschule Offz. ev.
22.7.1946 beim Überschreiten der engl.-russischen Zonengrenze bei Meiningen/Thür. heimtückisch erschossen.

15/1 – 17 Bossmeyer Hans 4.5. 1915 Osnabrück Mittelschule b. M.R. Gärtner Feldw. ev.
22.3.47 (23) Kampmoor üb. Damme / Oldbg. Volksschule
Karteikarte Osnabrück, Bramscherstr. 28

15/1 – 18 Brüdke Willi 3.2. 1919 Lotte Krs. Tecklenbg. Oberrealschule o. Reife Sold. ev.
22.3.47 (21) Velpe / Westf. Krs. Tecklenburg üb. Osnabrück
Karteikarte

15/1 – 19 Dammeier Kurt 25.10. 1915 Netze/Hann. Oberrealschule Offz. ev.
22.3.47 eingesetzt: Celle: Altstädter-Schule
Karteikarte Sittensen bei Tostedt Bez Bremen R.B. Stade Mittelschule

15/1 – 20 Ehlers Hermann 25.2. 1920 Lingen Gymnas. o. Reife Offz. ev.
22.3.47
Karteikarte

15/1 – 21 Eifrich Herbert 9.5. 1916 Freital/Dresden Volksschule Techn. Lehranstalt Offz. ev.
22.3.47 Teschendorf Krs. Gifhorn Schule
Karteikarte

Abb. 1: Das erste Matrikelbuch der Pädagogischen Hochschule Celle aus dem Jahr 1946 (NLA OS Dep 103 Akz. 2011/092 Nr. 1).

10 | »Mit Unbedenklichkeitsbescheinigung wieder zum Studium zugelassen«

Volksschullehrerbildung im Niedersachsen der Nachkriegszeit

Angehende Studierende haben in Deutschland bei der Wahl ihres Studiums, des Studienortes und der -einrichtung fast unüberschaubare Möglichkeiten. 1945 sah das auf dem Gebiet des heutigen Bundeslandes Niedersachsen noch anders aus. Es gab mit Göttingen nur eine Universität und ansonsten wenige Hochschulen, die regional nicht gleichmäßig verteilt waren. Das sollte sich in den kommenden Jahrzehnten ändern: Seit 1945 trat mit den Pädagogischen Hochschulen (PH) eine weitere Einrichtung des tertiären Bildungsbereichs hinzu, in den 1960er und 1970er Jahren gesellten sich auch in anderen Bundesländern die Reformuniversitäten und die eher praxisorientierten Fachhochschulen hinzu bzw. existente Hochschulen wurden in Universitäten umgewandelt.

Wie es der Name vermuten lässt, stand bei den PH die Ausbildung des Lehrernachwuchses, vor allem der Volksschullehrer im Mittelpunkt. In Preußen hatte man in der Zeit von 1926 bis 1932 mit den durch Carl Heinrich Becker initiierten Pädagogischen Akademien erstmals versucht, die Lehrerbildung zu akademisieren – zuvor lag die Lehrerbildung bei den katholischen und evangelischen Lehrerseminaren. In der Zeit des Dritten Reiches stagnierte die Entwicklung, denn die jetzt für die Ausbildung zuständigen Hochschulen für Lehrerbildung bzw. die Lehrerbildungsanstalten hatten unabhängig von der ideologischen Einflussnahme des Nationalsozialismus nicht das gleiche Niveau. Nach dem Zweiten Weltkrieg wollte man mit der Gründung der Pädagogischen Hochschulen in Niedersachsen an das Konzept der Pädagogischen Akademie anknüpfen: Lehrer sollten künftig Erziehungswissenschaftler sein.

Bereits am 18. Dezember 1945 – also noch vor der Gründung Niedersachsens – erfolgte in der preußischen Provinz Hannover unter britischer Besatzung der »Deutsche Gründungserlass für die Pädagogischen Hochschulen Alfeld, Celle, Göttingen, Hannover und Lüneburg« durch den Oberpräsidenten der Provinz Hannover. Die in diesem Zusammenhang ebenfalls publizierten »Richtlinien über den Ausbau der Lehrerbildung« lieferten die Rahmenbedingungen für den Neustart: Das Studium sollte zunächst zwei Jahre (à vier Semester) dauern und kostenlos sein. Grundlage für die Aufnahme an eine PH war in der Regel das »Reifezeugnis einer höheren Lehranstalt«. Die Bewerber mussten aber auch eine Aufnahmeprüfung absolvieren und über »ausreichend gesangliche und instrumentale Kenntnis« verfügen. Im Hinblick auf das Ausbildungsziel ist zu lesen: Man könne in der Kürze der Zeit zwar »keine allseitig gebrauchsfertigen Lehrer abliefern, aber […] Menschen […], die für alle echten Werte des Lebens aufgeschlossen sind, die den Willen haben, sich für die Erneuerung und Wiedergeburt unseres Volkes tatkräftig einzusetzen und die innerlich bereit sind, für diese Aufgabe materielle Vorteile und persönliche Bequemlichkeiten zu opfern«. Dabei sollte auch das gemeinschaftliche musische und religiöse Leben eine große Rolle spielen, worauf auch die Kirchen achteten.

Abb. 2: Ausschnitt aus dem Matrikelbuch der Pädagogischen Hochschule Celle aus dem Jahr 1946 (NLA OS Dep 103 Akz. 2011/092 Nr. 1).

Eine wichtige Quelle, nicht nur für die Geschichte der Pädagogischen Hochschulen, sind die Matrikellisten oder -bücher, die die Zugehörigkeit der Studierenden zur jeweiligen Hochschule dokumentieren und die sich durch die Aufnahme von personenbezogenen Angaben für sozialgeschichtliche Studien eignen. Das erste Matrikelbuch der 1946 gegründeten Adolf-Reichwein-Hochschule, einer Pädagogischen Hochschule, die zuerst in Celle, ab 1953 in Osnabrück angesiedelt war und schließlich in den 1970er Jahren in der neu gegründeten Universität Osnabrück aufgegangen ist, bietet eine Fülle von Informationen zu den Studierenden der direkten Nachkriegszeit und steht stellvertretend für die schwierigen Ausgangsbedingungen (Abb. 1).

Der erste Lehrgang für die Ausbildung von Volksschullehrern an der nur primitiv ausgestatteten PH Celle war ein verkürzter, stark praxisorientierter Lehrgang, der am 15. Januar 1946 startete und nur zwei Semester dauern sollte: Ziel war es, den kriegsbedingten Lehrermangel so schnell wie möglich zu beheben und das, so der bedeutende Geschichtsdidaktiker Erich Weniger, prioritär »auch bei den größten wirtschaftlichen Nöten«. Noch im selben Jahr startete ein erster regulärer und ein spezieller Kriegsversehrten-Lehrgang, in den Folgejahren wurde pro Jahr jeweils ein Lehrgang eröffnet.

Insgesamt 67 Studierende gehörten zum Zeitpunkt der Immatrikulation dem verkürzten Lehrgang an, davon elf Frauen. Das Durchschnittsalter der Studierenden belief sich auf 29 Jahre. Es handelte sich also durchgängig um Personen, die nicht direkt nach der Schule das Studium aufgenommen haben, was aufgrund des gerade erst beendeten Zweiten Weltkriegs nicht weiter verwundert. Der Großteil war verheiratet, zwei waren verwitwet, viele hatten bereits Kinder. Wenig überraschend waren viele der männlichen Studierenden zuvor in der Wehrmacht gewesen. Legt man die Berufe der Väter zugrunde, dann kamen die Studierenden aus den unterschiedlichsten sozialen Schichten. Anhand der Semesteradressen ist gut zu erkennen, dass viele zum Studienstart in Untermiete wohnten und nicht gemeinsam in Wohngemeinschaften oder gar eigens errichteten Wohnheimen.

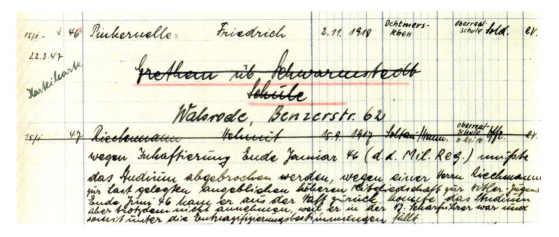

Abb. 3: Ausschnitt aus dem Matrikelbuch der Pädagogischen Hochschule Celle aus dem Jahr 1946 (NLA OS Dep 103 Akz. 2011/092 Nr. 1).

Das Matrikelbuch dokumentiert darüberhinausgehend auch Ereignisse, die im Laufe des Studiums eingetreten sind, und wirft damit auch ein Schlaglicht auf die persönlichen Schicksale der Studierenden (Abb. 2 und 3). So finden sich Eintragungen über krankheitsbedingte Studienpausen oder Rücktritte vom Studium, nicht bestandene Prüfungen, Todesfälle und auch, an welcher Schule die Studierenden später eingesetzt wurden. Für diese Angaben war im Matrikelbuch keine Spalte vorgesehen, sie wurden pragmatisch dort eingefügt, wo Platz war.

Natürlich spielte die Frage der Entnazifizierung auch im Hochschulbereich eine große Rolle, denn z.B. bei den Lehrenden wurde verstärkt auf Personal zurückgegriffen, das bereits vor 1945 in der Lehrerausbildung mitgewirkt hatte. Aber nicht nur die Hochschullehrerinnen und -lehrer, sondern auch Studierende, die aufgrund ihres Alters nicht unter die Jugendamnestie fielen, mussten sich dem Verfahren stellen, denn das nationalsozialistische Gedankengut sollte nicht in die Schulen getragen werden. An zusätzlichen Eintragungen ist zu erkennen, dass bereits immatrikulierte Studierende zeitweilig bis zur Klärung vom Studium freigestellt und dann nach Erwerb einer *Unbedenklichkeitsbescheinigung* der zuständigen Entnazifizierungskammer wieder zugelassen werden konnten. Mit einigen Sätzen wird u.a. beschrieben, wie ein Student kurz nach Studienbeginn durch die Militärregierung verhaftet wurde und nach seiner Entlassung aus der Haft im Sommer nicht mehr das Studium aufnehmen konnte, *weil er in der HJ Scharführer war und somit unter die Entnazifizierungsbestimmungen* fiel. Besonders sticht bei den zusätzlichen Eintragungen der tragische Todesfall eines Studenten heraus, der am 22. Juli 1946 *beim Überschreiten der engl.-russischen Zonengrenze bei Meiningen / Thür. heimtückisch erschossen* worden sei, zusätzlich hervorgehoben durch ein mit Tinte gemaltes Sterbekreuz.

Die PH entwickelten sich von der Gründung bis in die 1960er Jahre strukturell, konfessionell und mit Blick auf die Studieninhalte weiter. Bereits im Anschluss an die Gründung des Landes Niedersachsen hatte sich die Zahl der Pädagogischen Hochschulen durch die ehemaligen Pädagogischen Akade-

Abb. 4: Das Osnabrücker Schloss im Jahr 1961 – Standort der Pädagogischen Hochschule Osnabrück ab 1953, Foto: Ilsetraut Lindemann (NLA OS Erw A 38 Akz. 46/1996 Nr. 112).

mien bzw. Lehrerbildungsanstalten Oldenburg, Vechta und Braunschweig erhöht, hinzu traten zwei PH in Wilhelmshaven, die für die Ausbildung von Gewerbe- und Landwirtschaftslehrern zuständig waren. Im Falle der späteren PH Osnabrück hatte sich schnell gezeigt, dass die provisorische Unterbringung in einer Celler Volksschule unzureichend war. Da sich aber kein anderes Gebäude vor Ort umwidmen ließ und ein Neubau zu teuer war, verfügte das Ministerium schließlich einen Umzug in das leer stehende Osnabrücker Schloss und optimierte damit auch die räumliche Verteilung der PH (Abb. 4).

Ende der 1960er Jahre wurden die bisher autarken niedersächsischen PH Hildesheim (bis 1961 Alfeld), Osnabrück (bis 1953 Celle), Göttingen, Hannover, Lüneburg, Oldenburg, Vechta und Braunschweig Abteilungen einer neu gegründeten wissenschaftlichen Pädagogischen Hochschule Niedersachsen (PHN) mit Sitz in Hannover. Ziel war es, sich mit einem breiten Studienangebot und dem Promotionsrecht den Universitäten anzunähern. Letztlich war das Modell der PH aber flächendeckend (auch in anderen Teilen Deutschlands) nicht nachhaltig: Ab den 1970er Jahren wurden die einzelnen Abteilungen der PHN schrittweise in neu gegründete oder bereits bestehende Universitäten integriert bzw. es entstanden aus ihnen wieder eigenständige Hochschulen. Für die direkte Nachkriegszeit waren die PH aber wichtige Einrichtungen, um den dringend benötigten Lehrernachwuchs auszubilden. Welche Qualität die Ausbildung vor dem Hintergrund hatte, dass Lehrende und Studierende auch eine Vita in der Zeit des Nationalsozialismus besaßen, ist noch nicht genügend erforscht. Zumindest an der PH Celle scheint die kritische Auseinandersetzung mit dem Nationalsozialismus schon kurz nach dem Krieg Bestandteil des Studiums gewesen zu sein.

Die Geschichte der Pädagogischen Hochschulen Niedersachsens in der zweiten Hälfte des 20. Jahrhunderts spielte bisher in der Forschung kaum eine Rolle, obwohl ihre Bedeutung nicht gering geschätzt werden darf: Sie waren für die Ausbildung einer größeren Berufsgruppe verantwortlich, die wiederum später in einer Einrichtung lehrte, die alle Kinder durchlaufen mussten. Sie boten eine Berufsperspektive für eine Generation mit gebrochenen Lebensläufen. Sie scheinen oftmals Sprungbrett zur Universität für aufstrebende Hochschullehrer gewesen zu sein und ermöglichten damit manche Karriere. Und sie beeinflussten später in unterschiedlicher Weise durch ihre Eingliederung die Entwicklung der Universitäten selbst.

Thorsten Unger

Benutzte Archivalien
NLA OS Dep 103 Akz. 2011/092 Nr. 1; NLA OS Erw A 38 Akz. 46/1996 Nr. 112.

Literatur in Auswahl
KITTEL 1983-1986; RÜCKRIEM 2016; SCHMIECHEN-ACKERMANN/OTTE/BRANDES 2014; UNGER 2018; UNIVERSITÄTSARCHIV o.J.

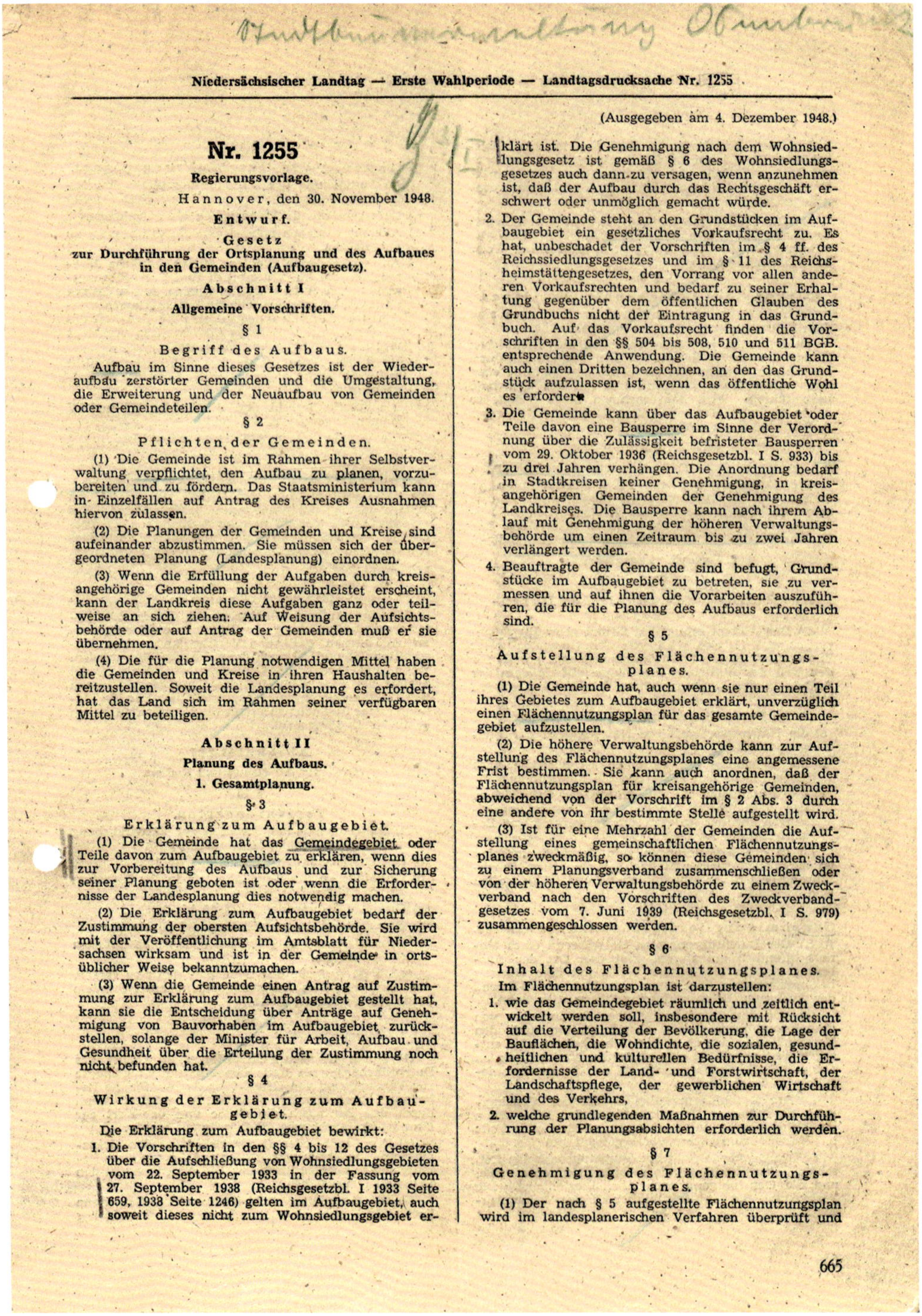

Niedersächsischer Landtag — Erste Wahlperiode — Landtagsdrucksache Nr. 1255

(Ausgegeben am 4. Dezember 1948.)

Nr. 1255
Regierungsvorlage.
Hannover, den 30. November 1948.
Entwurf.
Gesetz
zur Durchführung der Ortsplanung und des Aufbaues
in den Gemeinden (Aufbaugesetz).

Abschnitt I
Allgemeine Vorschriften.

§ 1
Begriff des Aufbaus.

Aufbau im Sinne dieses Gesetzes ist der Wiederaufbau zerstörter Gemeinden und die Umgestaltung, die Erweiterung und der Neuaufbau von Gemeinden oder Gemeindeteilen.

§ 2
Pflichten der Gemeinden.

(1) Die Gemeinde ist im Rahmen ihrer Selbstverwaltung verpflichtet, den Aufbau zu planen, vorzubereiten und zu fördern. Das Staatsministerium kann in Einzelfällen auf Antrag des Kreises Ausnahmen hiervon zulassen.

(2) Die Planungen der Gemeinden und Kreise sind aufeinander abzustimmen. Sie müssen sich der übergeordneten Planung (Landesplanung) einordnen.

(3) Wenn die Erfüllung der Aufgaben durch kreisangehörige Gemeinden nicht gewährleistet erscheint, kann der Landkreis diese Aufgaben ganz oder teilweise an sich ziehen. Auf Weisung der Aufsichtsbehörde oder auf Antrag der Gemeinden muß er sie übernehmen.

(4) Die für die Planung notwendigen Mittel haben die Gemeinden und Kreise in ihren Haushalten bereitzustellen. Soweit die Landesplanung es erfordert, hat das Land sich im Rahmen seiner verfügbaren Mittel zu beteiligen.

Abschnitt II
Planung des Aufbaus.
1. Gesamtplanung.

§ 3
Erklärung zum Aufbaugebiet.

(1) Die Gemeinde hat das Gemeindegebiet oder Teile davon zum Aufbaugebiet zu erklären, wenn dies zur Vorbereitung des Aufbaus und zur Sicherung seiner Planung geboten ist oder wenn die Erfordernisse der Landesplanung dies notwendig machen.

(2) Die Erklärung zum Aufbaugebiet bedarf der Zustimmung der obersten Aufsichtsbehörde. Sie wird mit der Veröffentlichung im Amtsblatt für Niedersachsen wirksam und ist in der Gemeinde in ortsüblicher Weise bekanntzumachen.

(3) Wenn die Gemeinde einen Antrag auf Zustimmung zur Erklärung zum Aufbaugebiet gestellt hat, kann sie die Entscheidung über Anträge auf Genehmigung von Bauvorhaben im Aufbaugebiet zurückstellen, solange der Minister für Arbeit, Aufbau und Gesundheit über die Erteilung der Zustimmung noch nicht befunden hat.

§ 4
Wirkung der Erklärung zum Aufbaugebiet.

Die Erklärung zum Aufbaugebiet bewirkt:

1. Die Vorschriften in den §§ 4 bis 12 des Gesetzes über die Aufschließung von Wohnsiedlungsgebieten vom 22. September 1933 in der Fassung vom 27. September 1938 (Reichsgesetzbl. I 1933 Seite 659, 1938 Seite 1246) gelten im Aufbaugebiet, auch soweit dieses nicht zum Wohnsiedlungsgebiet erklärt ist. Die Genehmigung nach dem Wohnsiedlungsgesetz ist gemäß § 6 des Wohnsiedlungsgesetzes auch dann zu versagen, wenn anzunehmen ist, daß der Aufbau durch das Rechtsgeschäft erschwert oder unmöglich gemacht würde.

2. Der Gemeinde steht an den Grundstücken im Aufbaugebiet ein gesetzliches Vorkaufsrecht zu. Es hat, unbeschadet der Vorschriften im § 4 ff. des Reichssiedlungsgesetzes und im § 11 des Reichsheimstättengesetzes, den Vorrang vor allen anderen Vorkaufsrechten und bedarf zu seiner Erhaltung gegenüber dem öffentlichen Glauben des Grundbuchs nicht der Eintragung in das Grundbuch. Auf das Vorkaufsrecht finden die Vorschriften in den §§ 504 bis 508, 510 und 511 BGB. entsprechende Anwendung. Die Gemeinde kann auch einen Dritten bezeichnen, an den das Grundstück aufzulassen ist, wenn das öffentliche Wohl es erfordert.

3. Die Gemeinde kann über das Aufbaugebiet oder Teile davon eine Bausperre im Sinne der Verordnung über die Zulässigkeit befristeter Bausperren vom 29. Oktober 1936 (Reichsgesetzbl. I S. 933) bis zu drei Jahren verhängen. Die Anordnung bedarf in Stadtkreisen keiner Genehmigung, in kreisangehörigen Gemeinden der Genehmigung des Landkreises. Die Bausperre kann nach ihrem Ablauf mit Genehmigung der höheren Verwaltungsbehörde um einen Zeitraum bis zu zwei Jahren verlängert werden.

4. Beauftragte der Gemeinde sind befugt, Grundstücke im Aufbaugebiet zu betreten, sie zu vermessen und auf ihnen die Vorarbeiten auszuführen, die für die Planung des Aufbaus erforderlich sind.

§ 5
Aufstellung des Flächennutzungsplanes.

(1) Die Gemeinde hat, auch wenn sie nur einen Teil ihres Gebietes zum Aufbaugebiet erklärt hat, unverzüglich einen Flächennutzungsplan für das gesamte Gemeindegebiet aufzustellen.

(2) Die höhere Verwaltungsbehörde kann zur Aufstellung des Flächennutzungsplanes eine angemessene Frist bestimmen. Sie kann auch anordnen, daß der Flächennutzungsplan für kreisangehörige Gemeinden, abweichend von der Vorschrift im § 2 Abs. 3 durch eine andere von ihr bestimmte Stelle aufgestellt wird.

(3) Ist für eine Mehrzahl der Gemeinden die Aufstellung eines gemeinschaftlichen Flächennutzungsplanes zweckmäßig, so können diese Gemeinden sich zu einem Planungsverband zusammenschließen oder von der höheren Verwaltungsbehörde zu einem Zweckverband nach den Vorschriften des Zweckverbandsgesetzes vom 7. Juni 1939 (Reichsgesetzbl. I S. 979) zusammengeschlossen werden.

§ 6
Inhalt des Flächennutzungsplanes.

Im Flächennutzungsplan ist darzustellen:

1. wie das Gemeindegebiet räumlich und zeitlich entwickelt werden soll, insbesondere mit Rücksicht auf die Verteilung der Bevölkerung, die Lage der Bauflächen, die Wohndichte, die sozialen, gesundheitlichen und kulturellen Bedürfnisse, die Erfordernisse der Land- und Forstwirtschaft, der Landschaftspflege, der gewerblichen Wirtschaft und des Verkehrs,

2. welche grundlegenden Maßnahmen zur Durchführung der Planungsabsichten erforderlich werden.

§ 7
Genehmigung des Flächennutzungsplanes.

(1) Der nach § 5 aufgestellte Flächennutzungsplan wird im landesplanerischen Verfahren überprüft und

665

Abb. 1: Landtagsdrucksache 1255. Gesetz zur Durchführung der Ortsplanung und des Aufbaues in den Gemeinden, Entwurf vom 30. November 1948 (NLA OS Dep 3 c Akz. 2003/005 Nr. 20).

11 | Aus der Trümmerlandschaft zur funktionalen Stadt

Wiederaufbau zwischen Tradition und Moderne am Beispiel Osnabrücks

Die Bombenangriffe im Zweiten Weltkrieg haben in allen davon betroffenen Städten innerhalb und außerhalb Deutschlands verheerende Zerstörungen angerichtet und diese Orte in ihrer gewachsenen Bausubstanz massiv verändert. Dies gilt auch für niedersächsische Kommunen, besonders für die, in denen für die Kriegswirtschaft relevante Industrieunternehmen angesiedelt waren. Wie die heutige Landeshauptstadt Hannover, wie Braunschweig, Hildesheim und Emden, die im Innenstadtbereich zu 80 bis 90 Prozent zerstört wurden, ist auch Osnabrück häufiges Ziel von Bombenangriffen gewesen. Am Ende lagen 86 Prozent der Osnabrücker Innenstadt in Trümmern, insgesamt war die Stadt zu 60 Prozent zerstört. Die dringlichsten Probleme nach Kriegsende waren daher – wie in allen Städten – die Wohnungsnot und die Lebensmittelversorgung. Die Bevölkerung wuchs zudem durch den Flüchtlingszustrom aus den Ostgebieten in den ersten Nachkriegsjahren enorm an, was die allgemeine Notlage noch verschärfte.

In Osnabrück wie auch anderenorts ging es darum, möglichst schnell neue Verhältnisse herzustellen. Die Trümmer mussten geräumt, Nahrungsrationen und Wohnungsbewirtschaftung organisiert werden. Dazu war eine funktionierende Verwaltung erforderlich. Soweit sie überhaupt zur Verfügung standen, griff die britische Militärregierung dabei auf unbelastete deutsche Fachleute zurück. Auch die Ernennungen der Verwaltungsspitzen erfolgten durch die Militärregierung. Ab 1946 wurden die niedersächsischen Kommunen von einer Doppelspitze aus Oberstadtdirektor und Oberbürgermeister geführt.

In Osnabrück hatte der ernannte, ab Oktober 1946 dann der erste freigewählte Rat neben den existenziellen Problemen auch über die Weichenstellung für den Wiederaufbau der zerstörten Stadt zu befinden. Hieran arbeitete die städtische Bauverwaltung mit Hochdruck. Sie griff dabei auch auf frühere Planungen zurück, denn über ein Stadtbild, das den modernen Entwicklungen, vor allem dem zunehmenden motorisierten Verkehr, Rechnung trug, wurde schon seit mehr als einem halben Jahrhundert in Fachkreisen diskutiert und publiziert. Die großflächigen Zerstörungen schienen die Chance zu bieten, eine neue Straßenführung zu gestalten, die anstelle enger Altstadtgassen breite, für den Auto- und Straßenbahnverkehr wie für Fußgänger und Radfahrer angelegte Straßen vorsah. Vorbildgebend waren die Planungen in Hannover, wo Stadtbaurat Rudolf Hillebrecht innovative Wegeführungen für den stetig anwachsenden Straßenverkehr entwickelte.

Für die aktive Gestaltung des neuen Stadtbildes durch die Kommunen, in deren Selbstverwaltungsbereich die Stadtplanung gehörte, war allerdings erst eine neue Gesetzeslage erforderlich. Fast alle bundesdeutschen Länder erarbeiteten daher sog. Aufbaugesetze. Der Niedersächsische Landtag erließ mit Datum vom 9. Mai 1949 das Gesetz zur Durchführung der Ortsplanung und des Aufbaus in den Gemeinden (Aufbaugesetz). Vorab wur-

Abb. 2: Osnabrück 1944, Foto: Emil Harms (NLA OS Dep 104 VI Akz. 2020/82 Nr. 1).

de der Text in den Kommunen bekannt gemacht; so ist der Gesetzentwurf in einer Akte der Stadtbauverwaltung Osnabrück mit dem Titel »Wiederaufbauplanungen für die Stadt Osnabrück auf Grund des Niedersächsischen Aufbaugesetzes« enthalten (Abb. 1).

Eingeleitet wird das Gesetz von einer Definition des Aufbaubegriffs: Geregelt werden soll der Wiederaufbau zerstörter Gemeinden sowie ihre Umgestaltung, Erweiterung und ihr Neuaufbau. Hierzu besteht gemäß §2 eine Verpflichtung seitens der Gemeinde. Voraussetzung für die Anwendung ist die Erklärung der Kommune, dass die Stadt oder Stadtteile als Aufbaugebiet eingestuft werden sollen (§§3 und 4). Dies bedarf der Zustimmung des Niedersächsischen Ministeriums für Arbeit, Aufbau und Gesundheit. In einem deklarierten Aufbaugebiet verfügt die Kommune über besondere Rechte wie das Vorkaufsrecht auf Grundstücke und die Möglichkeit zur Verhängung einer Bausperre (§4 Abs. 2 und 3). Für die Stadtentwicklung entscheidend sind der zu erstellende Flächennutzungsplan (§§5-9), der wieder der Genehmigung durch die oberste Aufsichtsbehörde unterliegt, und das Durchführungsverfahren (§§10-14). Dabei ist die Nutzungsart der Grundstücke festzuhalten, der Umfang der Bebauung und die Fluchtlinien sowie der Grünflächenanteil, die Verkehrseinbindung und die Versorgungsleitungen. Im Abschnitt III des Aufbaugesetzes ist die Ordnung von Grund und Boden geregelt. Die Neuordnung der Grundstücke kann mittels Veränderung von Grundstücksgrenzen durchgeführt werden, die möglichst durch Umlegung von Grundstücksteilen und Neuzuweisungen er-

Abb. 3: Osnabrück 1944, Foto: Emil Harms (NLA OS Dep 104 VI Akz. 2020/82 Nr. 2).

reicht werden sollten. Auch ein finanzieller Ausgleich ist vorgesehen. Diesen Um- und Zusammenlegungen widmen sich die folgenden Paragrafen bis hin zur Berichtigung des Grundbuchs und der Ordnung für die Bebauung.

Das Gesetz sollte den Kommunen ein Fundament für die städtebauliche Entwicklung geben. Zunächst aber war vorrangig, die Grundstücke und Gebäude vom Trümmerschutt freizuräumen, um auf diesen Flächen eine Neugestaltung beginnen zu können. Dies war nicht nur eine logistische Herausforderung, sondern wurde auch wegen des Mangels an dafür geeigneten Arbeitskräften verschärft. Allein die Freiräumung der Straßen und Wege war eine immense Aufgabe, die die Osnabrücker bereits in der Kriegszeit nach jedem Bombenangriff kennengelernt hatten. Im Archivbestand der Stadt Osnabrück dokumentieren unter anderem Fotos die Trümmerlandschaft, in der die Bevölkerung sich immer wieder organisieren musste (Abb. 2 und 3).

Es dauerte Jahre, bis der Großteil des Trümmerschutts mittels Loren und LKW aus der Innenstadt auf Flächen am Stadtrand geschafft worden war. Eine Sortierung nach wieder zu verwendendem Material war schon wegen des Mangels an Baustoffen zwingend erforderlich. Privatleute hatten allerdings selbst für die Schuttabfuhr zu sorgen, was nicht jedem möglich war. Daher befanden sich noch weit in die 1950er Jahre hinein Trümmergrundstücke und Bauruinen mitten in der Stadt. Provisorische Ladengeschäfte richteten sich ein, mit oder ohne Baugenehmigungen. Ein ähnliches Bild bot sich in anderen betroffenen Kommunen. Manche Baracken wichen erst in den 1960er Jahren einem neuen Wohnungsbau.

Die niedersächsischen Stadtverwaltungen sahen sich in der Verantwortung, besonders im Hinblick auf ihre Innenstädte grundsätzliche Entscheidungen zu fällen. Die Bevölkerung der wiederaufzubauenden Städte bevorzugte überwiegend das alte Stadtbild, den Aufbau im historischen Rahmen. Dies entsprang sicher u.a. dem Wunsch nach Wiederanknüpfung an die Zeit vor dem Krieg, an die Vertrautheit mit dem Lebensraum, die die historischen Stadtkerne vermittelten. Zudem standen die Baudenkmäler für die historische Bedeutung der Städte. Für viele Menschen in Osnabrück war es daher keine Frage, dass das historische Rathaus, der Dom und die Kirchen, das Schloss und das Gerichtsgebäude wiederhergestellt werden sollten.

Doch die Planungen zur Gestaltung des Wiederaufbaus waren kontrovers. Nicht nur in Osnabrück standen sich unterschiedliche Positionen gegenüber. Eine historisierende Rekonstruktion wurde von den Modernisierern strikt abgelehnt. Warum nicht die Situation dazu nutzen, Fluchtlinien zu verändern, Straßen zu verbreitern, eine neue Stadterschließung zu ermöglichen, die dem wachsenden Autoverkehr gerecht werden könnte? Der Durchgangsverkehr sollte durch breite Ringstraßen um die innere Stadt besser fließen können, die Innenstadt dadurch belebt werden, dass die Kunden Parkraum in der Nähe, möglichst direkt vor den Geschäften, fänden. Verwinkelte Altstädte ließen dies nicht zu. In den Berichten und Vermerken der Osnabrücker Planer wird wiederholt darauf hingewiesen, dass die hannoversche Altstadt abzusterben drohte. So etwas wollte man unbedingt verhindern und die Innenstadt dem Verkehr öffnen.

Einem völlig veränderten Stadtbild standen jedoch mehrere Aspekte entgegen: zum einen die Eigentumsverhältnisse an den Grundstücken, die Entschädigungszahlungen und zwangsläufig gerichtliche Auseinandersetzungen nach sich zogen, zum anderen die Infrastruktur unter der Erde, die Versorgungsleitungen, Kanäle, Anschlüsse. Für neue Anlagen dieser Art fehlten Zeit und Geld. Der eingesetzte Ausschuss für die Fluchtlinienplanung erstellte eine Reihe von Vorlagen, umgesetzt wurden jedoch nur wenige Projekte. Zu den realisierten Straßenverbreiterungen in Osnabrück gehören der Neue Graben, der Neumarkt und die Wittekindstraße. Hier wurde eine Schneise zwischen den historischen Innenstadtbereichen Alt- und Neustadt geschlagen, deren Verkehrsaufkommen und Gestaltung im 21. Jahrhundert unter ganz anderen Gesichtspunkten zu einer andauernden Diskussion in Osnabrück führt.

Ein Stadtumbau unter der Maxime einer modernen, dem Autoverkehr Raum gebenden Verkehrsplanung wurde letztendlich aus ganz pragmatischen Gründen nicht umgesetzt: Es fehlte an den erforderlichen Finanzmitteln und an einer Rechtslage, die Zugriff auf den zusätzlichen Grund und Boden gegeben hätte, den man zur Ausführung benötigte. Der radikalste Plan schlug u.a. vor, die Innenstadt in einen Park zu verwandeln und das Schloss außerhalb der Stadt neu aufzubauen. Immerhin wollte man auf den Anklang an die historische Dimension doch nicht ganz verzichten.

Der Erhalt und vorsichtige Wiederaufbau der Gebäude, die das frühere Stadtbild geprägt und die für die Geschichte von Stadt und Region eine bedeutende Rolle gespielt hatten, haben sich für Osnabrück und andere dieser Entscheidung folgende Städte als der richtige Weg erwiesen. Nicht alles wurde rekonstruiert, manches entspringt dem architektonischen Geschmack der 1960er Jahre, aber es sind keine vollständig neuen Retorten-Innenstädte entstanden, sondern der über

Jahrhunderte gewachsene Stadtkern ist sichtbar geblieben. Die Modernisierung fand hinter der rekonstruierten, an das historische Vorbild angelehnten Fassade statt.

Dass diese Art des Wiederaufbaus im Grunde noch im 21. Jahrhundert eine Renaissance erfahren hat, beweist die Rekonstruktion des Braunschweiger Schlosses. Die im Zweiten Weltkrieg zerstörte Residenz wurde 1960 vollständig abgerissen und erstand 2007 neu, als Außenhülle einer Gebäudeanlage, die u.a. ein Einkaufszentrum und das Stadtarchiv birgt.

Birgit Kehne

Benutzte Archivalien
NLA OS Dep. 3 c Akz. 2003/005 Nr. 18 und Nr. 20; NLA OS Dep. 104 VI Akz. 2020/82 Nr. 1-2.

Literatur in Auswahl
Bölsker 2014; Henrichvark 2006.

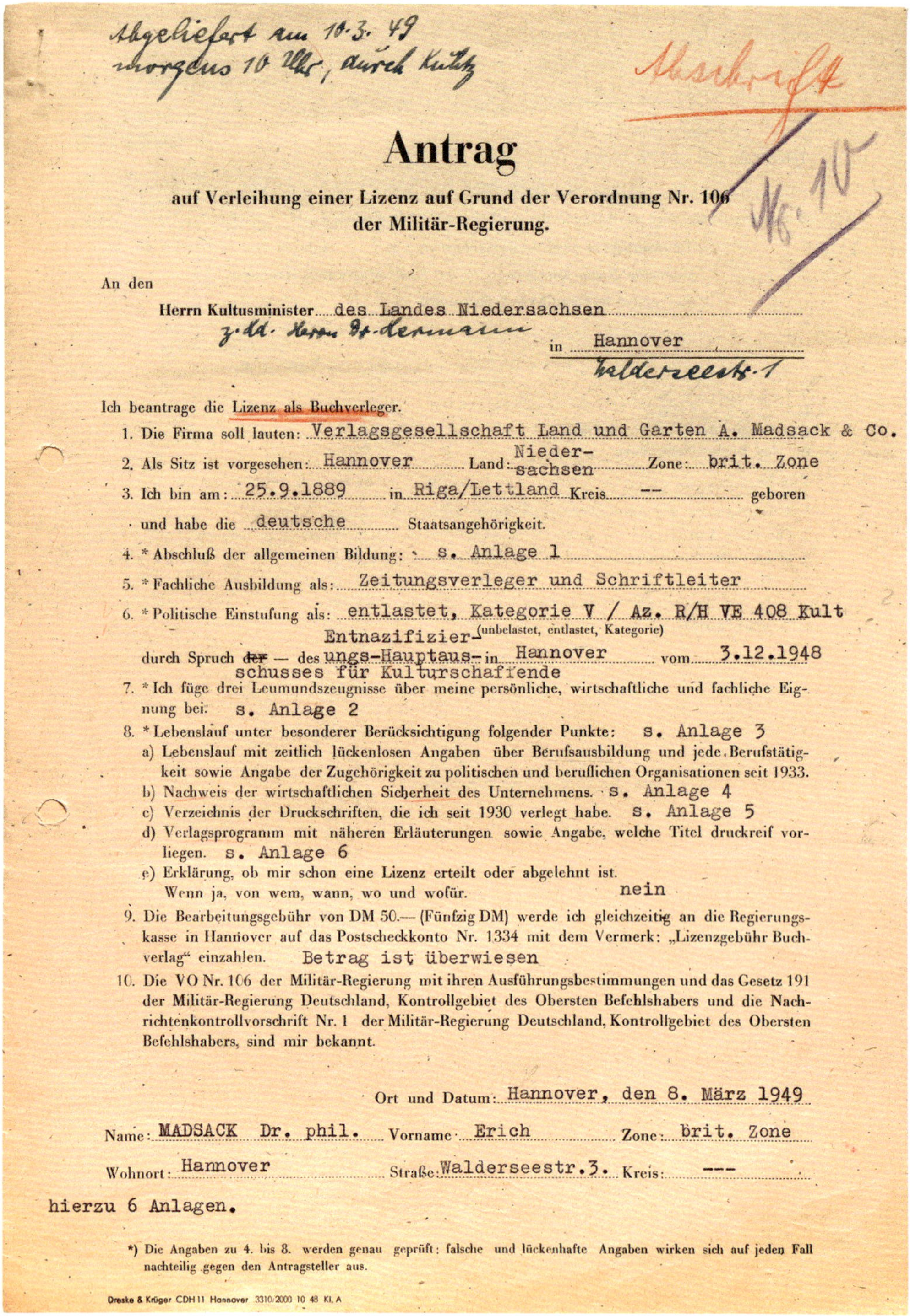

abgeliefert am 10.3.49
morgens 10 Uhr, durch Kutz

Abschrift

Antrag

auf Verleihung einer Lizenz auf Grund der Verordnung Nr. 106 der Militär-Regierung.

An den
Herrn Kultusminister des Landes Niedersachsen
z.H. Herrn Dr. Lermann in Hannover
Calenberg str. 1

Ich beantrage die Lizenz als Buchverleger.
1. Die Firma soll lauten: Verlagsgesellschaft Land und Garten A. Madsack & Co.
2. Als Sitz ist vorgesehen: Hannover Land: Niedersachsen Zone: brit. Zone
3. Ich bin am: 25.9.1889 in Riga/Lettland Kreis --- geboren und habe die deutsche Staatsangehörigkeit.
4. *Abschluß der allgemeinen Bildung: s. Anlage 1
5. *Fachliche Ausbildung als: Zeitungsverleger und Schriftleiter
6. *Politische Einstufung als: entlastet, Kategorie V / Az. R/H VE 408 Kult
   Entnazifizier- (unbelastet, entlastet, Kategorie)
   durch Spruch des -ungs-Hauptausschusses für Kulturschaffende in Hannover vom 3.12.1948
7. *Ich füge drei Leumundszeugnisse über meine persönliche, wirtschaftliche und fachliche Eignung bei: s. Anlage 2
8. *Lebenslauf unter besonderer Berücksichtigung folgender Punkte: s. Anlage 3
   a) Lebenslauf mit zeitlich lückenlosen Angaben über Berufsausbildung und jede Berufstätigkeit sowie Angabe der Zugehörigkeit zu politischen und beruflichen Organisationen seit 1933.
   b) Nachweis der wirtschaftlichen Sicherheit des Unternehmens. s. Anlage 4
   c) Verzeichnis der Druckschriften, die ich seit 1930 verlegt habe. s. Anlage 5
   d) Verlagsprogramm mit näheren Erläuterungen sowie Angabe, welche Titel druckreif vorliegen. s. Anlage 6
   e) Erklärung, ob mir schon eine Lizenz erteilt oder abgelehnt ist.
      Wenn ja, von wem, wann, wo und wofür. nein
9. Die Bearbeitungsgebühr von DM 50.— (Fünfzig DM) werde ich gleichzeitig an die Regierungskasse in Hannover auf das Postscheckkonto Nr. 1334 mit dem Vermerk: „Lizenzgebühr Buchverlag" einzahlen. Betrag ist überwiesen
10. Die VO Nr. 106 der Militär-Regierung mit ihren Ausführungsbestimmungen und das Gesetz 191 der Militär-Regierung Deutschland, Kontrollgebiet des Obersten Befehlshabers und die Nachrichtenkontrollvorschrift Nr. 1 der Militär-Regierung Deutschland, Kontrollgebiet des Obersten Befehlshabers, sind mir bekannt.

Ort und Datum: Hannover, den 8. März 1949
Name: MADSACK Dr. phil. Vorname: Erich Zone: brit. Zone
Wohnort: Hannover Straße: Walderseestr. 3. Kreis: ---

hierzu 6 Anlagen.

*) Die Angaben zu 4. bis 8. werden genau geprüft: falsche und lückenhafte Angaben wirken sich auf jeden Fall nachteilig gegen den Antragsteller aus.

Abb. 1: Lizenzantrag Erich Madsacks vom 8. März 1949 (NLA HA Dep. 133 Acc. 2007/40 Nr. 30/2).

12 | Rotation und Neuanfang

Der Wiederaufbau der Presse in Hannover nach dem Zweiten Weltkrieg

Eines der Wahrzeichen der Landeshauptstadt Hannover ist das Anzeiger-Hochhaus. Das Backsteingebäude wurde 1928 im Auftrage des »Hannoverschen Anzeigers« von dem berühmten Architekten Fritz Höger im expressionistischen Stil errichtet. Die Bedeutung des Verlagshauses für die Stadt Hannover ist auf die besondere und im deutschen Hochhausbau einzigartige Gestalt des Ziegelbaus zurückzuführen, auf seine charakteristische Dachkuppel aus patinierten Kupferplatten und die prächtigen goldglasierten Fassadenelemente. Doch nicht nur seine auffällige Architektur begründete die Bedeutung des Anzeiger-Hochhauses für die Stadt Hannover, sondern auch die Tatsache, dass es eines der wenigen Gebäude des Stadtzentrums war, das die zahlreichen Luftangriffe während des Krieges fast unbeschadet überstand; lediglich das in der Kuppel untergebrachte Planetarium brannte aus und machte Platz für ein Kino, das die unmittelbar nach Fertigstellung des Hochhauses etablierte Tradition der Kulturfilmbühne fortsetzte und das als das höchstgelegene Kino Deutschlands unter dem Namen »Hochhaus-Lichtspiele« bis heute existiert.

Der Kuppelsaal in luftigen 35 Metern Höhe war am 1. März 1943 Schauplatz einer kurzen Gedenkstunde zum 50-jährigen Bestehen des Hannoverschen Anzeigers. Zehn Jahre später fand dort die Feier anlässlich des 60-jährigen Verlagsbestehens statt. Die beiden Jubiläumsjahre umspannen ein für die Verlagsgesellschaft, aber auch für die deutsche Presselandschaft insgesamt markantes und nachhaltig wirkendes Jahrzehnt.

Schon bald nach seinem Erscheinen 1893 avancierte der Hannoversche Anzeiger zur auflagenstärksten Zeitung Hannovers. Der 1892 aus Ostpreußen zugewanderte Publizist August Madsack hatte – inmitten einer Epoche, in der die Industrialisierung in Hannover Fahrt aufnahm – den Verlag Hannoverscher Anzeiger A. Madsack & Co. gegründet, in dem unter anderem auch das populäre Blatt »Land und Garten« erschien. Erich Madsack, jüngster Sohn des Unternehmensgründers, führte das Verlagshaus nach dem Tode des Vaters im Jahre 1933 durch die Zeit des Nationalsozialismus. Er musste die Übernahme der Gesellschaftsanteile durch die nationalsozialistische »Vera Verlagsanstalt GmbH« hinnehmen und schließlich die Zwangsfusion mit der nationalsozialistischen Niedersächsischen Tageszeitung am 1. März 1943, 50 Jahre nach dem ersten Erscheinungstag des Hannoverschen Anzeigers. Die Rede, die Erich Madsack am Tag der Stilllegung des Anzeigers vor der Belegschaft hielt, war indes getragen von der Hoffnung, »nach dem Kriege unser Werk, unseren Hannoverschen Anzeiger wieder erstehen zu sehen, unsere nun seit 50 Jahren geleistete Arbeit wieder aufnehmen und fortsetzen zu können […]«.

Madsacks Versuch, als Altverleger unmittelbar nach Kriegsende den Anzeiger wieder herauszubringen, scheiterte zunächst. 1949 stellte er, wie so viele Publizisten, einen entsprechenden Antrag auf eine Lizenz als Buchverleger gemäß der Verordnung Nr. 106

der Militärregierung (Abb. 1). Nicht nur die kriegsbedingte Zerstörung weiter Teile des Betriebsgebäudes mit dem Rotationssaal und die notwendige Wiederherstellung der technischen Anlagen, sondern auch das Entnazifizierungsverfahren verzögerten das Vorhaben. Erst Ende 1948 erhielt Erich Madsack die Lizenz für die Zeitschrift »Land und Garten«; im darauffolgenden Jahr, als einer der letzten in der britischen Besatzungszone, die begehrte Zeitungslizenz. Die »Hannoversche Allgemeine Zeitung« (HAZ), die aus dem Zusammenschluss der »Hannoverschen Neuesten Nachrichten« (HNN) und der »Deutschen Volkszeitung« (DVZ) hervorgegangen war – beide waren bereits 1946 als Lizenzzeitungen an den Start gegangen und repräsentierten das bürgerlich-(national-)konservative Parteienspektrum von CDU, NLP und FDP –, lag erstmals am 25. August 1949 in Hannovers Zeitungskiosken aus. Damit waren alle wesentlichen politischen Richtungen in Publikationsorganen vertreten. Die Lizenzpresse nahm eine zentrale Rolle beim demokratischen Wiederaufbau nach dem Zweiten Weltkrieg ein und stand zugleich unter strenger Aufsicht der Alliierten. Wenngleich Madsack erst vier Jahre nach Kriegsende die Lizenz für die HAZ erhielt, so liefen dennoch bereits im April 1946 die Druckpressen im Anzeiger-Hochhaus wieder an. Die HNN und die DVZ wurden hier gedruckt, ebenso wie die FDP-nahe »Abendpost« und die »Niedersächsische Volksstimme« der KPD.

Ein gutes halbes Jahr nach dem ersten Erscheinen der HAZ konnte auch die Schalterhalle des Anzeiger-Hochhauses wiedereröffnet werden (Abb. 2). Das in Anlehnung an den expressionistischen Stil des Höger-Baus neu gestaltete Geschäftszentrum des Verlagshauses bot den Hannoveranern nun wieder die Möglichkeit, vor Ort Bestellungen zu tätigen oder Zeitungsannoncen aufzugeben.

Der (Wieder-)Aufbau der Presse in Hannover nach Ende des Zweiten Weltkriegs war Teil einer systematischen Pressepolitik, mit der die Alliierten das Programm einer umfassenden Denazifizierung und Demokratisierung der Bevölkerung verfolgten. Diese Strategie unterbrach personelle Kontinuitäten und verhinderte den Fortbestand alter belasteter Zeitungstitel. Der Aufbau des Pressewesens bis zur Rückgabe der Verantwortlichkeiten an die Deutschen erfolgte dabei in mehreren Etappen, von einem zunächst verhängten totalen Erscheinungsverbot jeglicher Druckerzeugnisse über die Herausgabe eigener Militärzeitungen, die Lizenzvergabe an unbelastete Verleger bis hin zur alliierten Kontrolle aller Aktivitäten im Pressebereich. In dieser frühen Phase des Pressewesens im jungen Nachkriegsdeutschland schrieb das Anzeiger-Hochhaus in Hannover Zeitungsgeschichte. Während die Lizenzzeitungen nach und nach in die Öffentlichkeit traten, dabei durchaus miteinander konkurrierten und nach dem Willen der Britischen Militärregierung den demokratischen Willensbildungsprozess stimulieren sollten, war Hannovers Pressezentrum am Steintor auch Ausgangspunkt zweier Zeitschriften, deren Namen und deren Gründer und einstige Chefredakteure auf das Engste verbunden sind mit der Pressegeschichte der Bundesrepublik. Am 4. Januar 1947 erschien dort die erste Ausgabe von Rudolf Augsteins »Spiegel«, dem Nachfolgeblatt von »Diese Woche«. Das Wochenmagazin hatte sich dem investigativen Journalismus verschrieben und sollte eine Reihe politischer Skandale in der Bundesrepublik aufdecken. Kurze Zeit später, am 1. August 1948, folgte Henri Nannens Illustrierte »Der Stern«, die aus der Bad Pyrmonter Jugendzeitschrift »Zick Zack« hervorgegangen war und über deren Verflechtungen mit dem gleichnamigen, Ende der 1930er Jahre erschienenen Hochglanzblatt vielfach spekuliert wurde. Verlag und Redaktion beider

Abb. 2: Zeitungsausschnitt aus der HAZ zur Wiedereröffnung der Schalterhalle des Anzeiger-Hochhauses am 21. März 1950 (NLA HA Dep. 132 Acc. 2006/131 Nr. 3).

Abb. 3: Gedenkfeier anlässlich des 60-jährigen Madsack-Verlagsjubiläums im Planetarium des Anzeiger-Hochhauses in Hannover. Am Redepult Erich Madsack neben der Büste seines Vaters August Madsack (NLA HA Dep. 132 Acc. 2006/131 Nr. 138; Historisches Museum Hannover, HAZ-Hauschild-Archiv).

Zeitschriften zogen kurze Zeit später von Hannover nach Hamburg; Norddeutschlands Medienzentrum lag fortan an der Elbe.

Der Madsack-Verlag konnte die Auflagenstärke der HAZ nach ihrem Ersterscheinen 1949 und vorübergehenden Flauten sukzessive erhöhen und ging durch die Bildung eines sog. Maternrings erfolgreiche Kooperationen mit lokalen Partnerverlagen in Niedersachsen ein. In diese frühen Jahre des deutschen Wirtschaftswunders fiel das Jubiläum zum 60-jährigen Bestehen des Verlages am 1. März 1953 – ein nachholendes Jubiläum, wie Verlagschef Erich Madsack in einem am 27. Februar geführten Rundfunkinterview betonte. Denn 1943, das Jahr, in dem der Hannoversche Anzeiger seinen 50. Geburtstag feiern sollte, war doch »durchaus nicht normal und für unsere Zeitung schon gar nicht« verlaufen. Der in der Abteilung Hannover des Niedersächsischen Landesarchivs deponierte Aktenbestand des Verlagshauses enthält neben der Mitschrift des erwähnten Interviews auch Erich Madsacks Redetyposkript der Gedenkfeier, die am darauffolgenden Tag im Beisein zahlreicher Gäste aus Presse, Politik, Wirtschaft und anderen gesellschaftlichen Bereichen im Kuppelsaal des

Hochhauses stattfand, dessen 25-jähriges Bestehen ebenfalls begangen wurde (Abb. 3). In seiner Ansprache warf der Verlagschef einen Blick auf die zurückliegenden 60 Jahre seines Hauses und betonte die »Wahrung einer in ihren grossen Zügen einheitlichen Linie und Haltung unserer Zeitung seit 60 Jahren«.

Das stetige Wachstum des Verlags machte eine räumliche Erweiterung unumgänglich; auf Dauer reichten aber auch die Kapazitäten am angestammten Sitz des Verlagshauses am Steintor nicht mehr aus. 1974 erfolgte der Umzug »auf die grüne Wiese« in den heutigen Stadtteil Bemerode. In der ehemaligen Druckereihalle des Verlags hinter dem Hochhaus tanzten die Hannoveraner nun in der legendären Diskothek »Rotation«, die bis Ende der 1980er Jahre existierte.

Das Anzeiger-Hochhaus blieb als Mittelpunkt des hannoverschen Medienzentrums indes bestehen und erfuhr sogar Zuwachs. 2007 machte der in den 1950er Jahren errichtete und nach Entwürfen der Mailänder Architekten Alessandro und Francesco Mendini umgestaltete Gebäudekomplex an der Ecke Lange Laube/Stiftstraße unweit des Anzeiger-Hochhauses von sich reden. Die farbenfrohe Glasfassade, die die älteren Zweckbauten umhüllte, setzte einen weiteren städtebaulichen Akzent im Medienzentrum der Stadt. Auch das Hochhaus erfuhr jüngst eine Erneuerung und wurde Ende der 2010er Jahre gedämmt und mit neuen Kupferplatten versehen; vor der verhüllten Haushausfassade fanden 2018 die Feierlichkeiten zum 125-jährigen Verlagsjubiläum statt.

Regina Rößner

Benutzte Archivalien
NLA HA Dep. 132 Acc. 2006/131 Nr. 3 und Nr. 68, Nr. 137-139; NLA HA Dep. 132 Acc. 2007/059 Nr. 29; NLA HA Dep. 133 Acc. 2007/40 Nr. 30/2; NLA HA Nds. 53 Nr. 112.

Literatur in Auswahl
Flemming 2019; Mlynek/Röhrbein 1994; Pürer/Raabe 1994; Ruthenberg 1997; Tasch 1993.

August Elfers, Missionsdirektor,
  Hermannsburg,   Himmelpforten, den 7.2.1950
Anna Elfers, Himmelpforten,
          Schwester.

An das   Einschreiben
                                   ============
A m t s g e r i c h t
(Landwirtschaftgericht)

S t a d e
=========

Betr.: Antrag auf gerichtliche Entscheidung gemäss § 29 LVO.

Durch den in Abschrift anliegenden Pachtvertrag vom 14.10.1949 hatten wir unseren Besitz in Himmelpforten an die Eheleute Jonny Horeis in Neuland verpachtet. Die Grundstückskommission des Landkreises Stade hat die Genehmigung dieses Pachtvertrages mit der Begründung versagt, dass auf dem Hofe bereits ein Flüchtling wohne, der sich ebenfalls um die Pachtung bemühe.

Wir bitten, diese Entscheidung aufzuheben und dem Pachtvertrag vom 14.10.1949 die Genehmigung zu erteilen.

U.E. ist es rechtlich unmöglich, eine Genehmigung zu versagen mit der Begründung, dass ein anderer sich ebenfalls für die Pachtung interessiere und dass dieser andere ein Flüchtling sei, der den Vorzug verdiene. In einem demokratischen Staat muss es u.E. in unserem Belieben liegen, an wen wir verpachten wollen. Bei aller Berücksichtigung der Interessen der Flüchtlinge geht es nicht an, die Einheimischen von jeder Verpachtung auszuschliessen. Im vorliegenden Falle kommt noch hinzu, dass die Verpachtung an einen Flüchtling erfolgen soll, der seit bald 4 Jahren auf dem Hofe wohnt und in dieser langen Zeit kaum einen Tag hat vergehen lassen, an dem er nicht durch neue Schikanen mir, der unterzeichneten Anna Elfers, das Leben zu erschweren versucht hat. Da ich leidend bin, musste ich wiederholt fremde Hilfe in Anspruch nehmen, um mich wenigstens einiger-massen gegen die ständigen Uebergriffe des fraglichen Herrn zu wehren. U.E. ist es völlig unangebracht, uns nun dazu zu zwingen, gerade an diesen Herrn zu verpachten, mit dem eine vernünftige Zusammenarbeit unmöglich ist, wie die vergangenen Jahre gelehrt haben. Falls es hierauf überhaupt noch ankommen sollte, sind wir gern bereit, Zeugen für das unmögliche Verhalten des vom Landkreis Stade als Pächter empfohlenen Flüchtlings namhaft zu machen.

                        Anna Elfers
                ....
                zugleich in Vollmacht für
                       August Elfers

Antrag von Anna und August Elfers an das Amtsgericht – Landwirtschaftsgericht Stade; behändigte Ausfertigung (NLA ST Rep. 72/172 Stade Nr. 12339).

13 | Lokaler Alltag nach 1945

Die Integration von Flüchtlingen und Vertriebenen

»Flüchtlinge in die Landwirtschaft« ist eine im Gefolge der sog. »Flüchtlingskrise« (der Begriff wird kontrovers diskutiert) seit 2015 immer wieder postulierte Idee. Entsprechende Initiativen etwa der Niedersächsischen Landwirtschaftskammer zur Koordination solcher Arbeitsmöglichkeiten zeigen, dass es sich nicht nur um ein Randphänomen handelt. Doch wirklich neu ist diese Idee nicht – im Gegenteil: Da in früheren Zeiten die Landwirtschaft noch einen weit größeren Anteil am Wirtschaftsgeschehen hatte, war auch die Beschäftigung und Integration von Migranten im Agrarsektor gang und gäbe. Dies galt auch für die im Folgenden betrachtete Phase unmittelbar nach 1945.

Der Umgang mit Flucht und Migration, die schwierige Austarierung des Verhältnisses zwischen Ankommenden und schon Anwesenden ist – wiewohl die Kontexte sehr verschieden sind – ein historischer »Dauerbrenner«. Im Hinblick auf die Flüchtlinge und Vertriebenen aus den ehemaligen deutschen Ostgebieten nach Ende des Zweiten Weltkrieges dominierte und dominiert noch immer in der Rückschau das Narrativ der »Erfolgsgeschichte« im Sinne einer gelungenen Integration. Diese Deutung ist in der Gesamtschau sicherlich nicht falsch, verdeckt aber in ihrer abstrakten Pauschalität teilweise die erheblichen praktischen Schwierigkeiten, die im lokalen Alltag immer wieder zutage traten. Und man kann sagen: wohl auch zutage treten mussten, denn Niedersachsen hatte deutschlandweit einen der höchsten Anteile von Flüchtlingen an der Gesamtbevölkerung (über 25 Prozent) aufzunehmen, wenngleich mit regional unterschiedlicher und sich im Laufe der Zeit wandelnder Dichte.

Einen geradezu typischen Fall schildert eine Quelle aus dem Bestand des Amtsgerichts Stade: Im Februar 1950 beschwerten sich Anna Elfers aus Himmelpforten und ihr Bruder August Elfers, dass ein Pachtvertrag mit einem einheimischen Bauern vom Landkreis Stade mit der Begründung abgelehnt wurde, auf dem Hof lebe bereits ein Flüchtling, der diesbezüglich den Vorzug genieße (Abb.). Im hier abgebildeten Schriftsatz an das Amtsgericht, mit dem sie die Aufhebung der Entscheidung des Landkreises erreichen wollten, äußerten die Antragsteller: *In einem demokratischen Staat muss es u. E. in unserem Belieben liegen, an wen wir verpachten wollen.* Und sie meinten weiter, es gehe *nicht an, die Einheimischen von jeder Verpachtung auszuschliessen.* Hier bildete sich im Kleinen ein klassischer Interessen- und Verteilungskonflikt ab, den es in dieser Form tausendfach gegeben hat: Die Integration wurde, insbesondere auf dörflicher Ebene, von den Einheimischen tatsächlich vielfach als massive Störung hergebrachter Muster sozialer Beziehungen wie auch daran hängender ökonomischer Ressourcenzuteilung aufgefasst. Im vorliegendem Fall kommt als Besonderheit noch hinzu, dass die Geschwister Elfers Gemeinderat und Bürgermeister von Himmelpforten verdächtigten, aus eigennützigen Motiven eine Verpachtung an den Flüchtling zu befürworten: Die Entscheidungsträger der Gemeinde seien nämlich selbst Pächter der Elfers und befürchteten, bei einem einheimischen Pächter ihr Pachtland mittelfristig an Letzteren zu verlieren.

Aus heutiger Sicht mag es zunächst verwundern, auf welcher rechtlichen Grundlage niedersächsische Landes- und Kommunalbehörden überhaupt landwirtschaftliche Pachtverhältnisse zu regulieren beanspruchten. Immerhin handelte es sich hier um einen starken Eingriff in das Eigentumsrecht und die Vertragsfreiheit. Insofern war der Hinweis der Elfers, wie er oben zitiert wird, nicht unberechtigt. Doch hatte sich rasch nach 1945 eine umfangreiche »Flüchtlingsgesetzgebung« etabliert, auf die sich entsprechende Maßnahmen stützen ließen: So gab es bereits kurz nach 1945 entsprechende Verordnungen der britischen Militärregierung, seit 1947 ein vom Niedersächsischen Landtag verabschiedetes »Gesetz über die Flüchtlingsbetreuung im Lande Niedersachsen« nebst entsprechenden Durchführungsverordnungen, sowie – wichtiger noch in vorliegendem Zusammenhang – das »Flüchtlingssiedlungsgesetz« vom 10. August 1949. Letzteres regelte eindeutig, dass bei der Vergabe von landwirtschaftlichen Flächen, egal ob zu Eigen oder zur Pacht, »Heimatvertriebene« bevorzugt zu berücksichtigen seien.

Doch der Eingriff in das Eigentum war nur ein Aspekt der Integrationsproblematik, während ein weiterer und bekannterer in der unmittelbaren Konfrontation Einheimischer und »Heimatvertriebener« infolge erzwungener Einquartierungen lag. Letztere wurden durch das oben zitierte Gesetz über die Flüchtlingsbetreuung geregelt. Dieses erzwungene Zusammenleben von bis dato einander Fremden führte – abgesehen von kulturellen Unterschieden – zu vielfach dokumentierten Missverständnissen und Streitigkeiten. Auch im Falle der Anna Elfers spielte dies eine Rolle, beschwerte diese sich doch über ununterbrochene *Schikanen* durch den auf ihrem Hof lebenden *Flüchtling*. Zwar bot ein Hof theoretisch mehr Platz als eine beengte Stadtwohnung, aber übermäßig üppig waren die Verhältnisse hier meistenteils auch nicht, da insbesondere die Wirtschaftsgebäude einen Großteil der verfügbaren Fläche belegten – die eigentlichen Wohnräume waren dagegen doch eher gering bemessen. Eine in der Akte abgebildete Skizze des Elfer'schen Hofes zeigt dies eindrücklich.

Die Beteiligten liefen sich also ständig über den Weg. Entsprechende Auseinandersetzungen landeten denn auch mehr als einmal vor den Gerichten, häufig in Form von Privatklagen wegen Beleidigung. Die Neigung, Konflikte im zwischenmenschlichen Bereich über die Justiz lösen zu wollen, scheint tatsächlich ein zeitloses Phänomen zu sein. Immerhin bieten solche Prozesse aber wertvolle Einblicke in die Alltagsprobleme der Kriegsfolgenbewältigung. Eingestandenermaßen unterlagen freilich alle Beteiligten erheblichen psychischen Belastungen und einem entsprechenden Stresslevel. Insofern sind die Beschwerden der Anna Elfers noch gemäßigt, in anderen Fällen ging es offenbar weitaus gröber zur Sache: Derbe Beleidigungen (»Hure«, »Luder«), Bedrohungen und sogar Körperverletzungen beschäftigten immer wieder die Amtsgerichte, welche allerdings bis auf schwere Fälle meist wenig Anlass sahen, eindeutig im Sinne eines der jeweiligen Beteiligten zu entscheiden.

Und dies war auch das Ergebnis in vorliegender Sache, denn schlussendlich – und mutmaßlich auf gerichtliche »Überzeugungsarbeit« hin – einigten sich alle Parteien auf einen Vergleich: Der ursprüngliche Pachtinteressent erhielt das Land, aber der Vertriebene bekam klar festgelegte Wohnräume sowie Arbeitsbereiche für ein Fuhrunternehmen; wechselseitige Rechte und Pflichten bezüglich Reinigung und Instandhaltung der gemeinsam genutzten Flächen wurden fixiert. Alle Parteien mussten also nachgeben und die Bedürfnisse der anderen Seite zu akzeptieren lernen.

Zugleich muss konstatiert werden, dass in der lokalen Praxis schon früh positive Beispiele für das Bemühen um eine gemeinsame Zukunft bei gleichzeitiger Wahrung traditioneller Selbstwahrnehmungen zu finden sind.

Ein solches gelungenes Beispiel stellt die 1952 begründete Patenschaft des Landkreises Stade für den Kreis Goldap in Ostpreußen dar. Entstanden war diese einerseits durch die recht große Zahl an Flüchtlingen aus Goldap, die nach 1945 in die Stader Region kamen, andererseits durch die Brückenfunktion des bis 1945 amtierenden Landrates von Goldap, der zuvor Landrat des Kreises Kehdingen gewesen war. Die Patenschaft resultierte in vielfältigen kulturellen Aktivitäten und Fördermaßnahmen, unter anderem einem »Patenschaftsmuseum«, welches bis heute Bestand hat. Auch »Die Kreisgemeinschaft Goldap Ostpreußen e.V.« hat nach wie vor ihren Vereinssitz in Stade. Die gezielte Unterstützung kulturellen Traditionsbewusstseins förderte also bei den Flüchtlingen zugleich das enorm wichtige Gefühl, angekommen und vor allem willkommen zu sein. Wie drückte es der Vertreter der Kreisgemeinschaft 1987 aus: »Für diese nicht hoch genug einzuschätzende Haltung, für ihre jahrzehntelange Hilfe und Unterstützung sind wir Goldaper unseren Paten von Herzen dankbar. Wir haben hier im Kreis Stade die Geborgenheit der Heimat erfahren.«

War die Integration nach 1945 demnach eine »Erfolgsgeschichte«? Auf lange Sicht und auf der Makroebene sicherlich, auf der individuellen und kurz- bis mittelfristigen Ebene aber gab es immense soziale, ökonomische und nicht zuletzt seelische Härten, wie das oben vorgestellte Gerichtsverfahren zeigt. Nun war bei Weitem nicht jeder Kontakt zwischen Einheimischen und Heimatvertriebenen gleich negativ vorbelastet – aktenkundig wurden eben oftmals nur die Fälle, in denen es Probleme und Beschwerden gab. Von dieser durch den Quellentypus bedingten Verengung der Perspektive darf man sich nicht täuschen lassen: Es gab vielfach Formen gemeinschaftlicher Zusammenarbeit, wie eben etwa im kulturellen Sektor. Gleichwohl zeigt sich aber, dass gerade im ländlichen Niedersachsen zumindest manche Bewohner durch die verpflichtende Beteiligung an der Integration der Neuankömmlinge nochmals deutlich stärker mit den Folgen des Zweiten Weltkrieges konfrontiert wurden als zuvor. Dass dies nicht zu langfristigen gesellschaftlichen Verwerfungen führte, war definitiv eine große gesamtgesellschaftliche wie jeweils individuelle Leistung. Analogieschlüsse von früheren auf heutige Zeiten sind angesichts der unterschiedlichen Rahmenbedingungen zwar eher mit Vorsicht zu genießen. Aber der Blick auf die lokale Praxis der Integration nach 1945 lehrt doch vor allem genau dieses: die realen Schwierigkeiten sowie die unterschiedlichen – aus dem jeweiligen Blickwinkel meist durchaus berechtigten – Erwartungen anzuerkennen. Und danach zu handeln.

Bernhard Homa

Benutzte Archivalien
NLA Rep. 72/172 Stade Nr. 12339.

Literatur in Auswahl
Abke 2001; Abke 2003; Bade 1997; Fiedler 1987; Keller-Teske 1989; Kossert 2015; Parisius 2016; Staatskommissar 1948; WiGBl. o.J.

Abb. 1: Sperrkette der deutschen Polizei um die Kokerei II der Reichswerke am 7. März 1950 (NLA WO 4 Nds Zg. 60/1981 Nr. 1).

14 | Rettete der Kalte Krieg Salzgitter?
Die Demontage der Reichswerke 1950

Oft hört man, Fotos erzählen die schönsten Geschichten. Das klingt gut und passt in unsere bilderfokussierte Zeit. Es ist ein einfacher, einleuchtender Satz, aber auf die Frage, ob er auch richtig ist, gibt es eine klare Antwort: Er ist meist völlig falsch. Fotos erzählen fast nichts, halten nur einen Augenblick fest, kratzen an der Oberfläche. Ohne Zeitzeugen oder Begleittext sind sie eine Momentaufnahme, die, arrangiert oder nicht, erst einmal fast alle Fragen unbeantwortet lässt. Wir brauchen mehr, oft viel mehr, um sie zu verstehen. Wo ist ihr »Sitz im Leben«, wo sind die Zusammenhänge? Schon jetzt fehlen oft Zeitzeugen, die uns alte, unbeschriftete Fotos erklären. Deshalb ist es eine Selbstverständlichkeit: Nicht allein Fotos sind das Gold, was zu heben ist, sondern die Schriftstücke, die diese Fotos erläutern. Ideal sind Fotos, wie hier, die Teile von Verwaltungsakten sind, die jene und deren Entstehungszusammenhang erklären können. Es sieht aus wie eine Übung: Polizisten schützen ein Fabrikgebäude gegen einen nicht sichtbaren Gegner. Würde dieses Foto für sich allein stehen, wüsste man nicht einmal, wo die Aufnahmen entstanden sind. Aber über den Aktenweg ist man über das Bild sofort informiert. Was so entspannt und harmlos aussieht, ist in Wirklichkeit das Festhalten eines dramatischen Moments und vor allem eines großen Dilemmas der deutschen Polizei in Salzgitter im Frühjahr 1950 (Abb. 1).

Auf dem Gebiet dieser Stadt gab es bis 1937 nur eine Reihe von Dörfern, die nicht einmal die Gemeinsamkeit hatten, in einem Land zu liegen. Die Grenze zwischen dem Freistaat Braunschweig und der preußischen Provinz Hannover durchschnitt das spätere Stadtgebiet. Eine Besonderheit des Salzgitter-Gebietes (und der Anlass der Stadtgründung 1942) sind seine Erzvorkommen. Lange galt deren Verwertung als unrentabel, da das Erz sehr aufwendig von anderen Materialien getrennt werden musste. In den 1930er Jahren beschloss das NS-Regime im Rahmen seiner Autarkiebestrebungen und Kriegsvorbereitungen jedoch die Nutzung dieser Erzvorkommen. Im Sommer 1937 erfolgte die Gründung der Reichswerke Hermann Göring, die mit modernster Technik als sog. integriertes Stahlwerk das Erz fördern und zugleich vor Ort für die Stahlproduktion nutzen sollten. Es entstand die bis dahin größte Industrieanlage Niedersachsens.

Der Zweite Weltkrieg stoppte die Entwicklung der Reichswerke nicht. Im Gegenteil: Es begann ein fast beispielloser Expansionskurs der Reichswerke in den von der deutschen Wehrmacht eroberten Gebieten. Sie beanspruchten eine Vielzahl von Unternehmen der Montan- und Rüstungsindustrie für sich. Für die Reichswerke zu arbeiten, hieß aber für Abertausende, unmenschliche Zwangsarbeit zu leisten. Ein Heer von Gezwungenen trug den Namen des Werkes in alle Welt. Zwangsläufig führte diese Vergangenheit dazu, dass das Werk und auch die erst 1942 gegründete Stadt in der Nachkriegszeit massiv infrage gestellt wurden, als die Alliierten über eine Schwächung und Entmilitarisierung der deutschen Industrielandschaft nachdachten. Aufgrund dieser Vergangenheit ließen sich nur schwer Argumente für eine Schonung der wie ganz Niedersachsen in der britischen Besatzungszone liegenden Reichswerke finden.

Als die zur Arbeit in den Reichswerken gezwungenen Frauen und Männer nach ihrer Befreiung die Stahlstadt verließen, rückten Tausende von Vertriebenen und Flüchtlingen aus den ehemaligen deutschen Ostgebieten nach, die hier eine neue Heimat und Arbeit zu finden hofften. Es war also keine verwaiste Industriebrache, sondern ein Industriestandort mit – trotz einer Vielzahl von Bombenabwürfen – relativ intakten Betriebsanlagen und einer Bevölkerung mit Hoffnung auf Arbeit vor Ort. Diese Hoffnung wurde genährt, weil sich die westlichen Siegermächte USA, Großbritannien und Frankreich verhältnismäßig viel Zeit mit der Entscheidung ließen, was erhalten werden sollte und was nicht. Erst am 12. August 1948 verfügte die Reparationskommission in Brüssel die Demontage der einstigen Hermann-Göring-Werke. Von den mindestens hundert (während des Zweiten Weltkriegs unmittelbar für die Herstellung von Kriegsmaterial eingesetzten) niedersächsischen Unternehmen, die auf der Demontage-Liste standen, waren die Reichswerke mit Abstand das größte. Auch das Petersberger Abkommen vom November 1949 änderte daran nichts. Dieses strich zwar viele Objekte von der Demontageliste, nicht aber die Reichswerke. Damit schien das Schicksal Salzgitters besiegelt zu sein. Denn die Arbeitsplätze der Reichswerke bildeten die Lebensgrundlage für die noch junge Stadt. Deutsche Politiker und Gewerkschaften versuchten sofort, mit den Briten über weitere Abmilderungen zu verhandeln. London schien aber in dieser Frage hart zu bleiben. Tatsächlich beauftragten die Briten an der Jahreswende 1949/50 mehrere Firmen, welche das Demontagewerk vollenden sollten. Die Menschen in Salzgitter – Gestrandete und Einheimische – sahen sich in einer verzweifelten Lage, die sie nicht hinnehmen wollten, weil die Briten und auch die deutsche Politik so kurz nach dem Krieg keine anderen Arbeitsplätze anbieten konnten. Die Verhandlungen liefen zwar weiter, aber es schien so, als wollten die Briten mit Sprengungen und Abtransporten vollendete Tatsachen schaffen (Abb. 2). Das vergiftete das Klima in Salzgitter. Ein Teil der Belegschaft entschied sich Anfang März 1950 für offenen Widerstand. Er stellte sich den Demontagearbeitern (»Demontaschlöcher«, wie sie »kreativ« von der Gegenseite genannt wurden) entgegen und zerstörten deren Maschinen und Gerätschaften, um den Abbau der Anlagen zu stoppen. Es drohte eine völlige Eskalation, als die Briten Militär auf das Werksgelände schickten. Nur mit Mühe gelang es ihnen und der hinzugezogenen deutschen Polizei, die Lage zu beruhigen. Als »Adenauer-Söldner« wurden die Polizisten beschimpft, die eingesetzt wurden, um die aufgebrachte Menge zu zerstreuen. Kanzler Adenauer stand nicht nur bei den Arbeitern unter dem Verdacht, vor allem die Wirtschaft in seiner rheinischen Heimat zu stützen, zumal die Reichswerke von der Hüttenindustrie an Rhein und Ruhr von Anfang an als lästiger Konkurrent angesehen wurden. Auch Morddrohungen gegen die von der Polizei beschützten »englischen Herren« hörte man aus den Reihen der Empörten. Durch Zureden gelang es jedoch mehrere Male, die Protestbewegung zu zerstreuen. Zumindest ist dies das Bild, das die Polizeiakte widerspiegelt, in der die Untersuchung der Widerstandsaktionen dokumentiert ist.

Eine Erinnerungstafel in Salzgitter-Lebenstedt stellt das Eingreifen der Arbeiter als Initialzündung für den Demontagestopp dar.

Abb. 2: Kokerei II im Augenblick der Sprengung am 7. März 1950 (NLA WO 4 Nds Zg. 60/1981 Nr. 1).

Die Aktionen brachten vermutlich Zeitgewinn, Aufmerksamkeit in den Medien. Aber hatte die Aktion nicht auch den Interessen Salzgitters geschadet, weil nun der Objektschutz – eben wie im Bild zu sehen – auch durch die deutsche Polizei verstärkt wurde und die Arbeiten umso sicherer vorangetrieben werden konnten? Gewerkschaftsführer, die nach den Unruhen Reden vor den Arbeitern hielten, wiesen darauf hin, dass Gewalt »grundfalsch« sei, weil sie Verhandlungen mit den Briten unmöglich zu machen schienen. Die Verantwortlichen von damals hätten ein Denkmal für den Widerstand wohl mit gemischten Gefühlen betrachtet. Andererseits hatten sie sicher auch viel Verständnis für die Aktionen, weil sie anerkannten, dass die Menschen in Salzgitter mit dem Rücken zur Wand standen.

Der Niedersächsische Innenminister wies die Polizei an, die Strafverfolgung rasch und mit Nachdruck aufzunehmen. Eine Sondereinheit »Reichswerke« wurde gebildet. Etliche Zeugen wurden nach den Haupttätern befragt und Berichte über Arbeiterversammlungen geschrieben. Es ist wohl kein falscher Eindruck, wenn man dabei ein recht dünnes Ermittlungsergebnis konstatiert. Offenbar lehnte die Polizei ein scharfes Vorgehen ab. Symbol dafür ist auch ein archiviertes Foto von Polizisten, die ihre Gesichter bewusst von der Kamera abwandten, um nicht beim so unpopulären Schutz der Demontagearbeiten erkannt zu werden.

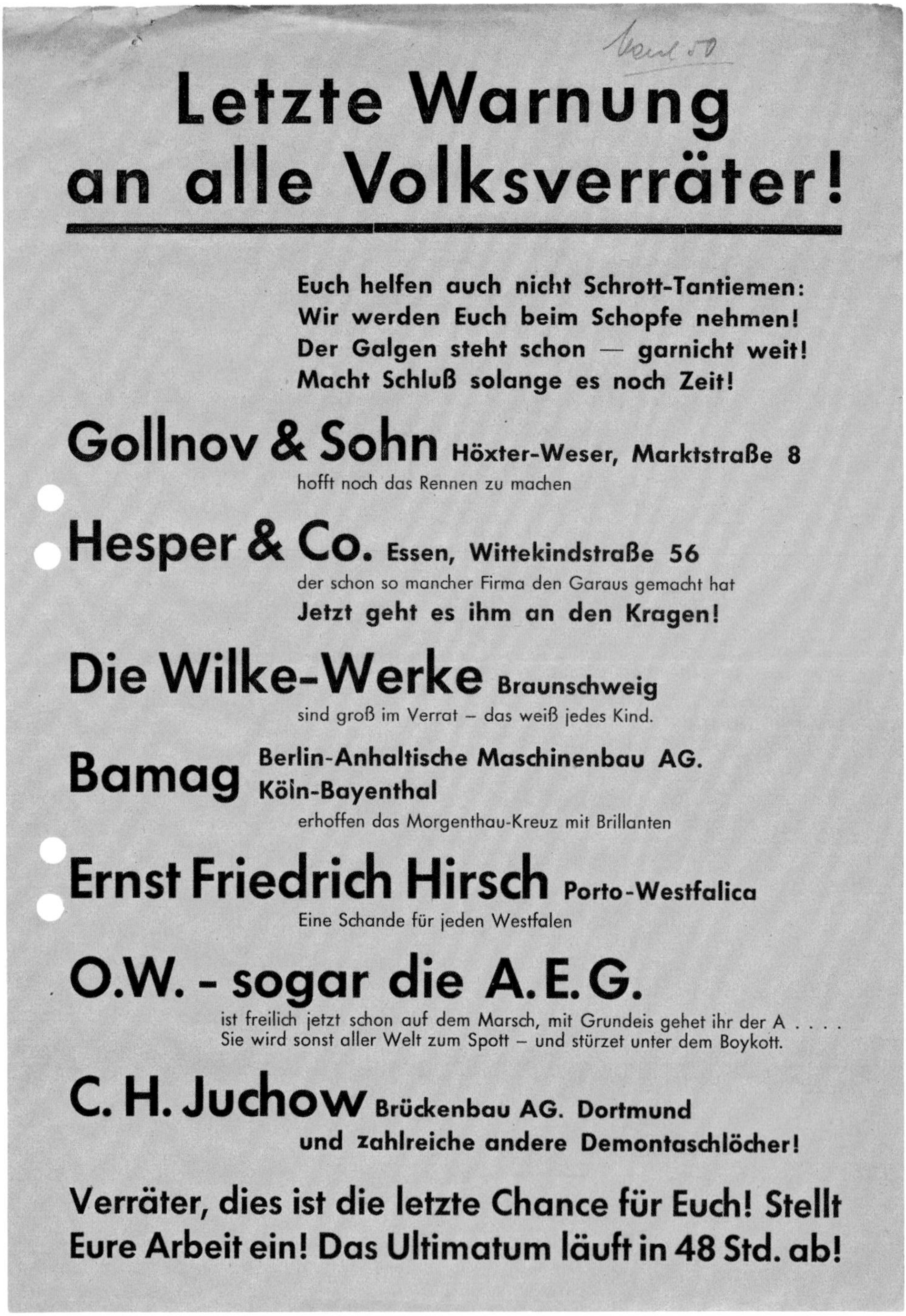

Letzte Warnung an alle Volksverräter!

Euch helfen auch nicht Schrott-Tantiemen:
Wir werden Euch beim Schopfe nehmen!
Der Galgen steht schon — garnicht weit!
Macht Schluß solange es noch Zeit!

Gollnov & Sohn Höxter-Weser, Marktstraße 8
hofft noch das Rennen zu machen

Hesper & Co. Essen, Wittekindstraße 56
der schon so mancher Firma den Garaus gemacht hat
Jetzt geht es ihm an den Kragen!

Die Wilke-Werke Braunschweig
sind groß im Verrat — das weiß jedes Kind.

Bamag Berlin-Anhaltische Maschinenbau AG.
Köln-Bayenthal
erhoffen das Morgenthau-Kreuz mit Brillanten

Ernst Friedrich Hirsch Porto-Westfalica
Eine Schande für jeden Westfalen

O.W. - sogar die A.E.G.
ist freilich jetzt schon auf dem Marsch, mit Grundeis gehet ihr der A . . . .
Sie wird sonst aller Welt zum Spott — und stürzet unter dem Boykott.

C. H. Juchow Brückenbau AG. Dortmund
und zahlreiche andere Demontaschlöcher!

Verräter, dies ist die letzte Chance für Euch! Stellt Eure Arbeit ein! Das Ultimatum läuft in 48 Std. ab!

Abb. 3: Plakataktion gegen Firmen, die an der Demontage beteiligt waren (NLA WO 4 Nds Zg. 60/1981 Nr. 1).

Ein Stopp der Demontagearbeiten wurde durch den Widerstand nicht erreicht (Abb. 3). Zunächst erschwerend für die Demontagegegner kam hinzu, dass nicht wenige hinter den Aktionen eine Steuerung durch Kommunisten vermuteten. Die erst einige Monate alte DDR versuchte die Situation ganz offen, propagandistisch für sich auszunutzen – obwohl ja sie selbst weit mehr als die Westzonen unter sowjetischer Demontage zu leiden hatte. Der Osten begnügte sich dabei nicht mit Agitation in den Medien, sondern griff ganz gezielt in den »Aufstand der Arbeiter« gegen die Briten ein. Er bot eine Art Neuauflage der zum Schutz von Stadtkindern vor Bombenangriffen im Zweiten Weltkrieg praktizierten »Kinderlandverschickung« an und ließ über 200 Arbeiterkinder über die Zonengrenze transportieren. »Drüben« wurden die Kinder ein paar Wochen gut ernährt und neu eingekleidet und dann zu ihren Eltern zurückgeschickt – als Beweis dafür, dass der kommunistische Osten die »Arbeiterklasse« auch im Westen nicht im Stich ließ. Gerade solchen Aktionen wollten Politiker in Bonn und London aber nicht tatenlos zusehen.

Ab dem Spätsommer 1950 schöpften die Menschen in Salzgitter wieder Hoffnung, als es der niedersächsischen und Bonner Politik gelang, den Briten Kompromisse abzuringen. 1951 wurde die Demontage endgültig eingestellt. Offenbar sind sich die Historiker einig, dass (vor allem) der Kalte Krieg Salzgitter gerettet hat. Denn mit etwas Verzögerung schlossen sich die Briten der amerikanischen Politik an: Die westdeutsche Bevölkerung sollte verstärkt den Eindruck bekommen, dass sie weitgehend Glück mit ihren Besatzungsmächten hätte, die ja auch mehr und mehr am Erstarken der westdeutschen Bundesrepublik interessiert waren. Wenn der Kommunismus sein Ansehen weltweit erhöhen wollte, dann führte dies fast zwangsläufig zum Schulterschluss zwischen bundesdeutscher Politik und West-Alliierten – und damit eben auch zum Ende der Demontage. Ein Neubeginn war dadurch auch in Salzgitter möglich. Noch heute kommt ein riesiges Industrieareal mit unterschiedlichen Firmen in Sicht, wenn man die Autobahn bei Salzgitter-Watenstedt verlässt.

Martin Fimpel

Benutzte Archivalien
NLA WO 4 Nds 1/1987 Nr. 18; NLA WO 4 Nds Zg. 60/1981 Nr. 1.

Literatur in Auswahl
FREUNDESKREIS 2006; STADTARCHIV 1990; TREUE 1967.

Wer kennt Bernhard Rackers?

Alle ehemaligen Häftlinge der Lager

Esterwegen,
Sachsenhausen,
Buchenwald-Weimar (Gustloff-Werke) und
Auschwitz-Monowitz,

die den oben abgebildeten Bernhard Rackers kennen und über seine Tätigkeit Aussagen machen können, melden sich oder schreiben sofort an das

Auschwitz-Komitee, Kamerad Rosenberg
Berlin C 2 · Neue Schönhauserstraße 3

oder an das Landessekretariat der

V. V. N. Schleswig-Holstein, Kamerad Posener
Lübeck · Schwartauer Allee 9 b

Rackers war zuletzt SS-Hauptscharführer in Auschwitz-Monowitz und befindet sich zur Zeit wegen Verbrechen gegen die Menschlichkeit in Haft.

Die VVN suchte im September 1950 Zeugen für das Verfahren gegen Bernhard Rakers (hier entgegen der üblichen Schreibweise mit »ck« geschrieben) (NLA OS Rep. 945 Akz. 2001/054 Nr. 231, Blatt 191).

15 | Aufarbeitung des Völkermords

1952 beginnt in Osnabrück der erste westdeutsche Auschwitz-Prozess

Auschwitz ist das Symbol für den Holocaust, den systematischen Mord an den Juden Europas. Die Verbrechen dieses »Zivilisationsbruches« wurden im Frankfurter Auschwitz-Prozess (1963-1965) verhandelt. Auch dieses Verfahren ist ein Symbol, denn es durchbrach die Lethargie in der Verfolgung und Ahndung von NS-Verbrechen.

Elf Jahre vor dem Frankfurter Verfahren wurde in Osnabrück mit dem Schwurgerichtsprozess gegen den früheren Kommando- und Rapportführer des zur I.G.-Farben gehörigen KZ Buna/Monowitz Bernhard Rakers (1905-1980) das erste westdeutsche Strafverfahren gegen einen Auschwitz-Täter eröffnet. Während die Schreibtischtäter, wie beispielsweise die Verantwortlichen auf dem Werksgelände der I.G.-Farben in Buna/Monowitz, viel zu oft nahezu unbehelligt blieben, war die Verfolgung von Unrecht bei den Direkttätern, die ohne Befehle gemordet und Menschen gequält hatten, für die Justiz leichter: Hier griffen die Kriterien, wie sie für andere Leib- und Leben-Delikte auch angewandt wurden.

Bernhard Rakers war aber kein »normaler« Krimineller: Er gehört in die Kategorie des mordlustigen, sadistischen Exzesstäters, der über elf Jahre verschiedene Positionen in den Konzentrationslagern Esterwegen, Sachsenhausen, Auschwitz-Monowitz und Buchenwald innehatte. Heinz Galinski, der langjährige Präsident des Zentralrates der Juden in Deutschland, bezeichnete ihn als einen »der gefürchtetsten und schlimmsten Vertreter der SS«.

Bernhard Rakers geriet nur durch Zufall in die Fänge der Justiz. Er lebte unter seinem bürgerlichen Namen zusammen mit seiner Familie im emsländischen Lingen und ging dort in der Bäckerei Kuhr seinem gelernten Beruf als Bäcker nach. Im Juli 1950 betrat Bernhard Börgermann, ein früherer Häftling des KZ Sachsenhausen, die Bäckerei Kuhr und erkannte seinen Peiniger durch die geöffnete Tür der Backstube. In der Kleinstadt verbreitete sich das Gerücht, dass bei dem Bäcker Kuhr in der Eschstraße ein ehemaliger SS-Wachmann arbeite. Davon erfuhr auch Hermann Schäfer, der selbst im Lager Neuengamme inhaftiert war und aus den Erzählungen Parallelen zu einem anderen Wachmann erkannte. Um Klarheit zu erlangen, suchte er Rakers in der Backstube auf, gab sich als SS-Wachmann aus Neuengamme aus und verwickelte ihn in ein Gespräch. Rakers verneinte zwar – zu Recht – jemals in Neuengamme gewesen zu sein, aber eine Zugehörigkeit zur SS stritt er nicht ab. Das reichte Schäfer: Er zeigte Bernhard Rakers am 24. Juli 1950 an, zwischen 1938 bis 1941 »in dem Lager Neuengamme Verbrechen gegen die Menschlichkeit begangen zu haben«. Rakers wurde noch an demselben Tag festgenommen. Am darauffolgenden Tag erließ das Amtsgericht Lingen Haftbefehl.

Die Ermittlungen der Staatsanwaltschaft Osnabrück, die sich in mehrbändigen Strafverfahrensakten nachvollziehen lassen, ergaben, dass der am 6. März 1905 geborene Bernhard Rakers im März 1934 seinen Dienst

Richard Trappe, Aurich
Ostfriesische Motoren-Werkstätten

Abs.: Richard Trappe, (23) Aurich/Ostfrsld., Georgstr. 48

Ankerwickelei / Telefon 319
Elektromaschinenbau, Reparaturen

An die
Ostfriesische Landschaft

A u r i c h
Bürgerm.-Müller-Platz 2

Ingenieurbüro: Konstruktive Entwickl.-Arbeiten und Beratungsstelle für Industrie, Gewerbe und Landwirtschaft

Reichs-Betr.-Nr. 0/0425/8990
Bankkonten: Bankhaus Lücke u. Lemmermann, Hannover 9234
Volksbank Aurich Nr. T 45 / Old. Landesbank Aurich Nr. 2201
Kreissparkasse Aurich Nr. 6963
Postscheckkonto: Hannover Nr. 113477

Ihr Zeichen | Ihre Nachricht vom | Unser Zeichen | (23) AURICH/Ostfr., den 26. 6. 1951
Georgstr. 48 (am Seminar)

Hierdurch erlaube ich mir, die Ostfriesische Landschaft auf eine meiner Neukonstruktionen bzw. meiner Entwicklungsarbeiten hinzuweisen, die nicht nur in einer großen Reihe von ostfriesischen und auswärtigen Zeitungen, sondern auch in Fachkreisen ein ganz besonderes Interesse hervorgerufen hat. Es handelt sich um eine völlig neuartige Ausnutzung der Windenergie, die ich aufgrund meiner früheren Erfahrungen als Forschungs- und Entwicklungsingenieur auf dem Gebiet der Kinematik und Strömungstechnik für verschiedene lebenswichtigste Anwendungsgebiete nach den Regeln modernster Konstruktionselemente durchdacht habe.

Auf Neuharlingersiel steht ein erstes Versuchsmodell, in dem ich in einfacher Weise nur die reine Wirkung zum Ausdruck gebracht habe. Auch dieses kleine Modell zeigt jedoch schon die bedeutenden Möglichkeiten für die zukünftige Ersparnis an Brennstoffen und kostspieligen Anlagen. Besonders möchte ich die vorzügliche Regelmöglichkeit des Systems hervorheben, so daß für Schöpfwerke, Entwässerungen aller Art, Mühlenbetriebe, Stromversorgung und billigste elektrische Heizung bis zu den grössten Leistungen und trotzdem geringstmöglichen Abmessungen ein sehr dankbares und in der heutigen Wirtschaftskrisis segensreiches Arbeitsgebiet eröffnet werden könnte. Bei Beachtung der katastrophalen Folgen der Brennstoffverteuerung für die ganze Schiffahrt und für die Fischereibetriebe möchte ich weiterhin auf die Möglichkeit hinweisen, derartige Antriebe als Schiffsantriebe durchzukonstruieren. In diesem Zusammenhang möchte ich auf die früheren Versuche des bekannten Strömungsfachmannes Flettner hinweisen, den ich seinerzeit durch Herrn von Richthofen kennen lernte und der durch die Verwendung des "Magnus-Effektes", einer Kraftwirkung senkrecht zur Windrichtung dem mit seinen "Flettner-Rotoren" ausgestatteten Schiff nur ein Kreuzen wie bei Segelschiffen ermöglichte, wogegen mein Windrotor jedem Schiff unter Verwendung der vorhandenen Maschinenanlagen die Möglichkeit einer dauernden Vorwärtsbewegung in jeder Richtung geben würde. Die naturgemässe Begrenzung der zu gewinnenden Leistung aus dem Wind dürfte in Anbetracht der enormen Brennstoffersparnisse nicht ins Gewicht fallen.

Auch die Mühlenbetriebe Ostfrieslands können durch Verwendung dieses Systems große Ersparnisse vor allem in der Anschaffung wegen der gedrängteren Bauart erzielen. Außerdem handelt es sich um eine geschmackvolle und schöne Ausführung, die sich bald auch für das

Schreiben Richard Trappes an die Ostfriesische Landschaft vom 26. Juni 1951 zur Vorstellung seines in Neuharlingersiel aufgestellten Rotors zur Windenergienutzung (NLA AU Dep. 1 N Nr. 3110).

16 | »... ungenutztes Gold an der windigen Küste ...«

Frühe Ansätze zur Windenergienutzung in Niedersachsen

Nicht ohne einen gewissen Stolz wird Niedersachsen in der aktuellen Koalitionsvereinbarung zwischen SPD und CDU für die Legislaturperiode 2017 bis 2022 als »Spitzenreiter beim Ausbau der Erneuerbaren Energien« und sogar als »Windenergieland Nummer 1« bezeichnet. Tatsächlich bietet das norddeutsche Küstengebiet die notwendigen geophysikalischen Voraussetzungen, um Windenergie in Strom umzuwandeln, da für die Windenergieanlagen Standorte in unmittelbarer Wassernähe zu bevorzugen sind. Bereits wenige Kilometer können einen Unterschied machen, sodass Anlagen im Binnenland erheblich geringere Energieerträge einfahren als Anlagen, die direkt an der Küstenlinie oder sogar in der Nordsee stehen. Bei der Nutzung regenerativer Energien kommt die Windenergie – neben der Wasserkraft – der wirtschaftlichen Rentabilität am nächsten. Es handelt sich um eine vergleichsweise kostengünstige und damit konkurrenzfähige Form der Stromerzeugung.

Dabei lässt sich die dahinterstehende Idee, Strömungsenergie der Luft in mechanische Rotationsenergie umzuwandeln und damit einen Generator zur Stromerzeugung anzutreiben, bis in die zweite Hälfte des 19. Jahrhunderts zurückverfolgen und damit in eine Zeit, als in Europa das sogenannte Windmühlensterben einsetzte. Denn von den im Jahr 1882 knapp 19.000 Windmühlen in Deutschland waren einhundert Jahre später nur noch etwa vierhundert erhalten. Zunächst gerieten die Windmühlenbetreiber durch die Entwicklung der Dampfmaschinen unter Druck. Ganz abgesehen vom Output – eine Windmühle konnte nicht sehr viel mehr als 20 PS erbringen, eine große Dampfmaschine dagegen mehrere 100 PS – war es vor allem die Wetterunabhängigkeit und damit konstante Leistungsfähigkeit, die dem Einsatz der Dampfmaschine den Vorzug gab. Mit der Verbreitung des Elektromotors nach der Jahrhundertwende verschärfte sich die Lage zusehends. Durch Überlandzentralen war es sogar möglich, ländliche Gebiete mit Elektrizität zu versorgen. Auch wenn die Stromtarife zunächst noch sehr hoch waren, stand auch dem Kleingewerbe mit dem Elektromotor eine zuverlässige und flexibel handhabbare Antriebskraft zur Verfügung.

Um den notleidenden Müllern zu helfen, empfahl die wöchentlich erscheinende Zeitschrift »Die Mühle« bereits um 1900, die Windmühlen für die Elektrizitätserzeugung zu nutzen. Die dabei erforderlichen hohen Investitionskosten und technischen Schwierigkeiten verhinderten allerdings eine entsprechende Verbreitung, selbst wenn in den 1920er Jahren das »Wind-Elektro-Dorf Högel« (HEYMANN 1995, S. 103) in Schleswig-Holstein bewies, dass Stromversorgung durch Windkraft durchaus machbar war. Die fortschreitende Elektrifizierung des Landes ließ jedoch derartige Inselversorgungen immer unrentabler erscheinen, insbesondere weil Windkraftanlagen in den 1920er Jahren zwar zuverlässig Gleichstrom produzieren konnten, die großflächige Elektrizitätsversorgung jedoch nur durch die Verwendung von Wechselstrom möglich war.

Erst unmittelbar nach Ende des Zweiten Weltkriegs ließ die außerordentlich schwierige Lage der Energieversorgung, die von Kapazitätsausfällen und Brennstoffknappheit geprägt war, die Diskussion um die Nutzung der Windenergie wiederaufleben, die auch die küstennahe Region erfasste.

Nachdem die Ostfriesische Landschaft, ein höherer Kommunalverband mit Sitz in Aurich, bereits im Mai 1949 das Schreiben eines Bremer Ingenieurbüros erreicht hatte, in dem vorgeschlagen wurde, in die bestehenden Windmühlen elektrische Generatoren einzubauen, um Strom zu gewinnen, erhielt sie zwei Jahre später ein weiteres, das hier abgebildete Schreiben des Auricher Forschungsingenieurs Richard Trappe, der seine Neukonstruktion zur Windenergienutzung vorstellen wollte (Abb.). In Neuharlingersiel an der niedersächsischen Küste hatte er ein Versuchsmodell aus stromförmig angeordneten Flügeln aufgebaut, das immerhin bei mittlerer Windstärke in der Lage war, ausreichend elektrische Energie zum Betrieb eines kleinen Bügeleisens zu erzeugen. Angesichts der »Tausende von Pferdestärken«, die ständig über die Köpfe hinwegfliegen würden, sprach die Presse – wie in einem dem Schreiben beigelegten Zeitungsausschnitt dokumentiert – über »ungenütztes Gold an der windigen Küste Ostfrieslands«. Trappe wiederum wies auf die *bedeutenden Möglichkeiten für die zukünftige Ersparnis an Brennstoffen* hin und überlegte bereits, *derartige Antriebe als Schiffsantriebe durchzukonstruieren*. Geradezu visionär erklärte Trappe, dass nicht nur die Ausnutzung der Windkraft, sondern auch die Energie aus Ebbe und Flut die »Grundlagen zum Aufbau einer sauberen und wirtschaftlich zweckmässigen Industrie des Landes« darstellen könnte.

Während die Landschaft auf Trappes Vorschläge zurückhaltend reagierte, verfolgte sie in den kommenden Jahren zumindest den Gedanken, die Stromerzeugung als zusätzliche und rentable Aufgabe für die Windmüller zu betrachten, um auf diese Weise zur »Erhaltung der oft idyllisch gelegenen Wind- und Wassermühlen« beizutragen. Unterstützung erhielt sie dabei von dem Landesinnungsverband Weser-Ems des Müllerhandwerks und dem Niedersächsischen Landeskonservator. Auch der Landesoberbaurat i. R. Theodor Wildeman rühmte überschwänglich die Möglichkeiten, Windenergie zur Stromerzeugung zu nutzen. In einem Schreiben an die Ostfriesische Landschaft vom 14. Februar 1953 führte er aus: »Denn die Wind- und Wasserkräfte werden, da sie die Natur der Erde immer wieder von selbst ohne Entstehung von Kosten auflädt, unausweichlich bei dem immer rarer und teurer Werden der Kohlenvorräte, wohl schon in absehbarer Zeit wieder zunehmend eine Rolle spielen. Man muss sich nur technisch modernisieren und auch auf Kraftspeicherung einstellen, was heute beides kein Problem mehr ist.«

In Kooperation mit der Landschaftlichen Brandkasse und dem Elektrizitätswerk in Pewsum führte die Ostfriesische Landschaft 1954 erste Versuche durch, inwieweit durch Windkraft Strom gewonnen werden könnte. Dazu wurde in einer Windmühle ein Generator mit einer Leistung von 25-30 PS eingebaut. Die Anlage arbeitete zur Zufriedenheit aller Beteiligten, allerdings nur so lange, wie die Windstärke das Einhalten von ca. 1.500 Umdrehungen des Generators ermöglichte. Sank die Tourenzahl unter diesen Wert, hörte die Stromerzeugung auf. Bei steigender Tourenzahl potenzierte sich dagegen die Leistung des Generators derart, dass die »ganze Anlage überlastet« wurde und abgeschaltet werden musste.

Neben den Problemen mit der Technik stellte sich auch von Anfang an die Frage der

Rentabilität. Nur wenn die Energieversorger überhaupt bereit waren, den von den Windmühlen erzeugten Strom auch zu einem akzeptablen Preis abzunehmen, war an einen Umbau der Mühlen zu denken. Zu konkreten Verhandlungen mit dem regionalen Energieversorger ist es in Ostfriesland jedoch nicht gekommen, weil das Interesse an Strom aus Windkraft eher beschränkt gewesen sein dürfte. Als schließlich den Müllern Stromtarife angeboten wurden, die es ihnen ermöglichten, vom Diesel- zum Elektrobetrieb zu wechseln, bestand kein ausreichender Anreiz mehr, mit den Windmühlen selbst Strom zu erzeugen und in das E-Netz einzuspeisen. Trotz aller vielversprechenden Anstrengungen verlief das Projekt, die ostfriesischen Windmühlen auf Elektrizitätserzeugung umzustellen, im Sande. 1955 resümierte die Ostfriesische Landschaft, dass die Sache in Deutschland noch nicht »reif« sei und den übrig gebliebenen Windmühlen auf andere Weise geholfen werden müsse.

Auch deutschlandweit fanden zu diesem Zeitpunkt die Bemühungen, die Nutzung der Windenergie voranzutreiben, ein abruptes Ende. Sinkende Energiepreise und die Konzentration auf die Atomenergie als »ideale Energiequelle der Zukunft« (HEYMANN 1995, S. 338) ließen die Windenergie aus dem Blickfeld der Energiewirtschaft verschwinden. Erst die Ölkrise in den 1970er Jahren und neu erwachstes Bewusstsein für ökologische Nachhaltigkeit ließen in den 1980er Jahren die Windenergie auf die Agenda der Energieversorgungsunternehmen zurückkehren. Die Gründung der Firma Enercon mit ihrem Stammsitz im ostfriesischen Aurich 1984, inzwischen der größte deutsche Hersteller von Windenergieanlagen, stellte dabei einen Neustart für die Nutzung der Windenergie in Niedersachsen dar.

Der politisch vorhandene Wille, die Energiewende als zentrale Aufgabe anzuerkennen und insbesondere die Windenergienutzung zu fördern, führte dazu, dass Ende 2019 in Niedersachsen 6.342 Windenergieanlagen installiert waren, mit denen etwa ein Fünftel der bundesweiten Windenergieleistung an Land erbracht werden konnte. Hinzu kommen riesige Offshore-Windparks, die ebenfalls ihren Beitrag zum niedersächsischen Strommix leisten. Insgesamt kann sich Niedersachsen heute als vielfältiges Energieland präsentieren, in dem die regenerativen Energien eine immer bedeutendere Rolle spielen, und das Ziel formuliert wurde, bis 2050 die Stromversorgung nahezu vollständig aus erneuerbaren Energiequellen zu speisen.

Michael Hermann

Benutzte Archivalien
NLA AU Dep. 1 N Nr. 3110, Nr. 3111, Nr. 3113.

Literatur in Auswahl
HEIER 2012; HERMANN 2011; HERZIG 2018; HEYMANN 1995; UMWELTMINISTERIUM 2020.

Abb. 1: Blick auf die beiden frei im Gelände stehenden Brücken über das Große Bramketal und das Weißwassertal. Im Tal zwischen beiden Brücken sind einzelne Gehöfte der Gemeinde Schulenberg erkennbar, vor 1952 (NLA HA Nds. 600 Acc. 91/87 Nr. 47).

17 | Die Okertalsperre

Die größte Talsperre in Niedersachsen

Talsperren prägen vielerorts als Teil unserer historischen Kulturlandschaft das Gesicht Deutschlands. Der Harz verfügt mit dem Oberharzer Wasserregal bereits seit Jahrhunderten über zahlreiche Teich- und Stauanlagen, die in direktem Zusammenhang mit der für den Silbererzbergbau notwendigen Wasserhebung und Wasserspeicherung entstanden sind. Die Oberharzer Wasserwirtschaft steht seit 1978 als Kulturdenkmal unter Denkmalschutz und wurde 2010 zusammen mit dem Rammelsberg und der Altstadt von Goslar in das UNESCO Weltkulturerbe aufgenommen. Viele der zwischen dem 16. und 19. Jahrhundert errichteten Anlagen werden auch heute noch gepflegt und für den Hochwasserschutz sowie die Trinkwasserversorgung genutzt.

Neben den vornehmlich für den Bergbau errichteten wasserwirtschaftlichen Anlagen und den mit fortschreitender Industrialisierung erfolgten Fortschritten im Talsperrenbau wurden im 20. Jahrhundert zunehmend neue Talsperren errichtet, die außer dem Hochwasserschutz und der Niedrigwasseraufhöhung für Trockenperioden hauptsächlich als Trink- und Brauchwassersperren dienen, teilweise aber auch für den lokalen Tourismus genutzt werden können. Bei der in den Jahren 1952 bis 1956 im Oberharz zwischen Altenau und Schulenberg fertiggestellten Okertalsperre, die ein Volumen von ca. 46,85 Millionen Kubikmeter aufstauen kann und im Vollstau eine Stauseefläche von 2,25 Quadratkilometer umfasst, handelt es sich in erster Linie um eine Brauchwassersperre. Die Okertalsperre ist die größte Talsperre Niedersachsens und sticht aus den vielen anderen und mitunter weitaus größeren deutschen Talsperren besonders hervor, weil es sich bei ihr um die erste und bisher einzige Bogengewichtsmauer in Deutschland handelt. Bei der im Allgäu gelegenen Ofenwaldsperre handelt es sich um eine klassische Bogenstaumauer. Weiteres prominentes Beispiel einer Talsperre mit Bogengewichtsmauer ist der 1935 fertiggestellte Hoover-Damm in den USA.

Die Staumauer der Okertalsperre ist 260 Meter lang und hat eine Höhe von 75 Metern über der Gründungssohle. Die Kronenhöhe beträgt 418,2 Meter über N.N. Weist die Staumauer an der Krone eine Breite von 8 Metern auf, so beträgt sie am Fuß der Talsperre ganze 19 Meter. Das Wasser der Talsperre stammt lediglich zu 40 Prozent aus dem Zulauf des namengebenden Flusses. Zahlreiche Seitenarme mit starken Zuflüssen aus einem rund 85 Quadratkilometer großen Einzugsgebiet liefern den Großteil des Wassers, mit dem die Turbine des Wasserkraftwerks Romkerhalle angetrieben wird.

Die wachsende Notwendigkeit zur Regulierung der Oker wurde Anfang des 20. Jahrhunderts erkannt. Der Fluss bildete im Sommer oft nur ein kleines Rinnsal, mutierte aber immer wieder durch starke Niederschläge zum reißenden Gebirgsfluss, was in der Vergangenheit wiederholt zu schweren Hochwassern im Harzvorland sowie in Braun-

Abb. 2: Blick auf die fast fertiggestellte Bogengewichtsmauer der Okertalsperre, um 1955 (NLA HA BigS Nr. 00333/1).

schweig und Wolfenbüttel geführt hatte. 1912 gab es daher bereits erste Überlegungen zum Bau einer Talsperre, die aber erst in den 1920er Jahren weiterverfolgt wurden. 1928 wurde ein Baustopp für das unmittelbar von dem Vorhaben betroffene Schulenberg angeordnet.

Das Stauwerk sollte zentral dem Hochwasserschutz dienen, darüber hinaus aber hauptsächlich auch zur Stromerzeugung, Niedrigwasseraufhöhung und Verdünnung der von den Gemeinden und der Industrie in die Oker eingeleiteten Abwässer genutzt werden. Außerdem erhoffte man sich einen positiven Einfluss auf den Fremdenverkehr der Region. Die wachsende Sorge um die Trink- und Brauchwasserversorgung des Harzvorlandes, auch im Zusammenhang mit den neu gegründeten Industrien in Salzgitter und Wolfsburg, führten letztendlich dazu, dass noch vor Ausbruch des Zweiten Weltkriegs mit dem Bau der Okertalsperre und der bei Bad Harzburg gelegenen Eckertalsperre begonnen wurde.

Nachdem Anfang der 1930er Jahre der Bau der Odertalsperre (1933) und der Sösetalsperre (1931) abgeschlossen werden konnte, übertrug man 1938 den Harzwasserwerken des Provinzialverbandes Niedersachsen auch den Bau der Okertalsperre. Das gesamte Projekt wurde auf drei Bauabschnitte ausgelegt: 1. der Bau von Ersatzstraßen, 2. der Bau

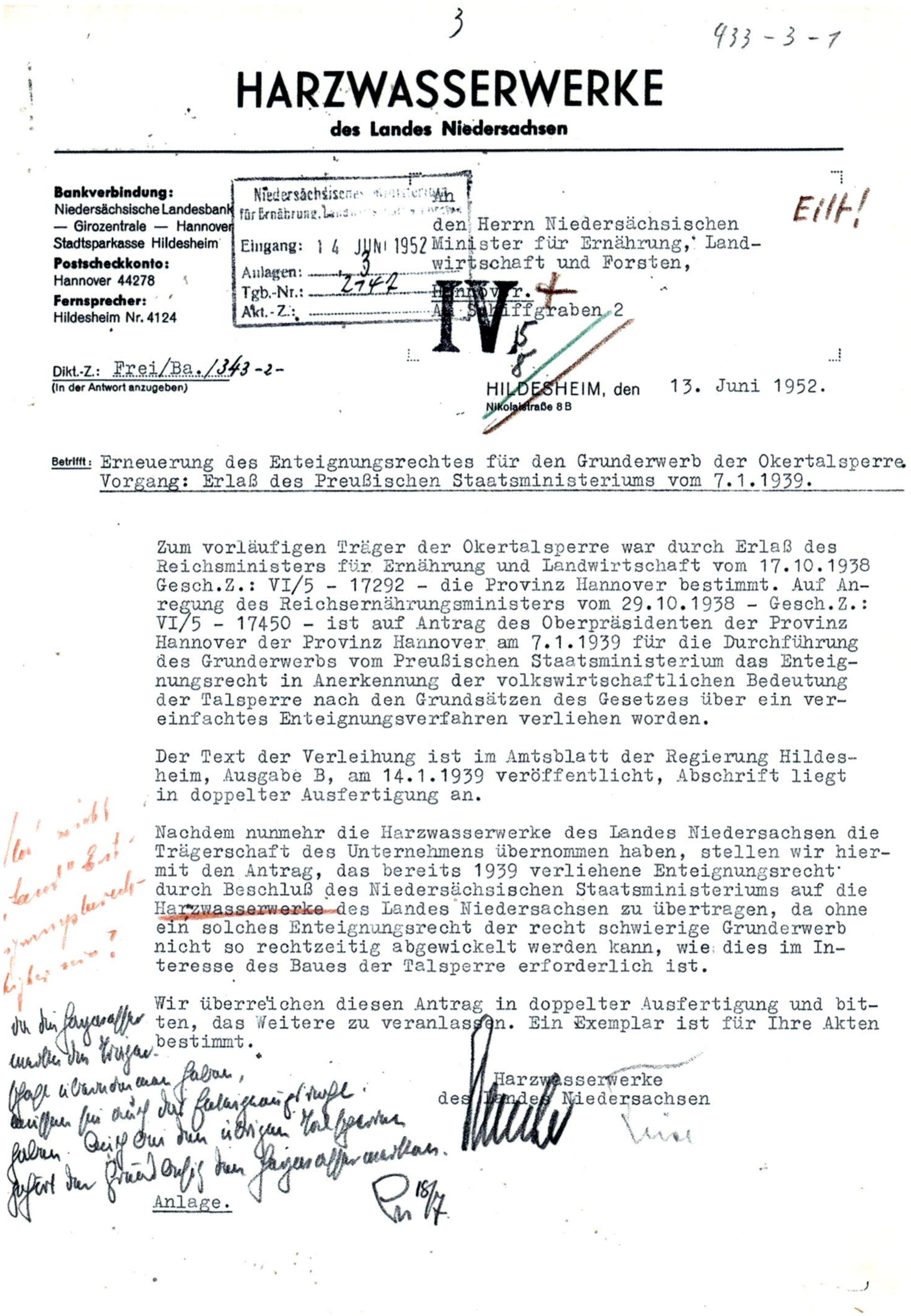

HARZWASSERWERKE
des Landes Niedersachsen

Bankverbindung:
Niedersächsische Landesbank
— Girozentrale — Hannover
Stadtsparkasse Hildesheim
Postscheckkonto:
Hannover 44278
Fernsprecher:
Hildesheim Nr. 4124

Niedersächsisches Ministerium
für Ernährung, Landwirtschaft und Forsten
Eingang: 1 4 JUNI 1952
Anlagen: 3
Tgb.-Nr.: 2742
Akt.-Z.:

Eilt!

an den Herrn Niedersächsischen Minister für Ernährung, Landwirtschaft und Forsten,
Hannover,
Am Schiffgraben 2

Dikt.-Z.: Frei/Ba./343-2-
(In der Antwort anzugeben)

HILDESHEIM, den 13. Juni 1952.
Nikolaistraße 8 B

Betrifft: Erneuerung des Enteignungsrechtes für den Grunderwerb der Okertalsperre.
Vorgang: Erlaß des Preußischen Staatsministeriums vom 7.1.1939.

Zum vorläufigen Träger der Okertalsperre war durch Erlaß des Reichsministers für Ernährung und Landwirtschaft vom 17.10.1938 Gesch.Z.: VI/5 - 17292 - die Provinz Hannover bestimmt. Auf Anregung des Reichsernährungsministers vom 29.10.1938 - Gesch.Z.: VI/5 - 17450 - ist auf Antrag des Oberpräsidenten der Provinz Hannover der Provinz Hannover am 7.1.1939 für die Durchführung des Grunderwerbs vom Preußischen Staatsministerium das Enteignungsrecht in Anerkennung der volkswirtschaftlichen Bedeutung der Talsperre nach den Grundsätzen des Gesetzes über ein vereinfachtes Enteignungsverfahren verliehen worden.

Der Text der Verleihung ist im Amtsblatt der Regierung Hildesheim, Ausgabe B, am 14.1.1939 veröffentlicht, Abschrift liegt in doppelter Ausfertigung an.

Nachdem nunmehr die Harzwasserwerke des Landes Niedersachsen die Trägerschaft des Unternehmens übernommen haben, stellen wir hiermit den Antrag, das bereits 1939 verliehene Enteignungsrecht durch Beschluß des Niedersächsischen Staatsministeriums auf die Harzwasserwerke des Landes Niedersachsen zu übertragen, da ohne ein solches Enteignungsrecht der recht schwierige Grunderwerb nicht so rechtzeitig abgewickelt werden kann, wie dies im Interesse des Baues der Talsperre erforderlich ist.

Wir überreichen diesen Antrag in doppelter Ausfertigung und bitten, das Weitere zu veranlassen. Ein Exemplar ist für Ihre Akten bestimmt.

Harzwasserwerke
des Landes Niedersachsen

Anlage.

Abb. 3: Antrag der Harzwasserwerke auf Verleihung des Enteignungsrechts für den Grunderwerb der Okertalsperre, 13. Juni 1952 (NLA HA Nds. 600 Acc. 91/87 Nr. 48).

einer Ersatzsiedlung für die unmittelbar von dem Sperrwerk betroffenen Bewohner der Gemeinde Schulenberg sowie 3. der Bau des eigentlichen Stauwerks. Noch im selben Jahr begann man zunächst mit dem Bau der erforderlichen Straßenanlagen sowie mit der Errichtung zweier Talbrücken. So wurden der an den Abhängen des Okertals zwischen Altenau und Romkerhalle vorhandene Waldbestand geschlagen und begonnen, die Straße von Clausthal nach Oker und die Straße von Altenau nach Schulenberg aus der Talsohle an die Hänge oberhalb des zukünftigen Stauspiegels zu verlegen. Die Bauarbeiten mussten 1941 kriegsbedingt unterbrochen werden. Die beiden bereits fertiggestellten Brücken über das Große Bramketal und das Weißwassertal thronten jahrelang ohne Verkehrsanbindung über dem Tal und waren dem Verfall durch Wind, Wetter und Vandalismus preisgegeben. 1947 begann die Niedersächsische Landesregierung mit den Vorbereitungen für den Weiterbau. Die Bauarbeiten für die Ersatzstraßen konnten im Folgejahr wieder aufgenommen werden. Somit wurden die bereits 1938 begonnenen Straßenanlagen erst am 29. August 1951 abgenommen (Abb. 1).

Phase 2 und 3 des Bauprojekts liefen anschließend nahezu parallel zueinander ab, waren aber immer wieder durch finanzierungsbedingte Verzögerungen und Planänderungen geprägt. Der ursprünglich im genehmigten Entwurf der Okertalsperre von 1938 vorgesehene Bau einer Gewichtsstaumauer wurde 1953 zugunsten einer Bogengewichtsmauer abgeändert, eine zum damaligen Zeitpunkt für Deutschland einzigartige und innovative Lösung, die am Ende über 100.000 Kubikmeter Beton eingespart hat. Bei der Bogengewichtsmauer handelt es sich um einen Hybrid zwischen der Gewichtsstaumauer, die dem Druck der Wassermassen allein durch ihr Gewicht standhält, und der Bogenstaumauer, die den Wasserdruck über den Bogen der Staumauer auf die seitlich liegenden Felswände ableitet. Talquerschnitte, die zum einen sehr heterogene Untergrundverhältnisse aufweisen oder für eine reine Bogenstaumauer bereits zu weit sind, zum anderen aber auch an der Grenze der Möglichkeiten für eine Gewichtsstaumauer liegen, lassen die Umsetzung dieser Art des Absperrwerks zu. So ermöglichte es die geologische Form des Okertals, im unteren Teil der Staumauer die Kräfte über ein Bogengewölbe auf die Talflanken abzulenken (Abb. 2). Da dies im oberen Teil des Tals nicht mehr möglich ist, wurde eine Schwergewichtsmauer auf die Bogenmauer aufgesetzt, die »die an diesem Teil der Mauer angreifenden Kräfte ausschließlich nach unten ableitet«.

Die für den Neubau der Okertalsperre notwendige Umsiedlung der im Weißwassertal gelegenen beiden Schulenberger Ortsteile Unter- und Mittelschulenberg war für August 1954 vorgesehen und stand über Wochen und Monate im Blickpunkt der Öffentlichkeit. Zahlreiche Printmedien berichteten immer wieder über den Talsperrenbau und die damit verbundenen Kontroversen. Noch im Juli 1954, nur wenige Wochen bevor erste Probestauungen an der Talsperre stattfinden sollten, hatte sich fast die Hälfte der rund 300 Dorfbewohner Schulenbergs immer noch nicht dazu entschlossen, in die neue Siedlung umzuziehen. Viele Einwohner waren mit den für sie durch die Harzwasserwerke festgesetzten Entschädigungsbeträgen unzufrieden, deren Höhe den Siedlern nur bedingt einen Neuaufbau auf dem Großen Wiesenberg ermöglichte. Die Harzwasserwerke des Landes Niedersachsen hatten sich mit Schreiben vom 13. Juni 1952 an den Minister für Ernährung, Landwirtschaft und Forsten gewendet und um Erneuerung des ihnen mit Erlass des Preußischen Staatsministeriums vom 7. Januar 1939 verliehenen Enteignungsrechts für den Grunderwerb der Okertalsperre gebeten

(Abb. 3). Das Recht ermöglichte den Harzwasserwerken ein vereinfachtes Enteignungsverfahren und wurde ihnen am 24. November 1952 gewährt.

Die Gemeinde Schulenberg kritisierte immer wieder das Vorgehen der Harzwasserwerke und richtete Hilferufe an den Niedersächsischen Ministerpräsidenten, an das für den Bau der Talsperre zuständige Ministerium sowie an Presse und Rundfunk. So wurde im März 1954 im Auftrag des Ministerpräsidenten Kopf eine Kommission von Ministerialräten des Ernährungs-, des Finanz- und des Innenministeriums gebildet, um sich vor Ort zusammen mit Vertretern der Gemeinde Schulenberg, des Landkreises Clausthal-Zellerfeld sowie der Harzwasserwerke ein Bild der Lage zu verschaffen und gemeinsame Lösungsansätze zu erörtern. Kernpunkte dieser Verhandlungen waren, neben der Überprüfung von Entschädigungssummen, u.a. die Verteilung der Wohnungen, Gelder zur Finanzierung des Weiterbaus der Häuser, Entschädigungen für Steuerausfälle, aber auch der Bau einer Leichenhalle, eines Spritzenhauses und einer neuen Schule. Nachdem insbesondere die Fragen der kommunalen Erstausstattung Schulenbergs aus dem Weg geräumt werden konnten, erfolgte am 29. August 1954 schlussendlich die feierliche Übergabe von Neu-Schulenberg durch den Niedersächsischen Landwirtschaftsminister von Kessel an den Ortsbürgermeister Böhm.

Obwohl die Gebäude der alten Gemeinde Schulenberg bereits unmittelbar nach der Umsiedlung bis auf die Grundmauern abgerissen wurden, hält sich bis heute die Sage, dass bei Niedrigwasser die Turmspitze der Kirche im Stausee zu sehen und das Geläut ihrer Glocken zu hören ist.

Die Bauarbeiten an der Okertalsperre liefen zwischenzeitlich weiter. Im Oktober 1954 hatte die Staumauer bereits eine Höhe von 50 Metern und damit zwei Drittel ihrer Endhöhe erreicht. Anfang 1956 konnte die Talsperre endlich fertiggestellt und eingeweiht werden. Indirekt dient sie heute auch der Trinkwassergewinnung. Die Entnahme des Wassers erfolgt jedoch nicht über die Okertalsperre selbst, sondern über den 1971 fertiggestellten Oker-Grane-Stollen, der das Wasser über eine Länge von 7,5 Kilometern in die benachbarte Granetalsperre leitet.

Christiane Tschubel

Benutzte Archivalien
NLA HA BaCl Hann. 184 Acc. 2 Nr. 353; NLA HA BigS Nr. 00333/1; NLA HA Hann. 180 Hildesheim Nr. 20148; NLA HA Nds. 100 Acc. 51/84 Nr. 529-530; NLA HA Nds. 600 Acc. 91/87 Nr. 45-53.

Literatur in Auswahl
HARZWASSERWERKE O.J.; MEURER 2000; SCHMIDT 2012; TALSPERRENKOMITEE 2013.

Plädoyer: Generalstaatsanwalt Dr. Bauer

Meine Herren Richter!

Es ist nicht die Absicht der Staatsanwaltschaft, dem seinerzeitigen Major Remer deswegen den Prozeß zu machen, weil er sich am 20. Juli 1944 dem Widerstandskampf versagt hat. Es ist überhaupt nicht die Absicht der Staatsanwaltschaft, denjenigen einen Vorwurf zu machen, die sich am 20. Juli 1944 aus Gründen gleich welcher Art, oft sicher aus ethisch beachtlichen Gründen nicht um die Fahne der Freiheit und Menschenwürde geschart haben.

Zur Aburteilung steht, daß das Vorstandsmitglied der SRP. Remer seit Monaten durch Niedersachsen zog und die Widerstandskämpfer des 20. Juli verleumdete und beschimpfte, indem er sie Hoch- und Landesverräter hieß.

Was am 20. Juli 1944 vielen noch dunkel vorgekommen sein mag, ist heute durchschaubar, was damals verständlicher Irrtum gewesen sein mag, ist heute unbelehrbarer Trotz, böser Wille und bewußte Sabotage unserer Demokratie.

Das Ziel dieses Prozesses ist, nicht Zwietracht zu säen, sondern Brücken zu schlagen und zu versöhnen, freilich nicht durch ein faules Kompromiß, sondern durch die Klärung der Frage: "waren die Männer des 20. Juli Hoch- und Landesverräter?" durch ein demokratisches, unabhängiges Gericht. Die Bundesrepublik und das Land Niedersachsen bringen dieser Strafkammer in Braunschweig das Vertrauen entgegen, unabhängig und gerecht die Frage zu entscheiden.

Die Frage, ob die Männer des Widerstandskampfes vom 20. Juli Hoch- und Landesverräter waren, ist schon einmal entschieden worden. Sie wurde unter Mißbrauch strafprozessualer Formen vom Volksgerichtshof in Berlin durch Freisler bejaht, bis, gestatten Sie das Wort, die "Vorsehung" Freisler während seiner Scharfrichtertätigkeit erschlug.

Heute geht es um eine "Wiederaufnahme" dieses Verfahrens. Es ist Aufgabe der Staatsanwaltschaft, Aufgabe der Richter des demokratischen Rechtsstaates, die Helden des 20. Juli ohne Vorbehalt und ohne Einschränkung zu rehabilitieren, auf Grund der Tatsachen, die uns heute bekannt sind, auf Grund des damals und heute, des ewig geltenden Rechts. Sie sollen, meine Herren Richter, entscheiden, nicht aus politischen Gründen und nicht irgendeiner Staatsräson zuliebe. Entscheiden Sie, meine Herren Richter, auf Grund des Rechts.

Die Staatsanwaltschaft beantragt, den Angeklagten zu verurteilen wegen eines Vergehens der üblen Nachrede und wegen eines Vergehens der Verunglimpfung des Andenkens Verstorbener im Sinne der §§ 186 und 189 StGB.

In rechtlicher Beziehung sage ich hierzu folgendes: Nach Auffassung der Staatsanwaltschaft hat diese Verhandlung den klaren Beweis erbracht, daß die Behauptung, die Widerstandskämpfer seien Hoch- und Landesverräter gewesen, unwahr ist. Mögen einzelne mehr oder minder bedeutende Vorwürfe für das Gericht nicht nachgewiesenermaßen unwahr sein, so sind sie jedenfalls nicht erweislich wahr, und der Angeklagte, der die Widerstandskämpfer beschimpft hat, trägt insoweit, nachdem Staatsanwaltschaft und Gericht das zur Aufklärung Erforderliche getan haben, das Risiko einer unklaren Beweislage.

Erste Seite des Plädoyers, das Generalstaatsanwalt Fritz Bauer am 15. März 1952 im Prozess gegen Otto Ernst Remer hielt (NLA WO 61 Nds Nr. 24/8, p. 141).

18 | Der 20. Juli vor Gericht

Der Prozess gegen Otto Ernst Remer vor dem Braunschweiger Landgericht 1952

»Vor dem Oberlandesgericht in der Braunschweiger Münzstraße stand an jedem Verhandlungstag schon eine Stunde vor Saalöffnung eine lange, dicke Menschenschlange. Die Eintrittskarten waren begehrt. Der Wiederaufbau des Gebäudes ist noch nicht beendet. Während im breiten, hellen Sitzungssaal die Zeugen und Sachverständigen ihre Aussagen ins Mikrophon machten, dröhnten draußen vor der Tür die Hammerschläge.« Die Verhandlung, über die der Korrespondent der Rhein-Neckar-Zeitung am 14. März 1952 berichtete, gilt heute als bedeutendster Prozess mit politischem Hintergrund seit den Nürnberger Kriegsverbrecherprozessen und vor den Auschwitz-Prozessen.

Auf der Anklagebank saß Otto Ernst Remer, Mitbegründer der rechtsextremen Sozialistischen Reichspartei (SRP). Bei einer Wahlkampfveranstaltung im Braunschweiger Schützenhaus im Vorfeld der niedersächsischen Landtagswahl am 6. Mai 1951 hatte er die Widerstandskämpfer des 20. Juli 1944 als »Landesverräter« bezeichnet, es werde »einmal die Zeit kommen, in der man schamhaft verschweige, daß man zum 20. Juli gehört habe«. Geklagt hatte Bundesinnenminister Robert Lehr, der sich als Angehöriger der Widerstandsgruppe Kölner Kreis in Düsseldorf durch die Äußerung Remers beleidigt fühlte und Strafantrag beim Landgericht Braunschweig gestellt hatte.

Dass Remer sich nun wegen übler Nachrede und Verunglimpfung des Andenkens Verstorbener vor Gericht verantworten musste, ist der Beharrlichkeit des Braunschweiger Generalstaatsanwaltes Fritz Bauer zuzuschreiben. Der eigentlich zuständige Oberstaatsanwalt Erich Günther Topf, selbst ehemaliges NSDAP-Mitglied und einer von so vielen politisch Vorbelasteten in der westdeutschen Justiz der Nachkriegszeit, hatte die Eröffnung eines Verfahrens zunächst abgelehnt. Damit handelte Topf ganz im Sinne weiter Teile von Gesellschaft und Politik. Die Öffentlichkeit schien Anfang der 1950er Jahre mit den NS-Tätern Frieden zu schließen, die Verurteilungen von Kriegsverbrechern erreichten 1952 einen Tiefstand. Für eine Anerkennung des Widerstandes als Handlungsalternative im NS-Unrechtsstaat fühlten sich weder Politik noch Gerichte und schon gar nicht die Öffentlichkeit zuständig. Erst im Oktober 1951 gab das Bundeskabinett eine Ehrenerklärung für die Widerstandskämpfer ab, erkannte sie als Opfer an und versprach den Angehörigen Unterstützung. Dass Remers SRP bei der Wahl 1951 16 Mandate im Niedersächsischen Landtag und in 35 Gemeinden die absolute Mehrheit erlangte – bis das Bundesverfassungsgericht am 23. Oktober 1952 die Partei verbot und die Mandate kassierte –, spiegelt die Stimmung wider. Offensichtlich waren Teile der Wählerschaft weiterhin für faschistische Ideologien und Programme empfänglich, CDU und DP führten sogar Koalitionsverhandlungen mit der SRP. Das Ziel, eine SPD-Regierung zu verhindern, war anscheinend vordringlicher, als geschlossen gegen nationalsozialistische Tendenzen zusammenzustehen.

Generalstaatsanwalt Fritz Bauer, der im »Dritten Reich« aus dem Staatsdienst entlassen und im KZ inhaftiert worden war, bevor er nach Dänemark und Schweden flüchten konnte, las den Bericht seines Mitarbeiters Topf über die Vorgänge um Remer und den Strafantrag Lehrs und ordnete die Eröffnung eines Verfahrens an. »Wegen der grundsätzlichen Bedeutung des Prozesses« führte er selbst die Anklage. Ein »jüdischer Remigrant« tritt gegen den »Star der Nazi-Wiedergänger« an, schrieb ein Journalist später.

Bauer bereitete eine taktische Prozessführung vor. Seine Anklage auf den Tatbestand der »üblen Nachrede« setzt – anders als Beleidigung – voraus, dass eine unwahre Tatsache behauptet worden ist. Das Gericht musste also auch darüber urteilen, ob Remers Aussage, die Attentäter des 20. Juli seien Verräter gewesen, sachlich wahr oder unwahr gewesen sei. Kern von Bauers Argumentation war die Annahme, dass die Widerstandskämpfer keineswegs ihren soldatischen Eid gebrochen hätten, da der Eid auf Adolf Hitler unsittlich war. »Eine eidliche Verpflichtung zum unbedingten Gehorsam nicht gegenüber Gott, Gesetz oder Recht oder Vaterland, sondern gegenüber einem Menschen ist in der deutschen Rechtsgeschichte vor Hitler unbekannt und unsittlich«. Ein von Bauer beauftragtes Gutachten des Theologen Rupert Angermair führte aus, dass der Maßstab für soldatisches Handeln nicht eine Autorität wie Hitler, sondern allein das Gemeinwohl des Volkes sei. Die Spitzen des Militärs seien nicht nur berechtigt gewesen, die Fortsetzung des sinnlosen Krieges zu verhindern, sondern sogar dazu verpflichtet.

Die Verteidigung Remers hingegen setzte auf die öffentliche Meinung und frühere Gerichtsurteile, die u.a. die Todesurteile gegen Dietrich Bonhoeffer und Hans von Dohnanyi als rechtmäßig ansahen. Sie seien kein unrechtmäßiger Akt nationalsozialistischer Repression, sondern eine Folge des begangenen Landesverrats der Widerstandskämpfer gewesen.

Bauer drängte immer wieder darauf, den Prozess auf den Widerstand des 20. Juli zu beschränken – ein taktisches Vorgehen. Mit einer Ausweitung auf den kommunistischen Widerstand der Roten Kapelle hätte Bauer den antikommunistischen Kurs der Bundesregierung infrage stellen müssen. Der »20. Juli« stehe zwar vor Gericht, so sah es die Öffentlichkeit, die Anklage gegen Remer sei aber nur ein formaler Anlass und Hintergrund für eine eigentlich viel größere Auseinandersetzung mit den Taten der Widerstandskämpfer. Bauer war sich der damit verbundenen Gefahren aufgrund des historischen Kontextes durchaus bewusst.

Am 12. März 1952 hielt Generalstaatsanwalt Bauer sein Plädoyer (Abb.). Er verurteile niemanden, der sich 1944 nicht dem Widerstand angeschlossen habe, Aufgabe des Prozesses sei lediglich die Klärung der Frage, ob damals Hoch- bzw. Landesverrat begangen worden war. Hier argumentierte Bauer zunächst auf moralischer Ebene. Keiner der Widerstandskämpfer habe Deutschland schaden wollen und es sei erwiesen, dass der Krieg im Sommer 1944 bereits verloren war. Bauer leitete aus dem Unrechtscharakter des NS-Staates, den er mit dem verfassungswidrigen Ermächtigungsgesetz als erwiesen ansah, ein Widerstandsrecht ab und stellte damit einen Zusammenhang her zwischen dem Rechtscharakter des Staates und dem Handeln des Individuums. Dabei griff er weit in die Geschichte zurück und berief sich auch auf den Sachsenspiegel, in dem Ungehorsam gegen Tyrannen als germanisches – deutsches – Recht anerkannt werde. Und schließlich seien die Taten der Widerstandskämpfer »das einzige Aktivum«, das die Deutschen gegenüber den

Alliierten anbringen konnten, »als die Kollektivschuld uns ins Gesicht geschleudert wurde«. Bauer beendete sein Plädoyer mit einem Zitat aus Schillers Wilhelm Tell zum Widerstandsrecht des Volkes und Einzelner und beschwor die Rütli-Szenen herauf, die er am Gymnasium, das er gemeinsam mit Claus Schenk von Stauffenberg besuchte, aufgeführt hatte: »Nein, eine Grenze hat Tyrannenmacht«.

In der Öffentlichkeit fanden die Worte Bauers ein großes Echo. So schrieb die Neue Zeitung: »Dieses Plädoyer gewinnt historische Bedeutung, denn in ihm wurde nicht nur der von der Verteidigung versuchte Wahrheitsbeweis, die Widerstandskämpfer seien Hoch- und Landesverräter, zunichte gemacht, sondern juristisch klar bewiesen, dass der Staat Hitlers nicht ein Rechtsstaat, sondern ein Unrechtsstaat war.«

Am 15. März 1952, nach vier Verhandlungstagen, fiel das Urteil: Remer wurde zu drei Monaten Gefängnis verurteilt, allerdings entzog er sich der Strafe durch Flucht ins Ausland. Die Verteidigung beantragte eine Revision, die aber vom Bundesgerichtshof abgewiesen wurde.

16 Akten und acht Handakten der Staatsanwaltschaft dokumentieren den Prozess gegen Otto Ernst Remer vor dem Landgericht Braunschweig. Sie enthalten verschiedene Schriftwechsel zur Anlage des Prozesses und zur Formulierung der Anklage, beauftragte Gutachten und Materialien über den Angeklagten. Hinzu kommen zahlreiche Zeitungsartikel, die über den Prozess berichten und mehrere Briefe von Privatpersonen, in denen diese ihre persönliche Geschichte erzählen und ihre Meinung zu dem Prozess und Bauers Argumentation äußern.

Bauer war mit dem Ausgang des Prozesses gleichzeitig »hoch befriedigt und enttäuscht«. Er hatte eine weitreichende Legitimität des Widerstandes erreicht, seine Argumentation aus taktischen Erwägungen jedoch auf den 20. Juli beschränkt. Dennoch hatte Bauer mit dem Prozess eine Zäsur im Umgang mit den Widerstandsgruppen erreicht. Befürworteten kurz vor Prozessbeginn nur 38 Prozent der Deutschen die Taten der Widerstandskämpfer, waren es am Ende des Jahres 1952 bereits 58 Prozent. Und bereits vor Prozessende waren in Berlin ein Denkmal für Stauffenberg im Bendler-Block eingeweiht und seine Witwe auch durch die Zahlung einer offiziellen Offizierswitwenrente rehabilitiert worden.

Die juristische Aufarbeitung der nationalsozialistischen Vergangenheit Deutschlands blieb Bauers Lebensthema. Er lieferte die entscheidenden Hinweise, die 1961 zur Verhaftung von Adolf Eichmann durch den israelischen Geheimdienst in Argentinien führten. Eichmann war seit 1941 für die Organisation der Deportation der Juden aus Deutschland und aus den von der deutschen Wehrmacht besetzten europäischen Ländern zuständig gewesen. Als Generalstaatsanwalt in Frankfurt leitete Bauer ab 1963 die Prozesse gegen frühere Angehörige und Führer der NS-Wachmannschaften im KZ Auschwitz. Er machte die nationalsozialistische Willkürherrschaft zu einem Gegenwartsthema der jungen Bundesrepublik und zwang eine Gesellschaft zum Hinsehen, die weiterhin nicht willens war, ihre so offensichtlich gegenwärtige Vergangenheit aufzuarbeiten. Für Bauer jedoch war die Bewältigung des Vergangenen ein notwendiger Bestandteil der Konsolidierung der demokratischen Ordnung.

Meike Buck

Benutzte Archivalien
NLA WO 61 Nds Nr. 24/1-8; NLA WO 62 Nds Fb. 3 Zg. 51/1985 Nr. 2/1-16.

Literatur in Auswahl
Fröhlich 2005; Fröhlich 2006; Steinke 2013.

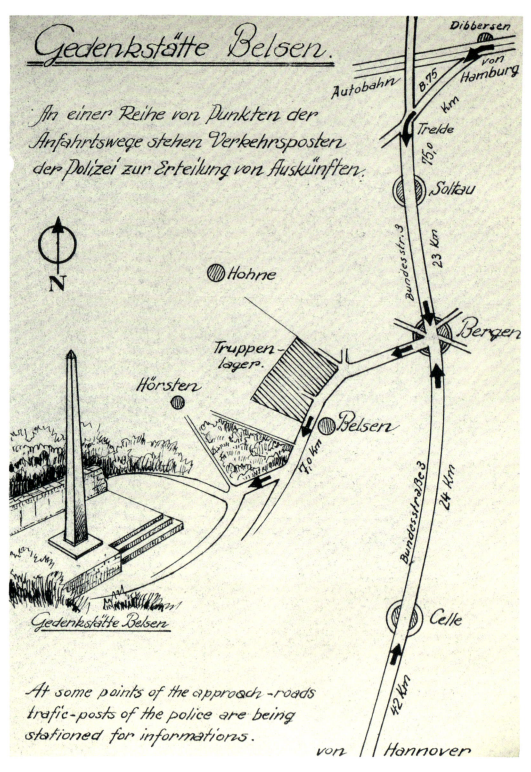

Abb. 1: Anfahrtsskizze für die Teilnehmer der Einweihungsfeier am 30. November 1952, mit Darstellung des Obelisken und der Inschriftenwand (NLA HA Nds. 50 Acc. 96/88 Nr. 463).

19 | Ein Obelisk in der Heide

Die Einweihung der Gedenkstätte Bergen-Belsen 1952

Das Gelände des früheren Konzentrationslagers Bergen-Belsen ist schon bald nach der Befreiung durch britische Truppen am 15. April 1945 Gegenstand von Überlegungen gewesen, an dieser Stelle einen bleibenden Gedenkort zu schaffen. Nicht weniger als 52.000 Menschen waren hier seit April 1943 gewaltsam oder durch mangelnde Versorgung und furchtbare hygienische Zustände ermordet worden, unter ihnen die fünfzehnjährige Anne Frank und ihre ältere Schwester Margot. Die Berichte und Bilder von der Befreiung gingen um die Welt und wurden zu einem eindringlichen Symbol des NS-Terrors. Die Gebäude des Lagers, zurückgehend auf Baracken des ab 1935 in der Nähe angelegten Truppenübungsplatzes, wurden mit Rücksicht auf die Seuchengefahr schnell beseitigt. Es ging der britischen Besatzungsmacht nicht um den musealen Erhalt dieser Überreste, sondern um die würdige Neugestaltung der Anlage. Dazu gehörte eine gärtnerische Lösung für die Massengräber mit etwa 13.000 unbekannten Toten sowie eine geeignete, den historischen Umständen angemessene Gedenkstätte (»suitable« bzw. »appropriate memorial«), wie die Militärregierung am 30. September und gegenüber der Provinzialregierung am 10. Oktober 1945 verfügte. Unter Beteiligung des Oberpräsidenten der Provinz Hannover, Hinrich Wilhelm Kopf, begannen nur elf Tage später erste Arbeiten im Gelände und begleitend auch die systematischen Planungen für das »Belsen Memorial« (Gedenkstätte Belsen).

Schon zu diesem Zeitpunkt hatten sich unterschiedliche Interessen der Hinterbliebenen bzw. der von ihnen repräsentierten Opfergruppen gezeigt. So errichteten jüdische und polnische Vertreter bereits zwischen September 1945 und April 1946 auf dem ehemaligen KZ-Gelände eigene mehr oder weniger provisorische Mahnmale. Der Initiative des selbst familiär betroffenen britischen Landeskommissars (Regional Commissioner) General Gordon Macready ist es zu verdanken, dass der komplizierte Planungsprozess einen neuen Anstoß erhielt. Bei einer Besprechung am 5. September 1946 kam der Gedanke eines Obelisken auf, der als eindrucksvolles Wahrzeichen ohne bildliche Darstellung und religiöse Konnotation schließlich allgemeine Zustimmung fand. Im August 1947 begannen die Bauarbeiten, jedoch erst im Mai 1948 die Arbeiten am Fundament des 24 Meter hohen Obelisken und der zusätzlich geplanten mehrsprachigen Inschriftenwand.

Die zunächst zum 1. August 1949 geplante Fertigstellung wurde dadurch vereitelt, dass im Juli ein Blitzschlag den Obelisken beschädigte. Zudem setzte sich der komplizierte und auch konfliktreiche Abstimmungsprozess zwischen den vielen internationalen Akteuren fort. Die Gedenkstätte war also noch unvollendet, als sich die britische Besatzungsmacht zurückzog – sie behielt sich aber die Aufsicht vor und blieb ein präsenter Faktor. Auf deutscher Seite lag die Zuständigkeit für die Bauten seitdem beim Innenministerium und für die Einweihung bei dem schon als

Abb. 2: Die Gedenkstätte mit Obelisk und Inschriftenwand 1960 (NLA HA BigS Nr. 524/4).

Oberpräsident involviert gewesenen Regierungschef Kopf bzw. dessen Ministerium, der Staatskanzlei, deren Akte über die Vorbereitung dieser Veranstaltung als Hauptquelle der folgenden Darstellung dient.

Aber weniger organisatorische als vielmehr inhaltliche Schwierigkeiten waren bei diesem Pioniervorhaben zu überwinden. Von Anfang an war klar, dass neben dem eigentlichen Mahnmal auch ein großes Lagergelände gestaltet werden musste. Dabei erwies sich als hinderlich, dass das noch recht neue Fach der Garten- und Landschaftsarchitektur in Deutschland eine besondere Nähe zur nationalsozialistischen Ideologie gepflegt hatte. Die Abstimmung der Inschriften zog sich bis Ende 1950 hin. Im Juni 1952 erinnerten der Jüdische Weltkongress sowie dänische und belgische Verfolgtenorganisationen an die »bisher unterbliebene Einweihung«. Doch kaum war ein neuer Termin gefunden, beschädigte wiederum ein Sommergewitter diesmal nicht nur den Obelisken, für dessen Instandsetzung ein 35 Meter hohes Gerüst aufgestellt werden musste, sondern es traf auch ein herabfallender großer Stein die darunter angebrachte Betonplatte und machte die eingravierten Jahreszahlen »unkenntlich«.

Der schließlich realisierte Einweihungstermin am 30. November 1952 geht zurück auf die »jüdischen Spitzenorganisationen«, namentlich Josef Rosensaft vom Central Jewish Committee (CJC) der Britischen Zone, der die Befreiung selbst im Lager erlebt hatte, und den Präsidenten des Jüdischen Weltkongresses Dr. Nahum Goldmann. Anscheinend erst mit Schreiben des stellvertretenden britischen Landeskommissars vom 25. Oktober wurde dieser Vorschlag der Staatskanzlei bekannt. Am 4. November beschloss das niedersächsische Kabinett auf Vorschlag Kopfs, den Bundespräsidenten Prof. Theodor Heuss um die Einweihungsrede zu bitten, »um dadurch der Bedeutung dieses Denkmals den richtigen Ausdruck zu geben«. Schon einige Monate zuvor hatte Heuss dem ihm seit Jahrzehnten gut bekannten Goldmann einen gemeinsamen Festakt zugesagt. Auf den Einladungslisten des Bundes und des Landes standen u. a. die Alliierte Hohe Kommission, das diplomatische Korps sowie Delegierte der Verfolgtenorganisationen, auch wurden viele nachgemeldete Überlebende kurzfristig noch eingeladen. Das Bundeskabinett war nur durch Adenauers Abteilungsleiter Blankenhorn vertreten, die niedersächsische Landesregierung durch den Ministerpräsidenten, mehrere Minister und Staatssekretäre.

In aller Eile mussten verschiedene weitere Landesbehörden aktiv werden. Schon bei einer Besichtigung der Gedenkstätte am 15. Oktober war dem Haushaltsausschuss des Landtages aufgefallen, dass sich die Anfahrtsstraße durch den Panzerverkehr »in einem fast unbefahrbaren Zustande« befand, woraufhin noch rechtzeitig wenigstens eine »Schotterdecke« aufgebracht wurde. Mitte November war das Gelände so stark eingeschneit, dass nur der Obelisk aus den Verwehungen herausragte.

»Für die Beseitigung der Schneemassen ist Sorge getragen«, meldete die Staatskanzlei dem Bundespräsidialamt, eine »Ausweichmöglichkeit für die Feier« werde vorsichtshalber gesucht. Beigelegt wurde der hier abgebildete »Wegweiser«, der »eine ganz gute Darstellung des Mahnmals« enthalte. Angefertigt von einem Beamten mit dem Kürzel *Sto*, zeugt die Anfahrtsskizze in der Tat von Sorgfalt und Liebe zum Detail, vielleicht auch Stolz auf die eigene Mühe und den nun endlich bevorstehenden Festakt (Abb. 1). Allerdings liest sich die Akte insgesamt nicht ohne Unbehagen, sieht man doch hier bürokratische und organisatorische Künste am Werk, die im Prinzip auch die Verfolgung und Ermordung kaum zehn Jahre zuvor so furchtbar erfolgreich hatten werden lassen.

Der 30. November war der 1. Advent, es lag weiterhin Schnee, elf Fahnen wehten um den Obelisken. Um 14:30 Uhr begann der Festakt mit Kranzniederlegungen und einem Trauermarsch, den ein britischer Musikzug intonierte. Ein jüdischer, ein katholischer und ein evangelischer Geistlicher sprachen Gebetworte. Dann begaben sich die Gäste in ein Gebäude der nahe gelegenen Hohne-Kaserne, wo zunächst der britische Landeskommissar Henderson eine Ansprache hielt. Darin führte er aus, wie notwendig ein Rechtsstaat sei, um den Schwächen der menschlichen Natur zu begegnen und gefährlichen Machtmissbrauch zu verhindern. Es folgten bewegende Reden des Präsidenten des Jüdischen Weltkongresses und des Bundespräsidenten. Goldmann gab der unvergleichlichen Trauer um sechs Millionen Opfer des jüdischen Volkes Ausdruck, deren tragisches Märtyrertum zur Gründung des Staates Israel beigetragen habe, und richtete den Blick schließlich auf die künftige Entwicklung der Menschheit, die das Verbindende über das Trennende stellen müsse. Heuss sprach zunächst die Schwierigkeit an, als Deutscher an diesem Ort zu reden: Man müsse lernen »tapfer« zu sein »gegenüber der Wahrheit«, nämlich der »volle[n] Grausamkeit« der hier von Deutschen begangenen Verbrechen. Belsen habe bis zum Frühjahr 1945 in seinem »Katalog des Schreckens und der Scham« gefehlt, nicht aber andere Ortsnamen und Untaten des NS-Staates: »Wir haben von den Dingen gewusst.« Das Mahnmal gelte »auch dem deutschen Volke«. Die anderen Völker könnten nie vergessen, was ihnen angetan wurde, die Deutschen dürften es nicht.

So wurde das »Belsen Memorial« »die erste mit einem internationalen Staatsakt von hochrangigen politischen Vertretern eingeweihte deutsche KZ-Gedenkstätte« (Staats 2014) (Abb. 2). Im selben Jahr erschien Anne Franks Tagebuch, eines der berühmtesten literarischen Zeugnisse des Holocaust, in englischer Übersetzung. 1985 gab eine Landtagsinitiative der Gedenkarbeit bleibende Impulse. Die Trägerschaft ging damals auf die Landeszentrale für politische Bildung und nach deren Auflösung 2004 auf die neu gegründete Stiftung niedersächsische Gedenkstätten über. Auf der zentralen bundesdeutschen Gedenkveranstaltung zum 50. Jahrestag der Befreiung der Konzentrationslager, die am 27. April 1995 in Bergen-Belsen stattfand, zitierte Bundespräsident Roman Herzog den Anfang der Heuss-Rede von 1952.

Nicolas Rügge

Benutzte Archivalien
NLA HA Nds. 50 Acc. 96/88 Nr. 463; NLA HA BigS Nr. 524/4.

Literatur in Auswahl
Baumgärtner 2001; Keller 2002; Staats 2014; Stiftung 2012; Wiedemann/Wolschke-Bulmahn 2011.

Moorkultivierung bei Groß-Hesepe mit dem Ottomeyer-Pflug »Oldenburger« im Frühjahr 1953: im Hintergrund eine Lokomobile der Firma Fowler, die den Pflug in einer Tiefe von etwa 120-140 Zentimetern mithilfe eines Drahtseiles in Bodennähe zog (NLA OS Rep 430 Dez 501 Akz. 15/65 Nr. 53a).

20 | Kultivierung mit dem Dampfpflug

Der Emslandplan

Seit 1950 wurden Milliarden investiert, um die emsländischen Moore zu kultivieren, die wichtigste Voraussetzung für die weiteren Strukturmaßnahmen, wie beispielsweise die Aufforstung der Wälder, den Bau von Straßen, die Ansiedlung von Wirtschaftsunternehmen sowie den Bau von Wohnsiedlungen für Vertriebene.

Ermöglicht wurde die rasante Emslanderschließung durch den technischen Fortschritt bei der Entwicklung des Dampfpfluges. Bei den Tiefpflugunternehmen hatte die Firma Ottomeyer aus Bad Pyrmont eine marktbeherrschende Stellung, sodass die Arbeit der riesigen Ottomeyer-Pflüge rein optisch zum Symbol der Emslanderschließung und der Kultivierung der emsländischen Moore wurde. Bereits ab dem Jahr 1950 konnten 13 Apparate, also ein Dampfpflug mit jeweils zwei Lokomobilen, im Emsland arbeiten. Im Jahr 1956 waren sogar 15 Apparate für die Emsland GmbH im Einsatz (Abb.).

Das Emsland galt jahrhundertelang als das Armenhaus Deutschlands. Die ausgedehnten Moorflächen und die ertragsarmen Böden boten ungünstige naturräumliche Voraussetzungen. Infolgedessen war der Landstrich dünn besiedelt und bot de facto kaum Entwicklungspotenzial. Hinzu kam die Randlage des Emslandes im Nordwesten des Deutschen Reiches, der zudem auch außerhalb des politischen Interesses und Blickfeldes lag. Es gab zwar einzelne (gescheiterte) Ansiedlungsprojekte und isolierte Infrastrukturmaßnahmen, wie den Bau der Eisenbahn (Preußische Westbahn 1856) und den Kanalbau (Dortmund-Ems-Kanal 1899), allerdings hatten diese Investitionen nie das Emsland und seine Entwicklung im Blick. Jahrhundertelang war das Emsland in wirtschaftlicher und strukturpolitischer Hinsicht stiefmütterlich behandelt worden.

Erst mit Beginn der Weimarer Republik, also im Kontext eines demokratischen und sozialen Rechtsstaates änderte sich dies. Gemäß der neuen Reichsverfassung hatte der Staat nämlich die Aufgabe, angemessene Lebensbedingungen für seine Bürgerinnen und Bürger zu schaffen. Der damalige Osnabrücker Regierungspräsident Adolf Sonnenschein brachte eine breit angelegte finanzielle Unterstützung des Emslandes in Gang, die aufgrund der wirtschaftlichen Probleme in der Weimarer Zeit erst ab 1923 anlief: Das Dampfpfluggesetz von 1924 stellte 2,6 Millionen Reichsmark für die Urbarmachung privater Heide- und Moorgebiete in den Regierungsbezirken Stade und Osnabrück bereit; und 1928 bewilligte Preußen neun Millionen Reichsmark für die Entwässerung und Kultivierung der rechtsemsischen Moore. Die 1926 gegründete Siedlungsgenossenschaft Emsland eGmbH kaufte ab 1927 Ödlandgrundstücke auf, ließ sie entwässern und dann mit einem Dampfpflug umbrechen. Bis zu ihrer Auflösung 1933 wurden mehr als 300 Genossenschaftsmitglieder in Bauerstellen angesiedelt. 1931 legte Sonnenschein einen »Generalplan zur Verbesserung der Lage im Emsland« vor. Der Regierungspräsi-

Abb. 1: Einstellung des Fährbetriebs auf der Weser zwischen Hess. Oldendorf und Fuhlen; Dieter Grabbe wirft die alten Fährvorschriften in die Weser, 1953 (Foto, 9 x 13,5 cm, NLA BU S 2 P Nr. 55111).

21 | Von Brücken, Fähren und Schiffen

Die Weser – Niedersachsens Fluss

Ein merkwürdiges Foto. Ein Herr im Mantel steht an der Brüstung einer Brücke, in der erhobenen rechten Hand ein verpacktes Bündel, offenkundig wurfbereit. Auf dem sichtbaren Ufer des Flusses eine Anzahl Zuschauer, im Vordergrund des Bildes drei Personen, die die Szene mit dem Fotoapparat festhalten. Das erklärt sich nicht von selbst. Erst der zum Glück – ein nicht so regelmäßiger Fall in Archiven – vorhandene Hinweis auf der Rückseite des Bildes liefert die Erklärung: Dieter Grabbe, der Bürgermeister Fuhlens, wirft anlässlich der Einstellung des Fährbetriebs zwischen Fuhlen und Hessisch Oldendorf 1953 die alten Fährvorschriften in die Weser (Abb. 1).

Am 17. Oktober 1953 wurde die neue Weserbrücke zwischen Hessisch Oldendorf und Fuhlen eingeweiht, dabei oder kurz darauf dürfte dieses Bild entstanden sein. Es ist eine etwas ungewöhnliche Art, den Bau einer Brücke zu begehen, aber sie symbolisiert in der »Befreiung« von alten, nun unnötigen Vorschriften recht gut den Übergang von der überkommenen Fähre zur modernen Brücke und das sich wandelnde Verhältnis der Menschen zu ihrem Fluss.

Ein großer Fluss wie die Weser kann zugleich trennen und verbinden. Man kann nur über Furten, mit Fähren oder Brücken auf das andere Ufer gelangen, man kann andererseits Waren oder Personen in Längsrichtung darauf transportieren. Die wichtigsten Übergänge für den Handelsverkehr an der Oberweser waren Höxter, Hameln und Minden, wo sich schon vor dem Bau von Brücken Furten befanden. Die Weser durchfließt hier eine waldige Hügellandschaft, in der nur die Täler fruchtbar und zur Besiedelung geeignet waren.

Der »Weserraum«, der hier zwischen dem Zusammenfluss von Werra und Fulda im Süden und der norddeutschen Tiefebene im Norden entstand, ist keine klar abgrenzbare historische Landschaft. Aber es finden sich übergreifende Merkmale wie eine kleinräumige, exportorientierte Wirtschaft, die Bildung kleiner Territorialherrschaften im hessisch-welfischen Grenzgebiet oder die Vorstellung eines eigenen Baustils, der »Weserrenaissance«. Die Universität Rinteln, 1621 gegründet, konnte angesichts widriger Umstände nicht zu einem geistigen Zentrum der Weserlandschaft werden.

Schon im 13. Jahrhundert wurden eine Fähre und eine Brücke bei Rinteln erwähnt, nicht weit von Hessisch Oldendorf (das damals nur Oldendorf hieß). Eine Brücke bei Oldendorf wurde erstmals 1407 genannt. Eigentlich waren es hier zwei Brücken, denn die Weser – auch das gehört zur Geschichte des Flusses – bestand damals auch bei Oldendorf noch aus zwei Armen: Die sogenannte »alte Weser« vereinigte sich erst unterhalb der Stadt wieder mit dem Hauptstrom. Unterhalten wurden diese Holzbrücken von der Stadt Oldendorf, die dafür von bestimmten Höfen Abgaben einzog. Bei Hochwasser oder schwerem Eisgang wurden die Brücken oft beschädigt oder sogar ganz zerstört. Nachdem in einer langen Bauphase von 1582 bis 1616 die »alte Weser« allmählich abgedämmt wurde, drückte der ganze Strom auf eine Holzbrücke in einem schmaleren Flussbett. Die Brücke hielt nicht stand und wurde im Dreißigjährigen Krieg ganz aufgegeben. Von nun an übernahm für etwa 250 Jahre wieder eine Fähre den Verkehr an dieser Stelle.

Während die Querung des Flusses mit Fähren seit Jahrhunderten praktiziert wurde, spielte der Schiffverkehr in Längsrichtung erstmals ab dem 16. Jahrhundert eine Rolle. Die Schiffbarkeit blieb aber lange von Untiefen und Hochwassern beeinträchtigt. Es gab Flöße für den Holztransport und Lastenkähne, die unter anderem den Sandstein aus den Steinbrüchen beim nahe gelegenen Obernkirchen nach Bremen schafften. Der Personenverkehr auf den Weserschiffen hatte keine große Bedeutung und war unkomfortabel. Dies änderte sich, als ab 1845 bis zu fünf Dampfschiffe auf der Weser verkehrten. Für diese Reiseform erschienen nun auch die ersten Weser-Reiseführer.

Ein altes touristisches Ziel im Weserbergland war Pyrmont. Der Gesundbrunnen war schon in germanischer Zeit bekannt, zog im 18. Jahrhundert Tausende von Gästen aus ganz Europa an und wurde zu einem vornehmen Badeort. Schriftsteller der »Empfindsamkeit« im späten 18. Jahrhundert entdeckten das Weserbergland dann allmählich als romantische Landschaft. Johann Gottfried Herder nannte es 1772 überschwänglich eine der »schönsten, kühnsten, deutschesten, romantischsten Gegend[en] von der Welt«. Auch wenn die malerischen Partien des waldreichen Wesertales nun neu entdeckt wurden, gegenüber dem schroffen burgenreichen Rhein blieb die Weser touristisch im Hintertreffen. Das Kleine und Beschauliche der Weser konkurrierte mit dem Wilden und Düsteren des Rheins. Für Patrioten allerdings galt die Weser als der Fluss, der durch das alte Sachsen in die friesische Ebene führte, eben ein durchgehend »deutscher Strom«. Allmählich entstand so ein Reiseinteresse, aus dem später der Massentourismus wurde. Trotz der zarten Anfänge einer touristischen Entwicklung im Wesertal: Die meisten Reisenden auf den Dampfschiffen waren im 19. Jahrhundert Auswanderer, die nach Bremerhaven wollten.

Angesichts zunehmender Mobilität war man am Ende des 19. Jahrhunderts in Oldendorf mit der Fährlösung nicht mehr zufrieden, die seit dem Dreißigjährigen Krieg die aufgegebene Brücke ersetzte. Oldendorf gehörte inzwischen zu Preußen, erhielt aber nach der vergangenen Zeit unter den hessischen Landgrafen den Zusatz »Hessisch«. Der Kreis Grafschaft Schaumburg kaufte 1895 eine früher in Hameln erbaute Kettenhängebrücke, die dort den Anforderungen nicht genügte, aber für die Spannbreite in Hessisch Oldendorf geeignet war. 1898/99 wurde sie zwischen Fuhlen und Hessisch Oldendorf über dem dort schmaleren Flussbett mit verkürzter Spannbreite neu aufgebaut. Mit den Bedingungen heutiger Brücken war der Verkehr darauf noch kaum zu vergleichen: Es wurde Brückenzoll erhoben, außer für die Einwohner Fuhlens und Hessisch Oldendorfs, Fahrzeuge über fünf Tonnen waren nicht zugelassen, Kraftwagen und schwere Fuhrwerke durften sie nur einzeln und langsam überqueren. Diese Brücke – obwohl gar nicht alt – wäre wohl den Anforderungen der fünfziger Jahre des 20. Jahrhunderts ohnehin nicht gewachsen gewesen. Die Zerstörungswut des Kriegsendes beendete dann ihren kurzen Dienst: Anfang April 1945 wurde die Brücke von deutschen Pionieren gesprengt, ebenso wie die Weserbrücke bei Rinteln, kurz bevor die alliierten Truppen von Westen her die Weser überschritten.

Nach jahrzehntelanger Brückennutzung unter den Mobilitätsbedingungen des 20. Jahrhunderts konnte man nicht mehr auf die Brü-

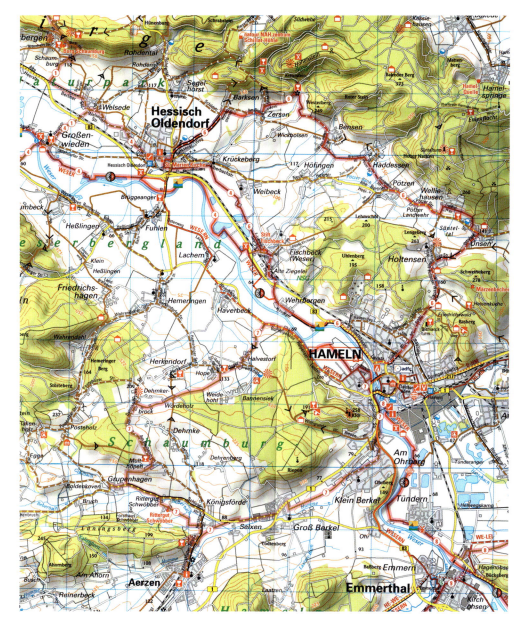

Abb. 2: ADFC-Regionalkarte Weserbergland. Mit Weser-Radweg von Hann. Münden bis Minden, erschienen bei der BVA BikeMedia GmbH Bielefeld. 1:75.000 (NLA BU S 1 B 13229).

cke verzichten. Viele Erwerbstätige mussten regelmäßig die Weser überschreiten, um zu ihrem Arbeitsort zu kommen, landwirtschaftliche Erzeugnisse mussten transportiert werden. Die Fähre war nun nur ein notdürftiger Ersatz, zumal sie nicht bei jedem Wetter zur Verfügung stand. So wurde der Neubau einer Straßenbrücke bei Hessisch Oldendorf in den

Abb. 3: Bursfelde mit Fähre und Schafherde, Oberweser (NLA HA BigS Nr. 197).

dringlichen Bedarf des Landes Niedersachsen eingeplant. Anfang August 1951 begann der Neubau. Ein Jahr musste der in Stahlbetontechnik ausgeführte Bau ruhen, wegen Mangels an Stahlbeton, im August 1953 war die neue Brücke fertig.

Der 1953 vollendete Brückenbau bei Hessisch Oldendorf fiel in eine Zeit enormer Expansion des motorisierten Verkehrs in Deutschland. 1951 waren in Niedersachsen 80.000 PKW und knapp 50.000 LKW zugelassen, schon 1960 waren es 470.000 PKW und 72.000 LKW. Es gab nun bei den Verkehrsinvestitionen eine deutliche Verschiebung vom Eisenbahn- zum Autoverkehr. Die kriegszerstörten Eisenbahnstrecken wurden schnell wiederhergestellt, dann jedoch wurden nur noch die wichtigsten Strecken elektrifiziert, während viele Kleinbahnen stillgelegt wurden. Ausgebaut und vor allem neu gebaut wurden hingegen vor allem Straßen und Autobahnen. Die Länge der vorhandenen Bundesstraßen erhöhte sich zwischen 1950 und 1960 von 4.136 auf 4.539 Kilometer, die Autobahnkilometer sogar von 297 auf 494. Auch an den Ufern der Weser wurden die Straßen ausgebaut, über den Fluss stabile, leistungsfähige Straßenbrücken neu errichtet. Inzwischen ist auch die Brücke von 1953 schon wieder »Geschichte«: 2017/18 wurde eine neue, breitere Stahlbogenbrücke seitlich daneben montiert und schließlich an den Platz der »alten« Brücke geschoben.

Unter den drei schiffbaren Flüssen Niedersachsens hat die Weser auch nach 1945 die größte Bedeutung behalten. Die Befahrung der Oberweser zwischen Hann. Münden und Minden ist stark vom Pegelstand des Flusses abhängig, die der Mittelweser zwischen Minden und Bremen ist auch für die Großgüterschiffe des sogenannten Europa-Standards mit 1.350 Tonnen und mit 95 Metern Länge und 8,25 Metern Breite durchgängig erlaubt. Die Verbindung mit dem Mittellandkanal bei Minden hat eine große Bedeutung.

In den letzten Jahrzehnten hat die Weser touristisch wieder eine neue Bedeutung bekommen. Im sportbegeisterten 20. Jahrhundert kam das Flusswandern mit dem Paddelboot auf der Weser in Mode. Ab 1978 wurde, beginnend im Landkreis Höxter, der Weser-Fahrradweg allmählich ausgeschildert. Für diese Form des ökologisch verträglichen »sanften Tourismus« ist die Weser mit ihrem geringen Gefälle, breiten Ufern, der leicht hügeligen Umgebung und den landschaftlichen und kulturellen Sehenswürdigkeiten optimal geeignet, zumal der Fluss allein im Bereich der Oberweser von vier Bahnlinien gekreuzt wird, die eine gute Anreise ermöglichen. Auf dem 1992 fertiggestellten Radweg konnten nach zehn Jahren eine Million Radreisende gezählt werden. Inzwischen führt der Radweg auf 520 Kilometern von Hessen bis Bremen und wurde 2017 vom Allgemeinen Deutschen Fahrradclub als »4-Sterne-Qualitätsroute« ausgezeichnet. Damit wurden auch spezielle Tourenkarten für Radwanderer wieder neu entwickelt (Abb. 2).

Mit dieser Form des Reisens haben auch die kleinen Weserfähren eine unvermutete Renaissance erlebt. Die an der Weser verbreitete, traditionelle »Gierseiltechnik«, bei der die Fähre an zwei Punkten an einem über den Fluss gespannten Drahtseil befestigt ist und schräg gestellt von der Strömung über den Fluss gedrückt wird, erlaubt eine langsame, energiesparende Flussquerung, die zum Radfahren ideal passt (Abb. 3). Das hätte sich Dieter Grabbe beim abgebildeten Wurf der Fährvorschriften sicher nicht träumen lassen!

Stefan Brüdermann

Benutzte Archivalien
NLA BU S 1 B 13229; NLA BU S 2 P Nr. 55111; NLA HA BigS Nr. 197.

Literatur in Auswahl
BEI DER WIEDEN 1998; GEYKEN/SNELL 2003; KÖLLING 1953; KÜSTER 1999; SCHNEIDER 2010.

Gemeinde Brinkum   Brinkum, den 7. Dezember 1954

An den
Landkreis Leer - III -
L e e r

Betr.: Beseitigung der Wohnungsnot; hier: Wohnungsbau für Familien
       mit besonders niedrigem Einkommen.
Bezug: Runderlaß des Niedersächsischen Sozialministers vom 29.9.1954
       - 30 50 00/§§§ 2743/54 -.

Die Wohnungsnot in der Gemeinde Brinkum ist nach wie vor sehr groß. Abhilfe ist nur durch Schaffung neuen Wohnraumes möglich. Die Gemeinde und das Kreiswohnungsamt in Leer haben das Bestmöglichste getan, um der Wohnungsnot Herr zu werden. Soweit es sich um Pendler handelte, hat das Kreiswohnungsamt Wohnraum in der Stadt und in Stadtnähe zur Verfügung gestellt. Die Gemeinde hat selbst Wohnraum geschaffen, hat Baugelände zur Verfügung gestellt und im übrigen Hilfestellung bei der Beschaffung von Wohnungsbaumitteln geleistet. Einige Familien wurden im Rahmen der Flüchtlingsumsiedlungsaktion nach außerhalb Niedersachsens umgesiedelt. So konnte die Zahl der Wohnungssuchenden im Laufe der Zeit von über 40 auf 15 vermindert werden. Bei 450 Einwohnern und 100 Haushalten sind 15 wohnungssuchende Familien entschieden zu hoch. Es ist kaum anzunehmen, daß derart katastrophale Wohnverhältnisse noch in anderen Landgemeinden anzutreffen sind.

Bei den restlichen Wohnungssuchenden handelt es sich durchweg um ortsgebundene Familien, um Rentner, Kriegerwitwen, alleinstehende Flüchtlingsfrauen usw. Diese Familien leben teilweise in menschenunwürdigen und primitiven Unterkünften. Es war bislang nicht möglich, in diesen Fällen irgendwie zu helfen. Selbst die an und für sich günstigen Finanzierungsmöglichkeiten im Rahmen des sozialen Wohnungsbaues ließen hier keinen Weg finden. Es waren entweder keine Kapitalmarktmittel zu erhalten, oder es scheiterte daran, daß die eintretende Belastung zu hoch war. Es müßten jetzt Mittel und Wege gefunden werden, um diese wirklichen Notfälle endlich aus der Welt zu schaffen.

Die Gemeinde Brinkum bittet die verantwortlichen Stellen dringend darum, mitzuhelfen, daß die Wohnungsnotstände beseitigt werden. Eine Möglichkeit dazu besteht nach dem o.a. Erlaß des Herrn Sozialministers. Es wird gebeten, für die nachstehend aufgeführten Fälle Wohnungsbaumittel zur Verfügung zu stellen:

Abb. 1: Ausschnitt eines Schreibens der Gemeinde Brinkum an den Landkreis Leer vom 7. Dezember 1954 (NLA AU Dep. 202 Nr. 376).

22 | »… in menschenunwürdigen und primitiven Unterkünften …«

Grenzen des sozialen Wohnungsbaus in Niedersachsen in den 1950er Jahren

Im Dezember 1954 wandte sich der Bürgermeister der ostfriesischen Landgemeinde Brinkum in einem eindringlichen Schreiben an den Landkreis Leer, um auf die große Wohnungsnot in seinem 450-Seelen-Dorf hinzuweisen (Abb. 1). Im Fokus standen vor allem *Familien mit besonders niedrigem Einkommen*, die *teilweise in menschenunwürdigen und primitiven Unterkünften* leben müssten. Ausführlich werden in dem Brief, der sich als Ausfertigung in einer vom Landkreis Leer geführten Akte befindet, mehrere Einzelfälle angeführt, für deren Unterbringung unbedingt gesorgt werden müsste. Resümierend kommt der Bürgermeister zu der Einschätzung: »Es ist kaum anzunehmen, daß derart katastrophale Wohnverhältnisse noch in anderen Landgemeinden anzutreffen sind.«

Die genannte und hier abgebildete Quelle zeigt sehr drastisch auf, dass selbst zehn Jahre nach Kriegsende noch lange nicht überall von geordneten Wohnverhältnissen in Niedersachsen die Rede sein konnte. Dabei stand die Schaffung von Wohnraum nach 1945 als zentrales Thema auf der bundesdeutschen und niedersächsischen Agenda. Vor allem Kriegszerstörungen, Beschlagnahmungen durch die Besatzungsmächte sowie die Zuwanderung von Flüchtlingen und Vertriebenen hatten zu einer dramatischen Wohnungsnot geführt. Schätzungen zufolge waren in Niedersachsen über 174.000 Wohneinheiten durch den Krieg zerstört worden, was etwa 12 Prozent des Vorkriegsniveaus ausmachte. Vor allem die industriellen Zentren waren stark betroffen, während sich die Schäden in den ländlicheren Regionen noch in Grenzen hielten. Die sich bereits aus diesen Zerstörungen ergebende Wohnungsknappheit wurde noch verschärft, als die alliierten Besatzungsmächte – vor allem zur Unterbringung der Offiziere und ihrer Angehörigen – Wohnraum requirierten.

Durch die massive Zuwanderung nach 1945 spitzte sich die Situation dramatisch zu. Während vor dem Krieg auf dem Gebiet des späteren Landes Niedersachsen 4,2 Millionen Menschen gelebt hatten, waren es im September 1950 bereits 6,8 Millionen. Hervorgerufen wurde dieser signifikante Bevölkerungsanstieg vor allem durch den Zuzug von Vertriebenen aus den ehemaligen preußischen Ostprovinzen und den Flüchtlingen aus der sowjetisch besetzten Zone bzw. der DDR. Neben Bayern und Schleswig-Holstein hatte Niedersachsen die Hauptlast bei der Aufnahme dieser Bevölkerungsgruppen zu tragen, die jedoch nicht gleichmäßig über das Land verteilt werden konnten. So kam es, dass gerade die großen, aber auch am meisten zerstörten Städte in Niedersachsen – von Hannover bis Emden – einen Rückgang bei der Zahl ihrer Einwohner verzeichnen konnten, während die Bevölkerung in anderen Landkreisen geradezu dramatisch zunahm.

Nach Angaben des Niedersächsischen Ministeriums für Arbeit, Aufbau und Gesundheit fehlten 1951 in Niedersachsen etwa 730.000 Wohnungen. Damit wies Niedersachsen – im Vergleich zu den übrigen Bundesländern – den höchsten Wohnungsbedarf auf. Die Folge war, dass Wohnungssuchende oftmals notdürftig in Massenunterkünften – Schulen, Turnhallen, aber auch Militärkasernen oder Bunkern – untergebracht werden mussten, in denen es »an Einrichtungsgegenständen, Toiletten, Waschküchen, Koch- bzw. Heizmöglichkeiten« (LÜNING 2005, S. 46) fehlte. Bis 1948 beschränkten sich die Bautätigkeiten auf die Einrichtung von Behelfsunterkünften und Reparaturen. Erst mit der Währungsreform setzte auch in Niedersachsen eine verstärkte Bautätigkeit ein.

Die entsprechenden rechtlichen Rahmenbedingungen auf Landesebene veranlasste zunächst der Niedersächsische Minister für Arbeit, Aufbau und Gesundheit. Seine »Richtlinie für die Förderung des sozialen Wohnungsbaues« vom 25. Juli 1949 enthielt nicht nur Regelungen zur Finanzierung und zum Förderverfahren, sondern auch umfangreiche technische Bestimmungen für den Wohnungsbau. Herausragend ist der Erlass vor allem durch die Vorgabe, »bevorzugt Ein- und Zweifamilien-Reihenhäuser zu fördern« (LÜNING 2005, S. 71) bzw. wie in einem weiteren Runderlass vom 25. Januar 1951 hervorgehoben wurde, die bevorzugte Förderung von Eigenheimen und Kleinsiedlungen – eine Festlegung, die erst durch das Zweite Wohnungsbaugesetz vom 27. Juli 1956 auch bundesweit Gültigkeit erhielt.

Beide Erlasse zementierten eine »wohnungspolitische Leitlinie« (LÜNING 2005, S. 281), die Anfang der 1960er in das Statement mündete: »Niedersachsen ist ein Eigenheimland.« Tatsächlich wurde in Niedersachsen bereits 1948/49 annähernd ein Drittel aller öffentlich geförderten Wohnungen als Eigenheime errichtet, während der Anteil in den 1950er Jahren fast immer über 50 Prozent lag. Im Vergleich dazu erreichten die übrigen Bundesländer im Durchschnitt nur 44 Prozent. Allerdings handelte es sich dabei um keine flächendeckende Entwicklung, sondern sie beschränkte sich auf den ländlichen Raum, wo ein »geradezu unerschöpfliches Reservoir an preiswertem Bauland« (WAGNER-KYORA 1999, S. 131) zur Verfügung stand und umgekehrt Mehrgeschossbauten mit Mietwohnungen kaum durchsetzbar gewesen wären.

Abgesehen von dem parteiübergreifend genannten Grund, für Familien würden Eigenheime die ideale Wohnstätte bilden, trugen mehrere Faktoren dazu bei, dass die sozialdemokratisch geführte Landesregierung der Förderung von Eigenheimen und Kleinsiedlungen den Vorzug gab. Dazu gehörte vor allem die Finanzschwäche der öffentlichen Hand in Niedersachsen, die auch nicht durch die Zuweisung von Bundesmitteln ausgeglichen wurde. Daher galt die Förderung von Eigenheimen als geeignetes Instrument, um die Bauherren zum Einsatz von Eigenleistungen und Eigenkapital zu bewegen und damit Finanzmittel zu aktivieren, die andernfalls nicht in den Wohnungssektor geflossen wären.

Trotz des überdurchschnittlich hohen Anteils an der Förderung von Eigenheimen hat Niedersachsen aber auch den Wohnungsbau für Einkommensschwächere nach Kräften unterstützt. Sonderprogramme wurden aufgelegt, um Barackenlager und Notunterkünfte aufzulösen, während einzelne Berufsgruppen, darunter z. B. Kohlearbeiter oder Staatsbedienstete, sowie Schwerkriegsbeschädigte, Evakuierte oder Tuberkulose-Kranke mit Wohnungen versorgt wurden. Ein Hauptaugenmerk musste dabei auch darauf liegen, für die Heimatvertriebenen neuen Wohnraum zu schaffen, wobei auch hier die Eigenheimförderung eine besondere Rolle spielte. Denn auf der einen Seite wurde die »Versorgung der Vertriebenen mit Individualeigentum [...] als gute Möglichkeit angesehen, die ›Entwurzelten‹ zu integrieren«, andererseits bedeutete das eigene Haus für diese Bevölkerungsgruppe eine erwünschte Gelegenheit, die erfahrene »soziale Deklassierung wenigstens teilweise

Das Innere des Backhauses.
1 Raum mit Steinfußboden für eine 5-köpfige Familie. Alles Leben spielt sich in diesem Raum ab.

Untragbare Zustände!

Abb. 2: Foto eines Raumes für eine fünfköpfige Familie aus der Anlage zu einem Bericht der Gemeinde Brinkum an den Landkreis Leer vom 18. Januar 1957 (NLA AU Dep. 202 Nr. 376).

kompensieren zu können« (Lüning 2005, S. 93).

Während der 1950er Jahre förderte das Land Niedersachsen im Durchschnitt den Bau von jährlich 30.000 Wohnungen. Dennoch blieben die Grenzen der Wohnungspolitik gerade in dem der Fläche nach zweitgrößten Bundesland weiterhin sichtbar. 1954 waren die Wohnungen mit durchschnittlich fünf Personen belegt und jede zweite Wohnung war mehrfachbelegt. Die Perpetuierung der Wohnungsnot zwang die Menschen, weiterhin in primitiven Unterkünften zu hausen. Auch die Gemeinde Brinkum wandte sich Jahr für Jahr mit immer dringlicher formulierten Schreiben an den Landkreis Leer, um auf die weiter bestehenden »untragbare(n) Zustände, die garnicht (sic) beschrieben werden können«, hinzuweisen. Im Januar 1957 wurden daher die »trostlosen Wohnungsverhältnisse« sogar mit Fotos dokumentiert, auf denen zum Teil baufällige Häuser zu sehen waren, aber auch die kleinen Räume, die den einzelnen Familien zur Verfügung standen (Abb. 2).

Bis 1960 wurden insgesamt 370.000 Wohnungen in Niedersachsen durch die öffentliche Hand gefördert. Dabei handelt es sich um eine beachtliche Leistung, selbst wenn damit der tatsächlich vorhandene Bedarf an Wohnraum nicht restlos gedeckt werden konnte. Am wohnungspolitischen Willen hatte es nicht gefehlt. Vielmehr hatte Niedersachsen durch »geographische Standortnachteile, ökonomische Strukturdefizite und demographische Überforderungen« (Lüning 2005, S. 281) mit äußerst ungünstigen Rahmenbedingungen zu kämpfen. Erst Anfang der 1970er Jahre hatte Niedersachsen bei der Wohnraumversorgung das Ziel erreicht, dass jedem Haushalt auch eine Wohnung zur Verfügung stand.

Michael Hermann

Benutzte Archivalien
NLA AU Dep. 202 Nr. 376.

Literatur in Auswahl
Lüning 1999; Lüning 2005; Wagner-Kyora 1999.

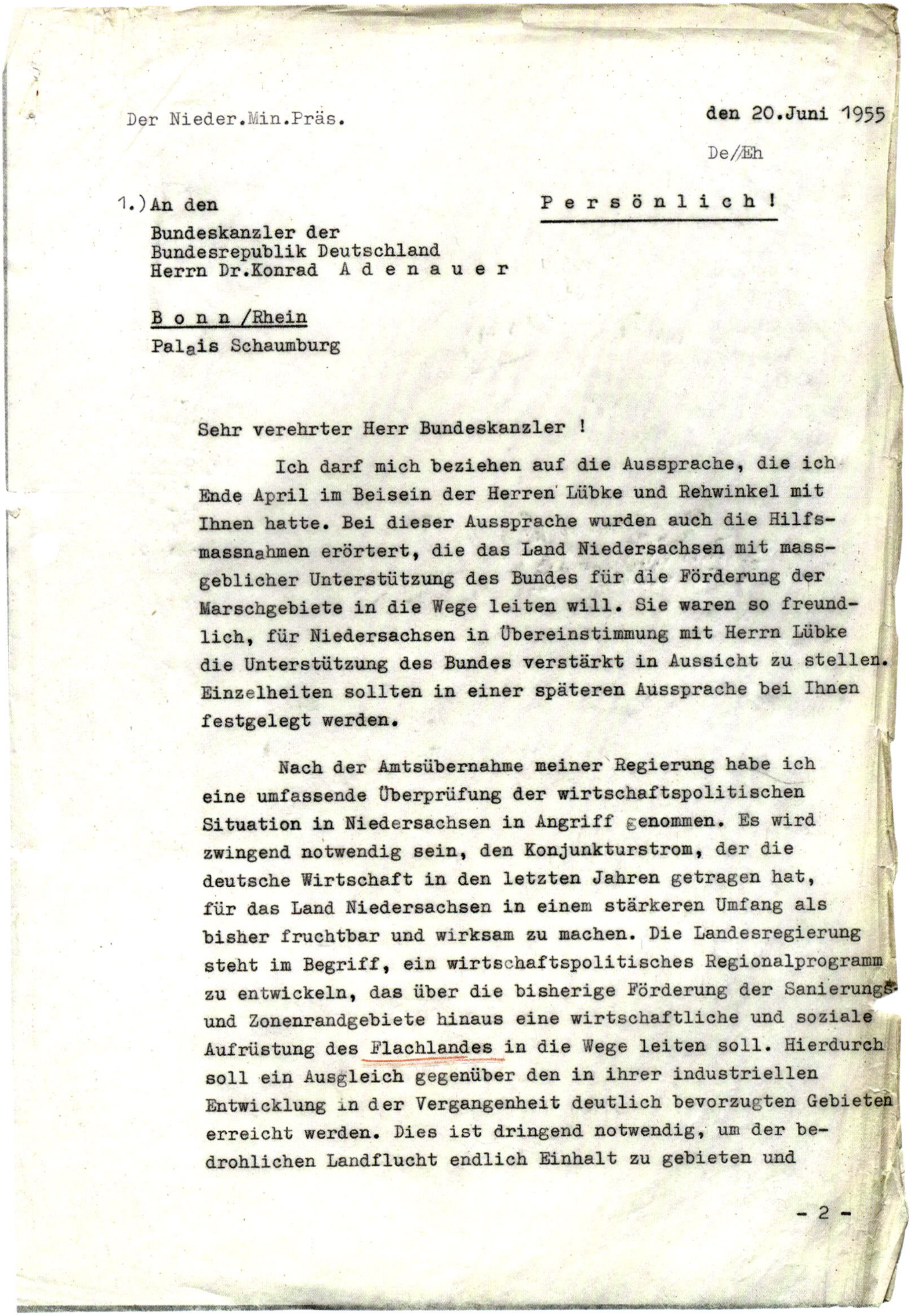

Der Nieder.Min.Präs. den 20. Juni 1955

De/Eh

1.) An den P e r s ö n l i c h !
Bundeskanzler der
Bundesrepublik Deutschland
Herrn Dr. Konrad A d e n a u e r

B o n n /Rhein
Palais Schaumburg

Sehr verehrter Herr Bundeskanzler !

Ich darf mich beziehen auf die Aussprache, die ich Ende April im Beisein der Herren Lübke und Rehwinkel mit Ihnen hatte. Bei dieser Aussprache wurden auch die Hilfsmassnahmen erörtert, die das Land Niedersachsen mit massgeblicher Unterstützung des Bundes für die Förderung der Marschgebiete in die Wege leiten will. Sie waren so freundlich, für Niedersachsen in Übereinstimmung mit Herrn Lübke die Unterstützung des Bundes verstärkt in Aussicht zu stellen. Einzelheiten sollten in einer späteren Aussprache bei Ihnen festgelegt werden.

Nach der Amtsübernahme meiner Regierung habe ich eine umfassende Überprüfung der wirtschaftspolitischen Situation in Niedersachsen in Angriff genommen. Es wird zwingend notwendig sein, den Konjunkturstrom, der die deutsche Wirtschaft in den letzten Jahren getragen hat, für das Land Niedersachsen in einem stärkeren Umfang als bisher fruchtbar und wirksam zu machen. Die Landesregierung steht im Begriff, ein wirtschaftspolitisches Regionalprogramm zu entwickeln, das über die bisherige Förderung der Sanierungs- und Zonenrandgebiete hinaus eine wirtschaftliche und soziale Aufrüstung des Flachlandes in die Wege leiten soll. Hierdurch soll ein Ausgleich gegenüber den in ihrer industriellen Entwicklung in der Vergangenheit deutlich bevorzugten Gebieten erreicht werden. Dies ist dringend notwendig, um der bedrohlichen Landflucht endlich Einhalt zu gebieten und

Abb. 1: Konzept des Schreibens von Ministerpräsident Heinrich Hellwege an Bundeskanzler Konrad Adenauer vom 20. Juni 1955, S. 1 (NLA HA Nds. 50 Acc. 96/88 Nr. 1212).

23 | »Aufrüstung des Flachlandes«

Förderansätze der Landesregierung Mitte der 1950er Jahre

»Da Niedersachsen in seinem wirtschaftlichen, sozialen und finanziellen Gleichgewicht durch die Folgeerscheinungen des Krieges stärkstens in Mitleidenschaft gezogen worden ist, bedarf es in besonderem Maße einer wirtschaftlichen Förderung.« So heißt es in einem von der damaligen Landesregierung unter Ministerpräsident Heinrich Hellwege erarbeiteten Wirtschaftsförderungsprogramm aus dem Jahr 1955. Zu diesem Zeitpunkt war das Schlimmste schon überwunden. Das Programm, das sich wie eine Bestandsaufnahme der niedersächsischen Wirtschaft in der Nachkriegszeit liest, sah eine Reihe von Aufbaumaßnahmen in den Bereichen Landwirtschaft, Industrie und Gewerbe ebenso vor wie eine Förderung kommunaler Bauprojekte.

In den Jahren unmittelbar nach dem Zweiten Weltkrieg war das Land mit enormen wirtschaftlichen Schwierigkeiten konfrontiert. Die Folgen des Krieges waren unübersehbar. Zahlreiche Städte waren zerbombt, die Industrie von Demontage betroffen. Zahllose Männer waren im Krieg gefallen oder befanden sich noch in Kriegsgefangenschaft. Bis 1950 hatte das Land rund 2,2 Millionen Flüchtlinge und Vertriebene aufgenommen. Erst mit dem »European Recovery Program«, besser bekannt als Marshallplan, und der Währungsreform von 1948 nahm die westdeutsche Wirtschaft allmählich wieder Fahrt auf. Das galt natürlich auch für Niedersachsen, wo man sich Gedanken machte, wie das Land bestmöglich am allgemeinen Aufschwung teilhaben und sich wirtschaftlich weiterentwickeln könnte. Die Wirtschaft war noch stark agrarisch geprägt, mit industriellen Zentren vor allem in und um Hannover, Braunschweig und Osnabrück. Der industrielle Bereich war jedoch, bezogen auf das Wirtschaftsgebiet Niedersachsen, schon vor dem Krieg im Vergleich zu den Industriezentren des Deutschen Reiches eher schwach ausgeprägt. »Es sollen und müssen«, heißt es im Vorwort des Wirtschaftsförderungsprogramms, »alle Möglichkeiten ausgenutzt werden, um die soziale und wirtschaftliche Struktur im Lande Niedersachsen wieder ähnlich ausgeglichen zu gestalten, wie sie es bis 1939 war und ohne die Belastungen nach Ausgang des Krieges auch in ihrer weiteren Entwicklung geblieben wäre«.

Das war freilich kein leichtes Unterfangen. Die naturräumlichen Bedingungen für die Landwirtschaft waren sehr unterschiedlich. In den Börden Südniedersachsens fanden sich einige der besten Böden Deutschlands, während in der bergigen Harzregion eine konventionelle Bewirtschaftung kaum möglich war. Die weitflächigen Moor-, Heide- oder Geestlandschaften waren wenig ergiebig, während die Marschengebiete im Norden zwar mit Überflutungen zu kämpfen hatten, aber sehr fruchtbar waren. Die niedersächsische Industrie stand in Konkurrenz zu den stärkeren Industrien in Nordrhein-Westfalen, Bremen und Hamburg. Erschwerend kam hinzu, dass Niedersachsen von allen Ländern die längste Grenze zur DDR hatte, was nicht nur den östlichsten Teil Niedersachsens zum »Zonenrandgebiet« machte, sondern für die niedersächsische Wirtschaft insgesamt auch den Verlust wichtiger Absatzmärkte bedeutete.

Zudem herrschte in der Landwirtschaft ein Mangel an Arbeitskräften, der nur teilweise durch Flüchtlinge und Vertriebene aufgefangen werden konnte. Städter oder ehemals selbstständige Bauern freundeten sich mit der Tätigkeit als unselbstständige Landarbeiter in der Regel nicht dauerhaft an. Ebenso wies die Infrastruktur zahlreiche Defizite auf. Weite Teile der Bevölkerung, insbesondere auf dem Land, hatten keinen Anschluss an eine zentrale Wasserversorgung oder Elektrizität. Viele Straßen und Feldwege waren unbefestigt.

Für diese eng miteinander verbundenen Probleme mussten im Rahmen einer notwendigen Modernisierung der Landwirtschaft Lösungen gefunden werden. Erschwerend wirkte der Umstand, dass zu Beginn der 1950er Jahre die meisten Bauernhöfe Kleinbetriebe waren, die sich größere Investitionen finanziell nicht leisten konnten. Ziel der für notwendig erachteten Maßnahmen war nicht nur eine Steigerung der Effizienz der bereits bewirtschafteten Flächen, sondern auch eine Ausweitung der Landwirtschaft, wozu Ödland kultiviert und Moore entwässert werden sollten. Der Einsatz moderner Maschinen in der Landwirtschaft erforderte eine Elektrifizierung des ländlichen Raumes sowie die Schaffung geeigneter befestigter Straßen und Wege. Hinzu kam der Bedarf an handwerklichen Betrieben mit qualifiziertem Personal zur Wartung der Maschinen. Auch mussten sich die in der Landwirtschaft Beschäftigten das erforderliche Fachwissen zu deren Bedienung aneignen.

Der vorgesehene Ausbau des Straßensystems war so kostspielig, dass die ohnehin schon stark belasteten Kommunen dabei durch das Land unterstützt werden sollten. Dasselbe galt erst recht für die Elektrifizierung entlegener Höfe und Gemeinden, die von den Netzen so weit entfernt waren, dass sich der Anschluss bis dahin nicht hatte ermöglichen lassen. Gut ausgebildeten Nachwuchs in die ländlichen Regionen zu ziehen war schwierig, da auf dem Land Wohnungsmangel herrschte und die Städte, auch hinsichtlich des Angebots an Arbeitsplätzen, attraktiver waren. Diesem Mangel an Fachpersonal wollte man u. a. mit der Unterstützung von Beratungsstellen und dem Ausbau der berufsbildenden Schulen begegnen. Die private Forstwirtschaft, die Fischerei und der Fremdenverkehr sollten ebenfalls gefördert werden.

In einigen ländlichen Regionen herrschten besonders schwierige Bedingungen für die Landwirtschaft. Vor allem in den Marschen und im Harz war eine konventionelle Bewirtschaftung kaum möglich, weshalb die Landwirte sich vor allem auf die Viehhaltung beschränken mussten. Diese wiederum lohnte sich nur bei einem ausreichenden Viehbesatz, der teilweise nicht vorhanden war. Außerdem mangelte es an den notwendigen Grünfuttertrocknungsanlagen, um das Vieh auch im Winter versorgen zu können. Um die betriebswirtschaftlichen Voraussetzungen von kleineren bäuerlichen Betrieben zu verbessern, musste die Flurbereinigung, also die Zusammenlegung von kleinen Feldern zu größeren Flächen, wieder aufgenommen werden.

Die Industriepolitik des Landes verfolgte das Ziel, das niedersächsische Gewerbe zu fördern und neue Arbeitsplätze zu schaffen, um der durch die Ansiedlung von Flüchtlingen und Vertriebenen sprunghaft angestiegenen Nachfrage nachkommen zu können. Dabei sollten zum einen die wirtschaftlichen Zentren »entballt«, zum anderen Industrie auf dem Land angesiedelt werden, was sich nur mittels umfangreicher Förderung um-

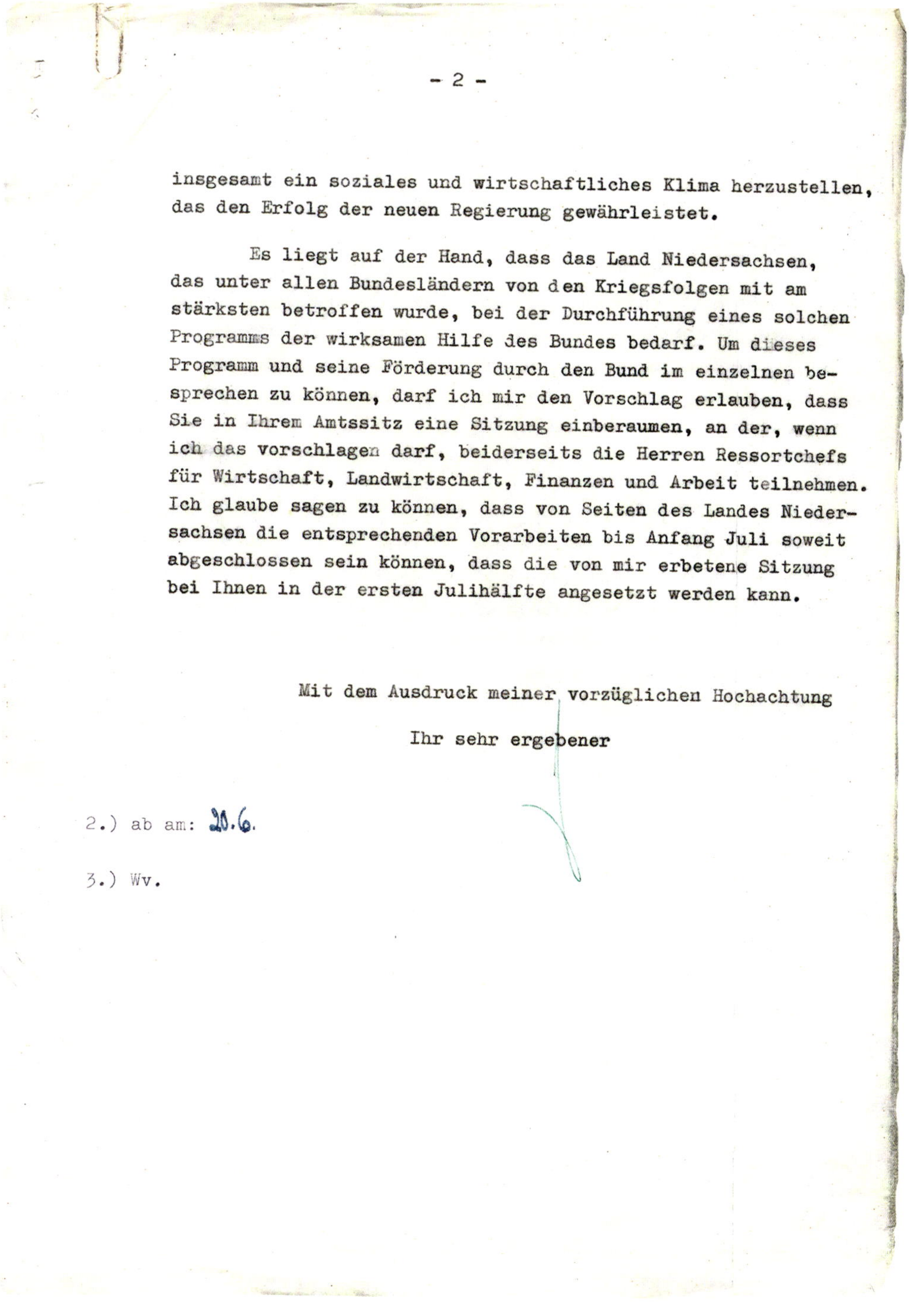

- 2 -

insgesamt ein soziales und wirtschaftliches Klima herzustellen, das den Erfolg der neuen Regierung gewährleistet.

Es liegt auf der Hand, dass das Land Niedersachsen, das unter allen Bundesländern von den Kriegsfolgen mit am stärksten betroffen wurde, bei der Durchführung eines solchen Programms der wirksamen Hilfe des Bundes bedarf. Um dieses Programm und seine Förderung durch den Bund im einzelnen besprechen zu können, darf ich mir den Vorschlag erlauben, dass Sie in Ihrem Amtssitz eine Sitzung einberaumen, an der, wenn ich das vorschlagen darf, beiderseits die Herren Ressortchefs für Wirtschaft, Landwirtschaft, Finanzen und Arbeit teilnehmen. Ich glaube sagen zu können, dass von Seiten des Landes Niedersachsen die entsprechenden Vorarbeiten bis Anfang Juli soweit abgeschlossen sein können, dass die von mir erbetene Sitzung bei Ihnen in der ersten Julihälfte angesetzt werden kann.

Mit dem Ausdruck meiner vorzüglichen Hochachtung

Ihr sehr ergebener

2.) ab am: 20.6.

3.) Wv.

Abb. 2: Konzept des Schreibens von Ministerpräsident Heinrich Hellwege an Bundeskanzler Konrad Adenauer vom 20. Juni 1955, S. 2 (NLA HA Nds. 50 Acc. 96/88 Nr. 1212).

Fotodokumentation zu den Toten Briefkästen in Salzgitter-Lebenstedt (NLA WO 61 Nds Fb. 2 Nr. 97/1).

25 | Stasi-Spitzel vor Gericht

Aktivitäten der DDR-Staatssicherheit im Raum Salzgitter

Die Staatssicherheit der DDR war ein hypertrophierter, sich immer weiter selbst verstärkender Unterdrückungsapparat, geprägt durch eine starke Kontinuität seines Führungspersonals (Erich Mielke, Markus Wolf) und ein tschekistisches, an der politischen Polizei der frühen Sowjetunion orientiertes Selbstbewusstsein. Seit 1950 bestand ein eigenes Ministerium für Staatssicherheit (MfS), das wachsenden Einfluss ausübte. Sein Auftrag (so das Handbuch »Deutsche Demokratische Republik« 1979): Bekämpfung imperialistischer Verschwörungen, der Angriffe und Anschläge auf die Souveränität und territoriale Integrität, die Staatsgrenzen und staatliche Sicherheit, die sozialistischen Errungenschaften und das friedliche Leben der Bürger der DDR.

Beim Zusammenbruch der DDR waren 91.000 hauptamtliche Stasi-Mitarbeiter im Bereich »Innere Sicherheit« eingesetzt. Rechnet man Polizei und Grenztruppen hinzu, so kam ein Polizist oder Geheimdienstmitarbeiter (meistens männlich) auf 77 DDR-Bürger/innen, mehr als drei Mal so viele wie in der Bundesrepublik. Dazu spannte die Stasi ein Netz Informeller Mitarbeiter (IM) aus, das erst nach 1990 richtig ins öffentliche Bewusstsein trat, als ein IM nach dem anderen enttarnt wurde. Diese 173.000 IM erscheinen als besonderes Spezifikum der DDR-Staatssicherheit. Die geheimpolizeiliche Durchdringung der Gesellschaft hatte damit ein Ausmaß erreicht, das in der Weltgeschichte (soweit man das in diesem Bereich des Täuschens und Tarnens wissen kann) ohne Beispiel war. Dieser Apparat zeigte die Stärke des Systems, zugleich aber auch seine Schwäche: das Misstrauen in die eigene Bevölkerung.

Die Informationen und Mutmaßungen, die vor 1989 über die Stasi im Westen kursierten, bestimmten die Fremd- wie die Selbstwahrnehmungen und übten so einen indirekten Einfluss auf die niedersächsische Geschichte aus. Diese spezifischen Drohungen des Kalten Krieges waren latent immer bewusst. Direkt betroffen war man hingegen in Niedersachsen von der West- und Auslandsarbeit der Hauptabteilung A der DDR-Staatssicherheit. Die DDR unterhielt wahrscheinlich den drittgrößten Auslandsgeheimdienst (nach CIA und KGB). Anders als die global agierenden Dienste der Supermächte konzentrierte sich die Stasi fast ausschließlich auf die Bundesrepublik Deutschland. Wie sich das konkret darstellte, zeigt eine Akte der Generalstaatsanwaltschaft in Braunschweig:

Am 30. Januar 1956 erschien der Techniker Hans O. in der Nachrichtenstelle des Polizeibereichs Salzgitter und gab zu Protokoll: Er habe sich, durch Gewalt und Drohungen dazu gedrängt, im November 1955 dem MfS der DDR verpflichtet, als Spitzel zu arbeiten. Da seine Familie in Salzgitter lebte, wo er selbst auch Schlosser gelernt hatte, habe er den Auftrag erhalten, Informationen über Stimmungen, Personen, Organisationen und Produktionsmethoden einzuziehen. Im weiteren Verlauf ergab sich, dass diese Aussage zwar im Kern zutraf, die Verhältnisse aber etwas verschleierte. Am 23. Februar 1956 wurde O. verhaftet. Nach mehreren Verhören und weiteren Ermittlungen verurteilte das Oberlandesgericht Braunschweig ihn am 28. Januar 1957 wegen hochverräterischer Beziehungen zu einer Gefängnisstrafe von einem Jahr und einem Monat.

Der Angeklagte hatte gestanden, bereits im April 1955 von der Stasi angeworben worden zu sein. Seitdem hatte er verschiedene Aufträge im Salzgittergebiet ausgeführt. Zuletzt musste er das Chemiewerk Langelsheim-Embsen ausspionieren, vor allem Erkenntnisse dazu gewinnen, auf welche Weise dort über Platin-Kontakt Stickstoff zu Salpetersäure verarbeitet wurde. Er sollte im Hüttenwerk der Salzgitter AG in Erfahrung bringen, ob Stahllegierungen für Rüstungszwecke produziert würden, ferner feststellen, welchen Stand der Bau des Stickstoffwerkes in Salzgitter-Hallendorf hatte, und versuchen, Erkundigungen über die Produktion des Volkswagenwerkes einzuziehen, namentlich auch, ob Motoren für Militärfahrzeuge gebaut wurden. Schließlich sollte er Informationen über bestimmte leitende Personen sammeln. Offenbar plante man, ein Agentennetz im Salzgitter-Gebiet zu installieren. O. war darin eine Funktion zugedacht, über die aus der Akte nichts weiter hervorgeht.

Zu den Akten gelangten verschiedene gefälschte Zeugnisse und ein Bildbericht zu Toten Briefkästen, die O. angelegt hatte, um verdeckt Geheiminformationen weiterzugeben oder zu erhalten. Das hier veröffentlichte Foto dokumentiert einen solchen Toten Briefkasten an der ersten Pappel der Straße von Broistedt nach Lebenstedt (Abb.). 20 Zentimeter vom Stamm des Baumes entfernt war eine Flasche eingegraben, in die geheime Nachrichten eingelegt werden konnten. Durch geheime Zeichen in einer nahen Telefonzelle konnten Eingeweihte informiert werden, ob sich neue Botschaften im Briefkasten befanden.

Aus den Jahren 1953-1989 liegen über 500 Ermittlungsakten zu Agenten der DDR im Niedersächsischen Landesarchiv, Akten der Generalstaatsanwaltschaften an den Oberlandesgerichten Celle, Oldenburg und Braunschweig. Darauf machte 2017 eine Enquetekommission des Niedersächsischen Landtags aufmerksam, die unter dem Titel »Verrat an der Freiheit – Machenschaften der Stasi in Niedersachsen aufarbeiten« Ergebnisse von Recherchen und Opferbefragungen publizierte. In dem Bericht heißt es: »Eine wichtige Quelle für die künftige Aufarbeitung können Unterlagen der Niedersächsischen Justiz sein. Vor allem seit den 1990er Jahren gab es mehrere Ermittlungsverfahren gegen ehemalige Mitarbeiter des MfS. Gerade vor dem Hintergrund der zum größten Teil vernichteten Unterlagen der Hauptverwaltung (HV) A kommt den Erkenntnissen aus diesen Verfahren eine besondere Bedeutung zu. Hier stellt sich ein Kenntnisstand über die Auslandsspionage (HV A) dar, der auf andere Weise nicht gewonnen werden kann und andererseits als Quelle für die historische Forschung hohen Wert hat.« (LANDTAG 2017, Bd. 1, S. 180).

Nicht alle diese Fälle haben eine große Brisanz. Im Gegenteil: Häufig kamen Vergehen von Personen zur Anklage, die zum Verrat wichtiger Geheimnisse oder einer wirksamen Spionage gar nicht imstande waren. Zur Illustration: 1968 verurteilte das Oberlandesgericht Braunschweig den Tankwart S. wegen landesverräterischer Beziehungen zu drei Monaten Gefängnis auf Bewährung. S., damals 19 Jahre alt, leistete 1966 in Braunschweig seinen Wehrdienst ab. Eines Morgens meldete er sich zu einem zivilen Zahnarzt ab. Den Weg dorthin unterbrach er, um in einer Gastwirtschaft einige Bier zu trinken. Gegen 16 Uhr war er in einer Verfassung, dass er – nach eigenen Worten – »nicht mehr richtig dachte«. Mit der Bahn fuhr er nach Helmstedt und ging von dort, den Gleisen folgend, in die sowjetische Besatzungszone. Dort wurde er von den Grenztruppen aufgegriffen und in ein Lager für desertierte Bundeswehrangehörige überführt, wo er tagelang intensiv zu seiner Einheit, seiner Ausrüstung und seinen Vorgesetzten befragt wurde. S. hatte mehrfach Kontakt zur Stasi, 1967 wurde er in die Bundesrepublik abgeschoben. Als Informationsquelle schätzten ihn aber offenbar weder die Staatssicherheit der DDR noch die westdeutschen Dienste hoch ein, sodass er sein Leben (nach Verbüßung seiner Strafe wegen Fahnenflucht) unbehelligt weiterführen konnte. Er hatte außerdem das Glück, dass der Bundestag mit dem achten Strafrechtsänderungsgesetz eben 1968 das alte Staatsschutzstrafrecht abschaffte, das schon die Absicht einer staatsfeindlichen Handlung unter Strafe gestellt hatte, und auf Antrag der SPD- und FDP-Fraktion eine entsprechende Amnestie erließ.

Aufgrund des Stasi-Unterlagen-Gesetzes von 1991 können Akten, die die HV A selbst angelegt hatte (soweit der Vernichtungen entgangen), genutzt werden. Damit besteht die Möglichkeit, verschiedene Perspektiven zu verknüpfen. Eine Perspektive bleibt allerdings noch weitgehend ausgeblendet: die der westdeutschen Nachrichtendienste, die fraglos über umfangreiche Erkenntnisse verfügt haben. Als die Fraktion der Grünen im März 1990 im Niedersächsischen Landtag den Antrag stellte, die Niedersächsische Verfassungsschutzbehörde aufzulösen, begründete das der Abgeordnete Jürgen Trittin so: Die Spionageabwehr sei zu 80-90 Prozent mit der Auseinandersetzung mit Kollegen aus der DDR befasst gewesen. Und das größte Beobachtungsobjekt des Verfassungsschutzes, die DKP mit ihren Vor-, Unter- und Zwischenorganisationen habe sich faktisch aufgelöst. Wenngleich der Antrag keine Aussicht auf Erfolg hatte, der Verfassungsschutz stattdessen neu ausgerichtet wurde, blieb die Einschätzung unwidersprochen, dass westdeutsche Behörden sich in hohem Maße mit der Bekämpfung von DDR-Spionage beschäftigt hatten.

Die Hoffnung, zukünftig einmal alle einschlägigen Unterlagen nutzen zu können, ist 2017 sehr gedämpft worden. Damals beschloss der Bundestag mit den Stimmen der Großen Koalition eine Novellierung des Bundesarchivgesetzes, die den Geheimdiensten durch eine weit auslegbare Formulierung die Entscheidung, welche Unterlagen und wann sie an das Bundesarchiv abgeben, letztlich selbst überlässt. Wie die Organisation Gehlen bzw. der im April 1956 gegründete Bundesnachrichtendienst die Selbstanzeige des Technikers Hans O. eingeschätzt und welchen Einfluss die bundesdeutsche Spionageabwehr auf die Ermittlungen genommen hat, werden wir vermutlich also nicht erfahren. Das Faktum selbst und die unmittelbaren Konsequenzen für O. dokumentieren die Akten der Generalstaatsanwaltschaft hingegen wünschenswert detailliert.

Brage Bei der Wieden

Benutzte Archivalien
NLA WO 61 Nds Fb. 2 Nr. 97/1; NLA WO 61 Nds Nr. 190.

Literatur in Auswahl
GIESEKE 2011; LANDTAG 2017.

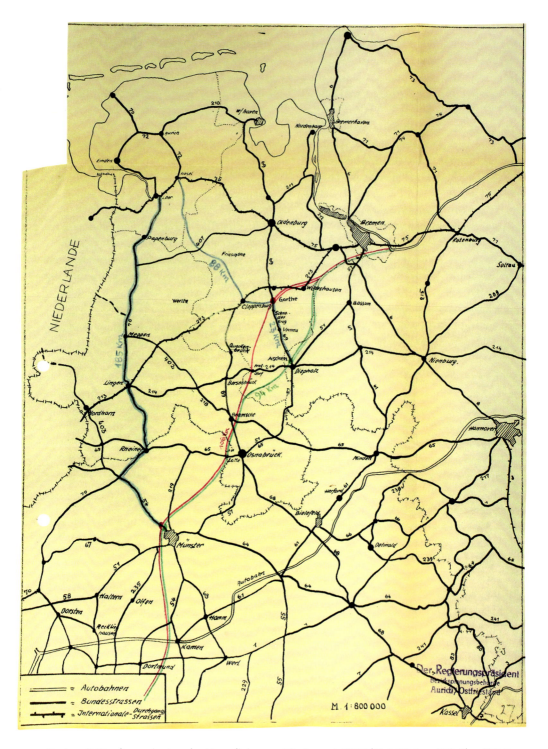

Karte mit Streckenvarianten der Hansalinie vom 24. August 1957 (NLA OL Rep 400 Akz. 226 B Nr. 612).

26 | Autobahn? Nicht mit uns!

Konflikte um die Hansalinie im Oldenburger Münsterland

Ob Berliner Flughafen, Stuttgarter Hauptbahnhof oder Hamburger Elbphilharmonie – Großprojekte sind in Deutschland in den vergangenen Jahrzehnten stark in die Kritik geraten. Die Kosten explodieren, die anvisierten Zeitrahmen sind nicht zu halten und in der Öffentlichkeit werden die Bauvorhaben von heftigen Kontroversen begleitet. Doch bereits in den 1960er Jahren erhitzte ein »Jahrhundertprojekt« im Bundesland Niedersachsen die Gemüter. Der Bau der Bundesautobahn A 1, auch Hansalinie genannt, war aus Sicht ihrer Planer volkswirtschaftlich und verkehrspolitisch unabdingbar. Eine Autobahnverbindung zwischen dem Ruhrgebiet und den Hansestädten sollte endlich die wirtschaftlichen Ballungszentren in Nordrhein-Westfalen mit den Häfen im Norden verbinden. Von diesem verkehrstechnischen Lückenschluss zwischen Münster und Bremen sollten aber auch alle angrenzenden Regionen profitieren. Die zu dieser Zeit florierende Textilwirtschaft Nordwestfalens, die Eisen-, Stahl- und Maschinenindustrie des Osnabrücker Raumes und die Torfindustrie im Emsland erhofften sich durch den Bau dieser Schnellstraße eine bessere Anbindung an die wachsenden globalen Warenströme. Statt über lange Landstraßen und durch enge Ortschaften sollte der Verkehr schnell und ungehindert über die Hansalinie fließen. Nicht dem Güterverkehr auf der Schiene, sondern dem LKW auf der Straße gehörte die Zukunft! Auch die Gebiete direkt an der geplanten Autobahn sollten durch die Schnellstraße einen wirtschaftlichen Aufschwung erfahren. Für Ökonomen, Politiker und Industrielle stand somit außer Frage, dass die Autobahn ein Infrastrukturprojekt von höchster Wichtigkeit für ganz Niedersachsen sei. Doch diese Argumente verfingen nicht überall. Im Oldenburger Verwaltungsbezirk, insbesondere in den Landkreisen Vechta und Cloppenburg, stieß die Hansalinie auf Ablehnung.

Die Planungen fußten noch auf Konzepten, die in der Weimarer Republik angestoßen und unter dem Nationalsozialismus vorangetrieben worden waren. Zwar wurden schon in den 1920er Jahren reine Autoschnellstraßen in Berlin sowie zwischen Köln und Bonn eröffnet, doch werden die deutschen Autobahnen vor allem mit nationalsozialistischen Arbeitsbeschaffungsmaßnahmen in Verbindung gebracht. Wohl kaum ein anderes Infrastrukturprojekt ist von der NS-Propaganda derart instrumentalisiert worden. Die Überhöhung der Person Hitlers als »Schöpfer« der Schnellstraßen, die als »Beton gewordener Wille« des Diktators zuweilen mit den Pyramiden der Pharaonen verglichen wurden, spiegelt indessen nicht die Realität wider. Nur ein Bruchteil der geplanten Kilometerziele wurde unter dem Regime erreicht, bis die Baumaßnahmen kriegsbedingt 1941/42 eingestellt wurden. Doch die Pläne für einen umfassenden Ausbau des Streckennetzes überdauerten.

Mit dem Wirtschaftsaufschwung in der BRD erwachte während der 1950er Jahre auch wieder der Gedanke zur Erweiterung des bestehenden Autobahnnetzes. Der Grad der

Stadthäger Zeitung vom 30.3.1960

Todesurteil für den Schaumburger Bergbau

Preußag entschied: Zechen laufen aus! / Harter Schlag für das Schaumburger Land

RINTELN, den 30. März. Die mit großer Spannung erwartete Aufsichtsrats-Sitzung der Preußag am Montag in Düsseldorf verlief recht stürmisch. Es wurde hart um die Zukunft des Schaumburger Bergbaues gerungen. Das Ergebnis ist leider negativ. Die Fortführung der Zechen wird als wirtschaftlich untragbar angesehen. Für das ganze Schaumburger Land stellt dieser Beschluß, aus welcher Sicht man ihn auch betrachtet, einen wirtschaftlichen und sozialen Rückschlag dar. Was werden soll, kann heute noch niemand sagen. Aber ein wenig Hoffnung gibt es doch: die wirtschaftliche Eingliederung der 3 000 Bergleute in andere Berufe ist ohne großzügige Förderung nicht möglich!

Wie im Zusammenhang mit der Sitzung, in der sich der Aufsichtsrat der Preußag u. a. mit „Maßnahmen zur Stabilisierung ihrer Kohlenproduktion" befaßte, mitgeteilt wurde, haben die Rationalisierungs- und Anpassungsmaßnahmen in den Steinkohlenbergwerken Ibbenbühren zu Erfolgen geführt. Die Preußag sehe sich dagegen in ihrem zweiten Zechenbereich, dem Gesamtbergamt Obernkirchen-Barsinghausen, zu einer durchgreifenden Maßnahme gezwungen.

Die jüngste Entwicklung habe gezeigt, daß sich der Druck auf die Ertragslage des Steinkohlenbergbaues von der Kosten- und Erlösseite her noch verstärken werde. Der deutsche Steinkohlenbergbau, wie es in einer nach der Sitzung herausgegebenen Verlautbarung heißt, hieraus schon Folgerungen gezogen. Durch die Stillegung von Verlustzechen soll die Ertragskraft der anderen Betriebe gestärkt werden, um so trotz des zu befürchtenden Kostendrucks eine bewegliche Preispolitik verfolgen zu können.

Angesichts dieser Entwicklung könne nicht mehr davon ausgegangen werden, daß die Zechen Georgsschacht, Lüdersfeld und Auhagen künftig wirtschaftlich arbeiten. Der Einsatz der zum Weiterbetrieb der Anlagen noch notwendigen erheblichen Investitionen erschien so nicht mehr gerechtfertigt. Die Preußag werde deshalb die Betriebe Obernkirchen-Barsinghausen, auf die 1959 knapp 20 Prozent der Kohlenförderung der Preußag entfielen, auslaufen lassen müssen.

Mit Hilfe des Landes Niedersachsen und des Bundes sollen für freiwerdende Belegschaftsmitglieder Arbeitsplätze in Ersatzbetrieben geschaffen werden. Die nach der Stillegung verfügbaren weiträumigen Industriegelände sowie die guten Verkehrs- und Versorgungsanschlüsse kommen einer Ansiedlung neuer Betriebe entgegen. Die notwendige Umstellung auf andersartige Arbeit wird den Belegschaftsmitgliedern, wie es in dem Bericht heißt, durch Anpassungsbeihilfen der Hohen Behörde und der Bundesregierung erleichtert. Außerdem seien besondere soziale Hilfsmaßnahmen seitens der Preußag vorgesehen.

Von der Stillegung der Zechen Obernkirchen-Barsinghausen werden rund 3000 Beschäftigte in der Steinkohlenförderung, der Koksproduktion und Stromerzeugung betroffen.

Der Georgschacht bei Stadthagen — bisher Repräsentant des heimischen Bergbaues

Stadthäger Zeitung vom 30. März 1960: Todesurteil für den Schaumburger Bergbau. Bericht über die entscheidende Sitzung des Preussag-Aufsichtsrates (NLA BU Dep. 41 Acc. 9/91 Nr. 10).

27 | Schicht im Schacht

Das Ende des Erz- und Kohlebergbaus in Niedersachsen

Niedersachsens wirtschaftliche Stärke ist vor allem in der Viehwirtschaft und seit einigen Jahrzehnten im Automobilbau sichtbar. Abgesehen vom Harz als historischer Montanregion dürfte wenig bekannt sein, dass der Bergbau in einigen niedersächsischen Regionen einmal höchst wichtig war, vor allem auch in Schaumburg und am Deister. Dabei ist seine Geschichte erst vor wenigen Jahrzehnten zu Ende gegangen. Wenn wir heute so wenig davon bemerken, ist das ein deutliches Zeichen für die Dynamik des wirtschaftlichen Strukturwandels. Die Gesamtsituation des Bergbaus im 20. Jahrhundert in Deutschland ist gekennzeichnet durch einen Wettlauf zwischen Preisverfall der Rohstoffe durch außereuropäische Konkurrenz und erschwerten (verteuerten) einheimischen Förderbedingungen einerseits und der Rationalisierung durch Innovation und Investition andererseits. Ein Wettlauf, der am Ende für den niedersächsischen Bergbau nicht zu gewinnen war.

Der Kohlebergbau in Schaumburg ist seit Beginn des 16. Jahrhunderts nachweisbar und erreichte in den Zeiten des Fürsten Ernst (1601-1622) einen ersten Höhepunkt. Eigentlich war Steinkohle in der frühen Neuzeit gegenüber Holz als Brennstoff von eher geringer Bedeutung, diente eher als »Brückenrohstoff« in Zeiten der Holzverknappung. Die relativ gute Nachfrage nach der Schaumburger »Schmiedekohle« (heizkräftige und schwefelarme Kohle) ermöglichte allerdings einen für die Zeit recht umfangreichen und kontinuierlichen Abbaubetrieb. Vor dem 30-jährigen Krieg hatte die Schaumburger Kohle nahezu eine Monopolstellung in Niedersachsen. 1835 wurde in Schaumburg mit 44.000 Tonnen gut die Hälfte der niedersächsischen Steinkohle gefördert, 18.000 Tonnen kamen aus dem benachbarten Deister. Der Ausbau der Eisenbahn in den kommenden Jahrzehnten erhöhte sowohl den Bedarf wie auch die Transportmöglichkeiten. Die industrielle Entwicklung in Linden (Hannover) profitierte vom nahen Kohlebergbau. Die Schaumburger und Deisterkohle war in der Zeit der Industrialisierung regional wichtig, auch wenn sie im Gesamtbild der deutschen oder gar europäischen Kohleförderung ganz ohne Gewicht war. 1861 lag die schaumburgische Kohleförderung bei 0,7 Prozent der Förderung des ganzen deutschen Zollvereins.

Um 1910 erreichten der Deisterbergbau (500.000 Tonnen) und der Schaumburger Bergbau (410.000 Tonnen) ihre Förderhöhepunkte. Allmählich wurde der Abbau immer aufwendiger: Am Deister verschlang der Eigenbedarf des Bergwerks aufgrund der speziellen Förderbedingungen 1925 schon 13 Prozent der geförderten Kohlen, da aus den großen Tiefen mechanisch Wasser abgepumpt werden musste. Die Entwicklungsmöglichkeiten waren durch die geologischen Bedingungen begrenzt: Die Kohleflöze hatten im Schaumburgischen selten einmal eine Mächtigkeit von über 50 Zentimetern. Zwanzig Zentimeter stellten die untere Grenze der Abbauwürdigkeit dar. Anders als im Ruhrgebiet, wo die Kohleflöze deutlich mächtiger waren, mussten die Bergleute daher hier im Liegen arbeiten. Die Kohle wurde in flache Kästen gefüllt und von Schleppern kriechend zur Förderstrecke gezogen. Die geologischen Bedingungen verhinderten hier auch in der Zeit technischen Fortschritts den Einsatz effektiverer Fördermaschinen in den Stollen. Daher blieb die Primitivität der Bergbautechnik ein Charakteristikum des Schaumburger Bergbaus.

Der Steinkohlebergbau in Schaumburg zog sich im 19. Jahrhundert allmählich von den Bückebergen in die Ebene. In den Bückebergen war das Flöz oft nur 10 Meter unter der Erdoberfläche, unter der Schaumburger Mulde konnte es einige Hundert Meter tief sein. 1899 bis 1902 wurde bei Stadthagen ein neuer Schacht auf 251 Meter abgeteuft (ein späterer Schacht reichte bis in 372 Meter Tiefe), nach dem schaumburg-lippischen Fürsten »Georgschacht« genannt. Auf einem umfangreichen Gelände entstanden in den nächsten Jahren u.a. Elektrizitätswerk, Kokerei, Teerdestillation, Benzol-, Ammoniak- und Sulfatfabrik. Die Ausstattung der Förderanlagen mit diesen Anlagen zur Weiterverarbeitung von Nebenprodukten minderten das Defizit des seit den 1920er Jahren mit Verlust arbeitenden Schaumburger Bergbaus, doch an den strukturellen Problemen änderte sich nichts mehr. Allerdings war nach dem Kriegsende 1945 zunächst der Energiebedarf der Bundesrepublik bei gleichzeitigen Importproblemen so groß, dass die Kohlebergwerke weiter betrieben wurden. Im Vergleich zum Ruhrgebiet war der niedersächsische Anteil an der Gesamtkohleförderung des Bundesgebiets sehr gering: Zu Beginn der 1950er Jahre lag er bei etwa zwei Prozent.

1952 startete die Preussag noch ein umfangreiches Investitionsprogramm, in dessen Rahmen die Schachtanlagen in Lüdersfeld, Auhagen und Barsinghausen ausgebaut bzw. sogar neu angelegt wurden. Eine sieben Kilometer lange Drahtseilbahn zwischen Lüdersfeld und Auhagen wurde errichtet, ein drei Kilometer langes Anschlussgleis zur Bundesbahnhauptstrecke Minden-Hannover gebaut.

Umso größer war 1960 der Schock in Schaumburg, als die neuesten Beschlüsse der Preussag das *Todesurteil für den Schaumburger Bergbau* bedeuteten, wie die *Stadthäger Zeitung* am 30. März 1960 ebenso dramatisch wie zutreffend formulierte (Abb.). Es war die Preisentwicklung der günstigen Importkohle, auch die allmähliche Umstellung der Hausfeuerung auf Öl (und später Gas), die trotz der Investitionen den niedersächsischen Kohlebergbau wirtschaftlich nicht mehr tragfähig erscheinen ließen. Selbst der auf wesentlich besseren Förderbedingungen beruhende Ruhrbergbau war mit Beginn der Kohlekrise 1958 schon dauerhaft defizitär, auch dort wurden erste Zechen geschlossen. Es konnte in Schaumburg deshalb nicht mehr davon ausgegangen werden, *daß die Zechen Georgsschacht, Lüdersfeld und Auhagen* künftig wirtschaftlich arbeiten könnten. Dabei waren aufgrund der Investitionen in den 1950er Jahren noch Bergleute zugezogen und hatten die neu erbauten Werkswohnungen in der Annahme einer sicheren Perspektive gekauft. Im September 1958 waren hier knapp 3.000 Bergleute tätig, das waren fast sieben Prozent aller Erwerbstätigen des Arbeitsamtsbezirks Stadthagen. Immerhin wurden aufgrund dieser Situation für die *notwendige Umstellung auf andersartige Arbeit […] Anpassungsbeihilfen der Hohen Behörde und der Bundesregierung* in Aussicht gestellt. Trotz des allgemein herrschenden Arbeitskräftemangels erwies es sich allerdings als schwierig, vor Ort in diesem Umfang neue Industrie anzusiedeln. Sofern neue Betriebe entstanden, waren sie nur Zweigwerke größerer Unternehmen und hatten nicht mehr die Verbindung zur Region, wie sie die Preussag hatte.

Die meisten der Arbeiter wurden zu Pendlern in den Raum Hannover.

Ähnlich krisenhaft entwickelte sich der Eisenerzbergbau im Harz. Er lässt sich zurückverfolgen bis ins dritte Jahrhundert, erlebte einen ersten Höhepunkt im Mittelalter und eine vorindustrielle Ausbauphase ab dem 16. Jahrhundert mit bis zu 5.000 Beschäftigten im 19. Jahrhundert. Nach der Annexion des Königreiches Hannover durch Preußen 1866 übernahm die Preußische Bergbauinspektion und ab 1924 die Preussag den Betrieb der Bergwerke im Harz. Um 1900 wurden Schachtteufen von 1.000 Metern erreicht, die Förderung der Erze wurde damit immer aufwendiger. Gleichzeitig musste der Harz bei immer besser werdenden weltweiten Transportmöglichkeiten auch mit anderen in- und ausländischen Erzen konkurrieren. Der Preisverfall führte in den zwanziger Jahren zu einer Reihe von Betriebsschließungen, auf dem Höhepunkt der Weltwirtschaftskrise im Jahre 1930 wurden auch große Bergwerke in Clausthal-Zellerfeld, Bockswiese und Lautenthal stillgelegt. Damit war ein großer Teil des Harzer Bergbaus schon vor der Gründung Niedersachsens Geschichte. Der Rammelsberg bei Goslar (wo vor allem Blei-Zink-Erze abgebaut wurden) wurde unter Autarkiegesichtspunkten der NS-Wirtschaftspolitik 1936/37 aufwendig modernisiert und erlebte in den 1950er Jahren noch einmal einen Produktionsanstieg von 191.000 Tonnen auf 316.000 Tonnen (1955). Die Preise für Blei und Zink sanken dann und stiegen wieder erheblich in den 1960er und 1970er Jahren. Die Zahl der Beschäftigten am Rammelsberg sank aufgrund von Rationalisierungen von 1.080 (1956) auf 285 (1988), während das Bergwerk noch bis in die 1970er Jahre hohe Gewinne abwarf. Hier waren es die sich erschöpfenden Förderreserven, die zur Stilllegung 1988 führten. Wenige Jahre zuvor war schon der Erzbergbau bei Peine (Ilseder Hütte) und Salzgitter (Haverlahwiese) eingestellt worden. In Bad Grund, dem letzten Erzbergwerk des Harzes, wurde die Förderung 1992 aufgrund der gesunkenen Erzpreise eingestellt.

Der Rammelsberg ist heute Museum und Weltkulturerbe (zusammen mit der Goslarer Altstadt, dem Oberharzer Wasserregal, dem Kloster Walkenried, dem Harzer Wasserregal und der Grube Samson in St. Andreasberg). An den Deisterbergbau erinnern die Besucherbergwerke Klosterstollen in Barsinghausen und Feggendorfer Stollen. In Stadthagen dagegen wurden viele Anlagen demontiert oder gesprengt, der Zustand des überwiegend brachliegenden Geländes verschlechterte sich stetig. Das 1905 bis 1908 im Jugendstil errichtete repräsentative Zechenhaus (aufgrund seiner Bauform auch als »Kohlenkirche« bezeichnet) ist heute eine eindrucksvolle Ruine, deren Erhaltung leider erst jetzt diskutiert wird.

Stefan Brüdermann

Benutzte Archivalien
NLA BU Dep. 41 Acc. 9/91 Nr. 10.

Literatur in Auswahl
MELZ 1961; NEUBER 2002; SCHNEIDER 2010; TENFELDE 2013.

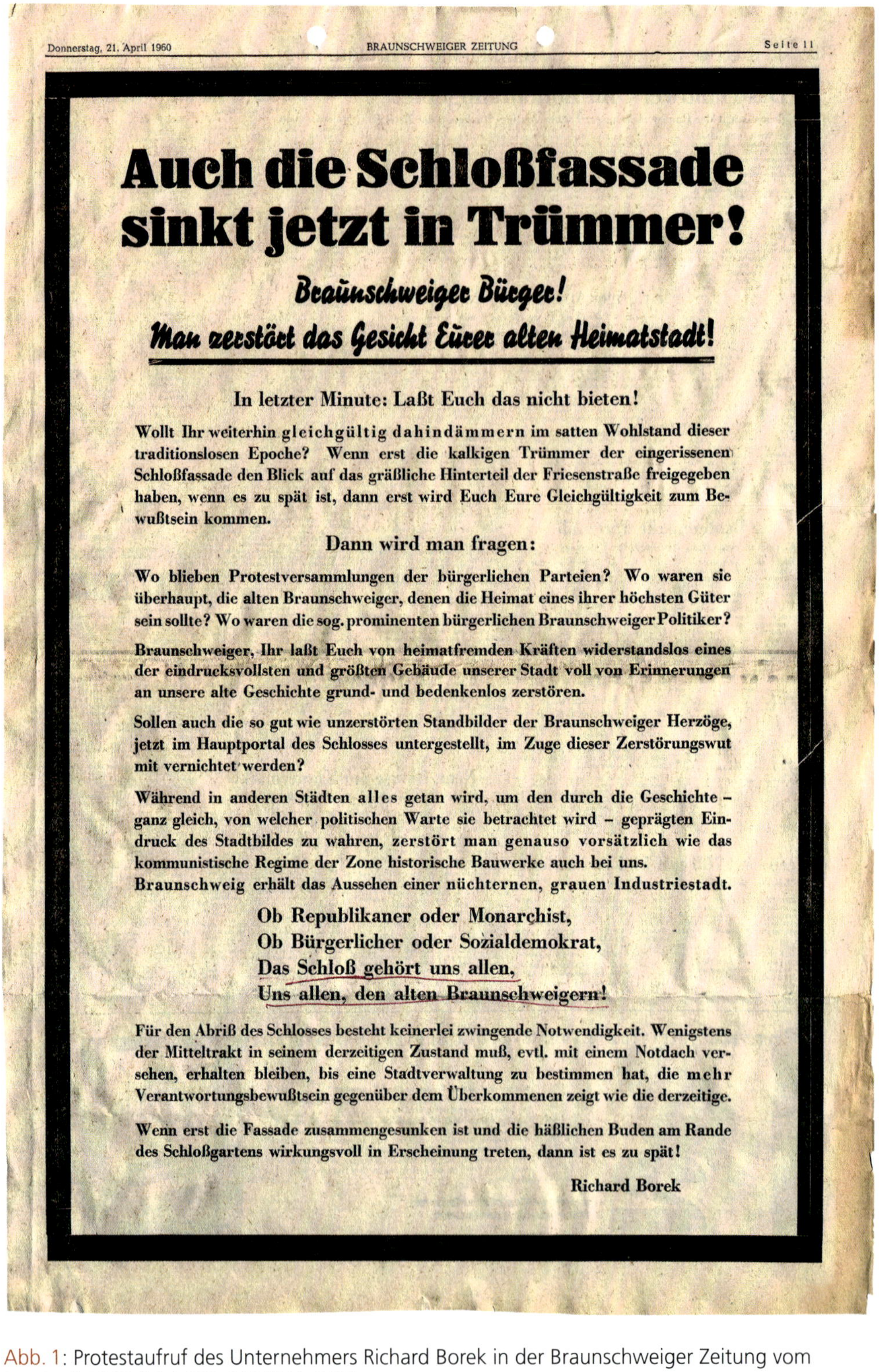

Donnerstag, 21. April 1960 BRAUNSCHWEIGER ZEITUNG Seite 11

Auch die Schloßfassade sinkt jetzt in Trümmer!

Braunschweiger Bürger!

Man zerstört das Gesicht Eurer alten Heimatstadt!

In letzter Minute: Laßt Euch das nicht bieten!

Wollt Ihr weiterhin gleichgültig dahindämmern im satten Wohlstand dieser traditionslosen Epoche? Wenn erst die kalkigen Trümmer der eingerissenen Schloßfassade den Blick auf das gräßliche Hinterteil der Friesenstraße freigegeben haben, wenn es zu spät ist, dann erst wird Euch Eure Gleichgültigkeit zum Bewußtsein kommen.

Dann wird man fragen:

Wo blieben Protestversammlungen der bürgerlichen Parteien? Wo waren sie überhaupt, die alten Braunschweiger, denen die Heimat eines ihrer höchsten Güter sein sollte? Wo waren die sog. prominenten bürgerlichen Braunschweiger Politiker?

Braunschweiger, Ihr laßt Euch von heimatfremden Kräften widerstandslos eines der eindrucksvollsten und größten Gebäude unserer Stadt voll von Erinnerungen an unsere alte Geschichte grund- und bedenkenlos zerstören.

Sollen auch die so gut wie unzerstörten Standbilder der Braunschweiger Herzöge, jetzt im Hauptportal des Schlosses untergestellt, im Zuge dieser Zerstörungswut mit vernichtet werden?

Während in anderen Städten alles getan wird, um den durch die Geschichte – ganz gleich, von welcher politischen Warte sie betrachtet wird – geprägten Eindruck des Stadtbildes zu wahren, zerstört man genauso vorsätzlich wie das kommunistische Regime der Zone historische Bauwerke auch bei uns. Braunschweig erhält das Aussehen einer nüchternen, grauen Industriestadt.

Ob Republikaner oder Monarchist,
Ob Bürgerlicher oder Sozialdemokrat,
Das Schloß gehört uns allen,
Uns allen, den alten Braunschweigern!

Für den Abriß des Schlosses besteht keinerlei zwingende Notwendigkeit. Wenigstens der Mitteltrakt in seinem derzeitigen Zustand muß, evtl. mit einem Notdach versehen, erhalten bleiben, bis eine Stadtverwaltung zu bestimmen hat, die mehr Verantwortungsbewußtsein gegenüber dem Überkommenen zeigt wie die derzeitige.

Wenn erst die Fassade zusammengesunken ist und die häßlichen Buden am Rande des Schloßgartens wirkungsvoll in Erscheinung treten, dann ist es zu spät!

Richard Borek

Abb. 1: Protestaufruf des Unternehmers Richard Borek in der Braunschweiger Zeitung vom 21. April 1960 (NLA WO 299 N Nr. 259).

28 | Ein Schloss für alle?

Die Diskussion um Abbruch und Neubau des Braunschweiger Residenzschlosses

In der jüngeren Braunschweiger Stadtgeschichte gibt es kaum ein Ereignis, das von den politischen Entscheidungsträgern, den Medien und der Braunschweiger Bevölkerung leidenschaftlicher und kontroverser diskutiert wurde als der Abriss des Residenzschlosses und sein Wiederaufbau. Die Diskussion um diesen zentralen Geschichts- und Erinnerungsort zog sich über fast 60 Jahre hin und hatte zwei zeitliche Schwerpunkte, nämlich die Abrissphase der Schlossruine 1959/60 und die Wiederaufbau-Debatte in den frühen 2000er Jahren. Neben den jeweils aktuellen politischen und wirtschaftlichen Argumenten ging es dabei auch um Traditionsbildung, Identifikation und Geschichtspolitik. Höchst unterschiedlich waren Erinnerungen und Geschichtsbilder, die im Laufe der Zeit mit dem Schloss verbunden wurden.

Fast 130 Jahre beherrschte das letzte Braunschweiger Residenzschloss die Stadtmitte am Bohlweg. Als Nachfolgebau des barocken, 1830 abgebrannten »Grauen Hofs« wurde es 1831-1841 unter der Leitung des Hofbaumeisters Carl Theodor Ottmer in spätklassizistischen Formen errichtet. Weitere Bauarbeiten folgten 1865-1868, nachdem ein Großbrand zwei Drittel des Gebäudes vernichtet hatte. Nach der Abdankung des letzten Braunschweiger Herzogs im Jahre 1918 hatte der Arbeiter- und Soldatenrat seinen Sitz im Schloss, das nun allen Braunschweigern zugänglich war und auf vielfältige Weise genutzt wurde: Ein Schlossmuseum wurde eingerichtet, es gab Konzerte und Aufführungen, außerdem zogen verschiedene Behörden, das Naturhistorische Museum und das Institut für Geschichte der Technischen Hochschule ein. Sie mussten jedoch weichen, als das Schloss 1935 in eine SS-Junkerschule, in der der SS-Offiziersnachwuchs ausgebildet werden sollte, umgewandelt wurde.

Während des Zweiten Weltkriegs blieb das Schloss bis zum 10. Februar 1944 von Kriegseinwirkungen weitgehend verschont. An diesem Tag wurde der Südflügel als erster Teil des Schlosskomplexes getroffen. Die größte Zerstörung erfolgte mit dem verheerenden britischen Luftangriff in der Nacht vom 15. auf den 16. Oktober 1944, bei dem das Schloss bis auf wenige Reste ausbrannte. Am 31. März 1945 wurde zudem der nördliche Schlossabschnitt durch Sprengbomben schwer getroffen und das Gebäude in drei Teile gerissen.

Nach 1945 wurden die Fenster und Erdgeschosseingänge der Ruine vermauert und die Treppenzugänge abgerissen; eine Sicherung gegen Witterungseinflüsse erfolgte dagegen nicht. Lediglich das Gelände war seit 1951 eingezäunt, nachdem das Schloss das Interesse von Plünderern geweckt hatte und zum Abenteuerspielplatz für junge Leute geworden war. So setzte sich das Bild des zerstörten ausgebrannten Schlosses als Symbol für die in Trümmern liegende Stadt im kollektiven Gedächtnis fest (Abb. 2). Der Schlossplatz, den die Stadt Braunschweig vom Land Niedersachsen gepachtet hatte, wurde hingegen

Abb. 1: Informationsblatt der Niedersächsischen Heimstätte von 1960, Deckblatt (Nds. 200 Acc. 125/99 Nr. 8).

29 | Praktisch, hygienisch und wohnlich

Sozialer Wohnungsbau in Niedersachsen und die Niedersächsische Heimstätte GmbH

»Bezahlbar, barrierefrei und klimaschonend« soll der Wohnraum der Zukunft in Niedersachsen sein, heißt es in der Presseerklärung des im März 2018 gegründeten »Bündnisses für bezahlbares Wohnen in Niedersachsen« (UMWELTMINISTERIUM o. J.). Das Bündnis ist bei dem seit 2017 für Städtebau und Wohnen zuständigen Umweltministerium angesiedelt und will Lösungswege zur Schaffung bezahlbaren Wohnraums für alle Teile der Gesellschaft und besonders in niedersächsischen Orten mit angespanntem Wohnungsmarkt entwickeln. Getragen wird es von öffentlichen wie privaten Trägern, dem Land Niedersachsen, dem Verband der Wohnungs- und Immobilienwirtschaft und weiteren Partnern, darunter Verbände, Kammern, Kommunen und Institutionen. Dabei können alle am Bündnis Beteiligten von langjährigen Erfahrungen des sozialen Wohnungsbaus profitieren. Erst 100 Jahre zuvor waren mit dem Preußischen Wohnungsgesetz vom 28. März 1918 eine staatliche Wohnungspolitik und Förderung von Wohnungsbau überhaupt entstanden, an das Politik und Gesetzgebung nach dem Zweiten Weltkrieg anknüpfen sollten. Mit dem Preußischen Wohnungsgesetz sollte insbesondere der schon seit Langem in den Großstädten herrschenden Wohnungsnot begegnet und Wohnraum für aus dem Krieg zurückkehrende Soldaten, Kriegerwitwen und das Proletariat geschaffen werden. Gemeinnützige, zumeist genossenschaftlich verfasste Wohnungsbaugesellschaften wurden zu den wichtigsten Trägern des öffentlichen Wohnungsbaus der 1920er Jahre. Sie errichteten neue Stadtteile mit Mietwohnungen in den Großstädten, in Stadtrandlagen wurden Kleinsiedlungen mit Nutzflächen zur Selbstversorgung der Bewohner gebaut. Auch auf dem Land entstanden auf der Grundlage des Reichsheimstättengesetzes vom 10. Mai 1920 öffentlich geförderte, bäuerliche Kleinsiedlungen zur Eindämmung der Landflucht. In den preußischen Provinzen wurden zur Ausführung des Wohnungsgesetzes Wohnungsfürsorgegesellschaften gegründet. Eine späte Gründung war die 1922 eingerichtete Niedersächsische Heimstätte GmbH mit dem Auftrag, in der Provinz Hannover und der Stadt Bremen »Minderbemittelten gesunde und zweckmäßig eingerichtete Wohnungen […] zu billigen Preisen zu verschaffen« (HEIMSTÄTTE 1962, S. 5). Diese Gesellschaft sollte auch nach 1945 ein wichtiges Instrument der staatlichen Wohnungspolitik in Niedersachsen sein.

Nach dem Zweiten Weltkrieg war die Versorgung der Bevölkerung mit Wohnraum wegen der Zerstörungen und der Zuwanderung von Flüchtlingen und Vertriebenen allerorts katastrophal. In Westdeutschland und West-Berlin gab es insgesamt einen Bedarf von ca. sechs Millionen Wohnungen, in Niedersachsen fehlten nicht zuletzt aufgrund des bundesweit zweithöchsten Anteils an Zuwanderern im Jahr 1950 rund 800.000 Wohnungen. Erst nach der Währungsreform von 1948 und durch ein Bündel an steuer- und finanzpolitischen Maßnahmen mit wechselseitigen Bezü-

HINRICH WILHELM KOPF
Niedersächsischer Ministerpräsident

HANNOVER, den 30. Juni 1960
Lavesstraße 6

An den
Bundesminister für wirtschaftlichen
Besitz des Bundes
Herrn Dr. Hans Wilhelmi

Bad Godesberg
Turmstraße

Sehr geehrter Herr Bundesminister!

Im Anschluß an unser Gespräch in der vergangenen Woche und Ihr Schreiben vom 22.6. habe ich mir Ihre Anregungen nochmals eingehend überlegt. Das Ergebnis wollen Sie bitte aus dem beigefügten abgeänderten Entwurf entnehmen. Sie ersehen daraus, daß ich Ihrer Anregung, von einer Stiftung des öffentlichen Rechts abzusehen, nachgekommen bin, ebenso wie von den zwei Organen. Ich glaube jedoch, daß man geborene Mitglieder für das Kuratorium auf keinen Fall schaffen sollte. Bund und Land haben durchaus die Möglichkeit, aus den verschiedenen Organisationen eine geeignet erscheinende Persönlichkeit in das Kuratorium zu berufen. Diese Berufung sollte aber nur für die Person und nicht für die Organisation gelten. Meine Gründe dafür durfte ich Ihnen schon mündlich vortragen.

In meinem Brief vom 18. Mai schrieb ich Ihnen bereits, daß ich mir die Berufung der Mitglieder des Kuratoriums nicht anders vorstellen kann, als in der Form, daß hierüber eine Abstimmung zwischen Bund und Land erfolgt. Das kommt auch in § 4 des neuen Entwurfs zum Ausdruck.

Dieser Entwurf hat noch nicht die Zustimmung des Niedersächsischen Landesministeriums. Ich würde ihn zur Beratung stellen, sobald ich von Ihnen erfahre, ob Ihrerseits keine Änderungswünsche mehr vorliegen.

Ich glaube, wir sollten die Angelegenheit jetzt schnell zum Abschluß bringen. Daher wäre ich für eine möglichst baldige Rückäußerung dankbar.

Mit besten Grüßen
Ihr

Kopie eines Briefes des Niedersächsischen Ministerpräsidenten Kopf an den Bundesschatzminister Wilhelmi vom 30. Juni 1960 (NLA HA V.V.P. 23 Nr. 35).

30 | Von der Eigentumsfrage zur Wissenschaftsförderung

Die Privatisierung des Volkswagenwerks und die Gründung der »Stiftung Volkswagenwerk«

Mit dem hier abgebildeten Schreiben vom 30. Juni 1960 übersandte der Niedersächsische Ministerpräsident Hinrich Wilhelm Kopf dem Bundesminister für wirtschaftlichen Besitz des Bundes Hans Wilhelmi einen abgeänderten Satzungsentwurf für die zu errichtende Stiftung Volkswagenwerk (Abb.). Er und Wilhelmi hatten zu diesem Zeitpunkt bereits Einigkeit über wichtige Fragen erzielt. Wie Kopf schrieb, sei aus dem angepassten Entwurf zu ersehen, *daß ich Ihrer Anregung, von einer Stiftung des öffentlichen Rechts abzusehen, nachgekommen bin, ebenso wie von den zwei Organen. Ich glaube jedoch, daß man geborene Mitglieder für das Kuratorium auf keinen Fall schaffen sollte*. Nach jahrelangen Auseinandersetzungen um das Eigentum am Volkswagenwerk zeichnete sich damit ein Ende ab.

Die Automobilfabrik in Wolfsburg war in der NS-Zeit von der Deutschen Arbeitsfront (DAF) maßgeblich mit dem geraubten Vermögen der Gewerkschaften errichtet worden. Nach dem Ende des Zweiten Weltkriegs wurde die DAF wie alle nationalsozialistischen Organisationen verboten und ihr Vermögen beschlagnahmt. Zunächst unter amerikanischer, ab Juni 1945 unter britischer Kontrolle lief Ende des Jahres 1945 im Volkswagenwerk die Produktion von VW-Limousinen für die private Nutzung an. Die Zahl der produzierten Fahrzeuge stieg unter dem neuen Generaldirektor Heinrich Nordhoff nach der Währungsreform im Juni 1948 stetig an. Wenige Monate nach Gründung der Bundesrepublik im Mai 1949 übertrug die britische Militärregierung der Bundesregierung die Treuhänderschaft über die Volkswagenwerk GmbH und bestimmte gleichzeitig, dass das Land Niedersachsen die Kontrolle des Werks im Namen und unter Weisung der Bundesregierung ausüben solle. Da die Eigentumsfrage damit nicht geklärt war, wurden bald von mehreren Seiten Ansprüche auf das Volkswagenwerk erhoben.

Die Gewerkschaften ließen erstmals 1949 und ein zweites Mal 1953 juristisch prüfen, ob sie Eigentumsansprüche an das VW-Werk stellen könnten. Die Prüfungen ergaben jedoch, dass die Gewerkschaften keinen rechtlichen, wohl aber einen moralischen Anspruch hatten, auf den sie stets hinwiesen, um ihrer Stimme im Unternehmen mehr Gewicht zu verleihen. Auch die ehemaligen Sparer, die im »Dritten Reich« eine Anzahlung auf einen »KdF-Wagen« geleistet hatten, meldeten ihre Forderungen an. Unter der Bezeichnung »Volkswagensparer« schlossen sie sich in Vereinen zusammen, um einen langjährigen Prozess gegen Volkswagen zu finanzieren. Dieser Prozess blieb während der gesamten Zeit, als der Bund und das Land Niedersachsen um die Zukunft des Unternehmens stritten, in der Schwebe und wurde erst am 14. Oktober 1961 mit einem Vergleich beendet. Hätten die Kläger recht erhalten, wären die Anwartschaften von über 300.000 Sparern auf einen Volkswagen Typ 1 (»Käfer«) zu erfüllen gewesen.

Das Land Niedersachsen erhob Anspruch

auf das alleinige Eigentum am Volkswagenwerk, indem es sich auf das Besatzungsrecht berief. Einen entsprechenden Antrag stellte nach langer Vorbereitung im Juni 1953 der Niedersächsische Finanzminister Alfred Kubel beim Allgemeinen Organisations-Ausschuss in Celle, einer von der britischen Militärregierung für die Rückerstattung von beschlagnahmtem ehemaligem NS-Vermögen eingerichteten Stelle. Indem er argumentierte, dass es sich bei der Volkswagenwerk GmbH um eine ehemalige NS-Organisation handele, die durch das Kontrollratsgesetz Nr. 2 aufgelöst worden sei, und es keine anderen Antragsteller mit entsprechenden Forderungen gebe, sei der Vermögenskomplex auf dasjenige Land zu übertragen, in dem er lag. Die Briten verneinten jedoch in diesem Fall die Zuständigkeit des Celler Ausschusses, wiesen den Antrag Kubels ab und ließen damit die Frage des Eigentums weiter offen.

Aufseiten des Bundes wurde die Frage nach der Zukunft des VW-Werks zielgerichtet erst ab 1956 aufgegriffen. Bundeswirtschaftsminister Ludwig Erhard (CDU) machte die auch von der westdeutschen Industrie geforderte Umwandlung der GmbH in eine Aktiengesellschaft und die Ausgabe von »Volksaktien« zu einem zentralen Wahlkampfthema des Jahres 1957. Der von ihm im Mai eingebrachte VW-Gesetzentwurf erklärte die Bundesrepublik zur Eigentümerin des Volkswagenwerks und sah vor, dass aus dem Privatisierungserlös ein Sondervermögen des Bundes gebildet werde. Die SPD lehnte die Privatisierung vollständig ab und propagierte stattdessen die Überführung in eine gemeinnützige »Stiftung Deutsches Volkswagenwerk«. Der Aspekt der Wissenschaftsförderung spielte in diesen Vorstellungen eine nachgeordnete Rolle, trat jedoch in der öffentlichen Diskussion immer stärker in den Vordergrund. Die Sorge um den Rückstand gegenüber der Sowjetunion und anderen westlichen Industrieländern ließ den Ruf nach zusätzlichen Mitteln auf dem Gebiet von Wissenschaft und Technik immer lauter werden. Im Sommer 1957 brachte die damals auflagenstärkste Wochenzeitung »Christ und Welt« die Idee einer »Nationalstiftung Volkswagenwerk« ins Spiel.

Der von Ludwig Erhard eingebrachte Gesetzentwurf stieß in Niedersachsen auf heftigen Widerstand. Sowohl die Koalitionsregierungen unter Heinrich Hellwege (1955-1959) als auch die im April 1959 unter Hinrich Wilhelm Kopf gebildete Koalition aus SPD, FDP und BHE verwiesen auf das alleinige Eigentumsrecht des Landes am VW-Werk und bestanden darauf, dass zunächst die Eigentumsverhältnisse geklärt werden müssten. Der Adenauer-Regierung indes lag daran, noch vor der nächsten Bundestagswahl 1961 die VW-Aktien ausgeben zu können. Sie drängte daher im Sommer 1959 auf eine rasche Einigung mit dem Bundesland. Mit dem »Vertrag über die Regelung der Rechtsverhältnisse bei der Volkswagenwerk GmbH und über die Errichtung einer ›Stiftung Volkswagenwerk‹« vom 11./12. November 1959 wurde in kurzer Zeit ein Kompromiss erzielt, der die Eigentumsfrage ausklammerte und die niedersächsischen Interessen weitgehend berücksichtigte. Das durch die Umwandlung entstehende Aktienkapital sollte nur zu 60 Prozent in Form von »Volksaktien« in Privateigentum überführt werden, jedoch zu je 20 Prozent dem Bund und dem Land Niedersachsen zufallen. Die Vertragspartner vereinbarten, dass aus dem Erlös der Privatisierung und aus den jährlichen Gewinnen eine »Stiftung Volkswagenwerk« für die Förderung von Wissenschaft und Technik in Forschung und Lehre mit Sitz in Niedersachsen errichtet werden solle. Außerdem verständigten sie sich auf ein Entsenderecht für jeweils zwei Vertreter in den Aufsichtsrat der Volkswagen Aktiengesellschaft sowie auf ein Mehrheitserfordernis in Höhe von 80 Prozent für sämtliche Beschlüsse, für die nach dem Aktiengesetz eine qualifizierte Mehrheit erforderlich ist. Dieser vertraglich geregelte Vergleich wurde in der Folge durch das »VW-Vorschalt-Gesetz« vom 9. Mai 1960 und das »VW-Privatisierungsgesetz« vom 21. Juli 1960 auch bundesgesetzlich verankert.

Der Vertrag verpflichtete Bund und Land, in einer Satzung zu regeln, nach welchen Grundsätzen die Stiftungsorgane zu besetzen und die der Stiftung zufließenden Erträge zu verwenden seien. Dabei war sicherzustellen, dass ein Vertreter Niedersachsens den Vorsitz im Kuratorium hat und ein festgelegter Teil der Erträge, das sogenannte Niedersächsische Vorab, ausschließlich an wissenschaftliche Einrichtungen in Niedersachsen vergeben wird. Ministerpräsident Kopf, der plante, den Vorsitz im Kuratorium einzunehmen, machte in seinem engsten politischen Umfeld deutlich, dass er die Stiftungssatzung als »Chefsache« betrachtete. Seit Dezember 1959 beschäftigte er sich persönlich mit deren Ausgestaltung, überwiegend von Kassel aus, wo er von Ende November 1959 bis Mitte April 1960 wegen eines Leberleidens behandelt wurde. Am 9. Mai 1960 setzten die Gespräche zwischen ihm und dem Bundesschatzminister Wilhelmi ein. Kopf war es wichtig, dass im Kuratorium der Stiftung von Bund und Land berufene Persönlichkeiten über die Vergabe der Mittel entschieden und dass diese nicht nur zur Förderung regionaler Einrichtungen auf jedes Bundesland entfallen, sondern auch für überregionale Vorhaben reserviert werden.

Kopf führte die Verhandlungen mit Wilhelmi über Wochen ohne Beteiligung der zuständigen niedersächsischen Minister, des Finanzministers Hermann Ahrens und des Kultusministers Richard Voigt. Ahrens erfuhr erst am 26. Juli 1960 durch einen Anruf des Staatssekretärs im Bundesschatzministerium, »daß die zwischen MinPräs. Kopf und Minister Wilhelmi geführten Gespräche über die Satzung der Stiftung Volkswagenwerk beendet seien«. Kopien der zwischen Wilhelmi und Kopf ausgetauschten Schreiben und Satzungsentwürfe aus der Zeit vom 18. Mai bis 30. Juni 1960 finden sich in der Handakte des Niedersächsischen Finanzministers, darunter auch der hier abgebildete Brief. Wie die Eingangsstempel des Bundesministeriums auf den Schreiben Kopfs belegen, erhielt Ahrens die Kopien aus Bonn.

Mit dem Erlös aus den veräußerten Aktien von rund einer Milliarde DM und dem Anspruch auf den Gegenwert der jährlichen Gewinne aus den Bund und Land verbliebenen Aktien als Vermögensausstattung wurde am 19. Mai 1961 die Stiftung Volkswagenwerk gegründet. Vier Tage später berief das niedersächsische Kabinett auf Vorschlag von Hermann Ahrens den Ministerpräsidenten zum Vorsitzenden des Kuratoriums. Die Auswahl der übrigen 13 Kuratoriumsmitglieder zog sich bei Bund und Land noch über Monate hin. Die konstituierende Kuratoriumssitzung am 27. Februar 1962 in Hannover erlebte der zwei Monate zuvor verstorbene Kopf nicht mehr.

Auch wenn die Errichtung der Volkswagenstiftung, wie sie seit 1989 heißt, das »Resultat eines Kompromisses« (Nicolaysen 2002, S. 2) ist, hat sie sich als private wissenschaftsfördernde Stiftung ausgesprochen bewährt. Speziell in Niedersachsen hat sich das Förderangebot des »Niedersächsischen Vorab« zu einem zentralen Element der Forschungsförderung entwickelt.

Sabine Graf

Benutzte Archivalien
NLA HA V.V.P. 23 Nr. 35.

Literatur in Auswahl
Frederichs 2010; Gutzmann 2017; Nentwig 2013; Nicolaysen 2002.

S ü d k e h d i n g e n
Luftbilder vom 18.2.62

Deichbruch am Schwingedeich kurz unterhalb Stade, 3o m breit, bis 3 m tiefer Kolk.
Sandsäcke werden mit Schuten herangebracht.

Die tiefliegenden Flächen im Stader Moor laufen von Stade her voll.

Abb. 1: Luftbild von der Situation nach dem Deichbruch am Schwingedeich am 18. Februar 1962 (NLA AU Dep. 1 Slg acc. 2014/21 Nr. 28).

31 | Als die niedersächsische Küste im Wasser versank

Die Sturmflut 1962

Die Sturmflut in der Nacht vom 16. auf den 17. Februar 1962 traf die Bewohner der niedersächsischen Nordseeküste unerwartet. Es waren erst neun Jahre vergangen, als die verheerende Flut vom 1. Februar 1953 die holländische Küste und Südostengland getroffen hatte. Damals hatten günstige Winde die deutsche Nordseeküste verschont. Nach allgemeiner Auffassung waren schwere Sturmfluten statistisch gesehen nur etwa alle 20 Jahre zu erwarten. Und selbst dann fühlte man sich sicher, hatte es doch seit dem Ausbau des Küstenschutzes im 19. Jahrhundert auch bei heftigsten Fluten seit 1825 keine Landverluste mehr gegeben. Die Sturmflutkatastrophe von 1962 war allerdings vor allem in den Windverhältnissen der Februarflut von 1825 sehr ähnlich, die zu Wassereinbrüchen an der gesamten deutschen, dänischen und niederländischen Küste geführt hatte. Wie 1825 bewirkten im Februar 1962 besonders lang andauernde orkanartige Böen aus Nordwesten außergewöhnlich hohe Wasserstände und Wellen am Jadebusen und an den Unterläufen von Weser und Elbe. Auch die verheerende Weihnachtsflut von 1717 war bereits ähnlich verlaufen. Im Februar 1962 wurden östlich der Linie Wangerooge-Wittmund die höchsten je gemessenen Pegelstände aufgezeichnet, so in Dangast/Jadebusen (560 Zentimeter über N.N.), Bremen (541), Bremerhaven (535) und Tönning/Nordfriesland (521), aber auch in Cuxhaven (496), dann weiter elbaufwärts an den Pegeln Grauerort in Höhe Stade (570),
Hamburg-Neuenfelde (598) und Hamburg-St. Pauli (570). Besonders im südlichen Unterelbegebiet kam es zu gewaltigen Deichbrüchen und Überschwemmungen. Die Stürme pressten große Wassermengen von der nördlichen Nordsee auf die Deutsche Bucht und zielten weiter auf das Mündungsgebiet der Weser und den nordwestlich verlaufenden Mündungstrichter der Elbe. Deshalb war das niedersächsische Unterelbegebiet besonders betroffen. Im angrenzenden Hamburg wurde vor allem der auf einer Elbinsel gelegene Stadtteil Wilhelmsburg, rund 100 Kilometer von der Küste entfernt, von den Flutwellen überschwemmt.

An der Unterelbe zeichnete sich die Orkanwetterlage seit dem Vormittag des 16. Februar ab. Ein Sturmtief mit Windstärke 9 und lang andauernden Böen bis zeitweise Windstärke 12 traf Cuxhaven und das südlich angrenzende, sich bis Bremerhaven hinziehende Land Wursten an der Weser. Gegen 10:00 Uhr vormittags wurde in Cuxhaven Windstärke 9 gemessen. Weil dieser Nordweststurm mit über 38 Stunden außergewöhnlich lange aus derselben Richtung kam, entfaltete er trotz zeitweiser nachlassender Böen große Wucht und erzeugte so einen zusätzlichen Wellenauflauf. Das Wasser konnte bei Ebbe nicht ablaufen. Die Flut erreichte in der Nacht vom 16. auf den 17. Februar an der gesamten Unterelbe zusammen mit der Haupttide ihren höchsten Stand, in Cuxhaven um 0:30 Uhr, in Hamburg drei Stunden später. Auf der nicht eingedeichten Elbinsel

Überflutungen im Raum Basbeck, auch die Bundesstraße ist unter Wasser

Abb. 2: Luftbild von der Situation bei Basbeck an der Oste (NLA AU Dep. 1 Slg acc. 2014/21 Nr. 28).

Krautsand und auf Stadersand wurden Wellen von ein bis zwei Metern Höhe beobachtet. Südkehdingen bei Stade war auf niedersächsischem Gebiet am stärksten betroffen. Um 2:00 Uhr morgens wurden am Pegel Stadersand 573 Zentimeter über N.N. gemessen. Hier entwickelte sich eine besonders bedrohliche Situation mit zahlreichen Deichbrüchen, die die Stadt Stade unmittelbar betraf. Der zu Hamburg gehörende Teil des Alten Landes (Neuenfelde, Cranz), Hamburg-Wilhelmsburg und weitere südlich der Elbe gelegene Stadtteile wurden überflutet. Erst am Abend des 17. Februar flaute der Sturm bis auf Windstärke 7 ab. Am 18. und 19. Februar sanken die Wasserstände auf normale Höhen.

Auf der 872 Kilometer langen niedersächsischen Hauptdeichlinie hielten zwei Drittel der Deiche ohne größeren Schaden den Fluten stand, ein Drittel wies leichte bis schwerste Schäden auf. Während die Seedeiche einigermaßen hielten, gab es an den meist noch nicht erneuerten Deichen entlang des Tidebereichs der großen Ströme Weser und Elbe erhebliche Schäden. Entsprechend befanden sich von insgesamt 61 Brüchen an den Hauptdeichen 50 auf dem Gebiet des damaligen Regierungsbezirkes Stade, hier vor allem an der Elbe, der Oste und der Schwinge am nördlichen Stadtrand von Stade. Es handelte sich vielfach um Grundbrüche bis zu 100 Metern Länge (Abb. 1 und 2).

Dem Bericht des Stader Regierungspräsidenten zur Sturmflut ist zu entnehmen, dass es auf der Höhe Bützfleth erstmals an der Unterelbe zu Grundbrüchen und damit zu einer weitgehenden Zerstörung des Elbdeiches durch Wegrutschen des Deichfundamentes gekommen ist, während weiter elbabwärts das Wasser eher über die Deiche geströmt war. Allein im Gebiet der elbnahen Gemeinde Bützfleth, heute ein Ortsteil von Stade, kam es zu acht Deichbrüchen. Zusätzlich brach an 30 Stellen des Elbdeiches die Deichinnenseite ab. Dadurch und durch die schweren Deichbrüche an der Schwinge, einem Nebenfluss der Elbe, kam es in der Nähe der Stadt Stade zu flächendeckenden Überschwemmungen im Hinterland. Abbildung 1 zeigt am Beispiel des Stader Moores nördlich von Stade eindrucksvoll, wie bedrohlich sich die Situation entwickelte.

Im Bericht des Regierungspräsidenten heißt es wörtlich: »Die ersten Brüche des Elbdeiches liegen in Abbenfleth und Bützfleth. Binnendeichs entstanden hier erhebliche Auskolkungen [= Ausspülungen]. In der Ortslage Bützfleth ist der Deich an mehreren Stellen übergelaufen. Dadurch wurde die Innenböschung stark beschädigt. Schwere Schäden wiesen die Schwingedeiche auf. Ein Grundbruch im linken Schwingedeich von 30 m Länge mit einem sich anschließenden Kappenbruch [= Bruch der Deichkrone] von 40 m Länge, der unmittelbar vor den Toren der Stadt Stade liegt, konnte bis zur Nachtide (17. 2. 1962) noch nicht geschlossen werden. Das durch diesen Deichbruch einströmende Wasser hat das Gebiet im Stader, Bützflether und Asseler Moor überschwemmt. Auch der rechte Schwingedeich ist an mehreren Stellen gebrochen. Das durch einen 55 m breiten Grundbruch einfließende Wasser überschwemmte die I. Meile des Alten Landes zwischen Hollern und Stade. [...] Der Elbdeich hat in der I. Meile des Alten Landes gehalten, er wurde allerdings stark ausgespült.«

Das gesamte Ausmaß der Überschwemmungen im Stader Gebiet ist auf der dem Bericht als Anlage beigefügten Karte (Abb. 3) deutlich zu erkennen. Aufgrund der Gefahrenlage mussten Bundeswehreinheiten südlich der Schwingemündung zum Schutz des Ölkraftwerks in Höhe Stadersand eingesetzt werden. Die bereits geplante Evakuierung der tiefer gelegenen Stadtteile von Stade konnte allerdings abgesagt werden. Die Soldaten hatten am Nachmittag des 17. Februar die Deichbrüche an der Schwinge unter Kontrolle gebracht.

An der Rettung von Menschenleben und an der Notsicherung der Deiche beteiligten sich die unmittelbar betroffenen Menschen, die Feuerwehr, kleinere Gruppen des Technischen Hilfswerks und zunächst die in Stade stationierten Bundeswehrsoldaten. Das Rote Kreuz versorgte und evakuierte vom Wasser eingeschlossene Menschen mit Lebensmitteln und Decken. Vor allem den seit dem 17. Februar eingesetzten größeren Bundeswehrverbänden und Einheiten des Bundesgrenzschutzes gelang es, die Schäden schnell, wenn auch provisorisch, zu schließen und Schlimmeres zu verhindern. Die mühsam befestigte Deichlinie hätte durch einen erneuten Sturm aus Nordwest jederzeit wieder brechen können.

Mehr als 340 Menschen starben im Zusammenhang mit den extrem hohen Wasserständen, davon die weitaus meisten in Hamburg-Wilhelmsburg, sechs in Bremen und 19 in Niedersachsen, darunter laut Bericht des Stader Regierungspräsidenten zwölf allein im Landkreis Stade. Die Menschen im Landkreis Stade wurden vielfach im Schlaf überrascht. Das zuständige Deutsche Hydrographische Institut in Hamburg hatte zwar im Laufe des 16. Februar eine Sturmflutwarnung an die Behörden und Deichverbände und an den Rundfunk ausgegeben, die Kommunikationswege waren jedoch nicht konsequent organisiert, die Bezirksregierung in Stade nicht an das Warnnetz angeschlossen. Sie wurde erst gegen 21:30 Uhr zufällig informiert. In der Nacht vom 16. auf den 17. Februar waren die Telefonverbindungen zwischen den Behörden und den Katastrophengebieten lange Zeit unterbrochen. Über das Ausmaß der Katastrophe ließen sich deshalb zunächst nur Vermutungen anstellen. Eine sinnvolle Koordinierung der Einsätze war weder beim Regierungspräsidenten noch bei dem besonders betroffenen Landkreis

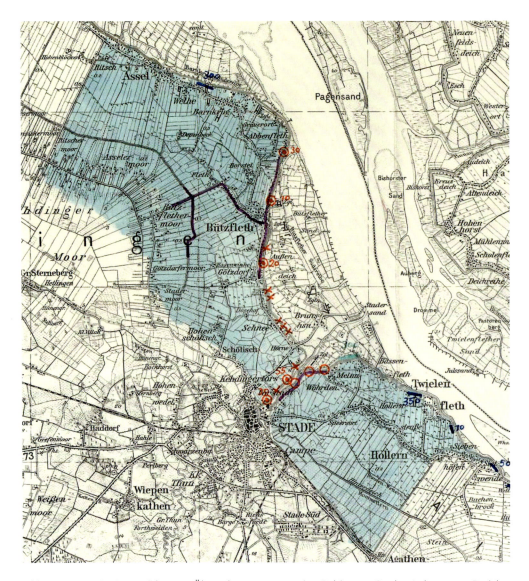

Abb. 3: Karte mit eingezeichneten Überschwemmungen im Gebiet um Stade. Anlage zum Bericht des Regierungspräsidenten zur Sturmflut am 16./17. Februar 1961 (rote Kreise = Deichbrüche, rote Kreuze = Kappenbrüche) (NLA ST Karten Neu Nr. 849).

Stade möglich. Der Norddeutsche Rundfunk warnte sehr spät. Erst nach 21:00 Uhr wurde die Bevölkerung durch Luftschutzsirenen gewarnt. Auch Fehleinschätzungen spielten eine Rolle. Vielerorts konnte man sich die tatsächliche Höhe der Sturmflut kaum vorstellen.

Im niedersächsischen Küstengebiet wurden 37.000 Hektar bewirtschaftetes Land plus 1.000 Hektar bewohnte Flächen vor den Hauptdeichen überschwemmt, davon 26.000 Hektar im damaligen Regierungsbezirk Stade. In der Kreisstadt Stade wurden weite Teile des Stadtgebietes überflutet. Unzählige Nutztiere ertranken in den Fluten. Viele Häuser, Straßen und Verkehrswege wurden beschädigt oder zerstört. Der finanzielle Schaden wurde ein Jahr nach der Sturmflut für Niedersachsen auf 307 Millionen DM berechnet, davon entfielen rund 77 Millionen DM auf den Regierungsbezirk Stade (ohne Privateigentum und ohne private und fiskalische Forsten). Die großen Verluste an Milchvieh führten im Alten Land zu einem Strukturwandel. Große Viehbestände wurden zugunsten einer viel stärkeren Konzentration auf den Obstbau aufgegeben. Heute dehnen sich kilometerweit Apfel- und Kirschbäume aus. Sie machen das Alte Land zum größten geschlossenen Obstanbaugebiet in Deutschland.

Der Niedersächsische Minister für Ernährung, Landwirtschaft und Forsten setzte eine Ingenieur-Kommission zur Aufarbeitung von Ursachen und Wirkung der Sturmflut ein. Ihr gehörte auch der international bekannte Wasserbauexperte Johann Wilhelm Kramer an, der später das Wasserwirtschaftsamt in Aurich leitete. Seine im Rahmen der Kommissionstätigkeit angelegte Sammlung befindet sich in der NLA-Abteilung Aurich. Aus ihr stammen die hier gezeigten Luftbilder.

In der Bevölkerung sind die Katastrophe vom Februar 1962 und der Deichbruch bei Drochtersen im Januar 1976 immer noch fest im kollektiven Gedächtnis verankert. Nicht nur hier, sondern an der ganzen Unterelbe gibt es bis heute eine Kultur der Erinnerung an die stets gegenwärtige existenzielle Gefahr durch den »blanken Hans«. Davon zeugen zahlreiche Denkmäler, aufgestellte Findlinge und an Gebäuden angebrachte Reliefs, die Höhenmarken der Sturmflut 1962 und anderer Überschwemmungskatastrophen zeigen.

Gudrun Fiedler

Benutzte Archivalien
NLA AU Dep. 1 Slg acc. 2014/21 Nr. 28; NLA ST Rep. 180 Mil. Nr. 421, Nr. 424; NLA ST Karten Neu Nr. 849.

Literatur in Auswahl
FISCHER 2003; FISCHER 2018; INGENIEUR-KOMMISSION 1962; KRAMER 1967; LANDESBETRIEB FÜR WASSERWIRTSCHAFT o. J.; RAMPE o. J.; SCHULZ 1962; STADER GESCHICHTS- UND HEIMATVEREIN E. V. 2012 (Themenband Sturmflut 1962).

Satzung
----

des Landschaftsverbandes der ehemaligen Herzogtümer Bremen und
Verden in Stade (Landschaftsverband Stade) e.V.
----

§ 1

Der Landschaftsverband der ehemaligen Herzogtümer Bremen und Verden
(Landschaftsverband) hat das Ziel, die Kultur- und Heimatpflege
im Regierungsbezirk Stade zu fördern. Er wird insbesondere tätig auf
dem Gebiet der Heimatpflege und Heimatforschung, der Volkskunde,
des Natur- und Denkmalsschutzes, der Geschichte einschl. Vor- und
Familiengeschichte, der Pflege der niederdeutschen Sprache sowie
der Erhaltung des Volks- und Brauchtums.

Für diese Aufgaben will der Verein die ihm zur Verfügung stehenden
Mittel schwerpunktmässig einsetzen.

§ 2

Der Landschaftsverband dient ausschliesslich und unmittelbar gemein-
nützigen Zwecken im Sinne der Gemeinnützigkeitsverordnung vom
24.12.1953.

Etwaige Gewinne dürfen nur für die satzungsmässigen Zwecke verwendet
werden. Die Mitglieder erhalten keine Gewinnanteile und in ihrer
Eigenschaft als Mitglieder keine sonstigen Zuwendungen aus Mitteln
des Vereins. Ebenso erhalten sie bei ihrem Ausscheiden keine Ka-
pitalanteile oder sonstige Werte zurück.

Niemand darf durch Ausgaben, die den Zwecken des Vereins fremd sind,
oder durch unverhältnismässig hohe Vergütung begünstigt werden.

§ 3

Der Sitz des Landschaftsverbandes ist Stade.

Das Geschäftsjahr ist das Kalenderjahr.

§ 4

Mitglieder des Landschaftsverbandes sind:
1.) die Landschaft der Herzogtümer Bremen und Verden,
2.) die Landkreise Bremervörde, Land Hadeln, Osterholz,
    Rotenburg, Stade, Verden, Wesermünde und die kreisfreie
    Stadt Cuxhaven,

- 2 -

Satzung des Stader Landschaftsverbandes vom 24. Oktober 1963, S. 1 (NLA ST Rep. 180 A Nr. 237).

32 | Kultur verbindet

Der Landschaftsverband Stade e. V.
als erster moderner Landschaftsverband
in Niedersachsen

Am 24. Oktober 1963 unterschrieben die Landräte der Landkreise Stade und Rotenburg/Hannover, die Stadtdirektoren der Städte Stade und Buxtehude sowie die Vorsitzenden des Stader Geschichts- und Heimatvereins, der Männer vom Morgenstern und des Heimatbundes Rotenburg/Hannover stellvertretend für alle Gründungsmitglieder die Satzung des *Landschaftsverbandes der ehemaligen Herzogtümer Bremen und Verden in Stade (Landschaftsverband Stade) e. V.* Dieser erste Landschaftsverband in Niedersachsen hatte die Aufgabe, *die Kultur- und Heimatpflege im Regierungsbezirk Stade zu fördern* (Paragraf 1 der Satzung) (Abb.).

Der Impuls zur Gründung ging hier wie bei den späteren Gründungen moderner Landschaftsverbände von der historischen Landschaft aus. Die Landschaft der Herzogtümer Bremen und Verden war ebenso wie die fünf anderen historischen Landschaften im Gebiet des ehemaligen Königreichs Hannover aus den mittelalterlichen Ständeversammlungen hervorgegangen. Angeregt durch die Aktivitäten der Ostfriesischen Landschaft und durch die Gründung der Oldenburg-Stiftung 1961 ergriff Landschaftspräsident Thassilo von der Decken seit August 1963 die Initiative für einen Zusammenschluss der maßgeblichen Kulturträger im Gebiet des damaligen Regierungsbezirks Stade (Elbe-Weser-Raum), der sich aus den Herzogtümern Bremen und Verden entwickelt hatte. Von der Decken wollte eine starke Interessensgemeinschaft für eine erfolgreiche Tätigkeit im Sinne der Kultur- und Heimatpflege schaffen. Zu den Gründungsmitgliedern zählten die historische Landschaft der Herzogtümer Bremen und Verden, die damaligen Landkreise Bremervörde, Land Hadeln, Osterholz, Rotenburg, Stade, Verden, Wesermünde und die (damals) kreisfreie Stadt Cuxhaven, die Städte Achim, Bremervörde, Buxtehude, Osterholz-Scharmbeck, Otterndorf, Rotenburg, Stade, Verden, Visselhövede und Zeven sowie die Geschichts- und Heimatvereine des Bezirks: Stader Geschichts- und Heimatverein, Männer vom Morgenstern – Heimatbund an Elb- und Wesermündung, Heimatbund Rotenburg/Wümme, Heimatverein Buxtehude, Verdener Heimatbund, Heimatverein für den Kreis Osterholz, Hermann-Allmers-Gesellschaft in Rechtenfleth. Der Landschaftspräsident und Oberkreisdirektor des Landkreises Stade, Thassilo von der Decken, wurde der erste Vorsitzende des neu gegründeten Vereins. Er amtierte von 1963 bis 1987. Im Jahr 2017 hatte der Landschaftsverband Stade 61 Mitglieder: die Landschaft der Herzogtümer Bremen und Verden, die fünf Landkreise Cuxhaven, Osterholz, Rotenburg (Wümme), Stade und Verden, 17 Städte und Gemeinden sowie 38 Geschichts- und Heimatvereine.

Das Stader Beispiel stieß auf großes Interesse. Nicht nur im Elbe-Weser-Raum bestand das Bedürfnis, die jeweilige historische Kultur und Tradition in Zusammenarbeit mit Gebietskörperschaften und Vereinen zu pflegen. Bereits kurz nach der Gründungsversammlung des Stader Landschaftsverban-

Abb. 1: Generalplan für den Deichschutz des Deichverbandes Südkehdingen im Raum Stade/Bützfleth bis zur Sturmflut vom Februar 1962. Übersichtskarte des Wasserwirtschaftsamtes Stade vom 20. Dezember 1963 (NLA ST Rep. 97 Stade Acc. 2000/021 Nr. 30).

33 | Milliarden verändern das Land

Der Küstenschutz in Niedersachsen vor und nach der Sturmflut von 1962

Bützfleth in Südkehdingen – in der Kartenansicht rechts unten (Abb. 1) – war bis in die 1960er Jahre ein typisches Bauerndorf in der Elbmarsch. Heute liegt die Gemeinde als Ortsteil der Hansestadt Stade am Rande eines Gebietes flächenintensiver Großindustrie, die sich im ehemaligen Außendeichgelände Bützflether Sand angesiedelt hat. Hatten die Bützflether jahrhundertelang vor allem von der Landwirtschaft und der Schifffahrt gelebt, so bieten heute viele Industriearbeitsplätze gute Verdienstmöglichkeiten. Zahlreiche arbeitssuchende Menschen, u.a. aus der Türkei, sind zugezogen, um in den Betrieben zu arbeiten. Der Seehafen Stade-Bützfleth ist »mit einem Güterumschlag von 4.181.537 Tonnen und einer Abfertigung von ca. 800 Schiffen im Jahr (2003) der drittgrößte Hafen in Niedersachsen«, so die Internetseite von Bützfleth. Der Ort ist ein besonders frühes und prägnantes Beispiel dafür, wie insbesondere nach der verheerenden Sturmflut vom 16. und 17. Februar 1962 der Küstenschutz die Landschaft veränderte. Die Sturmflut traf vor allem die Deutsche Bucht. Infolgedessen wurden an der Unterweser und im Unterelbegebiet die höchsten bis dahin je angezeigten Pegelstände gemessen. Nach diesem Naturereignis wurde Küstenschutz grundlegend neu gedacht.

Das Thema Küstenschutz war schon in den 1950er Jahren in der niedersächsischen Politik und Verwaltung sehr präsent gewesen. Immerhin besitzt das Land rund 300 Kilometer Küstenlinie. Die verheerende Sturmflut an den Küsten der Niederlande, Belgiens und Südenglands im März 1953 (»Hollandflut«) mit über 2.000 Toten hatte eindrücklich gezeigt, dass die meisten der niedersächsischen See-, Strom- und Flussdeiche für eine derartige Flut nicht gerüstet waren. Allein die Überprüfung der damals rund 640 Kilometer Seedeiche ergab, dass etwa 83 Prozent dringend erneuert werden mussten. Deshalb hatte es seit 1955 bereits ein von Land und Bund gemeinsam finanziertes und auf zehn Jahre angelegtes »Niedersächsisches Küstenprogramm« zur Sicherung des Schutzes an der niedersächsischen Nordseeküste gegeben. Zum Hochwasserschutz gehörte immer auch die Sicherung der Inseln und der Flussufer an der Ems, der Unterweser sowie der Unterelbe und ihren Nebenflüssen. Denn die Ebbe und Flut unterworfenen Flussläufe würden ohne Schutz bei Sturmfluten auch tief liegende Gebiete (Marschen) im Binnenland weit hinter der Küstenlinie bedrohen, stellenweise bis südlich von Papenburg, Oldenburg oder Delmenhorst. Insgesamt handelt es sich um 6.000 Quadratkilometer oder rund ein Siebtel des niedersächsischen Gebietes. Veranschlagt wurden 236 Millionen DM für den Schutz des Festlandes, 142 Millionen für den Inselschutz und 354 Millionen für wasserwirtschaftliche und bodenkulturelle Maßnahmen. Schon mit den Planungen wurden Erfordernisse des Küstenschutzes, wie die Erhöhung der Deichkronen sowie der Bau von Deichen, Schöpfwerken und Vorspülen, und die qualitative Verbesserung der landwirtschaftlichen Nutzflächen durch Flächendränung, Bau von Wirtschaftswegen und Neuansiedlung von Betrieben zusammengedacht.

Die Sturmflut 1962 zeigte, dass die nach der Hollandflut 1953 ergriffenen Maßnahmen bei Weitem nicht ausreichten. Sie führte zu einer grundsätzlich neuen Ausrichtung des niedersächsischen Küstenschutzes. Der Niedersächsische Minister für Ernährung, Landwirtschaft und Forsten setzte eine Ingenieur-Kommission zur Aufarbeitung von Ursachen und Wirkungen der Sturmflut am 16./17. Februar 1962 im niedersächsischen Küstengebiet ein, an der u.a. der Leiter der auf Norderney angesiedelten Forschungsstelle für die gesamte niedersächsische Küste, Johann Wilhelm Kramer als international bekannter Wasserbauexperte teilnahm. Die Kommission legte bereits in demselben Jahr Empfehlungen vor, die das Land als verbindliche Richtlinien einführte. Deichhöhen von über sieben Metern über N.N. wurden festgelegt, an den Fluss- und Elbarmmündungen Sperrwerke geplant. Die Böschungen der Deiche wurden beidseitig weiter abgeflacht. Viele Deichbrüche waren dadurch entstanden, dass Wasser über die Deichkappen schlug und anschließend die Deiche von der Binnenseite her aushöhlte. Folgerichtig waren für die Elbdeiche neue Abmessungen erforderlich (Abb. 2).

Während die Vorgaben für die Deichsicherheit in Bremen, Schleswig-Holstein, Hamburg und Mecklenburg-Vorpommern in die jeweiligen Wassergesetze aufgenommen wurden, wählte Niedersachsen den Weg über das 1963 verabschiedete erste und bisher einzige bundesdeutsche Deichgesetz. Darin wurde der Deichschutz auf staatliche Stellen übertragen und grundsätzlich neu gedacht. Die bisherigen Rechte und Deichordnungen wurden aufgehoben, die Zuständigkeit der Deichverbände als Träger der Deicherhaltung im Gesetz festgeschrieben und die jeweiligen Landkreise und kreisfreien Städte als untere Aufsicht führende Deichbehörden definiert. Jeder Deichverband musste sich eine an modernen Standards orientierte Satzung geben. Auch die jahrhundertealte Tradition des Kabeldeichens, d.h. die Erhaltung und Instandsetzung durch den jeweiligen Grundstücksbesitzer am Deichabschnitt, wurde aufgegeben. Die Ansprüche der neuen Standards für Deichordnungen führten zur Konzentration der noch 1962 zahlreich vorhandenen kleinen Deichverbände. Für Kehdingen und das Gebiet entlang der Oste existiert seit 2003 nur noch der Deichverband Kehdingen-Oste, der 165 Kilometer Deichstrecke betreut.

Die Küstenschutzarbeiten wurden unter dem neuen Namen »Das Niedersächsische Küstenprogramm – Deichbau und Küstenschutz ab 1963« wieder aufgenommen. Zu den Maßnahmen gehörten die Erhöhung der Deiche, die Verkürzung der Deichlinien durch Eindeichung von Außendeichen und die Neuorganisation des Katastrophenschutzes. Ein bedeutender Aspekt war zudem der Bau von Sturmflutsperrwerken an den Nebenflüssen der Unterläufe von Ems, Weser und Elbe, um das Eindringen der Sturmfluten zu verhindern (derzeit 14, davon sieben allein an Unterweser und Unterelbe). 1969 wurden mit dem Gesetz »Gemeinschaftsaufgabe des Küstenschutzes und der Verbesserung der Agrarstruktur« der Küstenschutz als Bundesaufgabe definiert und 70 Prozent Bundesmittel zugesagt, später auch Mittel durch EU-Förderprogramme bereitgestellt. 1973 wurde der erste »Generalplan Küstenschutz« aufgestellt, in dem die Erfahrungen seit 1962 systematisch aufgearbeitet wurden. Küstenschutz wird seitdem als Daueraufgabe begriffen. Der durch den Klimawandel hervorgerufene Anstieg des Meeresspiegels erfordert für den zukünftigen Küstenschutz weitere Erhö-

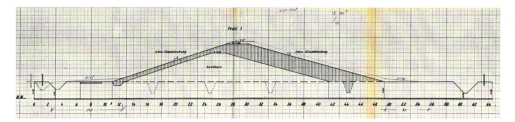

Abb. 2: Beispiel für die Neugestaltung der Elbdeichprofile am Bützflether Sand (Binnenseite links). Planung Wasserwirtschaftsamt Stade vom 20. Dezember 1963 (NLA ST Acc. 2000/021 Nr. 30).

hungen der Hauptdeiche, aber auch die Schaffung neuer Gebiete vor dem Deich als Überschwemmungsgebiete. Seit 1955 hat allein das Land Niedersachsen rund 2,5 Milliarden Euro dafür bereitgestellt.

Das Beispiel Südkehdingens zeigt deutlich die Entwicklungen. Auf der ersten Übersichtskarte des Wasserwirtschaftsamtes Stade (Abb. 1) lassen sich die vor der Sturmflut 1962 geplanten Deicherhöhungen ablesen. Die als notwendig erachteten Erhöhungen von bis zu 0,5 Metern dienten dem Ziel, die Deichlinie durchgängig auf 6 Meter über N.N. anzuheben. Nachdem die Flut in diesem Gebiet zu acht Deichbrüchen und 30 Abbrüchen auf der Binnenseite der Deiche geführt hatte, wurde der Generalplan grundlegend verändert. Die zweite Übersichtskarte (Abb. 3) zeigt die angepasste Planung auf dem Stand vom Dezember 1963, die neben einer deutlichen Erhöhung der bisherigen Deichlinie auf 7,5 Meter über N.N. auch die Eindeichung des Außendeichsgeländes und die der Insel Krautsand vorsieht. Wie viele Orte in der Kehdinger Marsch liegt Bützfleth nur knapp über bzw. unterhalb des Meeresspiegels (-1,6 und +1,8 Meter über N.N.). Die Vordeichung erfolgte zwischen 1968 und 1971. Sie verkürzte die Hauptdeichlinie von 12,4 auf 6,5 Kilometer. Die Insel Krautsand mit 35 Quadratkilometern Fläche wurde 1976/77 über einen Hauptdeich an das Festland angeschlossen. Noch nicht eingezeichnet sind die 1971 in Betrieb genommenen neu gebauten Sperrwerke an der Schwinge und in Abbenfleth an der Bützflether Süderelbe (Abb. 4). Beide schützen bei Hochwasser die Hansestadt Stade, den direkt hinter den Deichen liegenden Ortsteil Bützfleth und den Bützflether Sand. Die geplanten Sperrwerke Ruthenstrom (Südkehdingen in Höhe Drochtersen bzw. Krautsand) und Wischhafener Süderelbe (Nordkehdingen) sollten erst 1978 folgen.

Die Deicharbeiten wurden teilweise durch die gegenüber der Februarflut 1962 um ein Vielfaches stärkere Sturmflut vom 3. Januar 1976 beeinträchtigt und zusätzlich durch die kurz darauf eintretende Sturmflut vom 20./21. Januar 1976 behindert. Allein für die Reparatur der Schäden an den Deichen mussten über 10 Millionen DM aufgewandt werden. Da in Südkehdingen die Deichbauarbeiten noch nicht abgeschlossen waren, wurde die Gemeinde Drochtersen überschwemmt. Schäden in Millionenhöhe waren die Folge. Um weitere Gefährdungen zu vermeiden, wurden die Arbeiten an dem Südkehdinger Hauptdeich beschleunigt und bis 1978 im Wesentlichen beendet. Die doppelte Sturmfluterfahrung zu Jahresbeginn 1976 führte dazu, dass die Standards für die Deichhöhen erneut angehoben werden mussten. Über die Region Wischhafen/Drochtersen hinaus kam es nach 1962 an der Unterelbe nicht mehr zu Deichbrüchen und Überschwemmungen. Eingedeichtes Außendeichsgelände erwies

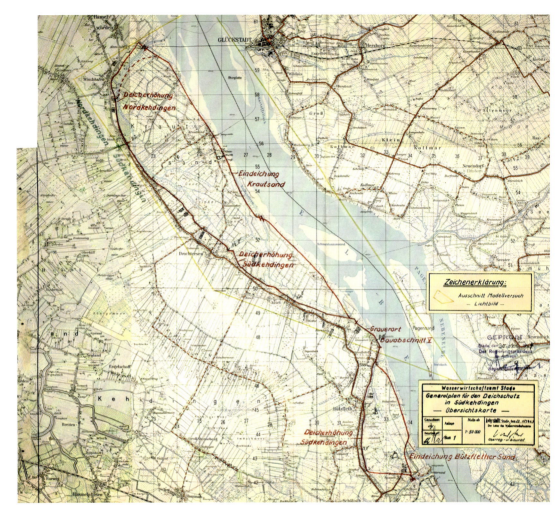

Abb. 3: Aktualisierter Generalplan für den Deichschutz des Deichverbandes Südkehdingen im Raum Stade/Bützfleth nach der Sturmflut vom Februar 1962. Übersichtskarte des Wasserwirtschaftsamtes Stade vom 20. Dezember 1963 (NLA ST Rep. 97 Stade Acc. 2000/021 Nr. 30).

sich als sicher und konnte für die Verbesserung der regionalen Infrastruktur genutzt werden.

Für das nunmehr eingedeichte Außendeichsgelände bei Stade (Bützflether Sand/ Stader Sand) gelang es der Niedersächsischen Landesregierung, zahlreiche Industriebetriebe anzuwerben, darunter trotz harter niederländischer Konkurrenz den Konzern Dow Chemical (Baubeginn 1969, Produktionsbeginn 1972), derzeit mit dem Werk Stade der größte Chlorproduzent in der Europäischen Union. Damit begann der wirtschaftliche Aufstieg des Raumes Stade, der zuvor als »Armenhaus Niedersachsens« (DANNENBERG 2016, S. 54) gegolten hatte. Das Unternehmen ist bis heute ein Impulsgeber für die Weiterentwicklung des Indus-

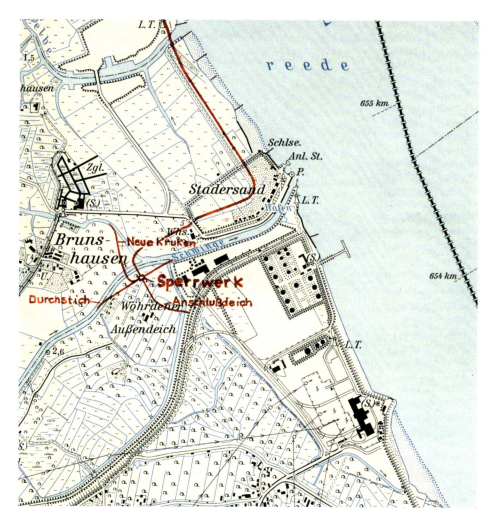

Abb. 4: Übersichtskarte Schwinge-Sperrwerk an der neuen, verkürzten Deichlinie nahe der Elbe bei Stader Sand/Bützflether Sand, Planung Wasserwirtschaftsamt Stade vom 15. April 1969 (NLA ST Rep. 180 WB Nr. 3139).

triegebietes Stade-Bützfleth und mit dem bei der Chlorproduktion anfallenden Wasserstoff ein wichtiger Partner für die Energiegewinnung aus Wind und Wasserstoff in Norddeutschland.

Gudrun Fiedler

Benutzte Archivalien
NLA ST Rep. 97 Stade Acc. 2000/021 Nr. 4, Nr. 30; NLA ST Rep. 180 WB Nr. 3139.

Literatur in Auswahl
CHEMCOAST o. J., DANNENBERG 2016; FISCHER 2003; KRAUSE 2000; LANDESBETRIEB FÜR WASSERWIRTSCHAFT 2007/2010; LANDESBETRIEB FÜR WASSERWIRTSCHAFT o. J. a; LANDWIRTSCHAFTSMINISTER 1973.

Konkordat zwischen dem Heiligen Stuhle und dem Lande Niedersachsen	Concordato tra la Santa Sede e il Land Niedersachsen
Seine Heiligkeit Papst Paul VI. und der Niedersächsische Ministerpräsident,	Sua Santità il Papa Paolo VI e il Presidente dei Ministri del Niedersachsen
die in dem Wunsche einig sind, das Verhältnis zwischen der katholischen Kirche und dem Lande Niedersachsen in freundschaftlichem Geiste zu festigen und zu fördern,	concordi nel desiderio di consolidare e promuovere in spirito di amicizia i rapporti tra la Chiesa Cattolica e il Land Niedersachsen,
haben beschlossen,	hanno risolto
eine feierliche Übereinkunft zu treffen, durch die die Rechtslage der katholischen Kirche in Niedersachsen, die sich namentlich aus den fortgeltenden Konkordaten zwischen dem Heiligen Stuhle und dem Freistaate Preußen vom 14. Juni 1929 und dem Deutschen Reich vom 20. Juli 1933 ergibt, fortgebildet und dauernd geregelt wird.	di concludere una solenne Convenzione, con cui venga sviluppata e regolata in modo stabile la situazione giuridica della Chiesa Cattolica nel Niedersachsen, la quale risulta segnatamente dai Concordati tra la Santa Sede e la Prussia del 14 giugno 1929 e tra la Santa Sede ed il Reich Germanico del 20 luglio 1933, che sono ulteriormente in vigore.
Zu diesem Zwecke hat Seine Heiligkeit zu Ihrem Bevollmächtigten Seine Exzellenz den Hochwürdigsten Herrn Apostolischen Nuntius in Deutschland Dr. Konrad Bafile, Titularerzbischof von Antiochien in Pisidien, ernannt; nach Überreichung seiner für gut und richtig befundenen Vollmacht sind er und der Niedersächsische Ministerpräsident über folgende Artikel übereingekommen:	A tal fine Sua Santità ha nominato Suo Plenipotenziario Sua Eccellenza Reverendissima Monsignor Dr. Corrado Bafile, Arcivescovo titolare di Antiochia di Pisidia, Nunzio Apostolico in Germania; dopo la presentazione dei suoi Pieni Poteri, i quali furono trovati in buona e dovuta forma, egli ed il Presidente dei Ministri del Niedersachsen hanno convenuto negli articoli seguenti:

Artikel 1

(1) Das Land Niedersachsen gewährt der Freiheit, den katholischen Glauben zu bekennen und auszuüben, und der Liebestätigkeit der katholischen Kirche den gesetzlichen Schutz.

(2) Der Schutz der Sonntage und der kirchlichen Feiertage bleibt gewährleistet.

Artikel 2

(1) Die gegenwärtige Diözesanorganisation und -zirkumskription der katholischen Kirche in Niedersachsen, die namentlich auf den nachstehenden, mit den Regierungen vereinbarten oder von ihnen anerkannten Urkunden beruht, und zwar

> im Gebiet des ehemaligen Landes Hannover auf der Bulle Impensa Romanorum Pontificum vom 26. März 1824, durch die das Gebiet des vormaligen Königreichs Hannover den Bistümern Hildesheim und Osnabrück zugewiesen wurde, und auf dem Vertrag zwischen dem Heiligen Stuhle und dem Freistaate Preußen vom 14. Juni 1929,

> im Gebiet des ehemaligen Landes Oldenburg auf der Bulle De salute animarum vom

Articolo 1

(1) Il Land Niedersachsen dà protezione legale alla libertà di professare e di praticare la Religione cattolica e alle opere di carità della Chiesa Cattolica.

(2) La protezione della domenica e delle solennità ecclesiastiche rimane garantita.

Articolo 2

(1) Rimane in vigore l'attuale organizzazione e circoscrizione diocesana della Chiesa Cattolica nel Niedersachsen, che si basa principalmente sui seguenti documenti, concordati con i Governi o da essi riconosciuti, e cioè

> nel territorio dell'ex-Land Hannover sulla Bolla *Impensa Romanorum Pontificum* del 26 marzo 1824, con la quale il territorio dell'antico Regno di Hannover veniva assegnato alle Diocesi di Hildesheim e Osnabrück, e sul Concordato tra la Santa Sede e la Prussia del 14 giugno 1929;

> nel territorio dell'ex-Land Oldemburgo sulla Bolla *De salute animarum* del 16 luglio 1821

Abb. 1: Konkordat zwischen dem Heiligen Stuhl und dem Land Niedersachsen vom 26. Februar 1965, erste Seite (NLA HA Nds. 1 Nr. 45).

34 | »Ein Instrument des friedlichen Ausgleichs«

Das Niedersachsen-Konkordat von 1965

In der föderalen Struktur der Bundesrepublik Deutschland werden die Bundesländer durch die Bundesregierung nach außen vertreten. Das bedeutet, dass die einzelnen Länder keine Außenpolitik betreiben. Staatsverträge schließen die Länder deshalb in der Regel nur mit anderen Bundesländern, mit Religionsgemeinschaften oder mit anderen Körperschaften des öffentlichen Rechts ab. In der Geschichte des Landes Niedersachsen gibt es einige wenige Ausnahmen von dieser Regel. Die erste und zugleich wichtigste dieser Ausnahmen ist das Niedersachsen-Konkordat von 1965. Das Niedersachsen-Konkordat gilt zwar prinzipiell als Vertrag mit einer Religionsgemeinschaft, ist aber letztlich zwischen dem Land und dem Vatikanstaat geschlossen worden.

Eine der zahlreichen Aufgaben, vor die das am 1. November 1946 neugebildete Land Niedersachsen gestellt war, bestand in der grundsätzlichen Klärung und Vereinheitlichung des Verhältnisses zwischen Staat und Kirche. Weder im Bereich der evangelisch-lutherischen Kirche noch im Bereich der römisch-katholischen Kirche war die Rechtslage im Land Niedersachsen eindeutig. Mit den nach wie vor bestehenden evangelisch-lutherischen Landeskirchen hatte die Landesregierung unter Ministerpräsident Kopf am 19. März 1955 den Loccumer Vertrag geschlossen. Dieser war der erste nach Gründung der Bundesrepublik zwischen einem Bundesland und einer Religionsgemeinschaft geschlossene Vertrag. Staat und Kirche hatten darin ihre gemeinsamen Angelegenheiten (Religionsunterricht an den Schulen, Kirchensteuern, Staatsleistungen, Anstaltsseelsorge, theologische Fakultäten usw.) geregelt.

Gleichzeitig war das Verhältnis des Landes Niedersachsen zur katholischen Kirche stark angespannt. Es war umstritten, welche der älteren staatskirchenrechtlichen Vereinbarungen für Niedersachsen galten, da in der ersten Hälfte des 19. Jahrhunderts die damaligen Länder eigene Verträge mit der römischen Kurie geschlossen hatten. Die Komplexität der katholischen Diözesanstruktur im Land stand dementsprechend derjenigen der evangelischen Kirche in nichts nach.

Im Jahr 1965 hatten nicht weniger als fünf katholische Bistümer Anteil am niedersächsischen Staatsgebiet. Der westliche Teil der Provinz Hannover, der Freistaat Schaumburg-Lippe und das Gebiet um Cuxhaven gehörten zur Diözese Osnabrück. Der östliche Teil Hannovers und das Land Braunschweig bildeten das Bistum Hildesheim. Das Land Oldenburg war als Offizialatsbezirk Vechta Bestandteil der Diözese Münster. Zum Sprengel des Erzbistums Paderborn gehörte der Waldecker Landesteil Pyrmont, während der ehemalige preußische Kreis Grafschaft Schaumburg zum Bistum Fulda gehörte. Durch das Konkordat, welches der Freistaat Preußen am 14. Juni 1929 mit der Kurie geschlossen hatte, waren hier nur moderate Änderungen vorgenommen worden. Auf Bestimmungen über das Schulwesen hatte man ganz verzichtet, um den Abschluss des Konkordats nicht zu gefährden.

Schon bald nach der nationalsozialistischen »Machtergreifung« in Deutschland schlossen die neuen Machthaber am 20. Juli 1933 ein für das ganze Deutsche Reich geltendes Konkordat mit dem Heiligen Stuhl ab. Die Reichsregierung hoffte, durch das Konkordat katholische Bevölkerungsschichten für sich gewinnen und den katholischen Klerus von politischer Agitation fernhalten zu können. Aus diesem Grund kam man der Kurie hinsichtlich vieler Fragen, an denen zuvor entsprechende Verhandlungen gescheitert waren (Konfessionsschulen, Religionsunterricht usw.), entgegen, obwohl das Bildungswesen eigentlich Angelegenheit der Länder war.

Sowohl das Preußen-Konkordat von 1929 als auch das Reichskonkordat von 1933 hatten über das Ende des Zweiten Weltkriegs und das damit verbundene Ende deutscher Staatlichkeit hinaus grundsätzlich Bestand. Umstritten allerdings war, ob das Reichskonkordat Gültigkeit für die einzelnen Bundesländer besaß. Die SPD-geführte Niedersächsische Landesregierung verneinte dies und erließ 1954 ein Schulgesetz, welches die Gemeinschaftsschule als verbindliche Schulform im Land festschrieb. Dadurch eskalierte der schon länger schwelende Streit um die Bekenntnisschule. Es kam zu Massendemonstrationen gegen die Schulpolitik des Landes und zu Unterrichtsboykotten. Auf Antrag der Kirche erhob die CDU-geführte Bundesregierung Klage vor dem Bundesgerichtshof, der allerdings 1957 der Niedersächsischen Landesregierung recht gab.

Erst der um Integration bemühte Ministerpräsident Heinrich Hellwege (1955-1959) sah die dringende Notwendigkeit, das zerrüttete Verhältnis zur katholischen Kirche zu kitten. Das noch junge Land hatte zwar eine überwiegend protestantische Bevölkerung, wies aber mit dem Emsland, dem Oldenburger Münsterland, dem hannoverschen Teil des Eichsfelds sowie Teilen der ehemaligen Fürstbistümer Hildesheim und Osnabrück auch einige katholisch geprägte Gebiete auf. Auch war die Zahl der Katholiken im Land durch die zahlreichen Flüchtlinge und Heimatvertriebenen, die nach Kriegsende eine neue Heimat in Niedersachsen fanden, beträchtlich angestiegen. 1957 ließ Hellwege Gespräche mit dem päpstlichen Nuntius aufnehmen, die 1965 im Niedersachsen-Konkordat münden sollten.

Am 26. Februar 1965 unterzeichneten der Niedersächsische Ministerpräsident Georg Diederichs und der Apostolische Nuntius Corrado Bafile das Konkordat, welches völkerrechtlichen Charakter hat, da der Papst Staatsoberhaupt des Vatikanstaats ist (Abb. 1, 2 und 3). Auch hier war Niedersachsen Vorreiter, denn das Niedersachsen-Konkordat war der erste staatskirchenrechtliche Vertrag, den ein Land der Bundesrepublik Deutschland mit dem Heiligen Stuhl geschlossen hat. Das in deutscher und italienischer Sprache abgefasste Konkordat besteht aus einem Hauptteil mit 20 Artikeln und einer Anlage mit weiteren 15 erläuternden Artikeln.

Das Land versichert der Kirche das Recht zur freien Religionsausübung und den Schutz der Sonntage und der kirchlichen Feiertage. Die Diözesaneinteilung wird ausdrücklich bestätigt, allerdings erfolgt zwischen den Bistümern Hildesheim und Osnabrück eine Gebietsbereinigung, da v.a. die Osnabrücker Exklaven rechts der Weser an Hildesheim abgegeben bzw. bestehende staatliche Verwaltungseinheiten auch kirchlich zusammengefügt werden.

Die Bestimmungen des Preußen-Konkordats zur Besetzung kirchlicher Ämter werden auf das gesamte niedersächsische Staatsgebiet ausgedehnt. Die dort festgehaltene Mitteilungspflicht entfällt weitgehend; lediglich bei der Besetzung der Stelle des Offizials in

Abb. 2: Unterzeichnung des Konkordats im Haus der Landesregierung (Lüerstraße 5) in Hannover am 26. Februar 1965 (NLA HA BigS Nr. 7341/3).

Vechta soll der Bischof von Münster die Niedersächsische Landesregierung konsultieren, damit diese gegebenenfalls Bedenken äußern kann. Zwei Vertreter des Oldenburger Klerus sollen als nichtresidierende Mitglieder dem münsterischen Domkapitel angehören, ebenso werden Stellen für je zwei nichtresidierende Domherren in Hildesheim und Osnabrück vorgesehen. An der Universität Göttingen soll eine katholische Theologische Fakultät eingerichtet werden. Weitere Bestimmungen betreffen die Erwachsenenbildung, die Seelsorge in Krankenhäusern und Strafanstalten, die Kirchensteuererhebung und die Einräumung von Sendezeiten im öffentlich-rechtlichen Rundfunk.

Von großer Wichtigkeit sind die Artikel 6 und 7, in denen die unterschiedlichen Auffassungen über das Schulwesen und den Religionsunterricht geregelt werden. Grundsätzlich akzeptiert die Kirche die Gemeinschaftsschule, während das Land die Beibehaltung und Neuerrichtung von katholischen Bekenntnisschulen zugesteht. Mit der Übertragung des Hildesheimer Domes und anderer Gebäude im Dombereich – bei gleichzeitigem Verzicht auf die aus der Säkularisationszeit herrührende Unterhaltungspflicht des Staates für diese Gebäude – wie auch mit dem Übergang des Gymnasiums Josephinum in Hildesheim an den Bischöflichen Stuhl werden weitere Streitpunkte überwunden.

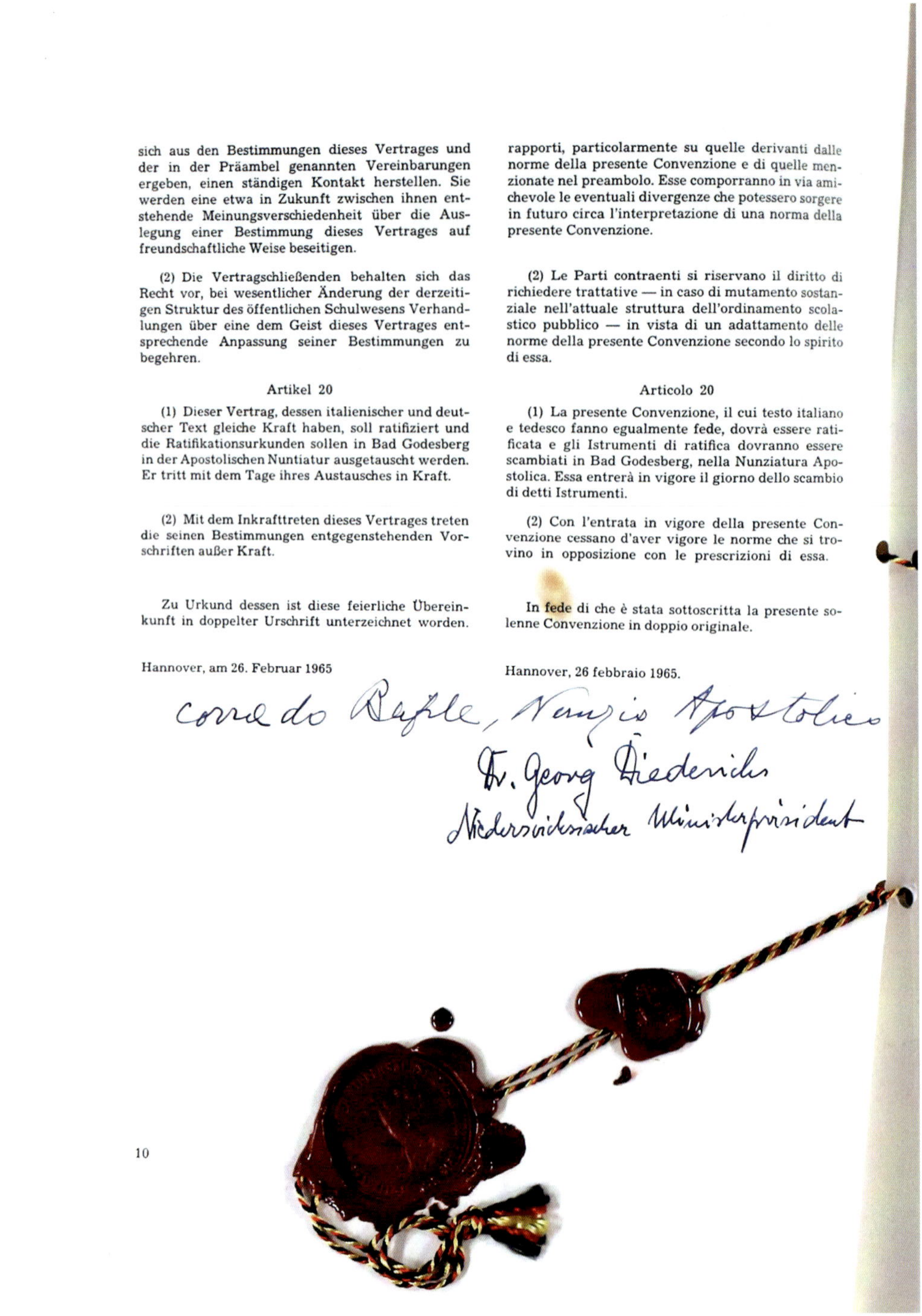

sich aus den Bestimmungen dieses Vertrages und der in der Präambel genannten Vereinbarungen ergeben, einen ständigen Kontakt herstellen. Sie werden eine etwa in Zukunft zwischen ihnen entstehende Meinungsverschiedenheit über die Auslegung einer Bestimmung dieses Vertrages auf freundschaftliche Weise beseitigen.

(2) Die Vertragschließenden behalten sich das Recht vor, bei wesentlicher Änderung der derzeitigen Struktur des öffentlichen Schulwesens Verhandlungen über eine dem Geist dieses Vertrages entsprechende Anpassung seiner Bestimmungen zu begehren.

Artikel 20

(1) Dieser Vertrag, dessen italienischer und deutscher Text gleiche Kraft haben, soll ratifiziert und die Ratifikationsurkunden sollen in Bad Godesberg in der Apostolischen Nuntiatur ausgetauscht werden. Er tritt mit dem Tage ihres Austausches in Kraft.

(2) Mit dem Inkrafttreten dieses Vertrages treten die seinen Bestimmungen entgegenstehenden Vorschriften außer Kraft.

Zu Urkund dessen ist diese feierliche Übereinkunft in doppelter Urschrift unterzeichnet worden.

Hannover, am 26. Februar 1965

rapporti, particolarmente su quelle derivanti dalle norme della presente Convenzione e di quelle menzionate nel preambolo. Esse comporranno in via amichevole le eventuali divergenze che potessero sorgere in futuro circa l'interpretazione di una norma della presente Convenzione.

(2) Le Parti contraenti si riservano il diritto di richiedere trattative — in caso di mutamento sostanziale nell'attuale struttura dell'ordinamento scolastico pubblico — in vista di un adattamento delle norme della presente Convenzione secondo lo spirito di essa.

Articolo 20

(1) La presente Convenzione, il cui testo italiano e tedesco fanno egualmente fede, dovrà essere ratificata e gli Istrumenti di ratifica dovranno essere scambiati in Bad Godesberg, nella Nunziatura Apostolica. Essa entrerà in vigore il giorno dello scambio di detti Istrumenti.

(2) Con l'entrata in vigore della presente Convenzione cessano d'aver vigore le norme che si trovino in opposizione con le prescrizioni di essa.

In fede di che è stata sottoscritta la presente solenne Convenzione in doppio originale.

Hannover, 26 febbraio 1965.

Corrado Bafile, Nunzio Apostolico

Dr. Georg Diederichs
Niedersächsischer Ministerpräsident

Abb. 3: Konkordat zwischen dem Heiligen Stuhl und dem Land Niedersachsen vom 26. Februar 1965, letzte Seite (NLA HA Nds. 1 Nr. 45).

Für Ministerpräsident Diederichs (SPD) besaß das Konkordat mit der katholischen Kirche so großen Stellenwert, dass er dafür sogar den Fortbestand seiner Regierungskoalition riskierte. Der kleine Koalitionspartner FDP kritisierte harsch das Entgegenkommen des Landes in der Schulfrage. Insbesondere Kultusminister Hans Mühlenfeld, der eigentlich den Regierungsantrag zur Ratifizierung des Vertragswerks im Landtag darlegen sollte, verweigerte mehr oder weniger offen seine Zustimmung. Als die verhärteten Positionen keine Einigung mehr zuließen, entließ Diederichs am 13. Mai 1965 die vier FDP-Minister aus dem Kabinett. Bereits am Vortag hatten sich SPD und CDU auf die Bildung einer neuen Regierungskoalition geeinigt.

Das Niedersachsen-Konkordat vom 26. Februar 1965 hat wesentlich dazu beigetragen, das Verhältnis der katholischen Einwohner Niedersachsens zu ihrem Land zu entspannen. Kirche und Staat, die in Niedersachsen über mehr als zehn Jahre hinweg leidenschaftlich und erbittert über das »richtige« Erziehungswesen und auch über die aus der Säkularisation von 1802/03 resultierenden vermögensrechtlichen Fragen gestritten hatten, haben sich in der Folge als verlässliche Vertragspartner kennen- und schätzen gelernt. Erst seit dem Abschluss des Niedersachsen-Konkordats gelten für alle Katholiken im Land die gleichen Bestimmungen. Und obwohl das Land Niedersachsen nach dem Konkordat nicht mehr dazu verpflichtet gewesen wäre, hat es sogar die Sanierung des zum UNESCO-Weltkulturerbe gehörenden Hildesheimer Doms 2010 bis 2014 nach Kräften unterstützt. So hat sich das Konkordat in der Tat – wie es sich Ministerpräsident Diederichs 1965 gewünscht hatte – als »Instrument des friedlichen Ausgleichs« bewährt.

Christian Hoffmann

Benutzte Archivalien
NLA HA BigS Nr. 7341; NLA HA Nds. 1 Nr. 45; NLA HA Nds. 400 Acc. 31/86 Nr. 473; NLA HA Nds. 400 Acc. 2019/29 Nr. 88; NLA HA V.V.P. 10 Nr. 150/2.

Literatur in Auswahl
ASCHOFF 1983; JANSSEN 1967; KUROPKA 2010; NENTWIG 2013.

Verwaltungskörperschaften, dem Landkreis Wolfenbüttel und den Anliegergemeinden, als auch bei der regionalen Wirtschaft heftige Proteste aus. So fürchtete etwa die Gemeinde Groß Denkte eine Kontaminierung ihres aus Quellen der Asse gespeisten Trinkwassers, und die in Wittmar ansässige Asse-Schuh-GmbH sorgte sich um die Rentabilität ihres erst 1963 eröffneten Betriebs.

Auch der Kreistag in Wolfenbüttel beschäftigte sich am 25. September 1964 mit diesem Thema und forderte schließlich einstimmig die Einstellung der »Vorarbeiten für ein Atommülllager im Steinsalzschacht ›Asse‹«. Aus »psychologischen Gründen« dürfe das Zonenrandgebiet nicht noch weiter belastet werden.

In ihrer Reaktion setzte die Politik auf die Überzeugungskraft wissenschaftlicher Expertise – das Landesamt für Bodenforschung hatte Wassereinbrüche und Kontakte radioaktiver Laugen mit dem Grundwasser faktisch ausgeschlossen – und eine konsequente Aufklärung der Bevölkerung.

Seit 1964 waren die Rechtsgrundlagen für den Betrieb diskutiert worden. Da entsprechende rechtliche Regelungen fehlten, sollte die Asse zunächst als Bergwerk nach Bergrecht auf der Grundlage von Betriebsplänen sowie Umgangs- und Aufbewahrungsgenehmigungen weiterarbeiten. Letztendlich führten die Bergbehörden auf diese Weise mit der Berg- auch die Atomaufsicht.

Als die GFS im März 1965 die Anlage schließlich käuflich erwarb und damit die Voraussetzung für den Aufbau des Versuchsbetriebs und den Ausbau von Schacht II zum Forschungsbergwerk geschaffen war, wurde es immer dringlicher, mit den beteiligten Stellen das weitere Vorgehen abzustimmen.

Wie nun um eine einvernehmliche Lösung gerungen wurde, spiegelt die Überlieferung im Bergarchiv Clausthal zu einem Informationsgespräch über den Stand und weiteren Ausbau des Forschungsprogramms zur Einlagerung radioaktiver Abfälle wider, das auf Anforderung des Bundesministers für wissenschaftliche Forschung am 30. Juni 1965 auf dem Steinsalzwerk Asse anberaumt worden war. Der Leiter des OBA, leitender Bergdirektor Börger, berichtete seinem vorgesetzten Minister darüber und verdeutlichte der »obersten« Bergbehörde noch einmal die Bedenken der nachgeordneten Fachbehörde. In seinem Vermerk, der im Entwurf überliefert ist, fokussierte er dabei sehr bewusst auf die Aufsicht führende Funktion des OBA.

Unbeeindruckt von der deutlichen Ansage Hubertus Holtzems (1918-1999), seit 1963 Oberregierungsrat beim Bundesministerium für wissenschaftliche Forschung, »daß die Asse nach dem Willen des (Bundes)Ministers für wissenschaftliche Forschung unter allen Umständen für die Lagerung hochaktiver Stoffe verwendet werden solle«, verweist Börger unbeirrt auf die potenzielle Gefährdung der Grubenbelegschaft durch den Einschachtbetrieb, was nicht zuletzt die Bergbehörden bewogen hätte, auf die Einstellung des Grubenbetriebs hinzuwirken. Er müsse daher offenlassen, ob das OBA den weiteren Betrieb überhaupt genehmigen könne. Darüber hinaus sieht sich Börger genötigt, die Ausführungen der Vertreter des Landesamts für Bodenforschung zur Sicherheit des Trinkwassers in Zusammenhang mit der möglichen Einlagerung von Neutronenstrahlern zu kommentieren. Unabhängig von der Versiegelung dieser hochaktiven Stoffe in Glaszylindern – ein Verfahren, das Harald Ramdohr vom Kernforschungsinstitut in Karlsruhe zuvor beschrieben hatte –, sieht Börger eine erhebliche Gefährdung sowohl für den nach wie vor laufenden bergmännischen Betrieb als auch für das Grundwasser, zumal man konkrete Angaben zum Umfang dieser Einlagerung den OBA-Vertretern offenbar schuldig blieb. Bereits im Frühjahr hatte das OBA mit einem Bericht beim Wirtschaftsministerium den Eindruck vermittelt, es vertrete in der Frage, »ob im Falle eines Ersaufens der Grube Kontakte mit den Quellen der Asse auftreten könnten, […] eine andere von der Auffassung des Niedersächsischen Landesamts für Bodenforschung abweichende Auffassung«. Das Wirtschaftsministerium in Hannover war alarmiert und versuchte noch Mitte Juni, seine Fachbehörden wieder auf Linie zu bringen. In der Besprechung am 30. Juni zeigte sich allerdings eine gewisse Zurückhaltung bei den Vertretern des Landesamts für Bodenforschung bei der Bewertung einer Gefährdung des Grundwassers. Um die Bevölkerung verlässlich gegen »eine Kontaminierung des Grundwassers« schützen zu können, seien »klare Unterlagen über die Grundwasserverhältnisse« erforderlich, zitiert Börger den Vizepräsidenten des Landesamts, Gerhard Richter-Bernburg (1907-1990), und kommentiert dies: »Bemerkenswert ist, daß das Amt für Bodenforschung offensichtlich mit der Möglichkeit einer radioaktiven Verseuchung des Grundwassers rechnet.« Das OBA sah sich in seiner bereits im April geäußerten Skepsis gegenüber den gutachterlichen Äußerungen des Landesamts bestätigt. Börgers Frage, was denn für Maßnahmen vorgesehen seien, wenn ein Glaszylinder in den Schacht fiele, denn er kenne nämlich kein Bergwerk, *auf dem nicht (schon) Förderwagen oder anderes Fördergut schon in den Schacht gefallen sei*, wurde von den Vertretern der GSF eher lapidar beantwortet: […] *man würde dafür sorgen, dass unter keinen Umständen etwas in den Schacht fallen könne*. Das im Vermerk Folgende (? !) könnte fast als Kopfschütteln des bergmännischen Fachmanns und Praktikers gedacht werden (Abb.). Im Grundtenor also blieb das OBA auf Distanz zu den Planungen und Absichten des Bundeswissenschaftsministeriums und bestand nach wie vor auf seinen »sicherheitlichen« Bedenken. Dennoch erfolgte am 4. April 1967 die erste Einlagerung radioaktiver Stoffe in Schacht II des ehemaligen Salzbergwerks Asse, die bis 1978 andauerte und mindestens 125.787 Gebinde umfassen sollte.

Seit 1988 stellte man größere Mengen zufließender Salzlauge und bald auch das Auftreten radioaktiv kontaminierter Laugen fest. Die endgültige Schließung wurde 1995 beschlossen und 2007 schließlich ein Abschlussbetriebsplan vorgelegt. Der am 16. Juni 2009 vom Niedersächsischen Landtag eingesetzte Untersuchungsausschuss kam zu dem Ergebnis, »vor allen anderen denkbaren Stilllegungsoptionen« eine Rückholung der radioaktiven Abfälle zu empfehlen. Im Abschlussbericht 2012, 47 Jahre nach Börgers Vermerk, heißt es weiter: »Unter heute geltenden gesellschaftspolitischen sowie wissenschaftlichen Kriterien würde die Schachtanlage Asse II niemals für die Lagerung von schwach- und mittelradioaktiven Abfällen ausgewählt werden. […] Obwohl die Entsorgung von radioaktivem Abfall in Salzgestein eine für die damaligen Verhältnisse fortschrittliche Einlagerungsmethode darstellte, bleibt zu bemängeln, dass die Zweifel des Oberbergamts Clausthal-Zellerfeld an der Eignung der Asse und bekannte Fakten zur gebirgsmechanischen Situation der Asse nur unzureichend berücksichtigt wurden« (UNTERSUCHUNGSAUSSCHUSS 2012, S. 42 und 48).

Roxane Berwinkel

Benutzte Archivalien
NLA HA BaCl Hann. 184 Acc. 9 Nr. 3099-3101;
NLA HA Nds. 100 Acc. 186/94 Nr. 22.

Literatur in Auswahl
MÖLLER 2009; OBERBERGAMT 1965; UNTERSUCHUNGSAUSSCHUSS 2012.

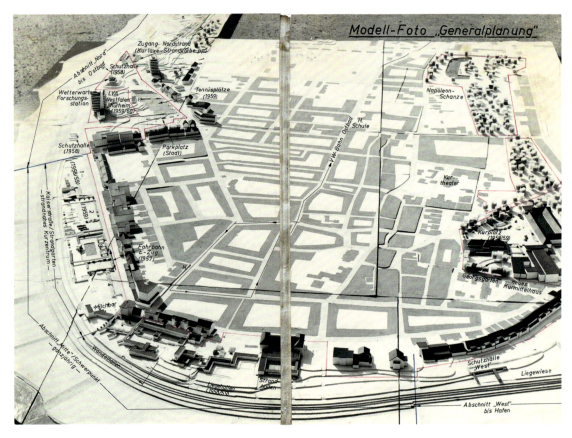

Modell-Foto des Generalausbauplans der Insel Norderney, Stand Mitte 1960er Jahre, linke Hälfte (NLA AU Rep. 17/3 Nr. 1287).

36 | »Urlaub in Niedersachsen macht gesund.«

Vom Nordseeheilbad zur Wellnessinsel – der Generalentwicklungsplan der Insel Norderney

Das Niedersächsische Ministerium für Wirtschaft, Arbeit und Verkehr stellte in seinem Strategiepapier zur Tourismuspolitik aus dem Jahr 2015 fest, dass die stetig wachsende Tourismusbranche mit einem Bruttoumsatz von ca. 15 Milliarden Euro jährlich und mehr als 41 Millionen Übernachtungen zur »1. Liga der niedersächsischen Wirtschaft« gehört.

Als sogenannte Masterplanregionen wurden besonders die gesamte Nordseeküste zusammen mit den auf den Inseln liegenden Seebädern, die Lüneburger Heide, das Weserbergland und der Harz gefördert. Ein Schwerpunkt lag dabei auf dem sogenannten Gesundheitstourismus, denn gerade die niedersächsischen Seebäder, aber auch andere Kur- und Erholungsorte besitzen eine »hohe medizinische Kompetenz«, die einen »hervorragenden Beitrag zur Wiederherstellung und Erhaltung der Gesundheit« leisten – eine wichtige Ressource angesichts des wachsenden gesellschaftlichen Gesundheitsbewusstseins bei gleichzeitiger Leistungsreduzierung der gesetzlichen Kranken- und Rentenkassen.

Die in der Masterplanregion Nordseeküste liegende Insel Norderney kann angesichts der 1797 eröffneten ersten Seebadeanstalt auf den ostfriesischen Inseln auf eine bis in das 18. Jahrhundert zurückreichende Tradition blicken. Spätestens seit Ende des 19. Jahrhunderts wurde der Fremdenverkehr zunehmend zum bestimmenden Wirtschaftsfaktor auf der Insel. Die Gäste- und Übernachtungszahlen nahmen kontinuierlich zu, die Besucherzahlen übertrafen die Einwohnerzahlen in den 1880er Jahren bereits um das Vier- bis Sechsfache. Diese Entwicklung wurde nur durch politische Ereignisse gebremst, wie z. B. die Napoleonischen Kriege und die beiden Weltkriege, wirtschaftliche Krisenjahre, Naturereignisse wie Sturmfluten (z. B. 1962), verregnete Sommer oder zuletzt die Covid-19-Pandemie.

Nachdem zu Beginn des Zweiten Weltkrieges alle Gäste die Insel verlassen mussten, setzte der Fremdenverkehr bereits kurz nach dessen Ende wieder ein. Allerdings waren die Kurmöglichkeiten noch sehr beschränkt, da die britische Besatzungsmacht große Teile der in staatlicher Hand liegenden Kureinrichtungen des Staatsbades und einige Hotels zur Erholung ihrer Truppen beschlagnahmt hatte. Als 1952 diese Liegenschaften wieder freigegeben wurden, stieg die Gästezahl rasch von 27.370 im Jahr 1950 auf 90.747 im Jahr 1956 an. Im Jahr 2019 wurden allein in den größeren Beherbergungsbetrieben über 1,6 Millionen Übernachtungen gezählt, die zahlreichen Tagestouristen gar nicht eingerechnet. Damit führt Norderney die Liste der mit Prädikat ausgezeichneten Gesundheitsorte an.

In den ersten Nachkriegsjahren galt es zunächst, die sichtbaren Folgen von Kriegseinwirkungen und Besatzung im Bereich der Kureinrichtungen zu beseitigen. 1956 begann die Verwaltung des Staatsbades mit den ersten langfristig angelegten Planungen, um die Insel zu »Deutschlands größtem Nordseeheilbad« weiterzuentwickeln. Diese Bemühungen mündeten in einen 1958 beschlossenen Generalplan, der zunächst auf zehn Jahre angelegt war. Neben dem Wunsch, »dem Bade in seinen Anlagen und Einrichtungen ein zusammenhängendes Gesicht zu geben«, stand besonders das Vorhaben im Mittelpunkt, die Auslastung außerhalb der Hauptsaison zu verbessern. Zu diesem Zweck waren ausgedehnte Baumaßnahmen vorgesehen, die auch einen Kuraufenthalt während der kälteren Jahreszeit ermöglichen sollten, wie z. B. beheizte Liegehallen, die Erweiterung des Kurmittelhauses und die Anlage von auch unter ungünstigeren Wetterbedingungen attraktiven Parkanlagen.

Entwickelt wurde dieser Plan zusammen mit der Abteilung für Staatsbäder bei der Bezirksregierung Aurich. Das hier abgebildete Foto ist in einer Akte dieser Abteilung aus dem Jahr 1968 zur Aufstellung eines 2. Generalplans und dessen Neufassung bis 1985 überliefert (Abb.). Aufgenommen wurde es vermutlich in den 1960er Jahren im Rahmen der Fortschreibung des 1967 beendeten 1. Generalplans. Zu sehen ist ein Teil eines 1956 erstellten Modells, in dem die bereits durchgeführten Verbesserungsmaßnahmen auf dem landeseigenen Gebiet des Staatsbades mit der entsprechenden zeitlichen Zuordnung versehen waren. Zur besseren Orientierung hat man zudem diesen Bereich der Insel mit einer roten Linie von der Stadt Norderney abgegrenzt und das Stadtgebiet nur schematisch dargestellt.

Bei den abgeschlossenen Arbeiten handelte es sich um die Ende der 1950er Jahre errichtete bzw. sanierte Schutzhalle am Ostbad, die Liegehallen am Weststrand, die Umgestaltung der Uferpromenade an der Kaiserstraße, das neu errichtete Kurheim der Landesversicherungsanstalt Westfalen, die von der Uferpromenade in einen geschützteren Bereich verlegten Tennisplätze sowie eine neue Fahrbahn für den zur »Weißen Düne« fahrenden Elektrozug. Ergänzt wurde das Foto mit einem »Verzeichnis der wesentlichsten im Plan erfassten Anlagen und Einrichtungen«. Es umfasste 50 Vorhaben, von denen ca. 60 Prozent bereits umgesetzt waren. Die übrigen befanden sich in Planung oder wurden in dem 2. Generalplan für die Jahre 1968 bis 1977 fortgeschrieben.

Dieser 2. Generalplan war aufgeteilt in zwei Fünfjahrespläne mit einem Gesamtvolumen von insgesamt 10 Millionen DM. Neben Bau- und Sanierungsmaßnahmen an den Kureinrichtungen und dem 1930 errichteten Seewasserwellen-Hallenschwimmbad umfasste er auch die Instandhaltung und Erweiterung der Betriebsanlagen des Kurbetriebes sowie sonstige Verbesserungen auf dem Gebiet des Staatsbades und der landeseigenen Domäne wie z. B. die Anlage von Wanderwegen, die Nutzung des Flugplatzes oder auch die Gestaltung des Ostbades. Außerdem hatte man eine Auflistung angefügt mit den von der Stadt Norderney geplanten Schritten zur Verbesserung der Infrastruktur und der vom Staatsbad angestrengten Verpachtung von Restaurationsbetrieben.

Allerdings war das Niedersächsische Finanzministerium nach Prüfung des Generalplanes nicht zufrieden. Es wurde kritisiert, die vorgelegten Pläne entsprächen nicht dem Prinzip der Wirtschaftlichkeit, da diese Maßnahmen »die Wirtschaftskraft der Staatsbäder nicht unmittelbar stärken« würden. Der Auricher Regierungspräsident sah dies anders. Er argumentierte, der erste Fünfjahresplan enthalte allein Maßnahmen, die dem Erhalt der Wirtschaftlichkeit dienten, während der zweite Fünfjahresplan Maßnahmen umfasse, die eine »werbende Wirkung« hätten, wie z. B. der Bau eines Meerwasserfreischwimmbades sowie einer Konzert- und Kongresshalle.

1973 wünschte das mittlerweile zuständige Ministerium für Wirtschaft und öffentliche Arbeiten die Aufstellung eines neuen, auf zehn Jahre, also bis 1985, ausgelegten Plans. Zu den darin projektierten Maßnahmen gehörten u.a. der bereits begonnene und 1974 beendete Bau eines Meerwasserfreibades, die Anpassung der Ausstattung des FKK-Strandes an die wachsende Zahl der Badegäste (1974), die Sanierung von Kurhaus und Basargebäude, eine Aufstockung des Wohnhauses für das Saisonpersonal und der Ausbau des Flughafens (1975) sowie die Einrichtung einer Konzert- und Kongresshalle (1976). Andere notwendige Maßnahmen wie z. B. die Erweiterung der Hafenanlagen, Steuerung des Verkehrsaufkommens sowie Fragen von Umweltschutz und Entsorgung wurden zwar diskutiert, fanden aber keine Erwähnung im Entwicklungsplan.

Diese vorzeitige und längerfristig angelegte Fortschreibung des Generalentwicklungsplans korrespondiert mit der 1975 erfolgten Umstrukturierung der Staatsbäderverwaltung, die in die Hände der neu errichteten Niedersächsischen Bädergesellschaft mbH überging und fortan nicht mehr in der Zuständigkeit des Regierungspräsidenten lag. Ebenso spielten vermutlich das Ende der »Wirtschaftswunderjahre« und die Ölkrise 1973/74 sowie die Aufstellung eines 1974 veröffentlichten Niedersächsischen Fremdenverkehrsprogramms eine Rolle.

In diesem Programm wird auf das sich ändernde Urlaubs- und Freizeitverhalten reagiert. Denn trotz Krisenzeiten konnten sich immer mehr Menschen wegen gestiegener Haushaltseinkommen und zunehmender Freizeit mehr als eine Reise leisten. Kurzurlaube über ein verlängertes Wochenende nahmen genauso zu wie die »Konsumausgaben im Freizeitbereich«. Im 1973 vom Regierungspräsidenten herausgegebenen Entwicklungsplan für den Fremdenverkehr in Ostfriesland heißt es, dass für die Insel Norderney weniger das »Angebot an Erholungseinrichtungen und Erholungsanlagen« entscheidend sei als vielmehr die Verbesserung des Beherbergungsangebotes, besonders im Hotelgewerbe. Gleichzeitig wollte man das bereits in den 1950er Jahren formulierte Ziel weiterverfolgen, die Saison über die Hauptreisezeit im Sommer in das Winterhalbjahr auszudehnen und damit die Übernachtungszahlen zu steigern.

Bis weit in die 1970er Jahre hinein kam dem Kuraufenthalt von Kindern und Erwachsenen bei den Gäste- und Übernachtungszahlen außerhalb der Saison ein erheblicher Anteil zu. Dies hat sich jedoch mittlerweile geändert: Der »klassische Kurbetrieb« insgesamt hat im Vergleich zum Erholungsurlaub, Kurz- und Clubreisen sowie dem Tagestourismus an Bedeutung verloren. Eine Entwicklung, die sich auch in der aktuellen Bewerbung der Insel als »Deutschlands Thalasso-Insel« deutlich zeigt. Der Kur-Aspekt hat sich auf Norderney ebenso wie in den anderen niedersächsischen Seebädern in ein Wellnessangebot verwandelt, das hier in einer Reihe mit anderen Vorteilen (Meer, Strand, Lifestyle, Shopping und Events) eines Inselurlaubs aufgezählt wird.

Kirsten Hoffmann

Benutzte Archivalien
NLA AU Rep. 17/3 Nr. 1287.

Literatur in Auswahl
HASBARGEN 1964; KULINAT 1969; REGIERUNGSPRÄSIDENT 1973; WIRTSCHAFTSMINISTERIUM 1974; WIRTSCHAFTSMINISTERIUM 2015.

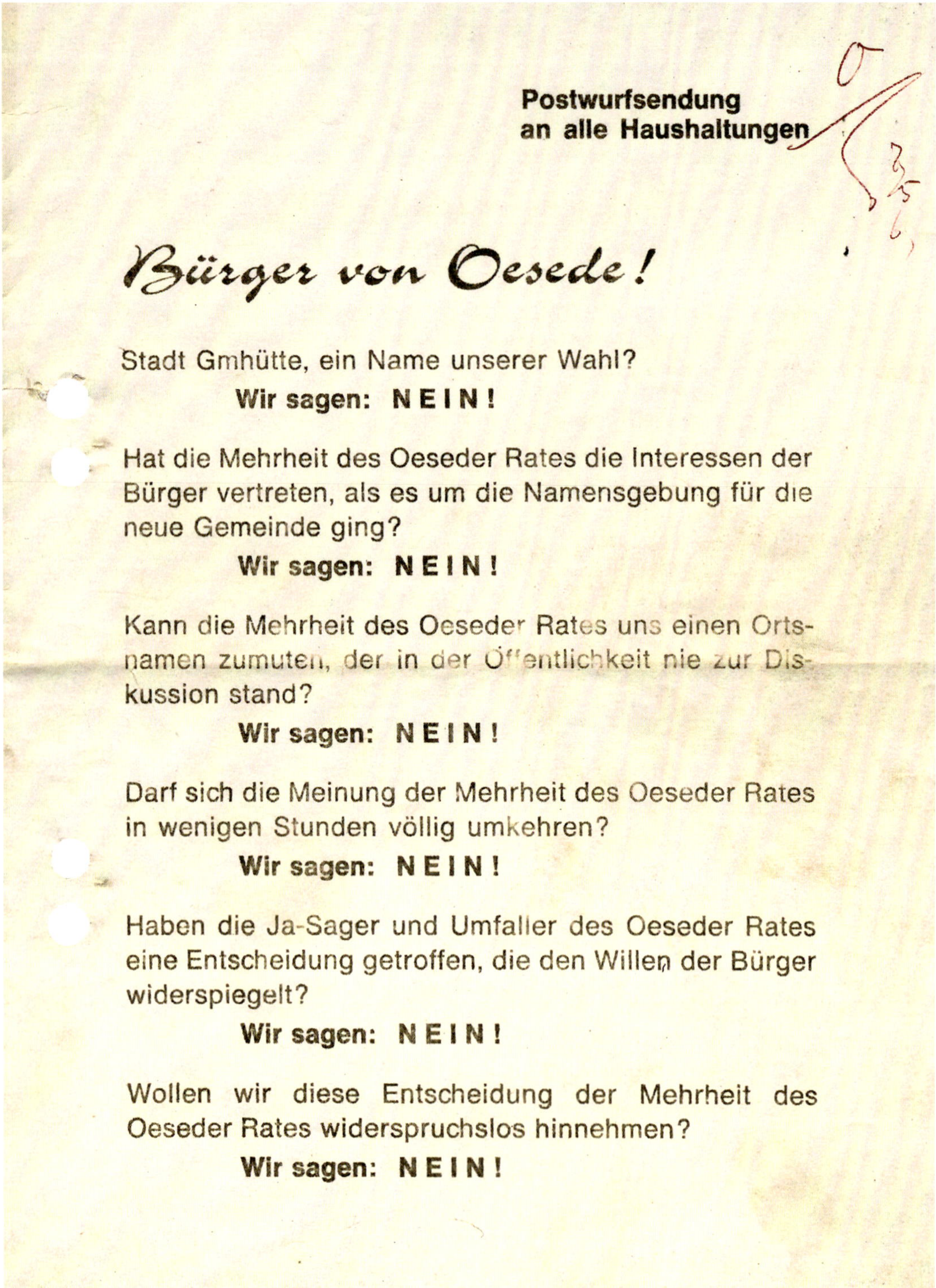

Postwurfsendung an alle Haushaltungen

Bürger von Oesede!

Stadt Gmhütte, ein Name unserer Wahl?
   Wir sagen: NEIN!

Hat die Mehrheit des Oeseder Rates die Interessen der Bürger vertreten, als es um die Namensgebung für die neue Gemeinde ging?
   Wir sagen: NEIN!

Kann die Mehrheit des Oeseder Rates uns einen Ortsnamen zumuten, der in der Öffentlichkeit nie zur Diskussion stand?
   Wir sagen: NEIN!

Darf sich die Meinung der Mehrheit des Oeseder Rates in wenigen Stunden völlig umkehren?
   Wir sagen: NEIN!

Haben die Ja-Sager und Umfaller des Oeseder Rates eine Entscheidung getroffen, die den Willen der Bürger widerspiegelt?
   Wir sagen: NEIN!

Wollen wir diese Entscheidung der Mehrheit des Oeseder Rates widerspruchslos hinnehmen?
   Wir sagen: NEIN!

Abb. 1: Postwurfsendung der Oeseder Vereine und Verbände als Protest gegen die Wahl des Ortsnamens Georgsmarienhütte 1969, erste Seite (NLA OS Dep 91 b Nr. 3).

37 | »... die Mehrheit unseres Rates hat uns verkauft«

Die Gebiets- und Verwaltungsreform in Niedersachsen von 1965 bis 1978

Mit solch deutlichen Worten aus der Bevölkerung hatte im Oeseder Rat wohl niemand gerechnet. Gerade noch hatte man den bis zur letzten Sekunde hart umkämpften Gebietsänderungsvertrag und somit den freiwilligen Zusammenschluss der Gemeinden Georgsmarienhütte, Oesede und Harderberg in geselliger Ratsherrenrunde gefeiert, da flatterte die Postwurfsendung der Oeseder Vereine und Verbände ins Haus (Abb. 1). Darin wurde massive Kritik am Oeseder Rat geäußert und eine Unterschriftenaktion angekündigt. Diese richtete sich jedoch nicht gegen die Zusammenlegung und somit den Verlust der Eigenständigkeit, wie man zunächst vermuten könnte, sondern einzig und allein *gegen den Namen der neuen Gemeinde und besonders gegen die Art der Namensgebung* (Abb. 2). Für die Kritiker wurde durch die Annahme des Namens Georgsmarienhütte die »1100jährige Tradition« Oesedes »einem Namen geopfert, den die Bevölkerung nicht will.« Ein Skandal, den es rückgängig zu machen galt.

Aber werfen wir zunächst einen Blick auf die Umstände, die zum Zusammenschluss geführt haben. Gut 20 Jahre nach Kriegsende hatte die Bundesrepublik eine rasante Entwicklung hinter sich. Vom einst kriegszerstörten Land mit entsetzlicher politischer Vergangenheit hatte es sich zum Wirtschaftswunderland und seriösen Partner auf internationalem Parkett gemausert. Städte und Industrieregionen boomten. Die Kehrseite der Medaille war jedoch eine einsetzende Landflucht, der man 1965 mit dem Raumordnungsgesetz bundesweit entgegenwirken wollte. Auf Länderebene wurde dies mit eigenen Raumordnungsprogrammen ergänzt, wie dem Niedersächsischen Raumordnungsgesetz vom 30. März 1966.

Zeitgleich wurden die Probleme in den Kommunen und der Verwaltung immer deutlicher. Dies veranlasste den Göttinger Staats- und Verfassungsrechtler Werner Weber 1964 auf dem Deutschen Juristentag der Frage nachzugehen, ob die gegenwärtige kommunale Struktur überhaupt den Anforderungen der geplanten Raumordnung entspreche. Dadurch gab er den Anstoß zu einer umfassenden Gebiets- und Verwaltungsreform, woraufhin in den einzelnen Bundesländern Sachverständigenkommissionen gebildet wurden. In Niedersachsen übernahm jener Werner Weber den Vorsitz des zehnköpfigen Gremiums. Was galt es zu untersuchen? Zunächst war da dieser geradezu monströse Verwaltungsapparat, der bei der Gründung des Landes Niedersachsen aus den Verwaltungstraditionen der preußischen Provinz Hannover sowie den ehemaligen Ländern Braunschweig, Oldenburg und Schaumburg-Lippe entstanden war. Da konnte es schon einmal vorkommen, dass fünf Beamte unterschiedlicher Behörden ein und dieselbe Baumaßnahme abnahmen. Daneben wurden die Gemeinden und ihre Leistungsfähigkeit unter die Lupe genommen. Damals zählten 60 Landkreise mit 5,1 Millionen Menschen und 15 kreisfreie Städte mit 1,7 Millionen

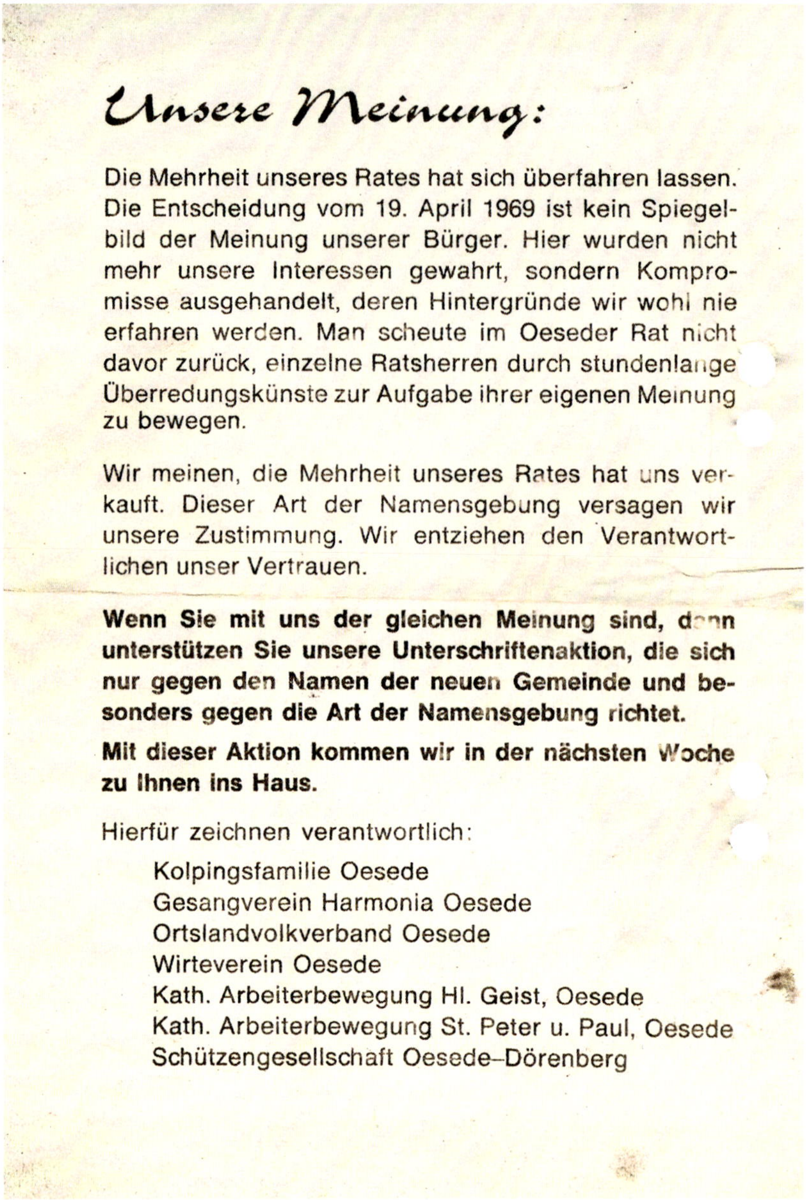

Unsere Meinung:

Die Mehrheit unseres Rates hat sich überfahren lassen. Die Entscheidung vom 19. April 1969 ist kein Spiegelbild der Meinung unserer Bürger. Hier wurden nicht mehr unsere Interessen gewahrt, sondern Kompromisse ausgehandelt, deren Hintergründe wir wohl nie erfahren werden. Man scheute im Oeseder Rat nicht davor zurück, einzelne Ratsherren durch stundenlange Überredungskünste zur Aufgabe ihrer eigenen Meinung zu bewegen.

Wir meinen, die Mehrheit unseres Rates hat uns verkauft. Dieser Art der Namensgebung versagen wir unsere Zustimmung. Wir entziehen den Verantwortlichen unser Vertrauen.

Wenn Sie mit uns der gleichen Meinung sind, dann unterstützen Sie unsere Unterschriftenaktion, die sich nur gegen den Namen der neuen Gemeinde und besonders gegen die Art der Namensgebung richtet.

Mit dieser Aktion kommen wir in der nächsten Woche zu Ihnen ins Haus.

Hierfür zeichnen verantwortlich:
- Kolpingsfamilie Oesede
- Gesangverein Harmonia Oesede
- Ortslandvolkverband Oesede
- Wirteverein Oesede
- Kath. Arbeiterbewegung Hl. Geist, Oesede
- Kath. Arbeiterbewegung St. Peter u. Paul, Oesede
- Schützengesellschaft Oesede–Dörenberg

Abb. 2: Postwurfsendung der Oeseder Vereine und Verbände als Protest gegen die Wahl des Ortsnamens Georgsmarienhütte 1969, zweite Seite (NLA OS Dep 91 b Nr. 3).

Menschen zu sechs Regierungsbezirken und zwei Verwaltungsbezirken. Der kleinste Kreis kam dabei auf weniger als 20.000, die kleinsten Orte sogar auf weniger als 500 Einwohner. Zur Wahrnehmung der öffentlichen Aufgaben waren diese finanziell, personell und organisatorisch kaum in der Lage.

Auch in Georgsmarienhütte, Harderberg

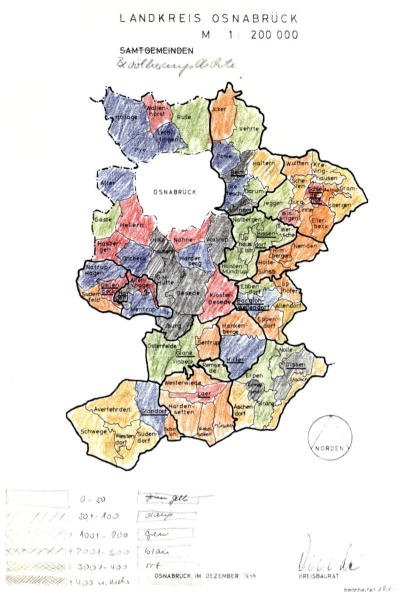

Abb. 3: Von Hand kolorierte Karte der Kreisverwaltung Osnabrück zur Veranschaulichung der Bevölkerungsdichte der kreisangehörigen Kommunen 1965 (NLA OS Dep 104 II Akz. 2000/040 Nr. 94).

und Oesede war man sich dessen bewusst. Es hakte unter anderem bei der Gemeindeentwicklung, der Wirtschaftsförderung, dem Ausbau von Arbeitsplätzen und der Verbesserung und Instandhaltung der Infrastruktur. Nur gemeinsam konnten Lösungen umgesetzt und durch höhere Schlüssel- und Sonderzuweisungen des Landes finanziert werden. Die Höhe der jährlichen Zuweisungen hing von der Einwohnerzahl ab, die laut Raumordnungsgesetz bei mindestens 5.000 Einwohnern liegen sollte. Mit diesem Wissen und der Befürchtung, dass die Weber-Kommission am »Grünen Tisch« entschied, welche Gemeinden zusammengelegt werden sollten, suchten niedersachsenweit die Kommunen bereits kurz nach Bekanntwerden des Raumordnungsgesetzes das gemeinsame Gespräch. So auch im südlichen Osnabrücker Land. Eine von Hand kolorierte Karte der Kreisverwaltung zeigt, dass in deren Zuständigkeitsbereich kaum eine der Gemeinden die geforderte Einwohnerzahl erreichte (Abb. 3). Zudem sah man sich der Gefahr der Eingemeindung in die Stadt Osnabrück ausgesetzt. Oesede und Georgsmarienhütte erreichten mit gut 9.000 und knapp 8.000 Einwohnern zwar die neu festgelegte Einwohnerzahl, dennoch bedurfte es vor dem Hintergrund der »stetig schrumpfenden freien Finanzmasse« (NOZ vom 13.7.1968) mehr Mittel zur Strukturförderung. Für Harderberg war klar, dass es mit gut 2.400 Einwohnern nicht eigenständig bleiben konnte. Doch erst im zweiten Anlauf konnte ab 1968 auf Vermittlung des damaligen Osnabrücker Landrates Tegeler ein Gebietsänderungsvertrag ausgehandelt werden, der am 19. April 1969, genau einen Monat nach Veröffentlichung des zweibändigen Gutachtens der Weberkommission, feierlich unterzeichnet wurde.

Landesweit kam es im Zuge des Niedersächsischen Raumordnungsgesetzes und der Reformpläne der Weber-Kommission zu Zusammenschlüssen von Gemeinden. Auch vor den Landkreisen und Regierungsbezirken machte die Reform keinen halt. Wie konnte es aber im Dütetal zu einem solch hochgekochten Bürgerprotest kommen, der sogar den Innenausschuss des Niedersächsischen Landtages zu einer offiziellen Anhörung vor Ort veranlasste? Der Archivbestand der Stadt Georgsmarienhütte wird in der Abteilung Osnabrück des Niedersächsischen Landesarchivs verwahrt. Wirft man einen Blick in die darin überlieferten Protokolle der Gemeinderäte sowie des Zusammenlegungsausschusses, wird schnell deutlich, dass gerade Oesede, aber auch Harderberg, die Wahl eines neutralen Namens für die neu zu gründende Gemeinde wichtig war. In Oesede wurde »auf breiter Ebene nach einem neuen Namen gesucht«, wobei auch auf die »Mitarbeit der Schulen« gesetzt wurde. Bevorzugt wurde vor allem der Name Dütenau. Nachdem die Oeseder und Harderberger Räte folglich zur Aufgabe ihres Ortsnamens bereit waren, erwartete man Gleiches auch aus Georgsmarienhütte. Deren Ratsherren hielten sich in dieser Sache aber dezent zurück.

Als die Presse nach der – wohlgemerkt nichtöffentlichen – Sitzung der drei Räte am 27. März 1969 jedoch titelte, dass die Entscheidung für den Namen Dütenau bereits gefallen sei, meldete sich erstmals der Vorstand der Klöckner-Werke, des in Georgsmarienhütte ansässigen Stahlproduzenten, zu Wort. In einem später pressewirksam veröffentlichten Brief an die politisch Verantwortlichen wurde für die Beibehaltung des Namens Georgsmarienhütte plädiert und auf die seit 1860 bestehende Einheit zwischen Werk und Gemeinde verwiesen. Das Werk und die aus einer Arbeitersiedlung hervorgegangene Gemeinde waren nämlich nach dem hannoverschen König Georg V. und seiner Frau Marie benannt worden. Laut dem Schreiben würde die Aufgabe des Ortsnamens zu einem Imageverlust führen, der auch für die Menschen der Region »sehr schwerwiegende Nachteile« bedeuten würde. Dabei vergaß man nicht, darauf hinzuweisen, dass die Klöckner-Werke den größten Arbeitgeber der Region darstellten, von dem »über 10.000 Menschen unmittelbar lebten«.

Die Protestler vermuteten, dass die Wende

in der Namensgebung durch das Schreiben der Klöckner-Werke ausgelöst wurde. Zumindest gab es den Georgsmarienhütter Ratsherren den notwendigen Schub, sich in der Namensfrage durchzusetzen. Oesede und Harderberg blieb nur die Möglichkeit, ihre Positionen bezüglich der Fragen zum zukünftigen Ortskern oder dem Ausbau der Infrastruktur zu stärken. Letztlich war aber allen klar, dass die Zusammenlegung nicht am Namen scheitern durfte. Trotz heftiger Proteste einzelner Ratsmitglieder stimmte der Oeseder Rat schließlich für die Annahme des Gebietsänderungsvertrages und somit auch für den Namen »Georgsmarienhütte«. Nachdem man die Bürgerinnen und Bürger bislang in die Namensfrage einbezogen hatte, blieb dafür nun keine Zeit mehr. Im Glauben, dennoch das Beste für Oesede herausgeholt zu haben, rechnete aber keiner mit solch heftigen Protesten.

In den von der Presse als »Gelbe Gefahr« bezeichneten Postwurfsendungen wurde besonders kritisiert, dass »jahrelang vertretene Ansichten in wenigen Stunden über Bord geworfen« und »eine freie politische Entscheidung mit Rücksicht auf den Arbeitgeber [gemeint waren die Klöckner-Werke] nicht mehr möglich« sei. Kurzum, für die Oeseder stand ob der mangelnden Transparenz in dem für sie so identitätsstiftenden Punkt der Namensgebung fest: *die Mehrheit unseres Rates hat uns verkauft.*

Es folgte ein zermürbender Schlagabtausch in der Zeitung, ein Ratsherr trat zurück, 3.500 Unterschriften wurden gesammelt, eine zweite Postwurfsendung machte die Runde und der Landkreis versuchte vergeblich zu schlichten. Letztlich kam es Anfang September 1969 zu einer öffentlichen Anhörung während eines Besuchs des Innenausschusses des Niedersächsischen Landtages. Nachdem alle Beteiligten nochmals ihre Positionen vertreten hatten und weitere Namensvorschläge wie »Georgsmariental« genannt wurden, machten die 14 Ausschussmitglieder bei einer Gegenstimme dem Protest jedoch ein Ende. Das Gesetz zur Gebietsänderung – und somit auch die Annahme des Namens Georgsmarienhütte – wurde im November 1969 im Landtag verabschiedet und trat zum 1. Januar 1970 in Kraft.

Ist der Bürgerprotest zwar letztlich gescheitert, so ist er doch beispielhaft für den seit Mitte der 1960er Jahre stetig wachsenden Wunsch des, wie Gustav Heinemann es formulierte, »mündigen Bürgers« auf Mitbestimmung bei politischen und sozialen Themen, dem die Politik nun Rechnung tragen musste. Auch war er keineswegs eine Ausnahme. In ganz Niedersachsen wurden Proteste gegen die Reformbestrebungen laut, so zum Beispiel bei der Zusammenlegung der Landkreise Vechta und Cloppenburg oder Jever und Wittmund. Alle vier schafften den Erhalt der Selbstständigkeit, wenn auch bei Letzterem erst 1980 durch die gerichtliche Feststellung eines Formfehlers. Es zeigt sich, dass auf den ersten Blick trockene Vorgänge wie die einer Gebiets- und Verwaltungsreform unmittelbar in den Alltag der Bürgerinnen und Bürger eingreifen und deren Lebenswelt beeinflussen und bis heute im Gedächtnis nachwirken.

Anna Philine Schöpper

Benutzte Archivalien
NLA OS Dep 81 b Nr. 1; NLA OS Dep 91 b Nr. 3; NLA OS Dep 104 II Akz. 2000/040 Nr. 94.

Benutzte Literatur
BECHER 2020; BEUCKE 2012a; KUROPKA 1997; UNRUH 1978.

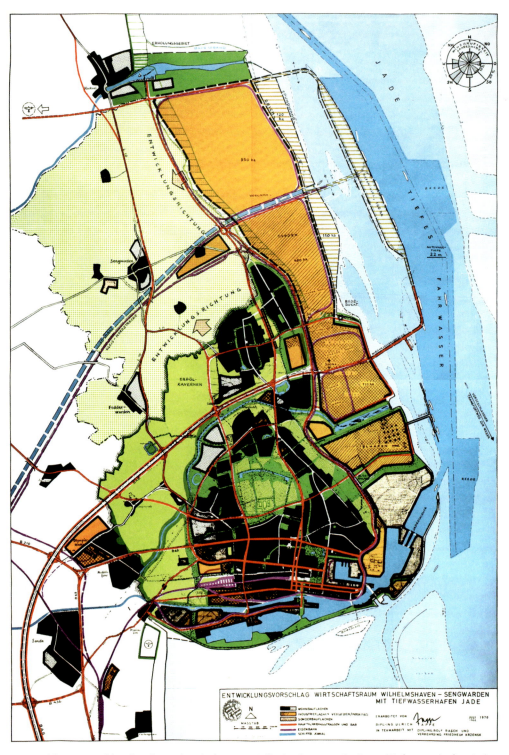

Entwicklungsvorschlag für den Wirtschaftsraum Wilhelmshaven mit einem Tiefwasserhafen Jade 1970 (NLA OL K-ZE Best. 298 Z Nr. 1840).

38 | Vision für ein Projekt mit Tiefgang

Wilhelmshaven auf dem langen Weg zum Tiefwasserhafen Jade-Weser-Port

Deutschland ist eine Exportnation und war jahrelang »Exportweltmeister«. Wachsender Welthandel und zunehmende Globalisierung bestimmen trotz gelegentlicher Krisen das Bild, alle zehn Jahre verdoppelt sich das globale Handelsvolumen. 90 Prozent des Welthandels werden über die See abgewickelt. Die Dimensionen der Schiffe für den Transport der Waren wachsen stetig – mittlerweile steuern 400 Meter lange Frachtschiffe mit 24.000 Containern deutsche Häfen an. So gewinnt immer mehr an Bedeutung, dass Deutschland in Wilhelmshaven den einzigen ohne Einschränkungen zugänglichen Tiefwasserhafen des Landes besitzt (einer von nur sieben weltweit). Dieser Hafen ist seit 2012 der »Jade Weser Port«, das größte Infrastrukturprojekt Norddeutschlands. Er hat eine Vorgeschichte, die bis in das Jahr 1969 zurückreicht, als die Grundidee zum ersten Male geäußert wurde.

Der Wilhelmshavener Stadtbaurat Ulrich Tappe (1908-1977) trat 1969 mit einem Plan an die Öffentlichkeit. In ihm waren grundlegende Gedanken zur Weiterentwicklung Wilhelmshavens formuliert: die Anlage einer Hafeninsel in der Jade nahe am tiefen Fahrwasser und die enge Kooperation der Seehäfen Wilhelmshaven und Bremerhaven. Die Vision für den Tiefwasserhafen war geboren. Sie ist auf der hier wiedergegebenen Karte dargestellt, die im darauffolgenden Jahr auf Veranlassung Tappes von der Stadt Wilhelmshaven gedruckt und verteilt wurde (Abb.). Sie war ein Weihnachtsgruß von Rat und Verwaltung der Stadt Wilhelmshaven, verbunden mit einem Dank an alle Bürger, Partner in Politik, Wirtschaft, Behörden und Medien, die uns bis hierher halfen. Die Eingemeindung von Sengwarden und Fedderwarden in das Stadtgebiet war eingeleitet (1972 erfolgt). Die schon geplante, aber noch nicht gebaute Niedersachsenbrücke, an der Massengutfrachter anlanden können (rot gefärbt und mit einem Knick in das Wasser reichend), ist ebenfalls dargestellt. Die Jadeinsel als neue Umschlagfläche eines Tiefwasserhafens würde 160 Hektar Fläche umfassen, am Festland könnten weitere 230 Hektar Erweiterungsflächen entstehen. Die Warenverteilung sollte dann über Straße, Bahn und Schiff erfolgen. Die Autobahn würde bis unmittelbar an den Hafen herangeführt werden, die Eisenbahnanbindung sogar bis direkt auf die Jadeinsel reichen. Im weiteren Verlauf der Eisenbahnverbindung nach Süden war ein zweispuriger Ausbau und die Elektrifizierung der Strecke nach Oldenburg unter Beseitigung von Langsamfahrstrecken nötig. Wilhelmshaven besaß keinen Anschluss an das Binnenwasserstraßennetz, daher enthielt der Tappe-Plan auch einen neuen Kanal von der Jade zur Weser, der jedoch nie verwirklicht wurde. Im Jahre 1970 reichte das befestigte Land erst bis zur Deichlinie dicht vor den Wohnbauflächen (schwarze Flächen). Der davorliegende Voslapper Groden wurde aber bald eingedeicht (1971-1973). Die Fläche des Grodens konnte als Flächenreserve für eine Ausweitung des Hafens eingeplant werden und ist schon als Industriefläche vorgesehen (orange).

Der Tappe-Plan wurde 1970 vom Wirtschaftsdezernat der Stadt Wilhelmshaven als ambitioniertes Drei-Stufen-Ausbaukonzept in einem Werbeprospekt propagiert: »Wilhelmshaven ist der Tiefwasserhafen der Bundesrepublik: die deutsche Alternative an der Nordsee«. Der Prospekt, der im Zusammenhang mit einer 1969 einberufenen Tiefseehafen-Kommission zu sehen ist, enthielt die etwas zu optimistische These, dass die Ministerpräsidenten der deutschen Küstenländer und Bundesminister den Tiefwasserhafen Wilhelmshaven fordern! Im Tappe-Plan ging es allerdings zunächst noch nicht konkret um einen Containerhafen, obwohl die 1956 eingeführten Container zunehmenden Einsatz im Warentransport fanden. Es war nur allgemein von Massengütern die Rede. Zunächst geschah lange Zeit jedoch nichts, um die Vision Tappes Wirklichkeit werden zu lassen, zumal Experten einen Jade-Tiefseehafen für unrentabel hielten und zeitgleich das Dollarthafenprojekt bei Emden verfolgt wurde.

Dies änderte sich erst zwanzig Jahre später. Die Vision von Tappe wurde seit 1994 von der Wilhelmshavener Hafenwirtschafts-Vereinigung e. V. (WHV) nun immer wieder ins Gespräch gebracht. Johan Anton van Weelden, Geschäftsführer der Wilhelmshavener Raffinerie, ließ die Idee eines bald »Jade-Port« benannten neuen Container- und Vielzweckhafens aufleben, erst später Jade Weser Port genannt, um Bremens Engagement zu fördern. Für John Neumann, Präsident der WHV, wurde das Vorantreiben des Projektes eine Lebensaufgabe. Aus der Vision wurde allmählich ein konkretes Projekt. Zugleich erfuhr die Ursprungsidee Modifikationen. Eindeutig war nunmehr von einem großdimensionierten Containerhafen die Rede.

Die Idee beinhaltete die kostengünstige Aufspülung neuer Flächen unter Nutzung des in unmittelbarer Nähe aus dem Jadefahrwasser gewonnenen Sandes. Es sollte aber nicht mehr nur eine Hafeninsel ausgebaut werden, sondern eine direkt mit dem Festland verbundene Fläche entstehen, die bis an das tiefe Fahrwasser heranreicht. Landes- und Bundespolitik äußerten sich anfangs sehr zurückhaltend dazu. Auf Wunsch von Wilhelmshaven erklärte sich das Landeswirtschaftsministerium jedoch 1997 bereit, eine Machbarkeitsstudie zu bezuschussen, während die Wirtschaft den größeren Teil der Kosten übernahm. Das Ergebnis der den Container-Umschlagbedarf ermittelnden Studie war, dass einem Jade-Port gute Chancen eingeräumt wurden (1998). Der niedersächsische Wirtschaftsminister Fischer sagte daraufhin dem Projekt weitere Unterstützung zu, betonte aber auch die Notwendigkeit einer Kooperation der norddeutschen Häfen (insbesondere Hamburg und Bremerhaven), der betroffenen Länder Niedersachsen, Bremen und Hamburg und des Bundes im Sinne einer gemeinsamen Hafen- und Verkehrspolitik. Auch Cuxhaven sollte in die Überlegungen einbezogen werden. 2000 berief das Wirtschaftsministerium eine Projektgruppe ein, um konkretere Schritte zu erarbeiten und die Finanzierung zu erörtern. Diese Arbeitsgruppe legte im Juli ihren Bericht vor. Eine Standortstudie im Auftrag der drei Länder verglich nun die beiden konkurrierenden Standorte Wilhelmshaven und Cuxhaven und sprach sich Oktober 2000 eindeutig für ersteren aus. Die im Anschluss daran gebildete Drei-Länder-Kommission kam im März 2001 zum gleichen Urteil. Der politische Beschluss aller drei Länderchefs Sigmar Gabriel (Niedersachsen), Henning Scherf (Bremen) und Ortwin Runde (Hamburg) am 30. März 2001 erteilte Wilhelmshaven den Zuschlag. Die Einheit der drei Küstenländer zerbrach jedoch bald. Der neue Hamburger Bürgermeister Ole von Beust stieg 2002 aus dem Abkommen vom März 2001 aus, was jedoch nicht zum Aus des Hafenprojekts führte.

Die unmittelbar danach betriebene weitere Planung (2001-2007) und der Bau des Jade-Weser-Ports (2008-2012) können hier nicht in ihren Details geschildert werden. Einwände aus Gründen des Naturschutzes wurden durch Kompensationsmaßnahmen und Geldzahlungen berücksichtigt, während es gleichzeitig gelang, den Zeit- und Kostenplan weitgehend einzuhalten. Investiert wurde etwa eine Milliarde Euro (650 Millionen Euro durch Niedersachsen/Bremen, 350 Millionen Euro durch den Terminalbetreiber Eurogate). Im September 2012 feierte man Eröffnung. Nach einer mehrjährigen schwierigen Anlaufphase zeichnet sich mittlerweile zunehmend ein Erfolg ab: Seit 2019 wird der von Niedersachsen und Bremen betriebene Tiefseehafen jede Woche von vier übergroßen Containerschiffen angelaufen, zwei weltweite Reedereiverbünde haben Wilhelmshaven in ihren Fahrplan aufgenommen. Der Jade-Weser-Port kann seine Vorteile mehr und mehr ausspielen, zu denen die Tideunabhängigkeit, beste nautische Zufahrtsbedingungen und 18 Meter Fahrtiefe zählen, eine hochproduktive Abfertigung und effiziente Abläufe mit den größten Containerbrücken der Welt sowie die unbeschränkte Verfügbarkeit von Flächen, auch im integrierten Logistikstandort direkt neben dem Hafengelände. Erste und lange Zeit einzige Firmenansiedlung dort war Nordfrost; große Teile der europäischen Fruchtimporte laufen seither über Wilhelmshaven. Nordfrost erweitert seine Lagerflächen bis 2021 auf über 100.000 Quadratmeter. 2019 errichtete Volkswagen sein Logistikzentrum, um Autoteile zu den weltweiten Produktionsstätten zu versenden. Mit China Logistics siedelte sich 2019 eines der größten chinesischen Logistikunternehmen an. Während anfangs 400 Mitarbeiter bei Eurogate beschäftigt waren und die Ansiedlung von Nordfrost 350 Arbeitsplätze geschaffen hatte, kamen seit 2018 weitere 1.000 Arbeitsplätze hinzu. So ist die Ursprungsprognose von 2.000 neuen Arbeitsplätzen bei Hafen und Gewerbegebiet fast erreicht. Der Tiefwasserhafen wird zum Jobmotor für das mit hoher Arbeitslosigkeit belastete Wilhelmshaven, selbst wenn mittlerweile eine vollautomatische Be- und Entladung von Schiffen in der Testphase ist. Der zweigleisige Ausbau der Bahnverbindungen mit anschließender Elektrifizierung soll 2022 abgeschlossen sein. Eine Bahnumgehung um Sande wird voraussichtlich 2021 fertig. Auch das Projekt Küstenautobahn als Verbindung der deutschen Seehäfen untereinander wird weiter vorangetrieben. Der anfängliche Nachteil einer ungenügenden Anbindung Wilhelmshavens schwindet also. Mittlerweile wird von der Politik über eine Vergrößerung des Jade-Weser-Ports – eine von Anfang an geplante zweite Ausbaustufe – gesprochen. So leistet der Hafen als eine der zentralen Drehscheiben für den internationalen Containerverkehr seinen Beitrag, Deutschlands Position im Welthandel zu sichern und auszubauen. Stadtbaurat Tappe dürfte zufrieden sein, wenn er wüsste, was aus seiner Vision geworden ist.

Sven Mahmens

Benutzte Archivalien
NLA OL Dep 32 Akz. 15/1997 Nr. 271; NLA OL Dep 115 Best. 279-7 Nr. 179; NLA OL Erw 160 Akz. 2016/053 Nr. 145; NLA OL K-ZE Best. 298 Z Nr. 1840; NLA OL Rep 410 Akz. 274 Nr. 1078, Nr. 1081; NLA OL Rep 410 Akz. 286 Nr. 137, Nr. 138, Nr. 219; NLA OL Rep 410 Akz. 2017/025 Nr. 36.

Literatur in Auswahl
BIEWER 2014; BRUNE 2012; HECHT 2012; KLUTH 2010; SIMONSEN 2001.

Olivetti
Praxis 48
Nr.: 5 141 609
Typen: 887

```
1111 2222 3333 4444 5555 6666 7777 8888 9999 0000 ßßßß ''''
;;;; """" ==== %%%% &&&& (((( )))) ____ §§§§ //// :::: ````
qqqq wwww eeee rrrr tttt zzzz uuuu iiii oooo pppp üüüü ++++
QQQQ WWWW EEEE RRRR TTTT ZZZZ UUUU IIII OOOO PPPP ÜÜÜÜ ****
aaaa ssss dddd ffff gggg hhhh jjjj kkkk llll öööö ääää ????
AAAA SSSS DDDD FFFF GGGG HHHH JJJJ KKKK LLLL ÖÖÖÖ ÄÄÄÄ ££££
yyyy xxxx cccc vvvv bbbb nnnn mmmm ,,,, .... ----
YYYY XXXX CCCC VVVV BBBB NNNN MMMM ???? !!!! ''''
1234567890ß';"=%&()_§/:`
 rtzuiopü+ QWERTZUIOPÜ*
asdfghjklöäß ASDFGHJKLÖÄ£
yxcvbnm,.- YXCVBNM?!'
```

mmmmmmmmmmmmmmmmmmmmmmmmmmmmmmmmmmmmmmmmmmmmmmmmmmmmmmmmmmm-----------------

Schriftprobe vom 20.4.1971 in der Wohnung von Prof. Dr. Peter Brückner, Hannover, Yorckstr. 5

(W. Lang) KTET-EM LKPA Nds.

Schriftprobe (Schreibmaschine Olivetti) vom 20. April 1971 in der Wohnung von Prof. Dr. Peter Brückner (NLA HA Nds. 721 Hannover Acc. 43/90 Nr. 2).

39 | »… durch die sog. antiautoritäre Studentenbewegung …«

Die studentische Protestbewegung der 1960er Jahre in Niedersachsen

Am 2. Juni 1967 gingen Studierende gegen den offiziellen Staatsbesuch des persischen Diktators Schah Reza Pahlevi auf die Berliner Straßen. Der 26-jährige, aus Hannover stammende Student Benno Ohnesorg wurde im Verlauf der Demonstration von Polizisten festgehalten und durch einen gezielten Polizeischuss in den Hinterkopf getötet. Eine Woche nach Ohnesorgs Ermordung wurde sein Leichnam in einem Konvoi von 120 Begleitfahrzeugen von Berlin aus durch die DDR nach Hannover gebracht, um auf dem Bothfelder Friedhof beigesetzt zu werden. Mehr als 7.000 Trauergäste, die aus allen Teilen Deutschlands nach Hannover gereist waren, versammelten sich im Georgengarten und formierten sich zu einem Trauermarsch durch Hannovers Innenstadt. Viele Hannoveraner schlossen sich unterwegs dem Zug an. Dieser Trauermarsch wird als die bis dato größte Demonstration der Nachkriegszeit in Hannover betrachtet. Am Abend fand ein Kongress zu »Bedingungen und Organisation des Widerstandes« statt, der als die bis dahin größte politische Versammlung von oppositionellen Studenten und Wissenschaftlern (darunter Jürgen Habermas, Peter Brückner, Peter von Oertzen) der westdeutschen Nachkriegsgeschichte in Hannover gilt. Insgesamt sollen rund 40 Prozent aller damaligen bundesrepublikanischen Studierenden an Protesten gegen den Tod Benno Ohnesorgs teilgenommen haben. Die sich gerade entwickelnde Studentenbewegung erhielt massiven Zulauf, die Protestaktionen wurden radikaler.

Was wollten die Studierenden mit ihren Protestmärschen, Gleisblockaden, »Go-ins«, »Sit-ins« und »Teach-ins« in den 1960er Jahren erreichen? Zunächst ging es um den Protest gegen autoritäre Strukturen in den Universitäten, um zeitgemäße Lerninhalte, soziale Chancengleichheit im Bildungswesen, bessere Lernbedingungen, den Ersatz von NS-belasteten Lehrkräften und eine gesellschaftliche Auseinandersetzung mit der Zeit des »Dritten Reiches«. Im weiteren Sinne ging es dieser Generation um die generelle Auseinandersetzung mit Autoritäten und natürlich ging es »allen um die Revolution. Eine kapitalistische Gesellschaft mit humanem Gesicht gab es für diese Generation nicht« (NEGT 2018). Ab Mitte der 1960er Jahre beeinflusste die Außerparlamentarische Opposition (APO) weite Teile der Studentenbewegung. Sie protestierte vehement gegen die von der großen Koalition geplanten (und 1968 durchgesetzten) Notstandsgesetze, von denen sie eine massive Einschränkung der demokratischen Grundrechte befürchtete, und prangerte die Untätigkeit der Bundesregierung gegen den Vietnamkrieg an.

An der Technischen Universität Hannover (heute: Gottfried Wilhelm Leibniz Universität) ermunterten vor allem der im Jahr 1967 auf den dortigen Lehrstuhl für Psychologie berufene Peter Brückner, der Politikwissenschaftler und spätere Minister (1970-1974) Peter von Oertzen und der Literaturwissenschaftler Hans Mayer ihre Studierenden zur Auseinandersetzung mit dem NS-Regime und zur Reflexion aktueller politischer Ereignisse und Prozesse.

Peter Brückner machte 1967 durch eine Analyse der gesellschaftlichen Verhältnisse, welche nach seiner Auffassung die Erschießung des Studenten Benno Ohnesorg begünstigt hatten, auf sich aufmerksam; auch in späteren Schriften beschäftigte er sich immer wieder mit der Studentenbewegung. Ins Licht der breiteren Öffentlichkeit geriet der Linksintellektuelle jedoch zu einem Zeitpunkt, als die sich zunehmend zersplitternde Studentenbewegung allmählich verebbte. Brückner wurde durch Strafverfolgungsbehörden zur Last gelegt, in Hannover im Oktober und November 1970 eine Vereinigung unterstützt zu haben, deren Zwecke oder deren Tätigkeit darauf gerichtet waren, strafbare Handlungen zu begehen, indem er Mitgliedern der Baader-Meinhof-Gruppe, namentlich der Journalistin Ulrike Meinhof und ihren Begleitern Karl-Heinz Ruhland und Heinrich Jansen, Unterkunft in seiner Wohnung und auch anderweitig Rat und Hilfe gewährt habe. Die gebürtige Oldenburgerin Ulrike Meinhof wurde zu diesem Zeitpunkt beschuldigt, an der gewalttätigen Befreiung des Strafgefangenen Andreas Baader aus der Strafhaft am 14. Mai 1970 beteiligt gewesen zu sein. Gegen die Täter erging Haftbefehl wegen gemeinschaftlich versuchten Mordes (lebensgefährliche Verletzung eines Zeugen) und vorsätzlicher Gefangenenbefreiung. Ulrike Meinhof wurde seit dem 20. Mai 1970 steckbrieflich gesucht. Über Zusammensetzung und Tätigkeit der »Baader-Meinhof-Bande« wie auch ihre mutmaßlichen Unterstützer berichtete Karl-Heinz Ruhland nach seiner Festnahme Ende 1970. Er sagte aus, Ulrike Meinhof und er hätten während ihrer Aufenthalte in Hannover in Brückners Wohnung in der Yorckstraße 5 amtliche Dokumente mithilfe von Schreibmaschinen Brückners gefälscht. Gegen Brückner wurde ein Ermittlungsverfahren wegen Verdachts des Vergehens nach §129 StGB (Begünstigung/Unterstützung einer kriminellen Vereinigung) eingeleitet. Bei einer polizeilichen Durchsuchung seiner hannoverschen Wohnung Anfang 1971 wurden von seinen Schreibmaschinen mehrfach Schriftproben genommen und von der Kriminaltechnik des Bundeskriminalamtes mit vorliegenden Fälschungen der Baader-Meinhof-Gruppe verglichen. Das Ergebnis war in jedem überprüften Fall negativ (Abb.). Auch im Laufe der weiteren staatsanwaltlichen Ermittlungen ließen sich keinerlei Anhaltspunkte dafür finden, dass auf einer der vier geprüften Schreibmaschinen aus Brückners Wohnung Fälschungen hergestellt wurden. Auch war Brückner nicht nachzuweisen, dass er von diesen Fälschungen wusste. Die genommenen Schriftproben wurden von der ermittelnden Staatsanwaltschaft beim Landgericht Hannover zu der Akte »Spurenauswertung und -untersuchung in der Wohnung Dr. Peter Brückner« (1971/72) genommen.

Im Rahmen einer Anhörung im Niedersächsischen Kultusministerium zu den im Ermittlungsverfahren erhobenen Vorwürfen verweigerte Brückner die Aussage, seine Suspendierung erfolgte im Januar 1972. Bundesweit schrieben die Zeitungen über »den Fall Brückner«: Für die »Bild«-Zeitung gehörte der Psychologieprofessor zu Ulrike Meinhofs »ältesten Freunden« (»Bild«, 23.6.1972). Der CDU-Abgeordnete Friedrich Vogel sprach in einer Bundestagsdebatte über innere Sicherheit im Juni 1972 von »den Bölls und Brückners« als intellektuellen Helfershelfern des Terrors. Daraufhin richteten vierzehn Autoren, unter ihnen Ernst Bloch, Walter Jens, Uwe Johnson und Günter Wallraff, am 13. Juni 1972 einen offenen Brief an den Deutschen Bundestag: »Die unterzeichneten deutschen Schriftsteller warnen vor einer abermaligen Zerstörung der Keime einer freiheitlich demokratischen Grundordnung in Deutschland unter dem Vorwand ihrer Verteidigung. Die Verfolgung von definierbaren Straftaten wie Bombenanschlägen und sonstigem Terror ist eine Sache, die Diskriminierung politischer Gesinnungen ist eine vollständig andere«. Am 7. Oktober 1975 erließ das Landgericht Hannover das Urteil gegen Brückner: 4.800 DM Geldstrafe wegen Begünstigung (§ 257 StGB a. F.). Das Landgericht ging zugunsten Brückners davon aus, dass er damals noch keine Kenntnis von dem wahren Charakter der Gruppe um Ulrike Meinhof gehabt habe und mit der kriminellen Vereinigung auch nicht sympathisiere. Eine Einschätzung, die durch Ruhlands Aussage gestützt wurde: »Ich glaube nicht, dass Prof. BRÜCKNER gewusst hat, dass wir drei der BAADER-MEINHOF-Gruppe angehörten; er war wohl der Ansicht, dass wir zu einer politisch links ausgerichteten Studentengruppe gehörten.« In dem gerichtlichen Verfahren wurden RAF und Studentenbewegung miteinander in enge Beziehung gesetzt: Man sah die Hintergründe für die Gründung und kriminelle Tätigkeit der Bande und für die von ihr verfolgten revolutionären Ziele in den gesellschaftspolitischen Auseinandersetzungen der späten 1960er Jahre, die durch die sogenannte antiautoritäre Studentenbewegung und andere Kräfte ausgelöst worden seien. Im Zusammenhang mit dem Verfahren des Landgerichts Hannover verhängte der Niedersächsische Minister für Wissenschaft und Kunst durch Disziplinarverfügung vom 5. Februar 1976 gegen Brückner eine Geldbuße von 1.000 DM. 1976 veröffentlichte Brückner eine Publikation über »Ulrike Marie Meinhof und die deutschen Verhältnisse«, in dem er das Phänomen der linken Stadtguerilla aus der historischen Situation der Bundesrepublik zu erklären suchte. Für seine Darstellung erntete er Kritik, von Konservativen wie auch von der RAF, die das Erscheinen des Buches verhindern wollte. Der ersten, zurückgenommenen Suspendierung folgte im Oktober 1977 ein förmliches Disziplinarverfahren. Brückner hatte gemeinsam mit Hochschullehrern den »Buback-Nachruf« herausgegeben und kommentiert. Darin hatte ein Göttinger Student seine »klammheimliche Freude« an der Ermordung von Generalbundesanwalt Siegfried Buback geschildert. Es folgte eine Reihe von Gerichtsverfahren, in denen Brückner u.a. Verunglimpfung des Staates und des Andenkens eines Verstorbenen, Volksverhetzung sowie Beleidigung vorgeworfen wurden. Von den strafrechtlichen Vorwürfen wurde Professor Brückner mit Urteil des Landgerichts Oldenburg vom 23. Februar 1979 freigesprochen. Eine Bestätigung dieses Urteils erfolgte 1980 durch den Bundesgerichtshof.

Die Wirkung der Studentenbewegung, mit der sich Brückner persönlich und wissenschaftlich so intensiv auseinandergesetzt hatte, wurde und wird kontrovers bewertet. Lediglich einige Stichworte seien hier genannt: Redemokratisierung und Stabilisierung der Demokratie, Aufarbeitung der deutschen NS-Vergangenheit, Auswirkungen auf die politische Kultur, Rechtsprechung, Kultur (u.a. sog. sexuelle Befreiung, Zerstörung der »heilen Welt der 1950er Jahre«) und Kunst der folgenden Jahrzehnte.

Kerstin Rahn

Benutzte Archivalien
NLA HA BigS Nr. 08006; NLA HA Nds. 100 Acc. 70/97 Nr. 204; NLA HA Nds. 401 Acc. 128/93 Nr. 8; NLA HA Nds. 721 Hannover Acc. 43/90 Nr. 2; NLA HA Nds. 721 Lüneburg Acc. 2002/086 Nr. 6.

Literatur in Auswahl
BERLIT-SCHWIGON 2014; BÖHME 1980; BRUDER-BEZZEL/BRUDER 1995; NEGT 2018; WEIBERG/MECHLER 2018.

ÖFFENTLICHE ERKLÄRUNG STUDENTISCHER MITGLIEDER DES GA ZUR VERLEUMDUNGSKAMPAGNE GEGEN DIE REFORMER

Wir nehmen mit Interesse zur Kenntnis, daß die reformfeindlichen Kräfte, die in der "Welt" ihr Sprachrohr finden, nunmehr, nach dem Studienbeginn in Bremen, die Gründung der Universität Oldenburg in das Fadenkreuz ihrer Angriffe nehmen. Die über jegliche journalistische Sorgfaltspflicht erhabene Berichterstattung der Welt benutzt so gezielt bruchstückhafte, aus dem Zusammenhang gerissene Protokollteile und Reizworte, daß die angesprochenen Sachverhalte in den Hintergrund treten.

Offensichtlich ist jeder Kandidat, der von dem einzigen DKP-Mitglied im Gründungsausschuß unterstützt wird, ein V-Mann. Angesichts solcher antikommunistischer Interpretationswunder können wir damit rechnen, daß uns die "Welt" und die ihr nahestehenden interessierten Kreise noch wahre Massen von "eingeschleusten V-Männern" unterschieben wird. Die Methode ist durchsichtig.

Die "Welt" benutzt das Mitglied einer legalen kommunistischen Partei, um ein ganzes Gründungsverfahren zu diffamieren. Dabei unterschlägt sie, daß alle anderen Studentenvertreter Mitglied der SPD, beziehungsweise der FDP sind. Aber genau dies ist das Konzept mit dem die reaktionären Kräfte in der Bundesrepublik schon immer versuchten die SPD zu spalten und jegliche gesellschaftlichen Reformen zu verhindern. Man schlägt auf die DKP ein und meint die SPD.

Wir werden uns ganz entschieden gegen die Versuche, den Aufbau einer Reformuniversität Oldenburg zu hintertreiben, zur Wehr setzen und die Manipulationen solcher Presseorgane aufdecken. Die studentischen Vertreter im Gründungsausschuß sind nicht bereit, von ihren Reformvorstellungen angesichts der polemischen Angriffe verstockter reaktionärer Kräfte Abstand zu nehmen. Die verleumderische Berichterstattung der dem Springerkonzern angehörenden "Welt" beweist erneut, daß dieser Konzern seine Monopolstellung ausnutzt, um fortschrittliche Entwicklungen abzublocken. Deshalb ist die Forderung "enteignet Springer" nach wie vor aktuell.

Oldenburg, 7. Oktober 1971

Stellungnahme der studentischen Mitglieder des Gründungsausschusses der Universität Oldenburg vom 7. Oktober 1971 zu einem Artikel in der »Welt« (NLA OL Rep 400 Akz. 251 Nr. 463).

40 | Reformuniversität oder ehrwürdige Alma Mater?

Ein Streit über die Gründung der Universität Oldenburg

Hauptsächlich zwei Ideen kamen zu ihrer vorläufigen Vollendung, als am 5. Dezember 1973 die Universität Oldenburg durch das vom Niedersächsischen Landtag verabschiedete Gesetz zur Errichtung der Universitäten Oldenburg und Osnabrück gegründet wurde: einerseits die von unterschiedlichsten Akteuren langjährig angestrebte Verwirklichung zweier Universitäten für den nordwestdeutschen Raum, andererseits das Vorhaben einer »Reformuniversität«, wie es durch Gründungen u. a. in Bielefeld und Konstanz bereits als Modellprojekt realisiert worden war. Die Kombination beider Stränge barg zugleich das Konfliktpotenzial, welches im oldenburgischen Namensstreit seinen Höhepunkt und Ausdruck fand.

Schon 1793 hatte der Herzog von Oldenburg Peter Friedrich Ludwig das »Schulmeisterseminarium« errichten lassen; mit dieser Gründung begann eine fast ununterbrochene Zeit der Lehrerausbildung in Oldenburg. Nach Ende des Zweiten Weltkrieges startete Oldenburg als erste Stadt Deutschlands mit der Wiederaufnahme der Ausbildung an der Pädagogischen Akademie. Nach Gründung des Landes Niedersachsen wurde daraus die Pädagogische Hochschule, ab 1969 offiziell Ableger der Pädagogischen Hochschule Niedersachsen. Die Pläne für eine eigene Hochschule waren bereits 1959 durch den Rat der Stadt Oldenburg öffentlich angekündigt worden. 1970 wurde dieses Anliegen von der Landesregierung bestätigt und offiziell zum Ausdruck gebracht; neben Oldenburg betraf dies zugleich die Universitätsgründung in Osnabrück. Wegen Unsicherheiten in der Finanzierung verzögerte sich die Gründung – erst im Sommersemester 1974 konnte zum ersten Mal ein Studium in Oldenburg aufgenommen werden.

Hauptakteur des Gründungsverfahrens war der im September 1970 von der Niedersächsischen Landesregierung eingesetzte und mit weitreichenden Kompetenzen ausgestattete Gründungsausschuss, der in der Anfangszeit aus fünf Studenten, fünf wissenschaftlichen Mitarbeitern und fünf Hochschullehrern bestand. Gleich zu Beginn der Planungstätigkeiten sah sich der Gründungsausschuss unter massivem Rechtfertigungsdruck, hatte doch schon vor Beginn der eigentlichen Arbeit eine Anfrage der CDU im Landtag zur Parteimitgliedschaft eines der studentischen Mitglieder des Gremiums bei der Deutschen Kommunistischen Partei (DKP) für Unruhe gesorgt. Dies hatte zur Folge, dass die Mitglieder des Gründungsausschusses in der öffentlichen Wahrnehmung zunehmend weit »links« im politischen Spektrum verortet wurden und die Debatte zum Profil der zukünftigen Universität mehr und mehr ein Spiegel für die infolge der »68er-Bewegung« erfolgte gesellschaftliche Politisierung wurde. Die Kritik an der Arbeit der Gruppierung wurde vor Ort in erster Linie durch die sogenannte »Gesellschaft der Freunde einer Universität in Oldenburg« kanalisiert, deren Mitglieder, vertreten durch einflussreiche Persönlichkeiten der Region, sich in keiner

Abb. 1: Eröffnung der Ausstellung zum 25. Jubiläum des Landes Niedersachsen am 23. November 1971 (v.l.n.r.: Ministerpräsident a.D. Heinrich Hellwege, Ministerpräsident Alfred Kubel, Ministerpräsident a.D. Georg Diederichs, Landtagspräsident Wilhelm Baumgarten) (NLA HA BigS Nr. 7291).

41 | Ein vergessener Gründungsvater des Landes

Niedersachsens zweiter Ministerpräsident Heinrich Hellwege (1909-1991)

Ministerpräsident a.D. Heinrich Hellwege machte bei der Eröffnung am 23. November 1971 gute Miene zum bösen Spiel, obwohl er sich bereits im Vorfeld sehr über die Ausstellung geärgert hatte, die aus Anlass der 25. Wiederkehr der Gründung des Landes Niedersachsen im Landtag präsentiert wurde (Abb. 1). Denn darin wurde das Land Niedersachsen als ein reines Geschöpf der Sozialdemokratischen Partei Deutschlands (SPD) dargestellt, welches Hinrich Wilhelm Kopf (1893-1961) als Oberpräsident bzw. Ministerpräsident von Hannover 1945/46 mit Unterstützung seines Parteifreundes, des SPD-Vorsitzenden Kurt Schumacher (1895-1952), durchgesetzt hätte.

Hellweges Ärger über diese einseitige und zum Teil unrichtige Darstellung war mehr als verständlich. Einen »freien Stammesstaat der Niedersachsen«, der aus dem Zusammenschluss der nordwestdeutschen Länder hervorgehen sollte, hatte bereits die Deutsch-Hannoversche Partei (DHP) im Vorfeld der Volksabstimmung von 1924 über die Wiederherstellung Hannovers propagiert. Die nach der zwangsweisen Auflösung der Partei 1933 gebildete Untergrundorganisation »Niedersächsische Freiheitsbewegung« veröffentlichte schon im Mai 1945 ein Positionspapier, in welchem sie nicht nur die Herauslösung Hannovers aus dem preußischen Staatsverband, sondern auch den Zusammenschluss Hannovers mit den Nachbarländern Oldenburg und Braunschweig zu einem Land »Niedersachsen« forderte. Heinrich Hellwege war einer der vier Unterzeichner dieses Papiers.

Kopf, der von der britischen Besatzungsmacht zunächst am 1. Mai 1945 zum Regierungspräsidenten von Hannover, am 18. September 1945 dann zum Oberpräsidenten der Provinz und schließlich am 23. August 1946 zum Ministerpräsidenten des neu gegründeten Landes Hannover ernannt worden war, machte sich diesen Gedanken zu eigen und setzte ihn – gegen den Willen seines Parteivorsitzenden Schumacher, dafür allerdings in engem Zusammenwirken mit Hellwege – durch. Gerade Hellwege war es, der Anfang August 1946 im Zonenbeirat die Nord-West-Staat-Pläne Schumachers (Zusammenschluss ganz Nordwestdeutschlands zu einem Land) entschieden zurückwies.

Diese Auseinandersetzung führten die beiden Politiker gleichzeitig auch in der überregionalen Tageszeitung »Die Welt«: Am 30. Juli 1946 führte Schumacher hier aus, als Folge der Entscheidung der Besatzungsmacht, das nördliche Rheinland und die bisherige Provinz Westfalen zu einem Land zusammenzuschließen, müsse unweigerlich das gesamte restliche Gebiet der britischen Zone zu einem einzigen Land zusammengefasst werden. »Dieses Land würde zwar territorial größer, aber an Einwohnern noch beträchtlich schwächer als Rheinland-Westfalen sein.« Aus der Gründung Nordrhein-Westfalens zog Schumacher den Schluss, dass »die historischen und dynastischen Grenzen, die wie ein Albdruck als Erbe vergangener Generatio-

Wir laden Sie freundlich zu Tagen der offenen Tür und zum Weihnachtsbasar in unsere Tagesstätten, Osnabrück, Ernst-Sievers-Straße 45/47, ein.

Sie können uns am

Sonnabend, den 27. November 1971

und am

Sonntag, den 28. November 1971

in der Zeit von 10.00 bis 18.00 Uhr gern besuchen und aus einem großen Angebot selbstgefertigter Gegenstände schöne Weihnachtsgeschenke auswählen. Hergestellt wurden sie von Kindern, Eltern und Mitarbeitern.

Wir würden uns freuen, Sie in unserem Hause begrüßen zu können.

Verein
für Heilpädagogische Hilfe e. V.
Osnabrück

Aus Anlaß des 10-jährigen Bestehens veranstalten unsere Tagesstätten für geistig und körperlich behinderte Kinder Tage der offenen Tür. Wir möchten Ihnen Gelegenheit geben, Einblick in unsere Arbeit zu nehmen, die der individuellen Förderung und Betreuung behinderter Kinder und Jugendlicher dient.

Damit verbinden wir einen Weihnachtsbasar zugunsten unseres Heilpädagogischen Erholungs- und Kurzzeitwohnheimes Holterberg.

Einladung des Vereins für Heilpädagogische Hilfe e. V. Osnabrück anlässlich des 10-jährigen Bestehens der Tagesstätte für geistig und körperlich behinderte Kinder (NLA OS Dep 3 c Akz. 2006/052 Nr. 1).

42 | »Nicht schulfähig« – und jetzt?

Heilpädagogische Tagesstätte für Kinder mit Behinderung in Osnabrück

Aus Anlaß des 10-jährigen Bestehens veranstalten unsere Tagesstätten für geistig und körperlich behinderte Kinder Tage der offenen Tür. Wir möchten Ihnen Gelegenheit geben, Einblick in unsere Arbeit zu nehmen, die der individuellen Förderung und Betreuung behinderter Kinder und Jugendlicher dient.

Mit diesen Worten lud der Verein für Heilpädagogische Hilfe e. V. Osnabrück zu Tagen der offenen Tür, verbunden mit einem Weihnachtsbasar, am 27. und 28. November 1971 in die Tagesstätte in der Ernst-Sievers-Straße 45/47 in Osnabrück ein (Abb.). Zehn Jahre zuvor war mit der Tagesstätte für behinderte, nicht schulfähige Kinder eine der ersten Einrichtungen dieser Art eröffnet worden. Doch wie kam es dazu und wie entwickelte sich dieser Modellversuch in den ersten zehn Jahren?

Nach dem Ende des Zweiten Weltkriegs beeinflusste die nationalsozialistische Ideologie der Rassenhygiene noch lange die Einstellung der Gesellschaft gegenüber Menschen mit geistiger Behinderung. Unwissenheit, Vorurteile und teilweise offene Ablehnung drängten diese Menschen an den Rand der Gesellschaft. Unterstützung vonseiten der Behörden oder Förderangebote waren kaum vorhanden. Vielmehr konnten Schul- und Gesundheitsbehörden auf Grundlage des weiterhin gültigen Gesetzes über die Schulpflicht von 1938 Kinder aufgrund ihrer Behinderung als nicht schulfähig einstufen und damit aus der Schulpflicht entlassen. Eltern und Kinder waren dann mehr oder weniger auf sich allein gestellt. Wenn eine Betreuung der Kinder innerhalb der Familie nicht möglich war, wurden diese oftmals in Anstalten oder Heime gegeben. Ein Umdenken setzte erst langsam gegen Ende der 1950er Jahre ein, als betroffene Eltern und Fachleute 1958 in Marburg den Verein Lebenshilfe für das geistig behinderte Kind e. V. (heute: Bundesvereinigung Lebenshilfe e. V.) gründeten. 1962 trat zudem das Bundessozialhilfegesetz (BSHG) in Kraft, das einen individuellen Anspruch auf Hilfe und Teilhabe ausdrücklich auch für Menschen mit Behinderung festschrieb. Ein weiterer Faktor war, dass mit dem Anstieg der Geburten auch die Zahl der Kinder mit Behinderung stieg. Dies führte wiederum zu Platzmangel in den Anstalten und Heimen sowie steigenden Kosten für die Unterbringung. Um die Kinder bestmöglich zu fördern und somit einen möglichst langen Verbleib im familiären Umfeld zu ermöglichen, sollten nun unter anderem Tageseinrichtungen für nicht schulfähige Kinder eingerichtet werden.

Zu den Initiatoren einer solchen Einrichtung zur Betreuung nicht schulfähiger Kinder in Osnabrück gehörte der Pädagoge und Rektor der Osnabrücker Pestalozzi-Schule Heinrich Gerdom (1898-1977). Bereits im Herbst 1959 warb er in den städtischen Gremien, vor allem im Jugendwohlfahrtsausschuss, für die Unterstützung seines Vorhabens und erreichte die Zusage für erste finanzielle Beihilfen vonseiten der Stadt Osnabrück. So konnte ab Januar 1960 eine Betreuung nicht schulfähiger Kinder in der Kindertagesstätte der Evangelischen Frauenhilfe St. Katharinen in der Tannenburgstraße 93 in Osnabrück eingerichtet werden. Dort betreuten eine Kindergärtnerin und zwei entsprechend ausgebildete Helferinnen etwa 20 Kinder aus Stadt und Landkreis Osnabrück sowie dem Kreis Tecklenburg in zwei Gruppen. Als Träger für die Einrichtung zur Betreuung nicht schulfähiger Kinder gründeten Heinrich Gerdom und einige Mitstreiter mit Unterstützung der evangelischen Kirche und des Caritasverbandes im April 1960 den Verein für Heilpädagogische Hilfe e.V. Osnabrück. Der Verein kümmerte sich um die Organisation und warb Finanzmittel auf Landesebene ein, vor allem bei dem Niedersächsischen Landessozialamt sowie bei den beteiligten Kommunen.

Da die Zahl der zu betreuenden Kinder bald die Zahl der vorhandenen Betreuungsplätze überstieg, bat der Verein für Heilpädagogische Hilfe e.V. im Januar 1961 die Stadt Osnabrück um Unterstützung, ein eigenes Gebäude zu erwerben. Zu diesem Zweck bot sich das frei werdende Jugendwohnheim des Gefangenenfürsorgevereins Osnabrück für entlassene jugendliche Strafgefangene (Cura e.V.) in der Ernst-Sievers-Straße 45 in Osnabrück an. Das Haus konnte schließlich mit Zuschüssen des Landes Niedersachsen sowie der Stadt und des Landkreises Osnabrück gekauft und umgebaut werden, sodass etwa 50 Kinder und Jugendliche im Alter zwischen 6 und 14 Jahren Platz fanden. Die ersten Kinder bezogen bereits zum 1. September 1961 die neue Tagesheimstätte. Die offizielle Einweihung erfolgte erst am 27. November 1961 im Beisein zahlreicher Ehrengäste, darunter der Niedersächsische Sozialminister Dr. Diederichs. Laut Osnabrücker Tageblatt vom 22. November 1961 existierten »[i]n der weiten Bundesrepublik […] nur 7 Städte, in denen man sich der geistig stark behinderten Kinder besonders annimmt. Und selbst in Niedersachsen wissen wir nur von kleinen Gruppen, weshalb die Regierung in Hannover das Beispiel in Osnabrück als vorbildlichen Modellfall bezeichnet.« Bereits zur Eröffnung waren mit 35 Kindern aus der Stadt und zwölf Kindern aus dem Landkreis Osnabrück, zwei Kindern aus dem Kreis Tecklenburg und einem Kind aus dem Kreis Bersenbrück sämtliche Plätze in der Tagesstätte belegt. Die Kinder wurden in Gruppen von acht bis zehn Kindern eingeteilt und je Gruppe von einer Kindergärtnerin sowie bei Bedarf einer zusätzlichen Kinderpflegerin oder Helferin von Montag bis Freitag betreut.

Auf die Tagesstätte folgte 1962 die Einrichtung einer Anlernwerkstatt für Jugendliche ab 14 Jahren sowie einer sogenannten »Beschützenden Werkstatt« zunächst in der Hegertor-Schule an der Bergstraße in Osnabrück, später in Sutthausen (heute Osnabrück). Die »Beschützende Werkstatt« wollte den Jugendlichen die Möglichkeit bieten, nach dem Verlassen der Tagesstätte in einem geschützten und auf ihre Bedürfnisse abgestimmten Umfeld ihren Lebensunterhalt mit einer sinnvollen Tätigkeit selbst zu verdienen. Die Anlernwerkstatt diente dem Übergang von der Tagesstätte in die »Beschützende Werkstatt«.

Nicht einmal ein Jahr nach der Einweihung der Tagesstätte in der Ernst-Sievers-Straße überstieg die Zahl der Anmeldungen die Zahl der vorhandenen Plätze. Der Verein für Heilpädagogische Hilfe e.V. rechnete nun mit einem Bedarf für etwa 120 Kinder und plante daher eine Erweiterung der Einrichtung. Zu diesem Zweck interessierte sich der Verein für das Grundstück direkt neben der Tagesstätte an der Ernst-Sievers-Straße/Ecke Rückertstraße, das sich in Besitz einer Versicherung befand. Nach längeren Verhandlungen zwischen der Stadt Osnabrück und der Versicherung einigten sich diese 1964 auf einen Grundstückstausch, durch den die Stadt in den Besitz des Grundstücks Ernst-Sievers-Straße/Ecke Rückertstraße gelangte und dieses dem Verein für Heilpädagogische Hilfe e. V. in Erbpacht überließ. Der Bedarf war weiterhin gegeben. Inzwischen wurden in der Tagesheimstätte 55 Kinder betreut, während zusätzliche 78 Anmeldungen vorlagen, die wegen Platzmangels nicht aufgenommen werden konnten. 1965 wurde schließlich mit dem ersten Bauabschnitt des Erweiterungsbaus begonnen, sodass 1967 in den zwei Häusern in der Ernst-Sievers-Straße 45/47 bereits 94 spastisch gelähmte und geistig behinderte Kinder zwischen 4 und 15 Jahren betreut und auf eine spätere Tätigkeit in der »Beschützenden Werkstatt« vorbereitet werden konnten. Eine erneute Erweiterung der Tagesstätte wurde ab 1970 geplant.

Auf der Vorderseite der Einladung zu den Tagen der offenen Tür und zum Weihnachtsbasar anlässlich des zehnjährigen Bestehens der Tagesstätte sind das ursprüngliche Gebäude links und der daran angeschlossene Erweiterungsbau rechts gut zu erkennen. Das Sozialamt der Stadt Osnabrück gratulierte dem Verein zu diesem Jubiläum in einem Schreiben vom 26. November 1971 mit folgenden Worten, die die Geschehnisse und Entwicklung der vergangenen zehn Jahre gut zusammenfassen: »Wenn der Verein für heilpädagogische Hilfe Osnabrück e. V. in diesen Tagen sein zehnjähriges Bestehen begeht, liegt hinter ihm eine dynamische und expansive Entwicklung zum Wohle der ihm anvertrauten Schützlinge, wie sie auch von Optimisten sicherlich nicht vorausgesehen wurde. Daß es hierzu kam, ist im hohen Maße das Verdienst der Damen und Herren Ihres Vorstandes und der Geschäftsführung, denen ich bei dieser Gelegenheit namens der Stadt Osnabrück meinen tiefempfundenen Dank für ihre Tatkraft und das bisher Geleistete ausspreche. Verbinden möchte ich damit den Wunsch für die Zukunft, in gemeinsamer Arbeit mit Ihnen verbunden zu sein.«

Heute bietet die Heilpädagogische Hilfe Osnabrück e. V. neben Betreuungsangeboten sowie den Osnabrücker Werkstätten auch Wohnangebote für Menschen mit Behinderung. Weiterhin fördert sie mit verschiedenen Dienstleistungen und Projekten die Integration und Inklusion. An dem Standort der Tagesstätte an der Ernst-Sievers-Straße 45/47 unterhält die Heilpädagogische Hilfe die Horst-Koesling-Schule, eine Tagesbildungsstätte für Kinder und Jugendliche mit dem Förderschwerpunkt geistige Entwicklung.

Insgesamt hat sich der Umgang mit Menschen mit Behinderung in den letzten Jahrzehnten deutlich gewandelt. Verschiedene Konventionen, Gesetze, Gremien und Aktionspläne, wie zum Beispiel die UN-Behindertenkonvention, Behindertengleichstellungsgesetze auf Bund- und Länderebene sowie Beiräte und Inklusionsräte für Menschen mit Behinderung tragen zum Abbau von Barrieren und einer zunehmenden Inklusion und Partizipation bei. So ist auch das Recht auf Bildung inzwischen unbestritten und Kinder mit Behinderung werden an Inklusiven oder Förder-Schulen beschult. Ein Blick in den Aktionsplan Inklusion 2019/20 für ein barrierefreies Niedersachsen zeigt jedoch, dass auch weiterhin noch viel zu tun ist, um Menschen mit Behinderung die vollständige Gleichstellung und Teilhabe am gesellschaftlichen Leben zu ermöglichen.

Nina Koch

Benutzte Archivalien
NLA OS Dep 3 c Nr. 173; NLA OS Dep 3 c Akz. 2006/052 Nr. 1-5; NLA OS Erw A 38 Akz. 46/1996 Nr. 83.

Literatur in Auswahl
FRINGS 2012; HEHEMANN 1990; HEILPÄDAGOGISCHE HILFE o.J.; HENRICHVARK 2006; HOFFMEYER 1995; LANDESBEAUFTRAGTE o.J.; LINDEMANN 1984; SOZIALMINISTERIUM 2019.

Das erste Plakat der Bürgerinitiative Leer vom Oktober 1973. Es wurde, wie auch alle anderen Plakate und Flugblätter der Bürgerinitiative Leer, in Eigenarbeit hergestellt. Uwe Hohnholz gestaltete und druckte sie (NLA AU Rep. 227/24 acc. 2017/23 Nr. 37).

43 | Leeraner Bürgerinitiative wagt mehr Demokratie

Der Kampf um den Erhalt der historischen Altstadt

Die Stadt Leer gilt heute gemeinhin als Kleinod und ist als Einkaufsstadt über die Region hinaus bekannt. Dass sie mit ihrer »romantischen Altstadt«, »zahlreich liebevoll restaurierten Gebäuden, engen Gassen« sehr erfolgreich um Touristen werben kann, verdankt sie engagierten Bürgerinnen und Bürgern, die sich Anfang der 1970er Jahre zusammentaten, um den geplanten Sanierungsmaßnahmen der Stadtverwaltung entgegenzusteuern. Im Oktober 1973 wandte sich die »Bürgerinitiative Altstadtsanierung« warnend mit der Aufforderung »*Sehen Sie sich noch einmal um*« – *Unsere Stadtväter planen schon den Abriss, für eine autogerechte Stadt* erstmals mit einem Plakat, selbst gestaltet und im A3-Format, an die Öffentlichkeit (Abb.). Es wurde an mehr als 50 Stellen im Stadtgebiet angebracht. Doch die erhoffte Resonanz in der Lokalpresse auf den Aufruf blieb zunächst aus, obwohl der Zeitpunkt für die Plakataktion mit der Feier der 150-jährigen Verleihung der Stadtrechte günstig gewählt war. Lediglich in der »Rheiderland-Zeitung« wurde das Plakat abgedruckt, mit dem kurzen Vermerk, dass die Bürgerinitiative hiermit ihre »Sorge um das Stadtbild der Kreisstadt« ausdrücken wolle. Ein halbes Jahr später hatte sich die Situation jedoch grundlegend geändert: Das Anliegen der Initiative, die geplante Altstadtsanierung mit ihrer Meinung nach fatalen Folgen für das Stadtbild zu revidieren, war auf große Unterstützung in der Bevölkerung gestoßen.

Stadterneuerung und Altstadtsanierung prägten in der Bundesrepublik seit den 1960er Jahren vielerorts die Kommunalpolitik. Die unmittelbare Nachkriegszeit war noch davon bestimmt gewesen, neuen Wohnraum anstelle der im Krieg zerstörten Häuser zu schaffen. Mit dem Wirtschaftswunder stiegen aber die Ansprüche und die Wünsche nach komfortablen, modernen Wohnungen an. In den Klein- und Mittelstädten mit unzerstörter Altstadt wuchs die Bevölkerung in den 1950er und 1960er Jahren enorm an, neue Baugebiete wurden im Umland erschlossen. Die eng und dunkel bebauten Altstadtkerne fielen vielerorts einer rentableren Flächensanierung zum Opfer.

Doch die nach dem Krieg jahrelang praktizierte Abrisswut historischer Bausubstanz führte in den 1970er Jahren zu einer von der Bevölkerung initiierten Gegenbewegung als kritische Reaktion auf die vorherrschende fortschritts- und wachstumsfixierte Modernisierungspolitik.

Auch in Leer begannen Rat und Verwaltung um 1960 mit Planungen zur Sanierung der Altstadt. Die vom niederländischen Baustil geprägten Gebäude waren zwischen 50 und 200 Jahre alt. Ungefähr der Hälfte der alten Häuser wurde Modernisierungsbedarf zugeschrieben, hatten doch 20 Prozent der Wohnungen keine Toilette im Haus und bei 40 Prozent fehlten Dusche oder Bad und eine Zentralheizung. Junge Familien verließen den Innenstadtbereich, viele Geschäfte mussten schließen. Für Rat und Verwaltung schien es eine Frage der Zeit, wann nur noch alte Menschen und wirtschaftlich Schwache dort wohnen würden. Gleichzeitig ging man davon aus, dass das bestehende Verkehrssystem dem Autoverkehr nicht mehr gerecht werden würde, zumal man mit einer Verdoppelung der Bevölkerung auf 60.000 Personen bis 1980 rechnete.

Die Planungen der 1960er Jahre beruhten in Leer wie fast überall in der Bundesrepublik auf einem ungebrochenen Wachstumsglauben. Der Fokus der ersten Modernisierungsvorhaben lag auf einer autogerechten Verkehrsplanung. Einer neuen verdichteten Bebauung im Stadtkern mit mehrgeschossiger Blockbebauung wurde der Vorrang vor einer kostenintensiven Sanierung historischer Bausubstanz eingeräumt. Als eine der ersten Sanierungsmaßnahmen sollte der Bau der Westtangente – einer neuen Straße, die eine breite Schneise durch die Altstadt geschlagen hätte – in Angriff genommen werden. Dafür hätten etwa 60 alte Häuser weichen müssen. Außerdem ging es um eine Neubebauung der Straße Westerende mit mehrgeschossigen Wohnblocks.

Bis 1970 hatte die Stadt schon einige der erworbenen alten Häuser abgerissen. Aber erst das Städtebauförderungsgesetz von 1971, von der sozial-liberalen Regierung unter Willy Brandt beschlossen, ermöglichte und forcierte vielerorts Sanierungsmaßnahmen, da nun Finanzhilfen bereitgestellt wurden. In Leer begann »die Altstadtsanierung des in der Fläche größten Sanierungsgebietes in Niedersachsen mit den drei Bezirken Altstadt, Hafenbereich und Bahnhofsring«. Darüber hinaus sah das Gesetz aber vor, dass Betroffene nun bei Sanierungsmaßnahmen aktiv beteiligt und ihre Lebensumstände dahingehend geprüft werden sollten, ob sich nachteilige Auswirkungen ergeben würden. Kurz: Ein Sozialplan sollte begleitend erarbeitet werden. Da die Sanierungs- und Bebauungspläne aber vor 1971 entstanden waren, griff eine Übergangsregelung und die Stadt Leer war formalrechtlich nicht an das Städtebauförderungsgesetz gebunden. Dass sie davon Gebrauch machte, verstärkte den Unmut und Zorn der Bürgerinitiative, denn die Wünsche und Interessen der im Sanierungsgebiet lebenden Bevölkerung waren weitgehend unberücksichtigt geblieben.

Der traditionsbewusste Verein für Heimatschutz und Heimatgeschichte, der die Sanierungspläne der Stadt seit den 1960er Jahren kritisch begleitet hatte, war alarmiert. Kaufmann Josefhermann Höcker, langjähriger Vorsitzender des Vereins und Mitglied im von der Stadt einberufenen Sanierungsbeirat, befürchtete, dass die Altstadt ihr Gesicht und ihren Charme verlieren würde. Seine Einwände wurden von der Stadt aber weitgehend ignoriert und als »Heimattümelei« abgetan. Als die Umsetzung der Sanierungspläne näher heranrückte, richtete der Heimatverein im Mai 1973 einen »Arbeitskreis Stadtsanierung« ein. Unter den Mitgliedern befanden sich Landschaftsarchitekten, Architekten, Buchhändler und Verwaltungsangestellte. Sie luden im Mai 1973 zu einer Podiumsdiskussion ein, an der Vertreter der Stadt und des Bauträgers teilnahmen. Die Resonanz war groß: Über 300 interessierte Bürger kamen, um ihre Sorgen zu äußern. Das Spektrum reichte von der Befürchtung, dass der Charakter der Altstadt verloren ginge bis hin zu den Sorgen um den Erhalt des eigenen Hauses in der Sanierungszone. Dennoch reagierte weder die Presse noch kamen Reaktionen vom Rat der Stadt.

Um seinem Anliegen noch mehr Nachdruck zu verleihen, entschloss sich der Arbeitskreis, eine vom Heimatverein unabhängige, selbstständige Bürgerinitiative zu initiieren, die sich als offen gegenüber den verschiedenen Motiven der Mitglieder sah und ohne Satzung und Vereinsmitgliedschaft parteipolitisch ungebunden agieren konnte. Aus dem Protokoll der konstituierenden Sitzung wird deutlich, dass die Bürgerinitiative ihrem Selbstverständnis nach weit mehr als denkmalpflegerische Aspekte und kulturerhaltende Ziele verfolgte, und dass sie zur Durchsetzung ihrer Ziele auf bürgerschaftliches Engagement setzte. Ihr basisdemokratischer Protest richtete sich gegen die in ihren Augen unzureichende Informationspolitik der Stadtverwaltung und den damit verbundenen Ausschluss der Bevölkerung und der direkt Betroffenen von weiteren Planungen und Entscheidungen. Die Bürgerinitiative wollte »Informationen über das Sanierungsvorhaben u. U. sogar erzwingen und diese an die Betroffenen weiterleiten«, im Gegenzug dazu aber »die Wünsche und Vorstellungen der Sanierungsbetroffenen entgegennehmen und an den Rat weiterleiten, eigene Pläne entwickeln und als Alternativen zur Diskussion stellen«. Mit der eingangs erwähnten Plakataktion im Oktober 1973 zur 150-Jahr-Feier der Stadt Leer verstärkte die Bürgerinitiative ihre Angriffe auf Stadtverwaltung und -rat. An den folgenden vier Wochenenden sammelte sie ungefähr 3.000 Unterschriften gegen das Verkehrskonzept der Stadt. Bis 1978 wandte sie sich mit fünf Plakaten und 16 Flugblättern, zahllosen offenen Briefen und Rundschreiben an die Öffentlichkeit. Die Tätigkeit der Bürgerinitiative ist umfassend in einem Bestand der Abteilung Aurich des Niedersächsischen Landesarchivs dokumentiert, da Mitglieder der Bürgerinitiative 2017 die von ihnen gesammelten Protokolle, Rundschreiben, Plakate sowie Unterlagen zu Flugblattaktionen und Straßenumfragen aus dem Zeitraum von 1973 bis 1987 dem Landesarchiv übergaben.

Im März 1974 lenkten die Stadt und ihr Bauträger, die »Neue Heimat«, ein; die Westtangente wurde nicht gebaut. Zudem begann ein Umdenkungsprozess weg von der Flächensanierung. Das Konzept der Innenstadtsanierung beruhte nun vorrangig auf der Objektsanierung, dem Erhalt und der Modernisierung historischer Bebauung. Als eine der ersten Bürgerinitiativen im Nordwesten Niedersachsens konnte die »Bürgerinitiative Altstadtsanierung« ihre wichtigsten Ziele – zumindest teilweise – erfolgreich durchsetzen. Im Großen und Ganzen bewirkte sie, dass weite Teile der Altstadt saniert und erhalten statt abgerissen wurden.

Die Aktionen der Bürgerinitiative in den 1970er Jahren hatten der Bevölkerung bewusst gemacht, dass basisdemokratische Möglichkeiten erfolgreich genutzt und politische Partizipation eingefordert werden können. Gleichzeitig zeigten sie, dass die Identifikation der Bürger mit ihrer Stadt auch von einem historischen Stadtbild mit geschichtsträchtiger Bausubstanz getragen wird.

Astrid Parisius

Benutzte Archivalien
NLA AU Rep. 227/24 acc. 2017/23 Nr. 1, Nr. 5, Nr. 37.

Literatur in Auswahl
BUNDESVERKEHRSMINISTERIUM 2011; DÜWEL 2017; KRAMER 2017; LEER 2005; WESSELS o. J.

ne Rolle gespielt, die niedersächsische Heimatbewegung fasste hier nicht Fuß. Nach 1918 wurden Pläne zu einer mehr oder weniger großen Arrondierung des Freistaates verfolgt. Die Alternativen reichten von kleinen Gebietstauschen mit Preußen bis zu einem Ausgreifen nach Ostfriesland oder Bremen. Aus Hannover kommende Niedersachsenpläne wurden abgewehrt. Im Herbst 1933 wurde eine Kommission eingesetzt, die eine Denkschrift für den Raum Weser-Ems erarbeiten sollte. Der Bedeutungszuwachs des NSDAP-Gaus Weser-Ems nach 1933 verschaffte den Oldenburg-Plänen zusätzlichen Schub. 1938 wurde gar eine »Forschungsgemeinschaft für den Raum Weser-Ems« gegründet, die wissenschaftliche Argumente gegen die von Hannover ausgehende Niedersachsen-Propaganda liefern sollte. Nach 1945 brachten Oldenburger Politiker ihre Vorstellungen vergeblich in den territorialen Neugestaltungsprozess ein. Als es im November 1946 trotzdem zur Gründung des Landes Niedersachsen unter Einschluss Oldenburgs kam, forderte der Oldenburgische Landtag in seiner letzten Sitzung, es solle »unter allen Umständen eine Selbstverwaltungsorganisation für das Gebiet des Oldenburger Landes bestehen« bleiben. Oldenburg wurde nun (ebenso wie der Freistaat Braunschweig) ein Verwaltungsbezirk, dessen Präsident immerhin ein paar Befugnisse mehr hatte als die Präsidenten der sechs hannoverschen Regierungsbezirke.

Für die Artikulation der Unzufriedenheit in Oldenburg und Schaumburg-Lippe bot sich nun eine verfassungsrechtliche Möglichkeit. Da bei der Bildung der Bundesländer die Wünsche der Betroffenen nicht berücksichtigt worden waren, wurde nach der Gründung der Bundesrepublik Deutschland im Artikel 29 des Grundgesetzes eine Möglichkeit geschaffen, die Landeszugehörigkeit zu bestätigen oder abzulehnen. Dort heißt es: »In Gebietsteilen, die bei der Neubildung der Länder nach dem 8. Mai 1945 ohne Volksabstimmung ihre Landeszugehörigkeit geändert haben, kann […] durch Volksbegehren eine bestimmte Änderung der über die Landeszugehörigkeit getroffenen Entscheidung gefordert werden.« Nach erfolgreichen Volksbegehren sollten Volksentscheide stattfinden, mit deren Ausgang sich dann der Bundestag befassen und im Ergebnis möglichst nicht vom Bürgerwillen abweichen sollte. Wirklich in Kraft trat dieser Grundgesetzartikel erst, als die Bundesrepublik 1955 souverän geworden war.

Im April 1956 schlossen sich in Oldenburg 12,9 Prozent der Stimmberechtigten dem Volksbegehren an (bei einem Quorum von 10 Prozent), in Schaumburg-Lippe waren es 15,3 Prozent. Es gab aber auch deutlich ablehnende Äußerungen: Der Steinhuder Gemeinderat etwa machte sich Sorgen über mögliche finanzielle Belastungen aus einer neuen Eigenständigkeit (Abb. 2). Bemerkenswert ist, dass es in Braunschweig trotz der Unzufriedenheit mit der »Unterwerfung« unter Hannover kein entsprechendes Volksbegehren gab. Unmittelbare Folgen hatten die Volksbegehren zunächst jedoch nicht, denn die Bundesregierung schob die Durchführung der nun notwendigen Volksabstimmungen auf. Erst 1969 wurde festgelegt, dass spätestens bis zum 31. März 1975 Volksentscheide durchzuführen seien. Stimmte eine Mehrheit, die mindestens ein Viertel der Wahlberechtigten umfasste, gegen die Landeszugehörigkeit, so sollte der Bund die Landeszugehörigkeit innerhalb eines Jahres regeln.

Die nun fast zum letztmöglichen Zeitpunkt vorgesehenen Volksabstimmungen fielen in die heiße Phase der kommunalen Neugliederungsdiskussion in Niedersachsen aufgrund des sogenannten Weber-Gutachtens. Aus acht Regierungsbezirken sollten vier werden, jeweils zwei Kreise zu einem zusammengelegt werden.

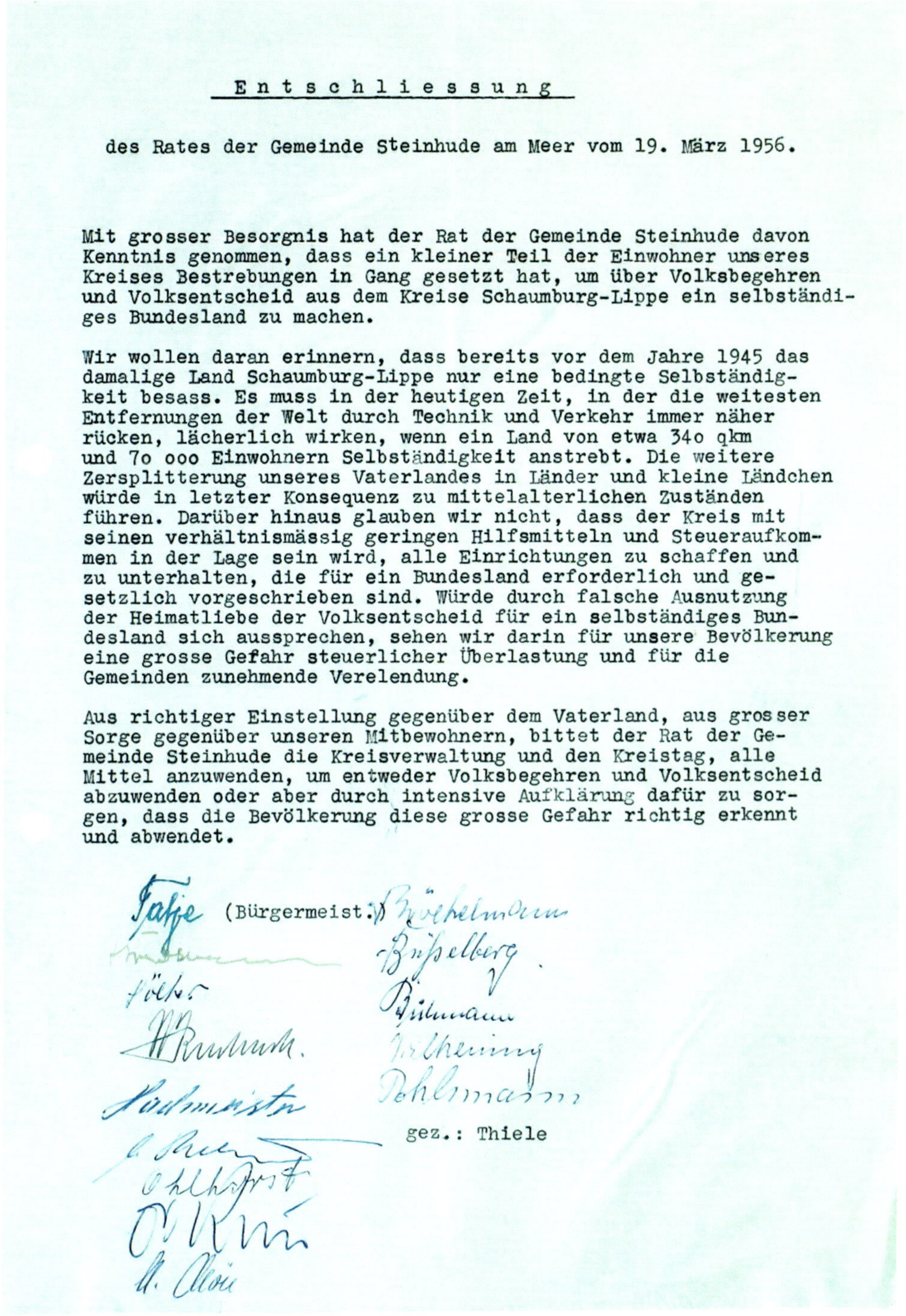

Entschliessung

des Rates der Gemeinde Steinhude am Meer vom 19. März 1956.

Mit grosser Besorgnis hat der Rat der Gemeinde Steinhude davon Kenntnis genommen, dass ein kleiner Teil der Einwohner unseres Kreises Bestrebungen in Gang gesetzt hat, um über Volksbegehren und Volksentscheid aus dem Kreise Schaumburg-Lippe ein selbständiges Bundesland zu machen.

Wir wollen daran erinnern, dass bereits vor dem Jahre 1945 das damalige Land Schaumburg-Lippe nur eine bedingte Selbständigkeit besass. Es muss in der heutigen Zeit, in der die weitesten Entfernungen der Welt durch Technik und Verkehr immer näher rücken, lächerlich wirken, wenn ein Land von etwa 340 qkm und 70 000 Einwohnern Selbständigkeit anstrebt. Die weitere Zersplitterung unseres Vaterlandes in Länder und kleine Ländchen würde in letzter Konsequenz zu mittelalterlichen Zuständen führen. Darüber hinaus glauben wir nicht, dass der Kreis mit seinen verhältnismässig geringen Hilfsmitteln und Steueraufkommen in der Lage sein wird, alle Einrichtungen zu schaffen und zu unterhalten, die für ein Bundesland erforderlich und gesetzlich vorgeschrieben sind. Würde durch falsche Ausnutzung der Heimatliebe der Volksentscheid für ein selbständiges Bundesland sich aussprechen, sehen wir darin für unsere Bevölkerung eine grosse Gefahr steuerlicher Überlastung und für die Gemeinden zunehmende Verelendung.

Aus richtiger Einstellung gegenüber dem Vaterland, aus grosser Sorge gegenüber unseren Mitbewohnern, bittet der Rat der Gemeinde Steinhude die Kreisverwaltung und den Kreistag, alle Mittel anzuwenden, um entweder Volksbegehren und Volksentscheid abzuwenden oder aber durch intensive Aufklärung dafür zu sorgen, dass die Bevölkerung diese grosse Gefahr richtig erkennt und abwendet.

gez.: Thiele

Abb. 2: Entschließung des Rates der Gemeinde Steinhude zum Volksbegehren 1956 (NLA BU Dep. 46 A Acc. 29a/93 Nr. 101).

Abb. 3: Aufruf zum Volksentscheid am 19. Januar 1975 (NLA OL Dep. 113 Akz. 2009/063 Nr. 265).

Diese Pläne gaben oldenburgischen Bemühungen neuen Antrieb, die alte Gebietseinheit organisatorisch abzubilden. 1954 war der Versuch, einen »Landschaftsverband Oldenburg« zu schaffen, noch im niedersächsischen Landtag gescheitert. Stattdessen wurde 1961 von Richard Tantzen die »Oldenburg-Stiftung e. V.« gegründet. Nun schuf der Niedersächsische Landtag in einem Gesetz eine »Oldenburgische Landschaft« mit der Aufgabe, »an der Pflege und Förderung der kulturellen und historischen Belange des ehemaligen Landes Oldenburg mitzuwirken«. Am 8. Februar 1975 fand die offizielle Gründung in Oldenburg statt.

Die Pläne zur Gebietsreform spielten in Oldenburg nun eine große Rolle beim Volksentscheid (Abb. 3), wie sich an den unterschiedlichen Ergebnissen in den einzelnen Kreisen sehen lässt. In den traditionell ländlich geprägten Kreisen Vechta und Cloppenburg – die zu einem Kreis vereinigt werden sollten – war die Ablehnung Niedersachsens mit 62,6 und 52,8 Prozent am größten, in der Stadt Wilhelmshaven mit 7,7 Prozent am geringsten.

In Schaumburg-Lippe hingegen wird auch an den Wahlaufrufen deutlich, dass es den Verfechtern der Volksabstimmung nicht wirklich um eine Unabhängigkeit ging, sondern um die Rückgabe des schaumburg-lippischen Landesvermögens.

Mit einer mehrheitlichen Ablehnung der Landeszugehörigkeit hatte in Hannover dennoch niemand ernsthaft gerechnet. Andere gleichzeitige Volksabstimmungen in Rheinland-Pfalz gingen zuungunsten der Separatisten aus. Betrachtet man nun die unmittelbare Folge der Volksabstimmungen in Niedersachsen, so scheinen sie zunächst völlig erfolglos. Denn der Bundestag verabschiedete am 9. Dezember 1975 ein Gesetz, das den Verbleib beider Gebiete bei Niedersachsen bestimmte. Grundlage dafür war die bundesgesetzliche Bestimmung, die festlegte, dass nur Länder geschaffen werden durften, »die nach Größe und Leistungsfähigkeit die ihnen obliegenden Aufgaben erfüllen können«.

Aber die mittelbaren Folgen zeigten, dass das Votum des Volksentscheids in Hannover nicht ungehört blieb: Schaumburg-Lippe blieb zwar kein eigenständiger Kreis, wurde aber mit dem Kreis Grafschaft Schaumburg vereinigt, sodass, bis auf die Gebiete um Steinhude und Hessisch Oldendorf, die vor 1647 bestehende alte Grafschaft Schaumburg fast wiedererstand – nach über 300 Jahren! Das ehemalige schaumburg-lippische Landesvermögen wurde zumindest teilweise auf den neuen Kreis übertragen. Den Oldenburger Wünschen trug das Gesetz zur Verwaltungs- und Gebietsreform weitgehend Rechnung, die Aufteilung des Landkreises Friesland auf zwei andere Landkreise wurde durch den Niedersächsischen Staatsgerichtshof annulliert und schließlich rückgängig gemacht. Dennoch bildete sich ein »Komitee Volksentscheid Oldenburg«, das mit seiner Beschwerde noch bis zum Bundesverfassungsgericht ging, allerdings vergeblich. Während die Einrichtung eines Bundeslandes »Schaumburg-Lippe« niemand ernsthaft für sinnvoll und möglich hielt, so wäre ein Bundesland Oldenburg immerhin größer als das Saarland gewesen und hätte mehr Einwohner als Bremen gehabt. Der Regierungsbezirk Oldenburg ging 1978 im neuen Regierungsbezirk Weser-Ems auf, zusammen mit den Regierungsbezirken Aurich und Osnabrück, immerhin aber wurde Oldenburg Regierungssitz des neuen Großbezirks. Die Abschaffung des Regierungsbezirks Weser-Ems 2005 zusammen mit den anderen Regierungsbezirken löste dann keine größeren Proteste mehr aus.

Stefan Brüdermann

Benutzte Archivalien
NLA BU Dep. 46 A Acc. 29a/93 Nr. 101; NLA OL Dep. 113 Akz. 2009/063 Nr. 265.

Literatur in Auswahl
Böhme 1995; Eckhardt 1987; Evers 1975.

Abb. 1: Hubschrauber mit Wasserbombe im Einsatz, Foto des Grenzschutzkommandos Nord in Hannover (NLA HA BigS Nr. 29145).

47 | Als die Heide brannte

Die Waldbrandkatastrophe in der Lüneburger Heide 1975

Eine der reizvollsten Landschaften Niedersachsens ist die Lüneburger Heide. Das Gebiet, das sich zwischen Elbe und Aller erstreckt, lockt jedes Jahr Millionen deutscher und ausländischer Touristen, aber auch Tagesausflügler aus den umliegenden Großstädten Bremen, Hamburg und Hannover an. Die Farbe der Lüneburger Heide ist violett. Die Farbe blühenden Heidekrauts (Calluna-Heide) dominiert Broschüren und Webseiten, Gemälde und Ansichtskarten. Sie ist eine Folge jahrtausendelanger Beweidung, die aus steinzeitlichen Laubwäldern nach und nach die heutige lichte Heidelandschaft entstehen ließ, in der drei Naturparkverwaltungen in Kooperation mit rund 9.000 Heidschnucken für den Erhalt dieser durch Menschen geschaffenen Kulturlandschaft sorgen.

In den 1970er Jahren ereigneten sich in der Heide zwei Katastrophen. Am 13. November 1972 fegte »Quimburga«, eines der verheerendsten Orkantiefs der vergangenen Jahrzehnte, über weite Teile Mittel- und Westeuropas hinweg und forderte mindestens 73 Menschenleben. Nach einer nur kurzen, den damaligen technischen Möglichkeiten entsprechenden Vorwarnung richtete der Orkan mit Spitzengeschwindigkeiten von bis zu 245 Stundenkilometern insbesondere in Niedersachsen gravierende Schäden an, was ihm den Zweitnamen »Niedersachsenorkan« einbrachte. Es kam zu teils tagelangen Verkehrsunterbrechungen und Stromausfällen. In Oldenburg stürzte der Turm der St. Peter-Kirche ein. Im Harz und in der Lüneburger Heide waren massive Waldschäden zu verzeichnen; insgesamt 10 Prozent des niedersächsischen Waldbestandes wurden durch Quimburga vernichtet. Die im Zuge der Heideaufforstung Mitte des 19. Jahrhunderts entstandenen größeren Kiefernwälder erwiesen sich als besonders anfällig für Windbruch. Die Aufräumarbeiten dauerten mehrere Jahre. Bis weit in die 1970er Jahre hinein lagen Baumstümpfe, Reisig und andere Holzabfälle in den Wäldern, im Zuge von Flächenräumungen vielfach zu kilometerlangen Totholzwällen aufgeschichtet.

Keine drei Jahre nach Quimburga traf die Lüneburger Heide ein weiterer Schicksalsschlag, der sich buchstäblich ins kollektive Gedächtnis der Niedersachsen eingebrannt hat. Im August 1975 vernichtete der bislang größte Waldbrand in der Heide und im Hannoverschen Wendland rund 12.650 Hektar Wald- und landwirtschaftlich genutzte Flächen sowie Moor- und Heideland. Sieben Menschen, 117 Hirsche, Wildschweine und Schafe sowie eine unbekannte Zahl an anderen Wildtieren starben. Eine 250 Kilometer lange Rauchfahne überdeckte die in voller Blüte stehende violette Heidelandschaft. Ausgehend von einem außer Kontrolle geratenen Flächenbrand in der Nähe von Stüde (Landkreis Gifhorn) am 8. August verbreitete sich das Feuer an vielen weiteren Brandherden, zunächst in der Südheide, später auch in anderen Gegenden. Von den zahlreichen registrierten Bränden entwickelten sich fünf zu Großbränden, die in der Zeit zwischen dem 8.

und 12. August in den Landkreisen Gifhorn, Celle und Lüchow-Dannenberg ausbrachen. Eine ungewöhnlich lange Hitze- und Dürreperiode mit Tageshöchstwerten von bis zu 35 °C hatte die Entstehung und Ausbreitung der Feuer begünstigt, deren konkrete Ursachen bis heute nur zum Teil geklärt werden konnten. Teils wurden Heißläufer bei Schienenfahrzeugen für die Brandherde verantwortlich gemacht, teils gingen die Feuer auf fahrlässige oder vorsätzliche Brandstiftung zurück; in Einzelfällen kam es zu staatsanwaltlichen Ermittlungsverfahren. Hinzu kam das nicht verwertbare Bruchholz, das der Orkan Quimburga in den Wäldern zurückgelassen hatte und in dem die Feuer reichlich Nahrung fanden. Die zusammengeschobenen Holzwälle wirkten dabei wie Zündschnüre, die das Feuer über größere Flächen weiterleiteten. 80 Prozent der Waldflächen bestanden zudem aus (zumeist jungen) Kiefern, die sich im Zuge der Aufforstungen der ausgelaugten Böden als vergleichsweise anspruchslos und zudem als wirtschaftlich erwiesen hatten. Als stark harzhaltige Bäume sind sie bei Waldbränden besonders entzündlich.

Die durch die ungewöhnliche Witterung bestehende Gefahrenlage war der Forstverwaltung und den örtlichen Feuerwehren zum Zeitpunkt der Entfachung der Feuer durchaus bewusst. Dennoch führte eine fatale Kombination aus Kompetenzgerangel sowie fehlender Koordination und Information dazu, dass nach Auftreten der Brände wertvolle Zeit für effiziente Einsätze verstrich und erst am 10. August, unmittelbar nach dem Tod von fünf Feuerwehrmännern, die mit ihrem Einsatzfahrzeug bei Meinersen (Landkreis Gifhorn) vom Feuer eingeschlossen worden waren, durch den Lüneburger Regierungspräsidenten Hans-Rainer Frede der Katastrophenfall erklärt wurde. Allerdings verhinderten ungünstige technische Rahmenbedingungen sowie landschaftliche Gegebenheiten eine zügige Eindämmung der Flächenbrände. Häufig wechselnde Winde, starke Böen und die Unwegsamkeit vieler Brandstellen erschwerten die Löscharbeiten durch die Berufsfeuerwehren, die Freiwilligen Feuerwehren und andere Einsatzkräfte aus dem gesamten Bundesgebiet erheblich. Eines der Hauptprobleme waren die vor Ort fehlenden Wasserentnahmestellen; Löschwasser musste über weite Strecken hinweg transportiert werden, durch Löschfahrzeuge und einen Schienenlöschzug der Deutschen Bundesbahn, aber auch durch drei nach einem Hilfeersuchen des Bundesinnenministeriums von der französischen Regierung bereitgestellte Spezialflugzeuge, die insgesamt 175 Einsätze flogen. Die Bundeswehr half unter anderem mit Bergepanzern und Planierraupen, die eine Ausbreitung der Feuer durch Brandschneisen zu verhindern suchten. Der Bundesgrenzschutz stellte Wasserwerfer und Hubschrauber mit Wasserbomben (Abb. 1) zur Verfügung. Durch den massiven Einsatz von Feuerwehren, Bundeswehr und Bundesgrenzschutz, dem Deutschen Roten Kreuz, dem Technischen Hilfswerk und anderen Hilfsorganisationen konnten die Brände nach und nach unter Kontrolle gebracht werden. Die zahlreichen, beim Innenministerium und beim Regierungspräsidenten eingegangenen Lageberichte und Faxe (Abb. 2) dokumentieren die Situation vor Ort und die Schwierigkeiten, vor denen die Einsatzkräfte standen. Am 17. August wurde der Katastrophenalarm schließlich aufgehoben.

Am 3. November beschloss das Kabinett die Stiftung einer Gedenkmedaille und deren Verleihung an die Helfer, insbesondere an Vertreter der Feuerwehren, nach dem Vorbild der Gedenkmedaille aus Anlass der Sturmflutkatastrophe 1962. Den Auftrag für den Entwurf der Medaille mit abstrahierter Darstellung um Baumstämme und Äste züngelnder Flammen erhielt der Grafiker und Heraldiker Heinz Hartung aus Hann. Münden, der

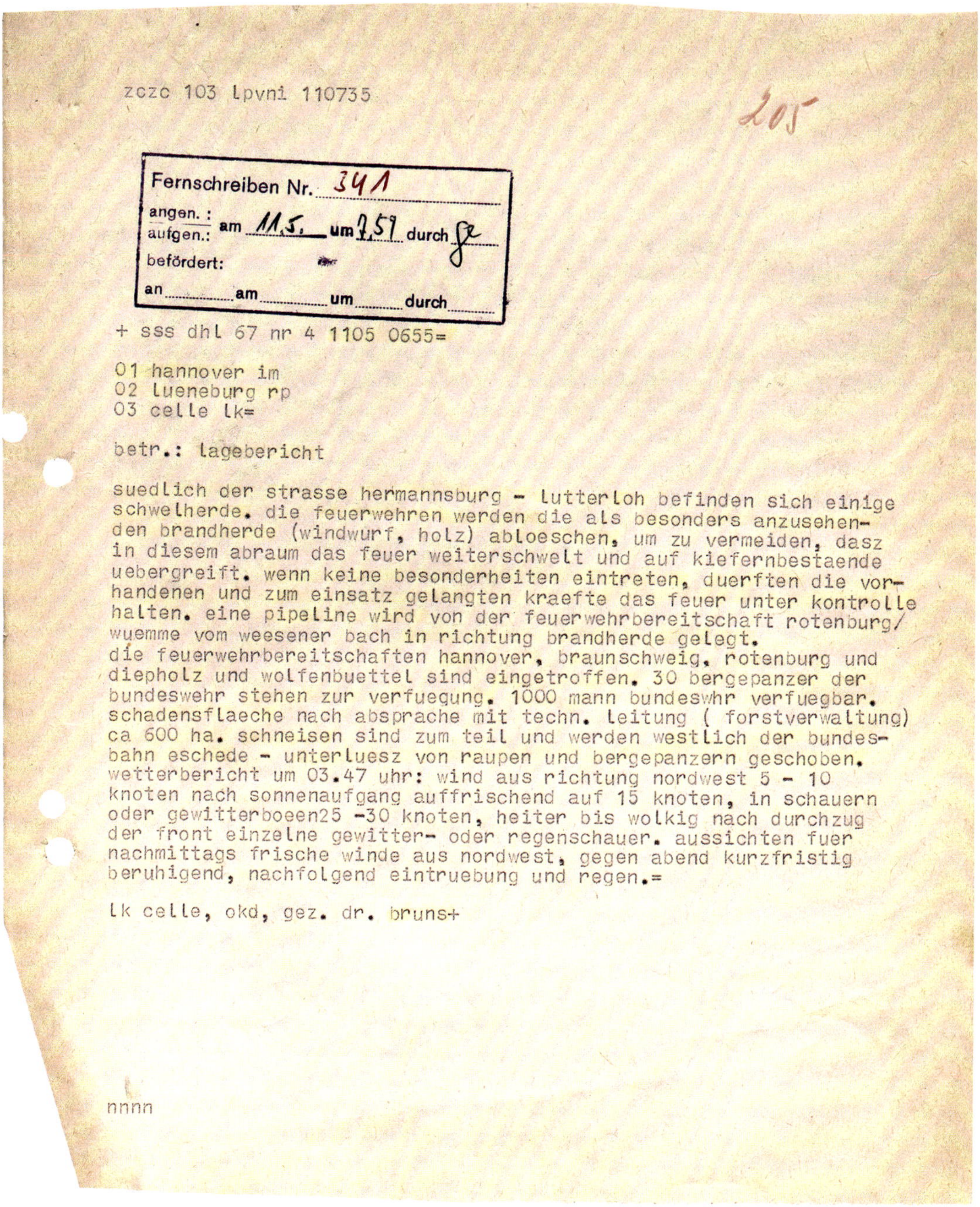

zczc 103 lpvni 110735

Fernschreiben Nr. 341
angen.:
aufgen.: am 11.5. um 7.51 durch [sig]
befördert:
an_____ am_____ um_____ durch_____

+ sss dhl 67 nr 4 1105 0655=

01 hannover im
02 lueneburg rp
03 celle lk=

betr.: lagebericht

suedlich der strasse hermannsburg – lutterloh befinden sich einige
schwelherde. die feuerwehren werden die als besonders anzusehen-
den brandherde (windwurf, holz) abloeschen, um zu vermeiden, dasz
in diesem abraum das feuer weiterschwelt und auf kiefernbestaende
uebergreift. wenn keine besonderheiten eintreten, duerften die vorhandenen und zum einsatz gelangten kraefte das feuer unter kontrolle
halten. eine pipeline wird von der feuerwehrbereitschaft rotenburg/
wuemme vom weesener bach in richtung brandherde gelegt.
die feuerwehrbereitschaften hannover, braunschweig, rotenburg und
diepholz und wolfenbuettel sind eingetroffen. 30 bergepanzer der
bundeswehr stehen zur verfuegung. 1000 mann bundeswhr verfuegbar.
schadensflaeche nach absprache mit techn. leitung (forstverwaltung)
ca 600 ha. schneisen sind zum teil und werden westlich der bundesbahn eschede – unterluesz von raupen und bergepanzern geschoben.
wetterbericht um 03.47 uhr: wind aus richtung nordwest 5 – 10
knoten nach sonnenaufgang auffrischend auf 15 knoten, in schauern
oder gewitterboeen25 -30 knoten, heiter bis wolkig nach durchzug
der front einzelne gewitter- oder regenschauer. aussichten fuer
nachmittags frische winde aus nordwest, gegen abend kurzfristig
beruhigend, nachfolgend eintruebung und regen.=

lk celle, okd, gez. dr. bruns+

nnnn

Abb. 2: Per Fax an die Bezirksregierung Lüneburg gesandter Lagebericht des Landkreises Celle vom 11. Mai 1975 (NLA HA Nds. 120 Lüneburg Acc. 2016/100 Nr. 5).

Abb. 3: Die zur Ausführung gekommenen Entwürfe der Gedenkmedaille zur Waldbrandkatastrophe (Vorderseite, Rückseite) (NLA HA Nds. 50 Acc. 135/96 Nr. 36).

auf Bitten des Kabinetts hin aus seinem ursprünglichen Entwurf das Niedersachsenross und mit Rücksicht auf »die zahlreichen durch die Brände herbeigeführten Gefährdungen für Menschen« ein aus den Flammen fliehendes Reh entfernte (Abb. 3).

Die Brandkatastrophe blieb nicht ohne politische Folgen. Gegenüber der Celler Kreisverwaltung hagelte es Vorwürfe seitens der Feuerwehr. Bürgerinnen und Bürger wandten sich an die Regierung mit Verbesserungsvorschlägen. Die lokale und überregionale Presse zog eine kritische Bilanz der Ereignisse. Die während der Brandeinsätze offenkundig gewordenen Mängel waren in den darauffolgenden Monaten und Jahren Gegenstand von Planungen zur Verbesserung des Brandschutzes in Niedersachsen, die insbesondere eine Erhöhung von Wasserentnahmestellen und deren präzise Dokumentation, die Ausstattung von Forstdienststellen mit Funkgeräten und die Beschaffung bzw. Bereithaltung von Einsatzfahrzeugen umfassten. Auch Verbesserungen bei den Informationsflüssen und deren Bündelung, gerade auch in Richtung Öffentlichkeit, sowie bei der Organisation und Koordination der beteiligten Landes- und Bundesdienststellen waren vorgesehen. Der fast 70-seitige öffentliche Erfahrungsbericht des Niedersächsischen Innenministeriums zur Waldbrandkatastrophe von 1975 kündigte unter anderem eine Novellierung von Landeswald- und Brandschutzgesetz und ein Katastrophenschutzgesetz sowie eine verbesserte Abstimmung der Gesetze untereinander an.

Auf die Brandkatastrophe folgten Aufforstungsmaßnahmen. Auf den nährstoffarmen Böden wurden vornehmlich Nadelgehölze angepflanzt, vor allem Kiefern, aber auch Fichten, Lärchen sowie Eichen. Das Programm »Langfristige Ökologische Waldentwicklung« (LÖWE), das die Landesregierung 1991 einführte, verfolgt dagegen eine stärker naturnahe Bewirtschaftung der Landesforsten; Mischwaldbestände sollen eine stabile und gesunde Forstwirtschaft gewährleisten. Das über die Grenzen Niedersachsens hinaus bekannte Programm wurde 2017 als »LÖWE+« neu aufgelegt; das aktualisierte Programm steht unter den Maximen Klimaanpassung und Klimaschonung. Die neue Waldentwicklungsplanung strebt weiterhin die Ausbreitung von Mischbeständen an, beabsichtigt aber auch eine Rückkehr zum Anbau hitzestresstoleranter Kiefern.

Die sich beschleunigende Erderhitzung mit höheren Mitteltemperaturen und rückläufigen Niederschlägen in der Vegetationsperiode in Verbindung mit Stagnationen der Jetstreams hat die Waldbrandgefahr währenddessen auch in Deutschland erhöht. Besonders hiervon betroffen ist neben Brandenburg das nordöstliche Niedersachsen.

Regina Rößner

Benutzte Archivalien
NLA HA Nds. 50 Acc. 135/96 Nr. 36; NLA HA Nds. 50 Acc. 2000/137 Nr. 78; NLA HA Nds. 100 Acc. 2000/149 Nr. 25; NLA HA Nds. 120 Lüneburg Acc. 2016/100 Nr. 1, Nr. 4, Nr. 5, Nr. 16; NLA HA BigS Nr. 29145.

Literatur in Auswahl
BROSIUS / FISCHER / MANTHEY / VÖLKSEN 1984; KRÜGER 1978.

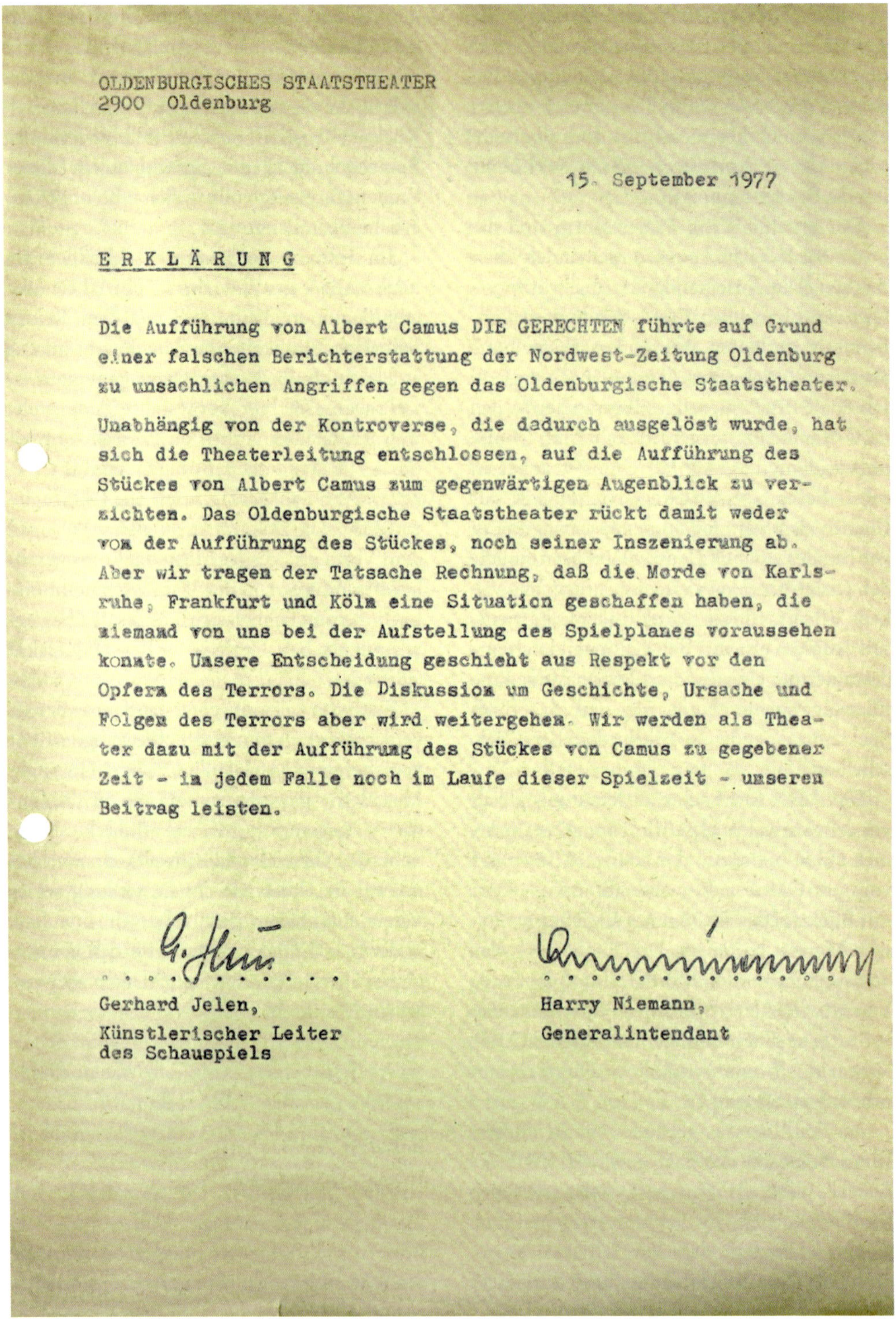

OLDENBURGISCHES STAATSTHEATER
2900 Oldenburg

15. September 1977

E R K L Ä R U N G

Die Aufführung von Albert Camus DIE GERECHTEN führte auf Grund einer falschen Berichterstattung der Nordwest-Zeitung Oldenburg zu unsachlichen Angriffen gegen das Oldenburgische Staatstheater.

Unabhängig von der Kontroverse, die dadurch ausgelöst wurde, hat sich die Theaterleitung entschlossen, auf die Aufführung des Stückes von Albert Camus zum gegenwärtigen Augenblick zu verzichten. Das Oldenburgische Staatstheater rückt damit weder von der Aufführung des Stückes, noch seiner Inszenierung ab. Aber wir tragen der Tatsache Rechnung, daß die Morde von Karlsruhe, Frankfurt und Köln eine Situation geschaffen haben, die niemand von uns bei der Aufstellung des Spielplanes voraussehen konnte. Unsere Entscheidung geschieht aus Respekt vor den Opfern des Terrors. Die Diskussion um Geschichte, Ursache und Folgen des Terrors aber wird weitergehen. Wir werden als Theater dazu mit der Aufführung des Stückes von Camus zu gegebener Zeit - in jedem Falle noch im Laufe dieser Spielzeit - unseren Beitrag leisten.

Gerhard Jelen,
Künstlerischer Leiter
des Schauspiels

Harry Niemann,
Generalintendant

Abb. 1: Erklärung des Intendanten Niemann und des Oberspielleiters Jelen vom 15. September 1977 über den zeitweiligen Verzicht auf die Aufführung von Camus' »Die Gerechten« (NLA OL Rep 760 Akz. 2017/055 Nr. 19).

49 | Ein »Theater-Skandal« im Deutschen Herbst 1977

Die »Ära Harry Niemann« (1968-1985) in Oldenburg

Bei einem Blick auf die heutige Theaterlandschaft in Niedersachsen wird erkennbar, dass mit den drei Staatstheatern – Niedersächsisches Staatstheater Hannover, Staatstheater Braunschweig und Oldenburgisches Staatstheater – Einrichtungen der Vorgängerstaaten (Preußische Provinz Hannover, Freistaat Braunschweig und Freistaat Oldenburg) auf den Landeshaushalt übernommen wurden. Die Fortführung lange bestehender, zentraler Theatereinrichtungen mit fünf bis sechs Sparten – das meint: Schauspiel, Oper, Tanztheater, Konzert, Junges Staatstheater, in Oldenburg auch Niederdeutsches Schauspiel – durch ein Bundesland als »Staatstheater« finden wir durchaus auch in anderen Bundesländern, alten wie neuen.

Die ältesten Wurzeln unter den niedersächsischen Staatstheatern besitzt im Bereich Schauspiel das 1690 gegründete Staatstheater Braunschweig; das ihm angegliederte Staatsorchester konnte 1987 sogar sein 400-jähriges Bestehen feiern. In eine kulturelle Aufbruchszeit fiel die Gründung des Oldenburgischen Staatsorchesters (1832, mit Vorläufern Ende des 18. Jahrhunderts) und des Staatstheaters (1833). Das Theater in Hannover, bis 1970 »Landestheater« genannt, geht auf das erst 1852 gegründete Hoftheater zurück. Das Niedersächsische Staatsorchester Hannover sieht sich hingegen in der Tradition der 1636 gegründeten Hannoverschen Hofkapelle. Auch wenn im öffentlichen Bewusstsein mit den Staatstheatern vielleicht vorrangig die Sparten Schauspiel und Tanztheater verbunden werden, unterhält das Land Niedersachsen doch seit mehr als sieben Jahrzehnten auch drei leistungsfähige Sinfonieorchester.

Schon immer mussten sich Theater wie z.B. in Oldenburg des Vorurteils erwehren, »nur« Provinzbühne zu sein – um dann doch durch besondere Inszenierungen oder Uraufführungen sowie hohe Auslastungszahlen auf sich aufmerksam zu machen. Der in Oldenburg »legendäre« Generalintendant Harry Niemann (1920-1999) äußerte 1983 aus Anlass des 150-jährigen Jubiläums seines Staatstheaters: »Unsere Arbeit […] vollzieht sich im Stillen. Wir sind ein Theater in der Provinz, bemühen uns darum, kein Provinztheater zu sein. […] Nicht immer ist es für ein Theater sinnvoll, indem es, wie das Kaninchen auf die Schlange starrt, Theater für den ›Export‹ macht, um Kritik herbeizulocken, dabei vergessend, daß Theater für die Region gemacht wird, in der man lebt und tätig ist.« »Für Theaterleute ist Oldenburg eine feine Stadt«, so hat Niemann sich außerdem humorvoll-lobend über seine langjährige Wirkungsstätte und die Theaterleidenschaft der Oldenburger geäußert. »Sie (die Stadt Oldenburg) liegt nicht an einem Fluß, an einem See oder an einem Berg, sondern ›AM THEATER‹. Und wenn ich an das Fontane-Wort denke, welches besagt, daß die meisten Leute, die gerne ins Theater gehen, verhinderte Schauspieler sind, so trifft dieses Wort auf Oldenburg besonders zu.«

Niemann war in Berlin aufgewachsen, dort von Gründgens als Theatermann beeindruckt worden, wie er in seinen bisher nicht publizierten biografischen Skizzen im Theaterbestand der Abteilung Oldenburg berichtet. Nach 1945 begann Niemann seine eigene Schauspieltätigkeit an den Hamburger Kammerspielen. Es folgten, wie Niemann in seinen »Skizzen« beschreibt, »Lehr- und Wanderjahre in der Provinz«, u.a. in Bremerhaven und Bielefeld, dort als Regisseur. In Ablehnung einer »pluralistischen Unverbindlichkeit«, die für ihn offenbar das Theater der 1950er Jahre kennzeichnete, entwickelte sich sein humanistisches Credo: »Ich bin für ein Theater, dessen Engagement sich für eine Politik einsetzt, die dem Menschen gilt«, dies aber durchaus nicht ohne Einsatz und Kampf. Inspiriert fühlte er sich vom Philosophen Karl Jaspers, nach dem »Frieden [...] nicht immer Kampflosigkeit« bedeutet. »Aber der Mensch kann den Kampf verwandeln aus gewaltsamem Kampf in den geistigen und in den liebenden Kampf.« Nach einer weiteren Theaterstation übernahm Niemann von 1968 bis 1985 das Amt eines Generalintendanten am Mehrspartenhaus in Oldenburg, einem nicht leicht zu führenden »institutionalisierten Mischbetrieb«, wie er 1983 an anderer Stelle kritisch anmerkte. Diese 17 Jahre waren zugleich eine politisch sehr unruhige Zeit, in denen in der Stadt Oldenburg u.a. jahrelange Konflikte wegen der neu zu gründenden Universität und deren Benennung schwelten und auch dem Theater gelegentlich der Vorwurf der Linkslastigkeit gemacht wurde.

In den 1970er Jahren erlebten die Menschen das neue Phänomen des Terrorismus der Rote-Armee-Fraktion (RAF) und ideologisch begründeter Ermordungen von Repräsentanten des westdeutschen Staates. Als 1975 ein Oldenburger CDU-Abgeordneter unter der Überschrift »Und das nach Stockholm« (Geiselnahme in der deutschen Botschaft) Einwände gegen eine Lesung von Texten von Heinrich Heine erhob, in denen dessen geistige Nähe zu seinen Freunden Marx und Engels erkennbar wurde, wiesen viele Theaterinteressierte in Leserbriefen diese Einwände mehrheitlich zurück. Deutlich umstrittener war in Oldenburg eine moderne bzw. als provokativ aufgefasste Inszenierung des Stückes »Die Gerechten« von Albert Camus, eines Stückes, das zeitgleich auch in Stuttgart und Saarbrücken wegen der Bezugnahme auf den RAF-Terror für Aufregung bzw. Empörung sorgte. In Oldenburg wurde die Inszenierung von dem Theaterkritiker der Nordwest-Zeitung (NWZ) Dr. Norbert Hampel und in der Folge von etlichen Leserbriefschreibern in einem direkten Zusammenhang mit der Ermordung von Generalbundesanwalt Buback, des Bankiers Ponto und des Begleitpersonals von Arbeitgeberpräsident Schleyer gesehen, Letztere einen Tag nach der Premiere in Oldenburg. In den »Gerechten« geht es um die Frage, inwieweit in einem als gerecht empfundenen Kampf Gewalt gegen Unschuldige vertretbar ist. Das Irritierende an der improvisationstheaterartigen Inszenierung, die in Gruppenarbeit unter Leitung von Gerhard Jelen, Oberspielleiter des Schauspiels, entstanden war, bestand u.a. auch in einem halbstündigen Prolog. In diesem trug Jelen verschiedene Texte vor, die nicht von Camus, sondern von diversen Dichtern und Denkern stammten – und von Aufführung zu Aufführung verschieden sein sollten. Kritiker Hampel sah in den Texten des 4. September u.a. »politische Indoktrination von eindeutig marxistischer Färbung«, obwohl andere auch feststellten, dass die »Unterschiede zum Terrorismus unserer Tage auf der Hand liegen«.

In Oldenburg »entzündete sich ein heftiger Streit zwischen Kritikern, Theatermachern, Publikum und Politikern«, so erinnerte sich Niemann, eine »Kontroverse«, die auch überregional wahrgenommen wurde. Zwei CDU-Landtagsabgeordnete und ein

Abb. 2: Szene aus der Aufführung der »Gerechten« in der Inszenierung von Gerhard Jelen (NLA OL Rep 760 Akz. 91 Nr. 898).

CDU-Bundestagsabgeordneter hatten offenbar Protestschreiben nach Hannover geschickt; jedenfalls bekannte sich einer von ihnen Anfang 1978 offen zu »politischem Druck«. Niemann und Jelen erhielten anonyme Briefe und Drohungen. So entschlossen sie sich in der stark emotionalisierten Atmosphäre jener Wochen elf Tage nach der Premiere dazu, nach *unsachlichen Angriffen aufgrund einer falschen Berichterstattung der Nordwest-Zeitung [...] auf die Aufführung des Stückes [...] zum gegenwärtigen Augenblick zu verzichten*. Man rücke weder von der Aufführung noch von der Inszenierung ab, trage aber *der Tatsache Rechnung, daß die Morde von Karlsruhe, Frankfurt und Köln eine Situation geschaffen haben, die niemand von uns bei der Aufstellung des Spielplans voraussehen konnte. Unsere Entscheidung geschieht aus Respekt vor den Opfern des Terrors. Die Diskussion um Geschichte, Ursache und Folgen des Terrors aber wird weitergehen.* Eine Originalkopie der Erklärung liegt im Theaterbestand der Abteilung Oldenburg des Niedersächsischen Landesarchivs (Abb. 1). Am 17. September 1977 erschien sie außerdem auf einer Anzeigenseite des Staatstheaters in der NWZ sowie dort gekürzt auch im redaktionellen Teil.

Niemann wehrte sich außerdem mit einer »Sonderausgabe« seiner »Theaterzeitung« für Theaterbesucher und -besucherinnen dagegen, sich »politisch kriminalisieren« zu lassen. In seinem Nachlass ist u.a. das Konzept einer Stellungnahme »In eigener Sache« überliefert, in der Niemann vehement – un-

Blatt 2

Auch dies steht Herrn ▓▓▓ nicht zu, denn schließlich besagt das Gesetz, daß gleiches Recht für alle Bürger besteht und danach hat sich auch ein Herr ▓▓▓ zu richten!

2.) Bei dem Abzug der schlechten Stalluft durch die starken Ventilatoren bleibt es nicht aus, daß eine erhebliche Geruchsbelästigung auftritt, so daß es nicht mehr möglich ist irgendwelche Fenster oder Türen zu öffnen, weil ein unerträglicher Gestank in's Haus zieht, denn der Wind weht die meiste Zeit des Jahres von dieser Seite herüber. Wir betreiben außer unserem ▓▓▓ auch noch eine Schwarzbrotbäckerei. Es wird bei Errichtung des Stalles nicht mehr möglich sein, Schwarzbrot zu backen, denn wenn derartiger Gestank in's Hausinnere dringt, dann nimmt garantiert der Brotteig Schaden davon! Deshalb behalte ich mir weitere Maßnahmen durch behördliche Versäumnisse vor. Ich werde mich veranlaßt sehen die Gesundheitsbehörde einzuschalten und zum anderen eine einstweilige Verfügung zu erwirken, die bis zur endgültigen Klärung der Rechtslage über ein solches Bauvorhaben von kompetenter Stelle vorliegt. Über die Geruchsbelästigung darf ich Sie noch auf einen Artikel in der heutigen Ausgabe in der Nordwest-Zeitung des VDI hinweisen in dem ganz klar festgestellt wird, daß schon eine Windgeschwindigkeit von einem Meter pro Sekunde genügt, damit sich die Stalluft mit der Außenluft gut vermischt, d.h., daß man in der Nähe von solchen Ställen die Nase rümpfen muß.

Vor einigen Jahren fand in ▓▓▓ ein freiwilliger Landaustausch statt. Mein Nachbar, der zwischenzeitlich verstorben ist, ▓▓▓ bot seinerzeit Herrn ▓▓▓ einen Landaustausch ▓▓▓ in gleicher Größe und tiefgepflügter Neukultur an, dies schlug er jedoch aus. Wäre Herr ▓▓▓ diesen Tausch eingegangen, dann hätte er sich mit seinem Vorhaben ▓▓▓ nach belieben auslassen können, ohne seine Mitmenschen durch Lärm und widerlichen Geruch zu belästigen. Aber der Sinn für die Allgemeinheit fehlt ihm einfach und nur eigenes Ich-sein- ist für ihn maßgebend.

Es wird Aufgabe Ihrer Behörde sein, im Sinne der Allgemeinheit aus den angeführten triftigen Gründen Herrn ▓▓▓ die Baugenehmigung an dieser Stelle zu versagen!

Hochachtungsvoll

An den Landkreis
Abt. Ordnungsamt
z.Hd. Herrn Deeken

459 Cloppenburg

An den
Herrn Regierungspräsidenten von Weser-Ems
Dr. Joseph Schweer

29 Oldenburg

Eingabe eines Anwohners gegen einen geplanten Legehennenstall vom 5. August 1978 (NLA OL Rep 410 Akz. 162 Nr. 276).

50 | Vom »Armenhaus« zum Agrobusiness

Zum Strukturwandel der südoldenburgischen Landwirtschaft

»Wer heute in Deutschland beim Frühstück ein Ei auf dem Tisch hat, der kann schon fast darauf wetten, wo es herkommt: Die Chancen stehen nämlich nicht schlecht, dass es sich dabei um ein Produkt des ›Silicon Valley des Agrobusiness‹, um eines von täglich ca. 10 Mio. frisch gelegten Eiern aus dem Oldenburger Münsterland handelt.« So der Wortlaut eines Beitrages im Heft zur Frühjahrstagung der Agrarsozialen Gesellschaft e.V. im Mai 2008 in Oldenburg. Und weiter: Auf einer Fläche, die gerade einmal 1 Prozent der gesamtdeutschen landwirtschaftlichen Nutzfläche ausmache, werde hier im Westen von Niedersachsen mittlerweile jedes fünfte Ei, jedes zehnte Schwein und sogar jede fünfte Pute erzeugt, die auf bundesdeutschen Tellern landeten. Der Frühjahrstagungsbeitrag sieht ein frühzeitiges Bekennen zur Landwirtschaft als Kernkompetenz, außerdem die für diesen Sektor teilweise sehr günstigen Standortfaktoren, eine ausgewiesene Kooperationsbereitschaft untereinander und nicht zuletzt lokales Engagement als entscheidende Faktoren, die aus dem Oldenburger Münsterland spätestens seit den 1990er Jahren eine Boomregion hätten werden lassen. Eine Boomregion, die ihr Bruttoinlandsprodukt um über 60 Prozent steigern und ihre Agrarbruttowertschöpfung in den letzten zehn Jahren habe verdoppeln können und die ihren Aufschwung somit – und das sei heutzutage eine Besonderheit – im Kern der Landwirtschaft verdanke.

Das war nicht immer so. Die landwirtschaftliche Situation im Oldenburger Münsterland, in den heutigen Landkreisen Cloppenburg und Vechta, war um 1880 gekennzeichnet durch minderwertige, nur geringe Erträge liefernde Sandböden, niedrigen Tierbesatz, weil die Futtergrundlage fehlte, und eine mangelhafte Verkehrsanbindung. Die Folgen für die Region waren Hollandgängerei, Heuerlingswesen und Auswanderung. Mit dem Eisenbahnbau der Jahre 1885 bis 1895 wurde die Möglichkeit geschaffen, Fischmehl, Gerste und Mineraldünger von den Küstenhäfen einzuführen und die erzeugten Agrarprodukte (zunächst vor allem Mastschweine und -kälber) in den Industriegebieten an Rhein und Ruhr abzusetzen. Lebendvermarktung und Mast auf Zukauffutterbasis galten für Südoldenburg als entscheidende Strukturelemente.

Nach dem Zweiten Weltkrieg stand die südoldenburgische Landwirtschaft vor großen Problemen, zu denen u.a. Kriegsverluste, fehlende Dünge- und Futtermittel, verarmte Böden, dezimierte Viehbestände infolge von Zwangsablieferungen, überalterte Technik auf den Höfen oder heruntergekommene Wirtschaftsgebäude zählten. Nach der Währungsreform begannen der Neuaufbau und die Ausbildung des agrarischen Intensivgebietes unter Nutzung des erworbenen Knowhows und der bekannten Absatzwege. Der einsetzende wirtschaftliche Aufschwung führte zu wachsender Mechanisierung und Abwanderung vieler bäuerlicher Arbeitskräfte. Während die Anzahl der Betriebe und der Beschäftigten kontinuierlich sank, wuchsen die

Flächenausstattung und die Tierbestände pro Betrieb stetig an. Steigende Kosten für Arbeit, Boden und Kapital veranlassten viele Landwirte, ihre Gemischtbetriebe mit Vieh und Acker aufzugeben und ihre Höfe zwecks Kostensenkung und bestmöglicher Rendite zu spezialisieren. So haben sich im Rahmen dieses kontinuierlichen – häufig mit dem Motto »Wachse oder weiche« charakterisierten – landwirtschaftlichen Strukturwandels besonders in der Hühnerhaltung, der Rinder- und Schweinemast hoch spezialisierte und technisierte Betriebe mit großen Beständen durchgesetzt. Zu beobachten ist auch ein beachtlicher Produktionszuwachs in anderen Agrarsparten: Neue Saatgutsorten, Dünge- und Pflanzenschutzmittel erbrachten ausgeprägte Ertragssteigerungen bei Anbauprodukten. Optimierte Fütterung (Kraftfutter) und Zuchtfortschritte führten in der Tierproduktion zu beträchtlichen Leistungssteigerungen.

Die vor allem in Südoldenburg vorangetriebene Massentierhaltung ließ die Futtermittelindustrie zum umsatzstärksten Industriezweig überhaupt werden: Von 1971 (145 Millionen DM) bis 1985 (1,364 Milliarden DM) hat sich der Umsatz vervielfacht. Damit gelang der Futtermittelindustrie der Sprung auf den Spitzenplatz unter den zehn umsatzstärksten Industriegruppen im Oldenburger Land (1985: 1. Futtermittel, 2. Chemie, 3. Maschinenbau, 4. Molkerei/Käserei, 5. Kunststoffe, 6. Bergbau, 7. Fleischwaren, 8. Elektrotechnik, 9. Textilgewerbe, 10. Kartoffelerzeugnisse).

In der südoldenburgischen Tierhaltung dominierte in den 1970er und 1980er Jahren die Schweine- und Geflügelhaltung. Im Dezember 1984 wurden in Südoldenburg insgesamt 1,53 Millionen Schweine gezählt, davon 790.000 im Kreis Cloppenburg (51,6 Prozent). Von den 7.684 landwirtschaftlichen Betrieben hielten noch immer über 88 Prozent Schweine. 13,1 Millionen Hühner wurden 1984 in Südoldenburg eingestallt, davon waren 7,9 Millionen Legehennen. Allerdings wurden die Hühner nur noch in 1.304 Betrieben gehalten. In Südoldenburg bestand somit bereits zu diesem Zeitpunkt die leistungsfähigste Geflügelhaltung (Legehennenhaltung und Junggeflügelmast) der Bundesrepublik, die auch im europäischen Rahmen eine Spitzenstellung einnahm. Seit 1950 bis in die 1980er Jahre hatte sich die Legeleistung der Hennen auf 260 Eier pro Jahr verdoppelt.

Die Legehennen-Massenstallhaltung stellte allerdings die Toleranz in der angrenzenden Nachbarschaft auf eine echte Probe, wie das abgebildete Dokument zeigt, das einer Akte der Bezirksregierung Weser-Ems über die »Genehmigung für Anlagen zur Massentierhaltung« entnommen ist.

Am 5. August 1978 richtete ein Anwohner aus dem Landkreis Cloppenburg eine schriftliche Eingabe gegen die Errichtung eines Legehennenstalls an das Ordnungsamt des Landkreises Cloppenburg und setzte mit gleichem Schreiben auch den Regierungspräsidenten Weser-Ems in Kenntnis (Abb.). Erbost wandte er sich gegen die zu erwartende massive Lärmbelästigung der Anwohner durch die Installation vieler leistungsstarker Ventilatoren im geplanten Legehennenstall als »stärkste nervliche und ruhestörende Belastung« der Anwohner durch die lauten Geräusche »vornehmlich zur Nachtzeit«. Er wies auf die unerlaubte Nähe des geplanten Stalls zum Wohngebiet hin, so werde der gesetzlich festgelegte Abstand von 350 Metern hier massiv unterschritten. Der Beschwerdeführende argumentierte zudem mit der starken Geruchsbelästigung: *Bei dem Abzug der schlechten Stallluft durch die starken Ventilatoren bleibt es nicht aus, daß eine erhebliche Geruchsbelästigung auftritt, so daß es nicht mehr möglich ist irgendwelche Fenster oder Türen zu öffnen, weil ein unerträglicher Gestank in's*

Haus zieht, denn der Wind weht die meiste Zeit des Jahres von dieser Seite herüber. Als weitere Schritte kündigte er an, die Gesundheitsbehörde einzuschalten und eine einstweilige Verfügung bis zur endgültigen Klärung der Rechtslage zu erwirken. Abschließend forderte er den Landkreis Cloppenburg auf, die Baugenehmigung zu versagen.

Wie in der Verwaltung mit der Eingabe verfahren wurde, ist aus den Verfügungen am unteren Rand der Rückseite des Schreibens ersichtlich. Das auf den 5. August 1978 datierte Schreiben trägt einen Eingangsvermerk vom 7. August 1978, vermerkt ist auch die federführende Zuständigkeit des Landkreises Cloppenburg. Das Schreiben ist am 27. August 1978 zur Kenntnis genommen, danach für den 15. März 1979 auf Wiedervorlage gesetzt und am 16. März 1979 zu den Akten (zdA) geschrieben worden.

Ob Politik und Verwaltung diesem Anwohner, der sich vehement gegen die Auswirkungen der industriellen Massentierhaltung auf sein Leben wehrte, viel Verständnis entgegenbrachten? Neben der Geruchsbelästigung durch die Gülle zeigten sich in der südoldenburgischen Region jedoch weitere ökologische Probleme, beispielsweise permanent überdüngte Felder mit beträchtlichen Auswirkungen auf die Trinkwassergewinnung.

Bleibt die Frage nach der weiteren Entwicklung: Europäisierung und Welthandel wie auch demographischer Wandel und Bevölkerungsentwicklungen stellen die Wettbewerbsfähigkeit ländlicher Räume vor große Herausforderungen. Vor dem Hintergrund des Weltbevölkerungswachstums und einer weltweit verstärkten Nachfrage nach tierischen Erzeugnissen zeichnen sich für die landwirtschaftlichen Bereiche wachsende Anforderungen an die Produktion und im gleichen Schritt Bedeutungszuwächse ab. Neben der Effizienz und internationalen Wettbewerbsfähigkeit werden zunehmende gesellschaftliche Ansprüche an den Ressourcen-, Umwelt-, Tier-, Verbraucher- und Klimaschutz gestellt.

Zur Unterstützung im Umgang mit diesen vielschichtigen Herausforderungen ist 1990 das »Institut für Strukturforschung und Planung in agrarischen Intensivgebieten (ISPA)« an der Universität Vechta gegründet worden. Das Institut beschäftigt sich aktuell mit den Themenkomplexen »Ökonomie der Nachhaltigkeit«, »Lernen in ländlichen Räumen« und »Dynamiken ländlicher Räume«. So werden u.a. die Herausforderungen und Perspektiven agrarischer Intensivgebiete, die Auswirkungen von Globalisierungsprozessen auf ländliche Regionen, Entrepreneurship und die Entwicklung ländlicher Räume sowie die Energiewende und Regionalentwicklung erforscht. Zu seinen Aufgaben zählt die international ausgerichtete Untersuchung von Regionen mit intensiver Landwirtschaft und die Erarbeitung praxisorientierter Lösungsvorschläge für eine zukunftsfähige Regionalentwicklung. In einer Fülle von Modellprojekten in der südoldenburgischen Region wie auch auf nationaler und internationaler Ebene werden innovative Entwicklungsmöglichkeiten ausgetestet.

Kerstin Rahn

Benutzte Archivalien
NLA OL Rep 410 Akz. 162 Nr. 276; Antwort der Landesregierung auf eine große Anfrage der Fraktion der FDP zur Situation der Landwirtschaft in Niedersachsen (vom 15.9.1992) vom November 1992 (Nds. LT Drs. 12/4021).

Literatur in Auswahl
BUSCH/TÜG 2008; FRICKE 1987; INSTITUT FÜR STRUKTURFORSCHUNG o.J.; LANDESAMT FÜR STATISTIK 2018; STATISTISCHE ÄMTER 2011; WINDHORST 1984; WINDHORST 1991.

Dr. Christian Schwarz-Schilling
Mitglied des Deutschen Bundestages

5300 BONN
Bundeshaus
Durchwahl: 02221 / 16 - 54 41
Zentrale: 02221 / 161

6470 BÜDINGEN 1 , d. 10.1.1979
Thiergarten
Tel.: 06042 / 92 12 - 92 13

An den
Ministerpäsidenten des
Landes Niedersachsen
Herrn Dr. Ernst Albrecht
Planckstr. 2

3000 Hannover

Lieber Herr Albrecht,

ich komme zurück auf unser Gespräch auf dem Parteitag in Ludwigshafen. In der Anlage übersende ich Ihnen die versprochene Skizze über "Privatfunk in Niedersachsen". Ich hoffe, daß diese konzentrierte und systematische Übersicht Ihren Erwartungen entspricht.

Als weitere Schritte würde ich vorschlagen, daß wir nach Durcharbeitung ein Gespräch mit Ihnen und Ihren Experten vereinbaren. Falls noch vorher bestimmte Detailfragen geklärt werden sollen, würde ich Sie bitten, mich dies wissen zu lassen; ich würde mich dann bemühen, noch weitere Unterlagen zu beschaffen.

In Erwartung Ihrer Rückantwort verbleibe ich

mit den besten Grüßen

Chr. Schwarz-Schilling

<u>Anlage</u>

Mit diesem Schreiben an Ministerpräsident Albrecht überreichte Christian Schwarz-Schilling das von ihm erstellte Konzept für den privaten Hörfunk in Niedersachsen (NLA HA Nds. 50 Acc. 2017/21 Nr. 107/1).

51 | »Privatfunk in Niedersachsen«

Vom öffentlich-rechtlichen Monopol zum dualen System

Wer heute das Radio oder den Fernseher anstellt, empfängt eine breite Palette an Sendern. Vollprogramme oder thematisch eingegrenzte Spartenprogramme warten mit internationalen, überregionalen, landesspezifischen oder lokalen Inhalten auf. Anbieter dieser Programme sind entweder die durch Rundfunkgebühren unterhaltenen öffentlich-rechtlichen Sendeanstalten, privatwirtschaftlich organisierte Unternehmen, die sich überwiegend aus Werbe- und Abonnementeinnahmen finanzieren, und nichtkommerzielle Bürgermedien. Diese Vielfalt an Programmen und dieser Dualismus von öffentlich-rechtlichen und privaten Anbietern dürften für die nach 1985 Geborenen eine Selbstverständlichkeit sein. Während sich die Älteren noch an eine Zeit erinnern, in der die Fernsehkanäle an einer Hand abgezählt werden konnten und der öffentlich-rechtliche Rundfunk in Hörfunk und Fernsehen eine Monopolstellung besaß.

Nach dem Zweiten Weltkrieg rief die britische Militärregierung mit der Verordnung Nr. 118 zum 1. Januar 1948 den Nordwestdeutschen Rundfunk (NWDR) für alle vier zur britischen Zone gehörenden Bundesländer und für West-Berlin als erste öffentlich-rechtliche Anstalt im Nachkriegsdeutschland ins Leben. Sie war davon überzeugt, damit einen vom Staat unabhängigen und von Parteieinflüssen freien Rundfunk geschaffen zu haben. Bereits nach wenigen Jahren büßte diese Struktur jedoch ihre Bindungskraft ein. Im November 1953 schuf das Berliner Abgeordnetenhaus mit dem Sender Freies Berlin einen eigenen Sender für West-Berlin. Auch die Düsseldorfer Landesregierung unter Karl Arnold (CDU) brachte im Frühjahr 1954 ein Gesetz über die Gründung eines Westdeutschen Rundfunks auf den Weg. Dem daraufhin im Niedersächsischen Landtag von der CDU gestellten Antrag, zusammen mit Bremen eine eigene Sendeanstalt zu gründen, erteilte die Landesregierung unter Hinrich Wilhelm Kopf eine klare Absage. So gründeten nach Aufhebung des NWDR Hamburg, Niedersachsen und Schleswig-Holstein am 16. Februar 1955 die Dreiländeranstalt des Norddeutschen Rundfunks (NDR) mit Sitz in Hamburg.

In Niedersachsen fügte man sich in die bereits aus der Vorkriegszeit bekannte Rolle, ein »Nebensender« von Hamburg zu sein. Immerhin hatte die Stadt Hannover schon zu Beginn der 1950er Jahre ein eigenes NDR-Funkhaus am Maschsee und ein eigenes sinfonisches Orchester erhalten, in Oldenburg war das Studio weiter ausgebaut und zentrale Redaktionen waren von Hamburg nach Hannover verlegt worden. Trotz der immer wiederkehrenden Kritik, dass die Belange des Landes mit den weitaus meisten Gebührenzahlern nicht angemessen berücksichtigt würden, änderte sich an der strukturellen und inhaltlichen Dominanz Hamburgs über die Jahre wenig. Erst die Situation der 1970er Jahre brachte das Gebäude des NDR gehörig ins Wanken.

Hatte das Bundesverfassungsgericht das Monopol des öffentlich-rechtlichen Rundfunks 1961 noch mit der technisch bedingten

LANDELIJKE VERENIGING TOT BEHOUD VAN

„HET WADDENHUIS", HARLINGEN
Voorstraat 18 – Postbus 90
Telefoon 05178 - 5541
Postrekening 17 26 195

Banken:
Ned. Middenst.bank, Harlingen
Amro-Bank Harlingen

HtH/fdv/80122   Harlingen, den 4. April 1980

Exzellenz!

Unter dem Titel "Bonn und der Dollarthafen" haben der Landesverein zur Erhaltung des Wattenmeeres und die Stiftung Arbeitsgruppe Emsmündung eine Broschüre über die Bezogenheit der federalen deutschen Behörde, in diesem Falle der Bundesregierung und des Bundestages, bei der Entschlussbildung in Bezug auf das Dollarthafenprojekt bei Emden (Niedersachsen) zusammengestellt.

./.   Ein Exemplar dieser Broschüre ist diesem Schreiben beigefügt.
Wir bitten Sie den Inhalt zur Kenntnis zu nehmen.

Wir begreifen dass die Entwicklung der Arbeitsgelegenheit und die Angelegenheiten die in Ostfriesland damit zusammenhängen in erster Instanz eine Verantwortung sind von, und zur Kompetenz der niedersächsischen Landesregierung gehören.
Trotzdem sind wir der Meinung dass dermassen grosse Interessen sowohl von wirtschaftlicher als ökologischer Art im Spiel sind, dass diese über regionale- und Landesverantwortung hinausgehen. In diesem Verband möchten wir auf die Umstände hinweisen, dass das Anlegen eines Hafens nebst Industriegeländen im Dollart, als Unterteil des Ökosystems Wattenmeer, einen grossen Anschlag auf ein national und international anerkanntes ursprüngliches Naturgebiet bedeutet. Am 28. Februar dieses Jahres haben Vertreter der Bundesrepublik Deutschland, des Königreiches Dänemark und des Königreiches der Niederlande die Notwendigkeit unterstrichen den Schutz des Wattenmeeres zu verbessern. In der BRD wird das internationale Wattengebiet (unter anderem Dollart) als Naturgebiet betrachtet, was sich auch ergibt aus der Tatsache dass grosse Teile als Feuchtgebiete internationaler Bedeutung angewiesen sind und aus der Tatsache dass für den deutschen Teil des Gebietes ein umfangreiches Gutachten zusammengestellt worden ist. Wir haben verstanden dass in diesem Gutachten das Dollarthafenprojekt abgelehnt wird und dass der Vorschlag gemacht wird, Hafenausbreitung in die Nähe von Wilhelmshaven zu konzentrieren, wenn die wirtschaftliche Notwendigkeit dazu vorliegt. Weiter haben wir erfahren dass auch das Land Niedersachsen ein Gutachten über das Wattengebiet im niedersächsischen Bereich zusammengestellt hat, um zu schützende Naturgebiete anzuweisen. Soweit unsere Information reicht ist auch dieses Gutachten nicht sehr positiv hinsichtlich der Anlage eines Hafens, mit dazugehörendem Industriekomplex im Dollart.

.../...

De Vereniging stelt zich ten doel de belangstelling voor het Waddengebied in de ruimste zin te bevorderen en streeft naar een zo goed mogelijk behoud van het gebied.
De contributie bedraagt f 20,- per jaar (studerenden en 65+ -ers f 15,-). Leden ontvangen 4x per jaar het kwartaaltijdschrift „Waddenbulletin" en 6x een Actie-Informatie-Bulletin.

Abb. 1: Schreiben der Landelijke Vereniging tot Behoud van de Waddenzee vom 4. April 1980 (NLA AU Rep. 150 Nr. 1725).

52 | David gegen Goliath

Der niederländische Widerstand gegen das Dollarthafenprojekt

Im europäischen Vergleich verfügt Niedersachsen mit insgesamt 39 See- und Binnenhäfen über eine einzigartige Hafendichte. Allein 15 Häfen, darunter sieben Inselversorgungshäfen, drei Regionalhäfen und fünf Seehäfen befinden sich im Landeseigentum und werden von der Infrastrukturgesellschaft Niedersachsen Ports GmbH & Co. KG betrieben. Zu ihnen zählt auch der einzige Tiefseehafen Deutschlands, der 2012 eröffnete JadeWeserPort. Ein Vorläufer dieses Hafens wäre beinahe auf der anderen Seite der ostfriesischen Halbinsel bei Emden entstanden, als dort in den 1970/80er Jahren das sogenannte Dollarthafenprojekt verfolgt wurde.

Der Emder Seehafen hatte sich nach dem Zweiten Weltkrieg zum bedeutendsten deutschen Massenguthafen für Erz und Kohle entwickelt und bildete damit im ostfriesischen Raum einen ökonomischen Schwerpunkt. Mit einem Jahresumschlag von etwa 16 Millionen Tonnen war allerdings 1974 der wirtschaftliche Höhepunkt erreicht. Die Ölkrise und die damit verbundene Wirtschaftskrise führten zu einem kontinuierlichen Rückgang. Hinzu kam, dass die immer größer werdenden Schiffe den Emder Seehafen nicht mehr ohne Weiteres anlaufen konnten. Allein durch sehr umfangreiche und kostspielige Ausbaggerungen der Ems war es zumindest Schiffen mit einem Tiefgang bis zu 35 Fuß (ca. 40.000 Tonnen Tragfähigkeit) möglich, den Hafen in direkter Fahrt zu erreichen. Größere Schiffe mussten dagegen an einem Leichterplatz erst so weit entladen werden, bis sich ihr Tiefgang ausreichend verringert hatte.

Um die Zufahrten zu den beiden Emsmündungshäfen auf niedersächsischer und niederländischer Seite, Emden und Delfzijl, langfristig zu verbessern und gleichzeitig die immensen Kosten für die Unterhaltungsbaggerungen in Höhe von 40 Millionen DM jährlich nachhaltig zu reduzieren, erarbeitete die 1963 eingesetzte deutsch-niederländische Emskommission einen gemeinsamen Plan (Abb. 2). Dieser sah die Verlegung der Ems in südlicher Richtung vor, wobei das bisherige Emsfahrwasser zu einem großen Hafenbecken umgestaltet werden sollte. Da auch die Große Seeschleuse, die seit 1913 als Verbindungsstück zwischen der Ems und den Binnenhäfen Emdens fungierte, in die Jahre gekommen war, plante man, eine neue Seeschleuse zu errichten, die mit einer Länge von 380 Metern und einer Breite von 62 Metern eine der größten Seeschleusen weltweit gewesen wäre. Zusammen mit der Umbettung des Emsfahrwassers in den Dollart und der damit verbundenen Erdbewegung von rund 30 Millionen Kubikmetern Boden war das Dollarthafenprojekt nicht nur eine Herausforderung für die Bautechnik, sondern auch eines der bedeutendsten Infrastrukturprojekte Deutschlands.

Trotz der gigantischen Dimensionen schien das Projekt nach dem Regierungswechsel in Niedersachsen 1976 zunächst ein Selbstläufer zu sein. Anfangs wurden die Kosten auf 900 Millionen DM geschätzt, wobei 53 Prozent vom Land Niedersachsen und 47 Prozent vom Bund übernommen werden sollten. Zehn Jahre später ging man allerdings von 1,4 Milliarden DM aus.

Die mit dem Projekt verbundenen Vorteile lagen für die Projektbefürworter auf der Hand: 1. eine massive Senkung der Baggerkosten in der Ems, 2. die Erneuerung einer inzwischen veralteten und weitgehend abgängigen Seeschleuse und 3. die Erreichbarkeit des Emder Hafens für Schiffe bis zu einer Tragfähigkeit von 85.000 tdw. (tons deadweight). Darüber hinaus erhoffte man sich positive wirtschaftliche Impulse für die Region. Durch die Ansiedlung neuer Industriebetriebe sollten im Laufe einiger Jahrzehnte insgesamt knapp 25.000 neue Arbeitsplätze entstehen, die angesichts hoher Arbeitslosenquoten in den Arbeitsamtsbezirken Emden und Leer – im Juli 1985 waren es 18,1 bzw. 21,2 Prozent – durchaus wünschenswert gewesen wären. Letztlich, so das Ergebnis eines Gutachtens, ergebe sich eine Kosten-Nutzen-Relation von 1,5 – das heißt für jede investierte DM sollten am Ende volkswirtschaftlich 1,50 DM erwirtschaftet werden.

Allerdings meldeten sich zu dieser Modellrechnung, aber auch zum gesamten Projekt durchaus kritische Stimmen zu Wort. An vorderster Front arbeitete eine niederländische Vereinigung, die »Landelijke Vereniging tot Behoud van de Waddenzee«, eine 1966 gegründete Natur- und Umweltschutzorganisation, die sich insbesondere für den Schutz der Wattenmeerregion einsetzte. Sie präsentierte eigene Berechnungen, nach denen eher davon auszugehen sei, dass der Kosten-Nutzen-Faktor unter 1 liegen würde und somit der Bau des Dollarthafens auch längerfristig unrentabel sei. Vor allem die erhofften Beschäftigungseffekte wurden sehr viel kritischer gesehen. In einem, wahrscheinlich an das Niedersächsische Ministerium für Wirtschaft und Verkehr adressierten, Schreiben vom April 1980 (Abb. 1), das in Kopie auch die Wasserschifffahrtsdirektion Nord-West in Aurich erreichte und als Anlage eine von der Landelijke Vereniging herausgegebene Broschüre mit dem Titel »Bonn und der Dollarthafen« enthielt, wurde auf die niederländischen Erfahrungen mit dem zwischen 1970 und 1974 an der Nordostküste bei Delfzijl angelegten Eemshaven verwiesen. Weder hätten sich die Erwartungen an die Entwicklung einer Seehafenindustrie erfüllt, sodass der größte Teil des Betriebsgeländes unbenutzt blieb, noch sei es gelungen, die vorhandene Arbeitslosigkeit in der Region signifikant zu reduzieren. Da Ostfriesland eine ähnliche Wirtschaftsstruktur wie Groningen aufweise, sei es ein Fehler, im Dollarthafenprojekt ein Wundermittel zu sehen. Vielmehr suche die Provinz Groningen inzwischen »die Lösung struktureller Arbeitslosigkeitsprobleme nicht mehr in neuen grosszügigen Prestigeprojekten«, sondern setze eher auf die Ansiedlung von kleinen und mittelgroßen Betrieben. Ausdrücklich wurde schon damals die später realisierte Variante vorgeschlagen, den Tiefseehafen besser in die Nähe Wilhelmshavens zu verlegen.

Mit Vehemenz kritisierte die Landelijke Vereniging tot Behoud van de Waddenzee in den nächsten Jahren, dass insbesondere die ökologischen Folgen des Projektes nicht in die Kosten-Nutzen-Rechnung miteinbezogen bzw. mit zu niedrigen Werten veranschlagt worden seien.

Sowohl diesseits als auch jenseits der Grenze engagierte sich die Vereinigung in ihrem Kampf gegen das Dollarthafenprojekt. Dennoch konnte das niedersächsische Vorhaben eine Hürde nach der anderen nehmen. Nach schwierigen und mehrjährigen Verhandlungen zwischen der Bundesrepublik Deutschland und dem Königreich der Niederlande wurde am 10. September 1984 in Emden der Kooperationsvertrag Ems-Dollart

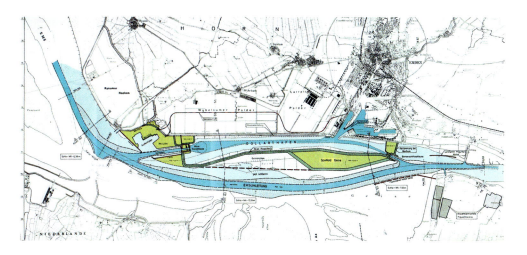

Abb. 2: Ausschnitt aus dem Plan des Dollarthafenprojektes im Planfeststellungsverfahren von 1985 (NLA AU Rep. 156 Nr. 4).

unterzeichnet, der dem neuen Hafenkomplex den Weg ebnen sollte. Im März 1986 erfolgte die Ratifizierung des Vertrages durch den deutschen Bundestag, im Februar 1987 folgte die Zustimmung der Zweiten Kammer des niederländischen Parlaments, sodass nur noch das Votum der Ersten Kammer fehlte.

Dabei standen einer Einigung zwischen beiden Staaten vor allem unterschiedliche Rechtsauffassungen in der Grenzfrage entgegen. Während die Bundesrepublik Deutschland der Meinung war, die gesamte Ems gehöre zu ihrem Staatsgebiet und die Grenze würde somit am niederländischen Ufer verlaufen, vertrat die niederländische Regierung die Ansicht, die Staatsgrenze würde sich in der Flussmitte befinden. Die Frage war nicht unerheblich, da der überwiegende Teil des Dollarthafenprojektes somit in einem Gebiet lag, auf das sowohl die Bundesrepublik als auch die Niederlande Ansprüche erhoben. Zwar hatten die beiden Staaten bereits 1960 den sogenannten »Ems-Dollart-Vertrag« über die Regelung der Zusammenarbeit in der Emsmündung geschlossen, dabei aber wohlweislich die Grenzfrage ausgeklammert.

Ob letztlich die von der Landelijke Vereniging tot Behoud van de Waddenzee vorgetragenen Argumente oder eine endgültige Regelung des deutsch-niederländischen Grenzverlaufs zum Scheitern des Dollarthafenprojektes beitrug, wird die niederländische Geschichtsforschung klären müssen. Jedenfalls vertagte das Königreich eine endgültige Beschlussfassung über den Kooperationsvertrag Ems-Dollart im Frühjahr 1989 auf unbestimmte Zeit, sodass die niedersächsische Landesregierung den Vertrag als gescheitert betrachten musste und die aktiven Hafenplanungen einstellte. Damit hatte das 25 Jahre lang verfolgte Dollarthafenprojekt still und leise sein Ende gefunden.

Michael Hermann

Benutzte Archivalien
NLA AU Rep. 150 Nr. 1, Nr. 1725; NLA AU Rep. 156 Nr. 4.

Literatur in Auswahl
CLASMEIER 2016; HAFENAMT 1987; KRÖMER 1993; OHLING 1987; PROJEKTGROEP 1985.

Abb. 1: Der Holzturm mit dem darin befindlichen Radiosender »Freies Wendland« anlässlich der Räumung des Bohrplatzes 1004 am 4. Juni 1980 (NLA ST Rep. 1006 Nr. 803).

53 | Eine historische Landschaft erfindet sich neu

Der Beitrag des Radiosenders »Freies Wendland«

Das der Bildmappe einer staatsanwaltschaftlichen Ermittlungsakte entnommene Foto (Abb. 1) mag den Betrachter zugegebenermaßen fragen lassen, wie sich aus der abgebildeten Situation die Wiederentdeckung einer historischen Landschaft ergeben soll. Einsatzkräfte der Polizei, Stacheldraht und ein wacklig aussehender Holzturm mit einer Fahne sind dafür nicht die typischen Indizien. Der folgende Beitrag soll erläutern, wie es trotzdem dazu gekommen ist.

Das (Hannoversche) Wendland, das in etwa dem heutigen Landkreis Lüchow-Dannenberg entspricht, ist erst im 18. Jahrhundert von Volkskundlern im Rahmen der Erforschung der Kultur der Polaben, eines im Hochmittelalter überlieferten westslawischen Stammes, als Bezeichnung für diese historische Landschaft entstanden. Über den wissenschaftlichen Kontext hinaus war der Begriff wenig gebräuchlich und hatte auch vor Ort keinerlei positive Konnotation. Dies änderte sich erst mit dem Aufkommen der Anti-Atomkraft-Bewegung rund um Gorleben, die Ende der 1970er Jahre als Sammlungsbegriff für die Zone rund um die geplanten Kernkraftanlagen in Gorleben, Dragahn und Langendorf die »Republik Freies Wendland« propagierte. Die Anti-Atomkraft-Bewegung hatte sich in der Bundesrepublik schon im Rahmen des Widerstands gegen das Kernkraftwerk Wyhl im Badischen 1971 begründet, gewann aber vor allem durch die gewaltsamen Proteste gegen die Kernkraftwerke Brokdorf an der Elbe und Grohnde an der Weser im Jahr 1977 auch in Norddeutschland deutlich an Fahrt. Im selben Jahr entschieden sich die SPD-geführte Bundesregierung unter Helmut Schmidt und die Niedersächsische Landesregierung unter Ernst Albrecht (CDU) für den Salzstock unter Gorleben als Standort für die Lagerung von radioaktiven Abfällen. Dagegen formierte sich schon früh vor Ort eine Widerstandsbewegung, die sich aus ganz unterschiedlichen gesellschaftlichen Gruppen speiste, von eher konservativ eingestellten Adelsfamilien vor Ort, den Jungbauern oder Bürgerinitiativen im Wendland bis hin zu kommunistischen Gruppierungen aus den benachbarten Großstädten Hamburg und Berlin. Die vor Ort organisierten Widerstandsgruppen »Bürgerinitiative Umweltschutz Lüchow-Dannenberg« und »Bäuerliche Notgemeinschaft Lüchow-Dannenberg« waren die treibenden Kräfte, die im Gegensatz zu den Protesten in Brokdorf und Grohnde den gewaltfreien Widerstand propagierten und auch weitestgehend durchhalten konnten. Ein weithin sichtbares Signal dafür war der im März 1979 durchgeführte Gorleben-Treck, ein Protestzug aus dem Wendland bis nach Hannover, der sich auch aufgrund des unmittelbar zuvor passierten Unfalls im Kernreaktor Three Mile Island in den USA zur größten Demonstration in Niedersachsen mit über 100.000 Teilnehmern ausweitete und ohne größere Zwischenfälle verlief.

Eine weitere und prägendere Aktion war die im Mai 1980 erfolgte Besetzung der Tiefbohrstelle 1004, an der von der Physikalisch-Technischen Bundesanstalt in Braunschweig Bodenproben für die Vorbereitung des Baus des Zwischenlagers entnommen werden sollten. Nach ersten kleineren Störaktionen an den Tiefbohrstellen 1002 und 1003 kam es im Rahmen einer Demonstration unter dem Motto »Kampf der Wenden« zu einer Besetzung der Bohrstelle 1004 am 3. Mai 1980. Es wurden in rascher Folge ca. 120 Hütten aus Holz und Lehm aufgebaut und die »Republik Freies Wendland« ausgerufen. Das »Hüttendorf 1004« gruppierte sich nach wendländischem Vorbild als Rundlingsdorf um einen Gemeinschaftsplatz. Neben den Hütten gab es eine Reihe von Gemeinschaftseinrichtungen wie ein Freundschaftshaus für 400 Personen, eine Großküche, eine Kirche, eine Krankenstation, ein Badehaus, eine Toilettenanlage und eine Mülldeponie. Die Nutzung einer alternativen Architektur und ökologischer Landwirtschaft gehörte ebenso zum Selbstverständnis wie die Erzeugung regenerativer Energie. Aber auch die Aufstellung einer Grenzstation mit Schlagbaum, das Hissen einer Flagge mit dem Wappen der »Republik Freies Wendland« (orange Sonne auf Grün) und die Ausgabe eines Wenden-Passes.

Eine weitere Einrichtung des Hüttendorfes war der Aufbau eines eigenen Hörfunksenders unter dem Namen »Radio Freies Wendland« in einem eigens eingerichteten Holzturm (Abb. 1). Zwei Wochen nach der Besetzung des Geländes nahm der Sender im Frequenzbereich 101 mHz seinen Betrieb auf (Abb. 2).

Ein Mitschnitt der ersten Sendung am 17. Mai 1980 ist in den Unterlagen der Polizei zu finden. Der Sender wurde zunächst illegal als Piratensender betrieben. Die Anlage war leihweise von dem Freiburger »Radio Verte Fessenheim« überlassen worden, das als ältestes Freies Radio von Freiburg/Breisgau aus seit 1977 als links-alternatives Bürgerradio betrieben wurde. Die Sendungen aus Gorleben wurden über eine an einem 15 Meter hohen Kiefernstamm befestigten Antenne auf einem Holzturm übertragen und konnten im Umland bis nach Lüneburg und Uelzen empfangen werden. Der Piratensender vermittelte seinen Zuhörern das tägliche Geschehen im Hüttendorf und schuf damit eine Gegenöffentlichkeit zu den Meldungen der öffentlich-rechtlichen Sender und den Verlautbarungen der staatlichen Verwaltung. Vor Ort berichteten sonst die Elbe-Jeetzel-Zeitung und der NDR, aber auch in allen überregionalen Medien (z.B. Der Stern, Die Zeit, Frankfurter Rundschau, Hamburger Morgenpost, dpa) waren regelmäßige Beiträge zu Gorleben zu lesen. Der Sendebetrieb konnte bis zur Räumung des Hüttendorfes am 4. Juni 1980 fortgeführt werden. An diesem Tag berichtete der Sender aufgrund der weitgehenden Aussperrung der Presse als einzige Einrichtung durchgehend von den Geschehnissen vor Ort. Ein Sendeprotokoll der Übertragung ist in der Dokumentation von Günter Zint erhalten. Dadurch erhofften sich die Besetzer auch einen gewissen Schutz gegen eine befürchtete Eskalation der Polizeigewalt.

Aus diesem illegalen Betrieb resultierte ein Verfahren der Staatsanwaltschaft Lüneburg gegen die Betreiber der Anlage wegen Verstoßes gegen das Fernmeldegesetz, das heute als wesentliche Quelle zur Geschichte des genannten Radiosenders dient und aus dem die abgedruckten Fotos stammen. Das Verfahren richtete sich gegen 14 Personen, die sich bei der Räumung auf dem Turm befunden hatten. Allerdings musste es bald eingestellt werden, da nicht zuzuordnen war, welcher der Beteiligten die Anlage bedient hatte. Zudem konnte keiner der Angeklagten als Besitzer der Sendeanlage identifiziert werden. Mit der Räumung des Hüttendorfes wurden die Anlage zum Teil von den selbst ernannten Funkpiraten durch das Herabwer-

Abb. 2: Ankündigung der Erstausstrahlung des Senders in Form eines handgefertigten Aushangs (NLA ST Rep. 271a Lüneburg Nr. 60).

Abb. 3: Die sichergestellten Bestandteile der Sendeanlage nebst Zubehör, heute im Deutschen Technikmuseum in Berlin (NLA ST Rep. 1006 Nr. 803).

fen vom Turm zerstört und die Reste von der Polizei konfisziert.

Bei der Anlage handelte es sich im Wesentlichen um einen selbst gebauten UKW-FM-Sender, ein HF-Anschlusskabel von 15 Metern Länge (als Mikrofonkabel), eine Batterie von 12 Volt, einen Kassettenrekorder der Marke Philipps und einen Radiorekorder der Marke Astrosound (Abb. 3). Diese Anlage steht als Zeugnis der Geschehnisse mittlerweile in der Dauerausstellung des Deutschen Technikmuseums in Berlin.

Späteren Verfahren der Staatsanwaltschaft Lüneburg zeigen auf, dass trotz des Verlusts der Sendeanlage der Betrieb des Senders mithilfe einer Ersatzanlage sporadisch immer wieder aufgenommen wurde. Beginnend ab Samstag, den 28. Juni 1980, wurde zunächst durchgehend an jedem Samstag bis in den Oktober hinein am frühen Abend für ca. 10 Minuten ein Programm an wechselnden Standorten ausgestrahlt. Inhaltlich ging es weiter um den Kampf gegen die im benachbarten Dragahn geplante Wiederaufbereitungsanlage und das Zwischenlager, gegen die verstärkte Polizeipräsenz, gegen befürwortende Kommunalpolitiker und um das Versteckspiel der Senderbetreiber mit der Polizei. Die Peilung der Standorte durch die Einsatzkräfte und die Deutsche Bundespost ergab einen verteilten und ständig wechselnden Aktionsraum im Wendland, wodurch es den Betreibern des Senders gelang, sich immer wieder der mit großem Aufwand vollzogenen Fahndung zu entziehen. So zeigt eine Peilliste des Polizeikommissariats Lüchow die vermuteten Standorte des Senders von Juni bis Oktober 1980, jeweils einmal pro Woche zur Sendezeit am frühen Samstagabend. Als »begleitende Maßnahmen« fanden sich jeweils schnell Störerfahrzeuge von Sympathisanten des Piratensenders im Einsatzgebiet der Polizei, die die Arbeit der Einsatzkräfte durch Erklettern und Schaukeln der Messfahrzeuge oder langsames Schlangefahren behinderten; in der einheimischen Bevölkerung wurde dies als »Wendland-Rallye« bezeichnet. Bereits am 29. August 1980 wurde eine Anlage per Hubschrauber geortet und beschlagnahmt, was aber nicht zu einem Ende des Sendebetriebs führte. Am 5. November 1980 wurde eine weitere Anlage entdeckt und konfisziert. Bei einer Hausdurchsuchung in Meuchefitz im Februar 1982 wurde per Zufall eine weitere komplette und nicht genehmigte Sendeanlage für den UKW-Funkbereich mit Schaltplan, Werbeaufklebern und Briefen vorgefunden und wiederum konfisziert. Alle drei Anlagen waren nach demselben Schaltplan erbaut worden. Auch in diesem Zusammenhang wurden weitere Verfahren gegen Unbekannt bzw. namentlich benannte Verdächtige eröffnet, die aber mangels Beweisen wieder eingestellt werden mussten.

Der Sender war und blieb damit auch über die Räumung des Hüttendorfes hinaus ein Sprachrohr des gemeinsamen Widerstandes des Wendlandes gegen die Atomkraft und spiegelte auch aufgrund der Text- und Liedbeiträge der Mitarbeiter und Interviewpartner die neu gefundene Identität im Wendland wider, die diese historische Landschaft auch heute noch zu einem Anziehungspunkt alternativen Lebensstils macht.

Thomas Bardelle

Benutzte Archivalien
NLA ST Rep. 271a Lüneburg Nr. 60, Nr. 123, Nr. 148; NLA ST Rep. 1006 Nr. 747, Nr. 803.

Literatur in Auswahl
ZINT 1980.

304 - 82 105/1 Hannover, den 14.12.1981
- 8523 -

Betr.: Einrichtung von islamischem Religionsunterricht
an den öffentlichen Schulen in Niedersachsen

0. Situation der islamischen Schüler in Niedersachsen

Im Schuljahr 1980/81 besuchten über 350 000 türkische
Schüler, die - von wenigen Ausnahmen abgesehen - dem islamischen Glauben angehören, eine allgemeinbildende oder
berufsbildende Schule in der Bundesrepublik Deutschland.
In Niedersachsen waren es über 24 000 türkische Schüler.
Die Zahl dieser Schüler wird in den nächsten Jahren weiter steigen.

Die Aufenthaltsdauer der türkischen Bevölkerung in der
Bundesrepublik Deutschland hat sich in den letzten Jahren
ständig weiter erhöht. Mit der damit verbundenen zunehmenden Abwesenheitsdauer vom Heimatland wächst bei der türkischen Bevölkerung die Sorge, daß eine Entfremdung vom
heimatlichen Kultur- und Lebenskreis eintreten kann, und
damit das Bestreben nach dem Erhalt ihrer kulturellen
Identität und das Verlangen nach Ausübung ihres islamischen Glaubens in unserem Land. Gleichzeitig wächst der
Wunsch der türkischen Eltern nach einer religiösen Erziehung ihrer Kinder durch die Schule, wie sie sie aus
der Türkei durch den dort in der Pflichtschule erteilten
Moralunterricht und die Religionskunde kennen.

54 | Religionsfreiheit

Vielfalt der Religionen an niedersächsischen Schulen

Die Religionsfreiheit ist ein Grund- und Menschenrecht, welches jedem Menschen erlaubt, die persönliche und individuelle Glaubensüberzeugung in Form einer Religion oder Weltanschauung frei und öffentlich auszuüben. In der Bundesrepublik Deutschland ist die Religionsfreiheit ein unwiderrufliches und umfassendes Grundrecht, welches in Art. 4 des Grundgesetzes sichergestellt ist. Auch durch die Charta der Grundrechte der Europäischen Union (Art. 10) und der Europäischen Menschenrechtskonvention (Art. 9) wird die Bundesrepublik zum Schutz der Religionsfreiheit verpflichtet.

Das Grundgesetz ist seit seinem Inkrafttreten 1949 eine der Säulen der demokratischen Grundordnung in der Bundesrepublik. Als weitere Säule dieses Gesellschaftssystems regeln die jeweiligen Verfassungen der Bundesländer entsprechende Rechte. In Art. 3 Abs. 3 der Niedersächsischen Verfassung von 1993 ist festgelegt, dass »niemand wegen seines Geschlechts, seiner Abstammung, seiner Rasse, seiner Sprache, seiner Heimat und Herkunft, seines Glaubens, seiner religiösen oder politischen Anschauungen benachteiligt oder bevorzugt werden darf«.

Die Religionsfreiheit nimmt im Schul- und Bildungssystem einen besonderen Stellenwert ein. Als einziges Unterrichtsfach wird der Religionsunterricht im Grundgesetz als ordentliches Lehrfach an öffentlichen Schulen abgesichert (Art. 7 Abs. 3). Daher steht er unter staatlicher Aufsicht und ist wie jeder andere Unterricht an Schulen den demokratischen Grundsätzen verpflichtet. Religionsunterricht an öffentlichen Schulen anzubieten fällt in den Zuständigkeitsbereich der Bundesländer. Nach dem in der Bundesrepublik praktizierten Gleichbehandlungsgrundsatz wird allen Religionen die Möglichkeit eingeräumt, bei der Ausgestaltung der Inhalte des Religionsunterrichts mitzuwirken.

Der erste umfassende Vertrag zwischen dem Staat und einer Religionsgemeinschaft wurde in Niedersachsen am 19. März 1955 zwischen dem Land Niedersachsen und den evangelischen Landeskirchen im Kloster Loccum geschlossen. Neben Bildungs- und Kulturfragen wurde auch der Umgang mit dem Religionsunterricht an öffentlichen Schulen geregelt. Nach Vorbild des Loccumer Vertrages wurde zehn Jahre später das Konkordat zwischen dem Heiligen Stuhl und dem Land Niedersachsen geschlossen. In Art. 7 des Vertragswerkes vom 1. Juli 1965 werden u.a. der katholische Religionsunterricht an öffentlichen Schulen sowie die Einrichtung von Lehrstühlen für katholische Religionspädagogik festgelegt. Auch mit der Freireligiösen Landesgemeinschaft Niedersachsen konnte eine vertragliche Zusammenarbeit gefunden werden. 1970 trat ein entsprechender Staatsvertrag in Kraft, der u.a. eine Konzeption für einen religionskundlichen Unterricht beinhaltete.

Für orthodoxe Christen wurden ebenfalls Regelungen für den Religionsunterricht an öffentlichen Schulen erarbeitet. Seit 2003 gibt es das Referat »Religionsunterricht« der

Kommission der Orthodoxen Kirche in Deutschland (KOKiD), das in Zusammenarbeit mit den Bundesländern die Ein- bzw. Durchführung des orthodoxen Religionsunterrichts an öffentlichen Schulen koordiniert. 2014 hat sich das Land Niedersachsen mit dem Landesverband der Jüdischen Gemeinden von Niedersachsen in einem Gestellungsvertrag über die Abstellung von Lehrkräften für einen jüdischen Religionsunterricht an öffentlichen Schulen geeinigt.

Mit der steigenden Zahl von Muslimen in der Bundesrepublik wurde der Wunsch nach einem islamischen Religionsunterricht an öffentlichen Schulen immer größer. Dabei stieß die Einrichtung eines islamischen Religionsunterrichts im Sinne des Grundgesetzes bei den dafür zuständigen Bundesländern auf ungeahnte Schwierigkeiten. Anders als die christlichen Kirchen kennt der Islam keine zentralen Organisationen, sodass entsprechende Ansprechpartner nicht zur Verfügung stehen. Zwar existieren Verbände, in denen Moscheevereine organisiert sind. Diese Vereine widmen sich vorrangig der Kulturpflege sowie dem Betreiben von Gebetsräumen und Moscheen. Eine zentral organisierte Vertretung von Muslimen an sich können und wollen diese Vereine nicht sein. Neben dem Fehlen zentraler Organisationsstrukturen steht in der Bundesrepublik die konfessionelle, ethnische und sprachliche Vielfalt der Muslime einem einheitlichen Islamunterricht an öffentlichen Schulen zunächst entgegen.

Trotz dieser Hürden wurde Anfang der 1980er Jahre sowohl aufseiten des Niedersächsischen Kultusministeriums als auch aufseiten der Bezirksregierungen nach einer Lösung dieser Problematik gesucht. Im Niedersächsischen Landesarchiv findet sich hierzu eine Vielzahl von Quellen, so auch ein vom Kultusministerium erstellter analytischer Bericht über die Einrichtung von islamischem Religionsunterricht an den öffentlichen *Schulen in Niedersachsen* vom 14. Dezember 1981 (Abb.). Im ersten Teil des Berichts wird die Lebenssituation von Kindern und Jugendlichen islamischer Konfession näher untersucht. Die Analyse kommt zu dem Ergebnis, dass der Bildungsauftrag im Hinblick auf ethische Grundsätze und religiöse Werte an öffentlichen Schulen, der sich aus §2 und §104 des Niedersächsischen Schulgesetzes ergibt, gegenüber den Schülern und Schülerinnen islamischer Konfession nicht erfüllt werde. Im zweiten Teil geht der Bericht kurz auf die bereits beschriebene Verfassungslage ein. Auftretende Probleme bei der Einführung eines islamischen Religionsunterrichts in Niedersachsen werden im dritten Teil näher erörtert: Demnach gilt für alle Konfessionen, dass der Religionsunterricht »integrierender Bestandteil der staatlichen Schulorganisation und Unterrichtsarbeit« ist. Daher haben alle Schülerinnen und Schüler ein Recht auf eine Teilnahme am Religionsunterricht ihrer Konfession. Der entsprechende Religionsunterricht ist einzurichten, wenn an einer öffentlichen Schule eine Lerngruppe von mindestens zwölf Schülerinnen und Schülern eines Glaubens gebildet werden kann und eine geeignete Lehrkraft zur Verfügung steht. Für bekenntnisangehörige schulpflichtige Kinder und Jugendliche besteht eine grundsätzliche Teilnahmepflicht am Religionsunterricht ihrer jeweiligen Glaubensgemeinschaft (§124 Niedersächsisches Schulgesetz). Die Verpflichtung zur Teilnahme entfällt bei schriftlicher Abmeldung. Die Erziehungsberechtigten bestimmen über die Teilnahme ihrer Kinder am Religionsunterricht, bis diese mit dem 14. Lebensjahr ihre Religionsmündigkeit erreichen. Dann können sie selbst darüber entscheiden. Sofern sie vom Religionsunterricht abgemeldet und noch nicht volljährig sind, unterliegen sie der schulischen Aufsichtspflicht. Die Schulträger sind in diesen Fällen verpflichtet, Ersatzunterricht anzubieten. Seit Mitte der

1970er Jahre wird in Niedersachsen der Ethikunterricht als Ersatz für den Religionsunterricht in Form des Schulfaches »Werte und Normen« angeboten. In der gymnasialen Oberstufe kann alternativ auch das Fach Philosophie gewählt werden.

Der vom Niedersächsischen Kultusministerium veranlasste Bericht prüft sodann im vierten Teil mögliche Ersatzlösungen für den islamischen Religionsunterricht und kommt zu dem Ergebnis, dass weder die Teilnahme am Schulfach »Werte und Normen« noch die Teilnahme am religionskundlichen Unterricht den Bedürfnissen sowohl der Kinder und Jugendlichen als auch ihrer Eltern entsprechen würde. Hiernach ist die Einrichtung eines islamischen Religionsunterrichts die einzige anzustrebende Lösung. Zur Umsetzung des Ziels seien noch folgende Fragen zu klären: »Nach welchen Richtlinien ist islamischer Religionsunterricht zu erteilen? Welche Lehrer sollen islamischen Religionsunterricht erteilen? […] Ob es möglich ist, Rahmenrichtlinien zu erstellen, die sowohl dem Wertesystem des Grundgesetzes als auch dem Wesensgehalt der islamischen Religion entsprechen?« Eine Differenzierung der unterschiedlichen Glaubensausrichtungen im Islam wird im Bericht nicht näher analysiert. So fehlt der Hinweis auf das Alevitentum als eigenständige Religionsgemeinschaft. Da §105 des Niedersächsischen Schulgesetzes zwingend vorschreibe, dass die Schulbehörde die Unterrichtsinhalte im Einvernehmen mit den Religionsgemeinschaften zu erlassen habe, jedoch zentrale Ansprechpartner aufseiten der Muslime fehlten, müsse die Umsetzung eines islamischen Religionsunterrichts an öffentlichen Schulen in Niedersachsen zunächst vertagt werden.

Diese Situation änderte sich erst zu Beginn des Jahres 2012 mit dem Zusammenschluss von unterschiedlichen islamischen Verbänden zu einem Beirat, der der staatlichen Seite als Ansprechpartner zur Verfügung steht. Seitdem ist es möglich, islamischen Religionsunterricht als ordentliches Lehrfach unter staatlicher Schulaufsicht einzuführen, die Unterrichtssprache ist Deutsch. Damit sind in Niedersachsen die rechtlichen Voraussetzungen gegeben, um an öffentlichen Schulen neben evangelischem, katholischem, orthodoxem und jüdischem Religionsunterricht auch islamischen und alevitischen einzurichten.

Das Zusammenleben in einer multikulturellen und multireligiösen Gesellschaft kann nur dann gelingen, wenn Kindern und Jugendlichen Kenntnisse der eigenen wie anderer Kulturen und Religionen vermittelt werden. Wie sich das Miteinander der unterschiedlichen Konfessionen in 75 Jahren Niedersachsen gewandelt hat, zeigt das Schulprojekt der Drei-Religionen-Grundschule. Dieses Schulprojekt startete im September 2012 an der Johannisgrundschule in Osnabrück, an der jeweils ein Drittel der Grundschulplätze für christliche, muslimische und jüdische Kinder zur Verfügung steht. Die Grundschule wird von der Schulstiftung des Bistums Osnabrück getragen, die dabei mit der Jüdischen Gemeinde Osnabrück, dem islamischen Landesverband Schura Niedersachsen, dem DITIB-Landesverband Niedersachsen und Bremen sowie der Stadt Osnabrück kooperiert. Alle Grundschüler werden bis auf den Religionsunterricht gemeinsam unterrichtet.

Petra Diestelmann

Benutzte Archivalien
NLA HA Nds. 400 Acc. 2000/066 Nr. 75; NLA HA Nds. 400 Acc. 2002/150 Nr. 21; NLA HA V.V.P. 78 Acc. 2013/125 Nr. 21/1.

Literatur in Auswahl
Büro 2019; Drei-Religionen-Schule o.J.; Möller/Sajak/Khorchide 2017.

Der Niedersächsische Minister für Ernährung, Landwirtschaft und Forsten

Dorferneuerung in Niedersachsen

Mit der Informationsschrift »Dorferneuerung in Niedersachsen« gab der Niedersächsische Minister für Ernährung, Landwirtschaft und Forsten im Dezember 1984 die neue Förderrichtlinie bekannt (NLA HA Nds. 100 Acc. 92/99 Nr. 18).

55 | »Noch ist es für viele Dörfer nicht zu spät«

Staatliche Förderung für den ländlichen Raum

»Es ist höchste Zeit zur Besinnung. Noch ist es für viele Dörfer nicht zu spät.« Mit diesen Worten rief der Niedersächsische Minister für Ernährung, Landwirtschaft und Forsten Gerhard Glup 1984 die Gemeinden und deren Bürgerinnen und Bürger zum Handeln auf. In seiner Informationsschrift (Abb.) zur neuen Förderrichtlinie für dorferneuernde Maßnahmen stellte er einleitend fest: »Knapp 40 Jahre seit dem Ende des Zweiten Weltkrieges haben [sich] unsere ländlichen Räume stärker verändert als Jahrhunderte vorher. Gestalt, Funktionen und Sozialgefüge der Dörfer haben sich als Folge des Strukturwandels in der Landwirtschaft und der Entdeckung der Vorzüge des ländlichen Raums durch nichtlandwirtschaftliche Bevölkerungskreise ebenfalls grundlegend geändert.«

Mit dieser Feststellung charakterisierte der Minister eine bundesdeutsche Entwicklung, die sich jedoch in Niedersachsen im Vergleich zu anderen deutschen Ländern besonders gravierend ausgewirkt hatte, denn etwa 80 Prozent der Gesamtfläche wurden und werden von land- und forstwirtschaftlichen Betrieben bewirtschaftet. Damals wie heute wird Niedersachsen überwiegend durch ländliche Siedlungsformen geprägt. Die strukturellen Wandlungsprozesse in der Landwirtschaft verliefen in den niedersächsischen Regionen zwar »mit unterschiedlicher Geschwindigkeit und Intensität« (Schneider 2000, S. 78), doch veränderten sie überall die baulich-räumlichen, wirtschaftlichen und sozialen Strukturen in den Dörfern.

Unter dem Eindruck der Ernährungskrise in der unmittelbaren Nachkriegszeit war es das vorrangige Ziel der Landesregierung, die Bevölkerung mit ausreichend Nahrungsmitteln zu versorgen. Mithilfe staatlicher Förderung entstanden in zahlreichen Dörfern sog. Nebenerwerbssiedlungen für Vertriebene und Flüchtlinge. Besonders im Emsland und in den ostfriesischen Mooren am Küstenkanal wurden weite Ödlandflächen kultiviert sowie neue Dörfer und Bauernstellen gegründet, wodurch der Erwerbsanteil in der Landwirtschaft in der frühen Nachkriegszeit sogar kurzfristig verstärkt wurde. Schon bald, ab Mitte der 1950er Jahre, machten sich in der Landwirtschaft jedoch betrieblich bedingte Rationalisierungen bemerkbar. Der technische Fortschritt wurde genutzt: Zugtiere durch Schlepper ersetzt, größere Erntemaschinen angeschafft, Melkanlagen installiert, Dünge- und Pflanzenschutzmittel gezielt eingesetzt. Arbeitskräfte wurden zunehmend in die Industrie entlassen. 1950 lag der Anteil der in der niedersächsischen Landwirtschaft beschäftigten Bevölkerung noch bei etwa 30 Prozent, bis 1993 sank er unaufhaltsam auf 4,4 Prozent.

Als 1957 die Europäische Wirtschaftsgemeinschaft gegründet wurde, gingen schon damals weite Zuständigkeitsbereiche der Agrarpolitik auf Europa über. Staatlich gestützte Erzeugerpreise sicherten die Einkommen der Landwirte. Gleichzeitig schützten Zölle vor ausländischer Konkurrenz. Um auf dem europäischen Agrarmarkt bestehen zu können, spezialisierten sich die größeren Betriebe auf bestimmte Produkte. Mithilfe von Flurbereinigungen wurden Grundstücke zusammengelegt, um maschinengerechte Flächen zu erhalten. An die Stelle der hofeigenen Erzeugung, Verarbeitung und Verteilung trat zunehmend die Zusammenarbeit mit Landhandelsunternehmen und -genossenschaften. Diese Entwicklungen beeinträchtigten die Rentabilität kleinerer Betriebe sehr, die zunehmend und besonders stark nach 1960 von den Mittel- bis Großbetrieben verdrängt wurden. Von den im Jahr 1949 vorhandenen 292.000 Betrieben existierten 1994 nur noch 83.300. Die kontinuierliche Abnahme setzte sich auch danach weiter fort: Bis 2018 sank die Zahl auf 37.000.

Die starken Arbeitsplatzverluste und die schlechten Verdienstmöglichkeiten in der Landwirtschaft führten zur Abwanderung aus gewerbearmen und stadtfernen ländlichen Gebieten, etwa dem niedersächsischen Bergland und der Geest. Dem Abwanderungsprozess folgten ein Rückgang der Geburten, die Schließung von Schulen und Kindergärten sowie der Abbau öffentlicher Einrichtungen in der Fläche. Anders sah es in den stadtnah gelegenen Dörfern und in der Nähe industrieller Zentren aus. Dort entstanden neue Wohngebiete und die Bevölkerung nahm zu. Mit der Motorisierung breiter Bevölkerungsschichten setzte in den Dörfern auch das Sterben der kleinen Läden, der Gaststätten und kleinerer Gewerbebetriebe ein. Die Gemeindegebietsreformen der 1970er Jahre verstärkten durch die Konzentration öffentlicher Einrichtungen diese Entwicklung. Zudem veränderten leer stehende Ställe, verlassene Bauernhöfe und moderne Einfamilienhäuser an den Ortsrändern das Erscheinungsbild der Dörfer. Das gewachsene soziale Gefüge wurde innerhalb weniger Jahre grundlegend aufgebrochen.

Die staatlich geförderten Flurbereinigungs- und Sanierungsmaßnahmen der ersten Nachkriegsjahrzehnte zielten vor allem darauf ab, die Produktions- und Arbeitsbedingungen für die Land- und Forstwirtschaft zu verbessern und die dörfliche Infrastruktur zu modernisieren, ohne jedoch »den baukulturellen Eigenwert des Dorfes« (HENKEL 2020, S. 317) zu berücksichtigen. Ein Umdenken in der Gesellschaft und damit auch in der Förderpraxis setzte in den 1970er Jahren ein. Unterstützt durch die Denkmalpflege entwickelte sich ein breites Interesse in der Bevölkerung, das überlieferte Ortsbild mit seinen prägenden Gebäuden und Platzanlagen zu erhalten. Auch der Niedersächsische Heimatbund nahm sich dieser Thematik alljährlich in seiner »Roten Mappe« an. Mit dem Programm zur Förderung von Zukunftsinvestitionen (ZIP) wurden von 1977 bis 1980 erstmals bundesweit Mittel für dorferneuernde Maßnahmen in großem Umfang bereitgestellt. Von den etwa 4.000 Dörfern in Niedersachsen konnten 107 in das Programm aufgenommen und bei einem Investitionsvolumen von 81,8 Millionen DM mit 45,8 Millionen DM Zuschüssen gefördert werden. Die Nachfrage war jedoch weitaus größer gewesen und blieb überwiegend ungestillt. Das Programm hatte »für das Land Niedersachsen u.a. den Einstieg in die bis dahin entbehrte umfassende und systematische Förderung der Dorferneuerung gebracht«, wie Landwirtschaftsminister Glup am 6. Oktober 1980 an einen Kreis von Fachleuten schrieb.

Als Bemühungen des Landes, die Dorferneuerung als Daueraufgabe in die nationale, von Bund und Ländern finanzierte Gemeinschaftsaufgabe »Verbesserung der Agrarstruktur und des Küstenschutzes« (GAK) aufzunehmen, für 1981 gescheitert waren, rief Niedersachsen mit eigenen Mitteln ein dreijähriges Modellvorhaben für beispielhafte Dorferneuerung ins Leben. Anhand zwölf ausgewählter Dörfer sollten Wege der Planung und Umsetzung erprobt und Vorbilder entwickelt werden. Dabei zeigte sich, wie wichtig eine umfassende Entwicklungsplanung und eine breite Beteiligung von Bürgerinnen und Bürgern im Planungsprozess sind. Nachdem 1984 die Dorferneuerung als eigener Fördertatbestand in die GAK aufgenommen worden war, flossen die Erfahrungen aus diesem Modellvorhaben in die vom Land erlassene Förderrichtlinie ein.

Dementsprechend präsentierte Landwirtschaftsminister Glup in seiner Informationsschrift ein ganzes Bündel an förderungswürdigen Maßnahmen, stellte jedoch auch klar, dass eine zwingende Voraussetzung für die Förderung eine abgestimmte Gesamtkonzeption sei. Der von den Gemeinden aufzustellende Dorferneuerungsplan habe Entwicklungsziele und Problemlösungen anschaulich und allgemeinverständlich darzustellen. Wichtig sei es auch, möglichst viele Menschen vor Ort in die Planung miteinzubeziehen. Der aus Text und Karte bestehende Dorferneuerungsplan musste der zuständigen Bezirksregierung vorgelegt werden, die über die Aufnahme in das Förderprogramm und die Höhe der Gesamtförderung entschied. Zuwendungen für einzelne Maßnahmen bewilligte hingegen das jeweilige Amt für Agrarstruktur. Über diese Behörden sind bereits einige dieser für zukünftige Dorfforschungen durchaus interessanten Unterlagen in das Niedersächsische Landesarchiv gelangt.

Die Dorferneuerung war über drei Jahrzehnte das zentrale Instrument zur Entwicklung des ländlichen Raums. Die Fördergelder haben den Selbsthilfewillen der Gemeinden und der Menschen unterstützt und auf diese Weise in zahlreichen niedersächsischen Dörfern dazu beigetragen, dass land- und forstwirtschaftliche Gebäude als Arbeits- und Wohnräume erhalten und in regionaltypischer Weise renoviert werden konnten. Vielerorts wurden Straßen verkehrsberuhigt und gepflastert, Geh- und Radwege angelegt und die alten Ortskerne dorfgerecht gestaltet. Darüber hinaus konnten verrohrte Bachläufe wieder freigelegt, Teiche und Brunnen angelegt, Flächen begrünt, schutzwürdige Landschaftsbereiche erhalten, kulturelle Traditionen wiederbelebt sowie Gemeinschaftseinrichtungen und Freizeitmöglichkeiten geschaffen werden. Dazu ergänzend bot der 1961 ins Leben gerufene Bundeswettbewerb mit dem Namen »Unser Dorf soll schöner werden« den Dörfern einen Anreiz, das Ortsbild und seine baulichen Strukturen zu verschönern und trug gleichzeitig dazu bei, die Eigenverantwortung der dörflichen Gemeinschaft zu aktivieren. Im Laufe der Jahre entwickelten sich die Bewertungskriterien weiter; eine ganzheitliche Betrachtung der Zukunftsperspektiven trat hinzu. Dem trug auch die Umbenennung des Wettbewerbs in »Unser Dorf hat Zukunft« im Jahr 2007 Rechnung.

Als Ergebnis einer strategischen Neuausrichtung wurde 2014 die Dorferneuerung durch die Dorfentwicklung abgelöst. Wie sein Vorläufer ist auch die Dorfentwicklung ein fester Bestandteil der niedersächsischen Landwirtschaftspolitik. Auch wenn seitdem nicht mehr einzelne Dörfer, sondern Dorfregionen gefördert werden, geht es weiterhin darum, die ländlichen Gebiete als attraktive und naturnahe Wirtschafts- und Lebensräume zu erhalten und gleichzeitig weiterzuentwickeln.

Sabine Graf

Benutzte Archivalien
NLA HA Nds. 100 Acc. 92/99 Nr. 18; NLA HA Nds. 600 Acc. 2017/41 Nr. 4/1-3.

Literatur in Auswahl
BUNDESMINISTER FÜR LANDWIRTSCHAFT 1979; HENKEL 2020; SCHNEIDER 2000; SCHNEIDER 2010. THOMAS/GÜLLE 2008.

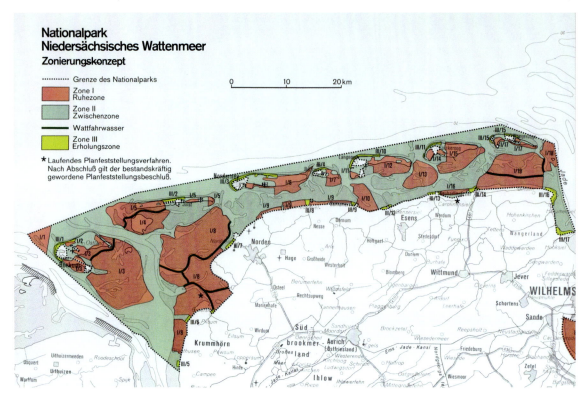

Überblickskarte mit den drei Schutzzonen im Niedersächsischen Nationalpark Wattenmeer (hier nur der westliche Teil), ca. 1984 (NLA AU Dep. 93 V 7021).

56 | »Ostfriesen unter Naturschutz«?

Der Niedersächsische Nationalpark Wattenmeer zwischen Schutz und Nutzung

Am 1. Januar 1986 trat eine Verordnung in Kraft, die das niedersächsische Wattenmeer zum Nationalpark erklärte. Damit wurde ein einzigartiger Landstrich von etwa 260 Kilometern Länge an der landseitigen Nordseeküste mit insgesamt ca. 244.000 Hektar Umfang unter die höchste Schutzkategorie gestellt, die das deutsche Naturschutzrecht zu vergeben hat. Der Nationalpark erstreckt sich von der niederländischen Grenze in der Emsmündung im Dollart bis zur Elbmündung bei Cuxhaven an der Grenze zu Schleswig-Holstein. Seewärts wird er durch die Strände der Ostfriesischen Inseln begrenzt, im Süden bildet in der Regel die Hauptdeichlinie die Grenze.

Zahlreiche Pflanzen- und Tierarten haben sich an die besonderen Lebensbedingungen im Watt angepasst oder können nur in den Salzwiesen, die den Übergang zwischen Meer und Land bilden, existieren. Der weltweite Vogelzug nutzt das Wattenmeer als Drehscheibe, sein Nahrungsreichtum ist überlebenswichtig für den Brutvogelbestand eines riesigen nördlichen Einzugsgebietes. Dieser Lebensraum verändert sich ständig unter dem Einfluss von Wind, Ebbe und Flut und den daraus resultierenden Wasserströmungen. Jahrhundertelang ist er aber auch den Eingriffen des Menschen durch Deichbau, Küstenschutz, Fischerei und Landwirtschaft unterlegen gewesen.

Für die Schutzwürdigkeit dieses Naturraumes hatten sich schon seit Ende des 19. Jahrhunderts Naturschutzvereine und -verbände eingesetzt. Schon zu Beginn der 1970er Jahre bestanden entlang der Küste und auf den Ostfriesischen Inseln 19 kleinflächige Natur- und Landschafts-, Wild- und Seehundschutzgebiete. Das relativ großflächige Landschaftsschutzgebiet »Ostfriesisches Wattenmeer« umfasste damals die Salzwiesen und das Watt von Campen bis Hooksiel – allerdings ohne die Ostfriesischen Inseln. Seit Mitte der 1970er Jahre wurde die Einrichtung eines Naturparks »Ostfriesische Inseln und Küste« vorangetrieben, um den Landstrich vor negativen Folgen des beginnenden Massentourismus zu schützen.

Die Impulse zur Errichtung eines Nationalparks an der niedersächsischen Küste kamen 1976 aus der unteren und mittleren Verwaltungsebene. Diese ersten Bemühungen um einen Nationalpark wären mit hoher Wahrscheinlichkeit verebbt, hätten sich nicht unter Federführung des World Wildlife Fund (WWF) verschiedene Naturschutzverbände und der Niedersächsische Heimatbund auf Landesebene ebenfalls für den Schutz des Wattenmeeres eingesetzt. Grundlegend wurde ein Gutachten, das von 1977 bis 1979 für das Niedersächsische Landesverwaltungsamt (Dezernat für Naturschutz, Landschaftspflege, Vogelschutz) erarbeitet wurde und in dem sich die Idee eines umfassenden Nationalparks für das niedersächsische Wattenmeer erstmals niederschlug. Dessen Unterteilung in verschiedene Schutzzonen trug den Bedeutungsunterschieden verschiedener schutzwürdiger Bereiche des Wattenmeeres Rechnung. Mit diesem Gutachten konnten Naturschutzverbände und -vereine politischen Druck bei der Landesregierung aufbauen. Die Zonierung war zunächst Gegenstand heftiger Auseinandersetzungen zwischen den mitwirkenden Akteuren, wurde dann aber zu einer der wichtigsten Grundlage, auf der der Nationalpark eingerichtet wurde.

Die abgebildete Übersichtskarte, im Original im DIN A3 Format, herausgegeben vom Niedersächsischen Landesverwaltungsamt – Fachbehörde für Naturschutz –, zeigt die Ausdehnungen der verschiedenen Schutzzonen im geplanten Nationalpark Wattenmeer (Abb.). Die Karte stammt aus der Phase des Planfeststellungsverfahrens 1984, wurde aber für die Nationalparkverordnung 1986 nicht mehr verändert. Sie befindet sich im Bestand der Industrie- und Handelskammer (IHK) Ostfriesland-Papenburg in der Abteilung Aurich des Niedersächsischen Landesarchivs. Die IHK hatte – wie zahlreiche andere Verbände und Körperschaften – die Einrichtung des Nationalparks kritisch begleitet und hatte in engem Kontakt mit Regierungs- und Verwaltungsstellen gestanden.

Die Zone 1 (rot) bietet als sog. Ruhezone die höchste Schutzintensität für Tiere und Pflanzen. Sie nahm 1986 mit ca. 130.000 Hektar ungefähr 54 Prozent der Fläche ein. Hier liegen die wichtigsten Seehundplätze, Brut-, Rast- und Mauserplätze der Vögel sowie die wertvollen Salzwiesen. Das Betreten ist ganzjährig nur auf ausgewiesenen Wegen oder mit Wattführern erlaubt. Die beiden anderen Zonen sind dem Tourismus zugänglich und werden mit pflegerischen Maßnahmen bedacht. In der Zwischenzone, Zone 2 (grün), die mit ca. 108.000 Hektar ungefähr 45 Prozent des Nationalparks einnimmt, ist das Betreten nur außerhalb der Brut- und Aufzuchtzeiten der Vögel möglich. Die ca. 2.000 Hektar große Erholungszone, Zone 3 (gelb), ist für eine touristische Nutzung mit Badestränden und Kureinrichtungen weitgehend offen.

Nach der gewonnenen Landtagswahl 1982 gab Ministerpräsident Ernst Albrecht (CDU) in seiner Regierungserklärung den Startschuss für die Ausweisung eines Nationalparks im Wattenmeer. Er wollte Umweltschutzpolitik, »zumindest informell und möglichst öffentlichkeitswirksam, zur Chefsache machen« (WERWARTH 2014). Am 2. Dezember 1983 fiel endgültig die politische Entscheidung gegen einen Naturpark und für die Ausweisung eines Nationalparks. Am 7. Februar 1984 erfolgte unter Drängen Ernst Albrechts der Kabinettsbeschluss, in dem der Einrichtung eines Nationalparks und seiner Einteilung in Zonen grundsätzlich zugestimmt wurde. Im Dezember 1985 wurde eine mehrfach überarbeitete Nationalparkverordnung vorgestellt und mit Wirkung zum 1. Januar 1986 in Kraft gesetzt. Sie enthielt auch die Festlegung einer Nationalparkverwaltung mit Sitz in Wilhelmshaven und eines Beirates mit festgelegten Aufgaben.

Albrecht hatte schon früh einen »Bestandsschutz« für viele traditionelle Nutzungen des Wattenmeeres durch die Anwohner zugesagt. Um seine politische Glaubwürdigkeit gegenüber der einheimischen Bevölkerung nicht zu gefährden, wich er davon auch unter dem Druck der Naturschutzverbände nicht ab. Auf sein Betreiben hin waren z.B. die bebauten Gebiete der Inseln, die Inselflughäfen, die Hafenbereiche und das Hauptfahrwasser kein Bestandteil des Nationalparks. Die abgebildete Karte zeigt sie als weiße Flecken. Von Anfang an wurde die Errichtung eines Nationalparks Wattenmeer von Vertretern der ostfriesischen Inseln, des Tourismus, von Fischern, Jägern, Sportbootfahrern und der IHK für Ostfriesland und Papenburg kritisch begleitet. Letzterer ging der weitflächig geplante Nationalpark zu weit, da er »in einer vom Menschen genutzten und gestalteten Kulturlandschaft keine optimale Lösung zur Verbesserung der Lebensgrundlagen« darstellte. In einer Stellungnahme 1985 verwies die IHK auf die »Strukturschwäche« und

Randlage Ostfrieslands und warnte davor, dass jegliche Entwicklungsmöglichkeiten in Hinsicht auf Fremdenverkehr, Schifffahrt und industrielle Entwicklung verloren gingen. Sie befürchtete, dass der Nationalpark zu dicht an den Emder Hafen reichen würde, dem dann jegliche Weiterentwicklung versagt bliebe und für ansiedlungswillige Unternehmen uninteressant würde. Man vermutete, dass viele wirtschaftliche Entwicklungen an bürokratischen Genehmigungsverfahren scheitern könnten: etwa beim Verlegen von Leitungen für die Strom- und Gasversorgung auf den Inseln oder beim Bau von weiteren Erdgasleitungen von Norwegen nach Emden; umständliche Sondergenehmigungen könnten erforderlich werden bei Bauarbeiten und Baggerungen im Watt. Zeitweise befürchtete die IHK sogar einen Imageverlust: Unter dem Motto »Ostfriesen unter Naturschutz« könnte die ganze Region belächelt und herabgesetzt werden.

Die Abmessungen der Ruhezonen führten vor allem bei den Insulanern zu Unverständnis und Unmut. Sie befürchteten einen Wettbewerbsnachteil gegenüber den schleswig-holsteinischen Nordseeinseln, plante das Nachbarland doch zeitgleich einen Nationalpark, in den die Inseln aber nicht einbezogen wurden. Übernachtungsgäste würden fernbleiben, weil sie Einschränkungen in der Strandnutzung, beim Wassersport wie Segeln und Surfen hinnehmen müssten. Neben den befürchteten wirtschaftlichen Verlusten spielte für die Inselbewohner ihr Selbstverständnis eine wichtige Rolle. In ihrer Wahrnehmung waren sie es, die diese Landschaft im Kampf gegen die Sturmfluten nach ihren Gewohnheiten und ihrer Tradition gestaltet und genutzt hatten: »Das Watt gehört zu unserer Identität«, brachte es der Bürgermeister von Spiekeroog auf den Punkt. Die Ostfriesen pochten auf ihre traditionellen Rechte wie Jagd, Fischerei und Nutzung der Salzwiesen für die Beweidung. Sie beklagten, bei der Zonierung nicht gefragt worden zu sein, und standen den »Fremden«, die nun von oben über ihren Landstrich verfügen wollten, äußerst kritisch gegenüber.

Dennoch wurde der Nationalpark Wattenmeer letztlich zu einem Erfolgsmodell. Die Akzeptanz des Nationalparks ist mittlerweile bei den Einheimischen hoch. Anders als ursprünglich befürchtet, entwickelte er sich zu einem Touristenmagnet. Nationalparkhäuser auf den Inseln und in den Küstenbadeorten leisten heute Aufklärung und stehen für einen »sanften Tourismus«. Gleichzeitig beklagen Naturschutzverbände, trotz flächenmäßiger Erweiterungen des Nationalparks 2001 und 2010, eine den touristischen und wirtschaftlichen Interessen geschuldete zunehmende Aufweichung der Schutzmaßnahmen.

2009 wurden das niedersächsische, schleswig-holsteinische und niederländische Wattenmeer von der UNESCO zum Weltnaturerbe erhoben. 2011 kam das hamburgische, 2014 das dänische Wattenmeer hinzu.

Der Nationalpark Wattenmeer blieb nicht das einzige niedersächsische Nationalparkprojekt. 1994 wurden Teile des Harzes ebenfalls unter diese Schutzkategorie gestellt. Aufgrund der Wiedervereinigung Deutschlands schafften es 2006 Niedersachsen und Sachsen-Anhalt, das noch zu DDR-Zeiten den Nationalpark »Hochharz« auswies, einen gemeinsamen, Bundesländergrenzen überschreitenden Nationalpark einzurichten.

Astrid Parisius

Benutzte Archivalien
NLA AU Dep. 93 V 7021.

Literatur in Auswahl
ARBEITSGRUPPE 1996; BECKMANN 2002; FROHN 2016; NATIONALPARK o.J.; NATIONALPARKVERWALTUNG 2016; WERWARTH 2014.

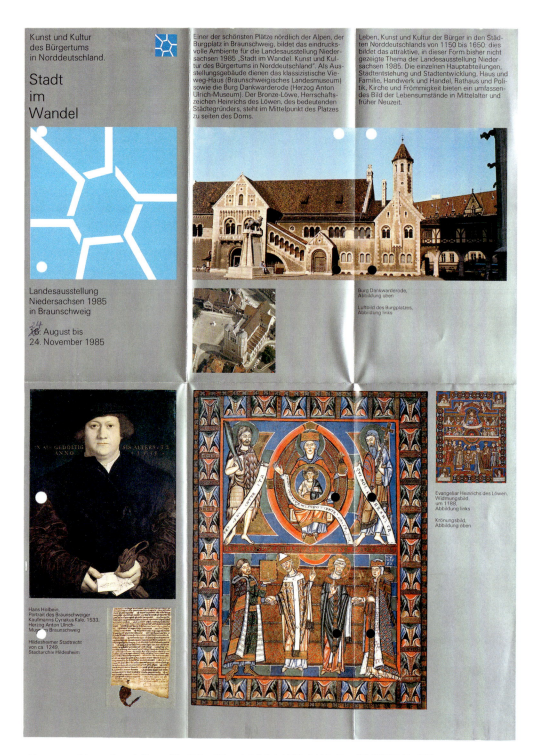

Vorprospekt zur Ausstellung Stadt im Wandel (NLA WO 4 Nds Zg. 30/1995 Nr. 20).

57 | Die »Weckung des Wir-Bewußtseins«

Die niedersächsische Landesausstellung »Stadt im Wandel« des Jahres 1985 in Braunschweig

Die in Braunschweig stattfindende Landesausstellung »Stadt im Wandel. Kunst und Kultur des Bürgertums in Norddeutschland 1150-1650« hatte während ihrer sechsjährigen Vorbereitungszeit mit zahlreichen konzeptionellen und organisatorischen Schwierigkeiten zu kämpfen, geriet aber schließlich doch zu einem grandiosen Erfolg. Von Beginn an war eine Vielzahl expliziter und unausgesprochener Erwartungen und Zielsetzungen an die Ausstellung geknüpft worden. Stadt, Land, Bundesrepublik – politische, wirtschaftliche, gesellschaftliche und kulturelle Gegebenheiten und Entwicklungen ließen das Projekt nicht unberührt. Der hier abgedruckte Flyer (Abb.) veranschaulicht mit der Burg Dankwarderode, einem Kaufmann und dem Evangeliar Heinrichs des Löwen die inhaltlichen Koordinaten von »Stadt im Wandel« in sehr pointierter Weise. Zugleich klingen aber auch dezent die mit der Ausstellung verbundenen Herausforderungen an, handelt es sich doch um einen Vorprospekt, der noch überarbeitet werden musste und an welchem noch erkennbar ist, dass das Eröffnungsdatum der Ausstellung längere Zeit unklar war.

Die Idee zu einer Großausstellung über die norddeutschen Bürgerstädte brachte der Braunschweiger Professor für Kunstgeschichte Jürgen Paul ins Spiel; sie wurde bereitwillig vom Niedersächsischen Ministerpräsidenten Ernst Albrecht aufgegriffen. In der Sitzung der Landesregierung vom 16. Januar 1979 gelangten die Pläne zur Ausrichtung der Landesausstellung erstmals auf die offizielle politische Bühne. Die kleine Anfrage dreier Abgeordneter zur baulichen Neugestaltung des Braunschweigischen Landesmuseums bot den Anlass, um die Großausstellung mittels einer Kabinettsvorlage zu beschließen: Für das Land Niedersachsen sei ein »besonderer Nachholbedarf an bedeutenden Landesausstellungen« zu konstatieren, weshalb der Umbau des Landesmuseums unbedingt mit einer solchen zu verbinden sei. Wie an dem Ausstellungs-Flyer abzulesen, fand »Stadt im Wandel« verteilt auf zwei Orte statt, in der Burg Dankwarderode, einem Standort des Herzog Anton Ulrich-Museums, und im Vieweghaus, dem Hauptsitz des Landesmuseums, einem ehemaligen Verlagshaus. Beide Gebäude befinden sich am Burgplatz, der zugleich durch die Stiftskirche St. Blasii und die bronzene Löwenstatue Herzog Heinrichs geprägt wird. Damit ist er nicht nur einer *der schönsten Plätze nördlich der Alpen*, sondern er versinnbildlicht wie kein anderer Ort auf engem Raum die bürgerliche und herzogliche Geschichte der Stadt Braunschweig. Das blau-weiße Sechseck, das Logo von »Stadt im Wandel«, lässt sich als stilisierte Ansicht des Burgplatzes interpretieren.

Die politischen Entscheidungsträger sahen in dem Projekt ein herausragendes Mittel »zur Stärkung eines niedersächsischen Landesbewußtseins«. Seit seinem Regierungsantritt im Jahre 1976 hatte Albrecht die Bemühungen seiner Amtsvorgänger intensiviert, das erst 1946 gegründete Bundesland identitätspolitisch zu einen. Die hohe politische

Kunst bestand darin, ein niedersächsisches »Wir-Bewußtsein« zu wecken, wie er selbst betonte, aber zugleich die verfassungsmäßig verbürgten kulturellen Identitäten der einzelnen Landschaften und Regionen demonstrativ zu achten. Passendes Vehikel schien ihm der Rekurs auf eine geteilte »niedersächsische« Geschichte, wobei das Thema der freien Städte Norddeutschlands eine inhaltliche Balance zwischen autonomer Selbstverwaltung und politisch-kulturellen Gemeinsamkeiten in Gestalt bürgerlicher Tugenden verhieß. Die wohl spektakulärste Maßnahme auf Albrechts geschichtspolitischer Agenda markierte der Erwerb des Evangeliars Heinrichs des Löwen im Jahre 1983. Dem Prachtband wuchs zugleich eine Schlüsselfunktion für »Stadt im Wandel« zu: Als wichtigstes Exponat verzahnte das auch auf dem Flyer abgebildete Evangeliar das Stadtbürgertum, hier symbolisiert in Person eines Kaufmannes, als eigentliches Thema der Landesausstellung mit Heinrich dem Löwen als der Imagination eines mittelalterlichen Landesvaters. Beginnend mit der Staufer-Ausstellung des Jahres 1977 in Stuttgart hatte eine Kette von Groß- und Landesausstellungen eingesetzt, in welche sich das Braunschweiger Projekt als schillerndes Glied einfügte. Während andere Bundesländer fast ausnahmslos ihre ehemaligen Herrscherhäuser zum Gegenstand der Betrachtung und Vermittlung machten, hatte man sich in Niedersachsen bewusst gegen eine Welfenausstellung und für die Einheit in der Vielfalt der Bürgerstädte entschieden. Trotz des thematischen Sonderwegs fügte sich »Stadt im Wandel« in den bundesweiten Trend der Großausstellungen ein, wie er von den späten 1970ern bis in die 1990er Jahre auszumachen ist. Bei allen Unterschieden im Detail einte die Großexpositionen, dass sie aus mehr als 1.000 Exponaten bestanden, ein umfassendes Rahmen- und Publikationsprogramm aufwiesen und mehrere Jahre Vorbereitungszeit sowie gewaltige personelle und finanzielle Ressourcen banden.

Die Großausstellungen fußten ihrerseits auf einem neuen Geschichtsinteresse in der Bundesrepublik und dem sogenannten »Museumsboom« der 1970er Jahre, einer Welle von Neugründungen und dem Ausbau bestehender Museen. Die neuerliche Breitenrezeption der Geschichte bot den Ministerpräsidenten nun die Möglichkeit, Landesgeschichte als Identitätsgenerator und wissenschaftlich grundiertes Lenkungsmittel der Politik zu nutzen, wobei spektakuläre Großausstellungen als zeitgemäßes Medium der technisierten Massenkultur erschienen. Konservative Landespolitiker wie Hans Filbinger, Helmut Kohl oder eben Ernst Albrecht versprachen sich nach den Verwerfungen der »68er«-Bewegung über eine derartige Vermittlung der Historie sogar eine ethisch-moralische »Tendenzwende« von Politik und Gesellschaft.

Die unmittelbaren Auseinandersetzungen um die Landesausstellung »Stadt im Wandel« waren weniger inhaltlicher als organisatorischer Art, mangelte es doch an genaueren Kompetenzfestlegungen. Auch wenn der Flyer die Ausstellung als gemeinsames Projekt von Landes- und Herzog Anton Ulrich-Museum auswies, waren weitere Gremien beteiligt: Neben einem Expertenausschuss, der eine eigentümliche Stellung zwischen einem Leitungsorgan und einem fachlichen Beirat einnahm, gab es das Ausstellungssekretariat im Landesmuseum und Ortsausschüsse in den Städten Braunschweig, Hildesheim, Osnabrück, Göttingen, Goslar, Lüneburg und Emden, die als Musterstädte für die Ausstellungen ausgewählt worden waren. Die Ortsausschüsse versuchten mitunter ihre eigenen, sehr heterogenen Vorstellungen in die Planung miteinzubringen; ihr Einfluss wurde von den zentralen Gremien zugunsten einer einheitlichen Linie zunehmend zurückgedrängt.

Eine ambivalente Rolle bei der Bewältigung dieser Herausforderung war der Ort des Geschehens: Ein weiteres politisches Ziel, das mit »Stadt im Wandel« verfolgt wurde, war der Wandel der Stadt Braunschweig selbst. Die städtebauliche Substanz der Großstadt am Rande des Zonenrandgebietes war durch die Bomben des Krieges und die Bauprojekte der Nachkriegszeit schwer in Mitleidenschaft gezogen worden. Damit stand Braunschweig stellvertretend für die Mitte der 1970er Jahre einsetzende »Krise der Städte«, dem Widerwillen gegen die Architektur der Nachkriegsjahrzehnte und deren Wüsten aus Sichtbeton, in denen zu leben sich immer weniger mit einem aufkeimenden Naturbewusstsein in Einklang bringen ließ. Zeitgleich sah sich Südostniedersachsen einem schmerzhaften industriellen Strukturwandel unterworfen und bildete das Hauptobjekt landespolitischer Wirtschaftsförderung. Erklärtes Ziel der Okerstadt musste denn auch sein, »bis zur Landesausstellung möglichst viel zur Verbesserung des Stadtbildes zu tun« (Oberbürgermeister Hartmut Scupin), also zwecks Stärkung von Wirtschaft und Fremdenverkehr das materielle und imaginierte Stadtbild zu verschönern. Aber Braunschweig im Wandel war auch eine inhaltliche Komponente der Landesausstellung – nach dem Willen des Arbeitsausschusses sollte die Stadt »sich selbst zum Ausstellungsgegenstand machen«, hatten Form und Inhalt der Ausstellung zueinander zu finden. Flankierend zum Umbau des Landesmuseums im Vieweghaus wurden daher von der Stadtverwaltung Grundstücke aufgekauft, Gebäude saniert und Fassaden gestrichen. Burgplatz und Kernstadt präsentierten sich 1985 in neuem Glanz, ein offizieller Stadtrundgang wurde erarbeitet und ein entsprechender Führer gedruckt.

Angesichts des wirtschaftlichen Abschwungs zu Beginn der 1980er Jahre sollte das Ausstellungsbudget – bereits getroffenen Vereinbarungen und geschlossenen Verträgen zum Trotz – radikal beschnitten werden. Die Aufsichtsbehörden zogen die finanziellen und administrativen Daumenschrauben an, personelle Schwierigkeiten gesellten sich hinzu. Das vielköpfige Projekt blieb von Intrigen und persönlichen Misshelligkeiten nicht verschont. Nicht zuletzt dem großen persönlichen Engagement einzelner Verantwortlicher und Mitarbeiter war es zu verdanken, dass die Ausstellung aller Unbilden zum Trotz schließlich gelang. Angesichts des betriebenen Aufwandes wirkt ihre Dauer von nur etwa vier Monaten überraschend kurzlebig. Dies war nicht untypisch für die Großausstellungen der damaligen Zeit und blieb dem Umstand geschuldet, dass ein Teil der Leihgaben nicht länger als Exponat zur Verfügung stand.

Welche Bilanz bleibt von diesem Großprojekt? Finanziell hatte »Stadt im Wandel« den Rahmen derart überschritten, dass unabhängige Juristen ermittelten, ob sich nicht Verantwortliche in Regress nehmen ließen. Der politische Erfolg der Landesausstellung ist schwierig zu quantifizieren – wie ließe sich ermessen, ob »Stadt im Wandel« entscheidend zur Identität Niedersachsens oder gar zur Akzeptanz der Regierung Albrecht beitrug? Zweifellos aber war »Stadt im Wandel« in wissenschaftlicher Hinsicht ein durchschlagender Erfolg. Die Landesausstellung und die in ihrem Kontext entstandenen Publikationen prägen bis heute das Bild der autonomen Bürgerstädte Norddeutschlands in der Vormoderne.

Philip Haas

Benutzte Archivalien
NLA HA Nds. 20 Nr. 638; NLA WO 4 Nds Zg. 30/1995 Nr. 20-29.

Literatur in Auswahl
MECKSEPER 1985; OGNIBENI 1986; WISSENSCHAFTSMINISTER 1985.

Abb. 1: Ministerpräsident Ernst Albrecht vor der Landtagswahl 1986 vor dem Sozialwerk Nazareth im ostfriesischen Norddeich; links neben ihm die Emder Landtagsabgeordnete Brigitte Stoll; 1. v. l. Wolfgang Ontijd, Landtagsabgeordneter aus Aurich (NLA AU Dep. 116 acc. 2003/029 Nr. 2).

58 | »Warum handeln wir nicht, wir Niedersachsen?«

Die Aufnahme der vietnamesischen Boat-People in Norddeich

Die Aufnahme der vietnamesischen Boat-People gilt als Musterbeispiel für eine gelungene Integration von Flüchtlingen in der alten Bundesrepublik. Niedersachsen spielte dabei eine besondere Rolle, weil es als erstes Bundesland vietnamesische Flüchtlinge aufnahm. Der Vietnamkrieg endete 1975 mit dem Sieg des kommunistischen Nordvietnams über den prowestlich orientierten Süden und der Bildung der kommunistischen Volksrepublik Vietnam. Viele Südvietnamesen erlebten dies als massive Bedrohung und Verfolgung. Fast eine Million Vietnamesen wagten deshalb in kleinen Booten die Flucht über das Südchinesische Meer, eine Flucht, die etwa 250.000 von ihnen nicht überlebten. Für viele war es schon die zweite Flucht: Bereits nach der Niederlage Frankreichs im Indochinakrieg 1954 waren 800.000 katholische Vietnamesen aus Nord- nach Südvietnam geflohen.

Das Elend und die Not der Boat-People wurden weltweit im Fernsehen übertragen, auch der Niedersächsische Ministerpräsident Ernst Albrecht erfuhr auf diese Weise von der Tragödie. Er schrieb dazu in seinen Erinnerungen: »Im November des Jahres 1978 konnten wir Tag für Tag im Fernsehen die Bilder von der ›Hai Hong‹ sehen, von jenem Dampfer, auf den sich über 2.000 Vietnamesen geflüchtet hatten. Das Schiff ankerte vor den Küsten Malaysias. Die Lebensmittelvorräte waren erschöpft. Trinkwasser war knapp. Die Menschen hofften, in Malaysia Asyl zu finden, aber die Malayen lehnten ab. Tag für Tag konnte die ganze westliche und fernöstliche Welt im Fernsehen die Not und die Verzweiflung der Menschen miterleben, doch niemand tat etwas. Ich sagte mir: Warum handeln wir nicht, wir Niedersachsen?«

In einem »Spiegel«-Interview schilderte er, wie er zu seiner Entscheidung fand. Sie sei im Familienhalbkreis vor dem Fernseher zustande gekommen. Mit »das kann man ja nicht ertragen!«, habe er die TV-Bilder vom Flüchtlingsfrachter »Hai Hong« kommentiert und mit Frau und Kindern beraten, was da zu machen wäre. Und die Familie habe befunden, dass er »ein Signal setzen« müsse. Am nächsten Tag sagte er die Aufnahme von 1.000 Flüchtlingen von der »Hai Hong« zu. Seine Entscheidung wurde nicht nur von der CDU-Fraktion mitgetragen. Als er in einer Regierungserklärung seine Aufnahmepläne darlegte, erhielt er von SPD-Landtagsabgeordneten »uneingeschränkte Unterstützung«.

Niedersachsen setzte mit dieser spontanen Entscheidung die Bundesregierung und die anderen Bundesländer unter Zugzwang. Positiv strahlte die Entscheidung auch auf das weitere Engagement der späteren Aufnahmeländer Frankreich, USA und Kanada aus. In den folgenden Jahren, als die Euphorie in großen Teilen der deutschen Bevölkerung in Ablehnung umgeschlagen war, blieb Albrecht der deutsche Spitzenpolitiker, der sich am stärksten für die Vietnam-Flüchtlinge engagierte und durchsetzte, dass das anfängliche Aufnahmekontingent von 10.000 auf 38.000 Flüchtlinge erhöht wurde.

Im Juli 1986, acht Jahre nach Aufnahme der ersten Vietnamflüchtlinge, besuchte Ernst Albrecht auf einer Wahlkampftour für die Landtagswahlen im selben Jahr das Sozialwerk Nazareth im ostfriesischen Norddeich (Abb. 1). Begleitet wurde er von der Emder CDU-Landtagsabgeordneten Brigitte Stoll, aus deren Nachlass das Foto stammt. Auch sie war nach Ende des Zweiten Weltkriegs als 17-Jährige allein mit ihrer zwei Jahre jüngeren Schwester aus Breslau-Neukirch geflohen und hatte die dabei ausgestandene Angst nie wieder ganz vergessen können. So wie sie gehörten viele der engagiertesten Unterstützerinnen und Unterstützer von Albrechts Flüchtlingspolitik zu den deutschen Vertriebenen am Ende des Zweiten Weltkriegs. Dass der Pressetermin gerade im Sozialwerk Nazareth in Norddeich stattfand, lag sicherlich daran, dass hier mehr als die Hälfte aller in Niedersachsen aufgenommenen Vietnamesen auf das Leben in der neuen Heimat vorbereitet wurden.

Nach dem Vorpreschen Niedersachsens hatte sich zunächst die dringliche Frage gestellt, wo denn die zunächst im Lager Friedland bei Göttingen registrierten und ärztlich untersuchten Flüchtlinge untergebracht werden könnten. So erhielt der Leiter des Sozialwerks Nazareth, das bis dahin vor allem Mutter-Kind-Kuren durchgeführt, auch einzelne Gäste betreut, einen Kindergarten betrieben und seelisch behinderten Menschen eine Heimstätte geboten hatte, einen Tag nach der Ankunft der Vietnamesen in Deutschland einen Anruf des Niedersächsischen Ministeriums für Bundesangelegenheiten, ob das Sozialwerk 50 Vietnamesen bei sich unterbringen könne. Nach Rücksprache mit Bürgermeister und Landrat sagte Roman Siewert, der Leiter des Sozialwerks, dreimal so viele Plätze zu, auch weil im Winter in seiner Einrichtung viele Zimmer leer standen (Abb. 2). Es sollten im Verlauf der Jahre insgesamt 3.144 vietnamesische Flüchtlinge werden. Damit wurde das Sozialwerk Nazareth in Norddeich zur größten Integrationsagentur in der alten Bundesrepublik.

Die Boat-People hatten als sog. Kontingentflüchtlinge – auf der Indochinakonferenz 1979 in Genf hatten sich die USA, Kanada, Australien, Frankreich, Großbritannien und die Bundesrepublik Deutschland verpflichtet, eine bestimmte Anzahl an vietnamesischen Flüchtlingen aus den Transitlagern zu übernehmen – einen Sonderstatus. Im Gegensatz zu anderen Flüchtlingen erhielten sie ein dauerhaftes Bleiberecht und weitere staatsbürgerliche Rechte. Trotz dieser Vorteile standen auch sie vor vielen Problemen in ihrem neuen Leben. Da waren zum einen traumatische Kriegs- und Fluchterlebnisse. Hinzu kam, dass die meisten zuvor in ländlichen Großfamilien gelebt hatten, in denen die »alten Männer« das Sagen hatten, und dass in ihrer Heimat der Buddhismus die dominierende Religion war. Aufgrund der jahrhundertelangen engen Verbindungen mit China hatten auch Taoismus und Konfuzianismus immer noch großen Einfluss. Allerdings gab es unter den Flüchtlingen auch überproportional viele Katholiken.

Viele der im Sozialwerk Nazareth aufgenommenen Flüchtlinge ließen sich dauerhaft in Norddeich und Umgebung nieder. Die meisten Vietnamesen und vor allem auch diejenigen, die höhere soziale Positionen anstrebten, verließen, nachdem sie einige Monate im Sozialwerk Nazareth gelebt hatten, Norddeich allerdings wieder.

Trotz aller Dankbarkeit hatten zahlreiche Vietnamesen Schwierigkeiten beim Einleben in Deutschland. Vielen gelang es nicht, soziale Kontakte, weder zu Deutschen noch zu Vietnamesen, aufzubauen. Während die Kinder sich oftmals mit Deutschen verheirateten, blieb der Elterngeneration die Mentalität des Gastgeberlandes weitgehend fremd, sodass Einzelne wieder nach Vietnam zurückkehr-

Abb. 2: Roman Siewert, Leiter des Sozialwerks Nazareth von 1978-2017, umringt von geflüchteten vietnamesischen Kindern; links seine Tochter Annette, ca. 1980 (NLA AU Rep. 243 B 2162).

ten, weil sie in Deutschland nicht Fuß fassen konnten. Um bei solchen und ähnlichen psychischen Problemen helfen zu können, richtete Roman Siewert eine aus Bundesmitteln finanzierte »Zentrale Beratungsstelle für die psycho-soziale Betreuung von Vietnamflüchtlingen« in Norddeich ein.

Ein wichtiger Punkt dafür, dass Integrationsarbeit funktionieren kann, ist die Akzeptanz in der Bevölkerung. Roman Siewert fürchtete, dass die hohe Anfangsakzeptanz nicht von Dauer sein könnte. Deshalb bemühte er sich von Anfang an um eine regionale Vernetzung: Handwerksarbeiten wurden an ortsansässige Firmen vergeben, die Verpflegung auf in der Nähe gelegenen Märkten gekauft. Auch wenn es Beschwerden von Nachbarn gab, versuchte das Sozialwerk umgehend zu vermitteln. Siewert vermutete, dass die »Unaufgeregtheit der Ostfriesen« (PARISIUS 2014) ein geradezu perfektes Umfeld für die Integration war.

Dass die Vietnamesen sich nicht nur in Norddeich und Ostfriesland hohes Ansehen erwarben, sondern darüber hinaus zu den »Lieblingsmigranten« der Deutschen wurden, hat viel mit dem überraschenden Schulerfolg der vietnamesischen Kinder zu tun und der sich anschließenden Laufbahn in akademischen Berufen. Auch vonseiten der Schulbehörden waren schon früh Maßnahmen ergriffen worden, um die vietnamesischen Schülerinnen und Schüler möglichst schnell in die deutsche Schule einzugliedern (Abb. 3). Anteilmäßig gingen doppelt so viele vietnamesische Kinder wie deutsche auf ein Gymnasium. Die Hauptursache dafür – neben der besonderen Förderung der Boat-Peo-

Merkblatt

für die Aufnahme vietnamesischer Schüler in Schulen

Das Land Niedersachsen hat im Dezember 1978 ca. 1000 vietnamesische Flüchtlinge aufgenommen und sie vorläufig in den Orten Bad Grund, Bad Sachsa, Friedland, Hohegeiß, Norden-Norddeich und Winsen/Luhe zentral untergebracht. Für die Dauer dieser zentralen Unterbringung sind für die schulpflichtigen Vietnamesen ab Mitte Januar Sprachkurse mit 12 Wochenstunden für je 12 Schüler eingerichtet worden.

Die Umsetzung der Flüchtlinge in die aufnahmebereiten Gemeinden soll in Gruppen von ca. 50 Personen erfolgen. Sie beginnt im April d.J. und wird voraussichtlich im September abgeschlossen sein. Es ist daher damit zu rechnen, daß in den kommenden Monaten einzelne Schulen bis zu 20 vietnamesische Schüler aufnehmen werden.

Bei der Eingliederung der vietnamesischen Schüler in die deutsche Schule ist davon auszugehen, daß die vietnamesischen Flüchtlinge nicht mehr in ihre Heimat zurückkehren. Die Schüler sind möglichst schnell in die deutsche Schule einzugliedern und deshalb von Anfang an ihrem Alter entsprechend in die betreffenden Jahrgangsklassen aufzunehmen.

Parallel zum Unterricht in den Jahrgangsklassen sollen die vietnamesischen Schüler täglich 2 Stunden Förderunterricht in Deutsch erhalten. Der Förderunterricht sollte zeitlich möglichst so gelegt werden, daß die Schüler am Unterricht in den nicht sprachrelevanten Fächern in ihrer Jahrgangsklasse teilnehmen können.

Unabhängig von der Eingliederung in die Jahrgangsklasse müßte die gesamte Betreuung der vietnamesischen Schüler in der Hand eines entsprechend geeigneten Lehrers liegen. Dieser sollte auch den gesamten Förderunterricht erteilen. Eine Kontaktaufnahme mit den Lehrern, die den Sprachunterricht für die Schüler in den zentralen Einrichtungen durchgeführt haben, ist im Sinne einer kontinuierlichen Weiterarbeit wünschenswert.

Mit den folgenden Hinweisen werden erste Erfahrungen der in den Sprachkursen eingesetzten Lehrer weitergegeben.

Vietnamesische Kinder

- leben in sehr engen familiären Bindungen (bei der Zuordnung zu Klassen sollte daher auf Geschwister Rücksicht genommen werden);
- stehen im Mittelpunkt der Familie und kennen kaum Verbote;
- erwarten, daß der Lehrer viel Zeit für sie hat;
- haben als Jungen und Mädchen in der Familie eine unterschiedliche Stellung;

Abb. 3: »Merkblatt für die Aufnahme vietnamesischer Schüler in Schulen« von 1979 (NLA AU Rep. 201 Nr. 136).

ple – kann im immer noch lebendigen Konfuzianismus gesehen werden, der den Aufstieg durch Bildung propagiert.

Die Aufnahme der vietnamesischen Flüchtlinge galt trotz ihrer im Vergleich zu den folgenden Flüchtlingsgruppen geringen Zahl in der wissenschaftlichen Forschung und in der öffentlichen Meinung lange als Durchbruch und Muster für eine internationale humanitäre Flüchtlingspolitik und für das Zusammenwirken von zivilgesellschaftlichem Engagement und staatlichem Handeln. Zusammen mit der mittlerweile auch in der Öffentlichkeit positiv bewerteten Integration der deutschen Vertriebenen und Flüchtlinge nach dem Zweiten Weltkrieg war sie eine wichtige Grundlage für die in Deutschland überraschend herzliche Willkommenskultur zu Beginn der Europäischen Flüchtlingskrise 2015. Bei vielen deutschen Vertriebenen zeigte sich aufgrund ihrer Erinnerungen an ihr eigenes Flüchtlingsschicksal eine besondere Empathie und Hilfsbereitschaft gegenüber den vietnamesischen Flüchtlingen.

Astrid Parisius

Benutzte Archivalien
NLA AU Dep. 116 acc. 2003/029 Nr. 2; NLA AU Rep. 243 B 2162; NLA AU Rep. 201 Nr. 136.

Literatur in Auswahl
ALBRECHT 1999; ARNDT 2012; BEUCHLING 2003; BÖSCH 2017; KLEINSCHMIDT 2013; PARISIUS 2014; SPIEGEL 1978.

derführung haben müsse. Auch wollte er seinem Ministerium die vorrangige Kompetenz für den Bodenschutz als »ein[en] Sektor des Umweltschutzes und als fach- und medienübergreifende Aufgabe« sichern, für den je nach konkretem Aufgabenbereich bislang unterschiedliche Ministerien zuständig waren. Damit hatte er zunächst ebenso wenig Erfolg wie mit dem Versuch, für den Naturschutz, auf den das Landwirtschaftsministerium nicht verzichten wollte, verantwortlich zu werden.

Innerhalb des Umweltministeriums war man sich des Konfliktpotenzials bezüglich der Kompetenzabgrenzung zu anderen Ressorts bewusst. Im Entwurf zu einer Kabinettsvorlage zum Beschluss für die 11. Sitzung des Landesministeriums am 14. Oktober 1986 (Abb.), in der es auch um die Organisation und Zuständigkeiten des Umweltressorts gehen sollte, verwies das Referat Z 3 (Organisation) der Zentralgruppe darauf, *daß die Festlegung von zusätzlichen, über den Beschluß vom 15.07. hinaus gehenden Zuständigkeiten – Ressortkompetenzen – […] notwendigerweise in Zuständigkeiten anderer Ressorts eingreifen und unvermeidlich zu Kompetenzkonflikten führen* müsse und von ihnen blockiert werden würde. Dies zeige das Dilemma auf, wenn »Umweltaufgaben in einer spezialisierten Organisationseinheit« konzentriert werden: Entweder man statte eine Umweltbehörde mit allen Zuständigkeiten aus, die »ein Minimum an ›Umwelt-Relevanz‹ aufweisen«, sodass »ein ›gigantisches Super-Ministerium‹« entstünde, verbunden mit der »sehr konkrete[n] Gefahr der ›Ent-Verantwortung‹« für Umweltprobleme in den Fachbereichen, oder sie erhalte nur eingeschränkte Kompetenzen, mit der Folge, dass so eine Institution »unter Inkaufnahme permanenter Kompetenzkonflikte schwerwiegende konzeptionelle und Handlungsdefizite hervorbringt« und dadurch »zur Formulierung und Realisierung einer integrierten Umweltpolitik nicht in der Lage ist«. Die Kompetenzen des Niedersächsischen Umweltministeriums gemäß des am 15. Juli 1986 beschlossenen Zuständigkeitsumfangs seien im Vergleich zu den Ressorts in Bayern und Rheinland-Pfalz noch ausbaufähig. Man empfehle dem Minister daher, sofern die Zuständigkeiten im Rahmen der Kabinettsentscheidungen nicht optimiert werden können, darauf hinzuwirken, »daß MU auf der Grundlage des ›Gründungsbeschlusses‹ vom 15.07. gleichwohl zur Formulierung und Umsetzung einer integrierten, fachübergreifenden Umweltvorsorge-Politik« zu befähigen, u.a. dadurch, dass dem Umweltministerium »ein ressort- und fachübergreifendes ›Initiativrecht‹, also eine zwischen Richtlinienkompetenz des MP und Ressortverantwortlichkeit der Minister angesiedelte ›Koordinierungszuständigkeit für die Umweltvorsorge in Niedersachsen‹« verschafft werde. Konkret hieße dies, dass das Landesministerium den Umweltminister beauftragen solle, »in Abstimmung mit den fachlich zuständigen Ressorts ›Leitlinien der Landesregierung zur Umweltvorsorge‹ […] zu entwerfen und dem Landesministerium zur Beschlußfassung vorzulegen«, welches dann das Umweltministerium beauftragen solle, »unter Beteiligung der fachlich zuständigen Ressorts Durchführungsprogramme in den Schwerpunktbereichen Luftreinhaltung, Gewässerschutz, Bodenschutz, Abfallwirtschaft und Chemikalien zu entwerfen«, Erfordernisse zu konkretisieren und die notwendigen Schutzmaßnahmen festzulegen. So könnten »Ressortkonflikte weitestgehend vermieden« und zudem das »›Initiativrecht‹ bzw. die ›Koordinierungskompetenz‹ für MU im Bezug auf Umweltvorsorgemaßnahmen, auch soweit die fachlichen Zuständigkeiten anderer Ressorts berührt sind, durch Beschluß des Landesministeriums de facto festgeschrieben« werden.

Offenbar sah Remmers zunächst davon ab,

die vom Referat Z 3 erarbeitete Beschlussvorlage dem Kabinett zu unterbreiten, zumal es auch innerhalb des Ministeriums Vorbehalte gegen die Empfehlungen gab. Bis Anfang November 1986 musste das Referat zwei weitere Entwürfe ausarbeiten, die weniger ins Detail gingen, um die Beschlussvorlage weniger angreifbar zu machen. Was daraus geworden ist, darauf gibt die hier abbrechende Akte keine Antwort, das Ministerium scheint sich aber zunächst mit weniger Kompetenzen als erhofft abgefunden zu haben. Die grundsätzliche Organisation des Ministeriums wurde wie gewünscht umgesetzt, dazu wurden neben der Zentralgruppe für Querschnittsaufgaben vier Abteilungen für Grundsatzfragen der Umweltpolitik, für Wasser- und Abfallwirtschaft, für Gewerbeaufsicht, Immissionsschutz und Umweltchemikalien sowie für Kernenergie eingerichtet.

Doch nicht nur am Kabinettstisch stieß das neue Ressort auf Vorbehalte. So monierte der Bund der Steuerzahler die mit der Einrichtung des Umweltministeriums verbundenen Kosten und stellte die Frage, ob man dafür nicht ein anderes Ressort auflösen oder das Kultus- wieder mit dem Wissenschaftsministerium zusammenlegen könne. Der Wasserverbandstag Niedersachsen störte sich dagegen an der Kompetenzübertragung im Bereich Wasser- und Abfallwirtschaft vom Landwirtschafts- an das Umweltministerium und drückte gegenüber dem Ministerpräsidenten seine Sorge über eine Aufsplitterung der Zuständigkeiten aus, welche die Arbeit seiner Mitglieder erschweren würde. Albrecht versuchte die Bedenken zu zerstreuen, indem er betonte, dass die Übertragung der Zuständigkeit für die Wasserwirtschaft an das Umweltministerium aufgrund der engen Zusammenhänge mit der Abfallwirtschaft geboten sein.

Remmers und seine Mitarbeiter sahen sich von Beginn an mit einigen Herausforderungen konfrontiert. So musste die Gewerbeaufsicht modernisiert und mit einem Fokus auf den Immissionsschutz ausgerichtet werden. Weitere Schwerpunkte lagen im Bereich der Abfallwirtschaft – hier insbesondere im Umgang mit Sondermüll – und in der Wasserwirtschaft, v.a. bezüglich der Gewässerreinhaltung und der Einleitung von Düngemitteln aus der Landwirtschaft in Gewässer – Altfälle, die das Umweltressort noch vom Landwirtschaftsministerium geerbt hatte. Besondere Bewährungsproben für das neue Ministerium waren der Umgang mit der Sonderabfalldeponie Münchehagen (Dioxin-Altlasten) und mit dem Braunkohlekraftwerk Buschhaus: Die sog. »Dreckschleuder der Nation« sollte mit ministerieller Genehmigung zunächst ohne eine Rauchgasentschwefelungsanlage in Betrieb gehen, eine Entscheidung, die nach massiver öffentlicher Kritik revidiert werden musste. Ein noch größeres Konfliktpotenzial bot der Umgang mit dem möglichen atomaren Endlagerort und der Aufbereitungsanlage Gorleben, deren Eignungsprüfung auf massiven Widerstand von Atomkraftgegnern stieß.

Entgegen der ursprünglichen Absicht des Ministerpräsidenten war das Umweltministerium in den ersten Jahren dadurch eher zur defensiven Reaktion auf bestehende Probleme verdammt, anstatt aktiv handeln und positive Akzente setzen zu können. Dies änderte sich erst in der Folgezeit, als die Kompetenzen des Ministeriums nach und nach ausgebaut wurden.

Christian Helbich

Benutzte Archivalien
NLA HA Nds. 800 Acc. 2017/68 Nr. 94.

Literatur in Auswahl
UMWELTMINISTERIUM 2011.

Anlage .1 III   17. KabSitzung v. 2. Dez. 1986

Der Niedersächsische Ministerpräsident
- Staatskanzlei -

Nr. ....

Bei Beantwortung wird gebeten, obiges Aktenzeichen und Datum dieses Schreibens anzugeben

3000 Hannover 1, den 28. November 1986
Planckstraße 2, Postfach 2 23
Fernsprecher (05 11) 1201 oder 1 20 -
Fernschreiber 9 22 765

Kabinettsvorlage

Betr.: Errichtung der "Stiftung Niedersachsen" als Stiftung bürgerlichen Rechts

Das Landesministerium wird gebeten zu beschließen:

Das Landesministerium stimmt der Errichtung der Stiftung bürgerlichen Rechts "Stiftung Niedersachsen" nach Maßgabe der anliegenden Stiftungsurkunde und -satzung zu. Es erteilt zugleich die zur Entstehung der Stiftung nach § 80 BGB erforderliche Genehmigung mit Wirkung vom 1. Januar 1987.

Begründung:

Der Niedersächsische Landtag hat mit seiner Entschließung vom 24. April 1986 (Drucksache 10/5968) die Landesregierung aufgefordert, die Voraussetzungen für eine Zuführung des Verkaufserlöses aus der OLB-Beteiligung des Landes an die Stiftung Niedersachsen zu schaffen.

Kabinettsvorlage zur Stiftungsgründung (NLA HA Nds. 20 Acc. 2009/077 Nr. 107).

60 | Ein attraktiver Wirtschaftsstandort – dank Kultur

Die Stiftung Niedersachsen

Das Landesministerium stimmt der Errichtung der Stiftung bürgerlichen Rechts »Stiftung Niedersachsen« […] zu (Abb.). Mit dem Beschluss des Landesministeriums, also des Kabinetts der niedersächsischen Landesregierung, vom 2. Dezember 1986, dem so lautenden Antrag in der Kabinettsvorlage der Staatskanzlei zuzustimmen, wurde die Gründung der Stiftung Niedersachsen zum 1. Januar 1987 sowie deren Satzung beschlossen.

Wie in vielen anderen Bundesländern auch, besteht in Niedersachsen heute eine Stiftung, die Kultur im weiteren Sinne fördert. Sie ist als private Stiftung bürgerlichen Rechts organisiert und hat ihren Sitz in Hannover im Künstlerhaus. Aufgabe der Stiftung Niedersachsen war anfangs »die Förderung von Wissenschaft, Forschung, Kunst und Bildung im Land Niedersachsen«. Seit einer Satzungsänderung im Jahr 2000 wird die Förderung der Kultur als Stiftungszweck auch ausdrücklich genannt.

Bereits 1984 gab es im Kabinett der niedersächsischen Landesregierung Überlegungen, eine Kulturstiftung zu gründen. Beteiligt war interessanterweise außer dem inhaltlich naheliegenden Ministerium für Wissenschaft und Kultur v. a. das Wirtschaftsministerium unter der damaligen Leitung von Ministerin Birgit Breuel. Dies wird verständlich, wenn die Überlegungen, die zur Gründung der Stiftung führten, betrachtet werden: Anfang der 1980er Jahre war die wirtschaftliche Lage Niedersachsens wie Deutschlands insgesamt nicht mehr so glänzend wie in den Jahren zuvor. Besonders die in Niedersachsen starken Branchen der Automobilindustrie und des Maschinenbaus allgemein liefen nicht mehr rund. In dieser Situation gab es Überlegungen im Kabinett von Ministerpräsident Ernst Albrecht, wie das Investitionsklima verbessert werden könnte. Dabei war man bereit, auch neue Wege zu gehen. Eine Überlegung war, die Attraktivität Niedersachsens für überregionale wie internationale Investoren durch bessere kulturelle Angebote zu steigern.

Der Anstoß kam wohl vom Ministerpräsidenten selbst, vermittelt durch Ministerin Breuel. In die Überlegungen schaltete sich allerdings schnell Wissenschaftsminister Cassens ein, der mit Nachdruck seine Ressortzuständigkeit betonte. Finanziert werden sollte die Stiftung sowohl aus öffentlichen wie privaten Mitteln.

Ministerpräsident Albrecht, der selbst als Manager in der Nahrungsmittelindustrie gearbeitet hatte, verfügte über vielfältige gute Beziehungen zu Unternehmen und Unternehmern. Diese sollten in die Stiftung eingebunden werden und sich mit möglichst zahlreichen Spenden an deren Finanzierung beteiligen. Über drei Millionen DM kamen so zusammen. Eine große Bedeutung hatte von Anfang an allerdings die Zuweisung staatlicher Mittel, 1985 in Höhe von sechs Millionen DM.

Gegründet wurde die Stiftung im Juli 1985 zunächst als eingetragener Verein (e. V.), was sich mit relativ geringem Aufwand bewerkstelligen ließ. Zum Präsidenten wählte die Gründungsversammlung Ministerpräsident Ernst Albrecht. Vizepräsident wurde der Vorstandssprecher der Preussag AG, Günther Saßmannshausen als Vertreter der Wirtschaft, Schatzmeisterin die Präsidentin der Landeszentralbank Niedersachsen, Julia Dingwort-Nusseck, und Generalsekretär Bernhard Kaufmann, der Abteilungsleiter im Kultusministerium war.

Einen ganz wesentlichen Anteil an der Finanzierung der Stiftung sollte allerdings der Erlös aus dem Verkauf der Landesanteile der OLB-Beteiligungsgesellschaft mbH, die die staatlichen Anteile an der Oldenburgischen Landesbank (OLB) verwaltete, darstellen, gut 35,5 Millionen DM. Um einen so hohen Betrag an öffentlichen Mitteln zur Verfügung stellen zu können, war es erforderlich, die rechtliche Form der Stiftung von einem Verein zu einer echten Stiftung bürgerlichen Rechts umzugestalten. Außerdem mag ein notwendiger Vermögensaufbau in dieser Organisationsform besser realisierbar gewesen sein. Eine außerordentliche Hauptversammlung des Vereins beschloss daher bereits im November 1986 dessen Auflösung und die Übertragung des Vereinsvermögens in Höhe von 9,8 Millionen DM auf die zu errichtende Stiftung, die dann am 2. Dezember 1986 per Kabinettsbeschluss gegründet wurde.

Die Organe der Stiftung wurden in der Satzung festgelegt: der Präsident, der Verwaltungsrat, der Senat, der Stiftungsrat und der Generalsekretär. Der Präsident leitet die Gremien der Stiftung und hat das Vorschlagsrecht für die Wahl des Generalsekretärs. Dieser führt die laufenden Geschäfte und bereitet die Gremiensitzungen vor. Der Verwaltungsrat besteht aus dem Präsidenten, dem Vizepräsidenten, dem Schatzmeister und – beratend – dem Generalsekretär. Er tritt mindestens viermal im Jahr zusammen und bildet den Vorstand der Stiftung. Zweimal im Jahr kommt der Senat zusammen. Ihm gehören die Mitglieder des Verwaltungsrats, weitere bis zu 20 vom Stiftungsrat gewählte Senatoren, bis zu fünf kooptierte und drei vom Landeskabinett berufene Senatoren an. Letztere waren 1986 die Finanz-, Wissenschafts- und Wirtschaftsminister Birgit Breuel, Johann-Tönjes Cassens und Walter Hirche. Die maximal 32 Senatoren beschließen das Arbeitsprogramm der Stiftung, stellen Jahresbericht, Jahresabschluss und Finanzplan fest, wobei Letzterem die drei von der Landesregierung berufenen Mitglieder zustimmen müssen. Außerdem legt der Senat die Richtlinien für die Vergabe der Fördermittel fest. Der Stiftungsrat schließlich besteht aus den Mitgliedern des Verwaltungsrats, des Senats und weiterer bei Bedarf vom Verwaltungsrat zu berufenden Mitgliedern. Der Stiftungsrat tagt einmal im Jahr, seine Aufgabe besteht in der Wahl des Verwaltungsrats sowie eines Teils der Senatoren. Außerdem entlastet er den Verwaltungsrat und beschließt Satzungsänderungen. Die Organisationsstruktur mit Senat und Stiftungsrat war eine recht aufwendige Konstruktion. Inzwischen wurde der Stiftungsrat aufgelöst und seine Aufgaben im Wesentlichen vom Senat übernommen, dessen Mitgliederzahl auf maximal 20 reduziert wurde.

Begleitet wurde die Stiftungsgründung von Kritik der (SPD-)Opposition, mit der Stiftung werde ein Instrument geschaffen, das es der (CDU/FDP-)Regierung erlaube, am Parlament vorbei Politik zu betreiben und dafür öffentliche Mittel privat auszugeben. Außerdem gab es die Befürchtung, Oldenburger Mittel (aus dem Verkauf der OLB) würden für ganz Niedersachsen eingesetzt und damit Oldenburg benachteiligt. Daher bekam die Stiftung mittels einer Zweckbindung den Auftrag, Projekte aus dem Regierungsbezirk Weser-Ems besonders zu berücksichtigen. Um die Rechtmäßigkeit der öffentlichen Finanzierung einer privatrechtlichen Stiftung sicherzustellen, wurde dem Landesrechnungshof ein Prüfungsrecht für die Stiftung eingeräumt. Mit dem Regierungswechsel 1990 hin zu einer rot-grünen Landesregierung entspannte sich der parteipolitische Konflikt um die Stiftung. Eine Evaluation der Förderungen nach fünf Jahren ergab einen angemessenen Anteil Oldenburger Projekte. Dazu kamen Aufstockungen des Kapitals der Stiftung durch Landesmittel um etwa 70 Millionen DM, wodurch sich der Anteil der OLB-Mittel am Gesamtvermögen relativierte. Seit den 1990er Jahren kann die Stiftung relativ konfliktfrei ihrem Zweck nachkommen, Wissenschaft, Forschung, Bildung, Kunst und Kultur zu fördern.

Als Beispiele für die thematische Breite der Förderungen sollen einige Projekte der ersten Jahre genannt werden: Im Bereich Wissenschaft wurden internationale Tagungen finanziert, so eine des Club of Rome in Hannover zur globalen Industriegesellschaft, Bücher erworben wie etwa die Kinder- und Jugendbuchsammlung Kohlmann für die Universität Oldenburg und Forschungsprojekte ermöglicht, etwa zur frühneuzeitlichen Fahrzeugentwicklung. Im Bereich Bildung wurde die Ausrichtung der internationalen Mathematik-Olympiade in Braunschweig ermöglicht oder für Studienaufenthalte niedersächsischer Nachwuchsmusiker Stipendien an renommierte Einrichtungen vergeben. Im Bereich Kunst, dem Bereich mit den umfangreichsten Förderungen, wurden Ausstellungen, etwa zu Bischof Clemens August im Schloss Clemenswerth, unterstützt, Kunstwerke für die Landesgalerie Hannover und wertvolle Musikinstrumente als Leihinstrumente für Musiker angekauft, Konzerte gefördert, Bücher beispielsweise zur staatlichen Baukultur in Niedersachsen herausgegeben oder Baumaßnahmen ermöglicht, so zum Beispiel das Kulturzentrum »Pumpwerk« in Wilhelmshaven saniert.

Als private Organisation ist die Stiftung nicht verpflichtet, ein Archiv zu unterhalten. Sie hat aber mit dem Niedersächsischen Landesarchiv einen Depositalvertrag geschlossen: Die nicht mehr benötigten archivwürdigen Unterlagen der Stiftung Niedersachsen werden in der Abteilung Hannover im Bestand NLA HA V.V.P. 88 verwahrt. In den staatlichen Beständen v.a. der mit der Gründung und Aufsicht befassten Institutionen, des Niedersächsischen Kabinetts (NLA HA Nds. 20), des Finanzministeriums (NLA HA Nds. 200), des Ministeriums für Wissenschaft und Kultur (NLA HA Nds. 401) und des Ministeriums für Wirtschaft und Verkehr (NLA HA Nds. 500), befinden sich ebenfalls die Stiftung betreffende Akten.

Hendrik Weingarten

Benutzte Archivalien:
NLA HA Nds. 20 Acc. 2009/077 Nr. 107, Nr. 450; Nds. 401 Acc. 2006/049 Nr. 125.

Literatur in Auswahl:
STIFTUNG o. J.; VOGTHERR 2017.

Abb. 1: Deckblatt der Broschüre »Lehrpfade zum Waldsterben in der Göttinger Umgebung« (NLA WO 1010 A Bund Zg. 27/2000 Nr. 34).

61 | Lehrpfade zu Waldschäden und zum Waldsterben

Eine Reaktion auf die Debatte über das Waldsterben der 1980er Jahre

Wie kaum ein anderes Thema prägt die Diskussion um ein nach damaliger Vorstellung unmittelbar bevorstehendes Waldsterben das öffentliche Umweltbewusstsein in den 1980er Jahren, speziell in der Bundesrepublik. Einige namhafte Forstwissenschaftler hatten in der Öffentlichkeit deutlich auf massive Krankheitssymptome bei bestimmten Baumarten hingewiesen. Als Ursache sahen sie den »sauren Regen« an, den sie insbesondere auf Autoabgase und Industrieemissionen zurückführten. Presse, Rundfunk und Fernsehen griffen diese Beobachtungen und Hypothesen besonders in den Jahren 1982 und 1983 auf und machten sie publik. Auf diese Weise wurde die breite Öffentlichkeit für die festgestellten Probleme sensibilisiert. Allerdings waren Schädigungen der Vegetation und Waldschäden keine neuen Phänomene: Sie waren bereits seit dem späten 19. Jahrhundert beobachtet und mit industriellen Emissionen in Verbindung gebracht worden – jedoch nur in begrenzten, regionalen Zusammenhängen.

Warum also wurde das Thema Waldsterben in den 1980er Jahren so plötzlich in der Öffentlichkeit diskutiert? Nach Martin BEMMANN waren für die gesellschaftliche Mobilisierung verschiedene, miteinander verschränkte Faktoren verantwortlich: Zum einen wurden nun emissionsbedingte Waldschäden im Zuge der »ökologischen Revolution« als umfassendes, nicht nur Forstverwaltungen und Forstbesitzer betreffendes Umweltproblem interpretiert und im Kontext anderer Umweltschäden, wie die Verschmutzung und Erwärmung von Gewässern, debattiert. Bisherige Vermutungen, Abgasemissionen könnten sich über weite Strecken ausbreiten und damit zu schädlichen Langzeitfolgen des »sauren Regens« für die Wälder führen, konnten wissenschaftlich nachgewiesen werden. Dies blieb auch der Öffentlichkeit nicht verborgen: Wissenschaftlern gelang es, sich stärker in bereits existierende politische und gesellschaftliche Debatten zur Luftreinhaltung einzuschalten. Dies bewirkte einerseits, dass politische Akteure stärker auf Umweltprobleme aufmerksam wurden und, nicht zuletzt auch unter diesem Druck, reagieren mussten, u.a. mit gesetzlichen Regelungen und einem aktiveren umweltpolitischen Agieren. Dies spiegelte sich etwa in der Einrichtung von Fachressorts, im vermehrten Einholen von Expertisen oder in einer offensiveren Informationspolitik wider. Andererseits wurden dadurch auch die Medien aufmerksam, die ihrerseits mit teils »düsterer Rhetorik« über ein drohendes Waldsterben berichteten. Damit trafen sie auf einen »offenen Nerv« in der Bevölkerung, die sich seit einigen Jahren u.a. in Bürgerinitiativen umweltpolitisch immer stärker engagierte. Die mitunter stark emotionalisierte Berichterstattung vertiefte damit aber auch die Unsicherheit in der Gesellschaft, wie mit diesen ökologischen Folgen umzugehen sei. Sie drückte sich in »apokalyptischen Katastrophenängsten« mit der Furcht vor einem »ökologischen Hiroshima« aus. Zusätzliche

Abb. 3: Karikatur auf die Umweltpolitik unter Ministerpräsident Ernst Albrecht. Die Zigarettenpackung symbolisiert das Braunkohlekraftwerk Buschhaus, das zunächst ohne Filter in Betrieb gehen sollte und zum Waldsterben im Hintergrund beigetragen hätte (NLA WO 1010 A Bund Zg. 27/2000 Nr. 34).

sches Problem noch rechtzeitig Gegenmaßnahmen ergriffen werden können, um den Ernstfall abzuwenden. Die Debatte um das Waldsterben kann damit also auch als Blaupause für heutige umwelt- und klimapolitische Diskussionen dienen.

Die Waldsterbenspfade als spezifischer pädagogischer Lehrpfadtypus verschwanden weitestgehend aus den Wäldern bzw. wurden in alte oder neue Naturlehrpfade integriert. Eine Renaissance der Waldsterbensdebatte lässt sich heute zunehmend im Zusammenhang mit den weltweit zu beobachtenden klimatischen Veränderungen, die sich u.a. in einem trockeneren und wärmeren Klima widerspiegeln, beobachten. Erneut werden Stimmen laut, die vor einer neuen Katastrophe warnen. Dagegen sieht etwa die Nationalparkverwaltung Harz (2019) in den Schädigungen auch eine Chance für eine naturnahe Veränderung der durch Monokulturen geprägten (Nutz-)Wälder, nach dem Motto: Der Wald stirbt nicht, er ist im Wandel.

Christian Helbich

Benutzte Archivalien
NLA WO 1010 A Bund Zg. 27/2000 Nr. 34.

Literatur in Auswahl
Bemmann 2010; Detten 2013; Machalett 1986; Metzger 2015; Naturpark 2019; Schäfer 2012; Schäfer/Metzger 2009.

Auszug aus dem Flugblatt der Initiative gegen Berufsverbote, zur Verteidigung demokratischer Rechte, Hohenkirchen 1987 (NLA HA Nds. 700 Acc. 2018/141).

62 | »Wegen der Verletzung ihrer politischen Treuepflicht entlassen«

»Berufsverbote« in Niedersachsen 1972 bis 1990

Das hier abgebildete Titelblatt einer Dokumentation, herausgegeben von der »Initiative gegen Berufsverbote zur Verteidigung demokratischer Rechte«, zeigt die im Jahr 1986 vom Schuldienst suspendierte niedersächsische Lehrerin Dorothea Vogt (Abb.). Frau Vogt hatte sich für die DKP, deren Mitglied sie seit 1972 war, als Kandidatin für Land- und Bundestagswahlen aufstellen lassen und Parteiämter übernommen. Im Jahr 1982 eröffnete die zuständige Bezirksregierung Weser-Ems ein jahrelang laufendes Disziplinarverfahren gegen sie. Frau Vogt hat über diese Zeit in der Dokumentation »Berufsverbote in Niedersachsen 1972-1990«, die von der ehemaligen »Niedersächsischen Landesbeauftragten für die Aufarbeitung der Schicksale im Zusammenhang mit dem sogenannten Radikalenerlass« Jutta Rübke im Jahr 2018 herausgegeben wurde, geschrieben: »Für mich bedeutete dies eine starke Belastung neben dem beruflichen Alltag; einen täglichen Spießrutenlauf in Schule und Stadt; das Bewusstsein, unter ständiger Beobachtung durch Elternhäuser und interessierte Zeitgenossen zu stehen; immerzu meine Handlungen und Aktivitäten rechtfertigen oder erklären zu müssen. Auch durch meine Familie ging ein tiefer Riss, unter dem ich lange Zeit gelitten habe. Besonders die stete Prüfung, Ausforschung und Zergliederung meiner Auffassungen und Haltungen durch die sogenannten Anhörungskommissionen machten mir zu schaffen. Empörend empfand ich die Stigmatisierung meiner Person; mein berufliches Engagement über den Unterricht hinaus und die nie beanstandete Dienstausübung wurden schlicht unter den Tisch gekehrt, ja meine Beliebtheit in Schule und Stadt als ein besonders perfides Merkmal kommunistischer Einflussnahme gewertet.«

Das Vorgehen der Bezirksregierung Weser-Ems gegen die auf Lebenszeit verbeamtete Lehrerin steht in enger Verbindung mit dem einheitlich für die Bundesrepublik Deutschland und West-Berlin geltenden, später »Radikalenerlass« genannten Beschluss. Dieser im Januar 1972 – in der Zeit des »Kalten Krieges« – von den Regierungen des Bundes und der Länder gefasste Beschluss zur »Beschäftigung von rechts- und linksradikalen Personen im öffentlichen Dienst« wurde gefasst mit dem Ziel, die Beschäftigung sogenannter Verfassungsfeinde im öffentlichen Dienst zu verhindern. Folgende Grundsätze wurden beschlossen: »Nach den Beamtengesetzen in Bund und Ländern darf in das Beamtenverhältnis nur berufen werden, wer die Gewähr dafür bietet, dass er jederzeit für die freiheitliche demokratische Grundordnung im Sinne des Grundgesetzes eintritt; Beamte sind verpflichtet, sich aktiv innerhalb und außerhalb des Dienstes für die Erhaltung dieser Grundordnung einzusetzen. Es handelt sich hierbei um zwingende Vorschriften. Jeder Einzelfall muss für sich geprüft und entschieden werden.« Im Niedersächsischen Innenministerium wurden daraufhin unter Beteiligung der anderen Ressorts die Durchführungsbestimmungen des

Runderlasses erarbeitet und mit Beschluss vom 10. Juli 1972 veröffentlicht. Niedersachsen hatte damit als erstes Bundesland eigene Richtlinien zur Umsetzung des sogenannten Extremistenbeschlusses erlassen. »Der Spiegel« widmete dem »Radikalenerlass« im April 1973 die Titelgeschichte: »Radikale im Staatsdienst – wie rot dürfen Lehrer sein?«. Die Autoren fragten, »ob der Erlass ein Musterbeispiel wehrhafter Demokratie oder Modellfall staatlicher Willkür« sei. Und es sei zweifelhaft, ob er die von westdeutschen Eltern befürchtete rote Flut in die Klassenräume abwenden könne. Es folgte das Resümee: »Kein Zweifel also, dass bundesdeutsche Kinder – vom Abc bis zum Abitur – Gefahr laufen, im Klassenzimmer für den Klassenkampf erzogen zu werden. Kein Zweifel auch, dass solche Erziehungsdiktatur, misst man es am derzeitigen Wahlverhalten der Bevölkerung, einem Großteil der Erziehungsberechtigten zuwiderläuft.« Als Träger der angstbesetzten »roten Flut in die Klassenräume« wurden von vielen Bürgern vor allem die Mitglieder der DKP betrachtet.

Im April 1975 nahm dann die niedersächsische »Interministerielle Anhörkommission« ihre Arbeit auf und erarbeitete zusammen mit dem Niedersächsischen Innenministerium die zum 19. November/3. Dezember 1974 veröffentlichte Verfahrensordnung: Nach Prüfung der vom Niedersächsischen Verfassungsschutz vorgelegten »Erkenntnisse« und den daraus folgenden »Bedenken« sollte die Kommission entscheiden, wer angehört werden und in welchen Fällen auf eine Anhörung verzichtet werden sollte. Man empfahl den Landkreisen, den Kommunen und den unter Aufsicht des Landes stehenden Körperschaften, Stiftungen und Anstalten des öffentlichen Rechts, bei Einstellungsverfahren die Kommission zurate zu ziehen. In der zweiten Hälfte der 1970er Jahre verschärfte sich die Überprüfungspraxis, mit Beginn der 1980er Jahre wurde verstärkt gegen Bedienstete – Beamte wie Angestellte – wegen Kandidaturen für die DKP bei Kommunal-, Landtags- und Bundestagswahlen vorgegangen. Die Landesregierung leitete nun zahlreiche Disziplinarverfahren mit Suspendierungen und Gehaltskürzungen ein, die sich zum Teil – wie im Fall von Dorothea Vogt – über mehrere Jahre hinzogen.

1987 wurde die inzwischen suspendierte Dorothea Vogt aus dem öffentlichen Dienst entlassen, weil sie – so die Argumentation der Bezirksregierung Weser-Ems – ihre politische Treuepflicht als Beamtin verletzt habe. Die politische Treuepflicht von Beamten war vom Bundesverfassungsgericht in seinem Urteil vom 22. Mai 1975 definiert worden: Diese beinhalte für alle Beamten die Pflicht, sich unmissverständlich von Gruppierungen zu distanzieren, die den Staat und die bestehende Verfassungsordnung angriffen oder diffamierten.

Dorothea Vogt wehrte sich. Nach erfolglosen niedersächsischen Berufungsverfahren wandte sie sich mit einer Verfassungsbeschwerde an das Bundesverfassungsgericht, die wegen fehlender Erfolgsaussichten abgewiesen wurde. Am 13. Februar 1991 erhob Dorothea Vogt vor dem Europäischen Gerichtshof für Menschenrechte (EGMR) Beschwerde gegen die Bundesrepublik Deutschland. Bei der Prüfung, ob der Eingriff ein legitimes Ziel im Sinne der Menschenrechtskonvention verfolgte, akzeptierte der Gerichtshof unter dem Hinweis auf die Besonderheiten der deutschen Geschichte das Argument, dass das Erfordernis der Verfassungstreue von Beamten aus der Verfassungsentscheidung zugunsten der »wehrhaften Demokratie« hervorgehe. In der Verhältnismäßigkeitsprüfung berücksichtigte der Gerichtshof jedoch die einschneidenden Folgen für die Beschwerdeführerin: Beeinträchtigung ihres Rufes, Verlust der

Lebensgrundlage, geringe Möglichkeit, eine Anstellung außerhalb des öffentlichen Dienstes zu finden, tadellose Ausübung eines nicht sicherheitsrelevanten Amtes (Abstufung der Treuepflicht nach den Aufgaben des Amtsträgers) sowie rechtmäßiges politisches Engagement mangels eines Verbots der DKP. Der EGMR urteilte, dass die Entlassung unverhältnismäßig in die Meinungsfreiheit der Beschwerdeführerin (und gleichermaßen ihre Vereinigungsfreiheit) eingreife. Mehrfach verwies der Gerichtshof auf die Praxis der übrigen europäischen Staaten, den Beamten nur eine Pflicht zu politischer Zurückhaltung aufzuerlegen. Am 26. September 1995 stellte der EGMR mit einer Stimme Mehrheit eine Verletzung der Meinungs- und Vereinigungsfreiheit nach den Artikeln 10 und 11 der Europäischen Menschenrechtskonvention fest und verurteilte die Bundesrepublik Deutschland zur Zahlung von Schadensersatz. Das Urteil bezog sich jedoch ausdrücklich auf bereits eingestellte Beamte und nicht auf Bewerber für den öffentlichen Dienst. Nach der Aufhebung der Umsetzungsregelungen des »Radikalenerlasses« am 26. Juni 1990 durch die Niedersächsische Landesregierung wurde Dorothea Vogt 1991 wieder in den niedersächsischen Schuldienst eingestellt.

Als erstes deutsches Bundesland beschloss Niedersachsen 2016 die Einsetzung einer/eines Beauftragten »zur Aufarbeitung der Schicksale der von niedersächsischen ›Berufsverboten‹ betroffenen Personen und der Möglichkeiten ihrer politischen und gesellschaftlichen Rehabilitierung«. In dem Entschließungsantrag des Niedersächsischen Landtages wird eine Zahl von über 130 unmittelbar vom »Radikalenerlass« betroffenen Personen genannt (Nds. LT Drs. 17/7150). Es handele sich bei den »Berufsverboten« »um ein unrühmliches Kapitel in der Geschichte Niedersachsens«. So habe der sogenannte Radikalenerlass bundesweit zum faktischen Berufsverbot für Tausende von Menschen, die als Lehrerinnen und Lehrer tätig waren oder sich auf solche Berufe vorbereiteten und bewarben, geführt.

Dank dieser Aufarbeitung ist die Abteilung Hannover des Niedersächsischen Landesarchivs seit Herbst 2018 im Besitz eines einzigartigen Quellensamples, das durch die Landesbeauftragte zusammengetragen werden konnte, da die Betroffenen teilweise umfangreiche persönliche Dokumentationen gebildet und aufbewahrt hatten, zu denen u.a. Anhörungsprotokolle, Resolutionen, Unterschriftenlisten, Solidaritätserklärungen, Flugblätter, Plakate, persönliche Korrespondenzen und eigene Aufzeichnungen gehörten. Es handelt sich um hochinteressantes Quellenmaterial, das einerseits die Perspektive der Betroffenen dokumentieren und der Forschung andererseits wertvolle Ergänzungen zur bisher gebildeten staatlichen Überlieferung bieten kann.

Kerstin Rahn

Benutzte Archivalien
NLA HA Nds. 700 Acc. 2018/141; NLA OL Rep 410 Akz. 1/1999 Nr. 13, Nr. 22, Nr. 24; NLA OL Rep 970 Akz. 22/1997 Nr. 17.

Literatur in Auswahl
Knauer 2018; Rudolf 2003; Rübke 2018.

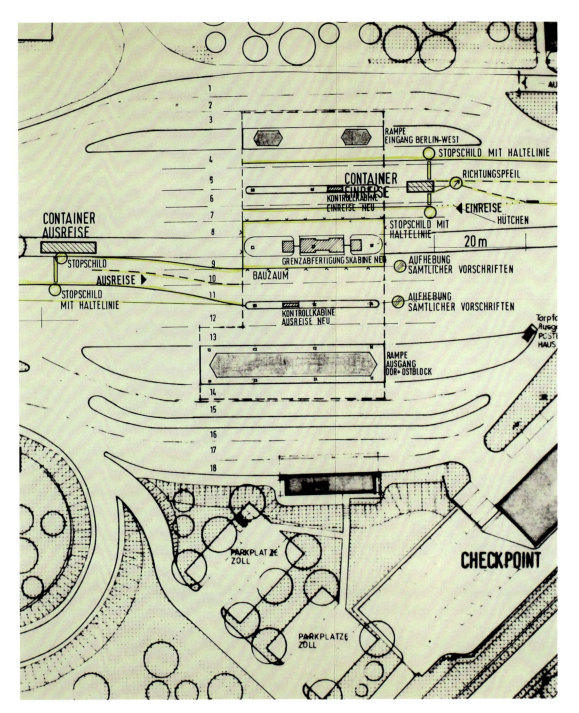

Abb. 1: Grenzkontrollpunkt Helmstedt: Neubau der Grenzabfertigungs- und Kontrollkabinen für den Reiseverkehr von und nach West-Berlin (Verkehrswege gelb markiert), rechts unten der alliierte Checkpoint (Auszug aus Abb. 2).

63 | Mitten am Rande

Der innerdeutsche Grenzübergang Helmstedt-Marienborn

Geografische und mentale Koordinaten müssen nicht miteinander übereinstimmen, manchmal liegt die Peripherie mitten im Zentrum gesellschaftlicher Wahrnehmung. Am östlichen Rande Niedersachsens im einstigen westdeutschen Zonenrandgebiet erhob sich der Grenzposten Helmstedt, aber mehr noch als dieser markierte sein östliches Pendant, der Grenzübergang Marienborn, die Teilung Deutschlands und Europas in Ost und West. An diesem randständigen Ort kamen die Bundesbürger über Jahrzehnte in »Kontakt mit der Weltgeschichte«, entstand aus diesem kollektiven Erlebnis eine »Generation Marienborn«, wie es der Historiker Karl Schlögel nicht ohne das Pathos des Selbsterlebten formulierte.

Was machte diesen Ort so besonders? Woraus schöpfte er seine Faszination und prägende Kraft? Helmstedt-Marienborn war ein architektonischer und administrativer Brennspiegel des Ost-West-Konflikts und seiner Konjunkturen, des Systemgegensatzes von Kapitalismus und Sozialismus sowie der innerdeutschen Koexistenz zwischen BRD und DDR. Im Mikrokosmos des Grenzüberganges wurden diese weltpolitischen Gegebenheiten und Entwicklungen wahrnehmbar und erlebbar. Dabei verlockte insbesondere Marienborn bei nüchterner Sicht der Dinge keineswegs zur Betrachtung als weltpolitische Puppenstube, handelte es sich doch um den mit Abstand größten Grenzposten der DDR, um eine Grenzfabrik mit Hunderten von Mitarbeitern. Der Übergang Helmstedt-Marienborn verfügte über die größten Abfertigungskapazitäten im Transitverkehr von der Bundesrepublik nach West-Berlin und in die entgegengesetzte Richtung. Die Teilung Berlins in vier Besatzungszonen im Jahre 1945 hatte im Zuge des Kalten Krieges zu einer Insellage des alliierten Westens der Stadt geführt. Der Weg von der Bundesrepublik nach West-Berlin musste durch die DDR erfolgen, die hierfür eigene Transitkorridore auswies. Über den kürzesten Korridor, beginnend bei Helmstedt-Marienborn, konnte West-Berlin mit Nahrungsmitteln und anderen Gütern zügig versorgt werden. Als Membran innerhalb des Eisernen Vorhangs lag hier der vielleicht neuralgischste Punkt zwischen beiden Deutschlands. Aus Perspektive der DDR galt es, Republikfluchten zu verhindern, Kontakte zwischen Bürgern des eigenen Landes und dem Westen einzuschränken, aber gleichzeitig auch dringend benötigte Devisen zu akquirieren. Grenzverkehr war somit Überlebensfrage eines Staates, notwendige und kalkulierte Bedrohung des eigenen Systems.

Der Sicherstellung dieser Ziele diente eine komplexe Apparatur aus Menschen, Bauwerken und Abläufen. In der Uniform der DDR-Grenztruppen waren bis zu 600 Mitarbeiter des Ministeriums für Staatssicherheit (MfS) in Marienborn im Einsatz. Sie wurden unterstützt von Grenzpolizisten, Zöllnern und einer eigenen Einheit von Grenzsoldaten der Nationalen Volksarmee, deren Name »Grenzübergangsstellensicherungskompagnie«

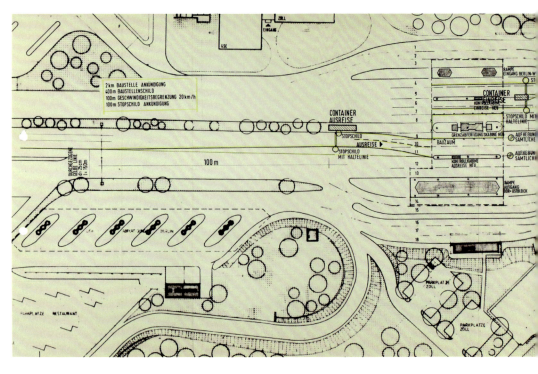

Abb. 2: Baustellenverkehrssicherungsplan für das Bauvorhaben »Grenzabfertigungskabinen und Kontrollkabinen Einreise/Ausreise am Grenzübergang Helmstedt« des Staatshochbauamtes I Braunschweig vom 5. Dezember 1989 (NLA WO 1 C Bund Zg. 26/1990 Nr. 10).

(Maurer) offenbar bereits sperrig wirken sollte. Die einstigen Baracken der späten 1940er Jahre entwickelten sich – katalysiert durch den Mauerbau 1961, den zwanzigsten Jahrestag der DDR 1969, das Transitabkommen der Jahre 1971/72 und das kontinuierliche Anschwellen des Reiseaufkommens – sukzessive zu einem ausgefeilten System. Der Kontrollprozess bestand aus fünf Schritten, die sich auch bautechnisch in der Gestaltung des Grenzpostens niederschlugen. Marienborn war auch im wörtlichen Sinne »ein Ort ohne Schatten« (Rogg), der trotz vorherrschender Energieknappheit in der DDR unter dem Licht Aberhunderter von Scheinwerfern so viel Strom wie eine mittlere Kleinstadt verbrauchte.

Die berüchtigte »Vorführungspflicht« (Goll) verlangte von westdeutschen Grenzpassanten mitunter die Demontage des eigenen PKWs. Kontrollen waren langwierig und schikanös, Beanstandungen mussten in harten Devisen gesühnt werden. Die »Generation Marienborn« bekam einen Geschmack von den Schattenseiten des heute noch immer vieldiskutierten »Unrechtsstaates DDR«. Aber die Bewacher wurden ihrerseits engmaschig bewacht und bespitzelt. Der Dienst am Rande der DDR kam einer gefühlten Verbannung gleich. In Marienborn herrschte teils eklatanter Mitarbeitermangel, was sich in schier endlosen Arbeitsschichten für die vorhandene Belegschaft niederschlug. Dem standen diverse Privilegien wie hohe Gehaltszahlungen, umfangreiche Angebote der Freizeitgestaltung sowie vergleichsweise viel und luxuriöser Wohn-

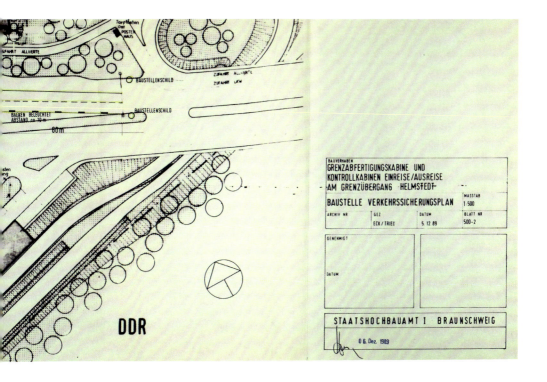

raum in der etwa vier Kilometer entfernten »Grenzerstadt« Wefensleben entgegen.

Dem Dienst und dem Leben im 40 Kilometer breiten Zonenrandgebiet, das heißt in der Grenzübergangsstelle Helmstedt, wurde in der öffentlichen Wahrnehmung weit weniger Aufmerksamkeit gewidmet als der großen Schwester Marienborn. Ihre Geschichte wird im Niedersächsischen Landesarchiv überliefert, auch und vor allem durch die in Wolfenbüttel verwahrten Akten der »Grenzschutzstelle Helmstedt-Autobahn«, wo Bundesgrenzschutz und Zoll gemeinsam arbeiteten.

Die vorhandenen Quellen widerlegen die Vorstellung, es habe sich bei dieser Grenzstation um einen verlorenen Posten im Niemandsland am Rande des Randes ohne jeglichen Kontakt nach außen gehandelt.

Helmstedt lag zwar am Rande, die dortigen Beamten lebten und arbeiteten an der Zonengrenze, dennoch befand man sich hier nicht gänzlich im Abseits – das Gesamtbild ist komplexer, ambivalenter, vexierbildhafter. Neben der eigentlichen Grenzkontrolle im Rahmen des Transitstromes erfüllte die Grenzschutzstelle eine Reihe von Aufgaben, die sie als Gegenstück zu Marienborn auswiesen und zumindest gelegentlich ins Zentrum westdeutscher Aufmerksamkeit rückten.

Nicht nur die DDR hatte ein Interesse daran, die Flucht ihrer Staatsbürger zu verhindern. Die Terror-Fahndung, insbesondere die Flucht von Mitgliedern der Rote Armee Fraktion in das »andere Deutschland«, aber auch der Schutz Berlins, nahmen in Helmstedt einen prominenten Platz ein. Statisti-

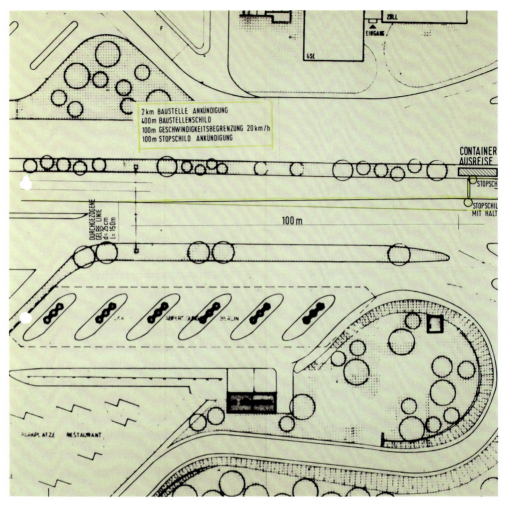

Abb. 3: Grenzkontrollpunkt Helmstedt. Situation vor der Einfahrt in die Abfertigungsbuchten mit Hinweisen auf die notwendige Baustellenankündigung (gelb markiert), in der unteren Bildhälfte Parkplätze (Auszug aus Abb. 2).

sche Daten zum grenzüberschreitenden Reiseverkehr wurden erhoben, was aber faktisch nicht selten auch einen Euphemismus für Befragungen von aus der DDR zurückgekehrten Reisenden, besonders Berufspendlern und LKW-Fahrern, bedeutete. Diese sollten ihre Beobachtungen und Einschätzungen zum Verhalten der DDR-(Grenz-)Beamten, aber auch zur gegenwärtigen Lage innerhalb des sozialistischen Deutschlands mitteilen.

Nach Grenzzwischenfällen oder politischen Geschehnissen wurden diese Erkundigungen intensiviert. Der Grenzübergang Helmstedt war Informationsquelle für den Osten, Barometer der gesamtdeutschen Wetterlage und bundesrepublikanischer Seismograf ostdeutscher Befindlichkeiten.

Der Grenzposten war aber auch ein Fenster in den Osten, um zu sehen und gesehen zu werden: Immer wieder besuchten Fernsehteams, Pressevertreter, Politiker und Wissenschaftler die Grenzstation, die nach eigenem Urteil Öffentlichkeitsarbeit im größeren Maßstab betrieb. Dies fand auch eine alltägliche Dimension in der Betreuung von Besuchergruppen »normaler« Bürger und der unablässigen Beantwortung schriftlicher und telefonischer Anfragen Westdeutscher zu den Reisemöglichkeiten und -modalitäten nach West-Berlin und in die DDR. Auch dieser Grenzposten im »Sibirien der Bundesrepublik« (Püschel 1990) musste Nachwuchs gewinnen. Statt mit Privilegien zu locken, warben die Verantwortlichen mit Schülerpraktika und Hospitationen sowie Auflockerungsveranstaltungen, die beispielsweise gemeinsame Aktivitäten mit der nahen Royal Military Police der britischen Besatzungsmacht beinhalteten.

Für diese breite Palette an Aufgaben war die Grenzschutzstelle Helmstedt-Autobahn weder personell noch baulich hinreichend ausgelegt. Einem dortigen Grenzschützer standen 22 Beamte in Marienborn gegenüber, pro Schicht waren lediglich sieben Grenzbeamte im Einsatz, für die Befragungen wurden mindestens zwölf weitere Mitarbeiter verlangt. Die Baracken litten unter einer gravierenden Fehlkonstruktion, sodass die Kontrollen auch bei Wind und Wetter vor den Häuschen zu erfolgen hatten. Beschwerden und Eingaben durch Beamte, den Personalrat und die Leitung gleichermaßen waren die Folge. Dennoch ließ nicht nur die Genehmigung entsprechender Baumaßnahmen mehr als ein Jahrzehnt auf sich warten, sondern die Grenzschutzstelle – in dieser Hinsicht wieder im wahrsten Sinne des Wortes marginalisiert – sah sich fortwährend mit drohenden Einsparungen konfrontiert.

Im November 1989 wurde schließlich ein Ausbau der Grenzschutzstelle Helmstedt-Autobahn genehmigt (Abb. 3). Der hier abgedruckte Bauplan des Staatshochbauamts I Braunschweig vom 5. Dezember veranschaulicht die geplanten Maßnahmen und den künftig bei Grenzkontrollen zu durchlaufenden Weg (gelb markiert) (Abb. 2). Weitere in der entsprechenden Akte enthaltene Pläne und Skizzen präzisieren die bauliche Neugestaltung, wobei der Gestaltung der Kabinen zur Befragung von Reisenden besonderes Gewicht beigemessen wurde (Abb. 1). Die Lage war 1989 durch den starken Reiseverkehr so angespannt, dass als »Zwischenlösung« Baucontainer für die Beamten angemietet wurden.

Das Bundesfinanzministerium teilte am 14. Februar 1990 mit, »daß aufgrund der jüngsten Entwicklung an der Grenze zur DDR die Baumaßnahme nicht mehr durchgeführt werden« sollte, offenbar wurden nicht einmal mehr die Container aufgestellt. Die Geschichte holte nicht nur die Pläne zum Ausbau ein, sie überrollte auch das Bestehende. Die Grenzschutzstelle Helmstedt-Autobahn existiert heute nicht mehr – weder physisch noch als Erinnerungsort. Die nahezu intakte Grenzstation Marienborn wurde demgegenüber zur Gedenkstätte umgewidmet. Mag sie mit dem Mauerfall ihres eigentlichen Zweckes entkleidet worden sein, so wird sie ihren Platz in der Geschichte aller Voraussicht nach auf Dauer behaupten können.

Philip Haas

Benutzte Archivalien
NLA WO 1 C Bund Zg. 26/1990 Nr. 10.

Literatur in Auswahl
Goll 2011; Püschel 1990; Schlögel 2009; Stiftung 2016 (darin auch die zitierten Beiträge von Michael Maurer und Matthias Rogg).

Pressemitteilung

Hannover, 6. Dez. 1990

Bürger wollen eine EXPO zum Mitmachen
Ergebnisse einer repräsentativen Meinungsumfrage im Großraum Hannover und im nördlichen Landkreis Hildesheim

Im Zeitraum vom 5. bis zum 24. November 1990 führte das Institut für Entwicklungsplanung und Strukturforschung an der Universität Hannover im Auftrag der Planungsgruppe EXPO der Niedersächsischen Staatskanzlei eine repräsentative Meinungsumfrage zur Weltausstellung im Großraum Hannover und im nördlichen Teil des Landkreises Hildesheim durch. Auf der Grundlage computergestützter Telefoninterviews wurden 1.233 zufällig ausgewählte Personen im Alter von 18 und mehr Jahren danach befragt,

- was sie über die geplante Weltausstellung wissen;
- was sie von der Weltausstellung halten;
- welche Auswirkungen auf die Region erwartet werden;
- was sie am Thema der Weltausstellung interessiert;
- ob sie bereit sind, sich am Rahmenprogramm der Weltausstellung zu beteiligen, und was sie dazu beitragen können;
- was sie vom Verfahren der Bürgerbeteiligung an Planungen zur EXPO halten und ob sie dabei mitmachen würden.

Aus den Umfrageergebnissen wird zwar ein sehr hoher Bekanntheitsgrad (94 %) der Weltausstellung ersichtlich, doch nur etwa ein Drittel der Befragten (30 %) fühlt sich ausreichend informiert. Die Hälfte macht Vorschläge zur Verbesserung; meistens wird mehr Berichterstattung in den Zeitungen gewünscht.

Allerdings kennt nur ein Fünftel (21 %) das Motto der Weltausstellung. Auf Nachfrage erklären jedoch fast zwei Drittel der befragten Bevölkerung (64 %), daß sie sich mit der inhaltlichen Thematik des Weltausstellungsmottos "Mensch-Natur-Technik" beschäftigen möchten.

Abb. 1: Pressemitteilung der Niedersächsischen Landesregierung vom 6. Dezember 1990 über die Meinungsumfrage zur geplanten Weltausstellung in Hannover, erste Seite (NLA HA Nds. 50 Acc. 2009/007 Nr. 15/2).

64 | »Bürger wollen eine EXPO zum Mitmachen.«

Die Expo 2000 und Hannover

Am 14. Juni 1990 entschied die Generalversammlung des »Bureau International des Expositions (B.I.E.)« in Paris über den Ausrichtungsort der universellen Weltausstellung im Jahr 2000. Am Abend zuvor hatte Italien die Kandidatur Venedigs wegen ökologischer und denkmalpflegerischer Bedenken zurückgezogen. Damit lagen nur noch die Bewerbungen aus Kanada und der Bundesrepublik Deutschland auf dem Tisch. Gegen die verbliebene Mitbewerberin Toronto konnte sich Hannover mit nur einer Stimme Vorsprung durchsetzen. Die Entscheidung löste jedoch nicht nur Begeisterung aus, vor allem in der Stadt Hannover und ihrem Umland gab es Widerstand und bei einem großen Teil der Bevölkerung eine gewisse Skepsis.

In Niedersachsen machte der im Juni 1990 mit rot-grüner Parlamentsmehrheit zum Ministerpräsidenten gewählte Gerhard Schröder die Expo 2000 zur Chefsache und richtete dafür eine Planungsgruppe in der Staatskanzlei ein. Um die Folgen des Großereignisses für die Region Hannover und die Einstellungen der Menschen besser einschätzen zu können, kündigte er am 31. August 1990 auf einem kleinen Expo-Gipfel mit Vertretern von Stadt, Land und der Messe AG an, eine Umweltverträglichkeitsstudie, eine Sozialverträglichkeitsstudie und eine Meinungsumfrage in Auftrag geben zu wollen.

Das Ergebnis der im November durchgeführten repräsentativen Meinungsumfrage in der Stadt und im Landkreis Hannover und im nördlichen Landkreis Hildesheim gab die Niedersächsische Landesregierung am 6. Dezember 1990 bekannt: *Aus den Umfrageergebnissen wird zwar ein sehr hoher Bekanntheitsgrad (94 %) der Weltausstellung ersichtlich, doch nur etwa ein Drittel der Befragten (30 %) fühlt sich ausreichend informiert* (Abb. 1 bis 3). Auf die Frage, was sie davon halten, dass die Weltausstellung in der Region Hannover ausgerichtet wird, antwortete mehr als die Hälfte der Bevölkerung (57 Prozent), dass sie es gut findet, 12 Prozent der Befragten, dass sie es nicht gut findet, und ein Viertel hatte eine ambivalente Haltung. Bei der Frage nach den Auswirkungen ergab sich ein differenziertes Bild: *Die große Mehrheit der Bevölkerung erwartet einen regionalen Wirtschaftsaufschwung (79 %), Impulse für den regionalen Arbeitsmarkt (75 %) und eine deutliche Verbesserung der kulturellen Attraktivität der Region (71 %) – fast 90 % erwarten, daß die Region Hannover an Ansehen gewinnen wird.* Allerdings wurden auch negative Folgewirkungen gesehen, wie Engpässe auf dem Wohnungsmarkt, wovon sich 12 Prozent persönlich betroffen fühlten, eine starke Umweltbelastung, die 25 Prozent als Problem für ihre eigene Wohnumgebung ansahen, und hohe Preissteigerungen, die von 33 Prozent der Befragten befürchtet wurden. Die geringste Zustimmung verzeichnete die Expo 2000 unter den Anhängern der Grünen und in der Bevölkerungsgruppe der 22- bis 29-Jährigen. Dennoch würde sich mehr als die Hälfte der zu diesen beiden Gruppen Gehörenden im Rah-

richtung einer Weltausstellung in Hannover für 1998 bekanntgegeben hatte, bereitete ein kleiner »Lenkungsausschuss« mit Vertretern der Bundes- und der Landesregierung, der Stadtverwaltung und des Messevorstands die Einladungsbroschüre vor. Mit Schreiben vom 9. November 1988 reichte die Bundesrepublik die offizielle Bewerbung um die Ausrichtung einer universellen Weltausstellung in Hannover bei der Weltorganisation in Paris ein. Der Rat der Stadt beschloss acht Tage später mit überwältigender Mehrheit, diese Kandidatur zu unterstützen.

Im darauffolgenden Jahr entwickelten die Expo-Verantwortlichen die Konzeption weiter und korrigierten das Austragungsjahr aufgrund neuer Vorgaben aus Paris auf das Jahr 2000. Der Besuch einer Kommission des B.I.E. im September 1989 in Hannover war von tätlichen Übergriffen militanter Expo-Gegner begleitet. Dennoch zeigten sich die internationalen Gutachter von dem inhaltlichen Konzept einer neuen Form von Weltausstellung und dem Verzicht auf »Rummelplatz«-Elemente sehr angetan, machten jedoch darauf aufmerksam, dass die Zahl der kalkulierten Besuche mit 18 Millionen zu niedrig angesetzt sei, hätten doch die Besucherzahlen bei den vorangegangenen Ausstellungen deutlich darüber gelegen. Fortan gingen die Planungen für Hannover von 40 Millionen Eintritten aus. Auch der Niedersächsische Landtag brachte in seiner Entschließung am 27. Oktober 1989 mit großer Mehrheit die nachdrückliche Unterstützung der Bemühungen der Bundes- und der Landesregierung zum Ausdruck. Eine öffentliche Ratssitzung zum Thema Weltausstellung musste wegen massiver Störungen durch Expo-Gegner vorzeitig abgebrochen werden.

Nach der Entscheidung des B.I.E. wurden in Hannover das Für und Wider der Expo 2000 umfassend diskutiert. Ein Anti-Expo-Bündnis von 19 hannoverschen Gruppen und Organisationen zielte auf eine Absage der Weltausstellung. Die Fraktion der Grünen Alternativen Bürgerliste im Rat der Stadt Hannover stellte am 12. September 1990 den Beschlussantrag, dass am Tag der Kommunalwahl 1991 die Bevölkerung darüber abstimmen solle, ob die Stadt von ihrem Rücktrittsrecht Gebrauch machen soll oder nicht. Der Antrag, der zudem weitere Maßnahmen zur Beteiligung von Bürgerinnen und Bürgern an der Planung der Weltausstellung beinhaltete, wurde von der Stadtverwaltung abgelehnt. Weite Kreise sahen nicht nur die Nachteile der Großveranstaltung, sondern auch die damit verbundenen Chancen für die urbane Entwicklung. Politik und Verwaltung trugen gemeinsam mit vielen Experten Ideen für eine sozial- und umweltverträgliche Weltausstellung und eine Stadtplanung unter sozialökologischen Gesichtspunkten zusammen. Gleichzeitig setzte die Expo-Planungsgruppe in der Staatskanzlei neue Akzente für eine »Weltausstellung neuen Typs«. Dazu gehörte auch die Idee, anhand zukunftsweisender Projekte die Region und die Stadt als Exponat in die Weltausstellung mit einzubeziehen und dadurch zum Mitmachen zu animieren. Im Sommer 1991 richtete die Stadt ein »Expo-Forum« ein, das der Stadtbevölkerung Gelegenheit gab, in Arbeitsgruppen Ideen und Vorschläge für die Weltausstellung zu entwickeln.

Nach den erheblichen Stimmverlusten der SPD bei den Kommunalwahlen im Herbst 1991 in der Stadt Hannover sah die Koalitionsvereinbarung zwischen der SPD und der Grünen Alternativen Bürgerliste vor, eine Abstimmung zur Expo durchzuführen. Die Wiener Bevölkerung hatte sich in einer Volksbefragung im Mai 1991 gegen die Abhaltung der Weltausstellung 1995 ausgesprochen, woraufhin diese auch für Budapest geplante Veranstaltung komplett abgesagt wurde. Die Hannoveraner konnten per Postkarte Anfang

Juni 1992 über die Ausrichtung der Expo abstimmen. Bei einer Beteiligung von über 60 Prozent der Abstimmungsberechtigten fiel das Ergebnis der Befragung mit 51,5 Prozent Ja- und 48,5 Prozent Nein-Stimmen zugunsten der Expo 2000 aus und verschaffte damit den Planungen eine zusätzliche Legitimation.

Nach Abschluss des Generalvertrags zwischen allen Expo-Beteiligten im März 1994 erlebte die Bevölkerung im Großraum Hannover einen massiven Ausbau des Verkehrswesens, mit dem Ziel, den Gästen – insgesamt wurden 18,1 Millionen Eintritte gezählt – die An- und Abreise mit öffentlichen Verkehrsmitteln zu ermöglichen. Von insgesamt 278 dezentralen, weltweiten Projekten waren 68 in Niedersachsen und davon ein Großteil in der Landeshauptstadt angesiedelt, wie z. B. ein neues Konzept für den Hannover Zoo oder die ökologisch optimierte Modell-Siedlung auf dem Kronsberg. Bei der Modernisierung und Erweiterung des Messegeländes für die Ausstellung wurde großer Wert auf die Nachhaltigkeit der Maßnahmen gelegt und sichergestellt, dass die Expo-Fläche samt Gebäuden zu über 90 Prozent nachnutzbar war. Trotz der anfänglichen Skepsis sowie vieler Einschränkungen und Belastungen während dieser kurzen Vorbereitungsphase trugen die Hannoveraner durch ihre Projekte und als gute Gastgeber maßgeblich zum Gelingen der Weltausstellung bei.

Sabine Graf

Benutzte Archivalien
NLA HA Nds. 50 Acc. 2009/007 Nr. 15/2, Nr. 28/1, Nr. 28/2.

Literatur in Auswahl
BRANDT/JÜTTNER/WEIL 1991; EISFELD 1992; EXPOSEUM o.J.; FESCHE 2002; GEPPERT 2013; HAUPTMEYER 2002; KAISER 2002; LANDTAG 1990; SCHRÖDER 2002; SELLE 1993.

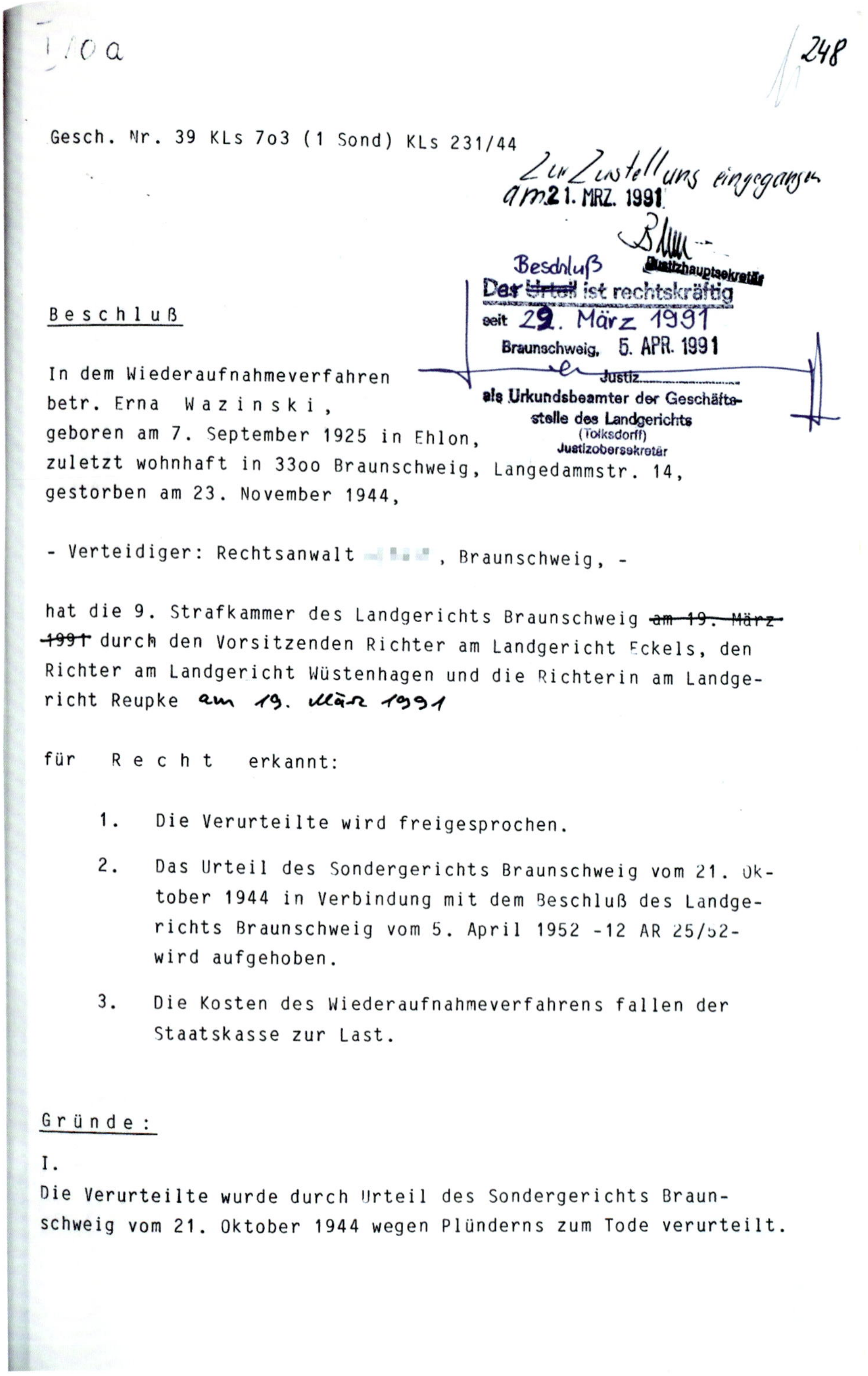

Gesch. Nr. 39 KLs 7o3 (1 Sond) KLs 231/44

Beschluß

In dem Wiederaufnahmeverfahren
betr. Erna Wazinski,
geboren am 7. September 1925 in Ehlon,
zuletzt wohnhaft in 3300 Braunschweig, Langedammstr. 14,
gestorben am 23. November 1944,

- Verteidiger: Rechtsanwalt ......, Braunschweig, -

hat die 9. Strafkammer des Landgerichts Braunschweig ~~am 19. März 1991~~ durch den Vorsitzenden Richter am Landgericht Eckels, den Richter am Landgericht Wüstenhagen und die Richterin am Landgericht Reupke *am 19. März 1991*

für R e c h t erkannt:

1. Die Verurteilte wird freigesprochen.

2. Das Urteil des Sondergerichts Braunschweig vom 21. Oktober 1944 in Verbindung mit dem Beschluß des Landgerichts Braunschweig vom 5. April 1952 -12 AR 25/52- wird aufgehoben.

3. Die Kosten des Wiederaufnahmeverfahrens fallen der Staatskasse zur Last.

G r ü n d e :

I.
Die Verurteilte wurde durch Urteil des Sondergerichts Braunschweig vom 21. Oktober 1944 wegen Plünderns zum Tode verurteilt.

Abb. 1: Erste Seite des Beschlusses im Wiederaufnahmeverfahren betr. Erna Wazinski vom 19. März 1991 (NLA WO 62 Nds Fb. 3 Zg. 26/1992 Nr. 1).

65 | Bekanntmachung: Freispruch für eine Hingerichtete!

Der Fall Erna Wazinski und die Aufarbeitung von NS-Unrechtsurteilen

»Strafkammer hob vollstrecktes Todesurteil auf. Freispruch für Erna Wazinski«, so lautete ein Artikel, der am 21. März 1991 in der Braunschweiger Zeitung erschien. Eine ungewöhnliche Überschrift, da die Todesstrafe bereits mit dem Grundgesetz 1949 abgeschafft worden war. Tatsächlich geht es in dem Artikel um einen Fall, der seinen Anfang bereits im Jahre 1944 vor dem NS-Sondergericht Braunschweig genommen hatte und nun, nach 47 Jahren, vor dem Landgericht Braunschweig zum Abschluss kam.

Kein Urteil des NS-Sondergerichts Braunschweig hat die Justiz in der Nachkriegszeit mehr und länger beschäftigt als das Todesurteil gegen die 19-jährige Arbeiterin Erna Wazinski (Abb. 2), die im November 1944 mit dem Fallbeil hingerichtet wurde, weil sie angeblich nach einem Bombenangriff fremde Gegenstände aus den Trümmern an sich genommen habe. Ihr Schicksal stellt einen besonders eklatanten Fall der Anwendung der berüchtigten nationalsozialistischen »Volksschädlingsverordnung« von 1939 dar und gab den Anstoß für eine exemplarische Untersuchung der Praxis der Sondergerichte. Die Art der Aufarbeitung dieses Urteils nach 1945 bietet aufschlussreiche Erkenntnisse über den Zustand von Justiz und Gesellschaft der frühen Bundesrepublik.

Erna Wazinski wurde am 7. September 1925 in Ihlow bei Brandenburg als Tochter eines Landarbeiters geboren. Ihre Eltern zogen 1931 nach Braunschweig, wo der Vater 1938 starb. Nach der Schulentlassung 1939 pflegte sie ihre herzkranke Mutter und arbeitete als Haushalts- und Küchengehilfin. Da sie vom Jugendamt Braunschweig als schwer erziehbar eingestuft wurde, überwies man sie 1942 für ein Jahr an Erziehungsheime in Wunstorf und Hannover. Nach ihrer Heimkehr im November 1943 vermittelte das Arbeitsamt Erna eine Anstellung als Hausgehilfin. Im Juli 1944 wurde sie bei der Rüstungsfirma VIGA in Braunschweig dienstverpflichtet, wo sie bis zu ihrer Verhaftung arbeitete.

Bei dem schweren Bombenangriff in der Nacht vom 14. zum 15. Oktober 1944, durch den 90 Prozent der Braunschweiger Innenstadt zerstört wurden, brannte das Haus 4, in dem Erna und ihre Mutter wohnten, völlig aus. Es war bereits das dritte Mal, dass sie ausgebombt wurden und dabei den größten Teil ihrer Habe verloren. Gemeinsam mit ihrem Freund, dem Soldaten Günter Wiedehöft, barg Erna aus einem Schacht unter den Trümmern die dort untergebrachten Sachen. Dabei fand sie zwei Koffer, einen Rucksack und einige Kleidungsstücke, von denen nicht klar war, wem sie gehörten. Der Gesamtwert der Fundsachen, unter anderem einige Kleidungs- und billige Schmuckstücke, belief sich auf etwa 200 Reichsmark. Erna nahm irrtümlich an, es handele sich um Eigentum ihrer Mutter.

Eine Nachbarin erstattete am 18. Oktober 1944 Anzeige gegen Unbekannt, da ihr einige Gegenstände gestohlen worden seien, und gab Erna als Verdächtige an. **Darauf wurde**

Erna zwei Tage später von zwei Kriminalbeamten verhört. Ihr Freund Günter hörte im Nebenraum die lauten Stimmen der Polizisten sowie das Klatschen von Schlägen. Als Erna abgeführt wurde, wies ihr Gesicht Spuren von Misshandlungen auf.

Wenige Stunden später setzte Oberstaatsanwalt Wilhelm Hirte eine knappe Anklageschrift auf, die sich auf das »Geständnis« Ernas vom Vortag stützte und in wesentlichen Punkten vom tatsächlichen Geschehen abwich. Demnach habe die Beschuldigte zugegeben, in einem unzerstörten Nebengebäude einen Koffer geöffnet und diesem die beschriebenen Teile entnommen zu haben. Ihr mittlerweile an die Front zurückgekehrter Freund wurde nicht im Polizeiprotokoll erwähnt.

Angeklagt wurde Erna Wazinski nicht wegen einfachen Diebstahls, sondern wegen des viel härteren Straftatbestands des Plünderns (§1 der »Verordnung gegen Volksschädlinge«). Es wurden keine Entlastungszeugen aufgerufen, und für eine eingehende Befragung der Angeklagten blieb auch keine Zeit; einziges Beweismittel war somit das erzwungene Geständnis. Am 21. Oktober 1944 verkündete der Sondergerichtsvorsitzende, Landgerichtsdirektor Dr. Walter Lerche, das Todesurteil. Die Richter stuften Erna als »typischen Volksschädling« ein, obwohl sie an anderer Stelle vermerkten, dass die Verurteilte den Eindruck eines »harmlosen, ordentlichen jungen Mädchens« hinterlassen hatte. Von der Festnahme der »Täterin« und ihrer ersten polizeilichen Vernehmung bis zur Verurteilung zum Tode waren keine siebzehn Stunden vergangen.

Dieses Todesurteil war selbst nach damaliger Rechtsprechung außergewöhnlich hart und wurde augenscheinlich dazu genutzt, um ein Exempel zu statuieren. Wegen des Diebstahls von Gegenständen aus bombengeschädigten Häusern in der Zeit nach dem Luftangriff am 15. Oktober gingen bei der Polizei insgesamt 56 Anzeigen ein, doch nur in Erna Wazinskis Verfahren wurde ein Todesurteil verhängt. Im Strafgefängnis Wolfenbüttel wurden während der NS-Zeit über 500 Personen hingerichtet, Erna Wazinski war eine der 31 weiblichen Hingerichteten.

Erst nachdem ihr Anwalt und auch Erna selbst Gnadengesuche eingereicht hatten, ließ der Vorsitzende Richter Lerche Ermittlungen zu ihren Lebensumständen anstellen. Staatsanwalt Magnus stieß bei seinen Untersuchungen durchaus auf positive Aussagen über die Verurteilte, aber auch auf ein äußerst negatives Zeugnis des Braunschweiger Jugendamtes, das Erna als »ein willensschwaches, triebhaftes, leichtfertiges Mädchen« ohne Verantwortungsgefühl und mit schlechtem Umgang darstellte. So empfahl die Anklagebehörde, eine Begnadigung der Verurteilten abzulehnen.

Die Hinrichtung durch das Fallbeil erfolgte, nach Wochen qualvollen Wartens, am 23. November 1944 im Strafgefängnis Wolfenbüttel. Noch am Tag der Vollstreckung verkündeten Plakate mit schwarzer Schrift auf rotem Grund (Abb. 3), dass Erna Wazinski als »Volksschädling« hingerichtet worden sei.

Vergeblich versuchte ihre Mutter in den Nachkriegsjahren eine Rehabilitierung ihrer Tochter zu erreichen. 1952 wurde der Fall vor dem Landgericht neu verhandelt. Das Gericht stützte sich allerdings nur auf die früheren Prozessakten und zog keine neuen Zeugen hinzu. So wurde die Strafe lediglich posthum gemildert, indem man das einstige Todesurteil in eine Freiheitsstrafe von neun Monaten wegen Diebstahls umwandelte und die Hingerichtete somit erneut schuldig sprach.

Auch zwei weitere Anträge auf Wiederaufnahme des Verfahrens blieben ohne Erfolg. 1965 stellten die Richter sogar fest, dass die »Volksschädlingsverordnung« von 1939 geltendes Recht gewesen sei und nicht als »schlechthin unverbindlich, weil unsittliches« Gesetzesrecht angesehen werden könne. Da nun sämtliche Rechtsmittel ausgeschöpft schienen, wurde der Fall endgültig zu den Akten gelegt.

Eng mit dem Namen von Erna Wazinski verbunden ist der des Juristen Dr. Helmut Kramer, der mit ihrem Fall erstmals 1965 als junger Gerichtsassessor in Berührung kam. Seither setzte er sich jahrzehntelang für ihre Rehabilitierung ein und bemühte sich darum, anhand dieses Falls die Rechtsprechung der Sondergerichte aufzurollen, denn viele Richter und Ankläger aus den Sondergerichten waren auch nach 1945 wieder in der Justiz tätig, zum Teil in einflussreichen Funktionen.

Ende der 1980er Jahre recherchierte ein Journalist über den Fall. Seine Ergebnisse flossen in eine aufsehenerregende Rundfunkreportage auf NDR 4 ein, die am 19. Oktober 1989 gesendet wurde. Nun meldeten sich weitere Zeitzeugen, darunter Ernas damaliger Freund Günter Wiedehöft. Erstmals sagte dieser öffentlich aus, dass Erna mit seiner Hilfe in den Trümmern lediglich Sachen geborgen habe, von denen sie vermutete, dass sie ihrer Mutter gehörten. Seine Aussage belegte, dass das polizeiliche Geständnis offensichtlich durch Schläge erzwungen worden war. Auch andere Zeugen bestätigten, dass Erna intensiv nach ihrer Mutter und einem Nachbarn gesucht habe, dessen Eigentum einige Gegenstände hätten sein können.

Aufgrund dieser neuen Erkenntnisse beantragte Helmut Kramer ein Wiederaufnahmeverfahren (Abb. 1). Von seinem Engagement und dem seiner Ehefrau, der Rechtsanwältin Barbara Kramer, zeugen zahlreiche Anträge und Schriftwechsel in den Akten des Wiederaufnahmeverfahrens, aus denen auch die hier abgebildeten Dokumente stammen. Diese enthalten außerdem die Aussagen der neuen

Abb. 2: Foto von Erna Wazinski (NLA WO 62 Nds Fb. 3 Zg. 26/1992 Nr. 1).

Zeugen, darunter die von Wiedehöft und einer Freundin Ernas, die sich sogar aus England gemeldet hatte, ferner das Sendemanuskript der Rundfunkreportage, Presseartikel und Kopien der wichtigsten Dokumente aus den älteren Verfahren, die einen unmittelbaren Vergleich der völlig unterschiedlichen Ermittlungsergebnisse von 1944 und 1990/91 ermöglichen.

Das von der Presse aufmerksam verfolgte Wiederaufnahmeverfahren beim Landgericht Braunschweig endete durch Beschluss vom 19. März 1991 mit einer posthumen Aufhebung des Todesurteils und einem Frei-

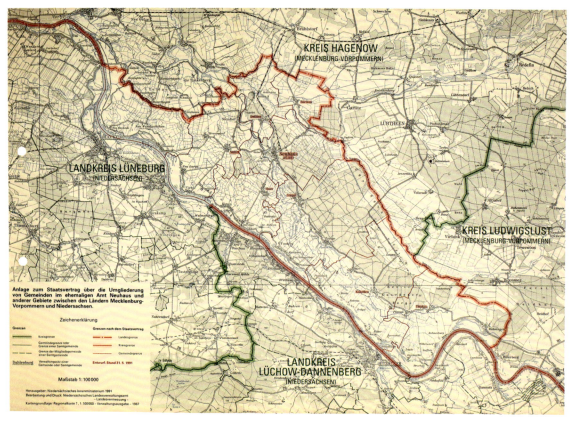

Anlage zum geplanten Staatsvertrag. Entwurf vom Mai 1991. In der Mitte rot umrandet das in den Landkreis Lüneburg umzugliedernde Gebiet (NLA ST Rep. 280 C Acc. 2016/35 Nr. 67).

66 | »40 Jahre Trennung sind genug«

Die Rückgliederung des Amtes Neuhaus nach Niedersachsen nach 1989

Die Rolle, die die Bürgerinitiativen und der Bürgerwille auf dem Gebiet der ehemaligen DDR zur Überwindung der deutsch-deutschen Teilung spielten, ist sattsam bekannt. Sie wurde zuletzt bei den Jubiläumsfeiern 2019 vielfach gewürdigt. Ebenso bekannt und noch immer Gegenstand der aktuellen politischen Diskussionen sind die wirtschaftlichen, sozialen und nicht zuletzt kulturellen sowie mentalen Unterschiede, die durch die langjährige Trennung in »Ost« und »West« hervorgerufen wurden.

Dabei hatten viele der auf der großen politischen Bühne stattfindenden Prozesse der Übergangszeit seit 1989 ihre heute vielfach vergessenen Pendants auf der lokalen und regionalen Ebene. Ein solches Beispiel ist die Rückgliederung des östlich der Elbe gelegenen Amtes Neuhaus nach Niedersachsen nach 1989. Denn das Gebiet des »alten« Amtes Neuhaus war bis 1885 noch eine eigene Verwaltungseinheit innerhalb der preußischen Provinz Hannover gewesen, zuletzt bis 1945 Teil des Landkreises Lüneburg. Nach Kriegsende wurde es jedoch als jenseits der Elbe liegendes Gebiet Teil der sowjetischen Besatzungszone und damit in der Folge Teil der DDR. Doch schon kurz nach dem Fall der Mauer und noch vor der Wiedervereinigung startete eine von der Bürgerschaft des Amtes Neuhaus und deren neu gewählten Vertretern ins Leben gerufene Kampagne zur Wiedereingliederung. Dabei liefen parallel mehrere Initiativen: Übergreifend ging es um die Rückführung des gesamten Territoriums des ehemaligen Amtes nach Niedersachsen und speziell in den Landkreis Lüneburg. Daneben aber entstand der Wunsch eines beträchtlichen Teils der Einwohnerschaft von Neu Bleckede und Neu Wendischthun, wieder Teil der westlich der Elbe gelegenen Stadt Bleckede zu werden. Diesen Forderungen versuchte eine Bürgerinitiative unter anderem mit Eingaben an die Stadt, in welchen auch das im Titel genannte Zitat erscheint, Nachdruck zu verleihen. Mit allen diesen Vorgängen war auch die Kommunalaufsicht bei der Bezirksregierung Lüneburg befasst, aus deren Bestand die im Folgenden herangezogenen Archivalien überwiegend stammen.

Schon Ende November 1989 war auch im Amt Neuhaus die Grenze zum Westen geöffnet worden. Bald darauf entstand ein – bis heute fortbestehender – Fährbetrieb und es wurden zahlreiche wechselseitige Kontakte auf gesellschaftlicher Ebene geknüpft. Solche Formen der informellen Wiedervereinigung gingen der staatsrechtlichen also voraus, ein durchaus typisches Muster. Ab August 1990, als der Vollzug der Wiedervereinigung absehbar war, nahm die Diskussion Fahrt auf. Die Haltung der Niedersächsischen Landesregierung gegenüber einer Umgliederung war zumindest anfangs und in Teilen zurückhaltend, doch der aus der Bürgerschaft und weiteren Öffentlichkeit erwachsende Druck wurde offenkundig zu groß. Dabei zeigte sich allerdings schon früh, dass dies keine einfache Angelegenheit werden würde: Ein Knackpunkt war, wie zu erwarten, die Frage der künftig zu erwartenden Kosten. Zudem gab es das Problem, dass das betroffene Gebiet zum Land Mecklenburg-Vorpommern gehörte, welches selbst noch in der Aufbauphase steckte und wo die Abgabe von Territorium an ein anderes Bundesland keineswegs auf ungeteilte Zustimmung stieß. Eventuell bestimmten auch politische Motivlagen die jeweiligen Positionen. Zumindest kam es im Dezember 1991 zu diesbezüglichen Debatten auf Landes- und Kreisebene in Niedersachsen.

In jedem Fall führte der nun einsetzende zähe, aber notwendige Verhandlungsprozess auf politischer wie auf Verwaltungsebene zu den ersten wendezeitlichen Frustrationserlebnissen für die nunmehrigen Bundesbürger im Amt Neuhaus, mit entsprechenden, auch öffentlichkeitswirksamen Protesten. Denn es ergab sich, sobald es konkret wurde, eine Fülle praktischer Fragen, die geklärt werden mussten: zum Beispiel die Übernahme von Personal des öffentlichen Dienstes wie etwa Lehrer oder Polizisten, die Neugliederung der kommunalen Struktur, die Verkehrsanbindung, der Umgang mit dem Naturschutzgebiet an der Elbe oder die medizinische Versorgung. Hinzu kam die generelle Schwierigkeit, dass naturgemäß niemand Erfahrung mit einer derartigen Umgliederung im Kontext eines staatlichen Neuaufbaus hatte.

So dauerte es bis Jahresende 1991, bis überhaupt ein erster Vertragsentwurf der Bundesländer vorlag, doch erst im August 1992 hatten die Verhandlungsführer beider Länder eine wirklich tragfähige vorläufige Vereinbarung erzielt (Abb.).

Die Planungen sahen zunächst vor, die Ortsteile Neu Bleckede und Neu Wendischthun entgegen den Wünschen der oben zitierten Bürgerinitiative der ebenfalls zum Amt Neuhaus gehörigen Gemeinde Sumte und nicht der Stadt Bleckede zuzuschlagen. Dies erregte erheblichen Unmut. Der Gemeinderat von Bleckede argumentierte gegen diesen Plan gar mit der Bleckeder Gründungsurkunde von 1209 (!), in der bereits festgelegt worden sei, dass sich das Stadtgebiet nach Osten über die Elbe erstrecke. Auch die Stadtverwaltung Bleckede brachte historische Gründe für eine Angliederung beider Ortsteile vor: So bestünden schon seit dem 19. Jahrhundert elbübergreifende Verbände, außerdem seien beide Orte von jeher dem Kirchspiel Bleckede zugeordnet gewesen. Noch heftiger fiel die Reaktion der Bürgerinitiative aus, deren Vorsitzender mit den Worten zitiert wurde: »Dieser Paragraph kommt uns vor wie eine Anordnung des ehemaligen SED-Politbüros […] Wir werden nicht einfach über uns verfügen lassen.« Dagegen scheinen der Landkreis Lüneburg und die Bezirksregierung Lüneburg zunächst eine Angliederung von Neu Bleckede und Neu Wendischthun sowie von Stiepelse an die Gemeinde Sumte favorisiert zu haben, etwa aus Gründen einer ungefähr gleichmäßigen Bevölkerungsverteilung zwischen verschiedenen Gemeinden. Doch wurde schnell klar, dass eine Neugliederung nur anhand der Verwaltungslogik politisch nicht durchsetzbar war, die infrage stehenden Ortsteile wurden letztlich doch der Stadt Bleckede angegliedert.

Im März 1993 konnte der Staatsvertrag endlich unterzeichnet werden, wobei auch hier zur Begründung – neben den Wünschen der Bürgerschaft – weit in die Geschichte zurückgegriffen und auf die Zugehörigkeit des Amtes zum Fürstentum Lüneburg seit dem 14. Jahrhundert verwiesen wurde. Ganz offensichtlich bestand also ein Bedürfnis danach, historische Kontinuität, mithin also die Rückkehr zu einem gleichsam »natürlichen« Zustand zu postulieren, obschon die Entscheidungen ebenso wie die historische Begründung auch ganz anders hätten ausfallen können, wenn dies politisch erwünscht gewesen wäre. So wies etwa noch im Januar 1991 ein Rechtsgutachten darauf hin, dass das fragliche Gebiet aufgrund der Vereinbarungen zwischen den alliierten Siegermächten noch nie Teil des erst 1946 gegründeten Landes Niedersachsen gewesen sei. Und mit dem Ortsteil Niendorf der Gemeinde Sumte kam schließlich ein Gebiet zu Niedersachsen, das weder jemals zur vormaligen preußischen Provinz Hannover noch zum Land Niedersachsen gehört hatte. Der damalige niedersächsische Innenminister Gerhard Glogowski, federführend an den Verhandlungen beteiligt, umschiffte diese Problematik der Begründung für die Zugehörigkeit des Amtes Neuhaus zu Niedersachsen mit folgendem verblüffenden Argument: »Das sind Gemeinden, die schon Teil Niedersachsens waren, als es Niedersachsen noch gar nicht gab.« Politische Pragmatik zählte also mehr als historisch exakte Kontinuität. Und genau diese Pragmatik war sicherlich auch der entscheidende Faktor für die erwähnte Angliederung von Neu Bleckede und Neu Wendischthun an Bleckede, nicht die aufgeführten geschichtlichen Argumente.

Nach der Zustimmung des Niedersächsischen Landtages konnte der Staatsvertrag Ende Juni 1993 in Kraft treten. Wie oben angedeutet, begannen nun aber erst recht die praktischen Fragen der Wiedereingliederung. Viele der schon damals diskutierten Problemstellungen wirken bis heute nach. Dies lässt sich zum Beispiel am Thema der Verkehrsanbindung erkennen: Die schon 1992 aufgeworfene Frage der Errichtung einer Elbbrücke bei Neu Darchau ist auch fast dreißig Jahre später (Stand Frühjahr 2020) noch immer nicht gelöst. Und am 6. April 2020 konnte man in einem Bericht der Landeszeitung für die Lüneburger Heide lesen: »Neuhaus fühlt sich oft abgehängt vom Landkreis Lüneburg. Die Elbe ist eine Grenze, man liegt eher in Mecklenburg denn in Niedersachsen.«

Insofern hatte Innenminister Glogowski durchaus recht, wenn er meinte: »Mit Neuhaus erleben wir eine Wiedervereinigung quasi im Mikrokosmos.« Über allen geschilderten Schwierigkeiten darf dabei indes der essenzielle Kern nicht aus den Augen geraten: Dem unermüdlichen Engagement von Bürgern und Politikern eines vor Kurzem noch der Diktatur unterworfenen Gebietes war es gelungen, zwei Landesregierungen und eine Vielzahl weiterer Akteure trotz durchaus bestehender Vorbehalte für ihr Anliegen zu gewinnen. Eine – wiewohl es von Anfang an natürlich auch Unterstützer in der niedersächsischen Politik und Verwaltung gab – erstaunliche Leistung: Nicht Verwaltungslogik oder staatliches Effizienz- und Planungsdenken allein bestimmten das Geschehen, sondern ebenso die öffentlich vorgebrachten Anliegen der lokalen Bürgerschaft. In dieser Hinsicht sind die damaligen Ereignisse im Amt Neuhaus noch immer ein Beispiel für gelebte demokratische Praxis im heutigen Niedersachsen.

Bernhard Homa

Benutzte Archivalien
NLA ST Rep. 280 C Acc. 2016/35 Nr. 67, Nr. 89, Nr. 92-98, Nr. 102; NLA ST Rep. 280 Med Acc. 2016/36 Nr. 86.

Literatur in Auswahl
HÜLS 2001; STEINBERG-BÖTHIG 2014.

Niedersachsen

„Besonders auf dem Land haben es Schwule schwer"

Referent für homosexuelle Lebensweisen will Vorurteile abbauen

Von Heinrich Thies

Hannover

Hans Hengelein weicht gleich zweifach von der gesellschaftlichen Norm ab: Er ist schwul und behindert. Und trotzdem ist der 36jährige eigentlich kein Außenseiter. Seit dem 1. Juli bekleidet er ein gehobenes Amt im Sozialministerium von Hannover. Hans Hengelein ist „Referent für homosexuelle Lebensweisen" bei der rot-grünen Landesregierung – nach Berlin leistet sich Niedersachsen damit erstmals einen hauptamtlichen „Schwulenreferenten".

Hengelein kann sich nur mit Hilfe einer Krücke vorwärtsbewegen. Eine Kinderlähmung hat ihn im Alter von drei Jahren zum Krüppel gemacht. Selbstmitleid ist ihm aber nicht anzumerken. Sein Patenonkel, der ebenfalls behindert ist und dennoch Bürgermeister war, hat ihm gezeigt, was alles geht, wenn man nur will. Mit der Homosexualität ist es da schon etwas komplizierter. „Das ist immer mit Schmerzen verbunden", sagt der diplomierte Psychologe, der in einem kleinen Dorf bei Nürnberg aufgewachsen ist und sich schließlich während seines Studiums in Erlangen dazu durchgerungen hat, sich zu seiner Homosexualität zu bekennen.

Nicht hinnehmbar

Ein homosexuelles Zusammenleben ihrer Pastoren ist für die Evangelisch-lutherische Landeskirche Hannovers „nicht hinnehmbar". Mit diesen Worten reagierte die landeskirchliche Pressestelle jetzt auf den Streit über den Theologiestudenten Frank Vesterling, dem die Landeskirche, wie berichtet, die Aufnahme ins Vikariat verweigert hat. epd

„Ich war depressiv und niedergeschlagen und hatte Angst, mich mein ganzes Leben lang verstecken zu müssen, Angst vor der Einsamkeit", erzählt Hengelein. „Ich habe gedacht: ,Ich kann doch mit Anfang 20 nicht schon psychisch tot sein.'" Unter anderem ein Film von Rosa von Praunheim, der Kontakt zu Selbsthilfegruppen habe ihn nach und nach dazu gebracht, seine „Andersartigkeit" anzunehmen. „Es ist seither einfacher geworden, weil ich es gelernt habe, zu mir zu stehen", sagt Hengelein. „Das heißt aber noch nicht, daß es meine Umwelt schon akzeptiert." Seine Familie beispielsweise toleriere sein Schwulsein zwar mittlerweile, wirklich akzeptieren könne sie es aber nicht.

Um anderen homosexuellen Männern das Leben ein bißchen leichter zu machen, will der „Schwulenreferent" jetzt gesetzliche und behördliche Bestimmungen durchforsten und Einfluß auf die Arbeit in den Ministerien des Landes nehmen. „Es geht um den Abbau von Diskriminierungen auf allen Ebenen", sagt Hengelein. Ob Erbrecht oder Trennungsgeld, Mietrecht oder Ausländergesetz – homosexuelle Partnerschaften sind nach Ansicht des „Schwulenreferenten" gegenüber heterosexuellen Ehepaaren mannigfach benachteiligt. Daß Mann und Mann vor den Traualtar treten können, hat der Gesetzgeber bisher nicht vorgesehen. Wenngleich Hengelein selbst nicht besonders viel vom Heiraten hält, will er anderen Homosexuellen diese Möglichkeit nicht vorenthalten: „Man muß zumindest das Recht haben, die gleichen Fehler wie die Heteros zu machen."

Neuer Sexualkundeunterricht

Sorgen bereitet dem „Schwulenreferenten", daß vieles, was im Lande zwickt, durch Bundesgesetz geregelt ist. Dies beginnt mit dem Grundgesetz, das nach Auffassung Hengeleins zwar Ehe und Familie, nicht aber die sexuelle Freiheit schützt, und endet mit dem Strafrecht, das homosexuelle Beziehungen zwischen Jugendlichen und Erwachsenen nach wie vor verbietet. Als Mitarbeiter der Grünen-Bundestagsfraktion hat sich Hengelein von 1984 bis 1987 unter anderem dafür eingesetzt, es allen Bundesbürgern vom 14. Lebensjahr an selbst zu überlassen, wie sie ihr Sexualleben gestalten wollen.

Trotz der gesetzlichen Rahmenbedingungen bleiben dem gelernten Psychologen eine Menge Betätigungsfelder. So kann er sich vorstellen, auf das Kultusministerium einzuwirken, um einen Sexualkundeunterricht anzustreben, der Schwulsein als eine „Möglichkeit der Selbstverwirklichung" vorsieht. Konflikte mit der evangelischen Kirche, die sich gerade weigert, homosexuelle Vikare zu beschäftigen, scheinen programmiert. In den innerkirchlichen Streit will sich Hengelein aber vorerst noch nicht einmischen, sondern erst einmal das Gespräch suchen.

Einzelschicksale

Schon seit längerer Zeit treffen sich „Schwulen-Vertreter" aus den Ressorts der rot-grünen Landesregierung in einer interministeriellen Arbeitsgruppe, um Fragen der Gleichstellung zu erörtern. Das Landwirtschaftsministerium ist in dem Gremium bisher nicht vertreten. „Aber besonders auf dem Land haben es die Schwulen schwer", sagt Hengelein, der selbst in einem Dorf großgeworden ist.

Der frischgebackene Referent verschanzt sich nicht hinter Aktenordnern, sondern will sich auch Einzelschicksalen annehmen. Schon in den ersten Tagen klingelt ständig das Telefon. Hier ruft jemand an, dessen ausländischer Freund abgeschoben werden soll, da meldet sich jemand, der mit dem Paragraphen 175 in Konflikt geraten ist. Obwohl der „Schwulenreferent" Rat und Hilfe selbstverständlich nicht verweigert, will er vermeiden, in Konkurrenz zu Beratungsdiensten bestehender Schwulengruppen zu treten. Ganz im Gegenteil. Mit Hilfe seines „Projekt-Etats" von jährlich 100 000 Mark will Hengelein deren Projekte fördern. Seine Hauptaufgabe sieht der „Schwulenreferent" darin, Vorurteile abzubauen. Hengelein will in seiner Öffentlichkeitsarbeit zum einen das Spießbürgerklischee bekämpfen, wonach sich Schwule immer in einem halbseidenen Milieu bewegen und perversen Sexualpraktiken nachgehen. Zum anderen will er aber auch die gewalttätigen Übergriffe anprangern, denen Homosexuelle ausgesetzt sind. „Die Fälle mehren sich, daß Schwule in Parks oder an U-Bahn-Haltestellen brutal zusammengeschlagen werden", sagt Hengelein. „Die Presse muß klarmachen, daß da Menschen verletzt werden."

Erfahrungen mit Verletzungen anderer Art hat Hengelein als Referatsleiter bei der Deutschen Aidshilfe in Berlin von 1988 bis 1991 gesammelt und als Geschäftsführer des Kuratoriums Immunschwäche in München, wo er zuletzt tätig war. „Ich habe da viele Freunde und Kollegen verloren, die an Aids gestorben sind", sagt Hengelein. „Ich mußte mit dieser Arbeit aufhören, um nicht in Zynismus zu verfallen." Das Thema Aids wird ihn aber wohl auch bei seiner neuen Aufgabe nicht loslassen.

„Schwulenreferent" Hans Hengelein kennt die Probleme homosexueller Männer aus eigener Erfahrung: „Das ist immer mit Schmerzen verbunden." Aufn.: Franz Fender

Schwulenreferent Hans Hengelein an seinem neuen Arbeitsplatz im Sozialministerium, 13. Juli 1992 (NLA HA Nds. 300 Acc. 2019/131 Nr. 1).

67 | »Männer-Mann beim Minister«

Niedersachsen stellt erstmals einen Referenten für homosexuelle Lebensweisen ein

Als die Niedersächsische Sozialministerin Dr. Carola Reimann (SPD) im Rahmen der Tagung »Politik für LSBTI* in Niedersachsen« im Juni 2019 anlässlich der Aktivitäten zu »50 Jahre Christopher Street Day« den LSBTI*-Referenten Hans Hengelein in den Ruhestand verabschiedete, konnte dieser auf eine fast 30-jährige Dienstzeit zurückblicken. Denn zum 1. Juli 1992 hatte Niedersachsen als zweites Bundesland nach Berlin einen »Referenten für homosexuelle Lebensweisen« eingestellt und war damit ein Vorreiter beim Abbau von Diskriminierung und für die Gleichstellung homosexueller Menschen.

Die neu geschaffene Stelle war ein Resultat der rot-grünen Koalitionsverhandlungen des Jahres 1990, in denen sich das erste Kabinett Schröder darauf verständigt hatte, den »Abbau der Diskriminierung lesbischer Frauen und schwuler Männer« als eigenständige Aufgabe der Landesregierung anzunehmen und voranzutreiben. Dazu sollten in dem von Walter Hiller (SPD) geführten Sozialministerium »die institutionellen und finanziellen Voraussetzungen geschaffen« und durch das 1990 errichtete Frauenministerium unter Waltraud Schoppe (Die Grünen) eine Gesetzesinitiative zur »Neufassung des Art. 3 Abs. 2 GG um das Verbot der Diskriminierung wegen sexueller Orientierung« in den Bundesrat eingebracht werden. Im Juni 1991 beschloss das Kabinett, dem Sozialministerium für die zusätzliche Aufgabe Personal- und Sachmittel bereitzustellen und unter dessen Federführung eine interministerielle Arbeitsgruppe einzusetzen, in der die Staatskanzlei, das Innenministerium, das Kultusministerium, das Ministerium für Wissenschaft und Kunst, das Frauenministerium und das Justizministerium vertreten waren. Die Arbeitsgruppe trat im Oktober 1991 unter Beteiligung von Vertretern des Schwulen Forums Niedersachsen (SFN) erstmals zusammen, um ihre Aufgaben und konzeptionelle Fragen zu diskutieren. Aus Sicht des SFN sollte sich die Arbeitsgruppe vor allem mit Schwulen befassen. Gegen diese einseitige Ausrichtung sprachen sich aber die Vertreterinnen des Justiz- und des Frauenministeriums aus, die im Übrigen die Teilnahme von Selbsthilfeorganisationen an der Arbeitsgruppe ablehnten und diese stattdessen im Rahmen von Anhörungen beteiligen wollten. In die anschließenden Beratungen wurden daher der Lesbenring e.V. und das Schwule Forum Niedersachsen auf diesem Wege eingebunden. Wenngleich seitens der Vertreterinnen und Vertreter der Selbsthilfeorganisationen zwar konträre Positionen etwa zur Ehe, zur Adoption oder zum Steuerrecht formuliert wurden, bestand dennoch Einigkeit in den Forderungen: rechtliche Gleichstellung, Abschaffung struktureller Diskriminierung durch Behörden, Untersuchungen über Gewalt gegen Homosexuelle, Unterstützung von Projekten und Selbsthilfegruppen, Aufklärungs- und Bildungsarbeit in Schulen und für Erwachsene, Fortbildungen in der Gesundheitsvorsorge, Unterstützung wissenschaftlicher Forschungen über die Verfolgung Homosexueller in der NS-Zeit und bei der Archivierung von Unterlagen der Homosexuellenbewegungen. Das Ziel aller Maßnahmen war ein gesellschaftlicher Wertewandel für eine vollständige Gleichberechtigung und Enttabuisierung von Homosexualität und dazu wurde ein Diskriminierungsverbot homosexueller Lebensweisen in Artikel 3 Grundgesetz als notwendig angesehen. Seitens des Sozialministeriums waren im Übrigen Hinweise des SFN zum beruflichen und persönlichen Anforderungsprofil des neu einzustellenden Schwulenreferenten sehr willkommen und wurden bei der Stellenausschreibung im Februar 1992 offenbar berücksichtigt. Bevor der neue Referent seine Stelle antreten konnte, war es erforderlich, die Geschäftsbereiche der Ministerien abzugrenzen und insbesondere die Zuständigkeiten des Sozial- und des Frauenministeriums zu regeln. Auf Beschluss des Kabinetts im Mai 1992 sollte Ersteres die zuständige oberste Landesbehörde für Homosexuellenangelegenheiten sein und insbesondere der Diskriminierung homosexueller Männer entgegenwirken, während das Frauenministerium seine Zuständigkeit für Angelegenheiten lesbischer Frauen behielt.

Die Einrichtung der neuen Referentenstelle zum 1. Juli 1992 erfuhr ein breites Presseecho weit über Niedersachsen hinaus. Der niedersächsische Landeskorrespondent der Frankfurter Rundschau, Eckhart Spoo, veröffentlichte am 5. August 1992 unter dem Titel »Einübung von Toleranz gegen starke Widerstände« einen Beitrag, in dem er nicht nur über die Anfeindungen berichtete, denen sich der neue Referent ausgesetzt sah, sondern auch dessen Handlungsprogramm ausführlich vorstellte und dies in die aktuelle politische wie rechtliche Lage homosexueller Lebensverhältnisse in Deutschland einzuordnen wusste. Auch in der BILD-Zeitung, der taz und in regionalen Zeitungen Niedersachsens erschienen Artikel, die der Referent in einer Presseausschnittsammlung aufbewahrte und 2019 neben anderen Akten aus seiner 27-jährigen Tätigkeit dem Niedersächsischen Landesarchiv übergab.

Von den insgesamt 14 Artikeln der Sammlung stammen zehn von dem Hannoveraner Journalisten und dpa-Korrespondenten André Uzulis, der in seiner Berichterstattung zwischen Ostfriesland und Braunschweig den Schwerpunkt auf die Qualifikation und persönliche Lebenssituation des neuen Referenten, einzelne Vorhaben wie die finanzielle Ausstattung der Stelle legte und dessen Artikel in verschiedenen Zeitungen durchaus variantenreich ausfielen. So schrieb er etwa in der Verdener Aller-Zeitung unter dem Titel »Homosexuelle werden betreut«, in der Mündener Allgemeinen über den »Männer-Mann beim Minister« oder zitierte diesen in den Harburger Anzeigen und Nachrichten: »Vorurteile abbauen ist das wichtigste«. Dass der neue Referent, der Diplom-Psychologe Hans Hengelein, der zuvor bei der Bundestagsfraktion Die Grünen in Bonn und bei der Deutschen Aidshilfe in Berlin tätig gewesen war, selbst homosexuell war, schien ihn für die neue Aufgabe zu prädestinieren. So eröffnete auch der Chefreporter der Hannoverschen Allgemeinen Zeitung, Heinrich Thies, seinen Artikel vom 13. Juli 1992 unter dem Titel *Besonders auf dem Land haben es Schwule schwer* mit Hengeleins persönlichem Hintergrund: *Hans Hengelein weicht gleich zweifach von der gesellschaftlichen Norm ab: Er ist schwul und behindert. Und trotzdem ist der 36jährige eigentlich kein Außenseiter* (Abb.). Hengeleins persönliche Lebenssituation sollte in seinen 27 Dienstjahren durchaus eine Rolle spielen. Denn er kannte Diskriminierungen aus eigenem Erleben, war selbst aktiv in verschiedenen Selbsthilfeorganisationen und bundesweit vernetzt und hatte sich die Stärkung von schwulem Selbstbewusstsein in Zusammenarbeit mit schwulen Verbänden und insbesondere im ländlichen Bereich zur Aufgabe gemacht. Für die Umsetzung des niedersächsischen Regierungsprogramms standen ihm anfangs gerade einmal 100.000 DM zur Verfügung, die in den Aufbau von Selbsthilfen und in wissenschaftliche Projekte fließen sollten. So entstanden im Auftrag des Sozialministeriums und in Kooperation mit anderen Ressorts in den Folgejahren mehrere wissenschaftliche Studien über Gewalt gegen Schwule, zur Situation von Lesben und Schwulen am Arbeitsplatz, über gleichgeschlechtliche Liebe im Alter oder zur Situation schwuler Jugendlicher. Als Referent im Sozialministerium konnte Hengelein nicht so unabhängig wie ein Beauftragter der Landesregierung agieren. Dennoch war er direkter Ansprechpartner für von Diskriminierung Betroffene, ohne in Konkurrenz zu Selbsthilfeorganisationen zu treten. Der Journalist Thies beschrieb 1992 treffend Hengeleins engagierte Arbeitsweise und das Aufgabenspektrum: *Der frischgebackene Referent verschanzt sich nicht hinter Aktenordnern, sondern will sich auch Einzelschicksalen annehmen. Schon in den ersten Tagen klingelt ständig das Telefon. Hier ruft jemand an, dessen ausländischer Freund abgeschoben werden soll, da meldet sich jemand, der mit dem Paragraphen 175 in Konflikt geraten ist* (Abb.).

Die Hauptschwierigkeit der Tätigkeit lag im Umstand, dass die gesetzlichen Rahmenbedingungen, beispielsweise im Straf-, Ehe-, Sozial-, Miet-, Steuer- oder Erbrecht nicht die Landes-, sondern die Bundesebene betrafen. Durch die direkte Einbindung des Referenten in die niedersächsische Politik und Verwaltung war nun aber eine Grundlage geschaffen, seitens des Landes Niedersachsen auf rechtliche Änderungen hinzuwirken und außerdem einen Bewusstseinswandel im Land und gegen diskriminierende Praktiken innerhalb der Verwaltung in Gang zu setzen.

Das Gesamtprogramm aller Maßnahmen konkretisierte der Referent in Abstimmung mit dem Lesbenreferat im Frauenministerium in einer Kabinettsvorlage im September 1993; schon im Juli waren erstmals »Richtlinien über die Gewährung von Zuwendungen zur Förderung von Aktivitäten für den Abbau von Diskriminierungen homosexueller Männer« in Kraft getreten.

Die Initiativen der anschließenden 26 Jahre waren überaus vielfältig und als der erste niedersächsische Schwulenreferent, der später auch für niedersächsische Aids-Hilfen zuständig war, 2019 in den verdienten Ruhestand trat, stellte sich die rechtliche Situation für homosexuelle Menschen in Deutschland tatsächlich völlig anders dar: 1994 war der §175 endgültig aus dem Strafgesetzbuch gestrichen, 2000 wurden Verurteilungen aus der NS-Zeit aufgehoben, aber erst 2017 erfolgte die Rehabilitierung der nach 1945 Verurteilten. 2001 ist das Lebenspartnerschaftsgesetz in Kraft getreten, das 2017 durch das »Gesetz zur Einführung des Rechts auf Eheschließung für Personen gleichen Geschlechts« (»Ehe für alle«) abgelöst wurde. Seit 2019 gibt es das Recht, im Geburtenregister keine Angabe oder »divers« für ein drittes Geschlecht eintragen zu lassen. Zur Erforschung der niedersächsischen Beteiligung an diesem andauernden rechtlichen und gesellschaftlichen Emanzipationsprozess sind bereits heute viele Quellen in den Beständen des Landesarchivs zu finden.

Stephanie Haberer

Benutzte Archivalien
NLA HA Nds. 300 Acc. 2008/014 Nr. 1, Nr. 2; NLA HA Nds. 300 Acc. 2019/131 Nr. 1; NLA HA Nds. 880 Acc. 2020/1 Nr. 2, Nr. 10.

Literatur in Auswahl
KÖNNE 2018.

Neunter Abschnitt
Übergangs- und Schlußbestimmungen

Artikel 72
Besondere Belange
und überkommene Einrichtungen
der ehemaligen Länder

(1) Die kulturellen und historischen Belange der ehemaligen Länder Hannover, Oldenburg, Braunschweig und Schaumburg-Lippe sind durch Gesetzgebung und Verwaltung zu wahren und zu fördern.

(2) Die überkommenen heimatgebundenen Einrichtungen dieser Länder sind weiterhin dem heimatlichen Interesse dienstbar zu machen und zu erhalten, soweit ihre Änderung oder Aufhebung nicht in Verfolg organisatorischer Maßnahmen, die sich auf das gesamte Land Niedersachsen erstrecken, notwendig wird.

Artikel 73
Übertragung von Hoheitsrechten

Für das in Artikel 1 Abs. 2 des Staatsvertrages zwischen der Freien und Hansestadt Hamburg und dem Land Niedersachsen vom 26. Mai/4. Juni 1961 (Nieders. GVBl. 1962 S. 151) bezeichnete Gebiet können öffentlich-rechtliche Befugnisse des Landes auf die Freie und Hansestadt Hamburg übertragen werden.

Artikel 74
Mehrheiten und Minderheiten
der Mitglieder des Landtages

Mehrheiten oder Minderheiten der „Mitglieder des Landtages" im Sinne dieser Verfassung werden nach der gesetzlichen Mitgliederzahl berechnet.

Artikel 75
Volksvertretungen anderer Länder

Artikel 22 Abs. 2 und die Artikel 14, 15 und 16 gelten entsprechend für Volksvertretungen anderer Länder der Bundesrepublik Deutschland.

Artikel 76
Übergangsvorschrift für die Wahlperioden

(1) Die Zwölfte Wahlperiode des Landtages endet mit dem 20. Juni 1994. Artikel 6 Abs. 1 Satz 3 der Vorläufigen Niedersächsischen Verfassung gilt bis zum Ende der Zwölften Wahlperiode fort. Der Ausschuß nach Artikel 12 der Vorläufigen Niedersächsischen Verfassung bleibt bis zum Zusammentritt des Landtages der Dreizehnten Wahlperiode bestehen. Artikel 18 der Vorläufigen Niedersächsischen Verfassung gilt weiterhin für diesen Ausschuß.

(2) Die Dreizehnte Wahlperiode beginnt mit dem Ende der Zwölften Wahlperiode. Für die Wahl und den Zusammentritt des Landtages der Dreizehnten Wahlperiode gelten noch Artikel 4 Abs. 2 Satz 2 und Artikel 6 Abs. 2 und 3 der Vorläufigen Niedersächsischen Verfassung. Der Landtag der Dreizehnten Wahlperiode wird auf vier Jahre gewählt. Der Landtag der Vierzehnten Wahlperiode ist frühestens 44, spätestens 47 Monate nach Beginn der Dreizehnten Wahlperiode zu wählen; im übrigen ist Artikel 9 Abs. 2 dieser Verfassung anzuwenden.

Artikel 77
Übergangsvorschrift
für die Besetzung des Staatsgerichtshofs

Die Mitglieder des Staatsgerichtshofs und deren Stellvertreterinnen oder Stellvertreter bleiben nach Inkrafttreten dieser Verfassung in der Zeit, für die sie gewählt worden sind, in ihrem Amt.

Artikel 78
Inkrafttreten

(1) Diese Verfassung tritt am 1. Juni 1993 in Kraft.

(2) Gleichzeitig tritt die Vorläufige Niedersächsische Verfassung vom 13. April 1951 (Nieders. GVBl. Sb. I S. 5), zuletzt geändert durch Artikel 1 des Gesetzes vom 27. November 1991 (Nieders. GVBl. S. 301), außer Kraft.

Hannover, den 19. Mai 1993

Der Niedersächsische Ministerpräsident

Ausfertigung der niedersächsischen Verfassungsurkunde vom 19. Mai 1993 mit der Unterschrift von Ministerpräsident Gerhard Schröder (NLA HA Nds. 2 Acc. 133/93 Nr. 8).

68 | Neufassung Verfassung

Der Landtag verabschiedet die Niedersächsische Verfassung von 1993

75 Jahre Niedersachsen – das bedeutet jedoch nicht zugleich 75 Jahre Niedersächsische Verfassung, wie man meinen könnte. Das hängt mit der Neubildung des Landes Niedersachsen aus den Ländern Braunschweig, Hannover, Oldenburg und Schaumburg-Lippe durch die britische Militärregierung zusammen. Mit der Gründung des Landes zum 1. November 1946 waren erste verfassungsrechtliche Weichen gestellt: Festlegung von Hannover als Landeshauptstadt, ein Landesministerium mit dem Ministerpräsidenten als Vorsitzendem, ein »ernannter« Landtag, der am 9. Dezember 1946 erstmals zusammentrat. Doch in den folgenden Jahren kam der am 20. April 1947 gewählte Landtag über eine Art »Notverfassung«, die mit dem »Gesetz zur vorläufigen Ordnung der niedersächsischen Landesgewalt« vom 11. Februar 1947 in Kraft getreten war, nicht hinaus. Sie regelte die Zuständigkeiten, Stellung und Verfahren der Staatsorgane (Landtag und Regierung). Die Befristung zunächst bis zum 31. Dezember 1947, die dann bis zu ihrer Streichung 1950 mehrfach verlängert wurde, verdeutlicht das Bestreben, in der Verfassungsdiskussion zu einem Ergebnis zu kommen. Doch fast zeitgleich erfolgten auf Initiative der drei westlichen Besatzungsmächte seit Sommer 1948 die Vorbereitungen für die Errichtung der Bundesrepublik Deutschland mit dem vom Parlamentarischen Rat erarbeiteten Grundgesetz vom 23. Mai 1949. Das blieb nicht ohne Auswirkung auf die Gestaltung der Verfassung in Niedersachsen.

Die am 1. Mai 1951 in Kraft getretene »Vorläufige Niedersächsische Verfassung« geht auf einen Entwurf der Landesregierung vom 26. Mai 1950 zurück, der nach gutachterlichen Stellungnahmen und der Beratung im Verfassungsausschuss in verschiedenen Punkten angepasst worden war, u. a. in Bezug auf die Stärkung der Rechte des Landtags gegenüber der Regierung. Die Verfassung vermied Regelungen, die sich bereits aus dem Grundgesetz ergeben und für die Bundesländer als übergeordnetes Recht gelten, und beschränkte sich im Wesentlichen darauf, den Aufbau der Staatgewalt organisatorisch festzulegen. Zugleich wurde sie wie das Grundgesetz als Provisorium verstanden und sollte ein Jahr nach Ablauf des Tages außer Kraft treten, an dem das deutsche Volk in freier Entscheidung eine Verfassung beschließen würde. Damit war die Niedersächsische Verfassung eng an die weitere Entwicklung der Bundesrepublik geknüpft. Und entsprechend nahmen nach rund 40 Jahren, in denen sich die »Vorläufige Niedersächsische Verfassung« von 1951 bewährt hatte, die Bestrebungen zur Verfassungserneuerung in Niedersachsen ihren Ausgang von der grundlegenden Veränderung der gesamtstaatlichen Verhältnisse in Deutschland. Mit dem Beitritt der DDR zur Bundesrepublik am 3. Oktober 1990 war die Einheit Deutschlands erreicht, allerdings ohne dass es auf dieser Grundlage zu einer neugeschöpften, gesamtdeutschen Verfassung gekommen ist. Damit war formal auch der »Vorläufigen

Niedersächsischen Verfassung« kein Ende gesetzt worden; dennoch herrschte Konsens zwischen den niedersächsischen Fraktionen und der Landesregierung, dass sie nun ihre Vorläufigkeit verlieren sollte – aber über den Umfang der Verfassungsreform und den Weg, auf dem diese erfolgen sollte, war man zunächst uneins.

Die Lösung brachte auf Empfehlung des Ältestenrates die Einsetzung eines Sonderausschusses »Niedersächsische Verfassung« durch das Parlament, in dem seit der Wahl vom 13. Mai 1990 Rot-Grün die Mehrheit besaß. In überparteilicher Zusammenarbeit wurde innerhalb von zweieinhalb Jahren, vom 28. November 1990 bis zum 12. Mai 1993, ein gemeinsamer Verfassungsentwurf vorgelegt, der die ursprünglich drei vorliegenden Entwürfe zusammenführte, nachdem zuvor eine Bestandsaufnahme und die Feststellung des Neuregelungsbedarfs, auch durch Anhörung von Sachverständigen, erfolgt waren. Dies erforderte zum Teil weitreichende Kompromisse, führte aber auch wiederholt dazu – wie in der Frage der sonst in keiner Länderverfassung zu findenden sog. Traditionsklauseln (Art. 72, besondere Belange der vier bis 1946 selbstständigen Länder) –, dass man im Fall der Uneinigkeit über eine vorzunehmende Änderung bei den Bestimmungen der bisherigen Verfassung blieb. Neben Kompromissen bei den vorangestellten Rechten und Staatszielen konnte man sich auch auf verschiedene andere Neuerungen verständigen: So wurden das Wahlalter von 21 auf 18 Jahre herabgesetzt und die Fünf-Prozent-Hürde in die Verfassung aufgenommen, die Wahlperiode auf fünf Jahre festgelegt, der Status der Opposition geregelt, die Landesregierung zu Auskunft und Unterrichtung verpflichtet und das Quorum zur Einsetzung von Untersuchungsausschüssen gesenkt. Insgesamt wurden erneut, wie schon bei der Ausarbeitung der »Vorläufigen Niedersächsischen Verfassung«, die Rechte des Landtags gegenüber der Regierung gestärkt. Am 13. Mai 1993 wurde die neue Verfassung mit großer Mehrheit (Zustimmung von 149 der 155 Abgeordneten) angenommen, am 19. Mai durch den Ministerpräsidenten unterzeichnet und am selben Tag verkündet, sodass sie am 1. Juni 1993 die »Vorläufige Niedersächsische Verfassung« abgelöst hat.

In ihrer äußeren Gestalt entspricht die Verfassungsurkunde von 1993 den vom Parlament verabschiedeten, durch den Ministerpräsidenten ausgefertigten, mit ihrer Verkündung im Gesetz- und Verordnungsblatt in Kraft getretenen Gesetzen. Sie umfasst zehn Blätter, die durch eine schwarz-rot-gelbe Kordel zusammengehalten sind, welche mittels eines Oblatensiegels (mit dem eingeprägten springenden Niedersachsenross) auf dem letzten Blatt befestigt ist. Unterschrieben ist sie von Ministerpräsident Gerhard Schröder (Abb.). Entsprechend den Bestimmungen der neuen Verfassung werden seitdem die verabschiedeten Gesetze durch die Landtagspräsidentin oder den Landtagspräsidenten ausgefertigt und dem (ebenfalls unterschreibenden) Ministerpräsidenten zur Verkündung zugeleitet.

Im Ergebnis hat das Land Niedersachsen seit diesem Zeitpunkt eine »Vollverfassung«, die – wie beschrieben – nicht als Neuschöpfung, sondern als Verfassungsrevision auf der Grundlage der »Vorläufigen Niedersächsischen Verfassung« entstanden ist, auf deren Art. 38 die neue Verfassung in einem Einleitungssatz Bezug nimmt. Durch den Verweis auf die Grundrechte im Grundgesetz des Bundes und die damit gleichsam pauschale Einbeziehung in die Landesverfassung schon seit 1951 gehört Niedersachsen zu den Ländern mit einer vergleichsweise schlanken Verfassung, die wenig Anlass zu Veränderungen gegeben hat und gibt. Damit war zugleich die Anrufung des Staatsgerichtshofs in Bückeburg zur Klärung der Vereinbarkeit von niedersächsischen Landesgesetzen mit den Grundrechten ausgeschlossen und das Bundesverfassungsgericht in diesen Fragen zuständig. Durch die Verfassung von 1993 ist die Stellung des Staatsgerichtshofs als Verfassungsorgan ausgebaut und sind zugleich seine Kompetenzen um Streitigkeiten im Zusammenhang mit den neu in die Verfassung eingeführten Volksinitiativen, Volksbegehren und Volksentscheiden erweitert worden. Auch Gemeinden wurde die Möglichkeit der Verfassungsbeschwerde wegen Verletzung des Rechts auf Selbstverwaltung eingeräumt.

Eine erste Verfassungsänderung wurde schon im folgenden Jahr auf dem Weg eines dieser neuen Instrumente, der Volksinitiative, herbeigeführt: Deren Forderung »Gott in die Präambel« hat die CDU-Fraktion durch einen entsprechenden Gesetzentwurf aufgegriffen. Der Sonderausschuss hatte in seinem Entwurf auf die ursprünglich vorgesehene, jedoch kontrovers diskutierte Präambel mit ausdrücklicher Anrufung Gottes als Kompromiss ganz verzichtet. Mit der Verfassungsänderung vom 6. Juni 1994 wurde dem Verfassungstext eine Präambel vorangestellt, die auf die Verantwortung vor Gott und den Menschen Bezug nimmt. Außer der Ergänzung der Präambel hat es in den Jahren 1997 und 2009 weitere Anpassungen, v.a. in Bezug auf die Staatsziele gegeben, so das Diskriminierungsverbot, die Förderung des Sports sowie die Bereiche Arbeit und Wohnen, der Tierschutz und der Schutz von Kindern und Jugendlichen. Nicht unproblematisch gestaltet sich das verfassungsrechtliche Verhältnis des Landes zu den Kommunen (Gemeinden/Landkreise) und deren Finanzierungsgrundlage. Mit der Verfassungsänderung von 2006 wurde festgelegt, dass mit neuen gesetzlich begründeten Aufgabenübertragungen an die Kommunen deren Finanzierung aus zugewiesenen Landesmitteln verbunden sein muss (»striktes Konnexitätsprinzip«), nachdem bereits 1997 die Verpflichtung zur Anhörung der kommunalen Spitzenverbände neu aufgenommen worden war. Im Jahr 2011 wurde in Berücksichtigung eines Urteils des Europäischen Gerichtshofs die unabhängige Stellung des/der Landesdatenschutzbeauftragten gestärkt, außerdem letzte formal bestehende Reste der ehemaligen Landesverfassungen von Braunschweig und Oldenburg beseitigt.

Mit der derzeit letzten Änderung der Verfassung durch das »Gesetz über die Schuldenbremse in Niedersachsen«, das am 1. Dezember 2019 in Kraft getreten ist, wurde auch für Niedersachsen von der Möglichkeit Gebrauch gemacht, die Landesverfassung an die Grundgesetzänderung des Bundes zur Schuldenbremse anzupassen und Regelungen für konjunkturell bedingte Abweichungen von der Normallage und besondere Notsituationen zu treffen. Ansonsten hätte für Niedersachsen ab dem 1. Januar 2020 ein umfassendes Neuverschuldungsverbot bestanden. Jetzt gelten nach Art. 71 Abs. 4 Ausnahmeregelungen bei der Kreditaufnahme für außergewöhnliche Notsituationen, soweit der Landtag seine Beschlüsse mit Zweidrittelmehrheit fasst und einen angemessenen Zeitplan zur Tilgung vorsieht. Zum Zeitpunkt der Verabschiedung war noch nicht abzusehen, wie bald der Landtag wegen der Corona-Pandemie diesen nun verfassungsmäßig verankerten Weg würde beschreiten und am 25. März 2020 einen milliardenschweren Nachtragshaushalt beschließen müssen.

Hildegard Krösche

Benutzte Archivalien
NLA HA Nds. 2 Acc. 133/93 Nr. 8; NLA HA Nds. 2 Acc. 2019/501 Nr. 16.

Literatur in Auswahl
Ipsen 2011; o.Verf. 2019; van den Heuvel 2017 (mit weiteren Literaturangaben).

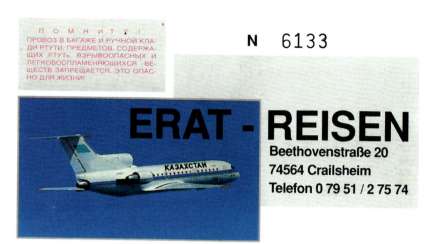

One-Way-Flugticket von Maria G. für den Flug Nr. 1921 am 3. Juli 1993 nach Deutschland (NLA OL Dep 20 CLP Akz. 2014/006 Nr. 377).

69 | Ein neues Zuhause

Spätaussiedler in Niedersachsen

Zuwanderung und Migration sind keine neuen Erscheinungen. In der Vergangenheit gab es immer wieder Zeiten größerer Wanderungsbewegungen. So lebten fünf Jahre nach Kriegsende schätzungsweise gut acht Millionen Vertriebene und Flüchtlinge in der jungen Bundesrepublik Deutschland, die Krieg und Gewalt hierher verschlagen hatten. Seinerzeit entsprach das etwa 16 Prozent der Gesamtbevölkerung. In Niedersachsen lag der Anteil deutlich über diesem Durchschnittswert. Die verschiedenen Regionen des Bundeslandes waren zwar unterschiedlich stark betroffen, dennoch tendierte die Rate der Neuankömmlinge hier vielfach zu weit mehr als 20 Prozent. Um das Überleben in dem vom Krieg gezeichneten neuen Zuhause zu sichern, mussten rechtliche Regelungen geschaffen werden. Bereits im Juni 1947 wurde ein »Gesetz über die Flüchtlingsbetreuung im Lande Niedersachsen« erlassen. Es regelte die Zuständigkeit und die Aufgaben der für die Flüchtlingsbetreuung verantwortlichen Behörden. Weitere rechtliche Bestimmungen wie das »Flüchtlingsbedarfsgesetz« folgten; im Juni 1948 wurde schließlich ein Ministerium als oberste Flüchtlingsbehörde ins Leben gerufen. Doch erst im Jahr 1953 trat das sog. Bundesvertriebenengesetz (BVFG) in Kraft. Dieses wurde am 19. Mai verkündet und regelt die Ansprüche von Vertriebenen, Sowjetzonenflüchtlingen, Spätaussiedlern sowie deren Hinterbliebenen bis heute. Die betroffenen Personen konnten seinerzeit entsprechende »Ausweise für Vertriebene und Flüchtlinge« beantragen, die dann von speziell eingerichteten Flüchtlingsämtern ausgestellt wurden und ihren Status am neuen Wohnort sowie ihre Herkunft belegten. So waren in den frühen Jahren der Bundesrepublik die Ausweise A und B für Vertriebene aus den ehemaligen deutschen Ostgebieten vorgesehen, je nachdem, wo die betreffende Person im Stichjahr 1937 gelebt hatte. Die Ausweise der Kategorie C erhielten Personen, die als Sowjetzonenflüchtlinge anerkannt waren.

Bereits nach dem Zweiten Weltkrieg war der Anteil der Zugewanderten im Oldenburger Münsterland sehr hoch. Doch ein regelrechter »Ansturm« erfolgte nach dem Zusammenbruch des Ostblocks ab Ende der 1980er Jahre. Die Landkreise Vechta und insbesondere Cloppenburg sowie die benachbarten Landkreise Osnabrück und Emsland galten seit Mitte der 1990er Jahre als Zentren der Zuwanderung in Niedersachsen.

In großer Zahl kamen deutschstämmige Menschen, vor allem aus den Ländern der ehemaligen Sowjetunion, hierher, um ein neues Zuhause zu finden. Allein der Landkreis Cloppenburg zählte in den Jahren 2007 und 2008 gut 20.000 Russlanddeutsche. In der gleichnamigen Kreisstadt lag der Anteil seinerzeit bei etwa 2.500 Personen – bei einer Gesamtbevölkerung von gut 32.000 Einwohnern. Den Status dieser sog. Spätaussiedler regelte das bereits genannte Bundesvertriebenengesetz von 1953, das seit Inkrafttreten vielfach geändert, ergänzt und erweitert wor-

E.

Bezirksregierung Braunschweig

Bezirksregierung Braunschweig • Postfach 32 47 • 38022 Braunschweig

Nds. Innenministerium
Postfach 221

30002 Hannover

Vorab per Telefax

Abgesandt - 3. April 1997 Absendestelle

Bearbeitet von
Herrn ▮▮▮

Ihr Zeichen, Ihre Nachricht vom	Mein Zeichen (Bitte bei Antwort angeben)	Durchwahl (0531) 484-	Braunschweig
34.1-10.464	202.10464 N (97)	33 47	01.04.1997

**Bedarfszuweisungen wegen einer außergewöhnlichen Lage;
drohender Kassennotstand bei den Bergstädten St. Andreasberg und Bad Grund**

Die Haushalts- und Finanzlage der beiden Bergstädte hat sich seit dem vorigen Jahr so negativ entwickelt, daß beide Kommunen zur Sicherstellung der Zahlungsfähigkeit umgehend Abschläge auf zu erwartende Bedarfszuweisungen wegen einer außergewöhnlichen Lage zur Vermeidung eines drohenden Kassennotstandes benötigen.

Die Samtgemeindekasse Bad Grund, die sämtliche Haushalte des Samtgemeindebereiches abwickelt, hatte am 3.3.1997 einen Kassenkreditbestand von 9,4 Mio. DM aufzuweisen. Diese Kassenkredithöhe wurde wesentlich verursacht durch den Fehlbetrag der Bergstadt Bad Grund aus dem Jahr 1996, der sich auf 3.877.454 DM beläuft.

Da der Haushaltsplan für 1997 einen Fehlbedarf von 3.877.453 DM bei einem Einnahmevolumen des Verwaltungshaushalts von 2.624.200 DM ausweist, wird deutlich, daß eine umgehende Liquiditätshilfe unumgänglich ist.

Eine Verbesserung der Einnahmesituation ist bei einer bereits überdurchschnittlichen Ausschöpfung der gemeindlichen Steuerquellen nicht mehr möglich; auf der Ausgabenseite entwickelt sich nicht zuletzt in Auswirkung der Gesundheitsreform der Verlust der Kurbetriebsgesellschaft noch stärker defizitär als bisher angenommen. Eine gewisse Verbesserung der Situation könnte eine Umwandlung der bisherigen Samtgemeinde in eine Einheitsgemeinde mit dem dann wesentlich geringeren Sach- und Verwaltungsaufwand mit sich bringen.

Zur Erhaltung der Zahlungsfähigkeit der Bergstadt Bad Grund halte ich einen Abschlag auf eine Bedarfszuweisung in Höhe von 2 Mio. DM für erforderlich.

Bericht der Bezirksregierung Braunschweig an das Niedersächsische Innenministerium vom 1. April 1997 (NLA WO 4 Nds Zg. 66/2008 Nr. 11).

70 | Die Bäderkrise im Harz

Bedarfszuweisungen an die Stadt Bad Grund

Die Samtgemeinde Bad Grund hatte bei der Haushaltsaufstellung am 3. März 1997 Kreditaufnahmen (»Kassenkredite«) in Höhe von 9,4 Millionen DM einplanen müssen. Diese Kredite wurden wesentlich durch einen Fehlbetrag der Bergstadt Bad Grund aus dem Jahre 1996 verursacht, der sich auf 3.877.454 DM belief. Um den Kassennotstand der Samtgemeinde abzuwenden, berichtete die Aufsichtsbehörde, der Landkreis Osterode, an die Bezirksregierung in Braunschweig. Diese beantragte beim Niedersächsischen Innenministerium *Bedarfszuweisungen wegen einer außergewöhnlichen Lage* – gleichzeitig auch für St. Andreasberg. In der nur kurzen Begründung heißt es: *Eine Verbesserung der Einnahmesituation ist bei einer bereits überdurchschnittlichen Ausschöpfung der gemeindlichen Steuerquellen nicht mehr möglich; auf der Ausgabenseite entwickelt sich nicht zuletzt in Auswirkung der Gesundheitsreform der Verlust der Kurbetriebsgesellschaft noch stärker defizitär als bisher angenommen* (Abb.). Eine gewisse Verbesserung könne zukünftig vielleicht die Umwandlung der Samtgemeinde in eine Einheitsgemeinde bringen, von der eine wesentliche Reduzierung der Sach- und Personalkosten zu erhoffen sei.

Damit verbanden sich allgemeinere Problemlagen, die sich hier auf die Bergstadt Bad Grund fokussieren lassen. In Niedersachsen gab es 47 Heil- und Kurorte, die alle mehr oder weniger von der dritten Stufe der Gesundheitsreform betroffen waren. Die finanzielle Situation der Inselgemeinde Wangerooge war schon 1996 Gegenstand einer kleinen Anfrage im Niedersächsischen Landtag gewesen, die sich allerdings gegen die Kürzungen des kommunalen Finanzausgleichs durch die Regierung Schröder richtete. Die Landesregierung hingegen verwies auf das strukturell bedingte Defizit des Kurbetriebs, ohne aber die »strukturellen Ursachen« näher zu erläutern. Schon aus diesem Geplänkel lässt sich erkennen, wie schwer die Wirkungen spezieller Faktoren, die eine Krise der Kurorte bewirkten, zu isolieren sind.

In Bad Grund trat anderes in den Vordergrund. Lange hatte der Bergbau das Wirtschaftsleben bestimmt: 450 Jahre hindurch förderte man hier Blei und Zink, bis 1992 die letzte Lore ausfuhr und das Erzbergwerk – als letztes in Deutschland – stillgelegt wurde. Dadurch gingen 200 Arbeitsplätze verloren. Als Heilbad besaß Grund ebenfalls eine lange Tradition. Seit Mitte des 19. Jahrhunderts kamen Kurgäste, um Fichtennadelbäder zu nehmen oder Fichtennadeldampf zu inhalieren. 1928 begann man mit Mooranwendungen, die rasch einen guten Ruf erwarben, die Zahl der Gäste stieg ständig.

Noch Anfang der 90er Jahre des 20. Jahrhunderts war Moorschlamm das Heilmittel der Wahl; dazu kamen Trinkkuren mit einem Mineralwasser aus der Nachbarschaft. Die Heilanzeigen bezogen sich auf rheumatische Erkrankungen, Erkrankungen und Nachbehandlungen nach Operationen an Wirbelsäule und Gelenken, hormonelle Schwankungen und Frauenleiden. An Kureinrichtungen bestanden das Kurzentrum mit Sole-Hallenbad und Sole-Bewegungsbad, das Haus des Gastes und der Kurpark. Dieses ganze Kurwesen in Bad Grund schien 1997 nicht mehr wirtschaftlich betrieben werden zu können, die Zukunftsperspektiven begannen zu verschwimmen.

Die Einsparungen im Gesundheitssystem hatten freilich schon früher eingesetzt, einschneidend 1982 mit dem 2. Haushaltsstrukturgesetz und dem Kostendämpfungs-Ergänzungsgesetz, und bereits damals einen deutlichen Rückgang der Übernachtungen bewirkt. Die Mineral- und Moorheilbäder waren besonders betroffen, denn dorthin schickten die Sozialversicherungsträger zwei Drittel ihrer Kurpatienten. Die Seebäder und Seeheilbäder zogen hingegen in weit höherem Maße Urlauber und Privatpatienten an, weshalb die Einbußen relativ weniger ins Gewicht fielen. Die Einsparungen erwiesen sich jedoch ebenso wie der Gästerückgang nur als temporäre Effekte, die bald wieder ausgeglichen waren. Nach 1990 wuchsen die Gesundheitsausgaben insgesamt wieder schneller als das Bruttoinlandsprodukt. Dafür war zwar weniger die Kostensteigerung an sich als das Angebot immer neuer, kostenintensiver Leistungen verantwortlich, dazu die relativ wie absolut steigende Zahl älterer Menschen in der deutschen Gesellschaft, doch fühlte die Bundesregierung sich veranlasst, das Gesundheitssystem nach betriebswirtschaftlichen Maßgaben zu reformieren. Die Beitragsstabilität hatte politisch höchste Priorität.

Dass darunter die Kurorte und der Kurbetrieb in hohem Maße leiden mussten, hatte unterschiedliche Gründe. Ein wesentlicher lag sicher darin, dass die Heilerfolge von Kuren nicht in derselben Weise spezifisch evaluiert werden konnten wie die Heilerfolge von Medikamenten. Namentlich die Vorsorgekuren gerieten unter Legitimationsdruck. Die alte Formel, dass eine Mark, in Kuren investiert, den dreifachen volkswirtschaftlichen Nutzen bringe, fand keine Anerkennung mehr. Deshalb begrenzte das Beitragsentlastungsgesetz die Regelkurdauer stationärer Vorsorge- und Rehabilitationskuren von vier auf drei Wochen; die Zuzahlungen wurden erhöht (von 12 auf 25 DM am Tag), das Kurintervall von drei auf vier Jahre verlängert. Dies alles hatte abschreckende Wirkung und hielt Patienten zusätzlich davon ab, eine Kur zu beantragen. Bundesweit brachen die Übernachtungen im stationären Kurbereich ein.

In Bad Grund spitzte sich die Lage weiter zu. Am 30. April 1997 beantragte die Bergstadt eine zusätzliche allgemeine Bedarfszuweisung wegen außergewöhnlicher Lage in Höhe von einer Million DM. Damit sollte die Liquidität der Kurbetriebsgesellschaft sichergestellt werden. Nachdem zu Anfang 1995 der Landkreis Osterode und die übrigen Mitgliedsgemeinden der Samtgemeinde Bad Grund aus der Kurbetriebsgesellschaft ausgeschieden waren, belastete das strukturelle Defizit nicht den Haushalt allein der Kommune, sondern auch den der GmbH in hohem Maße. Da das Land auf die Neuorganisation der Kurbetriebsgesellschaft hingewirkte hatte, bestand ein wenigstens moralischer Anspruch auf zusätzliche Bedarfszuweisungen. Diese wurden auch bewilligt, gleichzeitig aber forderte die Bezirksregierung ein verbindliches und schlüssiges Sanierungskonzept.

Für die Landesregierung verband sich die Situation in Bad Grund und den übrigen Kurorten des Westharzes grundsätzlich mit der Frage nach wirtschaftlichen Perspektiven für diese Region. Ein Gutachten des Niedersächsischen Instituts für Wirtschaftsforschung, das die Landesregierung in Auftrag gegeben hatte, kam im Jahr 2000 zu dem Ergebnis, dass der Gesundheitstourismus mit einer konsequenten Orientierung an spezifischen Kernkompetenzen neu ausgerichtet werden müsse. Der Innenminister berief im selben Jahr in einem Pilotprojekt eine Strukturkonferenz »Harz« ein, die von der Bezirksregierung Braunschweig organisiert wurde. Das Land wollte die Kommunen auf einschneidende Sanierungsmaßnahmen verpflichten und sagte dafür Hilfen für die Entschuldung zu. Damit begann, da Mehreinnahmen kaum zu erzielen waren, ein sehr schmerzhafter Prozess hin zu einem ausgeglichenen Haushalt, der deutliche Einschnitte in die kommunale Infrastruktur erforderte.

Bad Grund privatisierte 2008 den Kurbetrieb, der an die »Gesundheitszentrum Bad Grund GmbH« eines lokalen Unternehmers überging. Der Titel »Moorheilbad« verblasste, stattdessen erhielt 2009 die Heilstollen-Therapie die staatliche Anerkennung, außerdem kann Bad Grund seit 2013 das Prädikat »heilklimatischer Kurort« führen. Eine willkommene Unterstützung erfuhr der Tourismus durch die Aufmerksamkeit, die das Erlebniszentrum »Iberger Tropfsteinhöhle« 2011 erregte. Als Knochenfunde aus früheisenzeitlichen Bestattungen in der benachbarten Lichtensteinhöhle gentechnisch untersucht wurden, ergab sich, dass Verwandte und direkte Nachfahren der Höhlenmenschen noch in unmittelbarer Nähe lebten. Diese Erfolge bewirkten jedoch keine Erhöhung der Gewerbesteuereinnahmen, die für eine nachhaltige Haushaltskonsolidierung ausgereicht hätte.

2011 unterzeichneten die Bürgermeister der Samtgemeinde wie der Mitgliedsgemeinden, um endlich aus den Schulden herauszukommen, einen »Zukunftsvertrag« mit der Landesregierung. Eine Bedingung für die erheblichen Finanzmittel, die das Land zur Verfügung stellte, war die Umwandlung der Samtgemeinde in eine Einheitsgemeinde. Der Samtgemeindebürgermeister Harald Dietzmann erklärte damals, darin liege die Chance als weiterhin eigenverantwortliche Kommune »weg vom Tropf der Bedarfszuweisung« zu kommen (Seesener Beobachter, 26. 3. 2011). Tatsächlich gelang es vor der Corona-Krise 2020, dieses Ziel auch zu erreichen.

Das frühere Kurwesen, das im 20. Jahrhundert neben dem Bergbau das Bild und die Wirtschaft des Ortes bestimmt hatte, ließ sich allerdings nicht restaurieren. Politische Reformen wie die Gesundheitsreformen werden in aller Regel nicht auf die Erreichung von Zielen hin evaluiert. Gerade das Thema »Gesundheit« ist in seinen komplexen und verästelten ökonomischen, sozialen und mentalen Strukturen und Konsequenzen nur in Ausschnitten in den Blick zu bekommen. Es wird deshalb kaum je gelingen festzustellen, welche Folgekosten die Abkehr von Sozial- und Vorsorgekuren gesamtgesellschaftlich hatte. Die Kommunalfinanzen wären dabei sicherlich nur ein Teilaspekt.

Brage Bei der Wieden

Benutzte Archivalien
NLA WO 4 Nds Zg. 66/2008 Nr. 11.

Literatur in Auswahl
Brand 1967; Buchner 2002; Lemkemeyer 1998.

Grenzübergreifende räumliche Entwicklungsperspektive EUREGIO

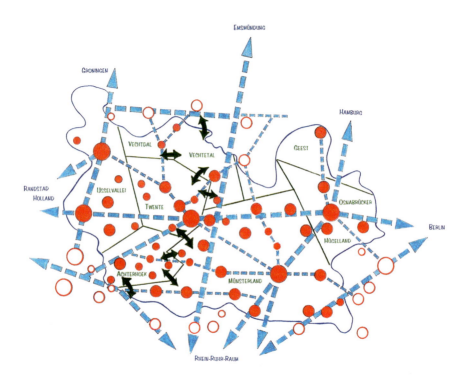

Deckblatt des 1998 vorgelegten Konzeptes zu grenzübergreifenden räumlichen Entwicklungsperspektiven der EUREGIO (NLA OS Dep 104 I Akz. 2011/094 Nr. 75).

71 | Pfeile, Punkte, Wirrwarr?

Europafähige Grenzregionen mittels Wirtschafts- und Kulturförderung der EUREGIO

Nach vierzig Jahren erfolgreicher »Verbesserung der räumlichen Standortsituation in allen Lebensbereichen« veröffentlichte die EUREGIO 1998 das mit Stadt- und Regionalplanern entworfene Konzept *Grenzübergreifende räumliche Entwicklungsperspektive EUREGIO*, dessen Deckblatt hier zu sehen ist (Abb.). Mittlerweile lagen die Schwerpunkte des grenzübergreifenden, kommunalen Arbeitskreises nicht mehr nur auf der Förderung des gemeinsamen gesellschaftlichen Lebens sowie der Verbesserung von Wirtschaft und Arbeitsmarkt, sondern auch im Bereich der nachhaltigen Raumordnung. Doch werfen wir zunächst einen Blick zurück.

Ende des Zweiten Weltkrieges lag ein Großteil Europas in Schutt und Asche. Für den Wiederaufbau bedurfte es vor allem eines wirtschaftlichen Aufschwungs, den die einzelnen europäischen Staaten nicht alleine stemmen konnten. Bereits 1951 schlossen sich daher Belgien, die Bundesrepublik Deutschland, die Niederlande, Luxemburg, Frankreich und Italien zur sogenannten Montanunion zusammen. Mit den Römischen Verträgen wurde 1957 die Europäische Wirtschaftsgemeinschaft (EWG) gegründet, die 1993 zu einem Teil der Europäischen Union wurde.

Grenznahe Regionen, wie das Emsland oder die Grafschaft Bentheim, hatten es aufgrund ihrer peripheren Lage seit jeher schwer, vom Entwicklungsschwung in ganz Deutschland zu profitieren. Den westfälischen und niederländischen Grenzregionen erging es ähnlich, sodass bereits 1958 die EUREGIO e.V. als »grenzübergreifende Drehscheibe für die Bürger, die Gemeinden, die Städte, die Kreise und alle gesellschaftlichen Gruppierungen innerhalb und außerhalb der Region« aus der Taufe gehoben wurde. Vor dem Hintergrund des Zusammenwachsens des Europäischen Wirtschaftsraumes wollten sich die Grenzregionen gemeinsam starkmachen. Zunächst setzte man dabei auf grenzübergreifende Begegnungen durch gemeinsame Kunst-, Kultur- und Sportveranstaltungen sowie den Ausbau von Fahrradwegen. Denn laut dem ersten Vorsitzenden des sozial-kulturellen Arbeitskreises Alfred Mozer (1905-1975) müssen »die Menschen einander zuerst kennen lernen, um zusammenarbeiten zu können«. Später folgten Projekte zur Verbesserung der Verkehrsanbindung im Grenzgebiet und konkrete Maßnahmen zur Wirtschaftsförderung. Mit Gründung des EUREGIO-Rates wurde die Zusammenarbeit 1978 institutionalisiert, 1985 eine gemeinsame Geschäftsstelle am Grenzübergang Gronau/Enschede eingerichtet und der Verein 2016 in einen öffentlich-rechtlichen Zweckverband überführt. Inzwischen gehören 129 deutsche und niederländische Kommunen und Waterschappen (niederländische Wasserverbände) dem Kommunalverband an. In Niedersachsen zählen dazu die Stadt Osnabrück, die Landkreise Grafschaft Bentheim und Osnabrück mit allen kreisangehörigen Kommunen sowie die südlichen Kommunen des Landkreises Emsland Salzbergen, Spelle und Emsbüren.

Im Nordwesten Deutschlands leistete die EUREGIO Pionierarbeit auf dem Gebiet der grenzübergreifenden kommunalen Kooperation und war Vorreiter für die fünf weiteren deutsch-niederländischen Euregios Wattinseln, Ems-Dollart-Region, Maas-Rhein, Rhein-Maas-Nord und Rhein-Waal.

Warum aber setzte der Verein 60 Jahre nach dessen Gründung mit dem Konzept *Grenzübergreifende räumliche Entwicklungsperspektive* nun einen weiteren Schwerpunkt auf die regionale Raumordnung? Immerhin handelt es sich eigentlich um eine Aufgabe der Landkreise, die mit regionalen Raumordnungsprogrammen den Ausbau von Gewerbegebieten oder die Ausweisung von Natur- und Wasserschutzgebieten steuern sollten. Um dies zu beantworten, bedarf es eines genaueren Blicks auf die wirtschaftliche Lage Ende der 1980er und 1990er Jahre. Erneut wurde die Wirtschaft durch eine Stahlkrise erschüttert, die bereits die Montanunion in den 1960er Jahren vor große Herausforderungen gestellt hatte. Auch Niedersachsen war mit seinen Stahlstandorten wie Georgsmarienhütte, Peine und Salzgitter durchaus davon betroffen. Und die Textilindustrie wanderte zunehmend ins billigere Ausland ab. Zudem brachten die deutsche Wiedervereinigung und das weitere Zusammenwachsen Europas durch die Grenzöffnung ab 1993 zwar viele neue Möglichkeiten, aber auch die Notwendigkeit der Anpassung an den wirtschaftlichen Strukturwandel mit sich.

»Die Angst, Niedersachsen könne seine Zukunft in Europa verpassen« raubte dem Niedersächsischen Innenminister Gerhard Glogowski (SPD) laut einem Zitat in der Hannoverschen Allgemeinen vom 29. August 1991 den Schlaf. »Ein Landkreis alleine habe in Brüssel nicht viel zu melden, also müsse man in größeren Zusammenhängen denken.« So wurde bereits 1990 im Koalitionsvertrag zwischen SPD und Bündnis 90/Die Grünen eine »Regionalisierung der Wirtschaftsförderung« festgeschrieben, die laut Wirtschaftsminister Dr. Peter Fischer (SPD) nicht »von oben herab«, sondern durch den freiwilligen Zusammenschluss von Landkreisen und kreisfreien Städten zu Wirtschaftsverbänden erfolgen sollte. Dabei sei man »neben der Mitarbeit auf kommunaler Ebene« auch auf die »Mitwirkung der wirtschaftspolitisch relevanten Institutionen wie Gewerkschaften, Kammern und Verbänden der Wirtschaft und den Umweltverbänden sowie der Hochschulen« angewiesen. Dezentralität und Kooperationen seien die wesentlichen Grundsätze der neuen Entwicklungsstrategie. Während ihm eher lockere Zusammenschlüsse in Vereinen und Verbänden vorschwebten, gingen Glogowskis Vorstellungen mit der Zusammenfassung der Kreise zu zehn Regionen deutlich weiter. Ganz getreu dem Motto der Zeit sollte auch in Niedersachsen zusammenwachsen, was zusammengehört. Bezüglich der Freiwilligkeit der Zusammenschlüsse war man sich aber einig. Jahrelange Debatten, wie bei der Verwaltungs- und Gebietsreform zwanzig Jahre zuvor, wollte man tunlichst vermeiden. Außerdem glaubte Glogowski, dass die Verlockungen der Brüsseler Fördertöpfe den Kommunen schon Anreiz genug sein würden. Dennoch setzten sich die Pläne der Landesregierung nicht flächendeckend durch. Im Göttinger Raum etablierte sich der Regionalverband Südniedersachsen e.V., der sich nach 25-jähriger Arbeit zur Bildungsregion Südniedersachsen e.V. weiterentwickelte. 2001 entstand als bislang bundesweit einmaliges Modell zur gemeinsamen Wahrnehmung von kommunalen Verwaltungsaufgaben ähnlich den Glogowski'schen Vorstellungen die Region Hannover. Im Nordwesten kooperieren seit 1993 die Stadt Osnabrück, die Landkreise Osnabrück, Emsland, Grafschaft Bentheim und Vechta sowie die Universität und die Hochschule Osnabrück, das in Quakenbrück ansässige Deutsche Institut für Lebensmitteltechnik e.V., die IHK sowie die Handwerkskammer Osnabrück-Emsland-Grafschaft Bentheim in der regionalen Wirtschaftsförderung der Region Osnabrück, Bentheim, Emsland Vechta, auch kurz O.B.E.-Initiative genannt. Durch die kooperative Struktur entspricht diese Initiative eher den oben beschriebenen Ideen des damaligen Wirtschaftsministers. Heute firmiert der Zusammenschluss unter dem Namen Strukturkonferenz Osnabrück e.V.

Auch in der EUREGIO wurden sowohl die Notwendigkeit als auch die Chancen erkannt, sich an die neue wirtschaftliche Lage anzupassen. So resümierte der Politikwissenschaftler Gerhard Wittkämper in seiner Rede zur Gründung der O.B.E., dass die Städte und Gemeinden angesichts der wachsenden Stärke Europas »europafähig« werden müssten. Schließlich machen Wirtschafts- und Finanzkrisen, der Klimawandel, steigende Energiepreise oder der demografische Wandel nicht an Grenzen halt.

Mit dem Konzept *Grenzübergreifende räumliche Entwicklungsperspektive* griff die EUREGIO zwar die Ideen der Niedersächsischen Landesregierung zum Ausbau der regionalen Wirtschaftsförderung auf, wollte aber deutlich »nicht in die Planungskompetenzen der Behörden eingreifen«, sondern diese mit Projekten »auf der Grundlage eigener grenzübergreifender räumlicher Entwicklungsperspektiven« unterstützen. Das Konzept sieht dabei drei Arbeitsschwerpunkte vor, die anhand der Grafik auf dem Deckblatt veranschaulicht werden sollten: Die Förderung der Siedlungsentwicklung (rote Punkte) zum Beispiel durch die Erhaltung lebendiger Innenstädte, das Vorantreiben der Mobilitätsentwicklung (blaue Pfeile) wie die Stärkung umweltverträglicher Verkehrsträger und die Unterstützung der landschaftsbezogenen Entwicklung (grüne Pfeile) etwa durch die Förderung von Kultur- und Freizeitangeboten. So war die EUREGIO seit 1995 neben den ansässigen Kommunen maßgeblich an den Gesprächen zum Ausbau der IC-Strecke zwischen Amsterdam und Berlin beteiligt und unterstützt seit 2018 das grenzüberschreitende Kunst- und Kulturprojekt taNDem, bei dem deutsche und niederländische Kunst- und Kulturschaffende zusammengebracht und deren Projekte finanziell gefördert werden. Außerdem berät sie die Behörden bei der Umsetzung von grenzübergreifenden Projekten im Rahmen des 1996 von der EU verabschiedeten Förderprogramms INTERREG. Erklärtes Ziel ist es, gemeinsame »Antworten auf die schnellen wirtschaftlichen und technologischen Strukturveränderungen, eine zunehmende Verkehrsnachfrage und strengere Anforderung auf dem Gebiet der Umwelt […]« zu entwickeln.

Auf den ersten Blick scheint die Abbildung auf dem Deckblatt ein Wirrwarr aus Punkten und Pfeilen zu sein. Bei genauerer Betrachtung zeigt sich aber die enge Vernetzung der Grenzregionen und deren Potenziale. Bis heute spielt die Förderung von Wirtschaft und Kultur eine wichtige Rolle in der regionalen Strukturförderung Niedersachsens. Die EUREGIO war dabei stets ein starker Partner, von dem der Nordwesten des Landes seit mehr als 60 Jahren profitiert.

Anna Philine Schöpper

Benutzte Archivalien
NLA OS Dep 104 I Akz. 2011/094 Nr. 41, Nr. 75.

Literatur in Auswahl
BEUCKE 2012a; EUREGIO o.J.; HANNOVER o.J.; REGIONALVERBAND o.J.

Landesfrauenrat Niedersachsen e.V.
Zusammenschluß Niedersächsischer Frauenverbände und Frauengruppen gemischter Verbände

Stellungnahme zur Novellierung des Niedersächsischen Erwachsenenbildungsgesetzes

Der Landesfrauenrat Niedersachsen e.V. fordert die Fraktionen im Niedersächsischen Landtag auf, bei der Novellierung des Erwachsenenbildungsgesetzes folgende Punkte zu berücksichtigen:

- die **Förderung von Bildungsmaßnahmen zum Abbau geschlechtsspezifischer Benachteiligungen** im Gesetzeskatalog als förderbare Bildungsmaßnahmen festzuschreiben.

- Bildungsmaßnahmen, die auf die Übernahme **ehrenamtlicher Aufgaben** in unserer Gesellschaft abzielen, verstärkt zu fördern.

Begründung

Der Landesfrauenrat Niedersachsen e.V. vertritt als Interessenvertretung von 52 Frauenverbänden und -gruppen gemischter Verbände über 2,2 Millionen Frauen in Niedersachsen. Frauenverbände leisten einen wichtigen Beitrag für die Erwachsenbildung in Niedersachsen und damit zur Förderung der Chancengleichheit und Gleichberechtigung der Geschlechter. Diese wichtige Arbeit muß durch das Land Niedersachsen angemessen unterstützt werden.

1. Der Gesetzentwurf sieht unter § 4 (3) eine Kürzung des Kataloges der als gemeinwohlorientierten, förderungsfähigen Bildungsmaßnahmen gegenüber dem bestehenden Gesetz vor. Die mögliche Herausnahme des Ziels "Förderung von Bildungsmaßnahmen zum Abbau geschlechtsspezifischer Benachteiligungen" aus dem Gesetz stellt einen Rückschritt für die Politik der Chancengleichheit dar.

2. Angesichts der großen Bedeutung des Ehrenamtes für die Gesellschaft ist es dringend erforderlich, ehrenamtlich tätige Frauen für ihre Aufgaben angemessen vorzubereiten und auszubilden.

Hannover, 14.09.1999

Geschäftsstelle: Johannsstr. 10 • 30159 Hannover • Tel.: (0511) 32 10 31 • Fax: (0511) 32 10 21

Stellungnahme zur Novellierung des Niedersächsischen Erwachsenenbildungsgesetzes vom Landesfrauenrat Niedersachsen e.V., Hannover, 14. September 1999 (NLA HA V.V.P. 91 Acc. 2008/116 Nr. 189).

72 »Lebenslanges Lernen«

Erwachsenenbildung in Niedersachsen

Mit dem steten Wandel unserer Gesellschaft verändern sich auch die Anforderungen an Beruf und Alltagsleben eines jeden Einzelnen. Dies erfordert eine persönliche Bereitschaft, sich den Herausforderungen eines lebenslangen Lernens zu stellen. 2001 hat die Europäische Union hierzu nachfolgende Definition festgelegt: »Lebenslanges oder lebensbegleitendes Lernen umfasst alles Lernen während des gesamten Lebens (von der Kindheit bis ins Alter), das der Verbesserung von Wissen, Qualifikationen und Kompetenzen dient und persönlichen, gesellschaftlichen, sozialen bzw. beschäftigungsbezogenen Perspektiven folgt.« Bildungspolitisch bedeutet dies, dass inhaltliche Schwerpunkte für nationale und internationale Bildungsprogramme zu setzen sind. Auf europäischer Ebene sind dafür insgesamt sechs Programme ins Leben gerufen worden, die lebensbegleitendes Lernen in jeder nur erdenklichen Lebenslage fördern sollen. Es gibt vier Programme, die auf einzelne Bildungsbereiche und Altersgruppen zugeschnitten sind: Schulbildung, Hochschulbildung, berufliche Bildung, Erwachsenenbildung. Diese werden durch zwei weitere Programme ergänzt, die Querschnittsprogramme (u.a. Sprachen erlernen) sowie Forschungsvorhaben und Lehrangebote im Bereich der europäischen Integration beinhalten.

Die Erwachsenenbildung als Teil des lebenslangen Lernens ist keine bildungspolitische Idee des 21. Jahrhunderts. Nach 1945 löste der Begriff »Erwachsenenbildung« den Begriff der »Volksbildung« ab. Im Nachkriegsdeutschland mussten auch in Niedersachsen im Bereich der Erwachsenenbildung neue Strukturen geschaffen werden. Im Niedersächsischen Kultusministerium war zunächst nur ein Referent für Erwachsenenbildung für die Koordinierung dieser Bildungsaufgabe zuständig. Als erster Referent übernahm Heiner Lotze diese Funktion, ihm folgte von 1959 bis 1974 Dietrich Kreikemeier, der maßgeblich am Aufbau rechtlicher und inhaltlicher Strukturen für die niedersächsische Erwachsenenbildung beteiligt war. In den 1960er Jahren wurden erste Pläne entwickelt, rechtliche Grundlagen für die Erwachsenenbildung in Niedersachsen zu konzipieren. Am 23. Januar 1970 war mit der Verabschiedung des Gesetzes zur Förderung der Erwachsenenbildung durch den Niedersächsischen Landtag dieses Ziel erreicht. Als erstes Bundesland in der (alten) Bundesrepublik hatte Niedersachsen eine entsprechende gesetzliche Grundlage geschaffen. Weitere Bundesländer folgten, lediglich Berlin und Hamburg verfügen bis heute über kein Erwachsenenbildungsgesetz.

Zu Beginn der 1980er Jahre war eine erste Novellierung des niedersächsischen Erwachsenenbildungsgesetzes vorgesehen. Bereits im Vorfeld dieser Gesetzesnovellierung gab im Herbst 1979 der Niedersächsische Minister für Wissenschaft und Kunst Prof. Dr. Eduard Pestel die Anregung, die in Niedersachsen praktizierte Erwachsenenbildung einer analytischen Bewertung zu unterziehen. Daraufhin wurde eine Gutachterkommission berufen, die für den Zeitraum von 1970 bis 1981 Entwicklung und Praxis der Erwachsenenbildungsträger sowie die Auswirkungen des Erwachsenenbildungsgesetzes auf die niedersächsische Erwachsenenbildung begutachtete. Die Kommissionsmitglieder kamen im Rahmen ihrer Analyse zu einem durchweg positiven Ergebnis. So war die finanzielle Förderung der Erwachsenenbildungsträger sowohl durch das Land Niedersachsen als auch durch kommunale Körperschaften stetig angewachsen, wenngleich sie bei der Gewichtung der Finanzhilfen noch Verbesserungen einforderten. Die Professionalität – vor allem hauptamtlicher – Dozenten an Erwachsenenbildungseinrichtungen hatte sich im Untersuchungszeitraum deutlich verbessert, wozu entsprechende Studiengänge für Erwachsenenbildung an Universitäten und Hochschulen beigetragen hatten. Auch in der Erwachsenenpädagogik und Didaktik des Erwachsenenlernens konnten die Kommissionsmitglieder wesentliche Veränderungen und positive Weiterentwicklungen belegen. Auch blieben Unabhängigkeit und Selbstverwaltung der verschiedenen Träger der Erwachsenenbildung durch das Erwachsenenbildungsgesetz gewahrt. Die gesetzlichen Regelungen ermöglichten ausreichend Spielraum und Flexibilität für besondere Projekte, die für einzelne Bevölkerungsgruppen angeboten wurden, z. B. Kurse für Seniorinnen und Senioren, Orientierungskurse für arbeitsuchende Frauen, Kurse zum Lesenlernen im Erwachsenenalter, Vorbereitungskurse zum Nachholen von Schulabschlüssen. Die Gutachterkommission kam abschließend zu dem Fazit, dass sich das niedersächsische Erwachsenenbildungsgesetz bisher bewährt habe.

In den folgenden Jahren nahm der Einfluss der Erwachsenenbildungsorganisationen auf die weitere Ausgestaltung des Erwachsenenbildungsgesetzes zu. Das zeigen nicht nur die Schriftwechsel zwischen den unterschiedlichen Einrichtungen der Erwachsenenbildung und den staatlichen Institutionen wie dem Niedersächsischen Kultusministerium. Auch die in der Abteilung Hannover des Landesarchivs archivierten Unterlagen des Landesfrauenrats Niedersachsen e.V. weisen aus, welche Bedeutung diesem Gesetz beigemessen wurde. Der Landesfrauenrat, gegründet 1970, hatte sich von Anbeginn seiner Aktivitäten um die Verwirklichung des grundgesetzlich verankerten Gleichheits- und Gleichberechtigungsgebotes sowie um die Stärkung des Einflusses von Frauen in Politik, Wirtschaft und Gesellschaft bemüht. Als 1999 die Novellierung des Niedersächsischen Erwachsenenbildungsgesetzes anstand, nahm auch der Landesfrauenrat dazu Stellung (Abb.). Er forderte die Berücksichtigung einer angemessenen *Förderung von Bildungsmaßnahmen zum Abbau geschlechtsspezifischer Benachteiligungen*. Außerdem sollten Bildungsmaßnahmen, die *auf die Übernahme ehrenamtlicher Aufgaben in unserer Gesellschaft abzielen*, verstärkt gefördert werden. Der Landesfrauenrat begründete diese Forderungen mit der *Förderung von Bildungsmaßnahmen zum Abbau geschlechtsspezifischer Benachteiligungen* und *einer Förderung der Chancengleichheit und Gleichberechtigung der Geschlechter*. Auch das Ehrenamt, das vorrangig von Frauen wahrgenommen werde, sollte nach Wunsch des Landesfrauenrats stärker im Erwachsenenbildungsgesetz verankert werden. *Angesichts der großen Bedeutung des Ehrenamtes für die Gesellschaft ist es dringend erforderlich, ehrenamtlich tätige Frauen für ihre Aufgaben angemessen vorzubereiten und auszubilden.* Die Forderungen des Landesfrauenrats sind im Rahmen der Novellierung des Niedersächsischen Erwachsenenbildungsgesetzes im neu formulierten §8 Abs. 3 umgesetzt worden: »Bildungsmaßnahmen, die den besonderen gesellschaftlichen Erfordernissen entsprechen, sind u.a. Maßnahmen zum Abbau geschlechtsspezifischer Benachteiligungen sowie der Qualifizierung zur Ausübung von Ehrenämtern und freiwilligen Diensten.« Dieses Beispiel illustriert, dass Einrichtungen der Erwachsenenbildung Möglichkeiten hatten, Einfluss auf die Weiterentwicklung des Erwachsenenbildungsgesetzes zu nehmen, und dass ihre Anliegen Berücksichtigung fanden.

Nicht zuletzt deshalb hat sich das niedersächsische Gesetz zur Förderung der Erwachsenenbildung bewährt. Das Gesetz ist bis heute ein kleines, aber wichtiges und wirksames Instrument für die Leistungskraft und den Erfolg der niedersächsischen Bildungspolitik unter der Prämisse des lebenslangen Lernens. Es bildet den rechtlichen Ordnungsrahmen für die Vielfalt an Einrichtungen der Erwachsenenbildung, die sich seit 1945 immer mehr ausdifferenziert hat. Doch lässt sich die positive Entwicklung im Bereich des lebenslangen Lernens nicht nur auf das niedersächsische Erwachsenenbildungsgesetz und dessen Umsetzung zurückführen. Auch die Bildungsbereitschaft innerhalb der Gesellschaft und damit die Nachfrage nach Kursen und Programmen im Bildungssegment der Erwachsenenbildung hat über die Jahre stetig zugenommen. Mit einem breiten Spektrum an erwachsenenspezifischen Themen und Konzepten haben sich die niedersächsischen Einrichtungen der Erwachsenenbildung bis heute dem im Erwachsenenbildungsgesetz verankerten Bildungsauftrag verschrieben. Sie stehen allen Menschen offen und bieten an individuellen Bedürfnissen und gesellschaftlichen Erfordernissen orientierte Bildungsangebote.

Petra Diestelmann

Benutzte Archivalien
NLA HA V.V.P. 91 Acc. 2008/116 Nr. 189.

Literatur in Auswahl
Knoll/Pöggeler/Schulenberg 1983; Landesverband 1980; Raapke 1995.

Deutschland ist nicht BSE frei

Nur drei Tage später platzte diese Illusion bundesweit. Mit dem Auftreten des ersten BSE-Falles in Schleswig-Holstein sind über Jahrzehnte gewachsene Strukturen der Landwirtschaft, der Ernährungs- und Futtermittelindustrie in der Bundesrepublik sowie auch unser Verbraucherverhalten infrage gestellt worden. Eingestehen müssen wir wohl, dass unser Vertrauen in die Experten, BSE würde bei seiner Reise durch Europa die Bundesrepublik aussparen oder gar vergessen, Schiffbruch erlitten hat. Unsere Vorkehrungen und unsere administrativen Schutzwälle der letzten Jahre haben die Ausbreitung von BSE auch in Deutschland nicht abhalten können. Die entschiedenen Aussagen und Feststellungen von Politikern, Wissenschaftlern und Verbandsvertretern, die Bundesrepublik sei BSE-frei, entsprachen wohl mehr den Wunschvorstellungen, denen wir – jedenfalls zum Teil – nur zu gerne getraut haben.

Wir müssen uns neu orientieren

Die Konsequenzen und Folgewirkungen, die sich nun bereits abzeichnen, verlangen von uns Neuorientierung und Veränderungsprozesse. Sie werden uns – da bin ich sicher – viele Jahre begleiten. Die Lernbereitschaft unserer Gesellschaft – das zeigt auch die Geschichte der Bundesrepublik – orientiert sich nicht selten an derart schmerzlichen Ereignissen und Vorfällen. Ich hoffe, dass uns der 24. November 2000 über lange Jahre ein Mahntag bleiben wird, der uns zeigt, wie verletzbar unsere Gesellschaft mit ihrem Fortschrittsoptimismus letztlich doch bleibt.

Dieser Tag hat uns auch die Erkenntnis gebracht, wie sehr wir bei unserem Streben, Zukunft zu gestalten, darauf angewiesen sind, alle gesellschaftlichen Kräfte immer wieder einzubeziehen. Kritische Geister bei Entscheidungsprozessen mehr zu berücksichtigen sollte künftig im Rahmen des Wettbewerbs der Ideen und Konzepte Politikalltag werden.

Viele haben vor dieser Entwicklung gewarnt, wenige haben ihnen zugehört.

Betroffene der Krise

Betroffen sind von der BSE-Krise zum einen die Landwirte. Sie tragen die Folgewirkungen einer Krise, die sie persönlich nicht zu verantworten haben. Für ihre Proteste, mit denen sie auf ihre existenziellen Sorgen hinweisen und ihren massiven Ärger ausdrücken, habe ich jedenfalls Verständnis, auch wenn die Landesregierung allein nicht in allen Fragen Abhilfe leisten kann.

Betroffen sind aber auch alle Verbraucherinnen und Verbraucher. Bei all den Diskussionen über Maßnahmen, die bereits eingeleitet worden sind oder eingeleitet werden, und die Probleme der Landwirtschaft darf nicht aus den Augen verloren werden, dass wir, die Menschen, und unsere Gesundheit durch BSE bedroht werden. Alle Anstrengungen müssen darauf gerichtet sein, zu verhindern, dass Menschen durch BSE-nahe Krankheiten wie die Creutzfeldt-Jakob-Krankheit infiziert werden. Die ersten Erkrankungen in Großbritannien und Frankreich lassen ein Ausmaß der Krise erkennen, das wir alle gemeinsam abwenden müssen. Verbraucherschutz und Erzeugerschutz bilden dabei untrennbare Aufgabenbereiche. Sie sind zwei Seiten ein und derselben Medaille.

Die Krise als Chance

Die Landesregierung sieht die BSE-Krise als Anlass, aber auch als Chance, Grundsatzpositionen bei der Erzeugung sowie der Ver- und Bearbeitung von Nahrungsmitteln kritisch zu überprüfen und die notwendigen Veränderungen vorzunehmen.

Die Vorfälle zu BSE haben auch Schattenseiten unseres Zusammenlebens sichtbar werden lassen. Jede wirksame Regelung, jede Vereinbarung, jede Absprache und jedes Gesetz findet ihre bzw. seine Grenzen, wenn sich die Beteiligten, um Gewinnspannen wuchern zu lassen, nicht an diese Verabredungen und Gesetze halten. Falsch deklarierte Lebensmittel, unzulässige Beimischungen von billigen Inhaltsstoffen in Lebensmitteln und ein grauer Arzneimittelmarkt, der illegal Hormone, Impfstoffe und Antibiotika letztlich in die Nahrungsmittelkette einbringt, sind nur einige Überschriften der letzten Tage und Wochen.

Der jetzt erst bekannt gewordene – oder nochmals bekannt gewordene, muss man wohl sagen – illegale Handel und Einsatz von Medikamenten in der Schweinezucht in Niederbayern wird leider nicht der letzte Vorfall sein, der öffentlich gemacht wird. Dies alles lässt Misstrauen der Verbraucherinnen und Verbraucher zu Recht anwachsen.

Wir haben bislang keine Hinweise darauf, dass Niedersachsen in dieser Affäre involviert ist. Anders als in Bayern haben wir bereits im Oktober 1996 einen Rückstandskontrolldienst eingerichtet, der aktuelle Rückstandsdaten auswertet, überörtliche und zielgerichtete Überwachungsaktionen organisiert und notfalls die Staatsanwaltschaft einschaltet.

Prävention statt Medikamente

Ich halte es allerdings für einen besseren Ansatz, präventiv die Tiergesundheit durch Verbesserung der Haltungsbedingungen und nicht durch den Einsatz von Medikamenten zu gewährleisten.

Wir haben mit einem Programm hierzu in den letzten Jahren begonnen und festgestellt, dass hier auch bei den betroffenen Landwirten eine rege Nachfrage gibt. Unsere Forderung ist allerdings, die Antibiotika in den Futtermitteln zu verbieten.

Wir hoffen, dass diese alte niedersächsische Forderung vom Bund gegenüber der Europäischen Union endlich durchgesetzt wird.

In der Vergangenheit haben wir mit dieser Forderung bislang keinen Erfolg gehabt. Wenn man sich z. B. vorstellt, dass Veterinäre anders als in der Humanmedizin mit Arzneimitteln und Medikamenten handeln dürfen, dann liegt es doch nahe, dass bei bestimmten Veterinären ein wirtschaftliches Interesse daran besteht – wie man in Niederbayern gesehen hat -, diese Arzneimittel vorbeugend und in relativ großen Mengen in die Futtermittel zu

---

Regierungserklärung (publizierte Fassung) von Ministerpräsident Sigmar Gabriel vom 24. Januar 2001, S. 2 und 3 (NLA HA Nds. 50 Acc. 2016/68 Nr. 6).

73 | BSE und die Folgen

Wie die Agrarwende ins Agrarland Nr. 1 kam

Als am 22. November 2000 im schleswig-holsteinischen Itzehoe eine vier Jahre alte Kuh geschlachtet wurde, bei der ein Schnelltest den Verdacht auf eine Erkrankung an der bovinen spongiformen Enzephalopathie bestätigte, war dies der Ausgangspunkt einer Neuorientierung der Agrarpolitik, die bis heute mit dem Begriff »Agrarwende« überschrieben wird. Die Rinderkrankheit, besser bekannt unter ihrer Abkürzung BSE, häufig auch als »Rinderwahn« bezeichnet, befällt vor allem das zentrale Nervensystem von Hausrindern. Die Zerstörung des Gehirngewebes äußert sich bei den Betroffenen durch motorische Störungen und Verhaltensveränderungen. Mit der epidemiologischen Diagnose wurde offenbar: Deutschland hatte seinen ersten BSE-Fall. Die Rinderseuche war zu dieser Zeit keineswegs unbekannt. Ihre Verbreitung in Großbritannien zu Beginn der 1990er Jahre füllte auch die Schlagzeilen deutscher Zeitungen. Bis dahin war die deutsche Landwirtschaft von der Krankheit verschont gewesen. Sowohl in Schleswig-Holstein als auch in anderen Bundesländern, in denen sich in den folgenden Wochen die Berichte über BSE-Fälle häuften, wurde indes schnell reagiert, wusste man doch um mögliche Infektionswege – in erster Linie die Verfütterung infektiösen Tiermehls – und um die bestehende Gefahr einer Zoonose und der Erkrankung an nvCJD, einer Variante der tödlichen Creutzfeldt-Jakob-Krankheit, bei Menschen, die infiziertes Rindfleisch konsumieren.

Die BSE-Krise war eines der die bundesdeutsche Politik des Jahres 2001 bestimmenden Themen und eine Bewährungsprobe für die von Kanzler Gerhard Schröder geführte Bundesregierung, die sich nach ihrer Bildung 1998 einer Neuausrichtung der Agrarpolitik verschrieben hatte – eine Umorientierung, die aufseiten der Oppositionsparteien und vieler Landwirte und deren Lobbyverbände auf weitgehende Vorbehalte stieß. In der am 20. Oktober 1998 geschlossenen Koalitionsvereinbarung zwischen SPD und Bündnis 90/Die Grünen, die die Grundlage für die erste rot-grüne Zusammenarbeit auf Bundesebene bildete, setzten die Bündnispartner neue Akzente durch eine angestrebte ökologische Modernisierung und eine Neuausrichtung der 1957 in den Römischen Verträgen verankerten europäischen Agrarpolitik, die nach der Hungererfahrung nach dem Zweiten Weltkrieg Einkommenssicherheit für Produzenten und Versorgungssicherheit für Verbraucher als vorrangige Ziele verfolgt hatte. In dem Abschnitt »Ländliche Räume stärken – Landwirtschaft sichern« umrissen die Koalitionspartner einen Kurswechsel, der im Rahmen einer Reform der Gemeinsamen Agrarpolitik der Europäischen Union unter anderem eine Grünlandprämie und einen Ausbau des ökologischen Landbaus umfassen sollte. Auch Maßnahmen zum Tierschutz wurden angekündigt. Nicht zuletzt wies die Vereinbarung eine deutliche Hinwendung der Agrarpolitik zu einer Politik des Verbraucherschutzes auf – eine Schwerpunktverlagerung, die nach dem Übergang des Landwirtschaftsministeriums auf Renate Künast Anfang 2001 auch in einem Neuzuschnitt des Ressorts zum Ausdruck kam. Auf ihre Initiative und als Reaktion auf die BSE-Krise wurden das Ministerium in »Bundesministerium für Verbraucherschutz, Ernährung und Landwirtschaft« umbenannt und der wissenschaftliche Beirat beim Ministerium neu geordnet. Wenngleich die BSE-Krise in erster Linie ein Problem der Futtermittelwirtschaft war, so stellte sie doch eine Art Katalysator für einen fundamentalen Wandel der bundesdeutschen und niedersächsischen Agrarpolitik dar, die über Verbraucherschutzfragen hinaus auch Strukturen und Funktionen landwirtschaftlicher Betriebe und Fragen der Tiergerechtigkeit in den Blick nahm und einen neuen, von partizipativen Elementen getragenen Politikstil zu etablieren suchte.

In Niedersachsen – von Ministerpräsident Sigmar Gabriel nicht ohne Stolz als »Agrarland Nr. 1« bezeichnet – führte die BSE-Krise zu einer Reihe grundlegender Maßnahmen. Seine Regierungserklärung vom 24. Januar 2001 (Abb.) kündigte nicht weniger als eine »Neuausrichtung des Verbraucherschutzes und der Agrarpolitik in Niedersachsen« an und stand doch unverkennbar unter dem Eindruck der Ereignisse der vorangegangenen zwei Monate. Mehr noch als das öffentliche Dokument selbst spiegeln die zahlreichen, intern abgestimmten Entwurfsfassungen der Regierungserklärung, die sich in der entsprechenden Akte der Staatskanzlei finden, die Unsicherheit im Umgang mit dem für alle Akteure weitgehend neuen Thema und in der Kommunikation mit der kritischen Öffentlichkeit wider. Gabriel räumte eine Reihe von Fehlentwicklungen ein – die Überproduktion von Rindern und tierlicher Produkte, der illegale Einsatz von Medikamenten in Mastbetrieben, falsch deklarierte Lebensmittel. Ausdrücklich schloss er sich den Initiativen auf Bundesebene an und forderte ein Verbot von Antibiotika in der Tiermast, ein Existenzsicherungsprogramm für betroffene landwirtschaftliche Betriebe, den Aufbau einer Gen-Datenbank für Rinder und eine Stärkung und Bündelung von Forschung auf dem Gebiet der Tierseuchenbekämpfung. Dezidiert sprach er sich für ein geschlossenes Vorgehen in enger Abstimmung mit dem Bund und in enger Kooperation mit anderen EU-Staaten aus, insbesondere mit Blick auf die Beteiligung an Nothilfeprogrammen und das dauerhafte Verfütterungsverbot von Tiermehl. Für den 1. Juli 2001 kündigte er die Einrichtung des Landesamtes für Verbraucherschutz und Lebensmittelsicherheit (LAVES) sowie die Einsetzung eines Beirates mit Vertretern aus den Interessengruppen Konsumenten, Erzeuger und Wissenschaft an und erweiterte damit die Sicht auf landwirtschaftliche Produkte um die Perspektive der Verbraucher. Das LAVES, das seinen Hauptsitz in Oldenburg hat, ist heute unter anderem für die Lebens- und Futtermittelüberwachung, Tierarzneimittelüberwachung, Tierseuchenbekämpfung, Marktüberwachung sowie den ökologischen Landbau in Niedersachsen zuständig.

Am Ende seiner Regierungserklärung sprach sich der Ministerpräsident für einen »grundsätzlichen Paradigmenwechsel, […] eine Änderung der Denkmuster, […] einen Wandel in der Agrarpolitik« aus, dessen Kernidee eine Ausdehnung der ökologisch bewirtschafteten Flächen in Niedersachsen bei gleichzeitiger Koexistenz und Kooperation mit der konventionellen Landwirtschaft war. Neben der Einführung einer Grünlandprämie kündigte Gabriel die Bereitstellung von Fördermitteln und die Durchführung von Informations- und Unterstützungskampagnen an. Mit dem Ziel einer Ausweitung des ökologischen Landbaus (von damals 1,6 Prozent) auf 10 Prozent der landwirtschaftlich bearbeiteten Fläche im Jahr 2008 sollte Niedersachsen nach dem Willen der SPD-geführten Landesregierung künftig eine Vorreiterrolle in Deutschland einnehmen.

Die verbreitete Angst vor der tödlichen Creutzfeldt-Jakob-Krankheit führte zu einem Rückgang der Rindfleischproduktion in Deutschland und in Niedersachsen. Während im Jahr 2000 627.992 Rinder in Niedersachsen gewerblich getötet wurden, waren es im darauffolgenden Jahr mit 618.319 Tieren 1,5 Prozent weniger. Mit dem Ziel der Stabilisierung des Fleischmarktes plante die Bundesanstalt für Landwirtschaft und Forsten den Ankauf von 400.000 Rindern und deren Schlachtung und Vernichtung im Rahmen eines Massenschlachtprogramms der EU. Die unter Politikern, aber auch in der Bevölkerung verbreiteten Widerstände gegen diese Pläne richteten sich teils gegen die mit den Schlachtungen verbundenen enormen Kosten, teils beruhten sie auf ethischen Bedenken. Damals wie heute sind verlässliche BSE-Testergebnisse nur auf der Grundlage von Schlachtproben möglich. Um also valide Erkenntnisse über die Verbreitung der Rinderseuche zu gewinnen, war und ist die Tötung und Untersuchung unter Verdacht stehender Rinder erforderlich. Aufgrund der bekannten Übertragungswege über infektiöses Futter erschien indes die Schlachtung weit größerer Rinderzahlen und damit die prophylaktische Tötung ganzer Herden bzw. Kohorten angezeigt. Die bis zur BSE-Krise durchaus übliche, gleichwohl bereits vorher kritisch bewertete Verfütterung von Tiermehl, das als Hauptübertragungsweg der Rinderseuche identifiziert worden war, an Wiederkäuer ist seit 2001 EU-weit endgültig verboten und kommt heute in der Rindermast offiziell nicht mehr zum Einsatz.

Mittels der konsequenten Durchführung von Tests und Maßnahmen in den Bereichen Tierfuttererzeugung und Tierverwertung gelang es, den BSE-Erreger zurückzudrängen. Heute tritt die Rinderseuche nur noch sporadisch und ohne erkennbare Infektionsketten auf. Geblieben sind ein verstärktes Verbraucherbewusstsein und entsprechende Lebensmittelüberwachungen.

Die BSE-Krise zu Beginn des 21. Jahrhunderts hatte die Option eines umfassenden politischen, institutionellen, agrarwirtschaftlichen und gesellschaftlichen Wandels eröffnet, dem infolge der Integration in die europäische Agrarpolitik allerdings enge Grenzen gesetzt waren. Seitdem sank die Zahl der in Niedersachsen gewerblich durchgeführten Rinderschlachtungen um insgesamt 7,2 Prozent. Die Zahl der Schlachtungen aller »Nutztiere« (ausgenommen Vögel und Fische) stieg in demselben Zeitraum um 53 Prozent; im Jahr 2018 starben in Niedersachsens Schlachthäusern 341.544.854 Tiere.

Zwanzig Jahre nach der BSE-Krise in Deutschland, die ein enormes öffentliches bzw. mediales Interesse nach sich gezogen hatte, erschütterte eine weitere Zoonose Gesellschaft, Wirtschaft und Politik. In die lebhafte öffentliche Diskussion um Ursachen und Wirkungen des SARS-CoV-2, das die weltweite Corona-Pandemie auslöste, mischt sich Kritik an der Fleischwirtschaft, deren Ökobilanz, politischen Verflechtungen sowie den in den Betrieben bestehenden Arbeitsbedingungen.

Niedersachsens Landwirtschaftsministerin Barbara Otte-Kienast kündigte Anfang 2020 an, die Zahl der ökologisch wirtschaftenden Betriebe, deren Anteil an der landwirtschaftlich bearbeiteten Fläche aktuell 4,1 Prozent beträgt, bis 2025 zu verdoppeln.

Regina Rößner

Benutzte Archivalien
NLA HA Nds. 50 Acc. 2016/68 Nr. 5, Nr. 6.

Literatur in Auswahl
Kluge 2005; Landwirtschaftsministerium o. J. a; Wiegand 2006.

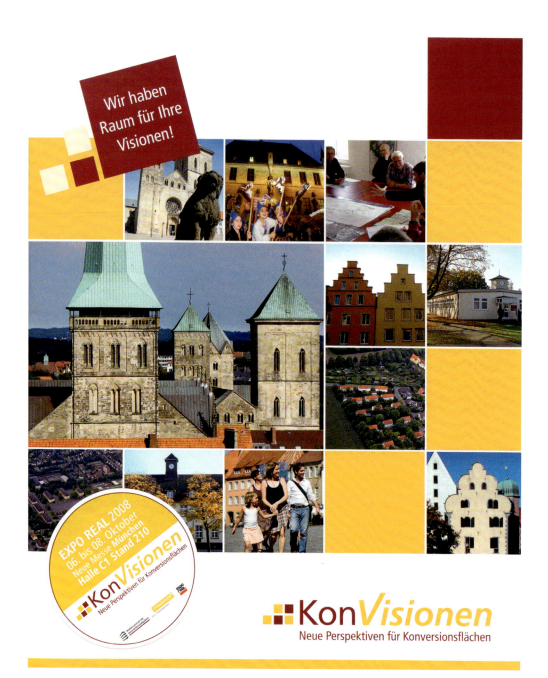

Titelblatt der Broschüre »KonVisionen«, mit der Stadt Osnabrück, WFO und BImA auf der Expo Real 2008 Investoren für die Konversion in Osnabrück umwarben (NLA OS Dep 3 c Akz. 2016/92 Nr. 3).

74 | »KonVisionen«

Abzug der britischen Streitkräfte und Konversion in Osnabrück

Am 4. April 1945 endete mit dem Einmarsch britischer Truppen der Zweite Weltkrieg in Osnabrück. Knapp 64 Jahre später, am 26. März 2009, wurde in der Imphal Kaserne am Limberg zum letzten Mal die britische Flagge eingeholt und die letzten britischen Soldaten verließen Osnabrück. Im Verlauf der dazwischenliegenden Jahre waren aus den Besatzern Freunde geworden und Osnabrück zeitweise mit rund 14.000 Soldaten die größte britische Garnison außerhalb des Vereinigten Königreichs – »Jeder zehnte Osnabrücker war ein Engländer.«

Nach dem Zweiten Weltkrieg unterhielt die British Army of the Rhine (BAOR) vor allem in Nordrhein-Westfalen, Schleswig-Holstein und Niedersachsen zahlreiche Militärstandorte. Erste Schließungen dieser Standorte erfolgten bereits in der zweiten Hälfte der 1950er Jahre mit der Gründung der Bundeswehr, die nun Verteidigungsaufgaben und zahlreiche Kasernen von den Briten übernahm (z. B. in Celle, Hannover, Hildesheim, Lüneburg und Oldenburg). Der Mauerfall 1989 und das damit einhergehende Ende des Kalten Krieges führten zu weiteren Truppenabzügen (z. B. in Soltau und Verden). Die letzten Standorte der britischen Streitkräfte in Niedersachsen, in Bergen-Hohne und Fallingbostel, wurden im Jahr 2015 geschlossen. Seit dem Jahreswechsel 2019/20 sind keine britischen Kampftruppen mehr in Deutschland stationiert.

Auch in Osnabrück hatte es seit der Wiedervereinigung Deutschlands wiederholt Gerüchte zur Reduzierung beziehungsweise zum Abzug der britischen Truppen aus Osnabrück gegeben, die sich 2006 schließlich bestätigten. In seiner Rede zum traditionellen Osnabrücker Handgiftentag am 2. Januar 2006 deutete der damalige Oberbürgermeister der Stadt Osnabrück Hans-Jürgen Fip erstmals einen möglichen Abzug der britischen Truppen an. Er rechnete mit einer vollständigen Aufgabe des Standorts bis spätestens 2015, sah darin jedoch auch Chancen für die Stadtentwicklung. Bereits ein halbes Jahr später war es dann offiziell, der vollständige Abzug der Briten aus Osnabrück war beschlossene Sache. Der Abzug sollte sogar schneller als vom Oberbürgermeister vermutet, bereits im Jahr 2009, abgeschlossen sein.

Mit dem Abzug der zu diesem Zeitpunkt ca. 2.650 in Osnabrück stationierten Soldaten und zivilen Mitarbeiter der britischen Streitkräfte sowie deren Familien verlor Osnabrück in den Jahren 2008 und 2009 nicht nur Einwohner und Kaufkraft, sondern auch 530 zivile Arbeitsplätze. Gleichzeitig wurden durch die Auflösung des Standorts Osnabrück im Stadtgebiet sechs Kasernen mit einer Fläche von insgesamt 160 Hektar sowie etwa 1.350 Wohnungen frei. Ein bis heute andauernder Konversionsprozess zur Umnutzung der militärischen Anlagen und Gebäude für zivile Zwecke begann.

Der Nachfolger Hans-Jürgen Fips als Oberbürgermeister der Stadt Osnabrück, Boris Pistorius, erklärte die Konversion zur Chefsache. In seiner Rede anlässlich des

Handgiftentags am 2. Januar 2008 sprach Boris Pistorius von dem Konversionsprozess als »rote[n] Faden für die Stadtentwicklung zumindest des kommenden Jahrzehnts«. Zusammen mit dem damaligen Stadtbaurat Wolfgang Griesert sowie dem Fachbereich Städtebau der Stadt Osnabrück übernahm er die Gesamtkoordination des Projektes. Zu diesem Zweck wurden eine Lenkungsgruppe und ein Projektausschuss Konversion gebildet, in denen neben der Stadtverwaltung auch die Bundesanstalt für Immobilienaufgaben (BImA), als Verwalterin der in dem Besitz der Bundesrepublik Deutschland befindlichen Grundstücke und Immobilien, das britische Verbindungsbüro, die Wirtschaftsförderung Osnabrück GmbH (WFO) und der Rat der Stadt Osnabrück vertreten waren. Außerdem versuchte die Stadt bereits frühzeitig, die Öffentlichkeit in Form von Informations- und Diskussionsveranstaltungen zu beteiligen.

So entstand von April bis August 2008 in einem städtebaulichen Planungs- und Beteiligungsprozess der »Perspektivplan Konversion«. Im Rahmen von Foren und Workshops entwickelten Vertreter aus Rat und Verwaltung der Stadt Osnabrück sowie diverse Experten zusammen mit Bürgerinnen und Bürgern der Stadt Osnabrück Ideen und Pläne für die frei gewordenen Kasernenflächen. Dieser »Perspektivplan Konversion« bildete dann die Grundlage für die Druckschrift *KonVisionen. Neue Perspektiven für Konversionsflächen*, mit der die Stadt Osnabrück zusammen mit der WFO und der BImA vom 6. bis 8. Oktober 2008 auf der Fachmesse für Immobilien und Investitionen Expo Real in München Investoren suchte, »die bereit sind, [für die frei gewordenen Kasernengelände] Visionen zu entwickeln und zur Realität werden zu lassen.« Eine Ausgabe dieser Broschüre (Abb.) befindet sich im Archiv der Stadt Osnabrück, das in der Abteilung Osnabrück des Niedersächsischen Landesarchivs deponiert ist. Da die Druckschrift schon bei der Erstellung für die Veröffentlichung vorgesehen gewesen war, kann sie bereits heute im Archiv eingesehen werden.

In dieser Broschüre präsentiert sich die Stadt Osnabrück als starker Wirtschaftsstandort mit zahlreichen Bildungs- und Kultureinrichtungen sowie guter Verkehrsanbindung im Nordwesten der Bundesrepublik Deutschland. Illustriert wird dies mit zahlreichen Fotos sowie Statistiken zur Bevölkerung, Wirtschaftskraft und Beschäftigung. Es folgt eine kurze Darstellung der bisherigen Ereignisse bezüglich des Abzugs der Briten und des beginnenden Konversionsprozesses. Bemerkenswert ist hierbei, dass zum Zeitpunkt der Fachmesse die Räumung der Kasernen mit der Übergabe der Quebec Barracks in Atter am 25. September 2008 gerade erst begonnen hatte. Die Übergabe der weiteren Kasernen war für die Monate Oktober 2008 bis März 2009 geplant. Insgesamt waren die einzelnen Areale sehr unterschiedlich, sowohl ihre Lage im Stadtgebiet als auch ihre Prägung durch die Topografie und die jeweils vorhandene Vegetation und Bebauung betreffend. Dementsprechend waren »auch die Nutzungsperspektiven für jeden Standort sehr differenziert« und »[d]iese Nutzungsperspektiven zu entwickeln […] die größte Herausforderung für die Stadtentwicklung in Osnabrück«.

Letztlich wurden die sechs Kasernenstandorte zusammen mit den in dem Planungs- und Beteiligungsprozess entstandenen Ideen und Entwicklungsmöglichkeiten vorgestellt: Für die Quebec Barracks in Atter/Eversburg sahen erste Überlegungen die Schaffung von Wohnraum, aber auch die Ansiedlung von Gewerbe, Dienstleistungs- und Freizeiteinrichtungen vor. Die drei zentrumsnahen Standorte am Westerberg (Belfast Barracks, Prestatyn Barracks und Woolwich Barracks) sollten aufgrund ihrer Nähe zum Hochschulareal vor allem für die Erweiterung der Universität und der Hochschule Osnabrück sowie in diesem Zusammenhang für die Ansiedlung eines Wissenschaftsparks und den Bau weiterer Wohnungen dienen. Die Roberts Barracks eigneten sich aufgrund ihrer Lage am Hafen besonders für Gewerbe und Dienstleistungsangebote. Der mit 70 Hektar Fläche größte Standort, die Mercer und Imphal Barracks am Limberg im Stadtteil Dodesheide, boten sich aufgrund der bereits vorhandenen Infrastruktur vor allem für Gewerbe, Sport- und Freizeiteinrichtungen an.

Zum Abschluss werden die rund 1.350 frei werdenden Wohnungen in den drei unterschiedlichen Wohnquartieren Westerberg, Sonnenhügel und Dodesheide präsentiert. Die Einzel-, Doppel- und Reihenhäuser waren überwiegend in den 1950er und 1960er Jahren erbaut worden. Gut die Hälfte der Wohneinheiten befand sich im Eigentum der Bundesrepublik Deutschland. Die übrigen Wohnungen, vor allem in Mehrfamilienhäusern in den Stadtteilen Atter, Dodesheide und Sonnenhügel, waren bereits Privateigentum.

Während die Wohnungen zügig durch die BImA verkauft werden konnten, wobei weniger der finanzielle Gewinn, sondern vor allem soziale Belange gerade junger Familien im Vordergrund standen, dauert die Konversion der Kasernengelände bis heute an. An den einzelnen Standorten ist der Prozess unterschiedlich weit fortgeschritten. Teilweise ist die Entwicklung bereits abgeschlossen (z.B. bei den Standorten am Westerberg), teilweise steht sie noch relativ am Anfang (z.B. in der Dodesheide).

Nach Abschluss des Konversionsprozesses dürfte ein Vergleich der tatsächlichen Nutzung der ehemaligen Kasernengelände mit den Ideen aus dem »Perspektivplan Konversion« und der Broschüre *KonVisionen. Neue Perspektiven für Konversionsflächen* interessant sein. Gleichzeitig ist zu erwarten, dass in den folgenden Jahren weitere aussagekräftige Unterlagen und Dokumente zu diesem Thema in das Archiv übernommen werden können.

Nina Koch

Benutzte Archivalien
NLA OS Dep 3 c Akz. 2016/92 Nr. 3; NLA OS Slg 100 III, Nr. 1381 (NOZ vom 25.7.2006, S. 15), Nr. 1459 (NOZ vom 7. und 9.10.2008, S. 17 bzw. 19), Nr. 1462 (NOZ vom 27.3.2007, S. 17).

Literatur in Auswahl
ELSOM 2008; HENRICHVARK 2013; NOZ 2006; NOZ 2007; OSNABRÜCK 2008; OSNABRÜCK 2020; POTTER 1992.

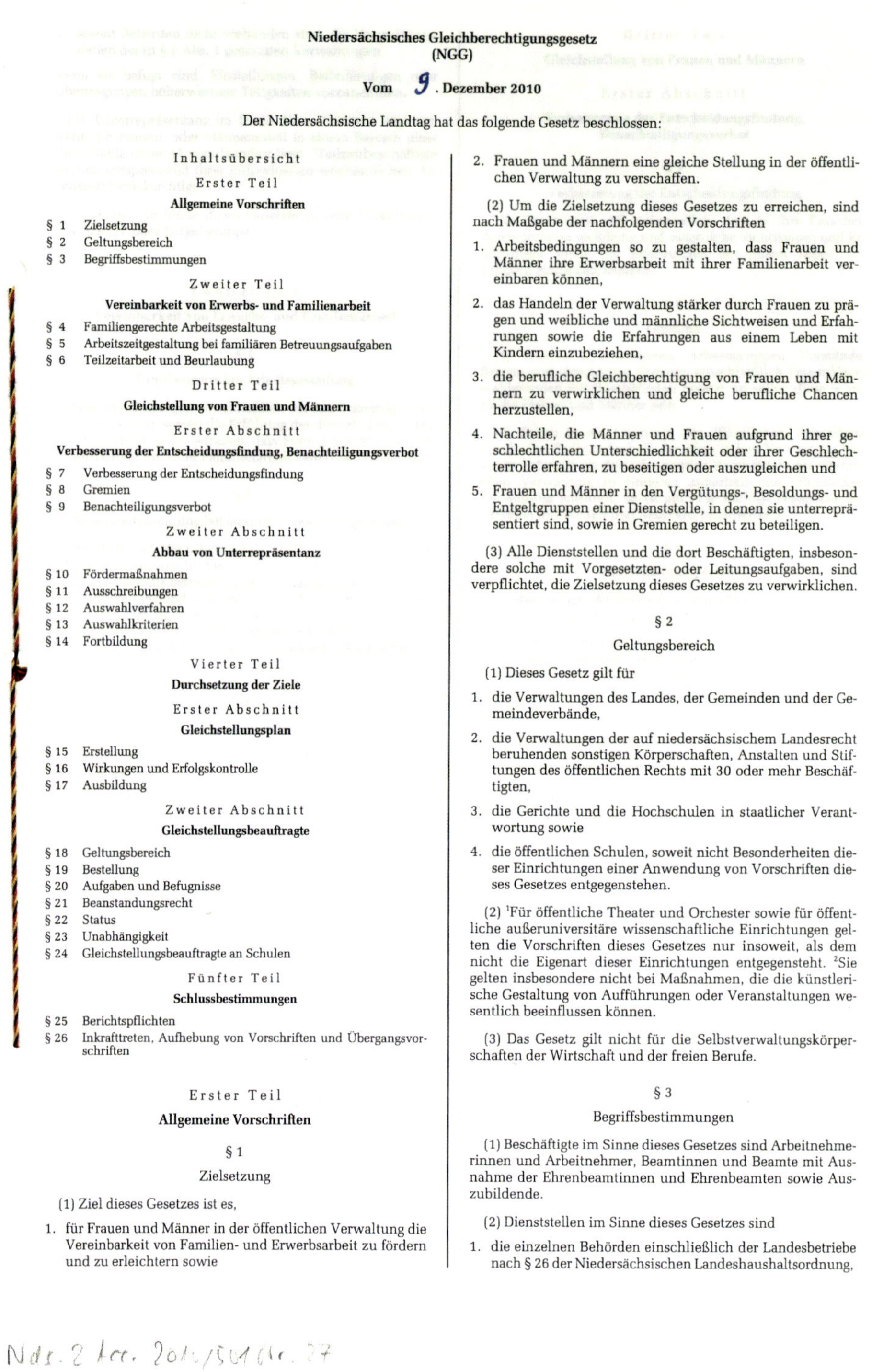

Niedersächsisches Gleichberechtigungsgesetz
(NGG)
Vom 9. Dezember 2010

Der Niedersächsische Landtag hat das folgende Gesetz beschlossen:

Inhaltsübersicht

Erster Teil
Allgemeine Vorschriften

§ 1 Zielsetzung
§ 2 Geltungsbereich
§ 3 Begriffsbestimmungen

Zweiter Teil
Vereinbarkeit von Erwerbs- und Familienarbeit

§ 4 Familiengerechte Arbeitsgestaltung
§ 5 Arbeitszeitgestaltung bei familiären Betreuungsaufgaben
§ 6 Teilzeitarbeit und Beurlaubung

Dritter Teil
Gleichstellung von Frauen und Männern

Erster Abschnitt
Verbesserung der Entscheidungsfindung, Benachteiligungsverbot

§ 7 Verbesserung der Entscheidungsfindung
§ 8 Gremien
§ 9 Benachteiligungsverbot

Zweiter Abschnitt
Abbau von Unterrepräsentanz

§ 10 Fördermaßnahmen
§ 11 Ausschreibungen
§ 12 Auswahlverfahren
§ 13 Auswahlkriterien
§ 14 Fortbildung

Vierter Teil
Durchsetzung der Ziele

Erster Abschnitt
Gleichstellungsplan

§ 15 Erstellung
§ 16 Wirkungen und Erfolgskontrolle
§ 17 Ausbildung

Zweiter Abschnitt
Gleichstellungsbeauftragte

§ 18 Geltungsbereich
§ 19 Bestellung
§ 20 Aufgaben und Befugnisse
§ 21 Beanstandungsrecht
§ 22 Status
§ 23 Unabhängigkeit
§ 24 Gleichstellungsbeauftragte an Schulen

Fünfter Teil
Schlussbestimmungen

§ 25 Berichtspflichten
§ 26 Inkrafttreten, Aufhebung von Vorschriften und Übergangsvorschriften

Erster Teil
Allgemeine Vorschriften

§ 1
Zielsetzung

(1) Ziel dieses Gesetzes ist es,

1. für Frauen und Männer in der öffentlichen Verwaltung die Vereinbarkeit von Familien- und Erwerbsarbeit zu fördern und zu erleichtern sowie

2. Frauen und Männern eine gleiche Stellung in der öffentlichen Verwaltung zu verschaffen.

(2) Um die Zielsetzung dieses Gesetzes zu erreichen, sind nach Maßgabe der nachfolgenden Vorschriften

1. Arbeitsbedingungen so zu gestalten, dass Frauen und Männer ihre Erwerbsarbeit mit ihrer Familienarbeit vereinbaren können,

2. das Handeln der Verwaltung stärker durch Frauen zu prägen und weibliche und männliche Sichtweisen und Erfahrungen sowie die Erfahrungen aus einem Leben mit Kindern einzubeziehen,

3. die berufliche Gleichberechtigung von Frauen und Männern zu verwirklichen und gleiche berufliche Chancen herzustellen,

4. Nachteile, die Männer und Frauen aufgrund ihrer geschlechtlichen Unterschiedlichkeit oder ihrer Geschlechterrolle erfahren, zu beseitigen oder auszugleichen und

5. Frauen und Männer in den Vergütungs-, Besoldungs- und Entgeltgruppen einer Dienststelle, in denen sie unterrepräsentiert sind, sowie in Gremien gerecht zu beteiligen.

(3) Alle Dienststellen und die dort Beschäftigten, insbesondere solche mit Vorgesetzten- oder Leitungsaufgaben, sind verpflichtet, die Zielsetzung dieses Gesetzes zu verwirklichen.

§ 2
Geltungsbereich

(1) Dieses Gesetz gilt für

1. die Verwaltungen des Landes, der Gemeinden und der Gemeindeverbände,

2. die Verwaltungen der auf niedersächsischem Landesrecht beruhenden sonstigen Körperschaften, Anstalten und Stiftungen des öffentlichen Rechts mit 30 oder mehr Beschäftigten,

3. die Gerichte und die Hochschulen in staatlicher Verantwortung sowie

4. die öffentlichen Schulen, soweit nicht Besonderheiten dieser Einrichtungen einer Anwendung von Vorschriften dieses Gesetzes entgegenstehen.

(2) ¹Für öffentliche Theater und Orchester sowie für öffentliche außeruniversitäre wissenschaftliche Einrichtungen gelten die Vorschriften dieses Gesetzes nur insoweit, als dem nicht die Eigenart dieser Einrichtungen entgegensteht. ²Sie gelten insbesondere nicht bei Maßnahmen, die die künstlerische Gestaltung von Aufführungen oder Veranstaltungen wesentlich beeinflussen können.

(3) Das Gesetz gilt nicht für die Selbstverwaltungskörperschaften der Wirtschaft und der freien Berufe.

§ 3
Begriffsbestimmungen

(1) Beschäftigte im Sinne dieses Gesetzes sind Arbeitnehmerinnen und Arbeitnehmer, Beamtinnen und Beamte mit Ausnahme der Ehrenbeamtinnen und Ehrenbeamten sowie Auszubildende.

(2) Dienststellen im Sinne dieses Gesetzes sind

1. die einzelnen Behörden einschließlich der Landesbetriebe nach § 26 der Niedersächsischen Landeshaushaltsordnung,

Abb. 1: Original des Niedersächsischen Gleichberechtigungsgesetzes (NGG) vom 9. Dezember 2010, erste Seite (NLA HA Nds. 2 Acc. 2010/501 Nr. 27).

75 | »Die Geduld der Landesregierung ist die Macht der Männer«

Das Niedersächsische Gleichberechtigungsgesetz (NGG)

»Die Achtung der Grundrechte, insbesondere die Verwirklichung der Gleichberechtigung von Frauen und Männern, ist eine ständige Aufgabe des Landes, der Gemeinden und Landkreise« lautet Art. 3 Abs. 2 Satz 3 der Niedersächsischen Verfassung (NV). 1993 wurde dieses Staatsziel in die Verfassung aufgenommen vor dem Hintergrund des Einigungsvertrags von 1990 und der Aufhebung des Nachtarbeitsverbots 1992, das 1994 in die Änderung von Art. 3 Abs. 2 Grundgesetz mündete. Daran anschließend entstanden auf Bundesebene 1994 das Frauenfördergesetz sowie entsprechende Ländergesetze. Mit dieser Gesetzgebung wurde das Ziel verfolgt, in der öffentlichen Verwaltung und bei öffentlichen Unternehmen Benachteiligungen von Frauen zu beseitigen und für mehr Vereinbarkeit von Familie und Beruf zu sorgen. Nach der ersten Welle der gesetzlich verankerten Frauenförderung folgten nach 2000 mit dem Einzug von Gender Mainstreaming als Strategie zur Herstellung von Chancengleichheit für Frauen und Männer – neuerdings auch für non-binäre Menschen – Gesetzesänderungen beim Bund und in den Ländern. Seither sind Gleichstellungsgesetze die Grundlage, um auf allen Hierarchieebenen des öffentlichen Dienstes den jeweiligen Anteil der Geschlechter anzugleichen.

Erst in den 1980er Jahren zeitigten politische Forderungen der neuen Frauenbewegung nach Umsetzung des seit der Gründung der Bundesrepublik Deutschland 1949 geltenden Verfassungsgrundsatzes »Frauen und Männer sind gleichberechtigt« in der öffentlichen Verwaltung gewisse Erfolge. 1981 war vom Land Niedersachsen das Institut »Frau und Gesellschaft« als gemeinnützige Gesellschaft mbH mit dem Auftrag gegründet worden, »durch Forschung, Öffentlichkeitsarbeit und wissenschaftliche Politikberatung zur Gleichberechtigung der Frau beizutragen und Wege zu ermitteln, wie die bestehenden Benachteiligungen verringert werden können« (Nds. LT Drs. 11/339). Das Institut wurde aus Mitteln des Landes, des Bundes und der Bundesländer Berlin und Rheinland-Pfalz finanziert und war organisatorisch beim Frauenreferat im Sozialministerium angesiedelt. Mit Einsetzung von Antonia Wigbers als erster Landesbeauftragten für Frauenfragen unter Ministerpräsident Albrecht (CDU) im Oktober 1986 ging die Zuständigkeit für das Institut an sie über. Drei Jahre später legte das Institut einen von Wigbers beauftragten Bericht über »Kommunale Gleichstellungsstellen und Frauenbeauftragte in Niedersachsen« vor, der als Diskussionsgrundlage zur Überprüfung der bisherigen organisatorischen Einbindung der Beauftragten bei der Personalauswahl und bei organisatorischen Maßnahmen dienen sollte. Denn in den Vorjahren waren bei niedersächsischen Kommunen trotz massiver Widerstände haupt- wie ehrenamtlich besetzte Frauen- oder Gleichstellungsstellen entstanden, die vielfach im Rahmen der kommunalen Selbstverwaltung auf Rats- oder Kreistagsbeschluss freiwillig eingerichtet worden waren. Vorreiterin war 1986

(2) In dem Bericht sind darzustellen

1. die Zahlenverhältnisse der Geschlechter und ihre Entwicklung
   a) in den einzelnen Bereichen (§ 3 Abs. 4) und
   b) in Gremien (§ 8),
2. die Inanspruchnahme von Regelungen zur Vereinbarkeit von Erwerbs- und Familienarbeit durch Frauen und durch Männer (§§ 4 und 5) und ihre Entwicklung,
3. die Altersstruktur der Beschäftigten in den einzelnen Bereichen (§ 3 Abs. 4) und ihre Entwicklung sowie
4. die bereits durchgeführten und die geplanten Maßnahmen zur Herstellung der Gleichberechtigung.

(3) Die Landesregierung hat zum 1. Juli 2013 dem Landtag darüber zu berichten, ob es angesichts der Entwicklung der tatsächlichen Verhältnisse angezeigt ist, auch männliche Gleichstellungsbeauftragte vorzusehen.

§ 26
Inkrafttreten, Aufhebung von Vorschriften und Übergangsvorschriften

(1) ¹Dieses Gesetz tritt am 1. Januar 2011 in Kraft. ²Gleichzeitig treten das Niedersächsische Gleichberechtigungsgesetz (nachfolgend: NGG 1994) vom 15. Juni 1994 (Nds. GVBl. S. 246), zuletzt geändert durch Artikel 2 des Gesetzes vom 11. Dezember 1997 (Nds. GVBl. S. 503), und die Verordnung über Schulfrauenbeauftragte vom 25. März 1998 (Nds. GVBl. S. 297) außer Kraft.

(2) ¹Bis zum Inkrafttreten von Gleichstellungsplänen nach § 15 bleiben entsprechende Stufenpläne nach § 4 NGG 1994, auch über die Frist nach § 4 Abs. 1 Satz 2 NGG 1994 hinaus, wirksam. ²Für diese Zeit ist § 5 NGG 1994 weiterhin anzuwenden.

(3) ¹Eine nach § 18 NGG 1994 bestellte Frauenbeauftragte wird, wenn sie gegenüber der für die Bestellung einer Gleichstellungsbeauftragten zuständigen Stelle ihr Einverständnis erklärt, Gleichstellungsbeauftragte. ²Ihre Amtszeit als Gleichstellungsbeauftragte beginnt an dem Tag, an dem sie ihr Einverständnis erklärt. ³Erklärt eine Frauenbeauftragte ihr Einverständnis nicht, so endet ihre Amtszeit mit dem Amtsantritt einer nach § 19 bestellten Gleichstellungsbeauftragten, auch wenn die Amtszeit nach § 18 Abs. 2 Satz 1 Halbsatz 1 NGG 1994 vorher oder später abläuft. ⁴Bis zu diesem Zeitpunkt behält die Frauenbeauftragte ihre bisherige Bezeichnung, führt ihr Amt jedoch mit den Rechten und Pflichten einer Gleichstellungsbeauftragten nach diesem Gesetz fort. ⁵In den Fällen des Satzes 3 ist innerhalb von drei Monaten nach Inkrafttreten dieses Gesetzes eine Gleichstellungsbeauftragte zu bestellen. ⁶Die Sätze 1 bis 5 gelten für die Vertreterinnen der nach § 18 NGG 1994 bestellten Frauenbeauftragten entsprechend.

Hannover, den 9. Dezember 2010

Der Präsident des Niedersächsischen Landtages

Hermann Dinkla

Das vorstehende Gesetz wird hiermit verkündet.

Der Niedersächsische Ministerpräsident

David McAllister

Abb. 2: Original des Niedersächsischen Gleichberechtigungsgesetzes (NGG) vom 9. Dezember 2010, letzte Seite mit den Unterschriften des Landtagspräsidenten Hermann Dinkla und des Ministerpräsidenten David McAllister (NLA HA Nds. 2 Acc. 2010/501 Nr. 27).

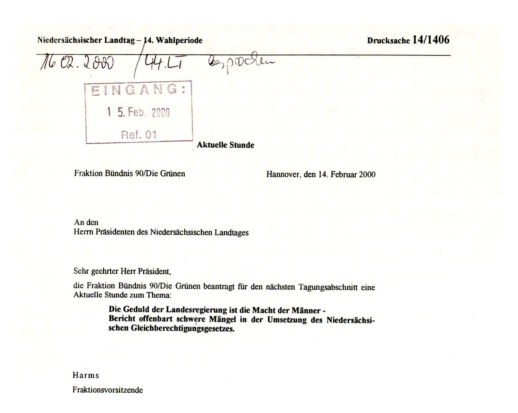

Abb. 3: Niedersächsischer Landtag, Drucksache 14/1406, 14. Februar 2000 (NLA HA Nds. 50 Acc. 2011/028 Nr. 73).

die Landeshauptstadt Hannover gewesen. 1989 gab es bereits insgesamt 94 Frauen- oder Gleichstellungsbeauftragte in 32 Landkreisen und kreisfreien Städten. Da eine spezielle Rechtsgrundlage noch fehlte, waren die Beauftragten in ihrer täglichen Arbeit aber mit erheblichen Unsicherheiten und Konflikten hinsichtlich ihrer Aufgaben, Kompetenzen und Arbeitsbedingungen konfrontiert.

Doch ab 1990 sollte sich unter der rot-grünen Landesregierung die Frauenförderung in der öffentlichen Verwaltung in Niedersachsen ändern. In seinem Regierungsprogramm formulierte Ministerpräsident Schröder (SPD) am 27. Juni 1990: »Wir wollen […] die wirkliche Gleichberechtigung von Frauen und Männern. Verengte Vorstellungen gerade in der Frauenpolitik müssen überwunden, die Emanzipationsinteressen und -ansprüche der Frauen müssen auch zu Emanzipationsinteressen der Männer werden.« Frauenpolitik wurde zur Querschnittsaufgabe erklärt und im öffentlichen Dienst sollten Frauen künftig »entsprechend ihrem Anteil an der Bevölkerung vertreten« sein, alle juristischen Personen des öffentlichen Rechts sollten hauptamtliche Frauenbeauftragte bestellen und auch die Gesetzes- und Amtssprache geschlechtergerecht angepasst werden. Mit Errichtung des Frauenministeriums unter Waltraud Schoppe (Die Grünen) am 26. Juni 1990 erhielt dieses Programm eine wesentliche Aufwertung und es wurde eine Dynamik von Gesetzesänderungen und

Maßnahmen zur Frauenförderung in Gang gesetzt.

Der erste Schritt erfolgte mit der eingangs zitierten Änderung der NV am 19. Mai 1993. Direkt anschließend wurden im Juni 1993 die Niedersächsische Landkreis- und Gemeindeordnung (NLO, NGO) geändert und für Kommunen mit mehr als 10.000 Einwohnerinnen und Einwohnern die Pflicht zur Bestellung einer hauptberuflich und weisungsunabhängigen Frauenbeauftragten eingeführt. Gegen diesen Auftrag legten zwar 45 Kommunen Verfassungsbeschwerde ein, weil sie darin einen Verstoß gegen Art. 57 Abs. 3 der NV und damit einen Eingriff in die kommunale Organisationshoheit sahen und außerdem die Übertragung dieser Pflichtaufgabe als unverhältnismäßig für den kommunalen Haushalt betrachteten. Der Niedersächsische Staatsgerichtshof wies die Klagen aber unter Verweis auf den seit 1993 geltenden Verfassungsrang dieser durch kommunale Frauenbeauftragte zu erfüllenden Aufgabe zurück. Dennoch rissen die Beschwerden von Kommunen nicht ab und waren mittelfristig auch erfolgreich. Eine weitere Änderung von NLO und NGO im Jahr 1996 sah nämlich die Verpflichtung zur Bestellung hauptberuflicher Gleichstellungsbeauftragter nur noch für Gemeinden ab 20.000 Einwohnerinnen und Einwohnern sowie kreisfreie Städte, große selbstständige Städte, die Landeshauptstadt Hannover und die Stadt Göttingen vor; eine neuerliche Novellierung 2006 fiel noch ungünstiger aus.

Parallel zu den Änderungen der Kommunalverfassungen trat ebenfalls gegen große Widerstände zum 1. Juli 1994 das erste Niedersächsische Gleichberechtigungsgesetz (NGG) in Kraft (Abb. 1 und 2). Es sollte dazu beitragen den Verfassungsauftrag des Grundgesetzes (Art. 3 Abs. 2 Satz 2) und Art. 3 Abs. 2 Satz 3 NV in der öffentlichen Verwaltung umzusetzen. Ziele des Gesetzes waren die Verwirklichung von beruflicher Chancengleichheit und Gleichstellung von Frauen und Männern, die gezielte Förderung von Frauen und deren bevorzugte Einstellung bei gleicher Qualifikation bis zur Erreichung eines Anteils von 50 Prozent auf allen Ebenen der öffentlichen Verwaltung, die Vereinbarkeit von Beruf und Familie sowie die Beseitigung geschlechtsbedingter Nachteile für Frauen wie Männer. Der Geltungsbereich des Gesetzes erstreckte sich auf die Verwaltungen des Landes und der Kommunen, Gerichte und staatlichen Hochschulen, Anstalten, Stiftungen und Körperschaften des öffentlichen Rechts sowie bestimmte Unternehmen mit öffentlicher Beteiligung. Um den Abbau von Unterrepräsentanzen zu erreichen, hatte jede Dienststelle einen Frauenförderplan zu erstellen und diesen unter Beteiligung der Frauenbeauftragten stufenweise umzusetzen. Die erste Bilanz nach sechs Jahren fiel allerdings »ernüchternd« (MdL Pothmer) aus, war doch der Frauenanteil in der öffentlichen Verwaltung gerade einmal um 1,6 Prozent gestiegen, im höheren Dienst einiger Ressorts und in Regierungsämtern waren Frauen weiterhin kaum oder gar nicht vertreten. Nach einem ersten Bericht in der Hannoverschen Allgemeinen Zeitung vom 9. Februar 2000 eröffnete Bündnis 90/Die Grünen unter Zustimmung der CDU-Fraktion die Landtagsdebatte am 16. Februar daher unter dem Motto »Die Geduld der Landesregierung ist die Macht der Männer – Bericht offenbart schwere Mängel in der Umsetzung des Niedersächsischen Gleichberechtigungsgesetzes« (Nds. LT Drs. 14/1406) (Abb. 3). Aber auch die SPD-Fraktion zeigte sich mit der Umsetzung des Gesetzes nicht zufrieden. Deswegen beschloss die Landesregierung weitere grundlegende Maßnahmen in der Beförderungspraxis, der Erstellung von Stufenplänen und der Personalentwicklung sowie die Ausweitung von Mentoring-Programmen und Fortbildungsmaßnahmen.

Mit dem Regierungswechsel 2003 von einer SPD- zu einer CDU/FDP-Koalition unter Ministerpräsident Wulff unternahmen die kommunalen Spitzenverbände gegen den Protest von SPD, Bündnis 90/Die Grünen und der Landesarbeitsgemeinschaft kommunaler Frauenbüros (LAG) einen neuen und erfolgreichen Vorstoß zur Abschaffung der Pflicht zur Bestellung von hauptamtlichen Frauen-/Gleichstellungsbeauftragten. Seit der Novellierung 2006 sehen nun §4a NLO und §5a NGO die Beschäftigung von hauptberuflichen Gleichstellungsbeauftragten nur noch für die Landkreise und kreisfreien Städte, große selbstständige Städte, die Landeshauptstadt Hannover und die Stadt Göttingen vor. Zugleich änderte sich überhaupt der Fokus der Gesetzgebung weg von der expliziten Frauenförderung hin zu einer Gleichstellung der Geschlechter mit dem Ziel, auf allen Ebenen des öffentlichen Dienstes eine annähernde Parität und die Vereinbarkeit von Erwerbs- und Familienarbeit herzustellen. Das zum 1. Januar 2011 novellierte NGG schreibt daher den systematischen Abbau von Unterrepräsentanzen von Frauen wie Männern in allen Laufbahn- und Entgeltgruppen wenigstens bis zu einem Anteil von 45 Prozent vor. Die Mittel zur Erreichung der Gleichstellungsziele sind weiterhin die Bestellung von Gleichstellungsbeauftragten sowie die Erstellung von Gleichstellungsplänen, aber nur noch bei Dienststellen mit mindestens 50 Beschäftigten.

Das NGG als Gesetzesgrundlage zur Gleichstellung der Geschlechter ist weiterhin Gegenstand der politischen Diskussion. Denn der jüngste Bericht zur Durchführung des NGG für den Zeitraum von 2013 bis 2017 zeigte zwar eine positive Gesamttendenz, legte aber auch Stagnation und Rückschritte insbesondere bei der Gleichstellung von Frauen offen. Ein 2017 vorgelegter Gesetzentwurf der Landesregierung (Nds. LT Drs. 17/7346) zielt daher sowohl auf die bewusste Förderung von Frauen zur Erhöhung ihres Anteils in Führungspositionen als auch auf eine bessere Vereinbarkeit von Beruf und Familie zur Erhöhung des Männeranteils unter den Teilzeitbeschäftigten, vor allem in Ämtern des ehemals höheren Dienstes (Nds. LT Drs. 18/3741).

Stephanie Haberer

Benutzte Archivalien
NLA HA Nds. 2 Acc. 2010/501 Nr. 27; NLA HA Nds. 50 Acc. 2011/028 Nr. 73; NLA HA Nds. 300 Acc. 2009/010 Nr. 11/6; NLA HA Nds. 300 Acc. 2010/077 Nr. 16, Nr. 17; NLA HA V.V.P. 91 Acc. 2018/116 Nr. 216; Nds. LT Drs. 11/339, 17/7346, 17/8707, 18/3741 (https://www.nilas.niedersachsen.de/starweb/NILAS/start.html [Zugriff: 5.10.2020]).

Literatur in Auswahl
BERGHAHN 2019; BEUKE 2012b; GLEICHBERECHTIGUNG UND VERNETZUNG e.V. o.J.

Literaturverzeichnis

ABELSHAUSER 2004: Werner Abelshauser, Deutsche Wirtschaftsgeschichte seit 1945, Bonn 2004.

ABKE 2001: Stephanie Abke, »Diese rassisch Verfolgten glauben, sie könnten machen, was sie wollen.« Denunziation und Anzeige zwischen Flüchtlingen und Einheimischen im Regierungsbezirk Stade 1945-1949, in: Historical Social Research 26 (2001), S. 102-119.

ABKE 2003: Stephanie Abke, Sichtbare Zeichen unsichtbarer Kräfte. Denunziationsmuster und Denunziationsverhalten 1933-1949, Tübingen 2003.

ALBERS 2019: Heinrich Albers (Hrsg.), Aufnahme der grundgesetzlichen Schuldenbremse in die Niedersächsische Verfassung. Dokumentation, in: Niedersächsische Verwaltungsblätter 26 (2019), S. 233-244.

ALBRECHT 1999: Ernst Albrecht, Erinnerungen, Erkenntnisse, Entscheidungen. Politik für Europa, Deutschland und Niedersachsen, Göttingen 1999.

AMT FÜR LANDESPLANUNG UND STATISTIK 1956: Niedersächsisches Amt für Landesplanung und Statistik (Hrsg.), Landesplanerisches Gutachten zur Linienführung der Autobahn Hansa-Linie in Niedersachsen, o.O. 1956.

ARBEITSGEMEINSCHAFT o.J.: Internetseite der Arbeitsgemeinschaft der Landschaften und Landschaftsverbände in Niedersachsen (http://www.allvin.de/allvin [Zugriff: 10.06.2020]).

ARBEITSGRUPPE 1996: Arbeitsgruppe Nationalpark niedersächsischer Naturschutzverbände, 10 Jahre Nationalpark »Niedersächsisches Wattenmeer«. Wo stehen wir – wo wollen wir hin? Eine Bilanz der Arbeitsgruppe Nationalpark niedersächsischer Naturschutzverbände unter Federführung der Umweltstiftung WWF-Deutschland / WWF-Fachbereich Meere & Küsten, Bremen 1996.

ARNDT 2012: Heiko Arndt, Vietnamesen in Deutschland. Geflohen, geworben, geeint, Hannover 2012.

ASCHOFF 1983: Hans-Georg Aschoff, Um des Menschen willen. Die Entwicklung der katholischen Kirche in der Region Hannover, Hildesheim 1983, S. 122-125.

ASCHOFF 2014: Hans-Georg Aschoff, Programmatik und Geschichtsbezug niedersächsischer Regionalparteien. NLP/DP, Deutsche Zentrumspartei, BHE, in: Niedersächsisches Jahrbuch für Landesgeschichte 86 (2014), S. 71-105.

BADE 1997: Klaus J. Bade (Hrsg.), Fremde im Land. Zuwanderung und Eingliederung im Raum Niedersachsen seit dem Zweiten Weltkrieg, Osnabrück 1997.

BADEN 1964/65: Werner Baden, Von der Spatenkultur des Reichsarbeitsdienstes in den Emslandmooren zum vollmechanisierten Urbarmachungsverfahren, in: Jahrbuch des Emsländischen Heimatvereins 11 (1964/65), S. 16-29.

BAHLMANN 2002: Peter Bahlmann, Die Rolle der Leumundszeugen bei der Entnazifizierung in Esens, in: Emder Jahrbuch für historische Landeskunde in Ostfriesland 82 (2002), S. 186-228.

BANSER 1985: Hermann Banser, Meerbeck. Die Zwangsräumung eines Dorfes. Berichte und Dokumente, Meerbeck 1985.

BARDELLE 2010: Thomas Bardelle, Kunst und Kultur in Niedersachsen von der Weimarer Republik bis zur Wiedervereinigung, in: Gerd Steinwascher (Hrsg.), Geschichte Niedersachsens 5: Von der Weimarer Republik bis zur Wiedervereinigung, Hannover 2010, S. 1221-1262.

BARMEYER 1999: Heide Barmeyer, Von der Niedersachsenbewegung zur Gründung des Landes Niedersachsen, in: Herbert Obenaus (Hrsg.), Nachkriegszeit in Niedersachsen. Beiträge zu den Anfängen eines Bundeslandes, Bielefeld 1999, S. 13-29.

BAUMGÄRTNER 2001: Ulrich Baumgärtner, Reden nach Hitler. Theodor Heuss. Die Auseinandersetzung mit dem Nationalsozialismus, Stuttgart 2001.

BECHER 2020: Inge Becher, Die Aushandlung von Raum. Die Gründung der Stadt Georgsmarienhütte und ihre Vorgeschichte, Göttingen 2020.

BECKMANN 2002: Oliver Beckmann, Die Akzeptanz des Nationalparks Niedersächsisches Wattenmeer bei der einheimischen Bevölkerung, Frankfurt a.M. u.a. 2002.

BEI DER WIEDEN, 1998: Brage Bei der Wieden, Historische Beziehungen und ihre Ordnungen im Weserraum, in: Niedersächsisches Jahrbuch für Landesgeschichte 70 (1998), S. 1-34.

BEMMANN 2010: Martin Bemmann, »Beschädigte Vegetation« und »Sterbende Wälder«. Zur Entstehung eines Umweltproblems in Deutschland 1893-1970, Freiburg 2010.

BERGHAHN 2019: Sabine Berghahn, 70 Jahre Gleichberechtigung in der Verfassung, in: Ariadne. Forum für Frauen- und Geschlechtergeschichte 75 (2019), S. 7-27.

BERICHT 1984: Stenographischer Bericht über die 52. Plenarsitzung des Niedersächsischen Landtags am 15. Mai 1984, Niedersächsischer Landtag, Hannover 1984.

BERLIT-SCHWIGON 2014: Anna Berlit-Schwigon, 1968 in Hannover: Studentenbewegung in der politischen Provinz, in: Detlef Schmiechen-Ackermann (Hrsg.), Hochschulen und Politik in Niedersachsen nach 1945, Göttingen 2014, S. 117-124.

BEUCHLING 2003: Olaf Beuchling, Vom Bootsflüchtling zum Bundesbürger. Migration, Integration und schulischer Erfolg in einer vietnamesischen Exilgemeinschaft, Münster 2003.

BEUKE 2012a: Arnold Beuke (Hrsg.), Zu Hause zwischen Hof und Stall. 40 Jahre Landkreis Osnabrück, Osnabrück 2012.

BEUKE 2012b: Arnold Beuke, Einführung der Kommunalen Frauenbeauftragten, in: Arnold Beuke (Hrsg.), Zuhause zwischen Hof und Stahl. 40 Jahre Landkreis Osnabrück, Osnabrück 2012, S. 320-323.

BIEWER 2014: Axel Biewer, JadeWeserPort. Die Entstehung, Wilhelmshaven 2014.

BÖHME 1995: Ernst Böhme, Schaumburg-Lippe und die Gründung des Landes Niedersachsen, in: Hubert Höing (Hrsg.), Vom Ständestaat zur freiheitlich-demokratischen Republik, Melle 1995, S. 219-234.

BÖHME 1980: Gernot Böhme, Über Peter Brückners politische Psychologie, in: Gernot Böhme, Alternativen der Wissenschaft, Frankfurt a.M. 1980, S. 198-214.

BÖLSKER 2014: Verena Bölsker, Umgang mit gebauter Geschichte. Der Wiederaufbau der Altstadt von Osnabrück nach 1945 und seine Widerspiegelung und Resonanz in lokaler Politik, Presse und Öffentlichkeit, Vechta 2014.

BÖSCH 2012: Frank Bösch, Politische Macht und gesellschaftliche Gestaltung. Wege zur Einführung des privaten Rundfunks in den 1970/80er Jahren, in: Archiv für Sozialgeschichte 52 (2012), S. 191-210.

BÖSCH 2017: Frank Bösch, Engagement für Flüchtlinge. Die Aufnahme vietnamesischer »Boat People« in der Bundesrepublik, in: Zeithistorische Forschungen 14, Heft 1 (2017), S. 13-40 (https://zeithistorische-forschungen.de/1-2017/id=5447 [Zugriff: 27.10.2020]).

BOETTICHER 2010: Manfred von Boetticher, Die »Ära Albrecht« (1976-1990), in: Gerd Steinwascher (Hrsg.), Geschichte Niedersachsens 5: Von der Weimarer Republik bis zur Wiedervereinigung, Hannover 2010, S. 737-806.

BRAND 1967: Hans Dieter Brand, Die Bäder am Oberharz. Eine fremdenverkehrsgeographische Untersuchung, Hildesheim 1967.

BRANDT/JÜTTNER/WEIL 1991: Arno Brandt/Wolfgang Jüttner/Stephan Weil (Hrsg.), Das EXPO-Projekt. Weltausstellung und Stadtzukunft, Hannover 1991.

BROSIUS 1993: Dieter Brosius, Zwischen Staatenbund und Einheitsstaat. Die Föderalismus-Vorstellungen von Hinrich Wilhelm Kopf und Heinrich Hellwege in den ersten Nachkriegsjahren, in: Dieter Brosius u.a. (Hrsg.), Geschichte in der Region. Zum 65. Geburtstag von Heinrich Schmidt, Hannover 1993, S. 471-482.

BROSIUS/FISCHER/MANTHEY/VÖLKSEN: Dieter Brosius/Gerhard Fischer/Holger Manthey/Gerd Völksen, Die Lüneburger Heide, Hannover 1984.

BRUDER-BEZZEL/BRUDER 1995: Almuth Bruder-Bezzel/Klaus-Jürgen Bruder, Peter Brückner, in: Journal für Psychologie 3, 2 (1995), S. 54-65.

BRÜDERMANN 1997: Stefan Brüdermann, Entnazifizierung in Niedersachsen, in: Dieter Poestges (Red.), Übergang und Neubeginn. Beiträge zur Verfassungs- und Verwaltungsgeschichte Niedersachsens in der Nachkriegszeit, Göttingen 1997, S. 97-118.

BRUNE 2012: Brune Druck- und Verlags-GmbH (Hrsg.), Festakt-Reden anlässlich der Jade-Weser-Port-Eröffnung am 21. September 2012. Chronik des Hafens, Wilhelmshaven 2012.

BUCHNER 2002: Walter Buchner, Gesundheitsreform und Kurwesen. Eine ökonomische Analyse am Beispiel der niederbayerischen Heilbäder, München 2002.

BÜRO 2019: Katholisches Büro Niedersachsen und der Konföderation evangelischer Kirchen in Niedersachsen (Hrsg.), Religionsunterricht in

Niedersachsen. Dokumente – Erklärungen – Handreichungen, Hannover 2019.

BUNDESMINISTER FÜR LANDWIRTSCHAFT 1979: Bundesminister für Landwirtschaft, Ernährung und Forsten (Hrsg.), Dorferneuerung, Münster-Hiltrup 1979.

BUNDESMINISTERIUM FÜR VERTRIEBENE 1954-1960: Bundesministerium für Vertriebene, Flüchtlinge und Kriegsgeschädigte (Hrsg.), Dokumentation der Vertreibung der Deutschen aus Ost-Mitteleuropa: Die Vertreibung der deutschen Bevölkerung aus den Gebieten östlich der Oder-Neiße-Linie, 3 Bände, Bonn 1954-1960.

BUNDESVERKEHRSMINISTER 1968: Bundesminister für Verkehr (Hrsg.), Bundesautobahn Hansa-Linie, Remscheid 1968.

BUNDESVERKEHRSMINISTERIUM 2011: Bundesministerium für Verkehr, Bau und Stadtentwicklung, 40 Jahre Städtebauförderung, Berlin 2011 (https://www.staedtebaufoerderung.info/StBauF/DE/Grundlagen/Wissenstransfer/Archiv/Publikationen/2011_StbF_40JahreStBF.pdf [Zugriff: 14.10.2020]).

BURKHARDT 2007: Kai Burkhardt, Adolf Grimme (1889-1963). Eine Biografie, Köln 2007.

BUSCH/TÜG 2008: Michael Busch/Florian Tüg, Frühjahrstagung der Agrosozialen Gesellschaft e.V. in Oldenburg vom 28. bis 30. Mai 2008, Begleitheft, Göttingen 2008.

CDU-LANDESVERBAND 2007: CDU-Landesverband Oldenburg (Hrsg.), … und es gelingt doch! Russlanddeutsche im Oldenburger Land, Oldenburg 2007.

CHEMCOAST o.J.: Internetseite von Chemcoast Stade (http://www.chemcoastpark-stade.de/startseite/chemcoastpark-stade.html [Zugriff: 18.09.2020]).

CLASMEIER 2016: Hans-Dieter Clasmeier, Vom Eisenkai zum Dollarthafen. Die Geschichte des Montanumschlags in der Emsmündung. Der Emder Hafen in der zweiten Hälfte des 19. Jahrhunderts, in: Rolf Uphoff (Hrsg.), Emden. Historische Stationen in der ostfriesischen Metropole 14, Emden 2016, S. 50-120.

DANNENBERG 2016: Hans-Eckhard Dannenberg, 150 Jahre IHK Stade. Zukunft braucht Geschichte, Stade 2016.

DETTEN 2013: Roderich von Detten (Hrsg.), Das Waldsterben. Rückblick auf einen Ausnahmezustand, München 2013.

DREI-RELIGIONEN-SCHULE o.J.: Internetseite der Drei-Religionen-Schule, Johannisgrundschule (http://www.drei-religionen-schule.de [Zugriff: 24.11.2020]).

DÜWEL 2017: Alice Düwel, 1968er lehren Leeraner Stadtväter Demokratie, in: Ostfriesland-Magazin, Heft 10, 2017, S. 48-51.

ECKHARDT 1987: Albrecht Eckhardt, Oldenburg und Niedersachsen, in: Albrecht Eckhardt/Heinrich Schmidt, Geschichte des Landes Oldenburg. Ein Handbuch, Oldenburg 1987, S. 491-512.

EDELMANN 2003: Heidrun Edelmann, Heinz Nordhoff und Volkswagen. Ein deutscher Unternehmer im amerikanischen Jahrhundert, Göttingen 2003.

EISFELD 1992: Dieter Eisfeld, Commedia dell' Expo. Die Anfänge der »EXPO 2000« in Hannover mit dem Thema »Mensch, Natur, Technik«, Hannover 1992.

ELSOM 2008: Sarah Elsom, Remembering Osnabrück. The British Garrison 1945-2009, Osnabrück 2008.

EUREGIO o.J.: Internetseite der EUREGIO (https://www.euregio.eu/de [Zugriff: 11.08.2020]).

EVERS 1975: Hans-Ulrich Evers, Oldenburg und Schaumburg-Lippe nach den Volksentscheiden auf Wiederherstellung als Länder vom 19.1.1975, Hildesheim 1975.

EXPOSEUM o.J.: Internetseite des Exposeum (https://www.expo2000.de/index.php/expo-2000/effckte-der-expo2000/weltweite-projekte/exponat-hannover-zoo.html [Zugriff: 28.12.2020]).

FESCHE 2002: Klaus Fesche, Zwischen Euphorie und Stagnation: Vom B.I.E.-Zuschlag bis zum Gesellschaftsvertrag, in: Carl-Hans Hauptmeyer/Jürgen Rund (Hrsg.), EXPO 2000 – Die Firma, Hameln 2002, S. 51-64.

FIEDLER 1987: Beate-Christine Fiedler (Bearb.), Goldap in Ostpreußen. Eine Dokumentation. Im Auftrag des Landkreises Stade, Stade 1987.

FIEDLER 1997: Gudrun Fiedler, Verwaltungsreform unter der britischen Militärregierung. Die Debatte um die Abschaffung des Regierungspräsidenten, in: Dieter Poestges (Red.), Übergang und Neubeginn. Beiträge zur Verfassungs- und Verwaltungsgeschichte Niedersachsens in der Nachkriegszeit, Göttingen 1997, S. 63-79.

FISCHER 2003: Norbert Fischer, Wassersnot und Marschengesellschaft. Zur Geschichte der Deiche in Kehdingen, Stade 2003.

FISCHER 2018: Norbert Fischer, Deiche und Sturmfluten in der Memorialkultur der südlichen Elbmarschen in: Matthias Dreyer u.a. (Hrsg.), Museum machen. Museen zwischen Volkskunde und Management. Eine Festschrift für Rolf Wiese zum 65. Geburtstag, Ehestorf 2018, S. 37-44.

FLEMMING 2019: Jens Flemming, Die Madsacks

und der »Hannoversche Anzeiger«. Eine bürgerliche Großstadtzeitung zwischen Kaiserreich und Nationalsozialismus 1893-1945, Göttingen 2019.

FRANKE 1997: Thomas Franke, Die Anfänge der Kulturpolitik in Niedersachsen in der Ära Grimme, in: Übergang und Neubeginn. Beiträge zur Verfassungs- und Verwaltungsgeschichte Niedersachsens in der Nachkriegszeit, Göttingen 1997, S. 119-151.

FRAUENMINISTERIUM 1998: Niedersächsisches Ministerium für Frauen, Arbeit und Soziales, 25 Jahre Anwerbestopp, Hannover 1998.

FREDERICHS 2010: Matthias Frederichs, Niedersachsen unter dem Ministerpräsidenten Heinrich Hellwege (1955-1959), Hannover 2010.

FREUNDESKREIS 2006: Freundeskreis Braunschweiger Polizeigeschichte im Förderkreis der Polizeigeschichtlichen Sammlung Niedersachsen e.V. (Hrsg.), Zwischen Gesetz und Gewissen. Die Polizei und die Demontage der Reichswerke in Salzgitter 1950, Braunschweig 2006.

FRICKE 1987: Christian-A. Fricke, Wirtschaft und Verkehr ab 1945, in: Albrecht Eckhardt/Heinrich Schmidt, Geschichte des Landes Oldenburg. Ein Handbuch, Oldenburg 1987, S. 763-790.

FRINGS 2012: Bernhard Frings, Heimerziehung im Essener Franz Sales Haus 1945-1970. Strukturen und Alltag in der »Schwachsinnigen-Fürsorge«, Münster 2012.

FRÖHLICH 2005: Claudia Fröhlich, Der Braunschweiger Remer-Prozess 1952. Zum Umgang mit dem Widerstand gegen den NS-Staat in der frühen Bundesrepublik, in: Schuldig. NS-Verbrechen vor deutschen Gerichten, Bremen 2005, S. 17-28.

FRÖHLICH 2006: Claudia Fröhlich, »Wider die Tabuisierung des Ungehorsams«. Fritz Bauers Widerstandsbegriff und die Aufarbeitung von NS-Verbrechen, Frankfurt a.M. 2006.

FROHN 2016: Hans-Werner Frohn, Nationalpark Niedersächsisches Wattenmeer, in: Hans-Werner Frohn/Hansjörg Küster/Hans-Peter Ziemek (Hrsg.), Ausweisungen von Nationalparks in Deutschland. Akzeptanz und Widerstand, Bonn-Bad Godesberg 2016, S. 107-154.

FÜHRING [2013]: Ernst Führing, Wichtiges und Nebensächliches aus den vergangenen tausend Jahren von Meerbeck und seinem Umland, Meerbeck [2013].

FÜRST 1995: Dietrich Fürst, Geschichte der Landesplanung Niedersachsens 1945-1958 aus verwaltungswissenschaftlicher Sicht, in: Neues Archiv für Niedersachsen 2 (1995) S. 15-34.

GEPPERT 2013: Alexander C.T. Geppert, Weltausstellungen, in: Leibniz-Institut für Europäische Geschichte (IEG) (Hrsg.), Europäische Geschichte Online (EGO), Mainz 2013-06-20 (http://www.ieg-ego.eu/gepperta-2013-de URN: urn:nbn:de:0159-2013052109 [Zugriff: 28.12.2020]).

GESCHICHTSAUSSCHUSS 1998: Geschichtsausschuss im Heimatbund für das Oldenburger Münsterland (Hrsg.), Auf dem Weg zur Heimat. Aussiedler im Oldenburger Münsterland, Cloppenburg 1998.

GEYKEN/SNELL 2003: Frauke Geyken/Gese Snell (Hrsg.), Im Sonnenstrahl durchs Wesertal. Kleine Kulturgeschichte des Reisens im Weserbergland, Hameln 2003.

GIESEKE 2011: Jens Gieseke, Die Stasi 1945-1990, erw. Neuauflage München 2011.

GLEICHBERECHTIGUNG UND VERNETZUNG E.V. o.J.: Internetseite der Vernetzungsstelle für Gleichberechtigung, Frauenbeauftragte und Gleichstellungsbeauftragte des Vereins Gleichberechtigung und Vernetzung e.V. (http://www.vernetzungsstelle.de [Zugriff: 05.10.2020]).

GÖDDE 1991: Joachim Gödde, Entnazifizierung unter britischer Besatzung. Problemskizze zu einem vernachlässigten Kapitel der Nachkriegsgeschichte, in: Geschichte im Westen. Zeitschrift für Landes- und Zeitgeschichte 6, Heft 1 (1991), S. 62-73.

GOEKE 2020: Simon Goeke, »Wir sind alle Fremdarbeiter!« Gewerkschaften, migrantische Kämpfe und soziale Bewegungen in Westdeutschland 1960-1980, München/Paderborn 2020.

GOLL 2011: Jörn-Michael Goll, Kontrollierte Kontrolleure. Die Bedeutung der Zollverwaltung für die »politisch-operative Arbeit« des Ministeriums für Staatssicherheit der DDR, Göttingen 2011.

GRIEGER 2009: Manfred Grieger, Zuwanderung und junge Industriestadt. Wolfsburg und die Migranten seit 1938, in: Niedersächsisches Jahrbuch für Landesgeschichte 81 (2009), S. 177-221.

GÜNTHER-ARNDT 1991: Hilke Günther-Arndt, Lehrerbildung in Oldenburg 1945-1973. Von der Pädagogischen Akademie zur Universität, Oldenburg 1991.

GÜNTHER-ARNDT 2000: Hilke Günther-Arndt, Geschichte der Universität Oldenburg 1974-1999, in: Jürgen Lüthje/Hilke Günther-Arndt/Rainer

Krüger, Vom Projekt einer Universität zur Universität mit Profil, Oldenburg 2000, S. 27-58.

Gutzmann 2017: Ulrike Gutzmann (Hrsg.), Vom Käfer zum Weltkonzern. Die Volkswagen Chronik. Wolfsburg, Wolfsburg 2015, Nachdruck 2017.

Hafenamt 1987: Niedersächsisches Hafenamt Emden (Hrsg.), Dollarthafen. Anatomie eines großen Projekts, Emden 1987.

Hannover o.J.: Internetseite der Landeshauptstadt und der Region Hannover (https://www.hannover.de/Leben-in-der-Region-Hannover/Verwaltungen-Kommunen/Die-Verwaltung-der-Region-Hannover [Zugriff: 11.08.2020]).

Hartwieg 1960: Gottfried Hartwieg, Die Verhandlungen über das Schicksal des Residenzschlosses zu Braunschweig, in: Braunschweigische Heimat 46, Heft 1 (1960), S. 16-26.

Harzwasserwerke o.J.: Die Okertalsperre, o.O. o.J. (https://www.harzwasserwerke.de/fileadmin/user_upload/downloads/files/pdf/Flyer/infomaterial/die-okertalsperre.pdf [Zugriff: 07.10.2020]).

Hasbargen 1964: Luise Hasbargen, Die Ostfriesischen Inseln. Zur Wirtschaftsgeographie eines Fremdenverkehrsgebietes, Hildesheim 1964.

Hauptmeyer 2002: Carl-Hans Hauptmeyer/Jürgen Rund (Hrsg.), EXPO 2000 – Die Firma, Hameln 2002.

Haverkamp 1991: Christof Haverkamp, Die Erschließung des Emslandes im 20. Jahrhundert als Beispiel staatlicher regionaler Wirtschaftsförderung, Sögel 1991.

Hecht 2012: Heinrich Hecht/Oskar Baumann, JadeWeserPort. Die Entstehung eines Jahrhundertprojektes. The origins of a centennial project, Hamburg 2012.

Hehemann 1990: Rainer Hehemann, Biographisches Handbuch zur Geschichte der Region Osnabrück, Bramsche 1990.

Heier 2012: Siegfried Heier, Nutzung der Windenergie, Stuttgart 2012.

Heilpädagogische Hilfe o.J.: Internetseite der Heilpädagogischen Hilfe Osnabrück e.V. (https://www.os-hho.de [Zugriff: 04.09.2020]).

Heimstätte 1962: Niedersächsische Heimstätte GmbH, Organ der staatlichen Wohnungspolitik, 40 Jahre Niedersächsische Heimstätte GmbH 1922-1962, Hannover 1962.

Helmers 1983: Hermann Helmers, Geschichte der Universität Oldenburg, Oldenburg 1983.

Henkel 2020: Gerhard Henkel, Der Ländliche Raum. Gegenwart und Wandlungsprozesse seit dem 19. Jahrhundert in Deutschland, 5. Auflage, Stuttgart 2020.

Henninger 2017: Wolfgang Henninger, Ohne Frauen geht es nicht. Der 1948 gegründete LandFrauenverband Weser-Ems e.V. übergab 2016 dem NLA-Standort Oldenburg seine historischen Unterlagen, in: NLA-Magazin. Nachrichten aus dem Niedersächsischen Landesarchiv 2017, S. 18-19.

Henrichvark 2006: Frank Henrichvark, Osnabrück in der zweiten Hälfte des 20. Jahrhunderts, in: Gerd Steinwascher (Hrsg.), Geschichte der Stadt Osnabrück, Osnabrück 2006, S. 767-890.

Henrichvark 2013: Peter Henrichvark: Jeder zehnte Osnabrücker war ein Engländer. Die britische Ära und der Konversionsprozess, Belm 2013.

Herbert 2016: Ulrich Herbert, »Zuwanderung nach Deutschland seit 1945. Phasen, Probleme, Perspektiven«, in: Religionsunterricht heute. Informationen des Dezernates Schulen und Hochschulen im Bischöflichen Ordinariat Mainz 3 (2016), S. 12-20.

Hermann 2011: Michael Hermann, Windmühlen als Stromerzeuger in der Nachkriegszeit. Ein Vorhaben zur Erhaltung der Windmühlen in Ostfriesland, in: Unser Ostfriesland 63, Nr. 19 (2011), S. 73-74.

Herrlitz 2013: Hans Georg Herrlitz: Der Streit um die Gesamtschule in Niedersachsen. Ein dokumentarischer Rückblick auf die Landtagsdebatten 1967-2012, Göttingen 2013.

Herzig 2018: Martin Herzig, Energiewendepolitik in Niedersachsen, in: Neues Archiv für Niedersachsen 2 (2018), S. 16-26.

Heymann 1995: Matthias Heymann, Die Geschichte der Windenergienutzung 1890-1990, Frankfurt a. M. / New York 1995.

Hoffmann 2018: Christian Hoffmann, »Ein eigenes Heim auf eigener Scholle«. Der genossenschaftliche Wohnungsbau in Hannover-Bothfeld während der Weimarer Republik, in: Hannoversche Geschichtsblätter 72 (2018), S. 131-162.

Hoffmeyer 1995: Ludwig Hoffmeyer, Chronik der Stadt Osnabrück, 6. Auflage, Belm 1995.

Hüls 2001: Werner Hüls, Land der Bauern, Kirchen und Kapellen. Amt Neuhaus. Von den Anfängen bis zum Ersten Weltkrieg, Husum 2001.

Ingenieur-Kommission 1962: Vom niedersächsischen Minister für Ernährung, Landwirtschaft und Forsten eingesetzte Ingenieur-Kommission, Die Sturmflut vom 16./17. Februar 1962 im niedersächsischen Küstengebiet, in: Die Küste 10 (1962), S. 17-53.

INSTITUT FÜR STRUKTURFORSCHUNG o.J.: Internetseite des Instituts für Strukturforschung und Planung in agrarischen Intensivgebieten (ISPA) (https://www.uni-vechta.de/einrichtungen-von-a-z/ispa/ueber-uns [Zugriff: 26.10.2020]).

IPSEN 2011: Jörn Ipsen, 60 Jahre Niedersächsische Verfassung. Anmerkungen zu einem wenig beachteten Jubiläum, in: Niedersächsische Verwaltungsblätter 18 (2011), S. 121-125.

JACOBMEYER 1985: Wolfgang Jacobmeyer, Vom Zwangsarbeiter zum Heimatlosen Ausländer. Die Displaced Persons in Westdeutschland 1945-1951, Göttingen 1985.

JANSSEN 1967: Heinrich Maria Janssen, Das Niedersächsische Konkordat. Vortrag, gehalten bei der Zusammenkunft des Marienburg-Kreises am 27. August 1965, in: Die Diözese Hildesheim in Vergangenheit und Gegenwart 35 (1967), S. 109-119.

KAISER 2002: Claudia Kaiser, Die Welt zu Gast in Hannover: Eine Bilanz der ersten deutschen Weltausstellung EXPO 2000, in: Berichte zur deutschen Landeskunde Bd. 76, H. 1 (2002), S. 31-52.

KAISER 1982: Hermann Kaiser, Dampfmaschinen gegen Moor und Heide. Ödlandkultivierung zwischen Weser und Ems, Cloppenburg 1982.

KELLER 2002: Rolf Keller (Bearb.), Konzentrationslager Bergen-Belsen. Berichte und Dokumente, 2. Auflage, Göttingen 2002.

KELLER-TESKE 1989: Christa Keller-Teske (Bearb.), Mangeljahre. Lebensverhältnisse und Lebensgefühl im Landkreis Stade 1945-1949. Eine Dokumentation, Stade 1989.

KITTEL 1983-1986: Helmuth Kittel (Hrsg.), Die Pädagogischen Hochschulen Niedersachsens. Eine Dokumentation ihrer Entwicklung, 2 Bände, Freiburg 1983-1986.

KLEINSCHMIDT 2013: Julia Kleinschmidt, Die Aufnahme der ersten »boat-people« in die Bundesrepublik, o.O. 2013 (https://www.bpb.de/geschichte/zeitgeschichte/deutschlandarchiv/170611/die-aufnahme-derersten-boat-people-in-die-bundesrepublik [Zugriff: 12.10.2020]).

KLUGE 2005: Ulrich Kluge, Agrarwirtschaft und ländliche Gesellschaft im 20. Jahrhundert, München 2005.

KLUTH 2010: Axel Kluth, Bau des Container-Tiefwasserhafens JadeWeserPort in Wilhelmshaven, in: Jahrbuch der Hafentechnischen Gesellschaft Hamburg 56 (2010), S. 46-52.

KNAUER 2018: Wilfried Knauer, *Es wird weder eine Gesinnungsschnüffelei noch eine Verfolgungskampagne oder eine rigorose Säuberungsaktion stattfinden.* Die Umsetzung des »Radikalenerlasses« in Niedersachsen 1972 bis 1990, in: Niedersächsisches Jahrbuch für Landesgeschichte 90 (2018), S. 307-369.

KNOLL/PÖGGELER/SCHULENBERG 1983: Joachim F. Knoll/Franz Pöggeler/Wolfgang Schulenberg, Erwachsenenbildung und Gesetzgebung. Entstehung, Praxis und Auswirkung des Niedersächsischen Gesetzes zur Förderung der Erwachsenenbildung (1970-1981), Köln 1983.

KÖHLER 1984: Wolfram Köhler, Der NDR-Staatsvertrag. Ein Stück Landesgeschichte, in: Waldemar R. Röhrbein (Hrsg.), 60 Jahre Rundfunk in Hannover, Hannover 1984, S. 98-105.

KÖLLING 1953: Friedrich Kölling, Die Weserbrücke im Wandel der Zeiten, in: Festschrift. Einweihung der Weserbrücke zwischen Hess. Oldendorf und Fuhlen, 17. Oktober 1953, Hess. Oldendorf 1953.

KOENEN 2001: Gerd Koenen, Das rote Jahrzehnt. Unsere kleine deutsche Kulturrevolution 1967-1977, 2. Auflage, Köln 2001.

KÖNNE 2018: Christian Könne, Homosexuelle und die Bundesrepublik Deutschland. Gleichberechtigte Mitmenschen?, in: Deutschland Archiv, 7.9.2018 (https://www.bpb.de/275113 [Zugriff: 10.10.2020]).

KORTE/REBE 1986: Heinrich Korte/Bernd Rebe, Verfassung und Verwaltung des Landes Niedersachsen, 2. Auflage, Göttingen 1986.

KOSSERT 2015: Andreas Kossert, Kalte Heimat. Die Geschichte der deutschen Vertriebenen nach 1945, Bonn 2015.

KRAMER 1981: Helmut Kramer (Hrsg.), Braunschweig unterm Hakenkreuz. Bürgertum, Justiz und Kirche. Eine Vortragsreihe und ihr Echo, Braunschweig 1981.

KRAMER [1999]: Helmut Kramer, »Die Verordnung gegen Volksschädlinge vom 5.9.1939 war geltendes Gesetz ...«. Reader zum Fall Erna Wazinski, o.O. o.J. [Wolfenbüttel 1999].

KRAMER 1967: Johann Kramer, Die Sturmflut 1962. Sturmflut und Küstenschutz zwischen Weser und Ems, Wilhelmshaven 1967.

KRAMER 2017: Margarete Kramer, Bürger kämpfen für ihre Altstadt. Die Bürgerinitiative Altstadtsanierung Leer 1973-1978, Leer 2017.

KRAUSE 2000: Gerhard Krause, Generalplanungen für den Küstenschutz in Niedersachsen, in: Mitteilungen des Franzius-Instituts für Wasserbau und Küsteningenieurwesen der Technischen Universität Hannover 85 (2000), S. 65-67.

Krömer 1993: Eckart Krömer, Die deutsch-niederländische Grenze im Dollart und in der Emsmündung, in: Niedersachsenbuch '93, Hameln 1993, S. 63-68.

Krüger 1978: Armin Krüger, Unsere Wälder standen in Flammen, in: Kalender für den Landkreis Gifhorn 1978, S. 120-124.

Krüger 2011: Rainer Krüger, Die Universitätsgründung – unkonventionell und doch erfolgreich!, in: Gerhard Harms/Peter Waskönig (Hrsg.), Mehr Lust als Last? Der Gründungsrektor und die Präsidenten der Carl von Ossietzky Universität über ihre Herausforderungen und Erfolge 1974-2010, Oldenburg 2011, S. 11-46.

Küster 1999: Bernd Küster (Hrsg.), Die Weser. 1800-2000, Bremen 1999.

Kulinat 1969: Klaus Kulinat, Geographische Untersuchungen über den Fremdenverkehr der niedersächsischen Küste. Hildesheim 1969.

Kuropka 1997: Joachim Kuropka, Hände weg vom Landkreis Vechta. Der Kampf um den Landkreis Vechta 1965-1977, Vechta 1997.

Kuropka 2010: Joachim Kuropka, Kirche, Katholiken, Staat und Gesellschaft im 20. Jahrhundert, in: Gerd Steinwascher (Hrsg.), Geschichte Niedersachsens 5: Von der Weimarer Republik bis zur Wiedervereinigung, Hannover 2010, S. 1109-1163.

Landesamt für Statistik 2018: Landesamt für Statistik (Hrsg.), Agrarstrukturerhebung (ASE) 2016. Statistische Berichte Niedersachsen, Hannover 2018 (https://www.statistik.niedersachsen.de/startseite/themen/landwirtschaft_forstwirtschaft_fischerei/landwirtschaft_in_niedersachsen/agrarstrukturerhebung_in_niedersachsen/agrarstrukturerhebung-2016-112023.html [Zugriff: 29.9.2020]).

Landesbeauftragte o.J.: Internetseite der Niedersächsischen Landesbeauftragten für Menschen mit Behinderung (https://www.behindertenbeauftragter-niedersachsen.de/DE/Home/home_node.html [Zugriff: 13.10.2020]).

Landesbetrieb für Wasserwirtschaft 2007/2010: Niedersächsischer Landesbetrieb für Wasserwirtschaft, Küsten- und Naturschutz (Hrsg.), Generalplan Küstenschutz für Niedersachsen/Bremen 2007 (Festland) und 2010 (Ostfriesische Inseln), Norden 2007/2010.

Landesbetrieb für Wasserwirtschaft o.J. a: Internetseite des Landesbetriebs für Wasserwirtschaft, Küsten- und Naturschutz (https://www.nlwkn.niedersachsen.de [Zugriff: 18.9.2020]).

Landesbetrieb für Wasserwirtschaft o.J. b: Niedersächsischer Landesbetrieb für Wasserwirtschaft, Küsten- und Naturschutz, Auch die höchsten Deiche geben keine Sicherheit. Rückblick auf die Sturmflutkatastrophe 1962 (https://www.nlwkn.niedersachsen.de/startseite/hochwasser_kustenschutz/kustenschutz/rueckblick_auf_sturmfluten/rueckblick_auf_die_sturmflut_1962/auch-die-hoechsten-deiche-geben-keine-absolute-sicherheit-rueckblick-auf-die-sturmflut-1962-102700.html [Zugriff: 15.10.2020]).

Landesverband 1980: Landesverband der Volkshochschulen Niedersachsen e.V. (Hrsg.), Stellungnahme zum Erwachsenenbildungsgesetz vom 13.1.1970, Hannover 1980.

Landtag 1990: Niedersächsischer Landtag, Drucksache 11/5099: Antwort auf eine Große Anfrage, Betr. Weltausstellungspläne EXPO 2000, ausgegeben am 19.3.1990.

Landtag 2017: Niedersächsischer Landtag (Hrsg.), Enquetekommission »Verrat an der Freiheit – Machenschaften der Stasi in Niedersachsen aufarbeiten« des Niedersächsischen Landtags. Stasi in Niedersachsen. Ergebnisse der Enquetekommission, 3 Bände, Göttingen 2017.

Landtagspräsident [2014]: Der Präsident des Niedersächsischen Landtags und die Hannoverschen Landschaften (Hrsg.), Von Landschaften und Landschaftsverbänden. 200 Jahre Erste Allgemeine Ständeversammlung 1814-2014, Hannover o.J. [2014].

Landwirtschaftsminister 1973: Niedersächsischer Minister für Ernährung, Landwirtschaft und Forsten (Hrsg.), Generalplan Küstenschutz, Hannover 1973.

Landwirtschaftsministerium o.J. a: Internetseite des Niedersächsischen Ministeriums für Ernährung, Landwirtschaft und Verbraucherschutz (https://www.ml.niedersachsen.de/startseite/aktuelles/veroffentlichungen/die-niedersaechsische-landwirtschaft-in-zahlen-121348.html [Zugriff: 6.10.2020]).

Landwirtschaftsministerium o.J. b: Niedersächsisches Ministerium für Ernährung, Landwirtschaft und Verbraucherschutz, Zukunftsfähiges Niedersachsen durch Raumordnung und Landesplanung (https://www.ml.niedersachsen.de/startseite/themen/raumordnung_landesplanung/zukunftsfaehiges-niedersachsen-durch-raumordnung-und-landesplanung-4856.html [Zugriff: 1.11.2020]).

Leer 2005: Stadt Leer, Abschlussdokumentation 34 Jahre Stadtsanierung in Leer. Die Altstadtsanierung im Rückblick 1971-2005, Leer 2005.

LEHMANN 1956: Gerhard Lehmann, Der soziale Wohnungsbau im Lande Niedersachsen, München 1956.

LEMKEMEYER 1998: Ilka Lemkemeyer, Die Gesundheitsreform und ihre Auswirkungen auf die Heilbäder und Kurorte in Niedersachsen sowie mögliche Entwicklungstendenzen anhand einzelner Gebiete, Diplomarbeit FH Wilhelmshaven 1998.

LINDEMANN 1984: Ilsetraut Lindemann, Von Assmann bis Wöbeking. Stadtgeschichte in Straßennamen, Bramsche 1984.

LUDEWIG 2013: Hans-Ulrich Ludewig, Das Braunschweiger Schloss als Erinnerungsort, in: Christian Frey (Hrsg.), Sinngeschichten, Köln u.a. 2013, S. 231-240.

LUDEWIG/KUESSNER 2000: Hans-Ulrich Ludewig/Dietrich Kuessner, »Es sei also jeder gewarnt«. Das Sondergericht Braunschweig 1933-1945, Langenhagen 2000.

LÜNING 1999: Holger Lüning, Zwischen Tür und Angel. Wohnungsbau für Vertriebene und Flüchtlinge in Niedersachsen, in: Adelheid von Saldern (Hrsg.), Bauen und Wohnen in Niedersachsen während der fünfziger Jahre, Hannover 1999, S. 67-95.

LÜNING 2005: Holger Lüning, Das Eigenheim-Land. Der öffentlich geförderte Soziale Wohnungsbau in Niedersachsen während der 1950er Jahre, Hannover 2005.

MACHALETT 1986: Günther Machalett, Waldsterben im West- und Ostharz. Ein kleiner Führer für Harzer, Harztouristen und alle Freunde des Harzwaldes, Hornburg 1986.

MECKSEPER 1985: Cord Meckseper (Hrsg.), Landesausstellung Niedersachsen 1985. Stadt im Wandel. Kunst und Kultur des Bürgertums in Norddeutschland 1150-1650, 4 Bände, Stuttgart-Bad Cannstatt 1985.

MEISSNER 1993: Kurt Meissner, Zwischen Politik und Religion. Adolf Grimme. Leben, Werk und geistige Gestalt, Berlin 1993.

MELZ 1961: Dieter Melz, Das Ende des Steinkohlenbergbaus im Schaumburger Land, in: Geographische Rundschau 13 (1961), S. 409-412.

METZGER 2015: Birgit Metzger, »Erst stirbt der Wald, dann du«. Das Waldsterben als westdeutsches Politikum (1978-1986), Frankfurt/New York 2015.

MEURER 2000: Rolf Meurer, Wasserbau und Wasserwirtschaft in Deutschland. Vergangenheit und Gegenwart, Berlin 2000.

MIESSNER 2015: Michael Mießner, Die Raumordnungspolitik in der Nachkriegszeit, in: Wendelin Strubelt/Detlef Briesen (Hrsg.), Raumplanung nach 1945. Kontinuitäten und Neuanfänge in der Bundesrepublik Deutschland. Frankfurt a.M. 2015, S. 197-223.

MLYNEK/RÖHRBEIN 1994: Klaus Mlynek/Waldemar R. Röhrbein (Hrsg.), Geschichte der Stadt Hannover 2: Vom Beginn des 19. Jahrhunderts bis in die Gegenwart, Hannover 1994.

MÖLLER 2009: Detlef Möller, Endlagerung radioaktiver Abfälle in der Bundesrepublik Deutschland. Administrativ-politische Entscheidungsprozesse zwischen Wirtschaftlichkeit und Sicherheit, zwischen nationaler und internationaler Lösung, Frankfurt a.M. u.a. 2009.

MÖLLER/SAJAK/KHORCHIDE 2017: Rainer Möller/Clauß Peter Sajak/Mouhanad Khorchide (Hrsg.), Kooperation im Religionsunterricht. Chancen und Grenzen interreligiösen Lebens. Beiträge aus evangelischer, katholischer und islamischer Perspektive, Münster 2017.

MUARRAWI 2020: Florian Muarrawi, Von der RAG [Reichsarbeitsgemeinschaft für Raumforschung] zur ARL [Akademie für Raumforschung und Landesplanung]. Personelle, institutionelle, konzeptionelle und raumplanerische (Dis-)Kontinuitäten. Bericht über die Tagung der Akademie für Raumforschung und Landesplanung (ARL) am 7.11.2019 in Hannover, in: H-Soz-Kult, 22.02.2020 (https://www.hsozkult.de/conferencereport/id/tagungsberichte-8663 [Zugriff: 1.11.2020]).

MÜNKEL 2000: Daniela Münkel (Hrsg.), Der lange Abschied vom Agrarland. Agrarpolitik, Landwirtschaft und ländliche Gesellschaft zwischen Weimar und Bonn, Göttingen 2000.

MÜNKEL 2019: Daniela Münkel, Von Hellwege bis Kubel. Niedersachsens politische Geschichte von 1955 bis 1976, in: Gerd Steinwascher (Hrsg.), Geschichte Niedersachsens 5: Von der Weimarer Republik bis zur Wiedervereinigung, Hannover 2010, S. 683-734.

NATIONALPARK o.J.: Internetseite des Nationalparks Wattenmeer (https://www.nationalpark-wattenmeer.de/nds [Zugriff: 14.10.2020]).

NATURPARK 2019: Naturpark Harz (Hrsg.), Wald im Wandel zur neuen Wildnis. Der Wildnis beim Wachsen zuschauen, 5. Auflage, Wernigerode 2019 (https://www.nationalpark-harz.de/de/downloads/allgemein/Waldwandel2019_5.Auflage_web.pdf [Zugriff: 18.10.2020]).

NATIONALPARKVERWALTUNG 2016: Nationalparkverwaltung Niedersächsisches Wattenmeer (Hrsg.), 30 Jahre Nationalpark Niedersächsisches Wattenmeer. Einzigartiges gemeinsam schützen, Wilhelmshaven 2016.

Negt 2018: Oskar Negt, »Natürlich ging es allen auch um Revolution« (Interview in Neue Presse, 27.5.2018).

Nentwig 2013: Teresa Nentwig, Hinrich Wilhelm Kopf (1893–1961). Ein konservativer Sozialdemokrat, Hannover 2013.

Nentwig 2014: Teresa Nentwig, Die niedersächsischen Ministerpräsidenten und ihr öffentliches »Niedersachsenbild«. Ein Beitrag zur Erforschung der niedersächsischen Landesgeschichtspolitik, in: Niedersächsisches Jahrbuch für Landesgeschichte 86 (2014), S. 107-159.

Neuber 2002: Dirk Neuber, Energie- und Umweltgeschichte des Niedersächsischen Steinkohlenbergbaus von der Frühen Neuzeit bis zum Ersten Weltkrieg, Hannover 2002.

Neumann 1982: Karl-Heinz Neumann, Theater in Oldenburg. Wesen und Werden einer nordwestdeutschen Bühne, Oldenburg 1982, S. 180-219.

Nicolaysen 2002: Rainer Nicolaysen, Der lange Weg zur VolkswagenStiftung. Eine Gründungsgeschichte im Spannungsfeld von Politik, Wirtschaft und Wissenschaft, Göttingen 2002.

Niemann 1983: Harry Niemann, Theater im Winkel. Versuch, Theaterarbeit in Oldenburg (1968-1982) zu beschreiben, in: Heinrich Schmidt (Hrsg.), Hoftheater, Landestheater, Staatstheater. Beiträge zur Geschichte des oldenburgischen Theaters 1833-1983, Oldenburg 1983, S. 175-234.

NOZ 2006: Neue Osnabrücker Zeitung, Der Abzug der Briten, Osnabrück 2006 (Zeitungsbeilage NOZ 11.-18. Februar 2006).

NOZ 2007: Neue Osnabrücker Zeitung, Der Abzug der Briten. Umwandlung der britischen Militärflächen für eine zivile Nutzung (Konversion), Osnabrück 2007 (Zeitungsbeilage NOZ 6.-9. Juni 2007).

Oberbergamt 1965: Gemeinschaftsarbeit des Oberbergamts, der Bergbau-Unternehmen, der Bergbau-Spezialgesellschaften und der Zulieferindustrie (Hrsg.), Das Oberbergamt in Clausthal-Zellerfeld und der Bergbau in seinem Bezirk, Berlin/Basel 1965.

Ognibeni 1986: Günter Ognibeni, Planung und Durchführung einer Großausstellung unter Berücksichtigung der Niedersächsischen Landesausstellung (NLA) »Stadt im Wandel«, in: Maltechnik Restauro. Internationale Zeitschrift für Farb- und Maltechniken. Mitteilungen der IADA 92 (1986), S. 9-23.

Ohling 1987: Jochen Ohling, Dollarthafen. Leidensweg einer Hafenplanung, in: Mitteilungen des Franzius-Instituts für Wasserbau und Küsteningenieurwesen 65 (1987), S. 80-99.

Oldenburg 1996: Stadt Oldenburg (Hrsg.), Geschichte der Stadt Oldenburg, Bd. 2: 1830-1995, Oldenburg 1996.

Olschewski 2006: Kai Olschewski, Legitimationskrise des öffentlich-rechtlichen Rundfunks? Ein Vergleich öffentlich-rechtlicher und privatkommerzieller Radionachrichten in Niedersachsen, München 2006.

Oltmer 2010a: Jürgen Oltmer, Die Nachkriegszeit. Displaced Persons, Kriegsgefangene und Bombenkriegsevakuierte, Flüchtlinge und Vertriebene, Auswanderer, in: Gerd Steinwascher (Hrsg.), Geschichte Niedersachsens 5: Von der Weimarer Republik bis zur Wiedervereinigung, Hannover 2010, S. 993-1009.

Oltmer 2010b: Jochen Oltmer, Migration, in: Gerd Steinwascher (Hrsg.), Geschichte Niedersachsens 5: Von der Weimarer Republik bis zur Wiedervereinigung, Hannover 2010, S. 963-1022.

Osnabrück 2008: Stadt Osnabrück, Perspektivplan Konversion. Ergebnisbroschüre des städtebaulichen Planungs- und Beteiligungsprozesses 2008, Osnabrück 2008.

Osnabrück 2020: Stadt Osnabrück, Protokolle der Sitzungen des Rates der Stadt Osnabrück am 2. Januar 2006, 2. Januar 2008 und 2. Januar 2009 aus dem Ratsinformationssystem der Stadt Osnabrück (https://ris.osnabrueck.de/bi/allris.net.asp [Zugriff: 12.6.2020]).

Oswald 1997: Anne von Oswald, »Venite a lavorare con la Volkswagen!«. »Gastarbeiter« in Wolfsburg 1962-1974, in: Rosmarie Beier (Hrsg.), aufbau west – aufbau ost. Die Planstädte Wolfsburg und Eisenhüttenstadt in der Nachkriegszeit, Ostfildern 1997.

Oswald 2002: Anne von Oswald, Volkswagen, Wolfsburg und die italienischen »Gastarbeiter« 1962-1975. Die gegenseitige Verstärkung des Provisoriums, in: Archiv für Sozialgeschichte 42 (2002), S. 55-79.

o. Verf. 2019: Aufnahme der grundgesetzlichen Schuldenbremse in die Niedersächsische Verfassung. Dokumentation, in: Niedersächsische Verwaltungsblätter 26 (2019), S. 232-244.

Parisius 2016: Bernhard Parisius, 1950. Ihr Selbstbewusstsein ließen sie sich nicht nehmen. Zur Aufnahme von Flüchtlingen und Vertriebenen nach dem Zweiten Weltkrieg, in: Christine van den Heuvel/Gerd Steinwascher/Brage Bei der Wieden (Hrsg.), Geschichte Niedersachsens in 111 Dokumenten, Göttingen 2016, S. 393-395.

Parisius 2014: Johannes Parisius, Die vietnamesischen Boat People in Norddeich. Eine gelungene Form der Integration?, Aurich 2014 (https://www.ostfriesischelandschaft.de/fileadmin/user_upload/BIBLIOTHEK/Dokumente/Schuelerpreis/2015_Parisius_Boat_People.pdf [Zugriff: 12.10.2020]).

Pook 1963: Wilhelm Pook, Sozialer Wohnungsbau im Lande Niedersachsen, Hannover 1963.

Potter 1992: Wendy Potter: Das britische Militär in Osnabrück. Ein Überblick, o.O. 1992.

Projektgroep Dollardhaven 1985: Projektgroep Dollardhaven, Landelijke Vereniging tot Behoud van de Waddenzee, Der Dollarthafen. Natur zerstört – Geld verschwendet?, Rastede 1985.

Pürer/Raabe 1994: Heinz Pürer/Johannes Raabe, Medien in Deutschland 1: Presse, München 1994.

Püschel 1990: Andreas Püschel, Grenzenloses Grenzgebiet. Der »Zonenrand« außer Rand und Band, in: Irmela Hannover/Hona Rothin (Hrsg.), Sind wir ein Volk? DDR-Reporter berichten aus Deutschland West. BRD-Reporter berichten aus Deutschland Ost, Hamburg 1990, S. 40-46.

Raapke 1995: Hans-Dietrich Raapke, Kontinuität und Zukunftsorientierung. 25 Jahre Gesetz zur Förderung der Erwachsenenbildung in Niedersachsen, Oldenburg 1995.

Radke 1984: Michael Radke, Das Ende des Monopols, in: Waldemar R. Röhrbein (Hrsg.), 60 Jahre Rundfunk in Hannover, Hannover 1984, S. 106-109.

Rampe o.J.: Johannes Rampe, Flutkatastrophe 1962. Wirtschaftliche Hilfsmaßnahmen, Hamburg o.J.

Reeken 2001: Dietmar von Reeken, »Das Land als Ganzes!« Integration durch Heimatpolitik und Landesgeschichte in Niedersachsen nach 1945, in: Habbo Knoch (Hrsg.), Das Erbe der Provinz. Heimatkultur und Geschichtspolitik nach 1945, Göttingen 2001, S. 99-116.

Reeken 2010a: Dietmar von Reeken, Die Gründung des Landes Niedersachsen und die Regierung Kopf (1945-1955), in: Gerd Steinwascher (Hrsg.), Geschichte Niedersachsens 5: Von der Weimarer Republik bis zur Wiedervereinigung, Hannover 2010, S. 625-681.

Reeken 2010b: Dietmar von Reeken, Der Umgang mit der NS-Vergangenheit, in: Gerd Steinwascher (Hrsg.), Geschichte Niedersachsens 5: Von der Weimarer Republik bis zur Wiedervereinigung, Hannover 2010, S. 657-662.

Reeken 2017: Dietmar von Reeken, Langgehegter Wunsch oder ungeliebte Entscheidung? Die Gründung des Landes Niedersachsen im Spannungsfeld widerstreitender Interessen, in: Blätter für Deutsche Landesgeschichte 153 (2017), S. 47-65.

Regierungspräsident 1973: Regierungspräsident in Aurich (Hrsg.), Entwicklungsplan für den Fremdenverkehr in Ostfriesland, 1973.

Regionalverband o.J.: Internetseite des Regionalverbandes Südniedersachsen e.V. (http://www.das-war-der-regionalverband.de/startseite [Zugriff: 11.8.2020]).

Renz 2008: Werner Renz, Selektive Sühne. Anmerkungen zum ersten westdeutschen Prozess gegen einen Auschwitz-Täter, in: Newsletter. Informationen des Fritz Bauer Instituts 32 (2008), S. 10-14.

Retter 1985: Hein Retter, Orientierungsstufe in Niedersachsen. Ende oder Neubeginn?, in: Pädagogik und Schulen in Ost und West, 33 (1985), S. 1-10.

Retter o.J.: Hein Retter, Bildungspolitik, Lehrerrolle und empirische Schulforschung. Das Ende der Orientierungsstufe in Niedersachsen (https://www.tu-braunschweig.de/allg-paed/personal/ehemalige/hretter#c419167 [Zugriff: 28.07.2020]).

Rheude 2009: Rainer Rheude, Kalter Krieg um Ossietzky. Ein Namensstreit in Oldenburg, Bremen 2009.

Riederer 2011: Günter Riederer, Auto-Kino. Unternehmensfilme von Volkswagen in den Wirtschaftswunderjahren, Wolfsburg 2011.

Röhnert 2014: Jan Röhnert (Hrsg.), Die Metaphorik der Autobahn. Literatur, Kunst, Film und Architektur nach 1945, Köln u.a. 2014.

Rudolf 2003: Beate Rudolf, »Verfassungsfeinde« im öffentlichen Dienst, in: Markus Thiel (Hrsg.), Wehrhafte Demokratie, Tübingen 2003, S. 209-250.

Rudzio 1968: Wolfgang Rudzio, Die Neuordnung des Kommunalwesens in der britischen Zone. Zur Demokratisierung und Dezentralisierung der politischen Struktur. Eine britische Reform und ihr Ausgang. Stuttgart 1968.

Rübke 2018: Jutta Rübke (Hrsg.), Berufsverbote in Niedersachsen 1972-1990. Eine Dokumentation. Hannover 2018.

Rückriem 2016: Georg Rückriem, Die Matrikelbücher der Adolf-Reichwein-Hochschule von

1946 bis 1952. Eine Auswertung, in: Adolf Meyer/Georg Rückriem (Hrsg.), Vom »Glashaus« zum »Schloss«. Bilder, Erinnerungen und Kommentare 3, Osnabrück 2016, S. 308-330.

RUTHENBERG 1997: Peter Ruthenberg (Hrsg.), Anzeiger. Wie Fritz Högers Anzeiger-Hochhaus zum Mittelpunkt des neuen Kunst- und Medienzentrums an Hannovers Goseriede wurde, Hannover 1997.

SALA 2007: Roberto Sala, Vom »Fremdarbeiter« zum »Gastarbeiter«. Die Anwerbung italienischer Arbeitskräfte für die deutsche Wirtschaft (1938-1973), in: Vierteljahrshefte für Zeitgeschichte 1 (2007), München 2007, S. 93-120.

SAWAHN 2009: Anke Sawahn, Die Frauenlobby vom Land. Die Landfrauenbewegung in Deutschland und ihre Funktionärinnen 1898 bis 1948, Frankfurt a.M. 2009.

SAWAHN/GARBADE 2013: Anke Sawahn/Dora Garbade (1893-1981) und die frühe Landfrauenbewegung im Oldenburger Land. Gutsfrau, Lehrfrau, soziales Engagement, in: Oldenburger Jahrbuch 113 (2013), S. 129-141.

SCHÄFER 2012: Roland Schäfer, »Lamettasyndrom« und »Säuresteppe«. Das Waldsterben und die Forstwissenschaften 1979-2007, Freiburg 2012.

SCHÄFER/METZGER 2009: Roland Schäfer/Birgit Metzger, Was macht eigentlich das Waldsterben?, in: Patrick Masius/Ole Sparenberg/Jana Sprenger (Hrsg.), Umweltgeschichte und Umweltzukunft. Zur gesellschaftlichen Relevanz einer jungen Disziplin, Göttingen 2009, S. 201-228.

SCHLÖGEL 2009: Karl Schlögel, Generation Marienborn, in: Aus Politik und Zeitgeschichte 21/22 (2009), S. 1-6.

SCHMIDT 1991: Claudius Schmidt, Heinrich Hellwege, der vergessene Gründungsvater. Ein politisches Lebensbild, Stade 1991.

SCHMIDT 1996: Joachim Schmidt, Artikel »Wazinski, Erna«, in: Horst-Rüdiger Jarck/Günter Scheel (Hrsg.), Braunschweigisches Biographisches Lexikon, 19. und 20. Jahrhundert, Hannover 1996.

SCHMIDT 2012: Martin Schmidt, Talsperren im Harz. Ost- und Westharz, 9. Auflage, Clausthal-Zellerfeld 2012.

SCHMIECHEN-ACKERMANN/OTTE/BRANDES 2014: Detlef Schmiechen-Ackermann/Hans Otte/Wolfgang Brandes (Hrsg.), Hochschulen und Politik in Niedersachsen nach 1945, Göttingen 2014.

SCHMIEDER 2017: Marina Schmieder, Ein Stück Daheim. Spätaussiedler im Oldenburger Münsterland, Cloppenburg 2017.

SCHNATH 1966, Georg Schnath, Vom Sachsenstamm zum Lande Niedersachsen. Grundzüge der staatlichen Gebietsentwicklung im niedersächsischen Raum, Hannover 1966.

SCHNEIDER 1982: Ullrich Schneider, Niedersachsen unter britischer Besatzung 1945. Besatzungsmacht, deutsche Verwaltung und die Probleme der unmittelbaren Nachkriegszeit, in: Niedersächsisches Jahrbuch für Landesgeschichte 54 (1982), S. 251-319.

SCHNEIDER 1984: Ullrich Schneider, Niedersachsen 1945/1946. Kontinuität und Wandel unter britischer Besatzung, Hannover 1984.

SCHNEIDER 2000: Karl Heinz Schneider, Wege in die Moderne. Varianten dörflicher Entwicklung zwischen 1945 und 1970, in: Daniela Münkel (Hrsg.), Der lange Abschied vom Agrarland. Agrarpolitik, Landwirtschaft und ländliche Gesellschaft zwischen Weimar und Bonn, Göttingen 2000, S. 69-92.

SCHNEIDER 2010: Karl Heinz Schneider, Wirtschaftsgeschichte Niedersachsens nach 1945, in: Gerd Steinwascher (Hrsg.), Geschichte Niedersachsens 5: Von der Weimarer Republik bis zur Wiedervereinigung, Hannover 2010, S. 807-920.

SCHÖNE 2020: Albrecht Schöne, Erinnerungen, Göttingen 2020.

SCHRÖDER 2002: Christiane Schröder, Die Bewerbung um die EXPO 2000, in: Carl-Hans Hauptmeyer/Jürgen Rund (Hrsg.), EXPO 2000 – Die Firma, Hameln 2002, S. 31-40.

SCHÜTZ/GRUBER 1996: Erhard Schütz und Eckhard Gruber (Hrsg.), Mythos Reichsautobahn. Bau und Inszenierung der »Straßen des Führers« 1933-1941, Berlin 1996.

SCHULZ 1962: Hans Schulz, Verlauf der Sturmflut vom Februar 1962 im deutschen Küsten- und Tidegebiet der Nordsee, in: Die Küste 10 (1962), S. 7-16.

SEIDE 1999: Adam Seide, Die braunschweigische Johanna. Ein deutsches Requiem. Roman. Syndikat, Frankfurt a.M. 1986, 2. Auflage, Hannover 1999.

SEITERS 1990: Julius Seiters, Adolf Grimme. Ein niedersächsischer Bildungspolitiker, Osterholz-Scharmbeck 1990.

SELLE 1993: Klaus Selle, Expo 2000. Ein Großprojekt als Mittel der Stadtentwicklung?, in: Hartmut Häußermann/Walter Siebel (Hrsg.), Festivalisierung der Stadtpolitik. Stadtentwicklung durch große Projekte, Wiesbaden 1993, S. 164-207.

SIMONSEN 2011: H.-Dieter Simonsen, Mit dem JadeWeserPort die Zukunft gewinnen, Varel 2001.

SOZIALMINISTERIUM 2019: Niedersächsisches Ministerium für Soziales, Gesundheit und Gleichstellung, Aktionsplan Inklusion 2019/20 für ein barrierefreies Niedersachsen. Schritte zur Umsetzung der UN-Behindertenrechtskonvention, Hannover 2019.

SPIEGEL 1955: In König Nordhoffs Reich, in: Der Spiegel Nr. 33 (1955), S. 16-26 (https://www.spiegel.de/spiegel/print/d-31970946.html [Zugriff: 26.07.2020]).

SPIEGEL 1978: Erlösende Tat. Niedersachsens Ministerpräsident Ernst Albrecht holt – eine »sehr persönliche Entscheidung« – vietnamesische Flüchtlinge ins Land, in: Der Spiegel Nr. 49 (1978) (https://www.spiegel.de/spiegel/print/d-42713350.html [Zugriff: 12.10.2020]).

STAATS 2014: Martina Staats, Erste Schritte zur Gestaltung der Gedenkstätte Bergen-Belsen. Der Ort und die Akteure 1945/1946, in: Habbo Knoch/Thomas Rahe (Hrsg.), Bergen-Belsen. Neue Forschungen, Göttingen 2014, S. 338-368.

STAATS/WAGNER 2019: Martina Staats/Jens-Christian Wagner (Hrsg.), Recht. Verbrechen. Folgen. Das Strafgefängnis Wolfenbüttel im Nationalsozialismus, Göttingen 2019.

STAATSKOMMISSAR 1948: Der Niedersächsische Staatskommissar für das Flüchtlingswesen (Hrsg.), Die Flüchtlingsgesetzgebung im Lande Niedersachsen, Hannover 1948.

STADER GESCHICHTS- UND HEIMATVEREIN E. V. 2012: Stader Geschichts- und Heimatverein e.V. (Hrsg.), Stader Jahrbuch 2011, Stade 2012.

STADTARCHIV 1990: Archiv der Stadt Salzgitter (Hrsg.), Die Demontage der Reichswerke (1945-1951), Salzgitter 1990.

STATISTISCHE ÄMTER 2011: Statistische Ämter des Bundes und der Länder (Hrsg.), Agrarstrukturen in Deutschland. Einheit in Vielfalt. Regionale Ergebnisse der Landwirtschaftszählung 2010, Stuttgart 2011.

STEINBERG-BÖTHIG 2014: Julia Steinberg-Böthig, Verbindung im Fünf-Minuten-Takt. Die Elbefähre »Amt Neuhaus« pendelt seit 1990 zwischen Bleckede und Neu Bleckede, in: Grenzenlos. 25 Jahre danach. Deutsche Geschichte und Geschichten links und rechts der Elbe, Lüneburg 2014, S. 20-23.

STEINKE 2013: Ronen Steinke, Fritz Bauer oder Auschwitz vor Gericht, München 2013.

STEINWASCHER 1995: Gerd Steinwascher, Chaos und Rechtsunsicherheit. Das Problem der Displaced Persons in Schaumburg-Lippe, in: Hubert Höing (Hrsg.), Vom Ständestaat zur freiheitlich-demokratischen Republik, Melle 1995, S. 195-218.

STEINWASCHER 2010: Gerd Steinwascher (Hrsg.), Geschichte Niedersachsens 5: Von der Weimarer Republik bis zur Wiedervereinigung, Hannover 2010.

STIFTUNG 2012: Stiftung niedersächsische Gedenkstätten (Hrsg.), Bergen-Belsen. Geschichte der Gedenkstätte, Celle 2012.

STIFTUNG 2016: Stiftung Gedenkstätten Sachsen-Anhalt (Hrsg.), »Mit den Autos kommt die Ideologie«. Der Grenzübergang Helmstedt-Marienborn im Kontext der Teilung Deutschlands und Europas, 2. Auflage, Halle 2016.

STIFTUNG o.J.: Stiftung Niedersachsen, Satzung der Stiftung Niedersachsen, Hannover o.J. (https://www.stnds.de/ueber-uns/organisation/satzung [Zugriff: 12.11.2010]).

STOMMER 1982: Rainer Stommer (Hrsg.), Reichsautobahn. Pyramiden des Dritten Reichs. Analysen zur Ästhetik eines unbewältigten Mythos, Fulda 1982.

TALSPERRENKOMITEE 2013: Deutsches Talsperren-Komitee e.V. (Hrsg.), Talsperren in Deutschland, Wiesbaden 2013.

TASCH 1993: Dieter Tasch, Zeuge einer stürmischen Zeit. Hundert Jahre Verlagsgesellschaft Madsack, Hannover 1993.

TENFELDE 2013: Klaus Dieter Tenfelde, Geschichte des deutschen Bergbaus 4: Rohstoffgewinnung im Strukturwandel. Der deutsche Bergbau im 20. Jahrhundert, Münster 2013.

THOMAS/GÜLLE 2008: Klaus Thomas/Helge Gülle: Dorferneuerung und ländliche Entwicklung in Niedersachsen und Bremen, F2a Nds. Mai 2008, in: Gernot Schlebusch, Praxis der Kommunalverwaltung, F2. Baugesetzbuch, Regionalplanung, Loseblatt-Ausgabe, Wiesbaden 2000-2016.

TODTMANN/TRITSCHLER 1949: Heinz Todtmann/Alfred Tritschler, Kleiner Wagen in großer Fahrt. Ein Erlebnisbericht, Offenburg 1949.

TREUE 1967: Wilhelm Treue, Die Demontagepolitik der Westmächte nach dem Zweiten Weltkrieg. Unter besonderer Berücksichtigung ihrer Wirkung auf die Wirtschaft in Niedersachsen, Hannover 1967.

TRITTEL 1995: Günter J. Trittel, Jahre des Hungers. Die Ernährungskrise in Niedersachsen (1945-1948), in: Landeszentrale für politische Bildung (Hrsg.), Niedersachsen nach 1945. Gesellschaftliche Umbrüche, Reorganisationsprozesse, sozialer und ökonomischer Strukturwandel, Hannover 1995, S. 78-90.

Umweltministerium 2011: Niedersächsisches Ministerium für Umwelt und Klimaschutz (Hrsg.), 25 Jahre Mensch, Umwelt, Zukunft, Hannover 2011 (https://www.umwelt.niedersachsen.de/download/59602 [Zugriff: 13.10.2020]).

Umweltministerium 2018: Niedersächsisches Ministerium für Umwelt, Energie, Bauen und Klimaschutz, Bündnis für bezahlbares Wohnen: faire Mieten für Niedersachsen (https://www.umwelt.niedersachsen.de/startseite/aktuelles/pressemitteilungen/faire-mieten-fuer-niedersachsen-buendnis-fuer-bezahlbares-wohnen-nimmt-arbeit-auf-162891.html [Zugriff: 25.8.2020]).

Umweltministerium 2020: Niedersächsisches Ministerium für Umwelt, Energie, Bauen und Klimaschutz (Hrsg.), Energiewendebericht 2019, Hannover 2020.

Umweltministerium o.J.: Internetseite des Bündnisses für bezahlbares Wohnen in Niedersachsen (https://www.buendnis-fuer-bezahlbares-wohnen.niedersachsen.de/startseite [Zugriff: 25.8.2020]).

Unger 2018: Thorsten Unger, »Von Barack zu Barock«. Schlaglichter auf die Geschichte der Adolf-Reichwein-Hochschule (Pädagogische Hochschule) in Celle/Osnabrück (1946-1973), in: Osnabrücker Mitteilungen 123 (2018), S. 233-273.

Universitätsarchiv o.J.: Adolf-Reichwein-Hochschule. Wissenschaftliches Blog zur Geschichte der PH Celle/Osnabrück (1946-1973). Vorgängereinrichtung der Universität Osnabrück (https://reichwein.hypotheses.org [Zugriff: 14.6.2020]).

Unruh 1978: Georg-Christoph von Unruh, Gebiets- und Verwaltungsreform in Niedersachsen 1965-1978, Hildesheim 1978.

Untersuchungsausschuss 2012: Bericht des 21. Parlamentarischen Untersuchungsausschusses, Hannover 2012 (www.bundestag.de/blob/kmat_03_ua_asse2-data [Zugriff: 25.7.2020]).

Van den Heuvel 2017: Christine van den Heuvel, Art. 1993. Die Niedersächsische Verfassung. Ende eines Provisoriums, in: Christine van den Heuvel/Gerd Steinwascher/Brage Bei der Wieden (Hrsg.), Geschichte Niedersachsens in 111 Dokumenten, 2. Auflage, Göttingen 2017, S. 452-455.

Vechta 1995: Landkreis Vechta (Hrsg.), Eine Geburtsstätte der Demokratie, Vechta 1995.

Verfassungsvorschläge 1947: Verfassungsvorschläge der Deutschen Partei, Stade 1947.

Vögel 1996: Bernhild Vögel, Ein kurzer Lebensweg – Der Fall Erna Wazinski. Arbeitsmaterialien für die Bildungsarbeit mit Begleitheft, Braunschweig 1996.

Vogtherr 2017: Thomas Vogtherr, Die Gründung der Stiftung Niedersachsen 1986/87. Strukturpolitik vs. Kulturförderung in der Ära Albrecht, in: Niedersächsisches Jahrbuch für Landesgeschichte 89 (2017), S. 191-205.

Volkmann 1997: Rolf Volkmann, Das Flüchtlingslager Mariental (1945-1947) und die Vertriebenentransporte aus Schlesien (1946-1947), Mariental 1997.

Vollnhals 1991: Clemens Vollnhals, Entnazifizierung. Politische Säuberung und Rehabilitierung in den vier Besatzungszonen 1945-1949, München 1991.

Wagner-Kyora 1999: Georg Wagner-Kyora, Eigenheime bauen und Wohnungslose unterbringen. Die niedersächsische Wohnungspolitik in den fünfziger Jahren, in: Adelheid von Saldern (Hrsg.), Bauen und Wohnen in Niedersachsen während der fünfziger Jahre, Hannover 1999, S. 97-139.

Wagner-Kyora 2009: Georg Wagner-Kyora, Schloss ohne Geschichte. Der Braunschweiger Wiederaufbau-Konflikt 1950-2007, Berlin 2009.

Walter 2015: Franz Walter, Fluch der klammheimlichen Freude. Die Mescalero-Affäre 1977, in: Franz Walter/Teresa Nentwig (Hrsg.), Das gekränkte Gänseliesel. 250 Jahre Skandalgeschichten in Göttingen, Göttingen 2015, S. 215-227.

Wedemeyer 1993: Bernd Wedemeyer, Das ehemalige Residenzschloß zu Braunschweig. Eine Dokumentation über das Gebäude und seinen Abbruch im Jahre 1960, 3. Auflage, Braunschweig 1993.

Wedemeyer 2017: Bernd Wedemeyer, Das Residenzschloss Braunschweig. Vom Herzogssitz zum kulturellen Zentrum, Braunschweig 2017.

Weiberg/Mechler 2018: Gerd Weiberg/Wolf Dieter Mechler (Hrsg.), Ansichten der Revolte Hannover 1967-1969, Hannover 2018.

Weitkamp 2018: Sebastian Weitkamp, Von Esterwegen nach Auschwitz. Die ›Gewalt-Karriere‹ des SS-Hauptscharführers Bernhard Rakers, in: Osnabrücker Mitteilungen 123 (2018), S. 155-182.

Wellhöner 1996: Volker Wellhöner, »Wirtschaftswunder« – Weltmarkt – westdeutscher Fordismus. Der Fall Volkswagen, Münster 1996.

Werwarth 2014: Christian Werwarth, Der niedersächsische Ministerpräsident Ernst Albrecht. Annäherungen an einen Unnahbaren. Politische Führung in Niedersachsen, Stuttgart 2014.

Wessels o.J.: Paul Weßels, Leer. Stadt und Landkreis, in: Historische Ortsdatenbank Ostfriesland (https://www.ostfriesischelandschaft.de/624.html [Zugriff: 14.10.2020].

Wiedemann/Wolschke-Bulmahn 2011: Wilfried

Verzeichnis der Autorinnen und Autoren

Bardelle, Thomas, Dr. 53
Bei der Wieden, Brage, Dr. 25, 70
Berwinkel, Roxane, Dr. 35
Brakmann, Thomas, Dr. 15, 20
Brüdermann, Stefan, Dr. 1, 21, 27, 46
Buck, Meike, M.A. 18

Diehl, Jürgen 5
Diestelmann, Petra, M.A. 54, 72

Eilts, Axel 7

Fiedler, Gudrun, Dr. 9, 31, 32, 33
Fimpel, Martin, Dr. 14

Glaubitz, Stefan 23
Graf, Sabine, Dr. 30, 51, 55, 64

Haas, Philip, Dr. 57, 63
Haberer, Stephanie, Dr. 29, 67, 75
Hauner, Franz, Dr. 3, 44
Helbich, Christian, Dr. 59, 61
Henninger, Wolfgang, Dr. 4, 49
Henschel, Helmut 40
Hermann, Michael, Dr. 16, 22, 52
Hoffmann, Christian, Dr. 34, 41
Hoffmann, Kirsten, M.A. 2, 36

Homa, Bernhard, Dr. 13, 66
Kehne, Birgit, Dr. 11
Koch, Nina, M.A. 42, 74
Krösche, Hildegard, M.A. 68

Lengnik, Antje 8

Mahmens, Sven, Dr. 38
Meyer, Romy, M.A. 69

Parisius, Astrid 43, 56, 58

Rahn, Kerstin, Dr. 39, 50, 62
Ressler, Claudia, M.A. 6
Rößner, Regina, Dr. 12, 47, 73
Rügge, Nicolas, Dr. 19, 24, 48

Schönecker, Isabell 45
Schöpper, Anna Philine 37, 71
Schürrer, Martin, Dr. 26

Tschubel, Christiane 17

Unger, Thorsten, Dr. 10

Wagener-Fimpel, Silke, Dr. 28, 65
Weingarten, Hendrik, Dr. 60

Veröffentlichungsgenehmigungen

Für die Genehmigung zur Veröffentlichung von Reproduktionen danken wir sehr herzlich den nachfolgend genannten Personen, Einrichtungen und Unternehmen.

Artikel 12 Abb. 2: HAZ-Hauschild-Archiv, Historisches Museum Hannover. Museen für Kulturgeschichte der Landeshauptstadt Hannover.
Artikel 12 Abb. 3: Hannoversche Allgemeine Zeitung.
Artikel 21 Abb. 2: Kartenausschnitt aus der ADFC-Regionalkarte Weserbergland, ISBN: 978-3-87073-774-0. BVA BikeMedia GmbH, Bielefeld.
Artikel 27 Abb.: Schaumburger Zeitung.
Artikel 28 Abb. 1: Protestaufruf des Unternehmers Richard Borek vom 21. April 1960, Braunschweiger Zeitung.
Artikel 41 Abb. 2: Gisela Oberländer.
Artikel 47 Abb. 1: Bundespolizeidirektion Hannover.
Artikel 47 Abb. 3: Dr. phil. Werner Hartung.
Artikel 49 Abb. 2 und 3: Oldenburgisches Staatstheater.
Artikel 57 Abb.: Flyer zu »Stadt im Wandel«, Grafisches Atelier Stankowski + Duschek © Meike Gatermann und Stankowski-Stiftung.
Artikel 67 Abb.: Heinrich Thies.
Artikel 75 Abb. 3: Niedersächsischer Landtag.

Register

Personenregister

Regierende Adelige werden unter ihrem Vornamen geführt.

Adenauer, Konrad, Bundeskanzler 86, 110, 126, 129 f., 162
Ahrens, Hermann, Nds. Finanzminister 163
Albrecht, Ernst, Nds. Ministerpräsident 249, 260, 262 f., 269, 284, 287-292, 297-299, 301 f., 308, 369
Angermair, Rubert, Theologe 106
Arnold, Karl, Nordrhein-Westfälischer Ministerpräsident 261
Augstein, Rudolf, Verleger 76

Baader, Andreas, Mitglied der Rote Armee Fraktion 206
Bafile, Corrado, Apostolischer Nuntius 182
Bauer, Fritz, Generalstaatsanwalt 104-107
Baumgarten, Wilhelm, Nds. Landtagspräsident 212
Becker, Carl Heinrich, Preußischer Kultusminister 63
Bemmann, Martin, Historiker 305
Beug, Hans-Jürgen, Prof., Rektor der Universität Göttingen 248
Beust, Ole von, Erster Bürgermeister Hamburg 202
Blankenhorn Herbert, Abteilungsleiter Bundeskanzleramt 110
Bloch, Ernst, Philosoph 206
Boehm, Elisabeth, Gutsfrau 35
Böhm, Ortsbürgermeister 103
Böll, Heinrich, Schriftsteller 206
Börger, Bergdirektor 186, 188 f.
Börgermann, Bernhard, KZ-Häftling 91
Bonhoeffer, Dietrich, Theologe 106
Borek, Richard, Unternehmer 148, 150
Brandt, Willy, Bundeskanzler 224
Breuel, Birgit, Nds. Wirtschaftsministerin 301 f., 323

Bruder, Dr., Amtsgerichtsrat 55
Brückner, Peter, Prof. Dr., Psychologe, Hochschullehrer 204-207
Brüning, Kurt, Geschäftsführer 19 f., 57 f., 60 f.
Buback, Siegfried, Generalbundesanwalt 207, 247-249, 252

Campenhausen, Axel Freiherr von, Prof., Staatssekretär 248
Camus, Albert, Schriftsteller 250, 252
Cassens, Johann-Tönjes, Dr., Nds. Wissenschaftsminister 301 f.
Clemens August Graf von Galen, Bischof 303

Decken, Thassilo von der, Landschaftspräsident 171
Diederichs, Georg, Nds. Sozialminister, Nds. Ministerpräsident 182, 185, 212, 220
Dietzmann, Harald, Samtgemeindebürgermeister 351
Dinkla, Hermann, Nds. Landtagspräsident 370
Dohnanyi, Hans von, Jurist 106
Dornbusch, Bürgermeister 44, 47
Drake, Heinrich, Landespräsident 21

Eichmann, Adolf, SS-Sturmbannführer 107
Elfers, Anna 80 f.
Elfers, August 80 f.
Engels, Friedrich, Philosoph 252
Erhard, Ludwig, Bundeswirtschaftsminister 132, 134, 162
Ernst, Graf zu Holstein-Schaumburg 145

Filbinger, Hans, Baden-Württembergischer Ministerpräsident 288
Fip, Hans-Jürgen, Oberbürgermeister 365
Fischer, Peter, Dr., Nds. Wirtschaftsminister 202, 354
Frank, Anne 109, 111

Frank, Margot 109
Frede, Hans-Rainer, Regierungspräsident 242
Fuchs, Martha, Nds. Staatskommissarin, Oberbürgermeisterin 42, 151

Gabriel, Sigmar, Nds. Ministerpräsident 202, 360, 362
Galinski, Heinz, Präsident des Zentralrates der Juden in Deutschland 91, 93
Georg V., König von Hannover 198
Gerdom, Heinrich, Pädagoge 219 f.
Glogowski, Gerhard, Nds. Innenminister, Nds. Ministerpräsident 335, 354
Glücksmann, Jakob, Gerichtszeuge 92
Glup, Gerhard, Nds. Landwirtschaftsminister 279-281
Goldmann, Nahum, Dr., Präsident des Jüdischen Weltkongresses 110 f.
Grabbe, Dieter, Bürgermeister 116 f., 121
Grass, Günter, Schriftsteller 42
Griesert, Wolfgang, Stadtbaurat 366
Grimme, Adolf, Nds. Kultusminister 29-31, 33
Grolle, Joist, Prof., Nds. Wissenschaftsminister 255
Gründgens, Gustaf, Schauspieler, Intendant 251

Habermas, Jürgen, Philosoph 205
Hampel, Norbert, Dr., Theaterkritiker 252
Hartung, Heinz, Grafiker, Heraldiker 242
Harzmann, Willi, Staatsanwalt 52, 54 f.
Heckmann, Sepp D., Vorstandsmitglied der Deutsche Messe AG 323
Heine, Heinrich, Dichter 252
Heinemann, Gustav, Bundespräsident 199
Heinrich der Löwe, sächsischer Herzog 287 f.
Hellwege, Heinrich, Nds. Ministerpräsident 126 f., 129 f., 162, 182, 212-217
Henderson, britischer Landeskommissar 111
Hengelein, Hans, Psychologe, Nds. Schwulenreferent 336-339
Henze, Ernst, Prof. 210
Herder, Johann Gottfried, Dichter 118
Herzog, Roman, Bundespräsident 111
Heuss, Theodor, Prof. Dr., Bundespräsident 110 f.
Hillebrecht, Rudolf, Stadtbaurat 69
Hiller, Walter, Nds. Sozialminister 337
Hirche, Walter, Nds. Wirtschaftsminister 302
Hirst, Ivan, britischer Major 133
Hirte, Wilhelm, Oberstaatsanwalt 328
Hitler, Adolf 30, 47, 106 f., 133, 141, 227
Hodler, Christian, Dr., Abteilungsleiter im Nds. Wissenschaftsministerium 248

Höcker, Josefhermann, Kaufmann 224
Höger, Fritz, Architekt 75 f.
Hohnholz, Uwe 222
Holtzem, Hubertus, Oberregierungsrat 188
Hülbrock, Klaus, AStA-Sozialreferent 249

Jansen, Heinrich, Mitglied der Rote-Armee-Fraktion 206
Jaspers, Karl, Philosoph 252
Jelen, Gerhard, Oberspielleiter 250, 252 f., 255
Jens, Walter, Schriftsteller 206
Johnson, Uwe, Schriftsteller 206

Kessel, Friedrich von, Nds. Landwirtschaftsminister 103
Klose, Hans-Ulrich, Erster Bürgermeister Hamburg 263
Körbs, Hans-Otto, Landtagsabgeordneter 92
Kohl, Helmut, Bundeskanzler 288
Kopf, Hinrich Wilhelm, Nds. Ministerpräsident 20 f., 23, 57, 103, 109 f., 160-163, 181, 213 f., 216, 261
Kramer, Barbara, Rechtsanwältin 329
Kramer, Helmut, Dr., Jurist 329 f.
Kramer, Johann Wilhelm, Wasserbauexperte 169, 176
Kramp-Karrenbauer, Annegret, CDU-Generalsekretärin 29
Kraus, Hans, stellv. Leiter des Niedersächsischen Amtes für Statistik und Landesplanung 60
Kreikemeier, Dietrich, Referent im Nds. Kultusministerium 357
Kubel, Alfred, Nds. Finanzminister, Nds. Ministerpräsident 93, 162, 212, 255
Kuhr, Bäcker 91

Lehr, Robert, Bundesinnenminister 105
Lerche, Walter, Dr., Landgerichtsdirektor, Oberlandeskirchenrat, 328, 330
Lotze, Heiner, Referent im Nds. Kultusministerium 357
Lücke, Paul, Bundesbauminister 158

Macready, Gordon, General 109
Madsack, August, Verleger 75, 78
Madsack, Erich, Verleger 74-76, 78
Magnus, Staatsanwalt 328
Marie von Sachsen-Altenburg, Frau von Georg V. von Hannover 198
Marx, Karl, Philosoph 252
Matzel, Auguste 40

Mayer, Hans, Literaturwissenschaftler 205
McAllister, David, Nds. Ministerpräsident 370
Meinhof, Ulrike, Journalistin, Mitglied der Rote-Armee-Fraktion 206 f.
Mendini, Alessandro, Architekt 79
Mendini, Francesco, Architekt 79
Mielke, Erich, Leiter Ministerium für Staatssicherheit (DDR) 137
Moll, Otto, SS-Hauptscharführer 92
Mozer, Alfred 353
Mühlenfeld, Hans, Nds. Kultusminister 185

Nannen, Henri, Verleger 76
Neumann, John, Präsident Wilhelmshavener Hafenwirtschafts-Vereinigung e.V. 202
Niemann, Harry, Intendant 250-255
Nordhoff, Heinrich, Generaldirektor Volkswagen 133-135, 161
Novotny, Frank, PR-Chef Volkswagen 134

Oeftering, Heinz, Prof., Ministerialdirektor, Aufsichtsratsvorsitzender Volkswagen 135
Oertzen, Peter von, Politikwissenschaftler, Nds. Kultusminister 205, 210
Ohnesorg, Benno, Student 205 f., 247
Ontijd, Wolfgang, Abgeordneter des Nds. Landtags 290
Ossietzky, Carl von, Journalist, Schriftsteller 211
Otte-Kienast, Barbara, Nds. Landwirtschaftsministerin 363
Ottmer, Carl Theodor, Hofbaumeister 149

Pahlevi, Reza, iranischer Schah 205
Paul, Jürgen, Prof., Kunsthistoriker 287
Pestel, Eduard, Prof. Dr., Nds. Wissenschaftsminister 248, 357
Peter Friedrich Ludwig, Herzog von Oldenburg 209
Petermann, Johannes, Regierungspräsident 114
Pistorius Boris, Oberbürgermeister, Nds. Innenminister 365 f.
Ponto, Jürgen, Bankmanager 252
Porsche, Ferdinand, Konstrukteur 133
Posener, Curt 93
Pothmer, Brigitte, Abgeordnete des Nds. Landtags 372

Rakers, Bernhard, KZ-Kommando- und Rapportführer 90-93
Ramdohr, Harald, Kernforschungsinstitut Karlsruhe 188

Reimann, Carola, Dr., Nds. Sozialministerin 337
Remer, Otto Ernst, Wehrmachtsoffizier 104-107
Remmers, Werner, Nds. Kultusminister 297-299
Reuter, Ernst, Bürgermeister West-Berlin 51
Rhode, SPD-Unterbezirksvorsitzender 28, 31
Richter-Bernburg, Gerhard, Vizepräsident des Landesamtes für Bodenforschung 189
Rönnebeck, Günther, Pädagoge, Politiker 28, 30 f., 33
Röver, Carl, NSDAP-Gauleiter Oldenburg 19
Robertson, Bryan, Militärgouverneur der Britischen Zone 50, 214
Rosensaft, Josef, Central Jewish Committee 110
Rübke, Jutta, Politikerin 311
Ruhland, Karl-Heinz, Mitglied der Rote-Armee-Fraktion 206 f.
Runde, Ortwin, Erster Bürgermeister Hamburg 202

Sander, Emil 32
Sartor, Paul, Politiker 29 f.
Schäfer, Hermann, KZ-Häftling 91
Schellhaus, Erich, Nds. Minister für Vertriebene 158
Scherf, Henning, Bürgermeister Bremen 202
Schiller, Friedrich, Dichter 107
Schleyer, Hanns-Martin, Arbeitgeberpräsident 247-249, 252
Schlögel, Karl, Historiker 315
Schlüter, Leonhard, Nds. Kultusminister 216
Schmidt, Arno, Schriftsteller 43
Schmidt, Helmut, Bundeskanzler 269
Schnath, Georg, Archivar 19
Schöne, Albrecht, Germanist 249
Schoppe, Waltraud, Nds. Frauenministerin 337, 371
Schröder, Gerhard, Nds. Ministerpräsident 321, 337, 340, 342, 349, 361, 371
Schumacher, Kurt, SPD-Politiker 51, 213, 215
Schwarz-Schilling, Christian, Bundestagsabgeordneter, Bundespostminister 260, 262 f.
Schwinge, Ilse, Referentin bei der Landesbauernschaft 36
Scupin, Hartmut, Oberbürgermeister 289
Siewert, Annette 293
Siewert, Roman, Leiter des Sozialwerks Nazareth, Norddeich 292 f.
Sonnenschein, Adolf, Regierungspräsident 113
Spoo, Eckhart, Korrespondent der Frankfurter Rundschau 338

Stauffenberg, Claus Schenk Graf von, Wehrmachtsoffizier 107
Steinhoff, Dr., Kreisdirektor 36
Stiegemeyer, Amtsgerichtsrat 55
Stoll, Brigitte, Nds. Landtagsabgeordnete 290, 292
Stoltenberg, Gerhard, Dr., Schleswig-Holsteinischer Ministerpräsident 262

Tantzen, Richard 238
Tantzen, Theodor, Ministerpräsident Oldenburg 21
Tappe, Ulrich, Stadtbaurat 201-203
Tegeler, Landrat 198
Thies, Heinrich, Chefreporter der HAZ 338 f.
Topf, Erich Günther, Oberstaatsanwalt 105
Trappe, Richard, Ingenieur 94, 96
Trittin, Jürgen, Nds. Landtagsabgeordneter und Minister 139

Uzulis, André, dpa-Korrespondent 338

Van Weelden, Johan Anton, Geschäftsführer der Wilhelmshavener Raffinerie 202
Vogel, Friedrich, Bundestagsabgeordneter 206
Vogt, Dorothea, Lehrerin 311 f.

Voigt, Richard, Nds. Kultusminister 163

Wallraff, Günter, Journalist 206
Walter, Franz, Politologe 247
Wazinski, Erna, Arbeiterin 326-330
Weber, Werner, Staats- und Verfassungsrechtler 195, 198
Weniger, Erich, Geschichtsdidaktiker 64
Wiedehöft, Günter 327-329
Wigbers, Antonia, Nds. Landesbeauftragte für Frauenfragen 369
Wildeman, Theodor, Landesoberbaurat 96
Wilhelmi, Hans, Bundesschatzminister 160 f., 163
Williams, V.H. 36
Wolf, Markus, Ministerium für Staatssicherheit (DDR) 137
Wollheim, Norbert 93
Wulff, Christian, Nds. Ministerpräsident 373

Youard, Geoffrey Bernard, Oberst 36
Youard, Rosaline Joan 36

Zint, Günter 270

Geografisches Register

Abbenfleth (Stade) 167, 177
Achim 171 f.
Ägypten 227
Ahlhorn 41, 142 f.
Alfeld 42, 63, 67
Aller 241
Allgäu 99
Alpen 228, 287
Altenau 99, 102
Altes Land 166 f., 169
Alversdorf (bei Helmstedt) 39, 41 f.
Amerikanische Besatzungszone 53
Amsterdam 355
Argentinien 107
Aschendorf-Hümmling (Landkreis) 107
Asse 187, 189
Asseler Moor (bei Stade) 167
Augsburg 306
Auhagen (Landkreis Schaumburg) 146
Aurich (Regierungsbezirk) 20, 25 f., 42, 142, 239
Auschwitz 91-93, 107
Australien 292

Baden-Württemberg 35, 269
Bad Grund 147, 349-351
Bad Harzburg 100
Bad Oeynhausen 57
Bad Pyrmont 76, 113, 115, 118
Bad Rehburg 46
Bad Segeberg 39
Barmstedt (bei Hamburg) 93
Barsinghausen (Deister) 146 f., 232
Basbeck (Hemmoor) 166
Bayern 123, 297 f.
Bederkesa (Landkreis Cuxhaven) 306
Belgien 175, 353
Bemerode (Hannover) 79
Bergen-Belsen 108-111
Bergen-Hohne 365
Berlin 54 f., 92 f., 107, 141, 155, 205, 247, 251, 263, 269, 272, 314 f., 317, 338, 355, 357, siehe auch West-Berlin
Bersenbrück (Landkreis) 220
Bielefeld 20, 93, 209, 252
Birkenau 92

Bizone 25
Bleckede 333-335
Bockswiese (Goslar) 147
Boniburgwald (bei Münster) 306
Bonn 89, 135, 141, 163, 227, 266
Bourtanger Moor 114
Bramketal (Harz) 98, 102
Bramsche (Landkreis Osnabrück) 347
Bramwald (bei Ellershausen) 306 f.
Brandenburg (Land) 245, 327
Brasilien 134
Braunschweig (Land) 20 f., 23, 42, 49, 85, 150, 181, 195, 213 f., 236, 251, 341, 343
Braunschweig (Stadt) 58, 67, 69, 73, 99, 105, 127, 135, 137 f., 149-153, 156, 270, 287-289, 303, 306, 327, 338
Braunschweig (Verwaltungsbezirk, Verwaltungspräsidium) 42, 60, 150
Bremen 20 f., 57, 96, 115, 118, 121, 127, 141, 155, 165, 167, 176, 202 f., 236, 239, 241, 261
Bremerhaven 118, 165, 201 f., 252
Bremervörde (Landkreis) 171
Bremervörde (Stadt) 171
Breslau 40, 42
Breslau-Neukirch 292
Brinkum (Ostfriesland) 122 f., 125
Britische Besatzungszone 29 f., 49 f., 57, 60, 76, 86, 93, 110, 213, 261
Broistedt (Landkreis Peine) 138
Brokdorf (Kreis Steinburg) 262, 269
Buchenwald 91, 93
Budapest 324
Bündheim 92
Bützfleth (Stade) 166 f., 174 f., 177-179
Bützflether Moor 167
Bützflether Sand 175, 177-179
Bursfelde (Hann. Münden) 120
Buschhaus (bei Helmstedt) 299, 308
Buxtehude 171

Cammer (Bückeburg) 47
Campen (Ostfriesland) 283
Celle (Landkreis) 243 f.
Celle (Stadt) 54, 62-65, 67, 138, 162, 365
China 292
Clausthal 102
Clausthal-Zellerfeld (Landkreis) → Zellerfeld (Landkreis)
Clausthal-Zellerfeld (Stadt) 147, 187-189

Cloppenburg (Landkreis) 114, 141, 149, 199, 239, 257-259, 345-347
Cloppenburg (Stadt) 345
Cranz (Hamburg) 166
Cuxhaven (Landkreis) 171 f., 306
Cuxhaven (Stadt) 165, 171, 181, 202, 283

Dänemark 106, 110, 165, 285
Dangast (Landkreis Friesland) 165
Danzig 42
Deutsche Demokratische Republik (DDR) 89, 123, 127, 137-139, 205, 285, 315-319, 333, 341
Deister 61, 145, 147
Delfzijl (Niederlande) 265 f.
Delmenhorst 175
Deutsche Bucht 165, 175
Dollart 265-267, 283
Dortmund-Ems-Kanal 113
Dragahn (Landkreis Lüchow-Dannenberg) 269, 272
Dransfeld (bei Göttingen) 306
Drochtersen (Landkreis Stade) 169, 177
Düsseldorf 105
Dütenau (Ortsnamenvorschlag) 198
Dütetal (bei Osnabrück) 198

Ecker (Fluss) 100
Eichsfeld 182
Eifel 143
Elbe 165-167, 175 f., 179, 241, 269, 283, 333-335
Elbe-Weser-Raum 171-173
Elbmarsch 175
Ellershausen (Landkreis Göttingen) 306
Elsterwerda (Brandenburg) 40
Emden 26, 69, 123, 135, 202, 265 f., 285, 288, 290, 292
Ems 175 f., 265-267, 283
Emsbüren (Landkreis Emsland) 353
Ems-Dollart-Region (Euregio) 354
Emsland 20, 91, 113-115, 141, 182, 279, 345, 353-355
England 36, 165, 175, 329
Enschede 353
Esterwegen 91-93
Estland 46
Europäische Union 176, 178, 275, 353, 357, 361-363

Falkenberg (Brandenburg) 40
Fallersleben 133, 227
Fallingbostel 365

Fedderwarden (Wilhelmshaven) 201
Frankfurt am Main 91, 107, 253, 306
Frankreich 86, 228, 242, 291 f., 353
Freiburg im Breisgau 270
Friedland 39, 292
Friesland (Landkreis) 239
Frille (Schaumburg-Lippe) 47
Fuhlen (Hessisch Oldendorf) 116-118
Fulda (Bistum) 181
Fulda (Fluss) 117

Genf 292
Georgsmarienhütte 194-196, 198 f., 354
Gifhorn (Landkreis) 36, 241 f.
Glatz (Schlesien) 40, 42
Görlitz (Sachsen) 39
Göttingen 63, 67, 183, 195, 207, 216, 246-249, 288, 292, 304, 306 f., 354, 372 f.
Goldap (Landkreis in Ostpreußen) 83
Gorleben (Landkreis Lüchow-Dannenberg) 269 f., 299
Goslar 99, 147, 288
Grafschaft Bentheim 114, 353-355
Grafschaft Schaumburg (Landkreis) 118, 181
Grane (Fluss) 103
Griechenland 46, 228
Grohnde (Landkreis Hameln-Pyrmont) 269
Gronau 353
Groningen (Provinz) 266
Großbritannien 39, 86, 133, 292, 361
Groß Denkte (Landkreis Wolfenbüttel) 188
Große Egge (Erhebung bei Halle/Westfalen) 306
Großer Wiesenberg (Harz) 102
Großes Bramketal (Harz) 98, 102
Groß-Hesepe (Landkreis Emsland) 112, 115

Hadeln, Land (Landkreis) 20, 171
Halle (Westfalen) 306
Hamburg 23, 39, 59, 78, 93, 127, 141, 153, 165-167, 176, 202, 241, 252, 261 f., 269, 285, 306, 357
Hamburg-Neuenfelde 165 f.
Hamburg-St. Pauli 165
Hamburg-Wilhelmsburg 165-167
Hameln 55, 117 f.
Hann. Münden 119, 121, 242
Hannover (Königreich) 19, 147, 171
Hannover (Provinz, Land) 20 f., 23, 29, 49, 63, 85, 109, 147, 155, 181, 195, 213 f., 235 f., 251, 333, 335, 341

Hannover (Regierungsbezirk) 20
Hannover (Region) 321, 323, 325, 354
Hannover (Stadt) 20, 23, 29, 36, 40, 42, 51, 60 f., 63, 67, 69, 75 f., 78 f., 123, 127, 142, 147 f., 156, 158, 163, 183, 205 f., 240 f., 247 f., 253, 261, 269, 303, 321, 323-325, 327, 341, 356, 365, 372 f.
Hannover-Bothfeld 205
Hannover-Linden 145
Hannover-Stöcken 60, 135
Hannoversches Wendland 241, 269 f., 272 f., siehe auch Lüchow-Dannenberg (Landkreis)
Harderberg (Georgsmarienhütte) 195 f., 198 f.
Hardtwald (bei Karlsruhe) 306
Harz 99 f., 127 f., 145, 147, 191, 241, 285, 306, 349-351
Heide → Lüneburger Heide
Helmstedt 39-41, 138, 314-319
Hemmingen (bei Hannover) 158
Herford 20
Hessen 117 f., 121, 297, 306
Hessisch Oldendorf 116-120, 239
Hildesheim (Bistum) 181-183
Hildesheim (Landkreis) 321
Hildesheim (Stadt) 54, 67, 69, 133, 183, 288, 365
Himmelpforten (Landkreis Stade) 81
Högel (Schleswig-Holstein) 95
Höxter (Landkreis) 121
Höxter (Stadt) 117
Hohenkirchen (bei Jever) 41, 310
Hoher Hagen (bei Göttingen) 306
Hooksiel (Landkreis Friesland) 283
Hoover-Damm (USA) 99
Horka (Sachsen) 40
Hoyerswerda 40

Ihlow (Brandenburg) 327
Immendorf (Salzgitter-) (Durchgangslager) 38, 42
Israel 107, 111, 227
Italien 46, 227-229, 321, 353
Itzehoe 361

Jade 200-202
Jadebusen 165
Jever 36, 41, 199
Jugoslawien 228 f.

Kanada 41, 199, 321
Karbener Wald (Wetterau) 306
Karlsruhe 188, 247, 253, 306

Kasachstan 346 f.
Kassel 163
Kehdingen (Landkreis) 83, 176, siehe auch Südkehdingen
Kehdinger Marsch 177
Köln 141, 253
Königslutter 40
Kohlfurt (Polen, bei Görlitz) 39 f., 42
Krasnoturjinsk (Swerdlowsk) 346
Krautsand 166, 177
Krummhörn 27
Kustanai (Kasachstan) 346

Land Hadeln (Landkreis) 20, 171
Land Wursten 165
Langelsheim-Embsen 138
Langendorf (Landkreis Lüchow-Dannenberg) 269
Lautenthal (Landkreis Goslar) 147
Lebenstedt → Salzgitter-Lebenstedt
Leer (Landkreis) 114, 122 f., 125, 266
Leer (Stadt) 222-225
Lehre (Landkreis Helmstedt) 42
Lettland 46
Lingen (Landkreis) 114
Lingen (Stadt) 91, 93
Lippe-Detmold 20
Litauen 46
London 86, 89
Ludwigshafen 262 f.
Lübbecke 20
Lübeck 39, 93
Lüchow-Dannenberg (Landkreis) 242, 269
Lüdersfeld (Landkreis Schaumburg) 146
Lüneburg (Fürstentum) 334
Lüneburg (Landkreis) 332-335
Lüneburg (Stadt) 42, 63, 67, 270, 288, 365
Lüneburg-Kaltenmoor 230, 232
Lüneburger Heide 59, 191, 241 f., 244-245
Luxemburg 263, 353

Maas-Rhein (Euregio) 354
Magdeburg 40
Mailand 79
Malaysia 291
Mandelsloh (Neustadt am Rübenberge) 36
Marburg 219
Marienborn 315-317, 319
Mariental (Landkreis Helmstedt) 39-42
Marokko 228
Maschsee (Hannover) 261

Mauthausen (Österreich) 92
Mecklenburg-Vorpommern 176, 334 f.
Meerbeck (Landkreis Schaumburg) 44-47
Meinersen (Landkreis Gifhorn) 36, 242
Meiningen 65
Meppen (Landkreis) 114
Minden 20, 117, 119, 121, 146
Mittellandkanal 60, 121
Mittelschulenberg → Schulenberg (Harz)
Molbergen (Landkreis Cloppenburg) 346 f.
Monowitz (Polen) 91-93
Münchehagen (Rehburg-Loccum) 299
München 187, 366
Münster (Bistum) 181, 183
Münster (Stadt) 21, 141, 306

Neiße 39
Neu Bleckede (Bleckede) 333-335
Neu Darchau (Landkreis Lüchow-Dannenberg) 335
Neu Wendischthun (Bleckede) 333-335
Neuenfelde (Hamburg) 165 f.
Neuengamme (Hamburg) 91
Neuharlingersiel 94, 96
Neuhaus (Amt) 332-335
Neu-Schulenberg (Harz) 103
Neustadt am Rübenberge 36
Niederlande 114 f., 133, 165, 175, 178, 223, 265-267, 283, 285, 353-355
Niedernwöhren (Landkreis Schaumburg) 47
Niendorf (Sumte, Amt Neuhaus) 335
Norddeich 290-293
Norderney 176, 190-193
Nordfriesland 165
Nordkehdingen 177
Nordrhein-Westfalen 25, 30, 35, 39, 42, 127, 141, 213, 306, 365
Nordsee, Nordseeküste 95, 165, 175, 191, 202, 283, 285
Nordvietnam (Kommunistische Volksrepublik Vietnam) → Vietnam
Northeim 42
Norwegen 285

Oberharz 99
Obernkirchen (Landkreis Schaumburg) 118
Obersachsen 19
Oberschlesien 92
Oder (Fluss) 39
Oesede (Georgsmarienhütte) 194-199
Oker 99 f., 102
Okertal (Harz) 102

Oldenburg (Land, Verwaltungsbezirk) 19-21, 23, 34, 49, 141-143, 181 195, 210, 213f., 216f., 235f., 239, 251f., 258, 302, 341, 343
Oldenburg (Landkreis) 49
Oldenburg (Stadt) 36, 42, 67, 138, 142, 156, 175, 201, 206, 209, 239, 241, 252, 255, 257, 261, 362, 365
Oldenburger Münsterland 141-143, 182, 257-259, 345, 347
Oldendorf → Hessisch Oldendorf
Osnabrück (Bistum) 181-183, 277
Osnabrück (Landkreis) 197-199, 220, 345, 353-355
Osnabrück (Regierungsbezirk) 20f., 113-115, 239
Osnabrück (Stadt) 64, 66f., 69-72, 91-93, 127, 141, 159, 198, 209, 218-221, 277, 288, 353f., 364-367
Osnabrück-Atter 366
Osnabrück-Dodesheide 367
Osnabrück-Eversburg 366
Osnabrück-Sonnenhügel 367
Osnabrück-Westerberg 366
Oste 166, 176, 277
Osterholz (Landkreis) 171
Osterholz-Scharmbeck 171f.
Osterode (Landkreis) 349f.
Ostfriesische Inseln 27, 175, 191, 283-285
Ostfriesland 20f., 25-27, 94-97, 123, 193, 236, 265f., 285, 290, 292f., 338
Ostpreußen 35, 75, 83, 114
Ostsee 143
Otterndorf 171f.

Paderborn (Erzbistum) 181
Papenburg 175
Paris 321, 324
Peine 38, 42, 147, 354
Pewsum (Ostfriesland) 96
Polen 20, 39, 45f., 109, 227f.
Pommern 114
Portugal 228
Pregarten (bei Mauthausen) 92
Preußen 19, 63, 113, 118, 147, 181f., 235f.
Pyrmont (Grafschaft) 181

Quakenbrück 355
Querumer Forst (Braunschweig) 306

Rammelsberg (Harz) 99, 147
Rastenburg (Ostpreußen) 35
Rechtenfleth (Landkreis Cuxhaven) 171
Recklinghausen 28, 30f.
Reichenbach 40f.

Rhein 86, 118, 257
Rheinland 213, 257
Rheinland-Pfalz 35, 239, 297f., 369
Rhein-Maas-Nord (Euregio) 354
Rhein-Waal (Euregio) 354
Rinteln 117f.
Romkerhalle (Harz) 99, 102
Roßlau (Sachsen-Anhalt) 40
Rotenburg (Wümme) (Landkreis) 171f.
Rotenburg (Wümme) (Stadt) 171
Ruhland (Brandenburg) 40
Ruhr 86
Ruhrgebiet 141, 145f., 257
Russland 45, 133, 345-347, siehe auch Sowjetunion

Saarbrücken 252
Saarland 239, 297
Sachsen-Anhalt 285
Sachsenhausen (bei Berlin) 91-93
Salzbergen (Landkreis Emsland) 353
Salzgitter 58, 85-87, 89, 100, 137f., 147, 156, 354
Salzgitter-Hallendorf 138
Salzgitter-Immendorf 38, 42
Salzgitter-Lebenstedt 60, 86, 136, 138
Salzgitter-Watenstedt 60, 89
Sande (Landkreis Friesland) 203
Schaumburg (Grafschaft) 118, 239
Schaumburg (Land, Landkreis) 145f., 239
Schaumburg-Lippe (Land) 20f., 23, 45, 47, 49, 144-146, 181, 195, 214, 216f., 234-236, 239, 341
Schlesien 20, 39, 42, 114
Schleswig-Holstein 39, 95, 123, 176, 261-263, 283, 285, 361, 365
Schulenberg (Harz) 98, 102f.
Schweden 106, 134
Schwinge (Stade) 166f., 177, 179
Sengwarden (Wilhelmshaven) 201
Siegen 40
Simferopol (Krim) 346
Sösetal (Harz) 100
Soltau 365
Sowjetische Besatzungszone 30f., 39f., 42, 89, 123, 138f., 333, 345
Sowjetunion 20, 39, 42, 114, 341, siehe auch Russland
Spanien 228
Spelle (Landkreis Emsland) 353
Spiekeroog 285
St. Andreasberg 147, 349
Stade (Landkreis) 81, 83, 167f., 171
Stade (Regierungsbezirk) 113, 166, 169, 171

399

Stade (Stadt) 80, 83, 165-175, 177-179
Stader Sand 166 f., 178 f.
Stadthagen 46 f., 146 f.
Steinhude 236 f., 239
Stettin 39, 42
Stiepelse (Amt Neuhaus) 334
Stockholm 252
Stüde (Landkreis Gifhorn) 241
Stuttgart 141, 249, 252, 288
Südchinesisches Meer 291
Südkehdingen 166, 174 f., 177 f.
Südoldenburg → Oldenburger Münsterland
Südvietnam → Vietnam
Sumte (Amt Neuhaus) 334 f.
Sutthausen (Osnabrück) 220
Swerdlowsk (Russland) 346
Syrien 227

Tecklenburg (Land, Landkreis) 20, 220
Thüringen 65
Tönning (Nordfriesland) 165
Toronto 321
Tschernobyl (Ukraine) 297
Tschechoslowakei 39
Türkei 51, 175, 228
Tunesien 228
Turasch (Simferopol, Krim) 346

UdSSR → Sowjetunion
Uelzen 270
Uelzen-Bohldamm 42
Ungarn 39
Unterschulenberg - Schulenberg (Harz)
Ural 346
United States of America (USA) 39, 45, 86, 99, 134, 269, 291 f.

Vatikanstaat 181 f., 228, siehe auch Heiliger Stuhl
Vechta (Landkreis) 49, 114, 141-143, 199, 239, 257, 345, 354 f.
Vechta (Offizialatsbezirk) 181, 183
Vechta (Stadt) 49, 67, 143
Venedig 321

Verden (Landkreis) 171
Verden (Stadt) 171, 338, 365
Vietnam 291-295
Visselhövede 171
Vorsfelde (Wolfsburg) 233
Voslapper Groden (Wilhelmshaven) 201

Waldeck 181
Waldenburg 40, 42
Walkenried (Landkreis Göttingen) 147
Wangerooge 165
Watenstedt (Salzgitter) 60, 89
Wattinseln (Euregio) 354
Wefensleben (Sachsen-Anhalt) 317
Wehrkirch (Sachsen) 40
Weißwassertal (Harz) 98, 102
Wendland → Hannoversches Wendland
Werra 117
Weser 116-121, 165 f., 176, 182, 269, 306
Weserbergland 191
Weser-Ems-Region (Regierungsbezirk) 20, 35 f., 97, 236, 239, 302
Wesermünde (Landkreis) 171
West-Berlin 51, 155, 261, 311, 314 f., 319, siehe auch Berlin
Westfalen 19-21, 23, 40, 213, 353
Wetterau 306
Wilhelmshaven 59, 67, 200-203, 239, 266, 284, 303
Wischhafen (Nordkehdingen) 177
Wittenberg 40
Wittmar (Landkreis Wolfenbüttel) 188
Wittmund (Landkreis) 199
Wittmund (Stadt) 165
Wolfenbüttel (Landkreis) 188
Wolfenbüttel (Stadt) 100, 187, 328
Wolfsburg 58 f., 61, 135, 161, 227 f., 233, 306
Wunstorf 40, 327
Wyhl (Baden-Württemberg) 269

Zellerfeld (Landkreis) 103
Zeven 171
Zeven-Aspe 58

Sachregister

Auf oberste Landes- und Bundesbehörden wird nicht verwiesen.

Abendpost (Zeitung) 76

Adolf-Reichwein-Hochschule 64
Agrarmarkt, Agrarpolitik (Europa) 37, 279, 361, 363
Agrarsoziale Gesellschaft e.V. 257
Akademie für Raumforschung und Landesplanung 61

Aktion Schwalbe 39, 42
Aller-Zeitung 338
Allgemeiner Deutscher Fahrradclub e.V. (ADFC) 119, 121
Allgemeiner Organisations-Ausschuss 162
Alliierte Hohe Kommission 110
Alliierter Kontrollrat 39, 53
Amtsgericht Lingen 91
Amtsgericht Stade 80f.
Anti-Atomkraft-Bewegung 269, 272f., 297, 299, siehe auch Atomenergie
Anwerbung (von Arbeitern) 227-229
Anzeiger-Hochhaus Hannover 75-79
Arbeitsgemeinschaft der Landschaften und Landschaftsverbände in Niedersachsen 173
Asse-Schuh GmbH 188
Atomenergie 97, 187-189, 292
Attentat (20. Juli) → Widerstand (20. Juli)
Auschwitz-Prozess 91, 105
Außerparlamentarische Opposition (APO) 205
Auswanderer (19. Jh.) 118
Automobilbau 59, 145, 301, siehe auch Volkswagen, Volkswagenwerk

Bader-Meinhof-Gruppe 206f.
Bäckerei Kuhr (Lingen) 91
Bäuerliche Notgemeinschaft Lüchow-Dannenberg 269
Behinderte, Behindertengleichstellung 218-221, 292, 338
Bergamt Wolfenbüttel 187
Bergarchiv Clausthal 187f.
Bergbau 61, 99, 144-147, 187, 258, 349, 351
Bezirksregierung Aurich 192
Bezirksregierung Braunschweig 348-351
Bezirksregierung Lüneburg 243, 333f.
Bezirksregierung Stade 167
Bezirksregierung Weser-Ems 258, 311f.
Bibliothek für Heimatforschung und Heimatpflege (Rotenburg) 172
Bildungsregion Südniedersachsen e.V. 354
Bild-Zeitung 206, 338
Boat-People (Vietnam) → Flüchtlinge
Braunschweigische Landschaft 172
Braunschweiger Schloss 73, 149-153
Braunschweiger Zeitung 148, 150, 327
Bremer Bürgerschaft 217
Britische Militärregierung 20, 22f., 25f., 36, 42, 48-50, 53f., 57, 69, 76, 82, 86, 89, 109, 161f., 214, 261, 319
British Army of the Rhine (BAOR) 365

BSE, BSE-Krise 361-363
Buddhismus 292
Bündnis 90/Die Grünen 139, 321, 324, 337, 354, 361, 371-373
Bürgerinitiative Altstadtsanierung Leer 222-225
Bürgerinitiative Umweltschutz Lüchow-Dannenberg 269
Bürgerinitiativen 323, 333f.
Buna GmbH 92
Bund der Heimatvertriebenen und Entrechteten (BHE) 162, siehe auch Gesamtdeutscher Block
Bund für Umwelt und Naturschutz Deutschland e.V. (BUND) 306
Bundesanstalt für Arbeit 228
Bundesanstalt für Immobilienaufgaben (BImA) 366f.
Bundesamt für Landwirtschaft und Forstwirtschaft 363
Bundesgerichtshof 107, 182, 207
Bundesgrenzschutz 167, 242, 317
Bundeskriminalamt 206
Bundesnachrichtendienst 139
Bundesvereinigung Lebenshilfe e.V. 219
Bundesverfassungsgericht 105, 239, 261, 263, 312, 343
Bundesverwaltungsamt 347
Bundesverwaltungsgericht 263
Bundeswehr 139, 143, 167, 242, 365
Burbach-Kaliwerke AG 187
Bureau International des Expositions (B.I.E.) 321, 324
Burg Dankwarderode, Braunschweig 287

Carl von Ossietzky Universität Oldenburg 208-211, 303
CeBIT (Computer-Messe) 323
Central Jewish Committee der Britischen Zone 110
Chemiewerk Langelsheim-Embsen 138
China Logistics (Unternehmen) 203
Christ und Welt (Zeitung) 162
Christlich Demokratische Union (CDU) 29, 51, 76, 95, 105, 130, 150f., 162, 182, 185, 206, 209, 216f., 231, 233, 249, 252f., 261-263, 269, 284, 291f., 297, 302, 323, 343, 369, 372f.
Christlich-Soziale Union (CSU) 262
Christopher Street Day 337
Club of Rome 303, 323
Covid-19-Pandemie 191, 343, 351, 363
Creutzfeld-Jakob-Krankheit 361, 363
Cura e.V. Osnabrück 220

DDT 40 f.
Deichverband Kehdingen-Oste 176
Deichverband Südkehdingen 174, 178
Demontage 50, 58, 60, 85-89, 127
Der Spiegel (Zeitschrift) 76, 134, 291, 312
Der Stern (Zeitschrift) 76, 270
Deutsche Aidshilfe 338
Deutsche Arbeitsfront (DAF) 161
Deutsche Bundesbahn 242
Deutsche Bundespost 272
Deutsche Gemeindeordnung 50
Deutsche Kommunistische Partei (DKP) 139, 209-211, 311-313
Deutsche Messe AG 321, 323
Deutsche Partei (DP) 105, 130, 214, 216 f.
Deutsche Presse-Agentur (dpa) 255, 270, 338
Deutsche Rechtspartei 216
Deutsche Volkszeitung 76
Deutscher Gewerkschaftsbund 60
Deutscher Herbst 249, 251, 255
Deutscher LandFrauen-Verband 35
Deutsches Institut für Lebensmitteltechnik e.V. 355
Deutsches Rotes Kreuz 242
Deutsches Technikmuseum, Berlin 272
Deutsches Hydrographisches Institut 167
Deutsch-Hannoversche Partei (DHP) 213 f., 216
Die Blechtrommel (Roman) 42
Die Gerechten (Drama) 250, 252 f., 255
Die Grünen (Partei) → Bündnis 90/Die Grünen
Die Landfrau, Beilage des Landwirtschaftsblatts Weser-Ems 37
Die Tageszeitung (taz) 249, 338
Die Umsiedler (Roman) 43
Die Welt (Zeitung) 208, 210 f., 213, 215
Die Zeit (Zeitung) 270
Diese Woche (Zeitschrift) 76
Digitalisierung 37
Displaced Persons (DPs) 45-47, 227.
Dollarthafenprojekt 202, 265-267
Dow Chemical (Chemieunternehmen) 178
Dreißigjähriger Krieg 118

Eckertalsperre (Harz) 100
Elbe-Jeetzel-Zeitung 270
Elbphilharmonie Hamburg 141
Elektrifizierung (Eisenbahn) 201, 203
Elektrizitätswerk Pewsum 96
Emsländische Landschaft 172
Emsland GmbH 113-115

Emslanderschließung, Emslandplan → Moore, Moorkultivierung
Emslandlager 114
Enercon 97
Entnazifizierung, Denazifizierung 33, 50, 53-55, 65, 76
Erderhitzung → Klimawandel
Erdöl, Erdölförderung 114, 227
Ernährungskrise nach dem Zweiten Weltkrieg 25, 57, 59, 69, 279, 361
Erster Weltkrieg 191
Erwachsenenbildung 36, 183, 356, 359
EUREGIO e.V. 352-355
Eurogate Container Terminal Wilhelmshaven 203, siehe auch Jade-Weser-Port
Europäische Menschenrechtskonvention 275, 312 f.
Europäische Union 353, 357
Europäische Wirtschaftsgemeinschaft (EWG) 229, 279, 353
Europäischer Gerichtshof für Menschenrechte (EGMR) 312 f.
EXPO 2000 320-325
Expo Real (Messe) 364, 366

Feggendorfer Stollen 147
Fehnkultur → Moore, Moorkultivierung
FKK 193
Fliegerhorst 42
Flüchtlinge 25, 33, 39-43, 45 f., 57 f., 69, 81-83, 86, 113-115, 123 f., 127 f., 155, 158, 182, 227 f., 279, 291-295, 345, siehe auch Vertriebene
Flughafen Berlin Brandenburg 141
Flurbereinigung 115, 128, 280
Forstamt Bederkesa 306
Forstamt Bramwald 306 f.
Fowler (Firma) 112
Frankfurter Rundschau (Zeitung) 270, 338
Frau und Gesellschaft gGmbH 369
Freie Demokratische Partei (FDP) 51, 76, 139, 151, 162, 185, 211, 216, 249, 259, 263, 297, 302, 373
Freie Presse (Zeitung in Stadthagen) 44, 47
Fremdenverkehr → Tourismus

Gastarbeiter → Anwerbung (von Arbeitern)
Gebietsrat Hannover-Oldenburg-Braunschweig 20
Gedenkstätte Bergen-Belsen 108-111
Gefangenenfürsorgeverein Osnabrück für entlassene jugendliche Strafgefangene 220
Geheimdienst, israelischer 107
Generalstaatsanwaltschaft Braunschweig 137-139

Generalstaatsanwaltschaft Celle 138
Generalstaatsanwaltschaft Oldenburg 138
Gesamtdeutsche Partei (GDP) 217
Gesamtdeutscher Block/Bund der Heimatvertriebenen und Entrechteten (GB/BHE) 216 f.
Gesamtschule 231
Gesellschaft für Strahlenforschung mbH, München 187
Globalisierung 37, 201, 259
Gottfried Wilhelm Leibniz Universität Hannover 205
Granetalsperre (Harz) 103
Grenzdurchgangslager Bramsche 347
Grenzschutzkommando Nord, Hannover 240
Grube Haverlahwiese (Salzgitter) 147
Grube Samson (St. Andreasberg) 147
Grüne Alternative Bürgerliste (Hannover) 324
Gymnasium Josephinum Hildesheim 183

Hamburger Abendblatt 172
Hamburger Kammerspiele 252
Hamburger Morgenpost 270
Handgifttag (Osnabrück) 365
Handwerkskammer Osnabrück-Emsland-Grafschaft Bentheim 355
Hannover-Messe 133, 322-325, siehe auch Deutsche Messe AG
Hannoversche Allgemeine Zeitung 76-78, 338, 354
Hannoversche Neueste Nachrichten 76
Hannoverscher Anzeiger 75, 78
Hannoverscher Landtag 23
Hansalinie (Bundesautobahn) 140-143
Harburger Anzeigen und Nachrichten 338
Harzer Wasserregal 99, 147
Harzwasserwerke 100-103
Hausbrandverordnung 25
Hauptbahnhof Stuttgart 141
Heeresmunitionsanstalten Zeven-Aspe 58
Heiliger Stuhl 180, 182, 184, 275
Heilpädagogische Hilfe e.V. Osnabrück 218-221
Heimatbewegung 19, 172, 236
Heimatbund Niedersachsen 19
Heimatbund Rotenburg/Hannover 171
Heimatmuseum Osterholz-Scharmbeck 172
Heimatverein Buxtehude 171
Heimatverein für den Kreis Osterholz 171
Hermann-Allmers-Gesellschaft 171
Herzog Anton Ulrich Museum, Braunschweig 287 f.
Hildesheimer Dom 183, 185

Hitlerjugend (HJ) 65
Hochhaus-Lichtspiele Hannover 75
Hochschule Osnabrück 355, 367
Hochschulen 63, 358
Hohne-Kaserne (Bergen) 111
Hollandflut 175 f., siehe auch Sturmflut
Holocaust 91, 111
Horst-Koesling-Schule Osnabrück 221
Horten (Kaufhaus) 153
Hungerwinter 1946/47 → Ernährungskrise

Iberger Tropfsteinhöhle 351
I.G.-Farben 91-93
Ilseder Hütte (bei Peine) 147
Indochinakrieg 291
Industrie- und Handelskammer (Niedersachsen) 142, 355
Industrie- und Handelskammer Ostfriesland-Papenburg 284
Ingenieurakademie Oldenburg 210
Initiative gegen Berufsverbote zur Verteidigung demokratischer Rechte 310 f.
Inklusion → Behinderte, Behindertengleichstellung
Interessengemeinschaft Krummhörn 27
Islam 274, 276 f.

Jade-Weser-Port 201-203, 265
Johannisgrundschule Osnabrück 277
Jom-Kippur-Krieg 227
Juden 20, 45, 91, 106 f., 109-111, 276 f.
Jüdische Gemeinde Osnabrück 277
Jüdischer Weltkongress 110 f.
Jugendamt Braunschweig 327 f.

Kalter Krieg 30, 85, 89, 137, 311, 315, 365
Kautschuk 92
Kernforschungsinstitut Karlsruhe 188
Kernkraftwerk Brokdorf 262, 269
Kernkraftwerk Grohnde 269
Kernkraftwerk Three Mile Island (USA) 269
Kernkraftwerk Wyhl 269
Kindertagesstätte der Evangelischen Frauenhilfe St. Katharinen Osnabrück 219 f.
Klimawandel, Klimapolitik 176, 245, 309, 355
Klöckner-Werke 198 f.
Kloster Walkenried 147
Kölner Kreis (Widerstandsgruppe) 105
Kohlenbergbau → Bergbau
Kommission der Orthodoxen Kirche in Deutschland (KOKiD) 276

Kommunistische Partei Deutschlands (KPD) 50, 76, 92
Konfuzianismus 292, 295
Konkordat 180-185, 275
Konzentrationslager, KZ-Häftlinge 27, 45 f., 91 f., 106
Konzentrationslager Auschwitz 91-93, 107
Konzentrationslager Auschwitz-Birkenau 92
Konzentrationslager Auschwitz-Monowitz 91 f.
Konzentrationslager Bergen-Belsen 109, 111
Konzentrationslager Buchenwald 91, 93
Konzentrationslager Buna/Monowitz 91-93
Konzentrationslager Esterwegen 91 f.
Konzentrationslager Gleiwitz II 92
Konzentrationslager Neuengamme 91
Konzentrationslager Sachsenhausen 91-93
Konzentrationslager Weimar-Gustloff-Werke 92
Kraft durch Freude (KdF) (NS-Massenorganisation) 133, 161, 227
Kreisarchiv Cuxhaven 172
Kreisarchiv Rotenburg 172
Kreisgemeinschaft Goldap Ostpreußen e.V. 83
Kreismuseum Cuxhaven 172
Kreistag Vechta 49
Kriegsgefangene 45 f., 49, 227
Kriminalpolizei Lingen 93
Küstenschutz 165, 175-179, 280, 283
Kulturinstitut Braunschweig 153
Kur 191-193, 284, 292, 349-351

Land und Garten (Zeitung) 75 f.
Landelijke Vereniging tot Behoud van de Waddenzee 264, 266 f.
Landesamt für Bodenforschung 188 f.
Landesamt für Verbraucherschutz und Lebensmittelsicherheit (LAVES) 362
Landesarbeitsgemeinschaft kommunaler Frauenbüros (Niedersachsen) 373
Landesbauernschaft Weser-Ems 34, 36
Landesfrauenrat Niedersachsen e.V. 356, 358
Landesinnungsverband Weser-Ems des Müllerhandwerks 96
Landeskrankenhaus Königslutter 40
Landesmuseum Braunschweig 287-289
Landesversicherungsanstalt Hannover 158
Landesversicherungsanstalt Westfalen 192
Landeszeitung für die Lüneburger Heide 335
Landeszentrale für politische Bildung (Niedersachsen) 111
Landflucht 37, 130, 155, 195
Landfrauen, Landfrauenverbände 35-37

Landgericht Braunschweig 105, 107, 327, 329
Landgericht Hannover 206 f.
Landgericht Oldenburg 207
Landgericht Osnabrück 93
Landschaft der Herzogtümer Bremen und Verden 171-173
Landschaftliche Brandkasse Hannover 158
Landschaftsverband Hildesheim 172
Landschaftsverband Lüneburg 173
Landschaftsverband Stade 170-173
Landwirtschaft, Landwirtschaft 37, 45, 57, 81, 114 f., 127 f., 142, 176, 241, 257-259, 279-281, 299, 361-363, siehe auch Agrarmarkt, Agrarpolitik (Europa) und Tierhaltung, Tierproduktion, Tierzucht
Landwirtschaftlicher Hausfrauenverein 35
Landwirtschaftsblatt Weser-Ems 36 f.
Landwirtschaftskammer Hannover 35, 60
Landwirtschaftskammer Weser-Ems 35 f.
Lebenshilfe für das geistig behinderte Kind e.V. 219
Lehrerseminare 63
Lesbenring e.V. 337
Loccumer Vertrag 181, 275
LSBTI* 337-339

Madsack Verlag 75 f., 78 f.
Männer vom Morgenstern – Heimatbund an Elb- und Wesermündung 171
Marshallplan 127
Massentierhaltung → Tierhaltung, Tierproduktion, Tierzucht
Meeresspiegelanstieg → Klimawandel
Migration 81, 227, 229, 293, 345, 347, 257, 293, 345-347, siehe auch Flüchtlinge
Ministerium für Staatssicherheit (DDR) 137-139, 315
Montanunion 353 f.
Moore, Moorkultivierung 26 f., 112-115, 127 f., 167, 241, 279
Moorvögte 26
Museumsdorf Cloppenburg → Niedersächsisches Freilichtmuseum
Muslime → Islam

Napoleonische Kriege 191
Nationalpark Harz 309
Nationalpark Hochharz 285
Nationalpark Wattenmeer → Niedersächsischer Nationalpark Wattenmeer

Nationalsozialistische Deutsche Arbeiterpartei (NSDAP) 19 f., 50 f., 53 f., 92, 105, 235 f.
Naturschutz → Umweltschutz, Umweltpolitik
Neue Heimat (Bauunternehmen) 225
Neue Zeitung 107
Niedersachsenlied 19
Niedersachsen Ports GmbH 265
Niedersächsische Bädergesellschaft 193
Niedersächsische Heimstätte GmbH 154-159
Niedersächsische Landesbank 158
Niedersächsische Landesentwicklungsgesellschaft mbH 158
Niedersächsische Landesgesellschaft mbH 158
Niedersächsische Landespartei (NLP) 51, 76, 214
Niedersächsische Landwirtschaftskammer 81
Niedersächsische Siedlungsgesellschaft 60
Niedersächsische Tageszeitung 75
Niedersächsische Volksstimme (Zeitung) 76
Niedersächsischer Heimatbund 60, 280
Niedersächsischer Landesrechnungshof 303
Niedersächsischer Landfrauenverband Hannover 35
Niedersächsischer Landfrauenverband Weser-Ems 35
Niedersächsischer Nationalpark Wattenmeer 282-285
Niedersächsischer Staatsgerichtshof 239, 342 f., 372
Niedersächsischer Verfassungsschutz 139, 312
Niedersächsisches Amt für Statistik und Landesplanung 57, 60 f.
Niedersächsisches Freilichtmuseum 216
Niedersächsisches Institut für Wirtschaftsforschung 350
Niedersächsisches Landessozialamt 220
Niedersächsisches Landesverwaltungsamt 283 f.
Nordmilch Zentralmolkerei 58
Norddeutsche Orgelmusik in Niedersachsen und Europa e.V. 173
Norddeutscher Rundfunk (NDR) 168, 261-263, 270, 329
Nordfrost (Unternehmen) 203
Nordwestdeutscher Rundfunk (NWDR) 33, 261
Nordwestzeitung 210 f., 252 f.
Nürnberger Kriegsverbrecherprozesse 105

Oberbergamt Clausthal-Zellerfeld 187-189
Oberharzer Wasserregal → Harzer Wasserregal
Oberlandesgericht Braunschweig 105, 138
Obstbau 169
Odertalsperre (Harz) 100
Ofenwaldsperre (Allgäu) 99

Ölkrise 97, 193, 227, 265
Oker-Grane-Stollen (Harz) 103
Okertalsperre (Harz) 99-103
Oldenburg-Stiftung 171 f., 211, 238
Oldenburgische Landesbank (OLB) 302 f.
Oldenburgische Landschaft 173, 238
Oldenburgisches Staatstheater 251-255
Opel (Fahrzeugbau) 133
Organisation Gehlen → Bundesnachrichtendienst
Orgelakademie Stade e.V. 173
Orientierungsstufe 230-233
Orkan 165, 241 f.
Osnabrücker Tageblatt 220
Ostfriesische Landschaft 94-97, 171
Ostfriesische Landschaftliche Brandkasse 96
Ottomeyer (Unternehmen), Ottomeyer-Pflug 112 f., 115

Pädagogische Akademie, Pädagogische Hochschule Oldenburg 209
Pädagogische Hochschulen 33, 62-67
Persilschein → Entnazifizierung
Pestalozzi-Schule Osnabrück 219
Pfingstler 347
Physikalisch-Technische Bundesanstalt Braunschweig 270
Planetarium Hannover 75, 78
Polaben (slawischer Stamm) 269
Polizeikommissariat Lüchow 273
Preussag AG 144, 146 f., 302
Preußische Westbahn 113
Pumpwerk (Kulturzentrum in Wilhelmshaven) 303

Radikalenerlass 311-313
Radio ffn 263
Radio Freies Wendland 268-273
Radio Hamburg 263
Radio Verte Fessenheim 270
Rassenhygiene 219
Reformuniversität 63, 209, 211
Regierungspräsident Stade 166-168
Regionalverband Südniedersachsen e.V. 354
Reichsarbeitsdienst (RAD) 114, 227
Reichsnährstand 35
Reichswerke Hermann Göring 58, 84-87
Republik Freies Wendland 269 f.
Rhein-Neckar-Zeitung 105
Robin Wood (Umwelt- und Naturschutzorganisation) 306
Römische Verträge 353, 361

Rotation (Diskothek in Hannover) 79
Rote-Armee-Fraktion 248, 252, 317
Rote Kapelle (Widerstand) 106
RTL plus 263
Ruthenstromsperrwerk (Südkehdingen) 177

Säkularisation 183, 185
Salzbergwerk Asse 187-189
Salzgitter AG 138
Sanatorium für ehemalige KZ-Häftlinge, Bad Rehburg 46
SAT.1 263
Schloss-Arkaden (Braunschweig) 153
Schloss Clemenswerth 303
Schulreform 29-31, 33
Schutzstaffel (SS) 91-93, 149 f.
Schwarzhandel 46
Schwarzhemden 227
Schwarzschlachtung 46
Schwingedeich 164, 167
Schwules Forum Niedersachsen (SFN) 337 f.
Seefahrtsschule Elsfleth 210
Siedlungsgenossenschaft Emsland eGmbH 113
Sonderabfalldeponie Münchehagen 299
Sondergericht Braunschweig (NS) 327 f., 330
Sozialer Wohnungsbau 123 f., 155 f., 158
Sozialamt Osnabrück 221
Sozialdemokratische Partei Deutschlands (SPD) 20, 28-31, 50 f., 93, 95, 105, 139, 150 f., 162, 182, 185, 211, 213 f., 216 f., 231, 233, 249, 255, 263, 269, 291, 302, 324, 337, 354, 361 f., 371-373
Sozialistische Einheitspartei Deutschlands (SED) 334
Sozialistische Reichspartei (SRP) 105
Sozialistischer Deutscher Studentenbund (SDS) 247
Sozialwerk Nazareth, Norddeich 290, 292 f.
Sperrwerk Wischhafen 177
Springer (Verlag) 211
Squadristen → Schwarzhemden
Staatsanwaltschaft Braunschweig 107
Staatsanwaltschaft Hannover 206
Staatsanwaltschaft Lüneburg 270, 272
Staatsanwaltschaft Osnabrück 91, 93
Staatsarchiv Hannover 19
Staatsgerichtshof Bückeburg 342 f., 372
Staatstheater Braunschweig 251
Staatstheater Hannover 251
Staatstheater Oldenburg → Oldenburgisches Staatstheater

Stader Geschichts- und Heimatverein 171
Stadt im Wandel (Ausstellung) 286-289
Stadtarchiv Braunschweig 73, 153
Stadtbibliothek Braunschweig 153
Stadtforstamt Dransfeld 306
Stadthäger Zeitung 144, 146
Städtebauförderungsgesetz 224
Stahlproduktion 85
Staufer-Ausstellung 288
Stiftskirche St. Blasii, Braunschweig 287
Stiftung Niedersachsen 300-303
Stiftung niedersächsische Gedenkstätten 111
Stiftung Volkswagenwerk 161-163
Strafgefängnis Wolfenbüttel 328
Strukturkonferenz Osnabrück e.V. 355
Studentenbewegung, 68er-Bewegung 205-207, 209, 247
Studienstiftung des deutschen Volkes 33
Sturmabteilung (SA) 92
Sturmflut 165-169, 174-178, 191, 242, 285

Tagesstätte für geistig und körperlich behinderte Kinder 218-221
Taoismus 292
Technische Universität Hannover → Gottfried Wilhelm Leibniz Universität Hannover 205
Technisches Hilfswerk 167, 242
Tierhaltung, Tierproduktion, Tierzucht 37, 128, 145, 169, 256-259, 361-363
Torf, Torfabbau, Torfbrand 24-27, 141, siehe auch → Moore, Moorkultivierung
Tourismus 118, 121, 128, 191-193, 223, 241, 284 f., 306, 351
Türkisch-Islamische Union der Anstalt für Religion e.V. (DITIB) 277

Umsiedlungspolitik (Nationalsozialismus) 60
Umweltschutz, Umweltpolitik 266, 283-285, 297-299, 305-309, 323
United Nations Relief and Rehabilitation Administration (UNRRA) 45-47
Universität Bielefeld 209
Universität Bremen 211
Universität Göttingen 63, 183, 207, 216, 246-249
Universität Konstanz 209
Universität Oldenburg → Carl von Ossietzky Universität Oldenburg
Universität Osnabrück 64, 209, 354 f., 367
Universität Rinteln 117

Universität Vechta 259
Universitäten 358
UNESCO Weltkulturerbe 99, 147, 185
UNESCO Weltnaturerbe 285

Vera Verlagsgesellschaft GmbH 75
Verband der Automobilindustrie 135
Verdener Heimatbund 171
Verein für Heilpädagogische Hilfe e.V. Osnabrück → Heilpädagogische Hilfe e.V. Osnabrück
Verein für Heimatschutz und Heimatgeschichte Leer 224
Vereinigung der Verfolgten des Naziregimes 90, 93
Versicherungsgesellschaft Hannover 173
Vertriebene 25 f., 33, 39-42, 51, 57, 81-83, 86, 113-115, 123 f., 127 f., 155, 158, 182, 228, 279, 292, 295, 345, siehe auch Flüchtlinge
Verwaltungsgericht Hannover 249
Vietnamkrieg 291
VIGA (Rüstungsfirma in Braunschweig) 327
Volksabstimmung, Volksbegehren, Volksentscheid 234-239
Volksgerichtshof 54
Volkswagen, Volkswagenwerk 60-61, 133-135, 138, 161-163, 203, 227 f.
Volkswagen-Stiftung → Stiftung Volkswagenwerk

Währungsreform 25, 27, 59, 124, 127, 133, 155, 161, 228, 257
Waldbrand 240-245
Waldsterben 304-309
Wasserkraftwerk Romkerhalle 99
Wasserschifffahrtsdirektion Nord-West 266
Wasserwirtschaftsamt Aurich 169
Wasserwirtschaftsamt Stade 174, 177-179
Wattenmeer 266, 283-385
Weimar-Gustloff-Werke 92
Welt im Bild (Wochenschau) 135
Weltausstellung → EXPO 2000
Weltwirtschaftskrise (um 1930) 114, 147
Weserrenaissance 117
Westdeutscher Rundfunk (WDR) 261
Widerstand (20. Juli) 106 f.
Wiedervereinigung (Deutschland) 285, 333, 335, 354, 365
Wilhelm Tell (Drama von Friedrich Schiller) 107
Wilhelmshavener Hafenwirtschafts-Vereinigung e.V. 202
Wilhelmshavener Raffinerie 202

Windenergie 94-97, 179
Wirtschaftsförderung Osnabrück GmbH 366
Wirtschaftswissenschaftliche Gesellschaft zum Studium Niedersachsens 19
Wohnungsnot nach dem Zweiten Weltkrieg 55, 69, 114, 123-125, 128, 155, siehe auch Sozialer Wohnungsbau
World Wildlife Fund / World Wide Fund for Nature 283

Zentralamt für Arbeit 60
Zentralmolkerei Nordmilch 58
Zentralrat der Juden in Deutschland 91
Zick Zack (Zeitschrift) 76
Zonenbeirat (britische Zone) 23, 60, 213 f.
Zonengrenze 41, 65, 89, 317
Zonenrandgebiet 128, 130, 188, 289, 315, 317
Zoo Hannover 325
Zwangsarbeit, Zwangsarbeiter 45 f., 85, 227 f., 346
Zwangsumsiedlung (von Flüchtlingen und Vertriebenen) 39
Zweiter Weltkrieg 19 f., 25, 39, 45, 57, 63 f., 69, 71-73, 81, 83, 85 f., 89, 96, 100, 127, 135, 149, 155, 161, 182, 191, 209 f., 219, 223, 235, 257, 261, 279, 289, 292, 327 f., 345, 353, 361, 365